广东渔业数字（2022）

广东省陆地面积 17.98 万千米²，其中岛屿面积 1 513 千米²，占 0.84%。

全省大陆海岸线长 4 114 千米，约占全国的 1/5，居全国首位。

全省有海岛 1 963 个，岛岸线长 2 378 千米，其中面积在 500 米² 以上的 734 个（不含 49 个干出沙）。

全省海域总面积 42 万千米²，其中内海 4.89 万千米²，领海 1.64 万千米²。

全省沿海滩涂面积为 20 万公顷，近岸海域 10 米水深的浅海面积为 105 万公顷，可供发展海水养殖的浅海、滩涂面积为 73 万公顷。

全省内陆水域总面积 116 万公顷，包括江河水面 67 万公顷，水库水面 16 万公顷，坑塘水面 33 万公顷，湖泊水面 0.34 万公顷。

2022 年末，广东省常住人口 12 656.80 万人，其中渔业人口 214.0 万人，占 1.69%。

2022 年，全省渔业经济总产值达到 4 340 亿元，其中渔业产值 1 616 亿元，渔业产值占全省农业产值的 21.30%，历居全国前列。

2022 年，全省水产品总产量 894.02 万吨，其中海水产品 458.28 万吨，淡水产品 435.74 万吨，历居全国前列。

2022 年，全省水产养殖产量 767.73 万吨，占全国 5 224.20 万吨的 14.29%，历居全国首位。占水产品总量的比重由 2010 年的 77.3% 增加到 2015 年的 80.4%、2020 年的 85.3%，2022 年为 85.9%。

2022 年，水产品进出口总额 66.15 亿美元，比 2020 年 50.10 亿美元增长 32.04%；其中出口创汇 29.54 亿美元，贸易逆差 7.07 亿美元。

2022 年，全省渔民人均纯收入 23 597 元，比 2020 年的 22 375 元增长 5.46%。

2022 年，全省有国家级水产种质资源保护区 17 个，国家级海洋牧场 13 个。

2022 年，广东省渔业居全国首位的有 55 项，其中：

渔业人口有 5 项：渔业人口 214.09 万人，占全国的 13.22%（其中传统渔民 86.09 万人，占全国的 16.71%）；渔业专业从业人员 76.23 万人，占全国的 12.15%（其中捕捞专业从业人员 21.14 万人，占全国的 16.81%；海洋捕捞专业从业人员 17.88 万人，占全国的 20.08%）。

渔业经济有 2 项：渔业流通与服务业产值 1 875 亿元，占全国的 19.96%（其中水产流通产值 1 736 亿元，占全国的 23.95%）。

其他不一一列出，请看正文。

■ **农业农村部关心**

2021年5月9日，农业农村部与广东省人民政府在珠海市长隆海洋王国长江江豚人工繁育和科普教育基地联合开展2021年长江江豚保护暨科普宣传主题活动，农业农村部副部长于康震（右）、广东省委常委叶贞琴（左）出席

2021年12月7日，农业农村部副部长马有祥（前右二）、广东省委常委叶贞琴（前右三）参观第二届中国水产种业博览会

2021 年 12 月 8 日，首届中国—太平洋岛国渔业合作发展论坛在广州市召开，农业农村部副部长马有祥出席

2022 年 12 月 20 日，第三届中国水产种业博览会暨第四届广东水产种业产业大会在广州市南沙区广东国际渔业高科技园开幕，农业农村部渔业渔政管理局局长刘新中视频致辞

2021 中国（广州）国际渔业博览会于 9 月 16—18 日举办，农业农村部渔业渔政管理局一级巡视员李书民（左三）出席（广东卫视《广东新闻联播》截图）

■ 广东省领导重视

2021 年 1 月 6—8 日，广东省委书记李希（前中）到汕头、潮州调研，考察云澳国家中心渔港（广东卫视《广东新闻联播》截图）

2022 年 1 月 5—6 日，代省长王伟中（前中）先后赴湛江、茂名、阳江调研，实地察看阳江市闸坡世界级渔港

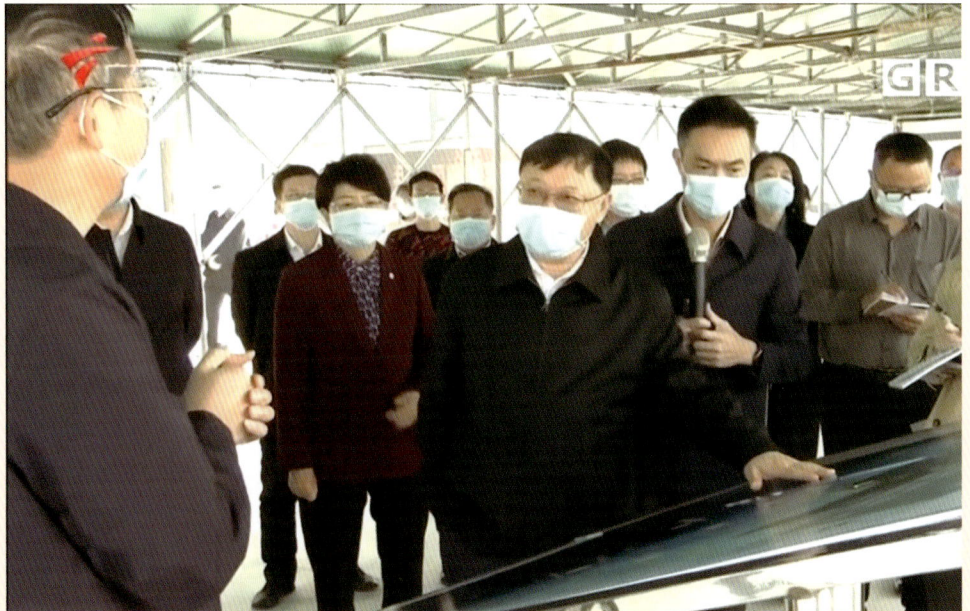

2022 年 6 月 11 日，广东省委常委、统战部部长王瑞军（前中）率调研组到国联水产集团考察预制菜产业发展情况

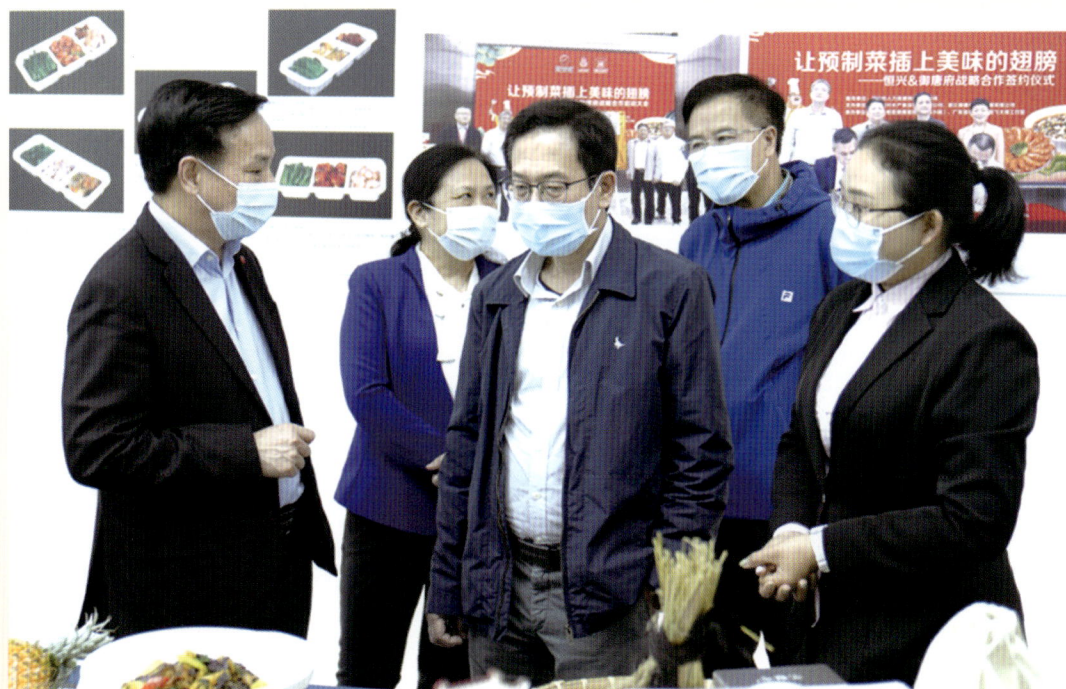

2022 年 3 月 29 日，广东省政协副主席黄武（中）率队到广东恒兴集团食品研发中心调研

■ 渔业重要活动

2021 年 3 月 31 日，佛山市现代渔业科技园在顺德区乐从镇上华村开园，广东省农业科学院水产研究所同时进驻

2021 年 7 月 21 日，珠江三角洲基塘农业研究院揭牌仪式在佛山市现代渔业科技园区举行

2021 年 9 月 1 日，广东省水产养殖种质资源普查工作培训会在广州举行

2021 年 9 月 14 日，珠三角百万亩池塘升级改造暨全省水产养殖业转型升级绿色发展现场会在佛山市顺德区召开

2021 年 9 月 16 日，全国内陆养殖池塘标准化改造集中研讨会在广州召开，农业农村部渔业渔政管理局、广东省农业农村厅、中国水产科学研究院等单位相关人员出席

2021 年 12 月 7 日，华南农业大学广州渔业研究院在第二届中国水产种业博览会暨第三届广东水产种业产业大会开幕式上揭牌

2021年12月8日，广东省农业科学院举行水产研究所揭牌仪式

2022年5月1日，广东省2022年海洋伏季休渔暨涉渔船舶监管专项联合行动启动

2022 年 6 月 2 日，广东省农业农村厅召开新闻发布会，首次将预制菜产业园纳入省级现代农业产业园扶持建设范畴，有以加工水产预制菜为主的 11 个预制菜产业园入选

2022 年 8 月 4 日，省农业农村厅召开广东南美白对虾新品种培育重大突破新闻发布会，邀请有关领导、院士专家、企业代表就各界朋友关心的问题给予解答。图为全国水产原种和良种审定委员会主任、中国科学院院士桂建芳回应提问

2022 年 7 月 28 日，"海上风电＋海洋牧场"融合发展战略合作框架协议签约活动在广东省阳江市海陵岛举行

现代渔业发展

阳江市深海网箱养殖产业园

佛山市农业科学研究所试验新型尾水高效生态净化系统

佛山市顺德区均健现代农业科技有限公司采用新技术和工艺打造绿色生态基塘农业

广东何氏水产有限公司现代化水产品加工车间——活鱼分拣

水产品质量安全移动式智检小站

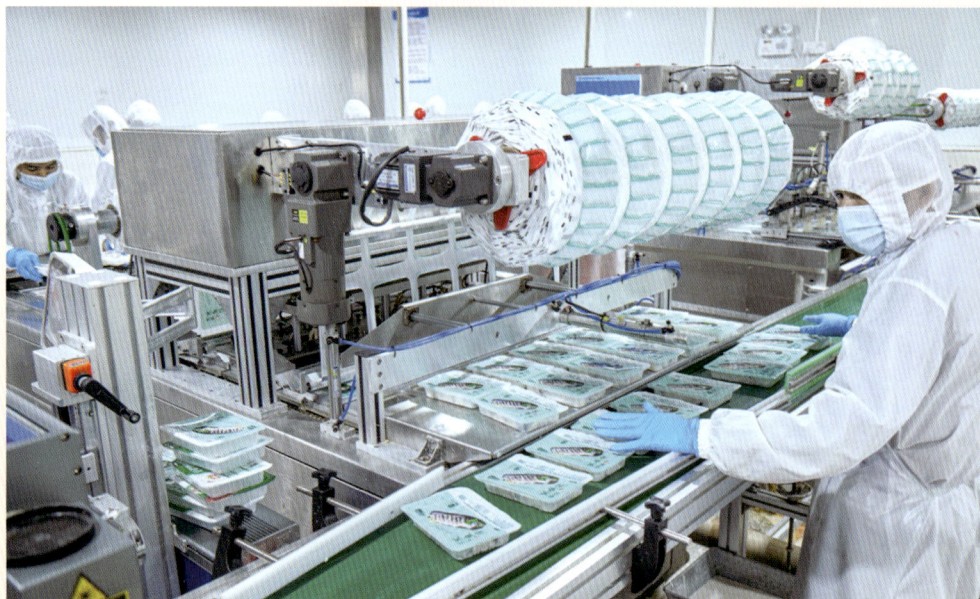

肇庆市中业水产有限公司现代化加工厂

2022 年 7 月 19 日，广东省农业农村厅组织召开鱼塘种稻技术扩大试点工作现场会，展示鱼塘种稻综合种养模式的初步试验成果，部署了珠江三角洲 9 市淡水池塘种植水稻任务

广东国际渔业高科技园鱼塘种稻试验示范基地

2021 年 4 月 27—29 日，由广东省农业技术推广中心主办的水产健康养殖培训暨多模式示范观摩活动在广州举行

2021首届中国脆肉罗非鱼市场峰会于9月16日在广东省广交会展馆举办，主题报告结束后，转入圆桌讨论环节，围绕"如何更好地匹配终端？脆肉罗非鱼现阶段市场困境与解决方案探讨"展开讨论

2021年"海洋瑰宝，万家共享"金枪鱼品鉴会于7月30日在广州市举办，广东省农业农村厅、日本国驻广州总领事馆、中国远洋渔业协会等代表出席

2022 年 12 月，广东省锦鲤协会在佛山市顺德区南宏文创园圆满举办第二十二届中国锦鲤大赛，参赛鱼的数量、质量以及规模都是历届之最

"2022 年第二十届南海花博园·海豚超级杯全国锦鲤公开赛暨名龟金鱼展览会"于 12 月 31 日在南海花博园展馆开幕，吸引全国 97 个锦鲤养殖企业参赛

■ 水产预制菜

2022 广东预制菜双节营销暨东西部预制菜展示体验交易中心于 12 月 31 日在广州启动，广东预制菜加工以水产品为主

2022 年 5 月 8 日，粤港澳大湾区（肇庆高要）预制菜产业园建设启动仪式举行，该园加工以水产品预制菜为主

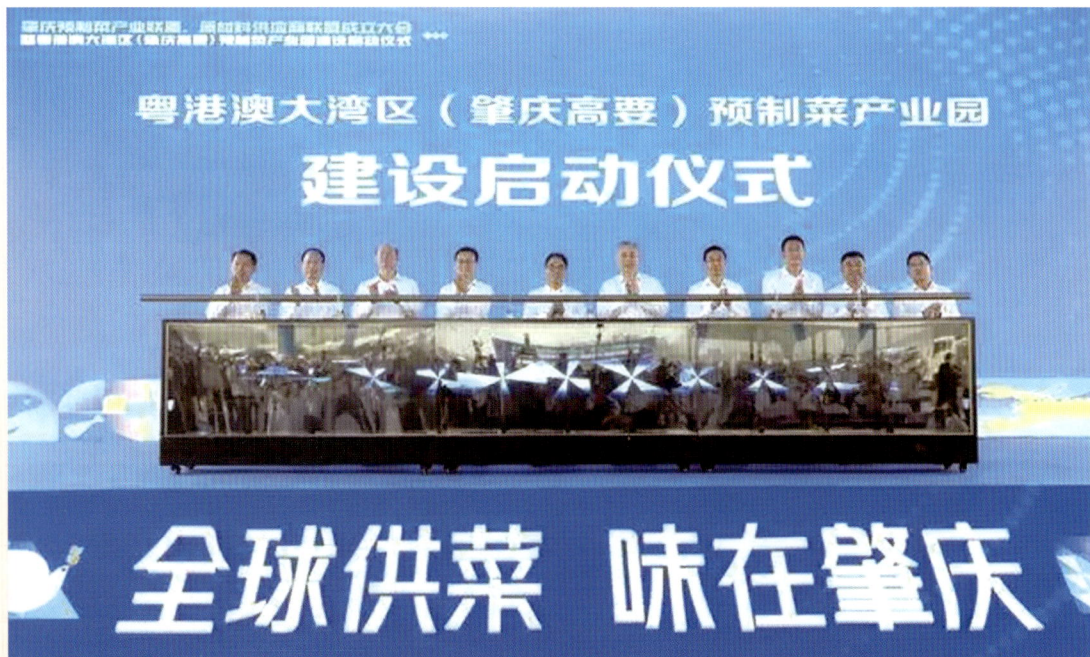

2022 年 10 月，珠海市被授予"中国海鲈预制菜之都"的称号

广东水产品预制菜

■ 渔业增殖放流

"2021 年农业资源及生态保护补助资金项目"淡水苗种增殖放流活动于 9 月 26 日在广州市海鸥岛亲水平台举行

2022 年 3 月 25 日，广东省农业技术推广中心海洋渔业试验中心基地、广东农技服务水生生物资源养护轻骑兵团队在惠州大亚湾海域组织开展增殖放流活动，140 万尾黄鳍鲷、鞍带石斑、斜带石斑、豹纹鳃棘鲈鱼苗种在基地码头入海

2022 年 12 月 9 日，348 万粒底栖动物放流西江流域

2022 年 12 月 22 日，华德海底管线改迁工程生态补偿增殖放流活动在广东惠州大亚湾海域举行，2 535 万尾海洋经济物种被放归大海"安家"

2022 年 12 月 29 日，200 多万尾鱼苗、鱼种通过海鸥岛亲水平台游入珠江

■ 渔业节庆展览

2021 年南海（阳江）发布开渔令活动于 8 月 16 日在阳江市闸坡中心渔港新建的闸坡国际海产交易市场旁举行

2022 年 8 月 16 日中午，第二十届南海（阳江）开渔节发布开渔令活动在阳江市海陵岛闸坡国家中心渔港举行

2021 中国（广州）国际渔业博览会于 9 月 16—18 日在广州举办

2021 年 12 月 7 日，第二届中国水产种业博览会暨第三届广东水产种业产业大会在广州南沙广东国际渔业高科技园开幕。本页第一图为农业农村部副部长马有祥（左）、广东省委常委叶贞琴（右）宣布第二届中国水产种业博览会开幕

2022 年 12 月 20 日，第三届中国水产种业博览会暨第四届广东水产种业产业大会在广州南沙开幕

2022 湛江金鲳丰收季暨年鱼系列活动于 11 月 20 日在湛江南方海谷海洋产业孵化中心启动

2021 年 12 月 24—25 日，首届中国牛蛙美食文化节暨第二届全国牛蛙产业绿色发展大会在广州长隆酒店举行

2022 年 12 月 20 日，第三届中国水产种业博览会暨第四届广东水产种业产业大会在广州南沙开幕

■ 渔业轻骑兵

2022 年 2 月，广东省农业技术推广中心牵头组建农技服务"轻骑兵"。渔业轻骑兵围绕各地产业发展和技术需求，以小分队形式，开展农技服务乡村行，送技术到田间地头

■ 渔业技术服务

2021 年 10 月 20 日，广东省农业技术推广中心召开"治违禁 控药残 促提升"三年行动水产行业专业技术服务团队成立大会暨第一次全体会议

广东省渔业互保协会在广东省 2022 年渔业"安全宣传咨询日"暨应急演练现场活动（6 月 16 日）赠送救生衣仪式

2022 年广东省水产养殖防灾减灾科技下乡活动由广东省海鲈协会等承办，6 月 14—15 日组织疫病防控机构、涉渔企业、养殖户和水产从业人员 192 人参加

2021 年广东省远洋渔业企业从业人员资格培训

■ 渔业交流合作

由中国农业农村部和广东省人民政府共同主办的首届中国—太平洋岛国渔业合作发展论坛2021年12月8日在广州市召开，会上通过《首届中国—太平洋岛国渔业合作发展论坛广州共识》

2021年9月18日，农业农村部渔业渔政管理局在广州市召开水产品加工发展座谈会

2021 年 5 月 12—14 日，中国—东盟水产养殖与渔业资源技术培训会议在广州举行，此次会议采取线上线下同步进行的方式，汇聚了近百位海内外行业人士参与

2021 年 8 月 16 日，由外交部、农业农村部主办，中国水产科学研究院南海水产研究所承办的"中国—东南亚国家现代渔业技术培训研讨班"在深圳试验基地举行开班仪式

2021 年 10 月 18 日，由外交部、农业农村部主办，中国水产科学研究院南海水产研究所承办的"中国—东南亚国家现代渔业技术培训研讨班（基础班）"在深圳试验基地开班

2022 年 10 月 11 日，由外交部、农业农村部主办，中国水产科学研究院南海水产研究所承办的"2022 年中国—东南亚国家现代渔业技术高级研讨班"在深圳基地开班

2022 年 2 月 18 日，广东省农业龙头企业——生生农业集团在贵州省黔东南州台江县投资的稻渔产业化发展示范园举行开工仪式

广东渔业年鉴
2021—2022

GUANGDONG YUYE NIANJIAN

2021—2022

广东渔业年鉴编纂委员会　编

中国农业出版社

北　京

广东渔业年鉴编委会

主　任　陈宗云

副主任　陈　文　于培松　杨伟光　黄立群　刘　炜　林沛杰
　　　　何　霞　刘晚治　刘亚平　黄维华　刘胜敏　梁燕玲

委　员　（按姓氏笔画排序）
　　　　邓家焯　丘美玲　许国焕　刘　强　何建国　李来好
　　　　李德良　陈任澄　陈日佳　张其中　张远龙　张殿昌
　　　　陆永松　邹记兴　林　蠡　周兆恩　晏继东　蒋兴华
　　　　黄　文　彭国洪　潘志成　谭北平　禤国荣　魏泰莉

广东渔业年鉴编辑部成员名单

主　编　姚国成

副主编　蔡云川　符云　张玉清　贺书岚　郭晓奇　马志洲

编　辑　（按姓氏笔画排序）
　　　　王华新　邓岳文　方琼玟　冯石旺　冯顺熙　孙育平
　　　　孙志伟　伍丽舒　关　歆　刘　勇　李奕雯　李诚斌
　　　　冼紫莹　何志超　张　勇　张　志　吴　勇　陈健光
　　　　陈怀定　陈羽翀　陈海翰　卓映端　周爱国　罗广胜
　　　　施国斌　黄文胜　崔　淼　蒋守华　温佳倩　谢　凯
　　　　熊顺昌　廖旭泉　廖韵然

广东渔业年鉴审稿专家

陈宏亮　广东省方志馆馆长

陈明明　广东建设年鉴原编辑部主任

谭惠全　广州年鉴社原社长

阳晓儒　广州年鉴社原社长

杨贵元　湛江市地方志办科长

编　辑　说　明

一、《广东渔业年鉴》是广东渔业的大型资料性年刊，旨在全面、系统、准确地反映广东渔业方面的基本情况，为读者了解和研究广东渔业提供基本资料。

二、《广东渔业年鉴》采用分类编辑法。主体内容设篇目、栏目、分目、条目4个结构层次，以条目为表现内容的基本形式。全书条目的标题统一用黑体加【】表示，少数包含多方面资料的条目则在文内用加粗字体标明各段资料的主题。

三、《广东渔业年鉴2021—2022》着重反映2021—2022年（"十三五"期间）广东省渔业的基本情况。全书设渔业发展、渔业大事、渔业经济、渔业生产、休闲渔业、渔业管理、渔业服务、渔业科教、渔业合作、各市渔业10篇目，共55个栏目，229个分目，1 350个条目。还有统计资料、附录。

四、《广东渔业年鉴2021—2022》参照《广东年鉴》《中国渔业年鉴》和《广东渔业年鉴2016—2020》的编排，搭起新的基本框架。

五、《广东渔业年鉴2021—2022》载录的内容资料由各供稿单位供稿，稿件经供稿单位审核签批后送本年鉴编辑部初编、统编，再返回供稿单位核对。全书稿件经本年鉴编纂委员会审核验收。

六、《广东渔业年鉴2021—2022》的数据，分别由各单位提供，采用法定计量单位。若与统计部门公布的数据不一致，使用时应以统计部门公布的数据为准。

七、《广东渔业年鉴2021—2022》稿件作者署名，除"特载"等类目正文的作者在标题下方标明，其他类目的作者都未标出。图片在该图片下方标明；未标出摄影人员的图片，均由撰稿单位提供。

八、《广东渔业年鉴2021—2022》的编辑出版工作得到各有关单位的大力支持和通力合作，并依靠全体撰稿人员共同参与而完成，在此谨致谢意；疏漏之处，敬请批评指正。

目　　录

附表 渔业统计

附录

英文目录

一、省情渔情

省情概览

【概况】广东省，简称粤，是中国大陆南端沿海的一个省份。广东地处亚热带，北回归线从东至西穿过，全年草木葱绿、生机盎然；珠江三角洲土地肥沃，是著名的鱼米之乡。全省划分为珠三角、粤东、粤西和粤北4个区域，是一个以汉族为主体、56个民族齐全的省份。广东是岭南文化的重要传承地，在语言、风俗、生活习惯、历史文化等方面都有着独特风格，通行粤语、客家语和闽语，而且粤、客两大方言的中心都在广东。1978年，广东在全国率先实行改革开放政策，促进了经济社会快速协调发展，广东已由一个以农业经济为主、经济较为落后的省份发展成为经济发达、人民生活总体上达到小康水平的经济大省，成为中国经济最发达、最具市场活力和投资吸引力的地区之一。自1989年起，广东国内生产总值在中国内地31个省（自治区、直辖市）中，连续占据第一位。广东省已成为中国第一经济大省，经济总量占全国的1/8。广东也是中国人口最多、经济最发达及思想、文化最开放的省份。岭南文化采中原文化之精粹，纳四海之风而融汇升华，自成宗系，经世致用，孕育了广东人冒险尚义之天性，造就了广东人低调、务实、不炫耀的性格。

【位置范围】广东省位于南岭以南，东邻福建，北接江西、湖南，西连广西，南临南海，珠江口东西两侧分别与香港、澳门特别行政区接壤，西南部雷州半岛隔琼州海峡与海南省相望。全境位于北纬20°09′—25°31′和东经109°45′—117°20′之间。根据2021年度土地变更调查统计数据，广东省土地总面积17.98万千米²，约占全国陆地面积的1.87%。海域面积42万千米²，是陆域面积的2.3倍，广东省海域分类面积见本书第284页附录2。大陆海岸线长4 114千米，居全国首位，大陆海岸线长度分类见本书第284页附录3。有海岛1 963个，总面积1 513.17千米²，在全国沿海省（自治区、直辖市）中位列第二，仅次于浙江省。岛岸线长2 378千米，其中90%以上的海岛为无居民海岛，面积小于500米²的海岛占50%以上。沿海港湾众多，适宜建港的有200多个。

【行政区划】截至2022年12月31日，全省下辖广州、深圳2个副省级城市，19个地级市，122个县级行政区（65个市辖区、20个县级市、34个县、3个自治县），1 611个乡镇级行政区（4个乡、7个民族乡、1 116个镇、484个街道办事处）。全省地级及以上市及所辖县（市、区）名称和乡、镇、民族乡、街道数详见《广东省行政区划表》（本书第283页附录1）。

【人口状况】2022年末，广东省常住人口12 656.80万人，其中城镇常住人口9 465.40万人，占常住人口比重的74.79%（常住人口城镇化率），比上年末提高0.16个百分点。全年出生人口105.20万人，出生率8.30‰；死亡人口63.00万人，死亡率4.97‰；自然增长人口42.20万人，自然增长率3.33‰。2022年末广东省常住人口及构成详见表1-1。

2022年全年城镇新增就业132.06万人，就业困难人员实现就业10.51万人。全年城镇调查失业率平均值为 5.3%。

表 1-1 2022 年末广东省常住人口及构成

指标	常住人口（万人）	比重（%）
常住人口	12 656.80	100.00
其中：城镇	9 465.40	74.79
乡村	3 191.40	25.21
其中：男性	6 673.80	52.73
女性	5 983.00	47.27
其中：0～15 岁	2 478.90	19.59
16～59 岁	8 475.10	66.96
60 岁及以上	1 702.80	13.45

【经济发展】经国家统计局统一核算，2022 年广东实现地区生产总值 129 118.58 亿元，比上年增长 1.9%。2017—2022 年广东地区生产总值及增长速度详见图 1-1。

2022 年广东地区第一产业增加值 5 340.36 亿元，比上一年增长 5.2%，对地区生产总值增长的贡献率为 11.8%；第二产业增加值 52 843.51 亿元，增长 2.5%，对地区生产总值增长的贡献率为 52.9%；第三产业增加值 70 934.71 亿元，增长 1.2%，对地区生产总值增长的贡献率为 35.3%。三次产业结构比重为 4.1：40.9：55.0，第二产业比重提高 0.4 个百分点。人均地区生产总值 101 905 元（按年平均汇率折算为 15 151 美元），增长 1.7%。2017—2022 年广东省三次产业结构详见图 1-2。

分区域看，珠三角核心区地区生产总值占全省比重 81.1%，东翼、西翼、北部生态发展区分别占 6.1%、7.1%、5.7%。2022 年广东省分区域主要指标详见表 1-2。

2022 年全年全省地方一般公共预算收入 13 279.73 亿元，剔除留抵退税因素后同口径（以下简称同口径）增长 0.6%，自然口径

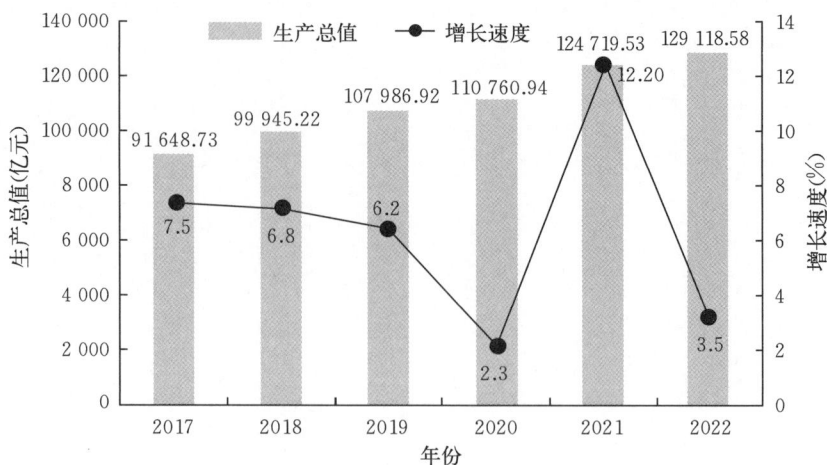

图 1-1 2017—2022 年广东地区生产总值及增长速度

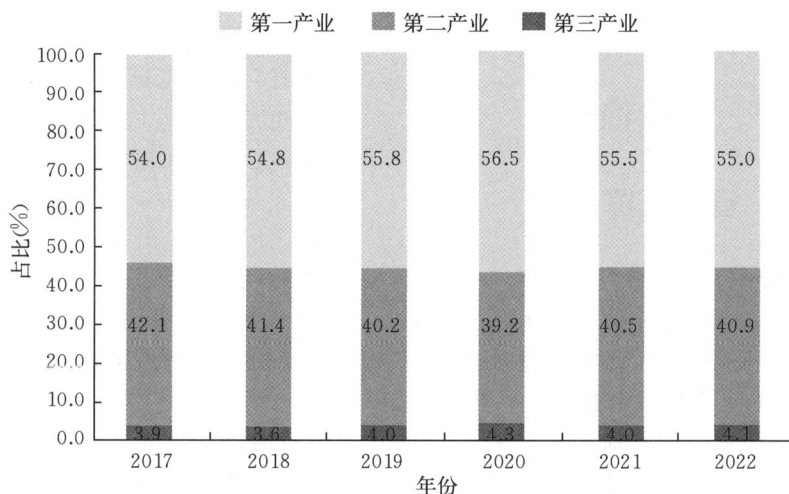

图 1-2 2017—2022 年广东省三次产业结构比重

表 1-2 2022 年广东省分区域主要指标

区域	地区生产总值（亿元）	比上年增长（%）	规模以上工业增加值增长（%）	固定资产投资增长（%）	社会消费品零售总额增长（%）	地方一般公共预算收入（同口径）增长（%）
珠三角核心区	104 681.81	2.1	2.4	0.4	1.6	2.0
东翼	7 913.42	0.6	−7.6	−13.4	−0.1	2.0
西翼	9 152.20	0.8	−3.0	−10.6	1.8	0.7
北部生态发展区	7 371.15	0.9	−0.6	−14.4	0.4	4.9

下降 5.8%；其中，税收收入 9 285.22 亿元，同口径下降 5.4%，自然口径下降 13.9%。全年一般公共预算支出 18 509.93 亿元，增长 1.6%。其中，教育支出 3 873.61 亿元，增长 2.0%；卫生健康支出 2 075.91 亿元，增长 12.9%；社会保

障和就业支出 2 149.01 亿元，增长 0.4%。民生类支出 12 968.44 亿元，占一般公共预算支出比重 70.1%。

【人民生活】广东省 2022 年居民人均可支配收入 47 065 元，比上年增长 4.6%。其中，城镇居民人

均可支配收入 56 905 元，增长 3.7%；农村居民人均可支配收入 23 598 元，增长 5.8%。2017—2022 年广东省居民人均可支配收入及增长速度详见图 1-3。

2022 年全年全省居民人均消费支出 32 169 元，比上年增长 1.8%。其中，城镇居民人均消费支出 36 936 元，增长 0.9%；农村居民人均消费支出 20 800 元，增长 3.9%。全省居民恩格尔系数为 34.3%，比上年上升 1.1 个百分点；其中城镇为 32.8%，农村为 40.4%。全省居民人均住房建筑面积 42.62 米²，其中城镇为 39.20 米²，农村为 50.75 米²。2022 年广东省居民人均消费支出及构成详见图 1-4。

2022 年末全省参加基本养老保险 7 993.53 万人，比上年增长 209%；其中，参加城镇职工基本养老保险（含离退休）5 229.21 万人，比上年增长 2.9%。参加城乡居民基本养老保险人数 2 764.32 万人，增长 3.1%。参加基本医疗保险 11 152.88 万人，下降 1.1%；其中，参加职工基本医疗保险 4 856.53 万人，增长 2.1%；参加城乡居民基本医疗保险 6 296.35 万人，下降 3.4%。参加失业保险 3 751.12 万人，增长 0.7%。参加工伤保险 4 083.39 万人，增长 0.4%。参加生育保险 4 061.98 万人，增长 2.2%。

2022 年全省养老、失业、工伤保险基金总收入（不含上下级往来）6 978.06 亿元，比上年增长 6.0%，年末累计结余 16 624.65 亿元，增长 9.0%。全年全省基本医疗和生育保险统筹基金收入 1 968.70 亿元，增长 12.9%；年末累计结余 3 231.13 亿元，增长 17.9%。年末城市低保人数 14.8 万人，农村低保人数 115.8 万人。全年城镇职工领取失业保险金人数 83.31 万人。

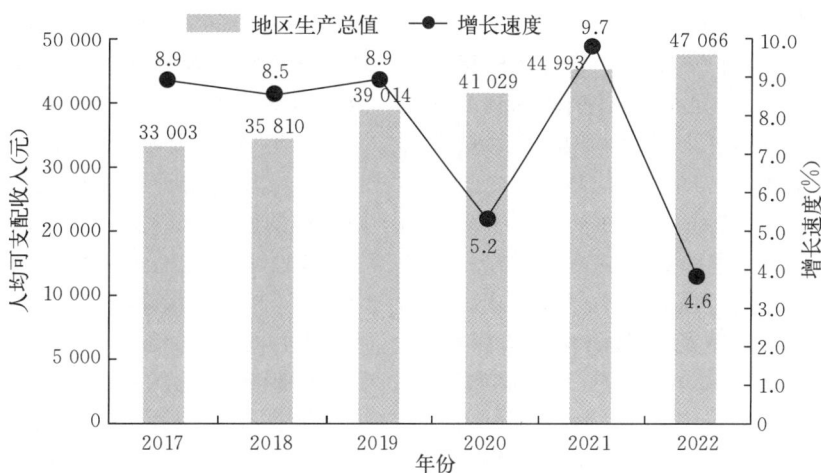

图 1-3 2017—2022 年广东省居民人均可支配收入及增长速度

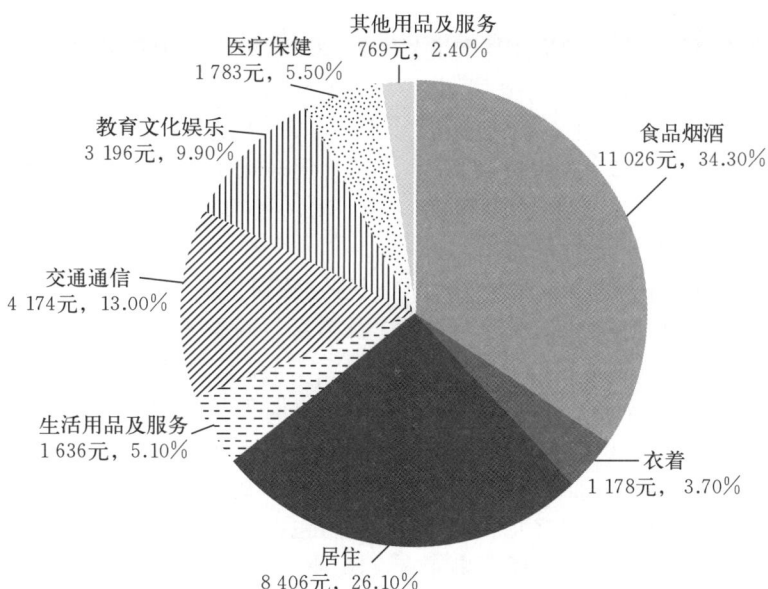

图 1-4 2022 年全省居民人均消费支出及构成

【气候特点】广东省属于东亚季风区，从北向南分别为中亚热带、南亚热带和热带气候，是全国光、热和水资源较丰富的地区，且雨热同季。全省 86 个国家基本气象观测站年平均气温 21.9℃。年平均气温分布呈南高北低，雷州半岛南端徐闻最高（23.8℃），粤北山区连山最低（19.0℃）。月平均气温最冷的 1 月为 13.4℃，最热的 7 月为 28.5℃。全省 86 个气象站中，历史极端最高气温为 42.0℃，出现在韶关（曲江）；极端最低气温-7.3℃，出现在梅州（梅县）。

全省 86 个国家基本气象观测站年平均降水量为 1 790 毫米，最少年份为 1 179.6 毫米（1963 年），最多年份达 2 320.9 毫米（2016年）。年降水量分布不均，呈多中心分布。3 个多雨中心分别是阳江—恩平—斗门、海丰—陆丰—普宁、清远—佛冈—龙门，其中年平均降水量恩平超过 2 500 毫米，海丰接近 2 500 毫米，龙门为 2 157.4 毫米。暴雨最频繁的是海丰，年平均暴雨日数达 13.5 天。月平均降水量 12 月最少（32.0 毫米），6 月最多（313.5 毫米）。最大日降水量 640.6 毫米，出现在清远。

年平均日照时数自北向南增加，由不足 1 500 小时增加到 2 100 小时以上；年太阳总辐射量在 4 200 兆～5 400 兆焦耳/米² 之间。

广东省是各种气象灾害多发省份，主要灾害有暴雨洪涝、热带气旋、强对流天气、雷击、高温、干旱及低温阴雨、寒露风、寒潮和冰（霜）冻等低温灾害，灾种多，灾期长，发生频率高，灾害重。2022 年全省农作物受灾面积 25.67 万公顷，洪涝造成直接经济损失 168.24 亿元。

【土地资源】广东省地形总体呈北高南低之势。山地、丘陵居多，全省海拔 500 米以上的山地占土地总面积的 35.3%，海拔在 500 米以下的丘陵占土地总面积的 27.4%。草地分布面积较小，占土地总面积的 0.02%；平原分为三角洲平原和河谷冲积平原两种类型，占土地总面积的 23.4%。珠江三角洲平原是广东省最大的三角洲平原，面积 1.09 万千米²；其次为潮汕平原，面积 4 700 千米²。较大的河谷平原有北江的英德平原，东江的惠阳平原，粤东的榕江、练江平原，粤中的潭江平原，粤西的鉴江平原和漠阳江平原。珠江三角洲平原土地肥沃，水源充沛，交通便利，经济发达，土地利用水平较高。

2022 年广东省完成人工造林 1.03 万公顷，当年新封山育林 2.94 万公顷，退化林修复 4.43 万公顷，人工更新 9.33 万公顷。全省有国家级自然保护区 15 个，批复面积 33.66 万公顷；国家级地质公园 10 个，批复面积 10.96 万公顷；省级以上地质遗迹类自然保护区 6 个，批复面积 3.72 万公顷。

【淡水资源】广东省河流众多，以珠江流域（东江、西江、北江和珠江三角洲）及独流入海的韩江流域和粤东沿海、粤西沿海诸河为主，集水面积占全省面积的 98.5%，其余属于长江流域的鄱阳湖和洞庭湖水系。全省流域面积在 100 千米² 以上的各级干支流 614 条（其中集水面积在 1 000 千米² 以上的有 60 条）。流域面积 100 千米² 及以上的独流入海河流 93 条，集雨面积大于 50 千米² 的河流有 1 211 条，河流总长 3.65 万千米，较大的有韩江、榕江、漠阳江、鉴江、九洲江等。

2022 年广东省水资源总量 2 213.3 亿米³，比上年偏多 81.2%。年平均降水量 2 057.6 毫米，较常年（1 798.8 毫米）偏多 14.0%；平均日照时数 1 856.5 小时，较常年（1 748.9 小时）偏多 6.0%。

【生物资源】广东省光、热、水资源丰富，四季常青，动植物种类繁多。全省有维管束植物 7 700 多种，隶属于 2 051 属、289 科，其中野生植物有 6 135 种，列入国家重点保护野生植物名录的有 161 种（包括国家一级保护野生植物 10 种，国家二级保护野生植物 151 种），栽培植物 1 582 种，香蕉、荔枝、龙眼和菠萝是岭南四大名果，经济价值可观。此外，还有真菌 1 959 种，其中食用菌 185 种，药用真菌 97 种。在植被类型中，有属于地带性植被的北热带季雨林、南亚热带季风常绿阔叶林、中亚热带典型常绿阔叶林和沿海的热带红树林等。

广东省动物种类多样，野生动物资源丰富。根据《广东省陆生脊椎动物分布名录》，广东省陆生脊椎动物 4 纲、36 目、143 科、928 种，其中两栖纲 3 目、11 科、75 种，爬行纲 2 目、22 科、156 种，鸟纲 21 目、80 科、553 种，兽纲 10 目、30 科、144 种。此外，还有淡水水生动物的鱼类 281 种、底栖动物 181 种和浮游动物 256 种，以及种类众多的昆虫类动物。根据新版《国家重点保护野生动物名录》，广东省列入国家重点保护野生动物名录的保护野生动物 254 种，国家一级保护野生动物 59 种（兽类 12 种，鸟类 26 种，蜥蜴 2 种，蛇类 1 种，水生 17 种，昆虫 1 种）；国家二级保护野生动物 195 种（兽类 14 种，鸟类 109 种，蜥蜴 6 种，蛇类 8 种，蛙类 3 种，水生动物 49 种，昆虫 6 种）。

2022 年，广东省森林面积 953 万公顷，森林蓄积量 5.78 亿米³，森林覆盖率 53.03%。林业产业总产值 8 714 亿元，其中第一产业 1 487 亿元、第二产业 5 590 亿元、第三产业 1 636 亿元。全省完成造林与生态修复面积 17.72 万公顷，森林抚育面积 20.2 万公顷。全省建立各类县级以上自然保护地 1 361 个，面积 260.35 万公顷，数量居全国首位。

【环境质量】2020 年，广东省 21 个地级及以上市对 79 个在用集中式供水饮用水水源水质开展监测，按照《地表水环境质量标准》及《地下水质量标准》评价，水源达标率为 100%，比上一年改善 2.5 个百分点；韶关、河源、梅州、惠州、汕尾、中山、江门、肇庆、清远、潮州、云浮 11 市水质全优。全省 61 个县（县级市）及 2 个经济技术开发区对县级行政单位所在镇的 82 个集中式供水饮用水水源地水质开展监测，按照《地表水环境质量标准》评价，水源达标率为 100%，与上一年持平。全省县级饮用水水源水质以 Ⅱ 类为主，水质总体优良。

2022 年，全省 270 个地表水省考监测断面中，Ⅰ～Ⅱ 类水质的断面比例为 65.7%，Ⅲ 类水质的断面比例为 26.5%，Ⅳ 类水质的断面比例为 6.3%，Ⅴ 类水质的断面比例为 1.5%，劣 Ⅴ 类水质的断面比例为 0%。全省近岸海域海水质量达到Ⅰ类海水水质标准的海域面积占 71.8%，Ⅱ 类海水海域面积占 17.9%，Ⅲ 类海水海域面积占 2.0%，Ⅳ 类海水海域面积占 2.1%，劣 Ⅳ 类海水海域面积占 6.2%。

【水环境质量】2023 年 1 月 9 日，广东省生态环境厅举行例行新闻发布会，通报 2022 年全省大气和水环境质量状况，其中水环境质量状况如下：

饮用水源：89 个地级及以上市在用集中式饮用水源和 77 个县级行政单位及经济技术开发区所在城镇在用集中式饮用水源水质达标率继续保持 100%。

国考断面：149 个地表水国考断面水质优良率为 92.6%，同比上升 2.1 个百分点，12 个断面水质由Ⅲ类改善为Ⅱ类优（广州市流溪河李溪坝、汕头市梅溪河升平、韶关市墨江出口、翁江官渡、梅州市梅江西阳电站、惠州市吉隆河吉隆商贸城前、汕尾市黄江河海丰西闸、湛江市南渡河桥断面、茂名市鉴江高垌桥断面、罗定江茂名出境断面、袂花江塘口、肇庆市绥江五马岗断面）；5 个断面水质由Ⅳ类改善为Ⅲ类良（深圳市/东莞市茅洲河共和村断面、惠州市淡澳河虎爪断桥、汕尾市黄江河东溪水闸断面、东莞市东江沙田泗盛断面、茂名市寨头河出海口断面）；2 个劣Ⅴ类国考断面全部消劣（揭阳市练江青洋山桥断面是 2021 年消劣，潮州市枫江深坑断面是 2022 年消劣）。

海洋环境

【浅海面积】广东近岸海域 10 米水深以内的浅海面积 10 536.86 千米^2，其中 0～2 米水深浅海 205 千米^2，2～5 米水深浅海 350 千米^2。各市浅海面积见本书第 284 页附录 4。浅海海水营养物质丰富，浮游生物密集，底栖生物众多，饵料丰富，发展海水增养殖条件优越。全省可供发展海水养殖的浅海面积有 5 300 千米^2。浅海养殖利用潮间带及低潮线以外的浅海区域养殖水产生物，以发展网箱鱼类养殖（包括沉箱）和浅海贝类养殖（包括底栖贝类护养增殖）为主，其次为浅海藻类养殖及浅海礁盘增殖等。网箱养殖鱼类主要养殖品种有赤点石斑鱼、鲑点石斑鱼、紫红笛鲷、真鲷、平鲷、黑鲷、黄鳍鲷、军曹鱼、美国红鱼、尖吻鲈等。养殖贝类主要为附着性、固着性种类如牡蛎、翡翠贻贝、扇贝、合浦珠母贝等（简易垂下式和筏式吊养等），包括文蛤、西施舌、江珧等埋栖性种类的护养增殖等。养殖藻类主要为紫菜、羊栖菜等。浅海礁盘增殖以紫海胆等棘皮动物和螺、鲍等贝类为主要养护增殖对象。受热带气旋等制约因素影响，广东浅海养殖仍以风浪较小的内湾水域为主要开发利用场所，对开阔型海湾及等深线 5 米以外浅海的利用率仍极低，从而使得风浪较小、养殖条件适宜的内湾养殖过度开发的现象比较严重。

【滩涂分布】滩涂是指海岸带平均高潮线与平均低潮线之间向海洋和缓倾斜的滩面，由淤泥质或砂质河海相沉积物组成，是海岸带最重要的组成部分，也称海涂。狭义的滩涂是指潮间带，即那些高潮时被淹没而低潮时又露出的滩地。广义的滩涂上限延伸到风暴潮波及的地方，即潮上带，下限可延伸至低潮面以下若干米的适宜围垦或水产养殖的潮下带。广东省滩涂面积为 2 018.74 千米^2，约占全国滩涂总面积的 8.3%。其中分布于大、中河流河口的有 1 000 多千米^2，分布于海湾和沿岸的也有 1 000 多千米^2；滩涂可用于养殖的面积为 1 200 千米^2，潮上带可养殖面积（包括围垦后未能种植面积）约 800 千米^2。另有部分滩涂尚待利用。

广东沿海各市均有滩涂分布，主要分布在粤西沿海，面积达到 1 206.33 千米^2，占全省滩涂总量的 59.76%；珠三角次之，面积共 714.94 千米^2，占全省的 21.16%；粤东沿海滩涂面积最小，仅 97.47 千米^2，占全省的 4.83%。滩涂面积 6 667 公顷（10 万亩*）以上的市、县有 9 个：广州、中山、珠海、台山、阳江、廉江、遂溪、雷州、徐闻，其中粤西占 5 个。广东省各市滩涂面积见本书第 284 页附录 4。

【潮汐潮流】广东省的潮汐主要由太平洋潮汐经巴士海峡和巴林塘海峡进入南海到达沿岸而形成，受海陆、岛屿分布、海岸线和海底地形的影响，广东省沿海潮汐类型十分复杂，分为不正规半日潮、不正规日潮和全日潮 3 种类型。其中，不正规半日潮主要分布在福建东山岛至广东汕头附近和惠东江口至雷州半岛一带水域。

＊ 亩为非法定计量单位，1 亩＝1/15 公顷。

不正规日潮主要分布在粤东海门湾附近、碣石湾附近、雷州半岛南（琼州海峡）和北部湾的下泊至铁山港。全日潮主要分布在粤东的神泉港至甲子一带和雷州半岛西部海岸至下泊附近。广东省沿岸的潮差差异较大。自东向西，饶平至潮阳达濠岛的平均潮差在1.0～1.5米之间，达濠岛以西至珠江口的平均潮差在1米以下，而珠江口到粤西电白附近又略增至1～1.5米，湛江港附近为2～2.5米，雷州半岛东边到琼州海峡东部又降为1米以下，海峡西部增为1.5米，雷州半岛西岸到北部英罗湾安铺则由1.5米增至3.5米，向西至广西海岸降到2.5米。

【海洋生物资源】广东省海洋生物的种类组成和分布特点因其栖息生活的生态环境条件不同而异，从而形成浮游生物、游泳动物、底栖生物、潮间带生物、鸟类以及红树林6大类海洋生物种群，其中前4类被渔业直接利用。近岸海域还有种类和数量都极其丰富的微生物资源。

浮游生物。 海洋浮游生物分为浮游植物和浮游动物，浮游植物是初级生产者，浮游动物是次级生产者，丰富的浮游生物为海洋鱼类、虾蟹类、贝类等动物提供适口饵料。广东省海区有浮游植物406种，浮游动物416种。

游泳生物。 游泳动物主要是鱼类、头足类、虾类及蟹类的大多数种类，是渔业生产的原料基础，在下面"海洋渔业资源"部分中重点介绍。其他游泳动物有海洋哺乳类动物和爬行类动物（海龟、海蛇之类）。广东省海区有游泳生物1 297种。

底栖生物。 广东省海区有底栖生物828种。其中以软体动物和甲壳动物的种类、数量最多，尤其在南海沿岸浅海，软体动物的生物量占底栖生物总生物量的76%以上。

潮间带生物。 广东省沿海岸的潮间带生物有1 013种，以软体动物所占比最高，有325种；还有环节动物58种，节肢动物244种，棘皮动物56种，鱼类177种，藻类112种，其他门类生物41种。珠江口、韩江口、榕江口等河口湾，属亚热带低盐海域，潮间带生物多为河口性种类，有428种，其中软体动物167种，甲壳类75种，藻类植物57种，以及多种鱼类。潮间带生物量的水平分布，以珠江口岸段最高，粤东岸段次之，粤西岸段最低。

渔业资源

【概况】广东省濒临南海北部，生态环境良好，孕育了资源蕴藏量大、具多样性特点的海洋生物，包括鱼类、甲壳类、贝类、藻类四大类，其中近海鱼类200多种，近海虾蟹30多种，贝类100多种，藻类近100种。南海鱼类具有明显的热带—亚热带海洋鱼类种群多样性特征：（1）分布广。同一种鱼类通常以小群体的形式分布于不同海域，活动范围有限。（2）成熟早。大多数1龄性成熟，2～3龄进入繁殖盛期，繁育快。（3）洄游规律明显。大多数鱼类每年随海区水温、海流和饵料生物的变化，进行规律性群聚或索饵、产卵洄游，形成清晰的渔场与渔汛。可用于海水增养殖的沿海滩涂20多万公顷，0～10米等深线海域100多万公顷。广东河流纵横交错，山塘水库星罗棋布，内陆水域116万公顷，渔业资源丰富，有淡水鱼类279种和众多的虾、贝、龟、鳖、蛙等。

【南海渔场分布】广东省海洋捕捞生产场所主要在南海，南海北部大陆架渔场可分为3大类渔场或12个区域渔场。南海北部大陆架按海域的不同水深划分为3大类渔场（分布状况见本书第288页附录6）：

沿岸渔场。 亦称浅海渔场，在水深40米以内的沿大陆海区内，是多种鱼虾产卵及幼体栖息育肥的区域，其渔业资源既有适应沿岸、河口及岛礁等环境栖息、繁殖的低盐及广盐的鱼虾种类，也有近海的鱼类，如大黄鱼、白姑、海鲶、乌鲳等种属，还有甲壳类的虾、蟹及头足类等。形成刺钓、围网、定置张网、拖网作业渔场，有13.29万千米²。

近海渔场。 亦称中海渔场，在水深40～100米的海区内，受外海水影响为主的区域，盐度较高，是暖水性高盐鱼类种属的索饵、繁殖区。这些鱼类的主要种类有大眼鲷、蛇鲻、黄肚金线鱼、鲐鱼等。形成底层鱼类和中、上层鱼类的底拖网、刺钓作业渔场，有17.68万千米²。

外海渔场。 亦称深海渔场，在水深100～200米海区内，其海底坡度平缓、平坦、障碍物少，南海暖流常年贯穿此海域，盐度高，鱼种类多，资源分布有上、中、底层及近底层鱼类，是大型拖网、刺网、钓具渔船作业渔场，有6.43万千米²。

南海按海域的地理位置、传统作业习惯划分可分为12个区域渔场，也是广东渔船生产作业重点渔场，分别是：台湾浅滩渔场、粤东渔场、东沙渔场、珠江口渔场、粤西及海南岛东北部渔场、海南岛东南部渔场、北部湾北部渔场、北部湾南部及海南岛西南部渔场、中沙东部渔场、西中沙渔场、西沙西部渔场、南沙渔场。详见本书第288页附录7。

【海洋捕捞资源】 广东省地处南海北部，拥有陆架生态系统、陆坡生态系统、珊瑚礁生态系统以及大洋生态系统等多种渔业生态系统。广东海洋渔业资源具有热带暖水性海洋生物特点，种类繁多，各种类相互混栖，每一种类的群体数量较少，主要渔业资源由地方性种群组成，缺少外海大洋性种类，无明显的洄游路线，广泛分布在大陆架海域。

鱼类。广东南海北部大陆架海域有鱼类1 027种，南海北部大陆斜坡海域有205种，其中具有经济价值的有100多种，如大黄鱼、带鱼、竹筴鱼、金线鱼、鳗鱼、石斑鱼、金枪鱼等。广东海洋渔业资源以底层鱼类为主，占渔获量的50%，但大部分单一种鱼的数量不足渔获量的1%；其次为中、上层鱼类，占渔获量的18.3%左右，占有较大比重的有小公鱼、金色小沙丁鱼、蓝圆鲹以及日本竹筴鱼等。

虾类。广东海洋虾类在沿岸浅海域有200余种，南海北部大陆架海域有135种，北部大陆架海域有92种，东沙群岛海域有4种。常见虾类在粤东海域有20种，珠江口海域有36种，粤西海域有31种，北部湾北部海域有38种；南海北部大陆坡海域有34种。在南海北部近海区广泛分布的虾类有18种，如刀额新对虾、短钩对虾、墨吉对虾、日本对虾、斑节对虾、长毛对虾、近缘新对虾等。

蟹类。南海蟹类有673种，大多数分布在南海北部大陆架海域，以沿岸和近海种数最多。按蟹类栖息环境和特征区分，潮间带及寄生性等类型的蟹类有98种，寄居蟹类有71种，水域中蟹类有485种。在南海北部数量较多的蟹类为：三疣梭子蟹、远海梭子蟹、珠脊梭子蟹、锯缘青蟹等。锯缘青蟹是蟹类中的优质种类，主要分布于近岸、港湾和河口。

头足类。已知的南海头足类共有73种，占全国各海区数量之首位。其中南海北部大陆架海域有58种，南海北部大陆坡海域有21种。主要种类有6种：太平洋丛柔鱼、夏威夷柔鱼、鸢乌贼、飞柔鱼、埃布短柔鱼、菱鳍乌贼。

贝类。南海的贝类有452种，其中重要的种类有：近江牡蛎、褶牡蛎、长牡蛎、密鳞牡蛎、文蛤、西施舌、菲律宾蛤仔、翡翠贻贝、泥蚶、毛蚶、结蚶、凸壳肌蛤、红肉蓝蛤、波纹巴非蛤、蝾螺、栉江珧、杂色鲍、马氏珠母贝、大珠母贝、企鹅珠母贝、长肋日月贝和华贵栉孔扇贝等。

藻类。南海的藻类有258种，主要种类为长紫菜、广东紫菜、凝花菜、细毛石花菜、小石花菜、石花菜、匍匐石花菜、海萝、鹿角海萝、江蓠、鹧鸪菜和鹅肠菜等。

其他。其他重要的经济种类有：花刺参、糙参、紫海胆、方格星虫和海蜇等。

【海水增养殖种类】 适宜海水增殖及养殖的生物称为增养殖生物。广东沿海增养殖生物资源中，重要种类约有150种，其中有许多珍贵种类和南海区特有的稀有资源。重要种类中以软体动物为主，占70种以上，鱼类和藻类均占25种以上，甲壳类和棘皮动物都在10种以上。优势增养殖资源有：软体动物中的牡蛎、马氏珠母贝、文蛤、翡翠贻贝，甲壳类中的斑节对虾、墨吉对虾、长毛对虾、锯缘青蟹，鱼类中的石斑鱼类、鲷鱼类、鲻鱼类，藻类中的江蓠属藻类等。增养殖生物资源既有在全省沿海分布的广布种，也有在局部区域出现的特有种，以广布种为主，区域分布特征明显。

【淡水渔业水域】 广东河流纵横交错，山塘水库星罗棋布，人工池塘连片集中，淡水渔业水域资源丰富。水域资源调查资料显示，全省内陆水域总面积116万公顷（1 740万亩），包括江河水面67万公顷（1 000万亩），山塘水库水面20万公顷（300万亩），人工池塘水面27.8万公顷（417万亩），湖泊、河沟等其他水面约1.3万公顷（近20万亩）；还有低洼盐碱地等约53万公顷（约800万亩），大部分可开发水产增养殖。2022年，广东省淡水用于进行养殖面积30 7059公顷，占全省水产养殖面积的64.83%。

江河。广东省内共有大小河流1 343条，主要河流有珠江水系的东江、北江、西江和非珠江水系的韩江、榕江、漠阳江、鉴江、九洲江等。全省主要大江大河干流和支流水道水质总体良好，57.6%的江河监测断面水质优良，52.2%符合功能区水质标准，可作为水产养殖用水的水源。2022年，广东省河沟养殖面积757公顷，占全省淡水养殖面积的0.25%。

山塘水库。广东省内共有山塘水库61 319座，其中水库7 378座（大型水库18座、中型250座、小型7 110座），山塘53 941座，蓄水总库容400多亿米^3，总水面20余万公顷，其中可利用养殖的面积约8万公顷。新丰江水库、枫树坝水库、高州水库、流溪河水库、鹤地水库等大型水库水质均达到或优于Ⅲ类，部分水库为Ⅳ、Ⅴ类水质，主要是总氮、总磷含量偏高，都可有计划地发展水产增养殖业。2022年，广东省水库养殖面积41 906公顷，占全省水产养殖面积的13.65%。

池塘。池塘是淡水渔业水域的重要组成部分，淡水池塘在提供水产养殖活动的同时，也可起到蓄水的作用。2020 年，广东省淡水养殖池塘面积 246 997 公顷，占全省淡水养殖面积的 79.8%。2022 年，广东省池塘养殖面积 259 198 公顷，占全省水产养殖面积的 84.41%。

稻田。稻田养殖是利用水田既种稻又养鱼的一种生产方式。广东省稻田养鱼历史悠久，高峰期的 1996 年，稻田养鱼面积为 35 867 公顷，鲜鱼产量 16 731 吨。稻田养鱼为农民带来了较好的经济效益，每亩新增产值多的为一千多元，少的也有二三百元。此后，由于留守农村耕种的都是老人、妇女，无法将稻田养鱼持续下去，广东省稻田养鱼面积、产量呈递减趋势。2020 年，全省稻田养鱼面积 3 740 公顷、产量 2 200 吨。但 2021—2022 年有所增长，2022 年广东省稻田养鱼面积 4 503 公顷、产量 2 510 吨，分别比 2020 年增长 20.40% 和 14.09%。

【淡水生物资源】广东省地处亚热带—热带湿润季风气候，水网密布，江水较深，有机质含量较大，自然条件优越，淡水生物资源十分丰富。除了有丰富的鱼类资源外，还有其他种类繁多的水生动植物，并构成了各自的优势种群。有些成为鱼类的天然饵料，有些则为人类利用，成为食用、药用、工业和农业用的原料，均具有一定的经济价值。

鱼类。广东省内江河鱼类资源丰富，根据《广东淡水鱼类资源调查与开发利用》数据显示，2010 年广东省共有淡水及河口性鱼类 279 种，隶属 18 目、62 科、180 属。其中，鲤形目 115 种，占调查总种数的 41.20%；鲈形目 85 种，占调查总种数的 30.5%；鲶形目 24 种；鲱形目 13 种；鲽形目 8 种；鲻形目 8 种；其他 26

种。上述鱼类中经济鱼类占 50% 以上，主要有青鱼、草鱼、赤眼鳟、鲢、鳙、鲮、鲤、鲫、鳊、斑鳢、胡子鲶等 50 多种，珍稀与名贵鱼类有中华鲟、鳗鲡、鲈、大眼鳜、斑鳢（鲫鱼）、卷口鱼、唇鱼、长臀鮠、倒刺鲃、光倒刺鲃、桂华鲮等 20 多种。

虾蟹类。广东省内江河的甲壳类共有 26 种，主要经济种类有日本沼虾（青虾）、米虾、新对虾、脊尾白虾、细足米虾、锯缘青蟹、中华绒螯蟹、日本绒螯蟹等，以及国外引进养殖种类罗氏沼虾。

贝类。广东省内江河的贝类资源丰富，珠江水系有腹足纲种类共 38 种，其中常见经济种类有中国圆田螺、环棱螺。有瓣鳃纲种类共 25 种，其中常见经济种类有淡水壳菜、河蚬、背角无齿蚌、褶纹冠蚌、光滑河兰蛤等。

其他水生动物。广东省内江河中尚有很多种类水生生物资源，底栖动物就有 129 属。如底栖环节动物的疣吻沙蚕、单叶沙蚕（俗称禾虫），是很有价值的水产食品；虎纹蛙、棘胸蛙（石蛤）、鳖、山瑞鳖、平胸龟、黄喉拟水龟、乌龟、三线闭壳龟（金钱龟）、金头闭壳龟、黑颈乌龟等水产动物，具较高经济价值，已开展一定规模养殖。

浮游植物。广东省内江河浮游植物约有 178 属，以绿藻种类最多（82 属），硅藻其次（45 属）。江河上游流急、石砾硬底质，着生绿藻类的刚毛藻、毛枝藻、竹枝藻、鞘藻等丝状藻类较多，为鲃亚科等鱼类提供饵料；江河中下游有机质较为丰富，生长适应静水生活的绿藻、甲藻、蓝藻等藻类，为鲢、鳙、赤眼鳟等提供饵料。

浮游动物。江河浮游动物约有 210 种，其中原生动物 38 种、

轮虫 78 种、枝角类 45 种、桡足类 49 种。常见种有表壳虫、沙壳虫、湖沼似铃虫、萼花臂尾轮虫、螺形龟甲轮虫、月形腔轮虫、短尾秀体溞、长额象鼻溞、颈沟基合溞、拟剑水溞、广布中剑水溞等。

水生维管束植物。水生维管束植物是监测水体污染的哨兵，也是净化污水的能手。全省境内有水生维管束植物 117 种。水生维管束植物资源破坏较严重，多生长在一些较小的支流中，常见种类有喜旱莲子草、马来眼子菜、龙须眼子菜、菹草、茨藻、矮慈姑、浮萍等。

【淡水养殖种类】广东淡水养殖对象主要是鱼类，此外还有一些甲壳类、贝类、两栖类、爬行类等特种水产动物，传统的养殖对象只有七八种鱼类。自 1957 年以来，先后引进、移殖、驯化、杂交培育了一批新品种，增加了养殖种类。到 2012 年，已形成批量生长的品种达到 50 多种，是全国淡水养殖品种最多的省份。

传统养殖种类。广东省传统养殖的淡水鱼类主要包括广东四大家鱼（草鱼、鳙、鲢、鲮）、鳊、鲤、鲻等。这些品种具有几百年的养殖历史，至今仍是日常生活中的必需水产品。其中草鱼、鳙、鲢、鲮四种鱼类由于分居不同水层、食性不同，混养在一起可充分利用水体以及饲料资源，提高综合经济效益而成为传统养殖品种中的主要养殖品种，2012 年，广东省这四种鱼的产量为 128.71 万吨，占淡水养殖产量的 41%。其中草鱼是广东的主要淡水养殖品种，2020 年全省产量 89.93 万吨，2022 年产量 91.70 万吨，是淡水养殖产量最多的鱼类，居全国首位；鲮是华南地区特有的暖水性鱼类，以广东产量最高，

2012年为38万吨，约占全国的3/4，约占广东四大家鱼产量的三成。

移殖国内种类。1968年广东省从湖北省移殖团头鲂在池塘养殖，获得成功，进行大力推广；1976年从黑龙江移殖东北鲫，现已经在全省养殖，成为重要的养殖品种，2020年全省鲫养殖产量16.83万吨，2022年产量15.78万吨，略有减少。1985年从长江移殖翘嘴鳜，第二年繁殖成功，于1989年开始推广，2012年全省鳜养殖产量超过10万吨，2020年产量为14.33万吨，2022年14.87万吨，历居全国首位。

引进国外种类。这里所说的引种是指将国外或者外地区的养殖种类引入到广东水域进行养殖的一种生产方式。1957年从越南引进原产于非洲的莫桑比克罗非鱼；1976年引进日本白鲫、罗氏沼虾；1978年从泰国引进野鲮、蟾胡子鲶以及尼罗罗非鱼。1980年后，先后引进奥里亚罗非鱼、革胡子鲶、加州鲈、淡水白鲳、麦鲮、斑点叉尾鮰、美国青蛙、泰国鳖等品种，大部分已经形成一定的养殖模式。1984年引入试养的加州鲈，在1985年人工繁殖成功，成为重要的池塘养殖鱼类，2015年产量超过10万吨，居全国首位，2020年全省鲈鱼养殖产量达36万吨，占全国的58.3％，以加州鲈为主，2022年产量为38.19万吨。1976年从马来西亚引进罗氏沼虾，1990年起在广东省大面积养殖，2015年产量为3.2万吨，2020年产量为6.9万吨，2022年产量为7.49万吨，居全国首位。

杂交培育良种。广东省杂交培育的良种主要有罗非鱼、杂交鳢、鲫等。1993年茂名三高种苗繁育场与中国水产科学研究院淡水渔业研究中心合作，引进美国奥本大学尼罗罗非鱼，生产出奥本奥尼罗非鱼。1995年，上海海洋大学引进吉富罗非鱼并选育出新吉富罗非鱼，指导广东省罗非鱼良种场和茂名伟业罗非鱼良种场，分别生产出"广特超"和"吉奥"罗非鱼。罗非鱼已成为广东省淡水养殖的主要品种之一，年产量超过70万吨，2022年产量75.67万吨，仅次于草鱼的产量，历居全国首位。斑鳢和乌鳢的杂交种——杂交鳢，生长速度比斑鳢和乌鳢快30％以上，且性情温驯，容易驯化摄食膨化颗粒饲养，抗病力强，产量高，2012年全省产量为11.5万吨，2020年全省鳢养殖产量近23万吨，2022年29.58万吨，居全国首位，以杂交鳢为主。以黑龙江省方正县双凤水库的方正银鲫为母本，用江西省兴国红鲤精子刺激卵子行雌核发育产生的全雌性后代——异育银鲫，具有明显优势：生长快，食性杂，易饲养，疾病少，成为重要的养殖品种。

驯化名贵品种。引入种在新的水域不仅能存活、生长，而且能繁殖后代这一过程叫驯化。1990年以来，中国水产科学研究院珠江水产研究所（简称珠江水产研究所）繁殖广东鲂成功；茂名、高州等地繁育月鳢（山斑鱼）成功；清远阳山县鱼苗场、珠海市斗门金鲩水产科技有限公司繁育倒刺鲃、光倒刺鲃成功。此后，全省各地广泛开展野生品种的驯化工作，由于广东地理条件独特，野生的名贵鱼类较多，已经被驯化养殖的品种有：鳗鲡、胡子鲶、斑鳢、河鲶、大眼鳜等，到2020年，除了鳗鲡以外，其他均可人工繁殖。广东作为鳗鱼养殖的发源地，鳗产量占全国四、五成，2015年产量超过10万吨，2020年产量为11.05万吨，占全国的44％，居首位；2022年产量17.61

万吨。中华鳖俗称甲鱼、水鱼，分类上隶属爬行纲、龟鳖目、鳖科、鳖属，20世纪80年代后期驯化养殖获得成功，并逐步发展成为水产养殖从业者追捧的养殖品种。2012年全省鳖养殖产量1.7万吨，2015年1.1万吨，2020年1.986万吨；2022年产量3.72万吨，比2020年增长87.55％。

养殖濒危物种。濒危物种泛指珍贵、濒危或稀有的野生动植物，特指《濒危野生动植物物种国际贸易公约》附录所列物种及国家和地方重点保护的野生动植物。在广东省的水产养殖中，国家二级保护水生野生动物——大鲵的养殖主要在清远市，养殖总数在全省居首位。金钱龟是国家二级保护野生动物，养殖始于20世纪80年代中期，养殖场所大多都是将阳台、庭院和空闲房间改造后饲养，养殖户分布较集中，主要在惠州、茂名、湛江等地，养殖规模也较大。花鳗也是国家二级保护野生动物，养殖要有养殖证。广东等地积极发展花鳗养殖，养殖的花鳗种类主要为菲律宾花鳗，约占95％，海南本地花鳗占3％～5％。花鳗已成为一个新的鳗养殖品种。

二、渔区渔民

⦿ 渔业乡村

【概况】在农村中，从事渔业生产与经营的人员占全部从业人员50％以上或渔业产值占农业产值的比重50％以上的乡村，即为渔业乡和渔业村；达不到上述标准的，但一直是以经营渔业为主，并经上级主管部门批准定为渔业乡村的亦可统计为渔业乡和渔业村。

1949年10月广东沿海陆续解放后，建立了人民政权，恢复渔业生产。1953年，成立沿海边防委员会，进行系统的渔业民主改革运动，维护海上治安和生产秩序，同时建立南澳、珠海、雷东等3个渔民县、53个渔民区（镇）和575个渔民乡政权，以及民兵组织等渔民群众团体。从1954年开始，以开展互助合作为中心，将渔民组织起来，到1957年，全省建立985个渔业生产合作社，加入渔业合作社的渔户占90%以上。合作社规模一般10艘渔船左右，实行生产资料集体所有制，因而建社后单位产量一般增加30%左右，社员普遍增收。从1961年开始，把已合并农村人民公社的渔业社队划分出来，单独建立渔业公社、渔业大队或专业队。

广州市1949年10月14日被划分为28个区，专门设立水上区1个（珠江区），管理主要以渔业为生的水上居民，可看作是广州市的渔村组织。1950年广州市调整行政区划设置，把20个城区合并为8个区，水上区不变。一直到1958年12月，撤销珠江区；但当时成立人民公社，专门设立了渔业公社，组织渔民发展渔业生产。

1984年，广东省农村体制改革，将人民公社改为区，设区公所。各生产大队改乡，设乡政府。1986年，撤销区公所，改建制为乡镇。渔业人民公社，也同时改制为区，改建制为乡镇。渔业大队，也同时改制为管区或改制为村委。渔业社队，也改称为渔业乡村。

【渔业乡】根据2015—2020年的渔业统计年报，广东省统计有渔业乡情况：2015年97个，2017年99个，2020年81个，2020年的数量占全国694个的11.67%，排名在辽宁（127个）、山东（94个）、浙

江（91个）之后，居第四位。

广东省统计的渔业乡中，属于海洋渔业的渔业乡情况：2015年70个，2016年71个，2020年70个，2020年的数量占全国379个的18.47%，排名在浙江（79个）、辽宁（72个）之后，居第三位。

2022年，广东省统计有渔业乡79个（其中属于海洋渔业的渔业乡69个），占全国700个的11.29%。广东省在各地级及以上市的渔业乡分布情况：最多的汕尾市有24个，其次是湛江市12个，茂名市9个，汕头市7个，中山市6个；然后是肇庆市5个，阳江市4个，珠海、惠州和潮州市各3个，揭阳市2个，东莞市1个。从区域分布，粤东沿海4个市有36个，占全省的45.6%；珠江三角洲沿海7个市有13个，占全省的16.5%；粤西沿海3个市有25个，占全省的31.6%；内陆7个市有5个，占全省的6.3%。

【渔业村】根据2015—2020年的渔业统计年报统计的情况，广东省统计有渔业乡：2015年1 022个，2017年1 045个，2020年896个。2020年数量占全国7 120个的12.58%，排名在山东（1 198个）之后，居第二位。

广东省统计的渔业村中，属于海洋渔业的渔业村的有：2015年626个，2017年632个，2020年576个。2020年的数量占全国3 271个的17.61%，排名在山东（803个）之后，居第二位。

2022年，统计的广东省有渔业村1 055个（其中属于海洋渔业的渔业村620个），占全国7 065个的14.93%。广东省在各地级及以上市的渔业村分布情况：最多的湛江市有212个，其次是汕尾市207个，然后是有31~81个的9市：珠海、中山、阳江、潮州、

茂名、江门、汕头、佛山、揭阳；30个以下的有10市，其中惠州市26个，东莞市21个，河源市16个，广州、肇庆市各12个，清远市11个，韶关、云浮市各3个（深圳、梅州没有）。

渔业群体

【渔业户】渔业户是指农（渔）村和城镇住户中主要从事渔业生产与经营的家庭。根据渔业统计年报：2015年广东省有渔业户52.59万户，之后逐渐减少，2020年有49.96万户，占全国439.10万户的11.38%，居全国首位，比居第二位的湖北45万户多4.96万户。广东省渔业户中，属于海洋渔业的：2015年22.55万户；2016年22.56万户，之后逐渐减少；2020年为19.56万户，占全国133.60万户的14.64%，排名在福建（33.02万户）、山东（28.60万户）、浙江（19.91万户）之后，居第四位。

2022年，广东省统计有渔业户51.37万户（其中属于海洋渔业的20.80万户），比2020年增加2.82%，占全国415.22万户的12.37%。广东省的渔业户在各地级及以上市分布情况：最多的湛江市84 453户，然后是3.6万~4.5万户的7市：分别是揭阳、佛山、江门、茂名、珠海、梅州、汕尾；接着是1.3万~2.6万户的7市：分别是汕头、潮州、阳江、肇庆、韶关、惠州、广州；不足万户的6市，依次为中山、河源、云浮、清远、东莞、深圳，其中东莞（4 545户），深圳0户。

【渔业人口】指依靠渔业生产和相关活动维持生活的全部人口，包括实际从事渔业生产和相关活动的人口及其赡（抚）养的人口。根据渔业统计年报，广东省渔业

人口情况：2015 年 235.08 万人，之后逐渐减少，2020 年 216.79 万人。2020 年占全国 1 720.77 万人的 12.60%，居全国首位，比居第二位的福建（162.18 万人）还多 54.61 万人。其中属于海洋渔业的渔业人口有：2015 年 108.98 万人，2016 年 109.33 万人，之后逐渐减少，2020 年为 94.83 万人。2020 年占全国 525.78 万人的 18.04%，比福建（133.25 万人）少 38.42 万人，居全国第二位。

2022 年，广东省统计有渔业人口 214.09 万人，为 2020 年的 98.75%（其中，属于海洋渔业的 97.50 万人，为 2020 年的 102.82%），占全国 1 619.45 万人的 13.22%。广东省的渔业人口在各地级及以上市分布情况：最多的湛江市 31.93 万人，其次是汕尾市 22.34 万人，然后是 10 万～20 万人的 5 市：茂名、揭阳、佛山、汕头、江门；接着是 5 万～10 万人的 6 市：潮州、梅州、阳江、韶关、惠州、肇庆；最后是 5 万人以下的 8 市：珠海、广州、河源、云浮、中山、东莞、清远和深圳，其中东莞 1.55 万人，清远 1.48 万人，深圳 567 人。

【传统渔民】渔业乡、渔业村的渔业人口均可称为传统渔民，他们世代以渔业为生，多聚居在一起形成专业渔村。根据渔业统计年报，广东省传统渔民人口情况：2015 年 102.86 万人，之后逐渐减少，2020 年 96.47 万人，占全国传统渔民 555.43 万人的 17.37%，居全国首位，比居第二位的湖北（84.22 万人）多 12.25 万人。其中，属于海洋渔业的渔业人口：2015 年 73.32 万人，之后逐渐减少，2020 年为 62.52 万人（占传统渔民人口的 65.94%），占全国 272.03 万人的 22.98%，比福建（76.45 万人）少 13.51 万人，居

全国第二位。

2022 年，广东省统计有传统渔民人口 86.09 万人，为 2020 年的 89.21%（其中，属于海洋渔业的 63.35 万人，为 2020 年的 101.33%），占全国 515.16 万人的 16.71%。广东省的传统渔民人口在各地级及以上市分布情况：最多的湛江市 18.19 万人，其次是汕尾市 13.35 万人，然后是 6 万～8 万人的 5 市：揭阳、佛山、阳江、汕头、茂名；接着是 1 万～3 万人的 6 市：梅州、江门、珠海、惠州、韶关、潮州；最后是不足万人的 8 市，广州、东莞、中山、肇庆、云浮、河源、清远、深圳，其中河源 736 人，清远 580 人，深圳 0 人。

渔业从业人员

【概况】渔业从业人员是社会中 16 岁以上有劳动能力，从事一定渔业劳动并取得劳动报酬或经营收入的人员，按全年从事渔业活动的时间长短或生活来源依赖渔业活动的比例，分为专业、兼业、临时从业人员。2015 年以来，随着机械使用增加，广东省渔业从业人员（渔业劳动力）逐渐减少。2015 年，全省渔业从业人员 127.52 万人，2020 年减少到 121.40 万人，占全国 1 239.59 万人的 9.79%，比山东（125.37 万人）少 3.93 万人，居全国第二位。其中，属于海洋渔业的从业人员：2015 年 51.86 万人，之后逐渐减少，2020 年 46.74 万人。2020 年占全国 349.43 万人的 13.58%，排名在山东（89.71 万人）、福建（71.09 万人）之后，居全国第三位。

2022 年，广东省统计有渔业从业人员 117.53 万人，为 2020 年的 96.81%（其中属于海洋渔业的 45.65 万人，为 2020 年的

97.67%），占全国 1 177.92 万人的 9.98%。广东省的渔业从业人员在各地级及以上市分布情况：最多的湛江市 26.48 万人，其次是茂名市 13.16 万人，然后是 5 万～10 万人的 9 市：阳江、佛山、揭阳、江门、汕头、茂名、珠海、韶关市、梅州；接着是 1 万～5 万人的 9 市：汕尾、肇庆、惠州、潮州、广州、河源、中山、云浮、清远，最后是不足万人的 2 市：东莞 5 568 人，深圳 355 人。

【专业从业人员】渔业专业从业人员是全年从事渔业活动 6 个月以上或 50% 以上的生活来源依赖渔业活动的渔业从业人员。2015—2020 年，广东省渔业专业从业人员逐渐减少。2015 年，全省渔业专业从业人员 83.71 万人，2020 年减少到 78.82 万人。2020 年占全国 666.49 万人的 11.83%，居全国第一位。其中，属于海洋渔业的专业从业人员：2015 年 38.06 万人，之后逐年减少，2020 年 34.13 万人，占全国 214.57 万人的 15.90%，排名在福建（42.59 万人）、山东（40.20 万人）之后，居全国第三位。

2022 年，广东省统计有渔业专业从业人员 76.23 万人，为 2020 年的 96.71%（其中属于海洋渔业的 33.83 万人，为 2020 年的 99.12%），占全国 627.41 万人的 12.15%。广东省的渔业专业从业人员在各地级及以上市分布情况：最多的湛江市 11.92 万人，然后是 4 万～8 万人的 5 市：佛山、茂名、江门、阳江、汕尾；接着是 2 万～4 万人的 7 市：揭阳、汕头、珠海、梅州、肇庆、韶关、惠州；1 万～2 万人的 4 市：广州、潮州、河源、中山；最后是不足万人的 4 市：云浮 9 432 人，清远 6 684 人，东莞 2 211 人，深圳 26 人。

在渔业专业从业人员中，从事水产养殖业的占大多数，2022年有43.12万人，占60.8%；同年从事捕捞渔业的21.14万人，占29.8%；从事其他渔业的6.66万人，占9.4%。而在海洋渔业专业从业人员中，从事养殖业的有10.86万人，捕捞业的17.74万人，其他渔业的3.46万人，分别占33.9%、55.3%和10.8%。

【兼业从业人员】渔业兼业从业人员是全年从事渔业活动3~6个月或20%~50%的生活来源依赖渔业活动的渔业从业人员。2015年以来，广东省渔业兼业从业人员逐渐减少。2015年，全省渔业兼业从业人员36.75万人，2016年减少到36.03万人，2020年又减少到35.48万人，占全国418.84万人的8.47%，排名在四川（60.61万人）、湖南（39.64万人）之后，居全国第三位。其中，属于海洋渔业的兼业从业人员：2015年10.93万人，2018年11.13万人，之后逐年减少，2020年99 720人，占全国79.32万人的12.57%，排名在山东（24.28万人）、福建（19.18万人）之后，居全国第三位。

2022年，广东省共计有渔业兼业从业人员34.63万人，为2020年的97.60%（其中属于海洋渔业的9.11万人，为2020年的91.32%），占全国400.72万人的8.64%。广东省的渔业兼业从业人员在各地级及以上市分布情况：最多的茂名市5.67万人，其次是揭阳市4.92万人；然后是1万~3万人的9市：湛江、韶关、江门、梅州、汕头、惠州、汕尾、佛山、阳江；最后是不足万人的10市：潮州、广州、肇庆、珠海、清远、云浮、河源、中山、东莞、深圳，其中东莞1 543人，深圳0人。

【临时从业人员】渔业临时从业人员是全年从事渔业活动3个月以下或20%以下的生活来源依赖渔业活动的渔业从业人员。2015年，广东省渔业临时从业人员7.06万人，2016年减少到7.00万人，之后有所增加，2019年7.14万人，2020年又减少到7.10万人。2020年占全国154.26万人的4.6%，在全国排第十位。其中，属于海洋渔业的临时从业人员：2015年2.88万人，2016年2.91万人，之后逐年减少，2020年2.64万人，占全国55.53万人的4.8%，居全国沿海11省（自治区、直辖市）中间，排第六位。

2022年，广东省统计有渔业临时从业人员6.67万人，为2020年的93.98%（其中属于海洋渔业的2.21万人，为2020年的83.74%），占全国149.78万人的4.45%。

三、渔业设施

渔港

【概况】渔港是渔业生产和渔民生活的基地。2022年，广东沿海有渔港113个。广东渔港名录见本书第284页附录5。中华人民共和国建立前，广东的渔港基本处于自然状态。中华人民共和国成立后，国家从1952年起拨专款建设渔港，1958年省水产厅成立渔港建筑工程队（1979年改为广州渔港建设工程公司）。同年4月，广东省人民政府规定征收渔港建设基金，采取"民办公助"的办法，进行渔港建设。至1992年40多年间，全省累计用于渔港建设的投资2亿多元（其中国家拨款9 897万元），建起3个国有渔业基地（湛江远洋渔业基地，广州海洋渔业基地，汕头渔业基地），13个群众渔港（即一级渔港）初步达到中心渔港的水平，对渔业生

产的发展和保障渔船安全发挥重大作用。2018年开展全省渔港基础性要素普查工作，初步摸清全省渔港信息，并结合全国渔港核查工作，补充完善渔港资料，建立全省渔港信息数据库，绘制全省"渔港一张图"。对基础条件成熟、港章明确、港界明晰、产权清晰、管理主体到位的渔港，采取现代科技手段制作矢量图，形成永久固化渔港的电子档案。

【现代渔港建设】制定《广东省现代渔港建设规划（2016—2025年）》，将现代渔港建设列入省十件民生实事，2016年省级安排11亿元建设13个示范性渔港和区域避风锚地。渔船、渔港、安全通信等渔业装备水平不断提高，渔业安全生产保障能力显著提高。安排8亿元扶持资金，重点用于鼓励制造、更新改造远洋渔船、建设远洋渔业基地等发展方向；推动省属远洋渔业企业——广东广远渔业集团有限公司混合所有制改革；支持广州远洋渔业公司开展斐济远洋基地建设。

2022年，广东沿海113个渔港中，有中心渔港12个，一级渔港16个，二级渔港27个，三级渔港40个；广东沿海渔港占全国1 154个的9.64%，其中中心渔港占全国73个的16.44%，一级渔港占全国95个的16.84%，二级渔港占全国222个的12.16%，三级渔港占全国396个的10.10%。

【渔港经济区】2018年，国家发展改革委、农业农村部印发《全国沿海渔港建设规划（2018—2025年）》，规划广东沿海市统筹建设汕头海门、惠州—深圳、海陵岛—阳西、湛江湾等17个渔港经济区，其中国家级沿海渔港经济区8个。广东省委实施乡村振兴领导小组于2019年12月发布

经省委同意的《关于推进现代农业高质量发展的指导意见》，提出打造渔港经济区等重大平台，统筹建设饶平、徐闻等17个渔港经济区，吸引和集聚现代渔业要素，加强渔港基础设施建设和标准化、规范化管理，推进渔民"减船转产"和渔船更新改造，提升远洋捕捞能力，推动海洋渔业经济转型升级。省农业农村厅在"加快推动渔港建设管理工作""加快推进渔港振兴""广东省渔港经济区建设策略"等方面经过深入调研，形成了相关政策研究报告，指导渔港经济区建设，实施渔港振兴战略，并于2020年12月印发《广东省渔港经济区建设规划编制及渔港核查工作方案》，部署指导各地开展渔港经济区规划和实施方案的组织编制。

2021—2022年省农业农村厅指导列入《全国沿海渔港建设规划（2018—2025年）》的全省17个沿海渔港经济区所在市、县完成渔港经济区规划编制和评审工作；完成广东省"渔港一张图"信息管理平台建设工作，并上线试运行；推动广州番禺和汕头南澳国家级沿海渔港经济区项目、4个平安渔港项目及4个渔港综合管理试点项目完成前期工作并于2022年开工建设；督促各市、县加快推进18个在建渔港项目建设，2022年底有9个完工验收；完成渔港建设攻坚行动第一阶段任务。

● 渔船渔具

【概况】渔业船舶是指从事渔业生产的船舶以及为渔业生产服务的船舶，按有无推进动力分为机动渔业船舶和非机动渔业船舶。按生产性质分为生产渔船和辅助渔船。

2020年《渔业统计年报》显示，广东省渔船年末拥有量51 291艘，总吨位101.16万吨，总功率208.58万千瓦，分别为2015年的79.10%、104.36.%、84.40%；其中非机动渔船1 864艘，总吨位6 178吨，分别为2015年的52.92%、74.89%。

广东省渔船2020年末拥有量艘数、总吨位和总功率分别为全国的9.11%、10.06%、11.24%；其中非机动渔船分别为全国的0.99%（艘数）、2.35%（总吨位）。

《2022年渔业统计年报》显示，广东省年末渔船拥有量50 081艘，总吨位113.58万吨，总功率223.62万千瓦，分别为2020年的98.08%、129.70%、107.21%；其中非机动渔船1 006艘，总吨位8 975吨，分别为2020年的53.96%、147.27%。

【机动渔业船舶】机动渔业船舶是指依靠本船主机动力来推进的渔业船舶，分为渔业生产船和渔业辅助船。2020年末广东省机动渔船拥有量为4.94万艘，总吨位100.54万吨，总功率208.58万千瓦，分别占全省渔业船舶的96.80%、85.98%、67.87%，为2015年的80.06%、104.61%、84.40%；分别为全国的13.19%、10.26%、11.24%，均居全国第三位。

《2022年渔业统计年报》显示，广东省渔船中机动渔船4.91万艘，总吨位112.68万吨，总功率223.62万千瓦，分别为2020年的99.28%、120.75%、102.14%。

根据《2020年渔业统计年报》，全省纳入登记管理机动渔船48 627艘，其中海洋渔业机动渔船38 550艘，总吨位977 969吨，总功率1 974 383千瓦，其中用于海洋捕捞渔船32 066艘，用于海水养殖渔船2 682艘，海洋渔业辅助渔船3 510艘。全省海洋渔船呈

"四多四少"特点，即：小船多、大船少，木船多、钢船少，老船多、新船少，沿岸船多、远海船少。由于大量渔船设备陈旧、技术状况差，已成为耗能大户。

随着近海捕捞资源的衰竭，需要进行海洋渔业结构调整，发展海水养殖业，调整海洋捕捞结构，促进渔民转产转业。坚持并不断完善海洋渔船"双控"制度，重点压减老旧、木质渔船，特别是"双船底拖网、帆张网、三角虎网"等作业类型渔船，除淘汰旧船再建造和更新改造外，禁止新造、进口将在中国管辖水域进行渔业生产的渔船。

【渔业生产船】渔业生产船是直接从事渔业捕捞和养殖活动的船舶统称。从事捕捞业活动的渔船为捕捞船，从事养殖业活动的渔船为养殖船。广东省渔业生产船2020年末拥有量为46 263艘，总吨位93.01万吨，总功率181.08万千瓦，分别占渔业机动船的93.59%、92.51%、86.82%，为2015年的81.76%、105.20%、82.38%；分别为全国的12.85%、10.68%、11.14%；艘数居全国第三位、总吨位和总功率均居全国第四位。

2022年末广东省渔业生产船拥有量为45 922艘，总吨位104.70万吨，总功率196.04万千瓦，为2020年的99.26%、112.57%、108.26%，艘数基本稳定，总吨位增长12.57%，总功率增长8.26%。

【渔业辅助船】广东省渔业辅助船2020年末拥有量为3 191艘，总吨位75 333吨，总功率27.49万千瓦，分别占渔业机动船的6.46%、7.49%、13.18%，为2015年的79.14%、106.44%、107.14%，为全国的21.85%、6.91%、11.87%。

在渔业辅助船中，2020年末捕捞辅助船拥有量2822艘，总吨位64142吨，总功率18.38万千瓦，占渔业辅助船的88.44%、85.14%、66.83%，分别为2015年的77.74%、103.74%、101.48%，为全国的25.76%、6.45%、11.43%。

2022年末广东省渔业辅助船拥有量为3153艘，总吨位79777吨，总功率27.58万千瓦，分别占渔业机动船的6.42%、7.08%、12.33%，为2020年的111.73%、124.38%、150.05%。

在渔业辅助船中，2022年末捕捞辅助船拥有量2812艘，总吨位69566吨，总功率18.28万千瓦。

四、21世纪渔业发展

2001—2012年的发展

【概况】进入21世纪，广东渔业转为巩固提高时期。养殖面积增加不多，重点是提高单产水平，发展名优品种养殖，优化捕捞产业结构。特别是2006年以后，转入提高质量效益阶段，以渔业增效、渔民增收为目标，以产业结构调整为主线，实施科技兴渔，优化产业结构，转变增长方式，实现渔业科学发展。2012年全省水产品总产量789.5万吨，比2000年的593.2万吨增长33.09%；比2010年的729.0万吨增长8.30%。2012年，全省渔业经济总产值达到1984亿元，为2000年595亿元的3.34倍；渔民人均纯收入达到11137万元，为2000年5750元的1.94倍。渔业经济占全省农业生产总产值比重达到19.7%，渔业经济总产值、水产品总产量连续多年居全国前列。水产品市场供给充足，质量安全水平稳步提升，产地抽检合格率平均保持在95%以上，为丰富全省城乡居民"菜篮子"供给、稳定农产品价格、保障食物安全发挥了重要作用。同期全省水产养殖业发展迅猛，2012年全省水产养殖面积57.52万公顷，比2000年的56.45万公顷增加1.9%；水产养殖业产量达619.83万吨，比2000年的388.19万吨增加59.7%；捕捞与养殖的产量比例由2000年的34.6∶65.4转变为21.5∶78.5，养殖业已成为渔业生产发展的主要力量。

【单产水平提高】2001年以来，广东省水产养殖业在稳定和保护一、二类池塘养殖面积的同时，有计划、有步骤地加快三、四类池塘的整治改造，全面提高池塘的生产条件。全省淡水池塘养鱼平均单产（千克/公顷）在2000年8003千克的基础上，年年提高，2005年达9770千克，5年提高1767千克，增长22.1%；2010年达10539千克，10年提高2536千克，增长31.7%。2012年达11253千克，12年提高3250千克，增长40.6%。2012年全省水产养殖面积57.52万公顷，平均单产10980千克，比2000年的7923千克提高3057千克，增长38.58%。

【名优品种养殖】进入21世纪，广东省组织实施"一条鱼"工程，发展名特优新水产品种养殖，到2005年建立鳗鱼、罗氏沼虾、鳜鱼、加州鲈、罗非鱼、甲鱼、鲍鱼、对虾、优质海水鱼、海水珍珠10大水产商品基地。10大名优主导产品产量均居全国前列，单一品种占全国总产量的比例分别是：鳗鱼6.59万吨，占36.8%；淡水鲈鱼11.43万吨，占70.9%；罗氏沼虾2.79万吨，占28.1%；鳜鱼8.76万吨，占49.9%；罗非鱼46.47万吨，占47.5%；甲鱼2.36万吨，占12.9%；鲍鱼3379吨，占19.1%；对虾37.92万吨，占35.6%；优质海水鱼22.35万吨，占33.9%；海水珍珠22845千克，占67.4%。渔业科技含量达到了50%，属全国最高水平。"三高"渔业发展迅猛，产值占养殖业的一半以上。

【海洋捕捞负增长】进入21世纪，广东在海洋捕捞业方面，贯彻"改造一批，淘汰一批，转移一批"的调整原则，调整优化作业结构，淘汰在沿岸渔场作业的小马力拖网、拖虾、拖贝渔船，引导破坏生态环境的近海拖网作业渔船改为刺钓作业，发展外海生产和远洋渔业，到2000年顺利实现海捕产量"零增长"的预期目标。2005年，海洋捕捞产量为172.05万吨，比2000年减少10.1%，年均递减1.94%；淡水捕捞产量13.02万吨，比2000年减少3.8%，年均递减0.78%。远洋渔业迅速发展，2005年全省远洋渔业船数达181艘，产量12.62万吨，产值7.75亿元。

【质量安全管理】2005年2月21日，广东省海洋与渔业局成立渔业产品质量安全监督处，并逐步在全省各地建立相应的管理机构和技术支撑机构。全省初步建立起以省渔业质量监督检验中心、省水产养殖病害防治中心为骨干的水产品质量安全及病害监测检验体系。举办水产品质量安全执法培训班，培训渔政执法骨干，提高渔政队伍专业执法水平。加大水产品质量安全执法力度。有效遏制了生产、流通等环节滥用药物、使用违禁药的违法行为。开展养殖行为规范和水产品质量安全的执法监督，加大水产种苗生产监管力度，开展种苗场专项整治行动。对所有出口主导水产品和"菜篮子"工程主要品种进行常规抽检，抽检总合格率稳定在 90% 以上。

出台水产品标识管理实施细则，率先实施水产品标识管理，在生产环节，将产地标识与产地证明有机结合起来，并与质量安全追溯和产地准出、市场准入有机结合。在流通环节，以水产品批发市场、超市、建制镇以上农产品集贸市场等为重点，以明了易懂、可操作、可控为原则，清晰标示产品名称、产地、生产或捕捞日期、生产或销售者名称、地址、联系电话等基本信息。2012 年，全省主要水产品批发市场、超市已 100% 实施标识管理。

【水产健康养殖推广】 农业部自 2006 年开始在全国开展创建农业部水产养殖健康示范场活动。广东省组织实施，到 2012 年，制定和实施渔业地方标准 172 项，建成对虾、珍珠、罗非鱼、鳗鲡、中华鳖等 34 个省级及以上标准化养殖示范区，无公害水产品行动计划进展迅速，全面启动无公害水产品认证"一体化"工作。到 2012 年，全省共认定无公害水产品产地 1 064 个、面积 10.65 万公顷，认证无公害水产品 837 个，创建省级水产品质量示范点 302 个，建设部级水产健康养殖示范场 116 个，有 103 个涉渔产品获国家或广东省农业名牌产品称号，占全省农业名牌产品的 1/3。

【现代渔业基地建设】 广东省政府于 2009 年召开全省现代渔业工作会议，明确提出在全省建成一批标准化程度高、覆盖面广、产业承接与聚集能力强的现代渔业基地。2010 年召开全省淡水渔业工作会议，明确要重点实施淡水渔业基础设施建设行动，充分挖掘宜渔水域生产潜力，提高土地利用率和养殖水域产出率。2012

年，广东创建 10 个特色鲜明、布局合理、技术先进、生产集约、规模适度、管理水平高的节地、节水、高质、高效渔业示范园区。切实加强现代渔业示范园区建设。全省建设 10～15 个深水网箱养殖产业园区，发展深水网箱 1 000 组，置换 16 万～20 万个传统网箱，腾出近岸海域约 200 千米^2，相当于 2004—2010 年《广东省海洋功能区划》中围填海面积的 1 倍多。至 2007 年，全省投放的深水网箱总数达 140 余只。经过深圳、珠海、湛江、饶平等养殖示范基地几年来的生产实践，社会、经济和生态效益都十分显著。

【水生生物资源养护】 进入 21 世纪，广东制定渔业资源增殖放流技术规范，抓好增殖放流效果调查与评估工作，有效地提高增殖放流技术水平。"十二五"期间，省、市、县累计投入财政资金 6.6 亿多元建设人工鱼礁，建成生态公益型人工鱼礁区 50 座，投放报废渔船 88 艘、混凝土预制件礁体 7.9 万个，礁体空方量达 4 008 多万米^3，礁区总面积达 286 千米^2，规模和面积居全国首位；渔业资源密度比投礁前平均提高 8.7 倍，最高提高 26.6 倍。系统开展内陆水域人工鱼巢建设，在西江肇庆、云浮、郁南和东江河源江段等水域建成人工鱼巢 8.46 万米^2，鱼类在人工鱼巢产黏性卵超过 18 亿粒，增殖鱼苗约 9 亿尾。筛选沿海 25 个重要海湾开展生态型海洋牧场建设，建成了海洋牧场示范区 8 个、其中国家级海洋牧场示范区 2 个。建成国家级和省级海、淡水良种场及增殖站 72 个，先后多次举办南海、粤港澳（东江）生物资源增殖放流、广东休渔放生节等活动，累计放流鱼、虾苗 75 亿多尾。

【水域生态环境保护】 2001—2012 年，广东编制完成内陆水域、河口、湿地、港湾、近海等重要渔业水域的渔业生态修复工程建设规划，包括《珠江口及邻近海域生态修复工程规划》《广东渔业生态修复工程建设计划》，"十二五"期间累计投入财政资金 3.54 亿元，开展全省湿地、港湾等重要渔业水域的渔业生态修复工程；建成涉渔保护区 104 个，其中自然保护区 88 个［国家级 5 个、省级 8 个、市（县）级 75 个］，国家级水产种质资源保护区 16 个，初步形成以国家级保护区为核心、省级保护区为网络、市（县）级保护区为通道的自然保护区网络；保护区类型涵盖绿海龟、中华白海豚、白蝶贝、黄唇鱼等国家和省级重点保护水生野生动物。

【科技支撑能力增强】 2001—2012 年，广东省内有渔业相关国家重点实验室 4 个，省部级重点实验室 25 个，省级渔业开发试验中心 3 个，区域性水产试验中心 7 个，省级水产技术推广总站 1 个，地市级推广中心站 21 个，区域站 26 个，县级推广站 102 个，乡级推广站 927 个；加强渔业科技研发，对虾、罗非鱼、卵形鲳鲹、石斑鱼、军曹鱼、加州鲈等良种选育与苗种繁育、深水抗风浪网箱养殖装备与技术、池塘高效健康养殖技术走在全国前列。通过国家审定的水产新品种 5 个，良种生产量 100 多亿尾，占苗种生产总量的 12%；制定或修订省级渔业地方标准 210 项，获得省、部级以上科技成果奖励 63 项，其中国家奖 2 项、国家海洋局海洋创新成果二等奖 6 项、广东省科技进步奖 29 项，获得省农业技术推广奖 26 项（其中一等奖 5 项）。加强渔业科技交流合作，承办"太平洋岛国高级公务员培训班"，举办中国与东盟、南太平洋岛国鱼类养殖技术培训班，培训渔业管理人员共120余人。与中国空间技术研究院合作建设智慧渔业，开发应用渔船北斗终端，建设渔政执法船视频监控系统，建成涵盖渔港监管、渔船管理、渔业安全、鱼病诊断、科技服务等内容的渔业信息化系统。完成广东海洋与水产高科技园主体建设，全省有18市、84县（市、区）获当地编委批准设立了水生动物防疫检疫站，初步建立起省、市、县三级水生动物防疫体系。

新时代十年渔业发展

【概况】 2012—2022年，广东坚决贯彻落实新发展理念，深化渔业供给侧结构性改革，推进转方式、调结构，推动水产养殖从量的增长到质的提升，保障优质水产品供给，水产养殖业绿色高质量发展取得显著成效。这十年间广东渔业产值稳步增长，渔业经济繁荣发展，渔民收入显著提高，渔民生活越来越好。这十年间水产养殖产量一直保持全国第一，水产苗种产量全国第一，广东省罗非鱼苗种产量全国第一，广东省南美白对虾苗种数量全国第一。2019—2022年，广东省水产总产量连续四年全国第一。

【渔业经济平稳发展】 2022年广东渔业经济总产值达4226亿元，比2012年的1984亿元增加1.13倍；其中，渔业产值1861亿元，比2012年的941亿元增加97.77%；渔业流通和服务业产值1875亿元，比2012年的688亿元增加1.73倍。根据对广东省渔民家庭当年收支情况调查，渔民人均纯收入由2012年的11137元，增长到2022年的22437元，年平均增长1130元，其中，2020年广东省渔民人均纯收入22375元，高于全国渔民人均纯收入水平，渔民的钱袋子鼓起来了，生活条件大幅改善。

"十三五"期间，渔业经济占全省农业生产总产值比重达到19.7%，渔业经济总产值、水产品总产量连续多年居全国前列。2020年疫情之下，广东省渔业经济总产值达3841亿元，比2015年增长51.52%；其中渔业产值1609亿元，比2015年增长40.28%；渔业流通和服务业（第三产业）产值1793亿元，比2015年增长74.76%。水产品进出口总额50.10亿美元，比2015年增长6.46%；水产品市场供给充足，质量安全水平稳步提升，产地抽检合格率平均保持在95%以上。"十三五"期间，广东渔业人口稳定，渔民收入实现快速增长。据对广东省渔民家庭当年收支情况调查，渔民人均收入由2015年的13712元，增长到2020年的22375元，累计增长63.18%。

【水产品产量逐年增加】 新时代十年来，广东渔业生产态势整体发展稳健，水产品产量逐年增加，养殖比重逐年上升，捕捞产量逐年减少，人均水产品占有量连续增长。产量逐年增加，基础地位稳固。"十三五"期间，水产品总产量连年增产。2019年为866.40万吨，占全国的13.37%，名列全国第一。2020年新冠疫情之下，广东水产品总产量仍保持增长，达875.81万吨，比2015年的803.71万吨增长8.97%，继续居全国首位；2021年新冠疫情之下，广东水产品总产量仍保持增长，全年水产品产量884.52万吨，同比增长幅度为0.99%；2022年为894.03万吨，占全国13%，连续4年保持全国第一。与2012年相比，2022年全省水产品总产量增长13.24%，年平均增长量10.45万吨。

【渔业产业结构优化】 新时代十年来，广东渔业产业结构持续调优，海水养殖、淡水养殖产量稳定增长，渔业捕捞逐年减少。2020年全省水产养殖产量达746.65万吨，比2015年增长15.55%。2022年又有新发展，全省水产养殖产量达767.73万吨，比2012年的619.83万吨增长23.86%，养殖产量占水产品总量的比重由2012年的78.5%增加到2022年的85.9%（其中由2015年的80.4%增加到2020年的85.3%）。2022年广东省水产养殖面积47.37万公顷，平均每公顷的产量16.21吨；对比2012年，面积减少17.65%，产量增长23.86%，单产提高47.63%。对虾、罗非鱼、鳗、鲈等产量连续多年居全国前列，"名贵龟"等特色养殖名扬全国。突出绿色发展理念，因地制宜开展工厂化循环水养殖、池塘工程化循环水养殖、集装箱循环水养殖、多营养层级养殖、深水抗风浪网箱养殖等生态健康养殖模式。十年间，捕捞产量逐年减少。2012年，广东省水产品捕捞产量为169.67万吨，占水产品总量的21.5%。2022年捕捞产量为126.30万吨，占水产品总量的14.13%，比2012年减少43.37万吨。

广东大力推进渔业三产融合发展，提高产业组织化程度和社会化服务水平，产业结构不断调整，渔业经济一、二产业产值比例下调，第三产业产值比例上升。渔业经济一二三产业产值比例由2012年的47∶18∶35调整到2022年的45∶11∶44。渔业流通和服务业快速发展，水产流通体系布局合理，冷链物流初具规模，全省建成水产品交易市场近百个，水产流通产值 1 735.61 亿元，位居全国首位。水产品加工业稳步发展，2022 年全省水产加工企业 982 家，水产冷库 594 座，水产加工品总量 152.03 万吨，用于加工的水产品达 159.36 万吨，水产加工产值 250.36 亿元。渔用饲料生产异军突起，2022 年产值 221.81 亿元，位居全国第一。休闲渔业发展成为以生态观光、渔业体验、休闲游钓为主的新兴产业，产业规模不断壮大，2022 年广东休闲渔业产值 123.39 亿元，位居全国第三，直接带动饲料、鱼药及器材设施等 10 个大类、100 余个相关产业的发展，拉动水族产业年产值 200 亿元。特别是 2018 年渔业融入"大农业"后，在现代农业产业园、"一村一品、一镇一业"等重大项目中优先支持水产发展，提出推动形成"百园强县、千亿兴农"的农业产业兴旺新格局，产业融合发展取得实效。至 2022 年底，创建渔业类国家级现代农业产业园 2 个、省级现代农业产业园 37 个，主导产业覆盖广东主要特色优势水产品种，规模及数量均位居全国前列。

【水产种业累结硕果】 广东是水产种业第一大省，水产种质资源丰富。至 2022 年年底，建成我国最大热带、亚热带淡水鱼类种质资源库和南海水产种质资源库，储备了南美白对虾、斑节对虾、石斑鱼、珍珠贝等一批重要的水产种质资源，丰富了广东省水产遗传育种材料。新时代十年来，不仅打造了广东省种业交易平台，还接连举办广东渔业种业博览会和中国水产种业博览会，集中展示全国近千种鱼、虾、贝、藻等展品，让广东优质水产品种走上国际舞台。

2013—2022 年，广东通过全国水产原种和良种审定委员会审定的水产新品种有 25 个，培育出大口黑鲈"优鲈 3 号"、长珠杂交鳜、斑节对虾"南海 2 号"、凡纳滨对虾"兴海 1 号"、虎龙杂交斑等一大批优良水产品种，其中有 7 个是南美白对虾新品种，在全国占比近六成。2022 年，农业农村部公告推广 26 个水产新品种，广东 3 个水产新品种入选，分别是凡纳滨对虾"海兴农 3 号"、杂交鳢"雄鳢 1 号"、凡纳滨对虾"海茂 1 号"。这是广东"粤强种芯"工程的重要成果，也是全国种业振兴的重大突破。

2022 年，广东水产种苗产量全国第一，各类种苗产量超过 1.4 万亿尾，其中淡水鱼苗产量 7 928 亿尾，占全国的 57.60%；海水鱼苗产量 73.92 亿尾，占全国的 56.07%；虾苗产量 6 078 亿尾，占全国的 33.76%。其中，南美白对虾、罗非鱼、"四大家鱼"、加州鲈、生鱼、鳜鱼等主要养殖品种的苗种产量均占全国 50% 以上，是全国水产苗种生产中心和"南苗北运"的核心区，带动了苗种产业的快速发展。2022 年，农业农村部渔业渔政管理局公布 2021 年中国水产种业育繁推一体化优势企业名录，入选的 20 家企业中，广东海兴农集团有限公司、广东伟业罗非鱼良种有限公司、广东恒兴饲料实业有限公司、广东金阳生物科技有限公司、广东百容水产有限公司、梁氏水产种业有限公司 6 家广东企业上榜。

【水产养殖绿色发展】 广东池塘养殖历史悠久，是最主要的水产养殖生产方式。2011 年广东省政府下发《广东省池塘改造项目实施办法》，五年内省财政投入资金 1.77 亿元，用于池塘改造项目贷款贴息，建成全省标准化鱼塘 122 万亩。2019 年 1 月，农业农村部等十部门联合印发了《关于加快推进水产养殖业绿色发展的若干意见》，这是新中国成立以来第一个经国务院同意、专门针对水产养殖业的指导意见，是指导我国水产养殖业绿色发展的纲领性文件。广东省各级人民政府积极贯彻落实，各部门分工合作，齐抓共管，全面深入推进水产养殖业绿色发展。

广东省珠三角地区养殖池塘面积大，传统水产养殖业发达。为推动养殖业转型升级，广东省从 2021 年起计划用三年时间，在珠三角 9 市开展养殖池塘升级改造行动，重建岭南特色现代桑基鱼塘，以规模养殖场、连片养殖场为重点，推进 6.67 万公顷养殖池塘升级改造，建设 30 个示范性美丽渔场、10 个水产健康养殖和生态养殖示范区、100 个水产品质量安全智检小站，推广绿色、健康、生态养殖模式，实现提质、增效、稳产、减排、绿色的高质量发展目标。各市陆续推出本地区养殖池塘升级改造行动方案，其中，肇庆市明确在三年行动中投入 2.6 亿余元用 3 年时间分阶段推进 8 667 公顷养殖池塘升级改造。中山市制定《养殖池塘升级改造与尾水治理三年行动方案》，提出在 2024 年实现尾水治理全覆盖。2022 年 4 月，《佛山市全域养殖池塘改造提升五年行动实施方案（2022—2026 年）》正式出台，对 3.47 万公顷养殖池塘的改造提升工作进行部署。

新时代十年间，全省水产养殖面积略有下降，生产空间布局得到优化。2022 年，广东水产养殖面积 47.36 万公顷，相较 2012 年的 57.52 万公顷，下降了 17.6%。广东扎实推进水产养殖绿色发展，集成创新池塘工程化循环水养殖、工厂化循环水养殖、深水抗风浪网箱集约化养殖等一批绿色、高效的养殖技术与生产模式。积极实施水产绿色健康养殖"五大行动"，通过开展"五大行动",建立一批水产生态健康养殖技术模式推广基地、水产养殖尾水治理技术模式推广基地、水产新品种试验推广基地和水产养殖用药减量模式推广点、配合饲料替代幼杂鱼试验推广点,促进水产养殖业绿色发展。

【渔业资源养护形成制度】 新时代十年来,广东通过加快推进海洋牧场建设,扎实开展增殖放流活动,严格落实海洋伏季休渔制度,强化水生野生动物保护工作,渔业资源养护工作取得了较好的生态经济效益。

广东率先以人大议案的形式推动大规模建设人工鱼礁,率先开展养护型国家级海洋牧场示范区建设。截至2022年,广东申报创建15个国家级海洋牧场示范区,占全国总量的10%,居全国前列。广东养护型海洋牧场以保护和修复生态资源为主,在渔业资源养护和海洋生态修复方面效果显著。如深圳市大鹏湾海域国家级海洋牧场示范区,是全国首个以珊瑚礁生态养护为主的海洋牧场,将为海洋生态资源人工修复探索经验。阳西青洲岛风电融合海域国家级海洋牧场示范区是集生态修复、资源养护、海上风电与海洋牧场融合发展、"耕海牧渔"和智能管理于一体的现代化海洋牧场。惠州小星山海域国家级海洋牧场示范区是广东省粤港澳大湾区重点项目,以"渔旅融合、产业互动"为发展理念,是集养殖、旅游、水上运动、科普教育为一体的现代渔业养殖与海洋休闲旅游相融合的"现代渔业海上田园综合体"。调查显示,海洋牧场海域渔获物中优质鱼类的比例明显提高,海洋牧场每年直接经济效益达10.64万元/公顷,钓业渔船每艘每年增加经济效益5万~8万元。海洋牧场带动了休闲渔业及相关产业发展。不断升级的养殖装备也支撑着广东现代化海洋牧场建设。截至2022年,全省已建成重力式深水网箱近5 000个,中国水产科学院南海水产研究所(简称南海水产研究所)、南方海洋科学与工程广东省实验室(湛江)、中国科学院广州能源研究所等一批高端科研单位集聚广东,成功突破了多项抗风浪技术难题,全球首个半潜式波浪能养殖旅游一体化平台"澎湖号"和桁架式养殖网箱"德海1号""海威1号"相继投入使用。

广东加强水产种质资源和水生野生动物保护,率先在全国成立覆盖全省的水生野生动物救护网络。2022年,广东共有国家级水产种质资源保护区17个,初步形成以国家级保护区为核心、省级保护区为网络、市县级保护区为通道的自然保护区网络。

广东省自1999年开始实施南海伏季休渔制度,2011年开始实施珠江禁渔期制度以来,有效地保护了渔业资源和水域生态环境,取得了良好的生态效益、社会效益和经济效益。数据显示,自休(禁)渔制度实施以来,海洋、珠江鱼类资源明显恢复,鱼产量、渔获量明显提高,渔民生产捕捞收入也有所增长。

【水产品质量安全保持高水平】 新时代十年间,广东高度重视水产品质量安全监管,建立健全覆盖省、市、县、乡镇的质量安全监管体系。建成以部、省两级检测中心为龙头、地市级检测站为骨干、基层检测点为补充的检验检测网络。持续加大水产品抽检力度,水产品抽检合格率连续多年保持平稳。加强食用水产品质量安全监管合作机制,联合食品药品监督、检验检疫等部门,开展整治水产养殖违规用药行为,积极创建国家农产品质量安全县。

2017年6月,广东省审议通过《广东省水产品质量安全条例》,这是《食品安全法》修订后省级出台的首部水产品质量安全地方性法规,初步构建了广东省"政府负责、部门尽责、企业守责、司法惩治、公众参与"的水产品质量安全治理新格局。

2021年6月,制定《广东省食用农产品"治违禁 控药残 促提升"三年行动计划(2021—2024年)实施方案》,在全省范围内集中开展为期3年的联合治理行动,重点治理包括"四条鱼"(大口黑鲈、乌鳢、鳊鱼、大黄鱼)在内的,较为突出的11种食用农产品质量安全问题,全面推进食用农产品达标合格证追溯管理制度,制定《广东省食用农产品"不安全、不上市"三年行动(2021—2024年)方案》和《广东省水产品"不安全、不上市"专项行动方案》,确保水产品"不安全、不上市"。广东省农业技术推广中心专门组建水产品质量安全"轻骑兵",以小分队形式深入生产一线,重点针对"四条鱼"开展专项抽检及技术服务,在全面摸底"四条鱼"的基础上,加强技术攻关,从转变农业生产方式、创新完善生产制度、推广绿色防控技术等方面,化解"四条鱼"的系统性高风险问题。

据2020年、2021年、2022年数据显示,广东水产品生产环节例行监测质量合格率在98%以上,保持高水平运行。

2021 年渔业发展

【概况】 2021年,广东省落实各项渔业政策,努力化解疫情带来的不利影响,持续保持攻坚态势,水产品总产量仍保持增长,现代渔业获得长足发展。渔业经济总产值、水产品总产量连续多年居全国前列。全省水产品总产量885万吨（全国排名第一），比上一年增长1.0%。其中：海洋捕捞产量（不含远洋）112万吨，下降0.4%；远洋渔业6万吨，下降1%；内陆捕捞产量8.9万吨，下降9%；全省水产养殖产量758万吨（全国排名第一），增长2.4%，连续24年位居全国首位（从1998年开始养殖产量位居全国第一）。海水养殖产量335万吨（全国排名第三），增长1.1%；淡水养殖产量423万吨（全国排名第二），增长1.8%。水产养殖面积保持平稳，其中海水养殖16.68万公顷，淡水养殖31.02万公顷。2021年广东省渔业经济总产值4050亿元（全国排名第二），其中：水产品产值（第一产业）1763亿元（全国排名第二），增长8.3%。广东省水产品供给充足，水产品质量稳步提升，为丰富城乡居民"菜篮子"供给、稳定农产品价格、保障食品安全发挥了积极作用。

2021年，广东省积极推动渔港综合管理改革和渔港经济区建设，10月30—31日，农业农村部召开2021年渔港经济区项目答辩评审会，《番禺国家级沿海渔港经济区建设规划（2021—2030年）》《汕头南澳国家级沿海渔港经济区项目建设实施方案》通过专家评审，安排中央资金补助这2个国家级渔港经济区建设设备6000万元。

2021年提出推进粤港澳大湾区百万亩养殖池塘升级改造，推进水产养殖尾水综合治理。9月14日，在佛山召开珠三角百万亩池塘升级改造暨全省水产养殖业转型升级绿色发展现场会；10月23日，省政府办公厅印发经省人民政府同意的《珠三角百万亩养殖池塘升级改造绿色发展三年行动方案》；并于12月3日举行新闻发布会，加快推进方案实施，

掀起全社会推动养殖池塘升级改造热潮。广州、湛江、佛山、江门、惠州等市已启动整市推进养殖尾水治理计划，全省共完成32.66万亩池塘尾水综合治理。

12月5—8日，广州南沙举办第二届中国水产种业博览会暨第三届广东水产种业产业大会，参展单位超300家、参展品种250多个、展示广东重点鱼类种质资源保护品种38个，汇聚了行业10多位院士，展示中国渔业形象，发出中国渔业声音。12月8日，在广东国际渔业高科技园举办以"开创中国—太平洋岛国渔业合作新局面"为主题的论坛，农业农村部副部长马有祥出席并致辞。广东省委常委叶贞琴，与中国建交的10个太平洋岛国农渔业部长及驻华使节，有关国际、区域组织代表出席活动，还有国内有关部门、科研院所、社团组织、企业的代表300多人通过线上线下参加会议。论坛通过《首届中国—太平洋岛国渔业合作发展论坛广州共识》，建立政府间多边渔业磋商机制，签署多项企业投资协议，推动广东与太平洋岛国形成更加紧密的渔业合作关系。

【渔业产业园建设】2021年新增9个渔业产业园。南沙渔业产业园于2019年6月入选省级现代农业产业园创建名单，总占地2600公顷。至2021年12月，南沙渔业产业园20个建设项目已投入建设资金2.15亿元，建成19个项目，撬动社会资本投入9000万元，带动农户2492户，2021年产值达到7.5亿元，比建园初增长92%。2021年，阳西县率先在程村蚝省级现代农业产业园应用数字农业生产技术。惠州市粤港澳流动渔民深海网箱养殖产业园顺利投产。

【首次水产养殖种质资源普查】省农业农村厅从2021年4月开始进行广东省首次水产养殖种质资源普查，成立广东省水产养殖种质资源普查工作领导小组，召开全省第一次水产养殖种质资源普查视频会，指导地市加快推进第一次水产养殖种质资源普查工作，并组织14家科研院所、高等院校等相关单位近10万人次作为面上普查辅助力量，协助各市、县开展普查。组织水产养殖种质资源普查技术培训，实时跟踪了解普查工作进展，对进度缓慢的地市开展督导，截至12月10日，全省普查对象22万家，普查的水产资源物种数量为446个，其中资源类型为新品种的有58个，全面完成普查任务。建立健全良种体系，全省种苗企业达2200家，其中国家级良种场5家，省级良种场64家，有国家级水产种质资源保护区17个，罗非鱼、加州鲈、鳜鱼等苗种产量多年稳居全国榜首。此外积极开展苗种产地检疫工作，取得成效。

【水产品质量安全监管】2021年初，省农业农村厅印发《广东省加强水产养殖投入品监管工作实施方案》，进一步界定水产养殖用投入品内涵和监管范围，明确属地监管责任。根据农业农村部、市场监督管理总局、公安部、最高人民法院、最高人民检察院、工业和信息化部、国家卫生健康委等7部门联合印发的《食用农产品"治违禁 控药残 促提升"三年行动方案》，结合本省实际制定了《广东省食用农产品"治违禁 控药残 促提升"三年行动计划（2021—2024年）实施方案》（以下简称"三年行动方案"），2021年6月开始在全省范围内集中开展为期3年的联合治理行动，重点治理11种食用农产品（其中有

"四条鱼"：大口黑鲈、乌鳢、鳊鱼、大黄鱼）较为突出的质量安全问题。广东省"三年行动方案"与全国统一方案相比，进一步确定了水产品专项治理行动等12个重点专项行动。在集中治理阶段（2021年9月至2024年3月）发布一批典型案例，集中发布一批关注度高、代表性强的农产品及食品安全案件。根据广东省委、省政府关于食品安全重点工作安排部署要求，立足新形势下农产品质量安全工作新情况、老问题，助力乡村振兴和现代农业高质量发展，广东省农业农村厅还制定了《广东省食用农产品"不安全、不上市"三年行动（2021—2024年）方案》，印发《关于开展"不安全、不上市"专项行动构建水产品质量安全长效机制的通知》，部署水产品质量安全管理工作，在水产品用药上提出"最严"要求，筑起违禁药物不得使用、使用药物务必登记、投入品务必审批、上市前务必过休药期、生产经营者主体责任必落实、属地监管责任必到位等"六道防线"，推动水产品质量安全水平稳步提升。

【珠江禁渔顺利实施】 2021年3月1日凌晨，珠江流域正式进入2021年禁渔期。同日，广东省2021年珠江流域禁渔启动仪式在佛山九江镇举行，农业农村部长江流域渔政监督管理办公室、广东省农业农村厅、佛山市人民政府、珠江水产研究所等单位的领导出席活动。禁渔时间为3月1日至6月30日，禁渔期间，除休闲渔业、娱乐性垂钓外，珠江流域所有干支流、通江湖泊及重要独立入海河流等水域禁止所有捕捞作业。来自珠江水产研究所的数据显示，自2011年珠江实施禁渔以来，东江等水域在保持作业

时间基本不变的情况下，渔获量及渔获率均呈稳步提高的趋势。2020年，该所在珠江干流及主要支流发现鱼类新种6种，珠江流域的生态多样性正得到稳步恢复，鱼产量、渔获物数量明显提高，渔民生产捕捞收入也有所增长。此外，在珠江流域广东段的渔民将获得500~2 200元不等的一次性禁渔期补贴，较好地保障禁渔期间渔民的基本生活需求。在启动仪式上，珠江渔政执法特编船队（以下简称"特编船队"）首次亮相开展联合巡航执法。特编船队由农业农村部长江流域渔政监督管理办公室于2020年12月牵头成立，成员单位包括粤、桂两省（自治区）的公安、渔政、海事、水利、交通运输、珠江水利委员会等水上执法部门。多部门联合巡航执法，在流域禁渔巡查期间，如发现违法采砂、走私、偷渡等行为，相关部门可联合执法，清理整治，有助于解决以往水域执法"看得见管不着"的问题。

【南海伏季休渔零事故】 根据《农业农村部关于调整海洋伏季休渔制度的通告》，2021年，广东省休渔海域为广东省管辖的北纬12度至"闽粤海域交界线"的南海海域（含北部湾）；海洋伏季休渔时间从5月1日12时至8月16日12时止，共3个半月；休渔作业类型：除钓具以外的所有作业类型，以及为捕捞渔船配套服务的捕捞辅助船。广东省内应休渔船2万多艘，免休1816艘。广东省农业农村厅和省海洋综合执法总队等相关单位，部署做好2021年休渔相关工作，印发《关于做好2021年海洋伏季休渔工作的通知》，明确休渔水域范围、时间以及工作要求，制定工作方案，组织各地市严格落实休渔制度。2021年，全省海洋综合执法部门

（渔政执法部门）共出动执法人员46 047人次，执法船艇7 444艘次，检查渔船20 890艘；查获违法违规案件1 833宗，涉渔"三无"船舶1 767艘；罚款842.2万元，移送海警（公安）部门涉刑案件13宗37人；成功驱离外籍渔船10艘。休渔期间，广东省海洋综合执法总队开展"最严"休渔执法，落实"最严"休渔制度，维护南海伏季休渔良好秩序。全省海洋综合执法队伍取消休假，全力投入休渔执法监管，综合运用船位监控、港内巡查、海上巡航等手段，确保全省23 694艘应休渔船"船进港、人上岸、网封存"。开展渔船安全专项整治，整改安全隐患3 317处，整改率100%，确保在港渔船安全度休。省海洋综合执法总队同时开展打击涉渔"三无"船舶专项行动，牵头组织粤闽、粤港澳、粤桂琼交界海域联合行动，加强与公安、海警、海事部门协同作战，合力打击跨地区、跨海域"流窜作案"，严厉打击违反休渔制度行为。受"小熊""查帕卡""卢碧"3个台风直接影响，广东召回海上作业渔船5 595艘次，组织渔民上岸避风12 231人次，实现渔业防台"零死亡"。开展特别防护期渔船监管工作，确保"七一"重点时期全省渔船"零事故"。

【渔业资源增殖放流】 2021年，广东省各级渔业主管部门科学制定渔业资源增殖放流工作方案，严格按规定组织苗种招投标，落实检验检疫，扎实开展增殖放流活动。5月中下旬，新冠疫情不利形势突然抬头，各地渔业主管部门在严格落实疫情防控要求的前提下，努力克服困难，采取小规模多次和乘船海上放流等形式，积极落实增殖放流任务。6月6日"全国放鱼日"活动期间，珠海、

潮州、阳江、茂名等地积极开展增殖放流活动，受到了省、市有关媒体广泛报道，取得良好的社会宣传效应。2021年度中央财政下达预算1 427万元，整合上一年中央财政结转资金185万元，以及市、县自筹资金以及社会投入资金2 295万元，在全省江河流域、海域共放流海水、淡水和珍稀濒危物种超过6亿尾，圆满完成农业农村部下达的增殖放流绩效目标任务，还带动社会民众积极参与。根据2021年广东省农业农村厅委托中国水产科学研究院南海水产研究所和中国水产科学研究院珠江水产研究所，开展的增殖放流效果调查评估报告显示，增殖放流补充了自然水域资源群体，一定程度实现了碳中和，促进了生态环境改善，增殖放流资金投入产出比大于1∶6，促进了渔民增产增收，总体上产生了良好的生态效益和经济效益。

【水生野生动物濒危物种救护】
2021年，省农业农村厅根据新调整的《国家重点保护野生动物名录》，开展《广东省重点保护水生野生动物名录》调整工作，要求各地积极开展新调整国家名录的宣传贯彻工作。支持科研机构开展鼋、鲎的保护研究和珊瑚普查，加大濒危水生野生动物保护力度。编印水生野生动物保护法律法规和规范性文件（续编）等资料，分发各地宣传学习。5月，农业农村部联合广东省政府开展了长江江豚保护暨"江豚进馆"主题活动，省农业农村厅配合协调落实长江江豚迁地保护工作。8月底在韩江流域梅州大埔段发现一只体重23千克国家一级保护野生动物鼋，省农业农村厅组织专家团队实施救护，转入农业农村部佛山鼋人工繁殖基地进行后续救护；另外在潮州河段、丰顺河段

分别发现一只0.9千克和一只16千克的鼋，现场鉴别后就地归野。9月，省农业农村厅按照省领导指示，协助深圳市渔业主管部门妥善做好大鹏湾布氏鲸死亡后相关处置工作。11月27日，省农业农村厅在深圳联合举办科普宣传月活动启动仪式，开展系列科普活动，向公众宣传水生野生动物保护法律法规、救护方法等知识，提高公众的野生动物保护意识和遵法守法意识，倡导科学文明健康的生活理念，营造全社会共同保护的良好氛围。同时，规范水生野生动物行政许可管理，加强对地市行政许可管理的指导监督，召开水生野生动物行政许可管理工作座谈会，明确相关工作要求，举办全省水生野生动物保护管理培训班，培训市、县（区）级行政管理人员164人，提升基层管理人员的业务水平，确保水生野生动物行政许可审批工作规范有序进行。全年共审核上报国家重点保护水生野生动物（一级9种类）相关行政许可件95件。

落实渔业资源生态补偿。根据省生态环境厅批复的环境影响报告书、文件等，2020年12月至2021年12月期间，省农业农村厅同有关项目建设主体共签订5份补偿协议，收缴海洋与渔业资源环境损失赔偿款7 971万元，统筹用于渔业水域生态环境修复，落实生态补偿措施。

【渔业行政管理规范】　2021年，广东省规范海洋捕捞管理，编制广东省海洋渔船数据维护管理办法，进一步规范渔船数据管理。修订《广东省渔业捕捞许可管理办法》，完善船网工具指标管理和捕捞许可证核发制度，强化法律责任。组织办理"尖笔帽螺"专项捕捞许可，预防2021年"尖笔帽螺"再次爆发对大亚湾核电站

安全生产造成不利影响；印发《2021年海洋渔船核查工作实施方案》，掌握全省海洋渔船基本情况。做好建议提案办理，承办人大建议6件，政协提案10件，承办的建议、提案答复完毕。深入推进行政审批事项改革，做好行政审批工作，落实简证便民各项措施，推动事项办理电子证照关联，扎实开展双公示工作。加强水产品质量安全监管，印发《广东省加强水产养殖投入品监管工作实施方案》，进一步界定水产养殖用投入品内涵和监管范围，明确属地监管责任，开展水产品投入品三年专项整治行动。印发《关于开展"不安全不上市"专项行动构建水产品质量安全长效机制的通知》，部署水产品质量安全管理"六道防线"。

【渔业安全生产】　2021年1月4日，省农业农村厅召开渔业安全生产工作会议，听取各督导组挂点市"不安全、不出海"行动进展情况汇报，要求严厉查处不安全出海违法行为，推动渔业安全生产专项整治工作落实落细。1月21日，省农业农村厅派出工作组赴深圳东部海域渔港开展春节前渔船渔民检查调研，实地检查了渔民上下鱼货操作运作情况，现场检查指导内地渔民、港澳流动渔民和远洋渔业，鼓励渔民就地过年，确保渔港渔船生产安全有序。3月26日，省农业农村厅网站发布《生命至上——2021年渔业安全生产专题片》。3月29日，全省海洋综合执法工作会议召开，省农业农村厅、省自然资源厅、生态环境厅、省纪委监委派驻省农业农村厅纪检监察组、武警海警总队南海海区指挥部相关负责人出席会议。会议要求，进一步强化渔船"不安全、不出海"安全综合监管，制定渔港港务管理

规定，开展渔港执法监管示范行动，切实发挥渔船应急救援处置5项机制作用。12月31日，省农业农村厅召开渔业安全生产工作会议，学习贯彻近平总书记关于安全生产重要指示批示精神，落实党中央、国务院和省委、省政府安全生产工作部署，专题研究渔业安全事故原因，防范化解元旦、春节期间渔业安全风险工作措施。

【港澳流动渔民工作】2021年，广东省农业农村厅强化了港澳流动渔民、内地渔工、港澳流动渔船停靠渔港工作人员及渔港所在镇、街的管理。港澳流动渔民全年累计上岸离港21 247人次。香港渔民团体联会、澳门渔民互助会多次来信表示感谢，协调小组副组长、国务院港澳办副主任黄柳权多次就流动渔民工作批示，广东省委常委叶贞琴专程到协调小组工作办公室调研指导并给予充分肯定，协调小组联络办公室、国务院港澳办交流司、农业农村部渔业渔政管理局多次指导流动渔民工作。广东省农业农村厅和广东省港澳流动渔民协会统筹安排500多万元，支持全省各地流动渔民协会及港澳渔民社团，受到流动渔民的高度好评。7月1日，香港渔民团体联会、广东省港澳流动渔民协会在香港维多利亚港联合举办"贺建党百年 庆香港回归"流动渔船海上大巡游，充分展示流动渔民这支爱国、爱港、爱澳队伍关键时刻"拉得出、打得响、打得赢"的形象。香港特别行政区2021年选举委员会界别分组一般选举圆满结束，渔农界60名候选人自动当选，再一次证明渔农界这支传统爱国、爱港的"铁军"力量。

【政策性渔业保险】2019年8月至2021年12月，广东省政策性渔业保险累计承保符合补贴条件的渔民205 741人次、渔船11 916艘次，使用财政保费补贴资金9 921.18万元；提供风险保障994.13亿元；累计赔付渔民保险1 000宗〔含死亡（失踪）93宗93人〕、渔船保险35宗，累计赔付金额6 972.91万元。切实减轻了渔民的经济负担，有效实现了财政补贴资金的放大效应，显著提高了渔业保险保障水平，有力增强了渔业恢复生产能力。2021年，全省有10.26万名渔民参加渔民互保（包括雇主责任互助保险和渔民人身意外伤害互助保险，下同），提供保障金额528.95亿元，渔民互保人均保额达51.53万元；6 638艘渔船参加渔船财产互保，提供保障金额31.60亿元。渔民互保和渔船财产互保合计承担渔业风险保障金额560.55亿元，创历年新高。理赔服务方面，办理渔民互保理赔案888宗，已决赔款5 310.51万元；办理渔船财产互保理赔案113宗，已决赔款966.36万元；办理水产养殖保险理赔案6宗，已决赔款45.64万元。全年合计办理案件1 007宗，已决赔款6 322.51万元，简单理赔率41.78%。未决赔案110宗，预估赔款900万元。

2022年渔业发展

【概况】2022年，广东省实施渔港建设攻坚行动，加快深远海大型智能养殖渔场建设；推进珠三角百万亩池塘升级改造，建设一批美丽渔场；实施2个国家级渔港经济区项目，建设3个平安渔港，在4个渔港开展综合管理试点；打造5大深远海养殖区，提升渔业基础设施和现代化、智能化装备水平；支持水产养殖种质资源库建设和运行。1月13日，广东省政府新闻办召开新闻发布会，解读省委实施乡村振兴战略领导小组办公室印发的《广东省渔港建设攻坚行动方案（2021—2025）》。4月29日发布经省人民政府同意的《关于加快推进现代渔业高质量发展的意见》，明确广东现代渔业高质量发展的指导思想、基本原则和主要目标。9月23日，在阳江市海陵岛举办"2022年中国农民丰收节暨首届广东（阳江）晒鱼节"活动，以"晒出渔家豪情庆丰收、唱响时代强音迎盛会"为主题，晒丰收、晒产业、晒美食、晒文化、晒喜悦。11月20日，在湛江举行2022湛江金鲳丰收季暨年鱼系列活动；12月29日在珠海国际会展中心举办首届中国年鱼博览会，以"中华好年鱼 幸福中国年"为主题，创建"年鱼"品牌，打造"年鱼"经济，助力中国"年鱼"走进千家万户，游上全球餐桌。

2022年全省渔业经济总产值4 309.61亿元，在全国排名第二位；全省水产品总产量894.14万吨，比上一年增长1.1%，水产品总产量连续4年居全国首位，其中，水产养殖总产量767.73万吨，连续26年居全国首位；海洋捕捞产量（不含远洋）112.42万吨，下降0.26%；远洋渔业6.30万吨，增长3.59%；淡水捕捞产量7.68万吨，下降13.75%。主要水产品价格上涨。规模化监测基地南美白对虾、罗非鱼分别受成本上涨影响，出塘价格总体小幅上涨，出塘均价分别为52.1元/千克、12.4元/千克，分别上涨3%和1%。南美白对虾出塘盈利18.5元/千克，上涨3%；罗非鱼出塘盈利0.5元/千克，上涨13%。鱼虾均保持盈利，其中罗非鱼出塘成本11.4元/千克，同比下降1%，出塘盈利0.5元/千克，同比上涨13%；南美白对虾出塘成本33.6元/千克，同比上涨 2%，出塘盈利 18.5 元/千克，同比增加 3%。

广东省对渔业的省级现代农业产业园建设支持力度加大，其中包括跨县集群产业园——广东省海洋渔业跨县集群产业园（阳江市），功能性产业园——广东省南美白对虾现代种业产业园（广东海洋大学），特色产业园——汕头市南澳县水产产业园、汕头市金平区水产产业园、汕尾市陆丰市水产产业园、湛江市吴川烤鱼预制菜产业园、茂名市滨海新区海洋渔业产业园、揭阳市惠来县鲍鱼产业园。珠三角地区自筹资金建设产业园，如广州市南沙区预制菜产业园等，并首次推动建设水产品预制菜产业园。

【深远海养殖发展】2022 年省农业农村厅印发《广东省深远海养殖项目实施方案》，支持发展重力式深水网箱、桁架类大型养殖装备和养殖工船，做好深远海养殖设施装备建设项目的实施。配合省生态厅制定《加强海水养殖环境生态监管实施方案》，推动各地主管部门海水养殖生态环境监管主体责任。依据《财政部关于下达 2022 年渔业发展补助资金预算的通知》，建设下达广东的重力式深水网箱标准箱 1 152 个，桁架类网箱标准箱 4 个。2022 年全省深水网箱养殖 596.37 米³ 水体，产量 98 482 吨，有 3 座桁架类大型养殖装备（半潜式新型绿色能源智能养殖平台"澎湖号"、半潜桁架船形大型养殖网箱"德海 1 号"、智能化深远海养殖平台"海威 1 号"），实现商业化运营并且开始盈利。

【海洋牧场建设】2022 年，广东省农业农村厅按照国家关于发展现代化海洋牧场的规划和部署，加快推进广东海洋牧场（人工鱼礁）建设，组织省内国家级海洋牧场示范区年度评价和复审工作，开展调研和督导，督促各地海洋牧场项目抓紧落实年度评价和复审工作。督促有关市、县严格按照海洋牧场建设实施方案抓紧开展项目建设工作，推进海洋牧场项目建设速度。开展海洋牧场转型升级工作调研。截至 2022 年底，海洋牧场面积 1 335 千米²。其中，养护型海洋牧场示范区数量在全国排名第一。

【水产种业振兴】2022 年，广东省农业农村厅在全省范围内开展水产种质资源系统调查，制定《2022 年水产种质资源普查方案》，指导全省 21 个地级市开展第一次水产养殖种质资源普查数据核查与补充完善工作，建设珠江流域水产种质资源库，对珠江流域 40 多个资源性品种进行抢救性收集和驯养保育，对其中的斑鳠、禾花鲤进行模仿自然条件下的人工繁殖；遴选专家团队对斑鳠、大刺鳅、月鳢、三线舌鳎、花鲈、金钱鱼这 6 种鱼开展人工繁育研究；南美白对虾"海兴农 3 号"、南美白对虾"海茂 1 号"和全雄杂交鳢"雄鳢 1 号"等 3 个水产新品种通过全国水产原种良种审定委员会审定。开展省级优势水产种业企业遴选，全省 23 家水产种业企业申报，有 6 家入选国家级优势水产种业企业目录，有 8 家企业入选国家种业阵型企业。开展省级水产良种场巡查，组织专家对全省 57 家省级水产良种场中的 46 家分批次巡查，提出整改意见，限期整改。

【水产健康养殖技术推广】省农业农村厅制定《广东省 2022 年水产绿色健康养殖技术推广"五大行动"实施方案》，在全省范围内创建国家级水产健康养殖和生态养殖示范区 9 个，省级水产健康养殖和生态养殖示范区 110 个。示范区内开展池塘工程化循环水养殖、工厂化循环水养殖、养殖尾水治理等模式关键技术研发与示范推广。创新举办"云课堂""云直播""轻骑兵"乡村行等活动，培训专业人员 1.5 万人，形成"广东经验"和"广东方案"。推进示范性美丽渔场建设，开展鱼塘种稻试点，推进深远海养殖等。

广东省渔业"轻骑兵"乡村行有病害防治、尾水处理等 13 支产业链队伍、200 专家人次参与，还有 21 支地市"轻骑兵"队伍，超 300 人次参与。联合科研院所、高等院校、龙头企业、行业协会，开展水产品地标登记、无公害水产品认定指导、水产养殖技术推广等工作，建立"轻骑兵"乡村行服务新模式，促进产学研推用一体化。2 月 25 日，在广东国际渔业高科技园举办"农技服务'轻骑兵'乡村行——水产品质量安全轻骑兵在行动"活动，渔业"轻骑兵"小分队采集样品 611 批次，受理、初审 35 份公害水产品认定申请，颁发证书 32 本，开展佛山加州鲈、湛江蚝、连南稻田鱼、三角（中山）生鱼、顺德草鲩、惠来鲍鱼、南沙青蟹、茂名罗非鱼等地理标志产品登记工作。

【水产防疫检疫】随着机构改革的深入，广东省水产疫病防控人员逐年增加，到 2022 年底，全省在岗水产动物疫病防控和检疫人员 443 人，纳入全国官方兽医统一管理的渔业官方兽医 484 名，登记在册渔业乡村兽医 3 809 名。渔业官方兽医培训 1 207 人次，市、县防疫人员专业技术培训 2 728 人次，渔业乡村兽医技能提升培训 800 人次。2022 年广东有 51 个水生动物防疫检疫实验室通过农业农村部能力测试，获得国家水生动物疫病监测计划和省级水生动物疫病监测计划相应疫病检测实验室备选资格，其中，有33个是企业实验室和社会化检测机构。参加认证单位同比增长30.1%，认证通过项目同比增加45.2%，均居全国前列。广东积极发挥远程鱼病诊断网络快速诊断作用，全省设立9个专家点，安装150套基层网点系统，分布在19个市、85个县（区）水生动物防疫检疫站和46家水生动物诊疗机构（鱼病医院），2022年上传远程会诊水产病害700余例。

5月份珠海桂山岛、湛江英利镇海水网箱养殖鱼类相继出现不明原因死亡，经过网络媒体的转载，引发渔民和群众的恐慌。省动物疫病预防控制中心组织相关技术人员，会同中国水产科学研究院南海水产研究所、广东海洋大学的专家赶赴养殖生产一线调查鱼死亡原因。桂山岛网箱养殖鱼死亡的原因是海水溶氧低及刺激隐核虫爆发等因素叠加造成的；英利镇网箱养殖鱼死亡原因是养殖海区低潮期海水溶氧低等水质原因造成短时间大量死亡。专家们指导养殖户做好死鱼的打捞工作，并进行无害化处理，防止死鱼造成养殖海区污染。5—6月潮州柘林湾、惠州考洲洋海水网箱养殖鱼类发生大量死亡现象，省动物疫病预防控制中心及时组织专家前往开展流行病学调查，经现场检测诊断是由于感染刺激隐核虫病引发的鱼死亡。专家就此指导养殖户做好病害防控、规范用药和死鱼无害化处理等应急工作。

2022年第9号台风"马鞍"于8月25日10时30分在茂名市电白区沿海登陆，为防止灾后水生动物疫病暴发流行，省动物疫病预防控制中心给受灾严重的茂名市和阳江市紧急下拨消毒药物4吨。选派技术人员到灾区一线

做好死鱼虾无害化处理、水生动物疫病监测预警及公共水域防疫消毒等救灾应急工作，防止灾后复产期间水生动物疫病暴发流行给渔农民造成二次损失。

【水产品质量安全】2022年省级水产品质量安全监督抽查结果，发现不合格样品22批次，合格率为95.9%，较2021年下降3.2个百分点。1—3月，全省各级渔业行政主管部门以及执法机构依照相关法律法规的规定，对542家水产养殖生产单位进行执法检查，发现有9家水产养殖生产单位存在违法使用国家禁用药物及其他化合物等行为，对其依法做出行政处罚，相关养殖水产品进行无害化处理；其中2起案件涉嫌犯罪，移交当地司法机关追究刑事责任。

【渔业安全生产】为保障北京冬奥会、全国"两会"期间全省渔业船舶安全形势稳定，2月11日召开全省渔业安全生产视频调度会。省委农办、省农业农村厅、省乡村振兴局主要领导在主会场参会。各地级及以上市及各涉农县（市、区）设分会场，相关单位等负责同志130余人参会。会议通报春节期间全省渔业安全情况，要求严格落实渔业船舶安全专项整治工作，加强渔业船舶安全管理和风险隐患治理，坚决防范重特大事故发生：全面实施安全责任到人，建立上下一体的安全生产责任体系；推进渔业安全"港长制"，制定渔业船舶"黑名单"制度；全面启动打击涉渔"三无"船舶专项行动；加强应急值守，确保事故发生后第一时间报告、第一时间响应、第一时间处置。省农业农村厅于2月21日召开渔业安全调研督导工作会，专题研判近期渔业安全风险，加强对渔

业安全监管工作的指导和支持力度。会后派出调研组，对湛江、茂名、阳江、汕头、汕尾、揭阳、潮州等地开展渔业安全生产调研督导，要求责任主体立行立改，确保问题消除在苗头，处理在萌芽。3月28日，省农业农村厅召开渔业安全生产工作会议，针对渔业船舶安全领域存在的"六个不到位"问题（涉渔"三无"船舶清理不到位、执法监管不到位、船东主体责任压实不到位、属地政府责任落实不到位、商渔共治共管协调不到位、渔船安全事故责任追究不到位），采取有力措施，加强安全监管，确保人民群众生命财产安全。

2022年省农业农村厅完善渔业安全生产各项制度，做好渔业安全生产督导、检查等工作。高度重视水产养殖安全风险防范，指导各地将传统渔排养殖安全生产纳入渔业生产网格化管理范畴。为健全渔业安全生产管理工作机制，充分发挥专家智库作用，省农业农村厅于12月29日成立广东省渔业安全生产专家委员会，成员由全省各地渔业主管部门、海洋综合执法（渔政）机构和科研院所及高校等单位推荐，专家委员会在省农业农村厅的指导下，根据《中华人民共和国安全生产法》《广东省渔港和渔业船舶管理条例》等有关法规指导全省渔业安全生产。

2022年，省农业农村厅强化渔业船舶综合监管和渔业安全生产，印发《广东省近海捕捞渔船更新改造项目实施方案》《广东省近海渔船船上设施设备更新改造项目实施方案》《广东省远洋渔船、船上设备更新改造和国际履约能力提升补助项目实施方案》等，加快推动渔船更新改造。建立"广东省涉渔船舶审批修造检验监管协调机制"。印发《广东省

2022年涉渔船舶监管专项联合行动方案》，召开广东省 2022 年涉渔船舶监管专项联合行动部署视频会。

【水生生物资源增殖放流】 2022 年，中央财政增殖放流资金安排广东省 1 476 万元，计划增殖放流水生生物 29 000 万尾（粒）。省农业农村厅印发《关于做好 2022 年水生生物增殖放流工作的通知》。6—7 月，"全国放鱼日"活动期间，汕头、梅州等地开展的增殖放流活动。实际执行中央财政增殖放流资金 1 422.79 万元，完成增殖放流苗种 32 417 万尾。2022 年度整合上一年中央财政结转资金 255 万元，以及市、县自筹资金以及社会投入资金 2 295 万元，在全省江河流域、海域开展增殖放流行动，共放流海水、淡水和珍稀濒危物种 3.7 亿尾。其中，海水经济物种增殖放流投入资金 1 099.39 万元，完成放流苗种 27 157万尾；淡水经济物种增殖放流投入资金 990.13 万元，完成放流苗种 10 088 万尾。

在放流水域开展增殖放流效果评估，海水增殖放流后拖网跟踪调查平均渔业资源密度是本底调查的 1.4 倍以上，增殖放流评估点海域渔民人均增收均大于350 元/年；淡水增殖放流分子标记检测表明广东鲂增殖放流平均贡献率是 6.41%，白鲢增殖放流平均贡献率是 10.08%；渔民抽样调查总体满意度为 98%。

【水产种质资源保护区】 2022 年广东省有国家级水产种质资源保护区 17 个，由于水产种质资源保护区的管理责任在市、县，而全省又缺少相应的管理制度，造成水产种质保护区的管理机构不健全，管理能力及管理水平参差不齐。为了理顺省、市、县（区）

以及涉保护区水域工程建设的相关建设部门的职责权利及义务，2022 年，广东省农业农村厅对全省各国家级水产种质资源保护区开展实地考察，推动出台《广东省水产种质资源保护区管理办法（暂行）细则》和《涉渔工程生态补偿资金暂行管理办法》，明确涉水工程建设对保护区影响专题论证评价程序，提升全省水产种质资源保护区建设管理水平。

2022 年，广东省农业农村厅组织开展国家级水产种质资源保护区涉渔工程情况自查、复查及补偿措施整改工作，督促各地制定整改方案，指定专人负责，形成工作台账；督促广州市增城区、从化区 4 个项目建设单位尽快完成未批先建项目环境影响报告书并按程序上报，严格落实生态补偿措施。全省四个未批先建项目中，增城两项目顺利通过 8 月份国务院大督查现场检查，并于 9 月 14 日获农业农村部长江流域渔政监督管理办公室（简称"长江办"）批复；从化两项目也于 12 月 12 日获"长江办"批复。

【海洋伏季休渔联合执法】 2022 年南海海洋伏季休渔从 5 月 1 日 12 时起至 8 月 16 日 12 时止，除钓具以外的所有作业类型以及为捕捞渔船配套服务的捕捞辅助船均须休渔。广东省海洋综合执法总队与福建省海洋与渔业执法总队于 5 月 10—12 日，调派省、市、县三级执法力量，开展 2022 年粤闽海洋伏季休渔联合执法行动。两省派出执法人员 154 人、执法车辆 5 辆、执法船艇 11 艘，重点对粤闽交界、台湾浅滩等海域及底拖网禁渔区线内侧海域开展拉网式巡查，严查休渔期偷捕、钓具船改休闲渔船等违法违规行为。

【港澳流动渔民】 港澳流动渔民是一支爱国、爱港、爱澳的重要力量，在不同历史阶段，为国家的发展和港澳的繁荣稳定作出积极贡献，素有"海上铁军"之称。2022 年 5 月 8 日香港特别行政区第六任行政长官选举，4 月在内地从事生产的多名港澳流动渔船船主选委，为能及时回到香港参加投票，主动放弃休渔前的黄金生产时间，提前"休渔"落实隔离防疫措施返回香港，以渔业为主的香港渔农全票支持新任行政长官。5 月 20 日，完成接返 618 名内地渔工，也保障一定数量的内地渔工随船在香港指定区域作业，解决香港市场渔获供应问题。

港澳流动渔民工作协调小组（农业农村部牵头）于 2021 年 6 月对《港澳流动渔船管理规定》（农渔发〔2004〕20 号）修订完善，形成《港澳流动渔船渔民管理规定（试行）》（以下简称《规定》）。2022 年，广东省农业农村厅重点做好宣贯工作，将印制的《规定》及解读宣传手册发放给港澳流动渔民，做到家喻户晓，不漏一船一人。根据《规定》有关要求，在协调小组联络办公室的指导下，先后印发实施《港澳流动渔船雇用随船进入港澳指定区域作业内地渔工备案规程》《港澳流动渔船渔业捕捞许可证与港澳渔船证书相应栏目的对应关系》《关于明确海洋捕捞辅助流动渔船的船网工具指标和渔业捕捞许可事项的通知》等三个配套措施；制定《港澳籍渔船转换为港澳流动渔船实施方案》《海洋捕捞辅助流动渔船休渔期申请免休实施方案》《休渔期港澳流动渔船返回港澳休渔实施方案》等三个配套措施报农业农村部渔业渔政管理局批准实施。2022 年 4 月 29 日经省人民政府同意出台的《广东省人民政府办公厅关于加快推进现代渔业高质量发展的意见》，明确鼓励港澳流动渔民发展深海网箱养殖、休闲渔业、水产加工等产业，为推动港澳流动渔民转型升级发展提供政策依据。港澳流动渔民积极参与南沙生产，2022 年度分配给港澳流动渔船赴南沙生产的指标增加至 53 艘，比 2021 年度增加 20 艘，为维护国家南海主权作贡献。全年举办港澳流动渔船渔民管理培训班 4 期，邀请省公安厅打私局、中国水产科学研究院南海水产研究所南海渔业中心等有关单位专家对全省流动渔民系统工作人员进行安全生产、反走私、反偷渡等工作培训。指导各地港澳流动渔民工作机构、港澳流动渔民协会充分利用微信平台、手机短信等有效途径，将生产事故向港澳流动渔民通报，让港澳流动渔民从血淋淋的事故中接受教育、从中警醒，让渔民的

安全生产防范观念从"要我做"到"我要做"转变。

【水产技贸评议基地落户】2022年 1 月，经海关总署标法中心、湛江海关、湛江市人民政府、广东省粤西水产协会四方充分协商并签订协议，全国唯一的水产领域技贸研究评议基地继续落户湛江，也成为全国各领域中首个重签协议开展实体化运作的基地。湛江市水产总产量和总产值连续 20 年位居广东省首位，2019 年以来水产贸易额超过 200 亿元，享有"中国对虾之都""中国金鲳鱼之都""中国海鲜美食之都"等美誉。湛江水产品技术性贸易措施研究评议基地于 2017 年成立，作为专职研究关注水产贸易规则的专业机构，是全国唯一的水产领域技术性贸易措施研究评议机构。2018 年来，湛江海关积极推动基

地建设，促进基地发挥作用，巩固地方特色优势产业，助力湛江建设水产品国际交易中心和中央厨房产业基地，打造全球水产产业高地。该基地持续跟踪研究美国、韩国、澳大利亚、南非、越南、欧盟国家等主要贸易伙伴的水产政策，有效解决多国对我出口鱼、虾等水、海产品相关贸易新规限制，成功打破生虾出口相关国家技术贸易壁垒，促进粤西多家水产企业的生虾产品重返国外市场，为包括湛江在内的全国水产行业高质量发展发挥了重要的支撑作用。2021 年，经过海关总署标法中心、湛江海关、湛江市人民政府、广东省粤西水产协会四方充分协商，决定在原基地基础上重建技贸研究评议基地，并于 2022 年 1 月正式签约推动实体化运作。

一、重要事件

● 渔业高质量发展

【概况】渔业高质量发展是广东实现从渔业大省向渔业强省转变的重要举措。2021—2022年，广东立足乡村振兴和渔业一二三产业融合，加速传统渔业向现代化渔业转化。首先，第一产业（水产养殖和捕捞），从源头抓好水产品质量安全，保证"菜篮子"供应。其次，第二产业（水产品加工）以第一产业为依托，加速研发新产品，优化产品结构、提升产品质量、丰富产品供给，引入资金促进产业升级。最后，第三产业（水产品流通）跟随第一二产业的步伐，加速水产批发市场升级改造，引入电商等线上交易新模式，优化场内集中交易方式，提升市场信息化管理和水产品质量安全水平。

【高质量发展现代渔业】2022年4月29日，广东省人民政府办公厅发布经省人民政府同意的《关于加快推进现代渔业高质量发展的意见》（下文简称《意见》），这是

"十四五"以来首个以省府办公厅名义印发的渔业发展综合指导性政策文件。《意见》明确广东现代渔业高质量发展的指导思想、基本原则和主要目标。指导思想：树立大食物观，坚持宜渔则渔、稳产保供、创新增效、绿色生态，不断增强广东渔业质量效益和竞争力，形成产出高效、产品安全、资源节约、环境友好、调控有效、渔民富裕的现代渔业高质量发展新格局。基本原则：稳产保供，安全可控；绿色发展，创新驱动；产业为本，标准引领；治理有效，提质增收。主要目标：到2025年，全省渔业经济总产值达到4 500亿元以上，水产品总产量保持在900万吨以上，水产品加工率达到30%以上，水产核心种源自给率达到80%以上，健康养殖示范面积比例达到65%以上，水产品产地质量监测合格率保持在98%以上，重点养殖区域全部实现养殖尾水达标排放或资源化利用。

《意见》提出从夯实现代渔业产业基础、构建现代渔业产业体系、促进渔业绿色发展、强化政策支持保障四个方面推进现代渔业高质量发展，明确省有关单位

按职责分工负责，地级及以上市政府落实。省农业农村厅、自然资源厅、科技厅、工业和信息化厅、财政厅、发展改革委、生态环境厅、商务厅、文化和旅游厅、住房城乡建设厅、市场监管局、林业局、农业科学院、中国水产科学研究院南海水产研究所、中国水产科学研究院珠江水产研究所、邮政管理局及中国邮政集团广东省分公司和地级及以上市政府，按照《意见》要求，将养殖水域滩涂、养殖设施用地等纳入国土空间规划，合理保障水产养殖空间；实施水产种业振兴工程，扶持育繁推一体化水产种业联合体，举办水产种业博览会，打造广东水产种业"南繁硅谷"；提升渔业技术装备现代化和信息化水平；科学布局建设深远海大型智能养殖渔场和海洋牧场，打造"粤海粮仓"；建设现代渔业高质量发展示范园区，布局建设渔业产业园、示范区、产业集群；打造"陆海岛"统筹、"港产城"融合、渔工贸游一体化的渔港经济区；支持涉渔龙头企业、行业协会和专业合作社等构建产业联合体，推动产业深度融合发展；培育特色鲜明的水产区域公用品牌、

优质水产企业品牌。以渔业文化节庆（展会）活动、"粤菜师傅"工程等为依托，策划开展水产品品牌推广、水产预制菜推介等活动，培育广东水产消费新热点；实施《珠三角百万亩养殖池塘升级改造绿色发展三年行动》，加快全省水产养殖尾水排放在线监测和分类综合治理；推广生态健康养殖模式，加强水产品质量安全监管，建设粤港澳大湾区水产品供应基地；高标准打造一批美丽渔场，推动传统水产养殖场生态化、景观化、休闲化改造，发展观光渔业、渔事体验、休闲垂钓、科普教育、文化健康等产业。

【发展深远海养殖】2022 年 6 月 28 日，省农业农村厅印发《广东省深远海养殖项目实施方案》，支持发展重力式深水网箱、桁架类大型养殖装备和养殖工船，做好深远海养殖设施装备建设项目的实施。2022 年建设国家下达广东重力式网箱标准箱 534 个，桁架类网箱标准箱 6 个。全省已有 3 座桁架类大型养殖装备（半潜式新型绿色能源智能养殖平台"澎湖号"、半潜桁架船形大型养殖网箱"德海 1 号"、智能化深远海养殖平台"海威 1 号"），实现商业化运营并且开始盈利。4 月 21 日，湛江首个深远海养殖平台"海威 1 号"正式启用，是湛江第一个机械化、智能化深远海养殖平台，推动湛江乃至全省海水养殖产业振兴。

【建设渔业产业园】截至 2021 年底，广东创建了 14 个国家级现代农业产业园，161 个省级现代农业产业园。资金投入力度居全国前列，2018—2020 年省财政共安排农业产业园专项资金投入 75 亿元。2021 年新增 9 个渔业产业园。南沙渔业产业园于 2019 年 6 月入选省级现代农业产业园创建名单，

总占地约 2 600 公顷（3.9 万亩）。截至 2020 年 12 月，南沙渔业产业园 20 个建设项目，已投入建设资金 2.15 亿元，目前已建成 19 个项目，撬动社会资本投入 9 000 万元，带动农户 2 492 户，2020 年产值达到 7.5 亿元，比建园初增长 92%。按南沙渔业产业园总体规划目标，到 2030 年，全面构建完善的大湾区现代渔业产业体系，成为国家级科技含量最高、产业效益最好、要素配置最优、景观风貌最美的现代农业产业园。2021 年，阳西县率先在程村蚝省级现代农业产业园应用数字农业生产技术，在园区养殖基地安装了海水传感器等监测系统和视频监控系统，并用上养殖管理系统，提高生产的智慧化水平。惠州市粤港澳流动渔民深海网箱养殖产业园顺利投产。

【水产品质量安全】2022 年，广东省农业农村厅开展水产品的监督抽查工作。对全省 20 个地级及以上市（深圳市除外）养殖基地开展水产品监督抽查，抽检样品 537 批次，品种主要包括鳜、黄颡鱼、草鱼、鲫、鲤、罗非鱼、牛蛙、泥鳅、虾类等 20 余种；监测项目包括氯霉素、孔雀石绿等 12 种药物残留。对质量安全关注度高的"四条鱼"（大口黑鲈、乌鳢、鳊、大黄鱼），提出并落实重点品种质量安全管控技术指导意见。完成"四条鱼"的省级标准化生产示范基地水产品药物残留抽检工作 14 批次，合格率 100%。

渔港经济区建设

【概况】渔港经济区既是沿海渔业产业的载体和发展平台，也是实施乡村振兴战略和沿海经济带建设的重要节点。2021—2022 年，经省农业农村厅指导列入《全国

沿海渔港建设规划（2018—2025 年）》的全省 17 个沿海渔港经济区所在市、县完成渔港经济区规划编制和评审工作；完成广东省"渔港一张图"信息管理平台建设工作，并上线试运行。2022 年初，省委实施乡村振兴战略领导小组办公室印发《广东省渔港建设攻坚行动方案（2021—2025）》，推进渔港建设攻坚行动。珠海编制《珠海渔港经济区建设规划（2021—2030 年）》，依托洪湾中心渔港高标准规划建设渔港经济区；汕头发布《汕头海门国家级渔港经济区建设规划（2021—2030）》，以海门国家中心渔港为核心加强渔港建设。推动广州番禺和汕头南澳国家级沿海渔港经济区项目、4 个平安渔港项目及 4 个渔港综合管理试点项目完成前期工作并于 2022 年开工建设；督促各市、县加快推进 18 个在建渔港项目建设，2022 年底有 9 个完工验收；在全省统筹建设 17 个渔港经济区（其中国家级渔港经济区 8 个），完成渔港建设攻坚行动第一阶段任务。

【渔港经济区规划】2021 年，农业农村部大力推动渔港综合管理改革和渔港经济区建设，3 月 15 日，省委农办、省农业农村厅印发《关于开展"建渔港、保平安"专项行动，切实维护渔民群众安全利益的通知》，以"你生命我关爱——建渔港保平安"为行动主题，开展"渔港建设 100% 推进、管港机制 100% 提升、驻港机构 100% 建立、港务管理 100% 到位、污染防治 100% 落实、避风泊位 100% 保障"六个百分百的专项行动，从 2021 年 2 月起至 2025 年 6 月实施。5 月 13 日，在广州召开省渔港经济区规划编制集中研讨会，广东在全国率先吹响了渔港经济区建设的"号角"，全省渔港

经济区统一规划编制标准要求，建立上下联动机制，各区域协调发展。7月，《中共广东省委、广东省人民政府关于全面推进乡村振兴加快农业农村现代化的实施意见》出台并提出"推进渔港环境综合整治，大力打造渔港经济区，加快渔业产业转型升级。"9月9日，省农业农村厅在珠海召开广东省渔港建设与管理现场会，全面总结渔港建设与管理经验，分析当前形势，切实落实农业农村部以及省委、省政府关于渔港建设与管理系列工作部署，充分发挥地方政府主体作用，加强综合协调，推进渔船渔港综合管理改革，加快推进广东17个渔港经济区建设，确保渔港建设和管理责任落到实处，为促进全省渔业高质量发展、实施乡村振兴战略作出更大贡献。10月30—31日，农业农村部召开2021年渔港经济区项目答辩评审会，广州市番禺区、汕头市南澳县在广州通过视频连线的方式，参加了国家级沿海渔港经济区项目视频答辩会议，《番禺国家级沿海渔港经济区建设规划（2021—2030年）》《汕头南澳国家级沿海渔港经济区项目建设实施方案》顺利通过专家评审，广东率先推进渔港经济区建设，渔港经济区建设正式进入实地推进阶段。安排中央资金6 000万元补助广州番禺（珠江口渔港经济区）及6 000万元补助汕头市（南澳渔港经济区）国家级渔港经济区建设。

【渔港建设攻坚行动】2022年1月13日，广东省政府新闻办公室召开新闻发布会，解读省委实施乡村振兴战略领导小组办公室印发的《广东省渔港建设攻坚行动方案（2021—2025）》。该方案目标是计划用5年时间、分两个阶段实施渔港建设攻坚行动：第一个

阶段到2022年，对渔港防风减灾、环境整治、渔港经济区建设、珠三角百万亩养殖池塘升级改造、美丽渔场建设、水产养殖绿色发展、海洋牧场建设等作出阶段性要求，明确健康养殖示范面积比重达65%以上。第二个阶段到2025年，进一步提高并量化任务目标，如新增国家级水产健康养殖和生态养殖示范区10个、美丽渔场100个等。根据该方案，渔港建设攻坚行动的重点任务分为"推进渔港建设攻坚行动、加快水产业转型升级、推动海洋牧场高质量建设"三个方面，可以归纳为涉及"港""塘""海"共14项举措。该方案将广州番禺和汕头南澳作为广东省渔港经济区先行先试区。

【番禺国家级渔港经济区】广州番禺被定位为大湾区渔业科创与产业集聚相结合的国家级沿海渔港经济区，2021年6月10日，番禺国家级沿海渔港经济区正式揭牌，建设范围包括东部石楼、化龙、石碁、桥南、沙湾五个镇（街道），面积280千米²，以莲花山渔港为功能核心区，逐步形成"一港、两翼、三核、四区、五镇""港产城"融合发展的总体布局。其中，莲花山中心渔港、渔港周边渔村、莲花山风景名胜区以及整个海鸥岛共80千米²划为番禺区渔港经济区启动区。计划至2024年底共投资14.1亿元建设智慧渔港系统工程、砺江涌避风锚地、上下涌避风锚地工程、上涌休闲渔业码头工程、休闲渔业综合体项目、生态农业科技创新产业示范园及其他渔业项目、番禺区名优现代渔业产业园、亚运大道砺江河大桥及启动区交通工程等8个项目，打造智慧渔港、平安渔港、绿色渔港、人文渔港、产业渔港。至2022年底，名优现

代渔业产业园已完工，其他项目正如火如荼地进行中，项目总体建设进度达到51%。

【汕头南澳国家级渔港经济区】汕头南澳国家级沿海渔港经济区的建设分"完善渔港基础设施建设、逐渐形成产业集聚、渔港经济区特色形成"三步走，计划投资12.84亿元建设，到2024年基本完成云澳中心渔港、后江渔港、吴平寨渔港、鹿仔坑停泊区的基础设施改造，实现渔船有效避风率100%，渔业总产值达到26.5亿元。2022年12月28日在云澳国家中心渔港举行汕头南澳国家级沿海渔港经济区项目开工活动，项目总投资超4.3亿元，建设内容包括新增渔业码头、疏浚部分港池（停泊水域）、提高防波堤建设标准、美化港区、污水收集以及相应配套水电等，形成以渔港为龙头、城镇为依托、渔业为基础，集渔船避风补给、渔货交易、冷链物流、精深加工、休闲观光、城镇建设于一体，"港产城一体化"的现代渔业经济区，助推渔区乡村振兴和"港产城一体化"发展。

水产养殖尾水治理

【概况】水产养殖尾水治理是实现水产养殖业绿色发展与生态环境保护"双赢"的关键一环。2020年中央一号文件作出"推进水产绿色健康养殖"的重要部署，同年4月，农业农村部印发通知，决定从2020年起实施水产绿色健康养殖"五大行动"，制定了《全国池塘养殖尾水治理专项建设规划（2021—2035年）》。广东水产养殖面积约47.4万公顷，其中，池塘养殖面积24.7万公顷，约占养殖面积的52.1%。高密度水产养殖导致养殖池塘水体富营养化，

制约了池塘高效养殖和农村集体经济发展。2021—2022年，广东大力推进养殖池塘标准化改造和养殖业尾水达标治理，落实珠三角百万亩池塘养殖转型升级项目，打造"美丽渔场"，构建"产出高效、产品安全、资源节约、环境友好"的现代渔业发展新格局，不断满足人民群众对优质水产品和优美水域生态环境的需求，推进水产养殖业转型升级。

【养殖池塘升级改造】2021年3月，省人民政府印发《2021年省〈政府工作报告〉重点任务分工方案》，提出召开推进粤港澳大湾区百万亩池塘升级改造现场会，推进水产养殖尾水综合治理。省农业农村厅组织对珠江三角洲9市开展调研，形成3年开展百万亩池塘升级改造的总体思路。9月14日，在佛山召开珠三角百万亩池塘升级改造暨全省水产养殖业转型升级绿色发展现场会，对珠三角地区水产业迈向更高发展阶段进行了具体规划部署：计划用3年时间，率先完成100万亩池塘升级改造，5年内改造完成总面积的60%，以此带动水产业升级转型，实现绿色发展。省委常委叶贞琴，省委农办、省农业农村厅以及珠三角9个地级及以上市分管领导出席会议。10月23日，省政府办公厅印发经省人民政府同意的《珠三角百万亩养殖池塘升级改造绿色发展三年行动方案》，要求结合实际认真贯彻落实。省农业农村厅组织专家研究制定《水产养殖尾水排放地方标准》，委托中国水产科学研究院珠江水产研究所对广州、佛山、中山、惠州等市55万亩池塘养殖水面开展排污调查，印发《广东省水产养殖尾水处理技术推荐模式》，结合实际因地制宜，推广集中连片池塘"三池两坝"、分散池

塘"一渠一池"、陆基推水集装箱养殖、"池塘＋稻渔"共作等14种尾水处理模式。12月3日，举行《珠三角百万亩养殖池塘升级改造绿色发展三年行动方案》新闻发布会，加快推进该方案实施，掀起全社会推动养殖池塘升级改造热潮。广州、湛江、佛山、江门、惠州等市已启动整市推进养殖尾水治理计划，全省共完成32.66万亩池塘尾水综合治理。

【池塘养殖尾水治理】2022年5月，省农业农村厅联合财政厅印发《广东省渔业绿色循环发展试点工作实施方案》，开展渔业绿色循环发展试点工作。确认2022年渔业绿色循环发展试点名单，组织2023年渔业绿色循环发展试点项目入库。省农业农村厅按程序组织2022年中央渔业发展补助资金渔业绿色循环发展试点遴选工作，8月23日确定惠州市龙门县等9个县级单位列入2022年渔业绿色循环发展试点名单。省农业农村厅6月制定《广东省池塘养殖尾水治理专项建设实施方案》，全面推进池塘养殖尾水治理建设；协助生态环境厅制定广东省《水产养殖尾水排放标准（征求意见稿）》，于10月21日至11月19日公开征求意见，促进养殖尾水治理标准化。省农业农村厅成立广东省养殖池塘升级改造绿色发展和示范性美丽渔场建设专家咨询组，为全省养殖池塘升级改造绿色发展和示范性美丽渔场建设提供技术支撑。举办珠三角示范性美丽渔场建设项目管理培训班，规范项目、资金和绩效管理，推进示范性美丽渔场创建。

【美丽渔场建设】2021年底，《珠三角百万亩养殖池塘升级改造绿色发展三年行动方案》出台，广东此后三年将完成百万亩池塘改

造，建设30个美丽渔场，重建岭南特色现代桑基鱼塘。

2022年，各市结合池塘养殖、生态种养模式、鱼塘种稻和智慧渔业等示范项目，因地制宜、分类施策进行美丽渔场建设。肇庆市40公顷"美丽渔场"项目正式落户大沙镇，助力村集体收益年增加约42万元。佛山市南海区大峰千亩美丽渔场启动建设，项目计划投资2.2亿元，投产后预计年产值2.6亿元。广州结合美丽渔场建设，开展珠三角美丽渔场"塘头小站—广州模式"试点示范。

海洋牧场建设

【概况】作为全国最大的粮食消费省，广东粮食自给率仅约25%。建设海洋牧场是构建多元化食物供给体系、实现"藏粮于海"的重要路径。2021年中央一号文件、2022年中央一号文件均提出"建设海洋牧场，开展增殖放流"。广东立足需求、立足优势，通过政策扶持、科创助力、加强资源要素保障等方式，坚持把"耕海牧渔"作为保护海洋生物资源、转变渔业发展方式、为未来创造希望的重要举措。2021—2022年，广东不断完善产业配套，建设海洋牧场，实施"粤强种芯"种业支撑工程，促进深远海养殖高质量发展。

【海洋牧场示范区】"十三五"期间，广东累计创建14个国家级海洋牧场示范区，数量占全国总量的13%，居全国前列。广东养护型海洋牧场以保护和修护生态资源为主，在渔业资源养护和海洋生态修复方面效果显著。如深圳市大鹏湾海域国家级海洋牧场示范区是全国首个以珊瑚礁生态养护为主的海洋牧场，将为海洋生

态资源人工修复探索经验。阳西青洲岛风电融合海域国家级海洋牧场示范区是集生态修复、资源养护、海上风电与海洋牧场融合发展、耕海牧渔和智能管理于一体的现代化海洋牧场。惠州小星山海域国家级海洋牧场示范区是广东省粤港澳大湾区重点项目，以"渔旅融合、产业互动"为发展理念，是集养殖、旅游、水上运动、科普教育为一体的现代渔业养殖与海洋休闲旅游相融合的"现代渔业海上田园综合体"。

监测数据显示，广东海洋牧场建设加快了渔业资源的恢复速度，海洋牧场渔业资源密度比投礁前平均提高 8.7 倍，人工鱼礁上附着贻贝、牡蛎、海胆和珊瑚等各式各样海洋生物的覆盖率超过 95%。一些濒临绝迹或稀有的物种纷纷在礁区再现，在礁区觅食和活动的有鲷科鱼类、石斑鱼类、细鳞鲻、九棘鲈、三线矶鲈和黄斑篮子鱼等经济种类群体。

【现代海洋牧场】2022 年 1 月 13 日在广东省政府新闻办召开的新闻发布会上，现代海洋牧场建设备受关注。会议透露，广东计划到 2022 年底完成推动海洋牧场产业化发展，启动珊瑚修复示范场建设和海洋牧场监管平台建设，推进"海洋牧场＋深水网箱"产业发展。省农业农村厅按照国家关于发展现代化海洋牧场的规划和部署，加快推进广东海洋牧场（人工鱼礁）建设，组织省内国家级海洋牧场示范区年度评价和复审工作，开展工作调研和督导，健全工作台账，针对项目建设进度缓慢等问题，分析查找成因，研究解决问题的思路和办法，同时督促各地海洋牧场项目抓紧落实年度评价和复审工作。推进海洋牧场项目建设速度，督促有关市、县严格按照海洋牧场建设实

施方案抓紧开展项目建设工作，并定期报送项目实施进度。开展海洋牧场转型升级工作调研，派员赴湛江、阳江、汕头等地调研，召集市、县主管部门和相关企业，研讨省内海洋牧场转型升级方向，以企业为主体发展海洋牧场，走市场化之路，发展将深水网箱、休闲渔业以及风电产业融合发展的新转型升级方向。2022 年 11 月，审核通过并向农业农村部推荐申报广东省湛江遂溪草潭海域创建国家级海洋牧场示范区项目。截至 2022 年底，全省累计创建国家级海洋牧场示范区 15 个，建设人工鱼礁区 50 个，投放人工鱼礁 331 万空方，海洋牧场面积 1 335 千米²。其中，养护型海洋牧场示范区数量在全国排名第一。

【"蓝色粮仓"建设】2022 年，广东全产业链发力，做大"粤海粮仓"，包括出让养殖用海海域权、创建海洋牧场、发力深海网箱、打造智能养殖平台，夯实筑牢"海底粮仓"，实现"藏粮于海"。

至 2022 年底，广东各地海洋牧场建设取得突破。江门挂牌出让全省首宗大规模养殖用海域使用权；珠海"湾区横州号"深远海养殖平台交付；深圳打造 4 艘 10 万吨级"蓝色粮仓"；阳江深海网箱产业链总产值达 115 亿元，打造粤港澳大湾区"蓝色粮仓"；湛江建深远海大型智能化养殖平台发力"蓝色粮仓"建设；潮州积极打造全省首个花鲈省级良种场，为选育符合深远海养殖的花鲈新品种提供资源范本；汕头重点围绕海产品养殖、加工等渔业特色支柱产业，积极做好海洋牧场金融服务，2022 年共承保网箱 50 个，提供风险保障 348 万元。

水产种业振兴

【概况】2022 年，农业农村部公

告推广的 26 个水产新品种，广东 3 个入选：凡纳滨对虾"海兴农 3 号"、杂交鳢"雄鳢 1 号"、凡纳滨对虾"海茂 1 号"。至此，广东已经培育出 7 个南美白对虾（也称凡纳滨对虾）新品种，在全国占比近六成。这是广东"粤强种芯"工程的重要成果。2021 年入选《中国水产种业育繁推一体化优势企业名录》的 20 家企业中，广东企业上榜 6 家。121 家水产种业阵型企业中，广东有 11 家上榜。

水产种业是现代渔业的"芯片"，广东多年来坚持水产种业发展，产业基础不断夯实。2021 年广东水产苗种产值 64.84 亿元，连续三年淡、海水鱼类苗种数量全国第一，其中淡水鱼苗数量占总量 50% 以上，南美白对虾、罗非鱼苗种数量连续三年全国第一；累计培育水产新品种 39 个，水产种苗企业 2 200 家，国家级良种场 5 家，57 家省级种业企业中有 11 家入选"国家水产种业阵型企业"，有 6 家入选中国水产种业育繁推一体化优势企业。2022 年，广东水产种苗产值达 83.6 亿元，淡水苗种生产量 7 928.12 亿尾，其中罗非鱼苗 73.76 亿尾；海水苗种生产量 73.92 亿尾，虾类育苗 6 078 亿尾；各类水产苗种产量持续稳居全国前列，成为全国水产品和水产苗种生产与销售的重要集散地。

【首次水产养殖种质资源普查】省农业农村厅从 2021 年 4 月开始进行广东省首次水产养殖种质资源普查，成立广东省水产养殖种质资源普查工作领导小组，召开全省第一次水产养殖种质资源普查视频会，指导地市加快推进第一次水产养殖种质资源普查工作，并组织 14 家科研院所、高等院校等相关单位近 10 万人次作为面上

普查辅助力量，协助各市、县开展普查。组织水产养殖种质资源普查技术培训，实施跟踪了解普查工作进展，对进度缓慢的地市开展督导，截至 12 月 10 日，全省普查对象 22 万家，普查的水产资源物种数量为 446 个，其中资源类型为新品种的有 58 个，全面完成普查任务。建立健全良种体系，全省种苗企业达 2 200 家，其中国家级良种场 5 家，省级良种场 64 家，有国家级水产种质资源保护区 17 个，罗非鱼、加州鲈、鳜等苗种产量多年稳居全国榜首。积极开展苗种产地检疫工作，取得成效。

【水产种质资源收集保育】2022年，在全省范围内开展水产种质资源系统调查的基础上，建设珠江流域水产种质资源库，对珠江流域 40 多个资源性品种进行了抢救性收集和驯养保育，对其中的斑鳢、不花鲤进行模仿自然条件下的人工繁殖；遴选专家团队，对斑鳢、大刺鳅、月鳢、三线舌鳎、花鲈、金钱鱼等 6 个品种开展人工繁育研究。2022 年水产新品种培育取得重大突破，南美白对虾"海兴农 3 号"、南美白对虾"海茂 1 号"和全雄杂交鳢"雄鳢 1 号"等 3 个水产新品种通过全国水产原种良种审定委员会审定；8 月 4 日，省农业农村厅举行新闻发布会，对上述两个南美白对虾新品种培育重大突破情况进行正式发布。

【第三届中国水产种业博览会】第三届中国水产种业博览会暨第四届广东水产种业产业大会于 2022年 12 月 20 日在南沙区广东国际渔业高科技园开幕，由广东省农业农村厅联合农业农村部渔业渔政管理局、广州市南沙区人民政府主办，广东省农业技术推广中心、广州市南沙区农业农村局承办，规模 2 万多米 ^{2}，分为馆展、地展、休闲渔业和预制菜美食展区，近 300 家企业参展，集结全国水产新品种、特色渔业品种等近千种展品，搭建水产种业育繁推一体化展示平台。

第三届中国水产种业博览会以"种"为核心，以"渔业创芯发展 良种成就未来"为主题。同期发布 2022 年度全国水产新品种和水产种业重大成果，公布全国首个水产种业专项奖"钟麟水产种业科技奖"和"这十年·广东水产种业风云榜"获奖名单，全方位展示中国水产业的发展现状和最新成果。

⬤ 钟麟水产种业科技奖

【概况】2022 年 12 月 20 日，第三届中国水产种业博览会暨第四届广东水产种业产业大会在广州南沙开幕，同期发布 2022 年度全国水产新品种和水产种业重大成果，公布全国首个水产种业专项奖——"钟麟水产种业科技奖"。早在 10 月 27日，广东水产学会理事长林蠡一行拜访钟麟家属钟浩权先生，就学会设立钟麟水产种业科技奖进行沟通。钟浩权深情回忆先父钟麟生平事迹，讲述先父心怀家国、求实创新、默默奉献的人生，在艰难的科研探索道路上，通过反复试验，1958 年在国际上首次突破家鱼全人工繁殖技术。林蠡高度赞扬钟麟前辈潜心科研、矢志报国的科学家精神，设立冠名钟麟水产种业科技奖适逢其时，学会通过前期沟通已获得省农业农村厅、省农业技术推广中心、珠江水产研究所、南海水产研究所等多家单位同意和大力支持。钟浩权积极回应并给予大力支持，与学会签订"钟麟"冠名授权书。广东水产学会全力以赴推进设立

钟麟水产种业科技奖工作，弘扬和传承钟麟先生的科学家精神，激励水产科技工作者奋发向上，推进水产科技创新发展。

钟麟（1915.10—1996.3）是著名的鱼类养殖专家，被誉为中国四大家鱼全人工繁殖之父，是广东省立高级水产职业学校（广东海洋大学前身）第一届毕业生。他在艰难的科研探索道路上，通过反复试验，于 1958 年在国际上首次突破家鱼全人工繁殖技术，从此结束淡水养殖鱼苗世代依赖江中装捞的历史，彻底解决养殖鱼苗的供应问题，开创淡水养鱼历史新纪元，曾获国家科委创造发明一等奖、全国科学大会特殊贡献奖、广东省科学大会成绩优异奖等多项奖励。钟麟于 1975—1987 年主持联合国粮农组织委托中国举办的淡水鱼培训班 10 期，培训 15 个国家和地区的 160 多名学员，对中国家鱼养殖技术推向世界做出突出贡献。

【全国首个水产种业专设奖】2022年 11 月 9 日，广东水产学会发布《关于开展首届"钟麟水产种业科技奖"申报工作的通知》，决定设立"钟麟水产种业科技奖"（下称"钟麟奖"），传承与弘扬钟麟先生的科学家精神，促进广东水产业创新发展。经与广东省农业农村厅、省农业技术推广中心沟通，由广东水产学会设立的"钟麟奖"将在第三届中国水产种业博览会暨第四届广东水产种业产业大会上颁发。

"钟麟奖"按照《广东省水产科学技术奖奖励办法（试行）》的要求，不设等级，每次授奖项目不超过 10 项。该次评选面向从事水产种质资源保护与开发利用，包括水产种质创新与良种创制、引进、推广应用的良种良法，推进水产种业科技发展的企事业单

位，采取单位或个人推荐的办法申报，申报项目原则上需具备国家认定的水产新品种、在水产新品种的品质和抗性，以及育种方法、材料等方面有明显突破，社会效益和经济效益明显；在良种引进、育种繁殖、推广应用以及保护水产种质资源开展科技创新、推广转化、推广应用范围广、市场占有率与影响程度高，成效显著。

这是全国首个专门为水产种业设立的奖项，希望"钟麟奖"能成为水产种业最权威、最具代表性的行业专业奖项，在传承发扬钟麟先生科学家精神的同时，提振水产种业、振兴士气，在中国建设农业强国的新征程中发挥应有作用。

【首届钟麟水产种业科技奖颁奖】2022年12月20日，在广州举行的第三届中国水产种业博览会暨第四届广东水产种业产业大会上，为全国首个水产种业专设奖"钟麟水产种业科技奖"颁奖。首届"钟麟水产种业科技奖"项目详见表2-1。

表2-1　首届"钟麟水产种业科技奖"项目

序号	项目名称	完成单位	完成人
1	大口黑鲈"优鲈3号"新品种培育及推广应用	中国水产科学研究院珠江水产研究所、广东梁氏水产种业有限公司	李胜杰、梁健辉、白俊杰、陈昆慈、韩林强、姜鹏、樊佳佳、杜金星、雷彩霞、宋红梅、朱涛、梁剑、黄国亮、叶龙、邓广聪
2	合方鲫系列鱼良种良养良销模式应用与推广	广州市诚一种业科技有限公司、湖南师范大学、广州市诚一水产养殖有限公司、湖南岳麓山水产育种科技有限公司	阳会军、覃钦博、刘庆峰、赵丹丹、田学磊、高鑫、罗凯坤、龙月月、周天、郭子健、田宇、欧阳冲、曾志伟、郭浩鹏、刘浩锋
3	鳠新品种创制与应用推广	中国水产科学研究院珠江水产研究所、佛山市南海百容水产良种有限公司、中国科学院水生生物研究所、广东省中山市三角镇农林服务中心、广东省农业技术推广中心	陈昆慈、赵建、尹健雄、杨菁、欧密、汪亚平、王莹、刘海洋、罗青、张新铖、陈柏湘、李凯彬、费树站、黄蓉
4	彭泽鲫种质创新利用暨新品种培育和养殖推广	华南师范大学、佛山市三水白金水产种苗有限公司、中国水产科学研究院珠江水产研究所	赵俊、梁健辉、白俊杰、李潮、王俊杰
5	全雌翘嘴鳜"鼎鳜1号"新品种创制与推广	广东梁氏水产种业有限公司、中山大学	韩林强、张勇、吴勇亮、黄景军、梁健辉、李桂峰、李水生、黄诗军、林士杰、李烨然、黄成斌
6	斑节对虾"南海2号"新品种培育及推广应用	中国水产科学研究院南海水产研究所	周发林、江世贵、杨其彬、姜松、黄建华、李运东、杨丽诗、陈旭
7	凡纳滨对虾"海兴农2号"良种选育和健康养殖产业化	广东海兴农集团有限公司、广东海大集团股份有限公司、中山大学、中国水产科学研究院黄海水产研究所	江谢武、李辉、黎宏宇、何建国、徐斌、陈荣坚、孔杰、孙明华、张健、蔡胜、郭泽远、陈柏湘、翁少平、李朝政、栾生
8	凡纳滨对虾"正金阳1号"创制关键技术及产业化应用	广东金阳生物技术有限公司、中国科学院南海海洋研究所、广东省农业技术推广中心、茂名市农业技术推广中心、茂名滨海新区粤闽水产有限公司	胡超群、任春华、李活、罗鹏、王艳红、陈延、黄文、江晓、刘锦上、梁前才、王莹、郑佩明、李伟鸿、张国外、何军勇
9	华贵栉孔扇贝"南澳金贝"的培养及推广应用	汕头大学、汕头市水产技术推广中心站、饶平县水产养殖技术推广站、南澳县金山农业发展有限公司	郑怀平、刘合露、张洪宽、陈兴强、刘文华、王树启、TANKARSOON、赖向生、马洪雨、李升康、张倩、谢嘉琪、刘宏星、程德伟、叶挺
10	中华鳖"珠水1号"新品种创制及配套养殖技术推广	中国水产科学研究院珠江水产研究所、广东绿卡实业有限公司、东莞市动物疫病预防控制中心、惠州市财兴实业有限公司	朱新平、陈辰、黄启成、李伟、李本旺、洪孝友、柯余利、刘晓莉、李小军、于凌云、张文艺、刘毅辉、刘家豪、莫斌胜、刘财灵

【珠江水产研究所获 3 项钟麟水产种业科技奖】2022 年 12 月 20 日举办全国首个水产种业专设奖"钟麟水产种业科技奖"颁奖仪式。这是以中国水产科学研究院珠江水产研究所首任所长钟麟("家鱼人工繁殖之父")名字命名的奖项，珠江水产研究所牵头完成的成果"大口黑鲈'优鲈 3 号'新品种培育及推广应用""鳢新品种创制与应用推广""中华鳖'珠水 1 号'新品种创制及配套养殖技术推广"荣获首届钟麟水产种业科技奖。

由李胜杰研究员团队完成的"大口黑鲈'优鲈 3 号'新品种培育及推广应用"系统开发与驯食和生长等性状相关的基因标记 23 个，建立生长性状相关基因标记的聚合育种技术；利用选择育种技术和分子标记技术培育出易驯食人工配合饲料的快速生长新品种大口黑鲈"优鲈 3 号"，生长速度相比"优鲈 1 号"平均提高 17.1%，驯食成功率平均提高 10.3%；创建大口黑鲈"三优"养殖模式，养殖全程不换水和病害发生风险大幅度降低，显著提高养殖经济效益。

由陈昆慈研究员团队完成的"鳢新品种创制与应用推广"针对生长、适温和雌雄差异影响生产效益的产业问题，对乌鳢和斑鳢进行选育，杂交育成生长速度提高 20.1%、抗寒抗病力强、摄食配合饲料的"乌斑杂交鳢"，突破性别控制技术，利用分子鉴定和生殖内分泌调控创制超雄斑鳢新种质，育成雄性率 93% 以上、生长速度再次提高 26.2%、饲料投入减少 8%～20%、效益提高 40% 以上的杂交鳢"雄鳢 1 号"。

由朱新平研究员团队完成的"中华鳖'珠水 1 号'新品种创制及配套养殖技术推广"项目以洞庭水系野生中华鳖为基础群，以

生长速度为目标性状，经连续 5 代群体选育而成，生长速度平均提高 12.3%，裙边宽度提高 5% 以上。这是广东省首个通过国家审定的龟鳖类水产新品种，填补省内空白，处国内领先水平。

水产种业风云榜

【概况】2022 年 12 月 20 日，值第三届中国水产种业博览会暨第四届广东水产种业产业大会举办之际，广东省农业技术推广中心、南方农村报社联合推出"这十年·广东水产种业风云榜"评选活动，经提名和专家评审，共评选出"十大育种专家""十大种业企业""十大杰出人物"。2012—2022 年，广东聚焦"水产芯片"发展。通过全国水产原种和良种审定委员会审定的水产新品种有 25 个，培育出了大口黑鲈"优鲈 3 号"，凡纳滨对虾"海兴农 3 号""海茂 1 号"等一大批优良水产品种。2021 年，全省水产苗种产值为 64.84 亿元，较 2012 年产值增长 37.55 亿元，年平均增长 4.17 亿元。

【十大育种专家】2022 年 12 月 20 日，第三届中国水产种业博览会暨第四届广东水产种业产业大会开幕，广东省农业技术推广中心、南方农村报社联合评选出"十大育种专家"（以姓氏笔画排序）：

白俊杰，中国水产科学研究院珠江水产研究所研究员。主要研究方向为鱼类遗传育种与水产生物技术。2004 年开始研究加州鲈的种质资源和遗传育种，2010 年主持培育的大口黑鲈"优鲈 1 号"通过全国水产原种和良种审定委员会的审定，2019 年又推出"优鲈 3 号"品种，广受市场欢迎。

朱新平，中国水产科学研究院珠江水产研究所研究员，农业

农村部热带亚热带水产资源利用与养殖重点实验室主任，广东省水产良种工程技术研究中心主任，广东省农业产业技术体系淡水鱼创新团队首席科学家，主要从事水产种质资源与遗传育种研究工作，培育出中华鳖"珠水 1 号"新品种。

江世贵，中国水产科学研究院南海水产研究所研究员，全国农业杰出人才，全国水产原良种审定委员会委员，国家虾蟹产业技术体系斑节对虾遗传育种岗位专家，中国水产科学研究院首席科学家，广东省丁颖奖获得者，荣获"广东省五一劳动奖章"。培育了斑节对虾"南海 1 号""南海 2 号"两个新品种。

杜晓东，广东海洋大学教授、广东省"南粤优秀教师"。研究方向为贝类发育生物学、增养殖学和人工育珠技术。为马氏珠母贝养殖新品种"海选 1 号"的首席制种人，获广东省科学技术奖励一等奖 2 项和二等奖 1 项。

何建国，中山大学教授，国家虾蟹产业技术体系首席科学家。担任国家公益性行业（农业）专项"对虾养殖管理信息系统建立与应用"首席科学家、科技部"南海海水养殖产业升级关键技术与示范"项目牵头人。培育了凡纳滨对虾"中兴 1 号""海兴农 2 号""海兴农 3 号"三个新品种。

张勇，中山大学教授。从事水生经济动物良种繁育研究，通过性别控制等技术手段培育优良新品种。构建草鱼、鳜、石斑鱼等全基因组精细图谱和高密度遗传连锁图谱，开展全基因组选择育种技术，基因操作技术和基因芯片等现代精准育种技术研究，培育了三个水产新品种"虎龙杂交斑""云龙石斑鱼"和全雌翘嘴鳜"鼎鳜 1 号"。

张海发，教授级高级工程师（二级），广东省农业技术推广中心首席专家。从事海洋生物繁育及育种技术研究20多年，主持研发的海水鱼类种苗繁育技术和工厂化健康养殖技术达到国内领先水平，在国内首次获得石斑鱼杂交育种成功，培育出省内第一个海水鱼新品种"虎龙杂交斑"。

陈昆慈，中国水产科学研究院珠江水产研究所研究员，水产种质资源与遗传育种学科学术带头人，国家特色淡水鱼体系鳢种质资源与遗传改良岗位科学家。主持培育的新品种有"乌斑杂交鳢"、杂交鳢"雄鳢1号"两个新品种，作为骨干力量参与培育大口黑鲈新品种"优鲈1号""优鲈3号"。

郑怀平，汕头大学教授、博士生导师，贝类养殖与育种专家、国家贝类产业技术体系汕头综合试验站站长。曾荣获"广东省五一劳动奖章""南粤工匠"等荣誉称号。主持和参与培育国家级水产新品种3个，培育的新品种有华贵栉孔扇贝"南澳金贝"等。

喻子牛，中国科学院南海海洋研究所研究员。主要从事海洋贝类的遗传育种及分子生物学研究，开展牡蛎、砗磲的人工繁育研究，培育了"华南1号"牡蛎、"华海1号"熊本牡蛎两个新品种；建立了新型的牡蛎四倍体制备技术，培育了4个产业中广泛应用的三倍体牡蛎新品系；建立了南海砗磲的大规模人工繁育和放流增殖技术。

【十大种业企业】2022年12月20日，第三届中国水产种业博览会暨第四届广东水产种业产业大会开幕，广东省农业技术推广中心、南方农村报社联合评选出"十大种业企业"（以首字笔画排序）：

广东百容水产良种集团有限公司，国家水产种业阵型——大口黑鲈强优势阵型和黄颡鱼、鳢补短板阵型及四大家鱼破难题阵型企业。拥有28个鱼苗繁育基地，占地面积1 200公顷。入选首批"中国水产种业育繁推一体化优势企业名录"20家企业。培育了"长珠杂交鳜"，杂交鳢"雄鳢1号"和团头鲂"华海1号"三个新品种。

广东伟业罗非鱼良种有限公司，原茂名市伟业罗非鱼良种场，1995年10月成立，占地面积183公顷，是集现代化生产与高科技研究于一体的国家级大型罗非鱼良种基地和全国现代渔业种业示范场。培育了吉奥罗非鱼新品种，年产新型多元杂交种"吉奥"等优质罗非种苗超15亿尾。

广东金阳生物技术有限公司，是一家以海洋生物技术研究、海洋生物育种和养殖为主的现代渔业企业，开展海洋生物育种，标志性成果有：育成凡纳滨对虾"正金阳1号"新品种，攻克马鲅鱼"高抗"选育技术，培育成功"高抗鱼苗"；突破热带海参人工繁育技术，培育成功"玉足海参"，"花刺参"等品种。

广东绍河珍珠有限公司，1982年创办，在海、淡水珍珠养殖技术上，将选育新品种与培育优质珍珠紧密结合。与广东海洋大学开展产学研合作，取得一系列重大科技成果，先后获得广东省专利金奖1项、广东省科技进步奖一等奖2项和中国专利优秀奖2项。培育了马氏珠母贝"海选1号"新品种。

广东恒兴饲料实业股份有限公司，国家水产种业阵型——南美白对虾破难题阵型企业。2002年开始从事水产种苗育种，拥有10个大型选育基地，总占地面积1 000公顷。主持制定国家标准《凡纳滨对虾育苗技术规范》；选

育了国内首个获得国家认定的南美白对虾抗病品种"中兴1号"；选育了新品种红罗非鱼"中恒1号"。

广东海兴农集团有限公司，国家水产种业阵型——南美白对虾破难题阵型企业。是专业从事水产种苗的选育、研发、生产销售及服务于一体的高科技集团化公司。培育了南美白对虾"海兴农2号"和"海兴农3号"两个新品种。2021年海兴农集团的南美白对虾苗销量全国领先。在全球建立了近100个苗种生产基地。

广东梁氏水产种业有限公司，入选"国家级水产种业强优势阵型企业、补短板阵型企业""中国水产种业育繁推一体化20强优势企业"等称号，是国家科技部"广东鲈、鳜种质资源库""广东省级鲈鳜遗传育种中心建设单位"；拥有大口黑鲈"优鲈3号"、全雌翘嘴鳜"鼎鳜1号"、白金丰产鲫、禾花鲤"乳源1号"四个国家审定新品种。

广东绿卡实业有限公司，1987年创办，以中华鳖、乌龟为主导产业，进行良种选育、种苗繁育、商品无公害养殖。于20世纪90年代选购原产洞庭湖的野生中华鳖，经人工养殖、驯化、逐代选育、提纯复壮，形成中华鳖生态特征明显，质地优良，种质纯正，抗逆性强，饲料转化利用率高等优点，培育了中华鳖"珠水1号"新品种。

海茂种业科技集团有限公司，国家水产种业阵型——南美白对虾破难题阵型企业。1987年成立，2002年开始进行南美白对虾育种。2017年收购美国PRIMO种虾公司，自主选育出南美白对虾高抗品系"普利茂"、快大品系"科里莫"、兼具高抗和生长优势的"海茂1号"等多个新品系。其中"海茂1号"为国家审定新

品种。

清远市清新区宇顺农牧渔业科技服务有限公司，创建于 2004 年，先后成为农业部水产健康养殖示范场、广东省鳜鱼水产良种场、广东省桂花鱼标准化养殖示范基地和广东省鱼类病害防控基地，国家现代农业产业技术体系品种培育与高效养殖示范基地。参与培育翘嘴鳜"广清 1 号"、翘嘴鳜"华康 1 号"两个新品种。

【十大杰出人物】2022 年 12 月 20 日，第三届中国水产种业博览会暨第四届广东水产种业产业大会开幕，广东省农业技术推广中心、南方农村报社联合推出广东水产种业"十大杰出人物"（以姓氏笔画排序）：

江谢武，广东海大集团股份有限公司联合创始人，海大水产育种第一人，主要负责海大水产育种板块（海兴农集团、百容公司）经营管理，组织淡水鱼苗和海水南美白对虾的遗传育种及研发管理；搭建起国内首个商业化育种体系，探索出工厂化养殖的"海兴农模式"。已成功申报国家级水产新品种 5 个。

阳会军，广东诚一实业集团有限公司（下称"诚一集团"）董事长。2020 年 8 月，诚一集团与湖南师范大学教授、中国工程院院士刘少军共建院士专家工作站，同年 9 月，成立"诚一种业科技有限公司"，引进刘少军院士科技转化成果"合方鲫"等优质鱼类新品种，推广"合方鲫"良种良法，带动周边从事鲫鱼养殖 500 户，辐射养殖 6 667 公顷。

李活，广东金阳生物技术有限公司总经理。与中国科学院南海海洋研究所胡超群团队合作，育成了具有耐低温、耐低盐、生长快的凡纳滨对虾"正金阳 1 号"新品种；攻克马鲅鱼"高抗"选

育技术，培育成功"高抗马鲅鱼苗"；突破热带海参人工繁育技术，培育成功"玉足海参""花刺参"等品种。

何建波，广州市建波鱼苗场有限公司董事长。从事水产苗种生产近 40 年，创立"建威"牌鱼苗品牌，主要生产鲫鱼苗，苗种畅销省内外。公司重视产学研合作，与华南师范大学赵俊教授、上海海洋大学杨先乐教授等在鲫鱼繁殖技术研究方面取得丰硕成果，是省级鲫鱼良种场，2022 年选育鲫鱼品种"穗丰鲫"。

陈丹，广东恒兴有限公司董事长。20 年前"恒兴公司"就开始布局种苗研发、生产、销售、服务和示范等环节，建立"国家（863）计划海水养殖种子工程南方基地"，牵头打造国内首个南美白对虾种虾联合育种平台，成立山东邦普种业科技有限公司。

陈文，广东省农业农村厅原二级巡视员。在职期间，负责广东水产良种审定委员会工作，筹备首届广东渔业种业博览会，第一至二届中国水产种业博览会，为广东水产良种体系建设做出贡献。

陈国良，广东海茂种业科技集团有限公司董事长。2016 年引入南美白对虾高抗系养殖品种。利用美国 PRIMO 种虾公司具高抗病、高抗逆基因的种虾生产亲虾，在国内率先推广高抗性虾苗"普利茂"虾苗。改变国内虾苗的市场格局。

黄启成，广东绿卡实业有限公司经理。选育水产新品种中华鳖"珠水 1 号"，获广东渔业种业十大品种，广东省渔业主导品种。通过国家级水产良种场复审，入选国家水产种业阵型企业。荣获 2019—2021 年全国农牧渔业丰收奖农业推广技术贡献奖。

符云，广东省农业技术推广

中心渔业技术推广部部长。长期从事水产遗传育种、鱼类繁殖、苗种培育、养殖技术研究与推广工作，是全国养殖渔情分析专家，省水产原良种审定专家委员会成员。曾参与国家级广东罗非鱼良种场建设，以及"新吉富罗非鱼"新品种选育工作。

梁健辉，广东梁氏水产种业有限公司董事长。先后创立广东梁氏水产种业有限公司和属下四家子公司，专注水产苗种繁育技术，拥有两个省级水产良种场和四个国家水产新品种（"白金丰产鲷"、大口黑鲈"优鲈 3 号"、全雌翘嘴鳜"鼎鳜 1 号"和禾花鲤"乳源 1 号"）。

● 水产预制菜

【概况】2019 年以来，广东省在全国率先组织化、系统化地推进预制菜产业。2022 年 3 月，广东省印发《加快推进广东预制菜产业高质量发展十条措施》；5 月，广东省预制菜产业联合研究院正式揭牌成立。6 月，广东省《2022 年省级现代农业产业园建设名单》正式公布，全省 11 个预制菜产业园成功获批。广东通过出台扶持政策、组建产业联盟、打造高标准产业园，预制菜发展东风更劲，积极抢占预制菜产业发展新风口。

【广东预制菜以水产为主】2021—2022 年，广东预制菜产业高质量发展中，水产预制菜发展迅速，产业融合水平显著提高。如湛江，全市共有 19 家水产企业发展预制菜产业，主要品类 20 余个、品种近 500 个，总产值达 40 余亿元，2022 年 6 月湛江获评"中国水产预制菜之都"，水产预制菜年总产值已近 50 亿元；汕头紧抓 RCEP 和预制菜东风，积极挖掘全区乃至整个潮汕的资源，打造粤东预

制菜原材料采购中心、并争当广东省预制菜国际交易中心，建设以具有文化底蕴的潮汕预制菜产业集群为目标，通过发展海洋"蓝色粮仓"、高标准建设省级现代农业产业园、建设"粤菜师傅＋潮汕菜"新模式、打好"侨"名片等，全面推动"联农带农"，推进乡村振兴；珠海市提出了多项举措，为预制菜产业发展保驾护航，于 2022 年 10 月获评"中国海鲈预制菜之都"，在构建珠海特色预制菜品牌矩阵上，提出深耕白蕉海鲈、金湾黄鳍鲷、平沙桂虾、万山金鲳、桂山鱼胶等珠海特色农产品，加强品牌宣传推广，树立一批知名的预制菜品牌，形成预制菜产品优势区；惠州市创建惠州博罗预制菜产业园，以东江文化和客家菜为核心，创新推出山派、水派及东坡派等三大"东江菜系"预制菜；佛山市当地最大的预制菜项目——何氏智慧渔业项目落地动工，项目总投资 25 亿元，将打造成全国最大的水产品加工厂、水产品全国配送中心和集散中心、智慧渔业互联交易平台，以及配套观光旅游项目。

【"年鱼经济"】2022 年，广东省农业农村厅联合珠海市首次提出打造"年鱼经济"，推动以鱼为载体的贺年仪式性消费，相应开发各类产品，适用于喜庆、祈福、宴席等。丰富而强劲的消费需求让"年鱼经济"演变成一个包容性很广、塑造性很强、延伸性很深的经济概念。

2022 年 12 月 29—30 日，首届中国年鱼博览会在珠海国际会展中心举行，从生产、加工、流通到消费等全产业链打造"年鱼"品牌，涵盖白蕉海鲈、金鲳鱼、鲟鳇鱼、鳌花等特色鱼类产品，吸引全国超 200 家企业参展。数据显示，博览会期间，"年鱼经济"的媒体关注度持续攀升，在展会最后一天达到高峰。白蕉海鲈、湛江、珠海、贺年等成为"年鱼经济"相关话题的高频词。湛江、珠海等地的特色鱼类产品也借势得到传播，实现销售增长。

在"年鱼经济"的引导下，珠海斗门区作为海鲈主产区，各家"年鱼"生产企业实现产销两旺，甚至迎来跨越式发展。历经塘头到餐桌的一条"年鱼"能推动产业链中各环节进一步发展。2022 年广东强竞农业集团整年销售量同比增长超 40％，第四季度销售量突破 1 万吨，同比往年销售量明显增长。

广东从生产、加工、流通、消费等全产业链打造"年鱼"品牌，成功构建了全国性最具规模的"年鱼"产品展示平台。

【水产预制菜出口】广东水产预制菜在国际市场优势极为突出。一方面得益于本地丰富、优质的原料优势，广东水产品总产量及养殖产量均居全国首位；另一方面，广东水产品加工行业已经相当成熟，从先进的加工技术，到完善的加工链条、加工端"万事俱备"。湛江国联水产开发股份有限公司出产的预制菜已出口至澳大利亚、马来西亚、新加坡、新西兰、柬埔寨等多个 RCEP 成员国，并实现对韩国、日本的预制菜出口"零"突破，销往相关国家销售额正快速增长。来自广东湛江的预制菜企业——"恒兴集团"，2021 年，企业水产板块预制菜销售额近 28 亿元，其中，海外销售额占了三成，正着力开拓欧美、日韩、东南亚三大区域市场，特别是东南亚地区，分布着诸多加工厂和养殖基地，竞争优势明显，品牌知名度高。

二、大事纪略

● 2021 年大事记

1 月

8 日，中国首个鱼类南繁基地——淡水鱼类南沙（南繁）育种中心在广州市南沙区开工。育种中心科研带头人、中国工程院院士刘少军在育种中心开工仪式上表示，广州市南沙区具有独特的温暖的气候和温暖的水温，具备建立鱼类南繁育种中心优越的自然条件。广东省农业农村厅副厅长高庆营、中国水产科学研究院副院长刘英杰研究员出席。淡水鱼类南沙（南繁）育种中心设在广州市南沙区渔业产业园。

19 日，广东省农业农村厅网站推荐广东年货备货宝典——"说起过年吃正餐，那必须得有'硬菜'"，硬菜"C 位"里必须要有鱼、虾、肉等，推荐台山鳗鱼、茂名罗非鱼、中山脆肉鲩、湛江对虾、高要罗氏沼虾、台山青蟹 6 个名牌水产品，介绍其特点。

2 月

2 日，广东召开现代种业发展交流座谈会，全省农口相关单位、有关的金融机构、部分种业企业等单位负责人齐聚一堂，共商打好全省种业翻身仗。广东省有国家级水产种质资源保护区 17 个，罗非鱼、加州鲈、鳜等多个品种苗种产量多年稳居全国榜首，水产苗种自给自足且销往全国及东南亚多国地区。

4 日，省委常委叶贞琴到珠海市调研港澳流动渔民安全生产等工作，实地察看桂山镇乡村振兴示范点，对广大港澳流动渔民表示新春慰问，并召开座谈会听取基层意见建议。

3月

1日，广东省2021年珠江流域禁渔启动仪式在佛山举行，农业农村部长江流域渔政监督管理办公室执法监督处处长吴建平、广东省农业农村厅副厅长高庆营、佛山市副市长葛承书、中国水产科学研究院珠江水产研究所所长徐瑞永出席活动。启动活动后，农业农村部长江流域渔政监督管理办公室、水利部珠江水利委员会、广东省公安、渔政、海事等涉水执法部门执法船艇组成编队，沿珠江开展巡航执法，拉开广东省2021年珠江流域禁渔执法序幕。

29日，广东省农业技术推广中心在广州市天河区柯木塱南路28号正式挂牌成立，省委常委叶贞琴、省政府副秘书长郑伟仪、省委机构编制委员会办公室副主任谢水明等出席揭牌仪式。

4月

30日，广东省海洋综合执法总队6位总队领导分别带队赴沿海各地级及以上市开展伏季休渔执法督导检查，维护海上休渔秩序，确保在港休渔渔船安全监管措施落实到位。历时5天，6个督导组分别督导检查潮州三百门、汕头后江、云澳，珠海洪湾，江门崖门、烽火角，揭阳惠来，汕尾马宫、红海湾、汕尾港，湛江乌石、外罗、硇洲，阳江闸坡、东平，茂名博贺，深圳南澳、盐田、蛇口，惠州惠东、大亚湾等重点渔港和主要休渔船停泊区。重点检查各地"船进港、人上岸、网封存"、在港休渔渔船安全度休管控措施、24小时应急值班以及渔港监管责任落实等情况。

5月

13日，广东省渔港经济区规划编制集中研讨会在广州举行，广东在全国率先吹响了渔港经济区建设的"号角"，全省渔港经济区统一规划编制标准要求，建立上下联动机制，各区域协调发展。

24日，农业农村部印发通知，公布2020年度"平安渔业"创建结果，包括广东江门市新会区、佛山市南海区在内的21个县（市、区）被评为"全国平安渔业示范县"，广东珠海市洪湾渔港等6座渔港被评为"全国文明渔港"。

6月

4日，农业农村部发布第431号公告：根据《农产品地理标志管理办法》规定，经过初审、专家评审和公示，对全国共计186个产品实施农产品地理标志登记保护。广东共计有8个产品入选，其中渔业有3个："大桥石鲤""清新桂花鱼""金湾黄立鱼"。

8日，第13个世界海洋日，主题是"保护海洋生物多样性，人与自然和谐共生"，近年来随着中国保护措施的完善和保护意识的增强，一批具有代表性的珍稀海洋生物种群不断壮大，其中广东省惠东海龟自然保护区海龟产卵量再破新纪录。

10日，广东省人民政府办公厅向各地级及以上市人民政府，省政府各部门、各直属机构印发《农业农村部 广东省人民政府共同推进广东乡村振兴战略实施2021年度工作要点》，提出推进农业绿色发展，开展珠三角百万亩鱼塘转型升级行动，建设国家级水产健康养殖与生态养殖示范县、区；强化渔业资源管控与养护，开展增殖放流，建设海洋牧场，严格实施海洋伏季休渔制度。同时，坚决打好种业翻身仗，实施"粤强种芯"工程，强化种业科技创新，开展水产等良种重大科研联合攻关，着力解决一批关键核心技术；保障"菜篮子""果盘子"等重要农产品供给，发展深水网箱养殖。加强现代农业产业体系建设，建设沿海渔港和渔港经济区，提升渔业基础设施和装备水平。加强农产品质量安全监管，开展水产品"不安全、不上市"专项行动；大力推动农业保险高质量发展，将淡水养殖作为中央财政对地方优势特色农产品保险奖补试点险种，提高水产养殖等承保覆盖率。

7月

2日，广东省农业技术推广中心组织相关单位和企业召开创建国家级水产良种场和申报水产新品种协调会，鼓励有条件的省级良种场申请创建国家级水产良种场。广东水产苗种产量位居全国第一，全省有省级良种场69家，国家级良种场5家。国家级良种场数量明显较少，与广东省水产品总产量、水产苗种产量在全国的比重不相匹配，特别是与拥有国家级良种场14家的山东、12家的湖北、7家的江苏等地相比，差距明显。

2日，由广东省农业技术推广中心牵头的"广东省牛蛙产业高质量发展"线上研讨会顺利召开，全国牛蛙产业代表及行业专家建言献策。全国牛蛙年养殖产量规模约50万吨，广东占比超40%，居全国首位。牛蛙还是优质动物蛋白来源，每百克肉含蛋白质19.9克，是保障粮食安全的组成部分。这是广东牛蛙业界的首次研讨会，代表和专家共同谋划牛蛙产业转型升级之路。6月，广东多个地区对牛蛙养殖进行整治，成为业界关注的热点。省农业农村厅领导提出"将牛蛙打造成中国乃至世界知名的水产品牌"，传递出强烈的变革信号。

23日，以"广东水产，鲜动贵州"为主题的广东省名特优水产品（贵州）推介会在贵州省贵阳市举行。推介会由广东省农业农村厅、广东省乡村振兴局、贵州省农业农村厅、贵州省水利厅指导，湛江市农业农村局、茂名市农业农村局主办。

28日，农业农村部根据《中华人民共和国渔业法》有关规定发布第451号公告：经全国水产原种和良种审定委员会审定通过的虹鳟"水科1号"等11个水产新品种公示期满无异议，现予公告。其中有广东选育的禾花鲤"乳源1号"、翘嘴鳜"广清1号"、全雌翘嘴鳜"鼎鳜1号"3个水产新品种。农业农村部至此累计发布240个水产新品种，其中鲤、鲫、罗非鱼、中国对虾、栉孔扇贝和海带等我国已经用上了自主选育的新品种，自主培育的罗氏沼虾、斑点叉尾鮰、南美白对虾国内市场占有率分别达到60%、40%和30%以上。

8月

13日，广东省农业农村厅、广东海事局在广州番禺莲花山渔港启动广东省"商渔共治2021"专项行动，通过开展商渔船水上航行避碰等演练，借助全省首个渔业安全"港长制"管理平台，构建渔船安全监管一张图，并开展商渔船防碰撞专题培训、警示警醒教育、商渔船船长"面对面"等活动，聚焦商渔船安全开展联合执法行动，严查各类违法违规行为。该专项行动持续至11月30日，通过专项行动，普及水上交通安全和渔业安全生产知识，落实商渔船安全管理责任。启动仪式当天，参会人员共同见证广东首个渔业安全"港长制"管理平台试点启动。广东省沿海地区共有渔港（渔船停泊区）123个，已全部落实由镇委书记或镇长任"港长"。各地全面落实、落细责

任措施，健全渔业安全港长制职责和工作机制，加强信息化手段，充实监管力量。

9月

9日，省农业农村厅在珠海召开广东省渔港建设与管理现场会，全面总结渔港建设与管理经验，分析当前形势，研究部署下一步渔船渔港综合改革工作，加快推进广东17个渔港经济区建设。各单位就渔港建设与港务管理、渔港监管和渔船防台（风）、涉渔涉海"一打二拆三整治"行动、渔业油价补贴资金实施等渔港建设与管理相关工作进行经验交流，并为渔港建设"破题"建言献策。

14日，珠三角百万亩池塘升级改造暨全省水产养殖业转型升级绿色发展现场会在佛山召开，部署开展"珠三角百万亩池塘升级改造三年行动"，以"小切口"带动"大变化"，推动渔业转型升级，实现绿色发展。

27日，广东省农业农村厅组织召开《番禺国家级沿海渔港经济区建设规划（2021—2030年）》专家评审会，对番禺国家级沿海渔港经济区建设实施方案的科学性与可行性进行评估。省农业农村厅渔业发展处处长于培松、番禺区委副书记孙玥和广州市农业农村局、番禺区农业农村局、发展与改革局、水务局、财政局、番禺海事区、市规划和自然资源局番禺区分局、番禺区石楼镇人民政府、珠江口渔港经济区专班等单位代表、评审专家参加评审会。与会代表和专家通过听取实施方案编制单位对渔港经济区建设实施方案的汇报、查阅相关资料等方式，经讨论形成了评审意见。此次渔港经济区实施方案评审是广东省按照国家级沿海渔港经济区建设实施细则要求，由农

业农村部渔港经济区建设管理专家组织的评审会。

10月

20日，广东省农业技术推广中心召开"治违禁 控药残 促提升"三年行动水产行业专业技术服务团队成立大会暨第一次全体会议。会上，以中国水产科学研究院珠江水产研究所研究员谢骏为首席专家的水产行业专家技术服务团队宣布成立，并围绕大口黑鲈、乌鳢、大黄鱼、鳊等4个重点治理水产品的标准化生产示范推广工作展开讨论。

11月

10日，广东省委常委叶贞琴率调研组来到肇庆恒兴水产科技有限公司，就预制菜的研发、生产、市场趋势以及"联农带农"情况进行调研。

12日，广东农业农村网站报道：农业农村部召开2021年渔港经济区项目答辩评审会，广州市番禺区、汕头市南澳县在广州通过视频连线的方式，参加了国家级沿海渔港经济区项目视频答辩会议。答辩会上，《番禺国家级沿海渔港经济区建设规划（2021—2030年）》《汕头南澳国家级沿海渔港经济区项目建设实施方案》顺利通过专家评审，这标志着广东率先启动渔港经济区建设，渔港经济区建设正式进入实地推进阶段。

19日，广东在全省预制菜产业发展大会上率先推出广东预制菜十大名品，包括"恒兴鲜虾""一夜埕金鲳鱼""风味烤鱼""麻辣小龙虾""御鲜锋酸菜鱼"等，水产品占五成，同时发布"粤式特色风味水产品预制菜加工关键技术"等18项关键技术成果。这些创新成果是全国首次发布的预制菜核心技术，为广东预制菜产

业发展走在全国前列提供支撑。

12月

6日，水产种业及健康养殖中国工程科技论坛暨第十七期花城院士科技峰会在广州市南沙区举办，主题为"原始创新 种业振兴 智慧渔业助力种业"，聚集国内多位种业院士专家，共同为实现种业振兴出谋划策，破解种业"卡脖子"问题。南沙区是广东水产特色优势区，海岸线超106千米，水产养殖面积6 953公顷，多是连片67公顷以上的鱼塘，2020年南沙区水产品总量达15.4万吨，渔业年产值达到50.04亿元，养殖面积和产值均居广州市首位，渔业产值排名全市第一。

7日，第二届中国水产种业博览会暨第三届广东水产种业产业大会在广州南沙广东国际渔业高科技园开幕。博览会以"领绿色渔业，谋种业振兴"为主题，参展单位超300家，参展品种达250个。中国科学院院士桂建芳、中国工程院院士罗锡文、刘少军、陈松林等出席开幕式。农业农村部渔业渔政管理局、全国水产技术推广总站、中国水产学会、中国水产科学研究院负责人，各省、自治区、直辖市农业农村部门、技术推广机构负责人，广东各地市分管负责人，相关科研院所专家、行业协会及企业代表参加博览会的系列活动。

19日，"白蕉海鲈"登上广州塔，数百万市民目睹这一特色水产品的风采，这是广东首个水产品登上"小蛮腰"，也是"白蕉海鲈"产业高质量发展的重要标志。当晚7点，"千里珠江水，醉美白蕉海鲈""农民增收致富鱼、乡村振兴希望鱼"等字眼在广州塔上依次亮起，灯光闪耀吸引无数人拍照留念。

22日，农业农村部、国家发展改革委、商务部、中国人民银行、国家税务总局、中国证券监督管理委员会、中华全国供销合作总社发出关于公布第七批农业产业化国家重点龙头企业名单的通知：认定北京臻味坊食品有限公司等412家企业为农业产业化国家重点龙头企业，有效期到2024年监测结果公布前。其中涉渔企业20家，包括广东省4家：广州黄沙水产交易市场有限公司、广东甘竹罐头有限公司、广东恒兴集团有限公司、广东环球水产食品有限公司。由此广东省农业产业化国家重点龙头企业从原来7家增加到11家。

2022年大事记

1月

1日，湛江海关签发广东首份农产品出口到新加坡的《区域全面经济伙伴关系协定》（简称RCEP）原产地证书。这份编号为001的原产地证书连同同天签出的001号报关单，都属于湛江国联水产开发股份有限公司的一批水产预制菜。标志着RCEP第一时间在广东农业领域落地，历经8年31轮谈判，纸上的文本终于落地实践，开启广东农业国际贸易高质量发展新征程。

5—6日，代省长王伟中先后赴湛江、茂名、阳江市，走进重大项目、产业园区和企业一线进行调研，实地察看阳江市闸坡世界级渔港项目，详细了解港区规划情况，强调加大现代化渔港建设力度，积极发展远洋捕捞和高附加值深海养殖产业。

7日，广东恒兴集团茂名恒兴水产科技有限公司出口《区域全面经济伙伴关系协定》国家的2 500箱、25吨预制菜被装上跨境物流运输货车，运往东南亚市场。这是RCEP于2022年1月1日正式生效后，广东预制菜进军RCEP国家的首发仪式。

10日，2021"白蕉海鲈"品牌网络活动周暨第四届"白蕉海鲈"旅游文化嘉年华在珠海市斗门区白蕉镇开幕，该嘉年华首次引入"网络节＋云展会"模式，线上吸引上百万人次观看，线下14家企业预采购海鲈量超1亿千克，约占"白蕉海鲈"全年养殖量的70%，采购额超20亿元，"白蕉海鲈"成为抢手货。

13日，广东省政府新闻办召开新闻发布会，对近日省委实施乡村振兴战略领导小组办公室印发的《广东省渔港建设攻坚行动方案（2021—2025）》进行解读，将广州番禺和汕头南澳作为广东省渔港经济区先行先试区。发布会还透露，广东计划到2022年完成推动海洋牧场产业化发展，启动珊瑚修复示范场建设和海洋牧场监管平台建设，推进"海洋牧场＋深水网箱"产业发展；到2025年启动"海洋牧场＋休闲渔业""海洋牧场＋海上风电"产业发展模式建设。

20日，汕头市濠江水产省级现代农业产业园牵头企业冠海水产40吨水产预制菜正式发货出口至RCEP成员国和美国，这是汕头市2022年首次出口水产品至RCEP成员国和美国，是濠江水产省级现代农业产业园积极开展RCEP贸易活动的具体行动。

21日，《农业农村部 财政部关于认定第四批国家现代农业产业园的通知》发布，广东省湛江市坡头区现代农业产业园入围。坡头区现代农业产业园区涉官渡、龙头、坡头、南三、乾塘5镇和麻斜街道，主导产业为对虾养殖。产业园总面积16 667公顷（含水域），其中对虾养殖面积超3 733公顷。

24日起，茂名市电白对虾陆

续"亮相"广州地铁多条线路，为羊城人民带来"粤西明珠"——茂名电白的海滨鲜味。

28日，2022广东农产品"12221"市场体系建设工作推进会在广州召开，会上表彰一批对广东农产品"12221"市场体系建设作出贡献的单位、企业，其中，"惠来鲍鱼"荣获广东农产品"12221"市场体系建设十大优秀案例奖。

2月

11日，省农业农村厅召开全省渔业安全生产视频调度会，通报了春节期间全省渔业安全情况，要求落实渔业船舶安全专项整治工作，加强渔业船舶安全管理和风险隐患治理，坚决防范重特大事故发生。

12日，省农业农村厅召开渔业安全调研督导工作会，研判近期渔业安全风险，要求组织开展专项检查，提升全省渔业安全监管水平。会后派出工作组到粤东、粤西调研指导渔业安全生产工作。

14日，南方农村报报道：经海关总署标法中心、湛江海关、湛江市人民政府、广东省粤西水产协会四方充分协商后签订协议，全国唯一的水产领域技贸研究评议基地继续落户湛江，也成为全国各领域中首个重签协议开展实体化运作的基地。

16日，广东粤海饲料集团股份有限公司正式登陆深圳证券交易所，成为2022年水产行业第一家上市企业（股票简称：粤海饲料，股票代码：001313）。

28日，广东省省政府发布《关于印发2022年省十件民生实事分工方案的通知》，包括了10个方面43件实事，涉及渔业的是：推动农业现代化示范区、优势特色产业集群、产业强镇建设，发展壮大丝苗米、岭南蔬果、畜禽、水产等特色产业；实施渔港建设攻坚行动，加快深远海大型智能养殖渔场建设，推进珠三角百万亩池塘升级改造，建设一批美丽渔场。实施2个国家级渔港经济区项目，建设3个平安渔港，在4个渔港开展综合管理试点。打造5大深远海养殖区，提升渔业基础设施和现代化、智能化装备水平，加快推动渔业高质量发展。加快农产品出口示范基地建设，促进水产品、水果、预制菜等特色优势农产品及加工品出口，拓宽农产品出口市场。

3月

1日，南方农村报报道：近日，在广州市南沙区东涌镇的珠江流域水产种质资源库，2021年引种保育的31种珍稀鱼类，已经在人工条件下养殖成功。

14日，南方农村报报道：近日，2022年广东省农业主导品种和主推技术拟推荐名单公示。水产养殖11个品种、6项技术入选。

22—23日，省委书记李希，省委副书记、省长、深圳市委书记王伟中到湛江市就推动湛江高质量发展进行调研。在广东恒兴集团有限公司水产食品研发中心深入考察农业全产业链培育发展的情况。李希强调要大力发展水海产品养殖加工，突出粤菜特色培育发展预制菜产业，促进农业高质高效发展。

24日，广东省人民政府办公厅印发《加快推进广东预制菜产业高质量发展十条措施》。

28日，省农业农村厅召开渔业安全生产工作会议，研究落实国务院安全生产委员会办公室和省安全生产委员会办公室对渔业船舶安全风险防范工作的部署和要求。会议强调，针对渔业船舶安全领域存在的涉渔"三无"船舶清理不到位、执法监管不到位、船东主体责任压实不到位、属地政府责任落实不到位、"商渔共治共管"协调不到位、渔船安全事故责任追究不到位等"六个不到位"问题，要"对症下药"，采取有力措施，切实规范和加强安全监管工作，坚决守住不发生重特大事故、不发生敏感性事故的底线，确保人民群众生命财产安全。

30日，湛江举行预制菜产业联盟成立大会。湛江市预制菜产业发展起步早，主要以畜禽和水产制品为主，经过多年发展，涌现出一批名企名品。

31日，广东省委常委叶贞琴率调研组到恒兴集团食品研发中心调研产业发展情况，对恒兴集团的发展模式给予肯定，希望恒兴集团充分发挥农业龙头企业的示范带头作用，推动水产种业发展壮大，坚持水产品工业化、食品化发展道路，挖掘农产品、水产品增收潜力，不断提升农业产业整体竞争力，坚持联农带农，谱写乡村振兴新篇章。

4月

2日，广东率先启动预制菜团体标准建设，为预制菜快速发展提供了良好环境。各地政府闻声出动，加快推动预制菜产业发展。

8日，汕头市濠江区召开濠江水产省级现代农业产业园工作推进会暨预制菜产业座谈会。位于汕头海湾南岸的濠江区有水产品加工企业40多家，濠江水产省级产业园将打造全国最大的"无抗蛙"加工中心、全国最大的牛蛙预制菜集散地、全国最大的高级鱼丸生产基地、潮汕地区最大的水产品交易中心，推动濠江区水产预制菜高质量发展。

11日，恒兴集团携广东预制菜驰援上海。南方农村报报道：一辆满载广东恒兴集团有限公司预制菜产品的货车从武汉仓发出，并于 4 月 3 日抵达上海浦东新区相关物资援赠接收点，当天即被分发到有需要的居民小区。

12 日，省农业农村厅召开广东省渔业船舶安全生产排查整治专项行动视频调度会，贯彻落实全国、全省沿海重点地区水上交通和渔业船舶安全风险防范工作视频会议精神，集中整治全省水上安全领域存在的"六个不到位"突出问题，深入推进广东省渔业船舶安全生产专项排查整治行动。

22 日下午，省农业农村厅召开全省渔业安全生产工作视频调度会，落实休渔前各项安全生产措施，重点抓好严格执行出港报告、跟帮作业制度，加强对涉渔船舶的安全执法，严防不符合技术规范的渔船出海作业。

27 日，广东省 2022 年涉渔船舶监管专项联合行动部署视频会在广州召开，省农业农村厅、工业和信息化厅、广东海警局等有关负责人在会上讲话，江门、阳江等市有关部门作交流发言。

29 日，广东省人民政府网站发布《广东省人民政府办公厅关于加快推进现代渔业高质量发展的意见》，对下一阶段广东渔业发展提出具体要求。

5 月

5 日，农业农村部农产品质量安全中心公布 2022 年第一批 209 个全国名特优新农产品名单，其中广东省入选 15 个，新增数量位居全国前列。水产品有广州市南沙区的"南沙青蟹""湛江市坡头区""南三白虾"、汕尾市海丰县"白虾"。

10—12 日，广东省海洋综合执法总队与福建省海洋与渔业执法总队调派省、市、县三级执法力量，开展 2022 年粤闽海洋伏季休渔联合执法行动。

10 日，在佛山南海举行创建国家现代农业产业园现场会，12 个预制菜产业项目签约落地，包括九江的鱼兴港水产预制菜项目、香良水产预制菜项目、西樵的何氏水产预制菜项目、丹灶勇记水产预制菜等，打造以水产为主的预制菜品牌。

17 日，南方农村报报道：汕头市紧抓机遇，实施汕头预制菜"卖手"培养工程。其中，濠江正加快建设濠江水产省级现代农业产业园，力争打造全国最大的水产预制菜集散地。保险公司也为汕头市濠江区水产预制菜公司的预制菜提供保险产品，具体是"海鲜拼盘"的海洋运输冷藏一切险。为该企业从深圳运输到加拿大的海产品，在运输过程中因自然灾害和外来原因引起货物的腐败或损失，提供约 110 万的避险保障。

6 月

2 日，广东省农业农村厅正式发布 2022 年省级现代农业产业园建设名单，由广东海洋大学牵头实施的广东省南美白对虾现代种业产业园成功入围。这是全国首个省级水产种业功能性现代农业产业园。

6 日，在全国"放鱼日"广东增殖放流活动主会场汕头市南澳岛上，约 6 600 万尾海洋生物被投放入海，拉开全省范围内同步增殖放流水生生物资源的序幕。本次活动投放的对虾、真鲷、黑鲷、黄鳍鲷、鮸、石斑鱼等海洋物种，均符合《水生生物增殖放流管理规定》等国家和省的有关要求。

10 日上午，广州市番禺区渔港经济区揭牌系列活动在番禺区石楼镇海鸥岛举行。这是番禺区渔港经济区继 2021 年获批国家级沿海渔港经济区试点后，又一重

要发展节点。

11 日，广东省委常委、统战部部长王瑞军来到湛江，深入企业、渔港和产业园开展调研。走进广东恒兴集团有限公司和湛江国联水产开发股份有限公司的产品展示厅、加工生产线、研发中心和大数据平台监控室，实地调研预制菜产业发展情况，强调努力打造预制菜产业"湛江样板"。来到雷州半岛西海岸的乌石国家级中心渔港码头，听取渔业安全生产工作情况汇报，要求切实履行渔业安全生产监督责任，加强涉渔船舶监管。

14 日，省农业农村厅召开渔业安全生产工作会，贯彻落实省委、省政府对渔业船舶安全风险防范工作的部署和要求，研究休渔期间渔业安全重点难点问题，部署渔业安全工作，要求重点建立健全渔业条块管理机制，加强渔业安全生产网格化监管平台建设，督促指导县、镇健全完善渔业安全责任制，落实定人联船和网格化管理，提升信息化技防能力，打通渔业安全监管"最后一公里"。

15 日，省农业农村厅在珠海市斗门区举办主题为"我为群众办实事"——水产养殖防灾减灾科技下乡活动，省、市、县渔业发展和水生动物疫病防控部门相关负责人以及技术人员、渔民代表参加活动。

15 日，《首席专家谈农技》第八期贝类养殖专场在广州国家现代农业产业科技创新中心开播。广东省现代农业产业技术体系贝藻类创新团队首席专家张其中教授、示范站专家林壮炳教授级高级工程师和海水珍珠贝养殖与育珠技术岗位专家王庆恒教授做客直播间。

27 日，由肇庆市高要区人民政府、广东省预制菜产业联合研

究院主办的第一届广东预制菜研发大赛举行。经过角逐，广东恒兴集团有限公司、广东品珍鲜活科技有限公司获得一等奖；肇庆市中业水产有限公司获得"最具人气奖"，湛江国联水产开发股份有限公司获得"最佳创意营销奖"。

30日，省人民政府办公厅印发《农业农村部 广东省人民政府共同推进广东乡村振兴战略实施2022年度工作要点》，其中涉及渔业的内容有：加快推进畜牧、渔业转型升级，支持建设深圳国家远洋渔业基地，推进珠三角百万亩养殖池塘升级改造，实施水产养殖绿色发展"五大行动"；创建畜禽养殖标准化示范场和现代化美丽牧场，大力建设海洋牧场，发展深海网箱养殖和远洋渔业；全省水产品产量稳定在890万吨以上；鼓励发展工厂化集约养殖、立体生态养殖等新型养殖设施。

7月

9日，2022年中央农业资源及生态保护补助资金第一批次放流活动在省农业技术推广中心海洋渔业试验基地举行，来自省农业农村厅、省农业技术推广中心、中国水产科学研究院南海水产研究所及惠州市相关单位的负责人、渔民、学生和志愿者代表共80余人参加活动，向大亚湾海域放流斜带石斑鱼、鞍带石斑鱼、黑鲷和斑节对虾等海洋生物苗种800多万尾，均是由省农业技术推广中心海洋渔业试验基地精心培育的优质良种。

14日，农民日报报道：中国水产科学研究院南海水产研究所协同全国渔业安全事故调查专家委员会、黄海水产研究所、东海水产研究所组成的专家组对广东省渔业安全生产开展调研工作。经深入调研了解，广东省各级政府和渔业渔政主管部门均高度重视渔业安全生产工作，以安全生产专项整治三年行动为抓手，持续推进渔业安全专项治理，强化安全宣传教育培训，有效维护了渔业安全生产持续稳定。

19日，省农业农村厅在广州市南沙区东涌"渔稻模式"试验基地召开鱼塘种稻技术扩大试点工作现场会，在珠三角的广州、深圳、珠海、佛山、惠州、东莞、中山、江门、肇庆9市，将分两年在2万公顷鱼塘水面上共种植6 667公顷水稻。

28日，广东水产学会第四届青年科技论坛在肇庆举办，以"青年成长与时代精神"为主题，企业与院士专家相结合，推进水产行业的高质量发展。论坛由广东省科学技术协会、广东省农业农村厅指导，广东水产学会主办，肇庆市农业农村局、肇庆学院承办。

8月

4日，省农业农村厅举行新闻发布会，对凡纳滨对虾（即南美白对虾）"海茂1号""海兴农3号"这两个南美白对虾新品种培育重大突破情况进行正式发布。农业农村部7月公布了经全国水产原种和良种审定委员会审定通过水产新品种，其中包括广东选育的这两个南美白对虾新品种。

16日，第二十届南海（阳江）开渔节、开渔令活动在国家AAAAA级旅游景区、中国"十大美丽海岛"海陵岛举行。开渔令活动以《开渔之歌》《百年承诺》《打开大门甲天下》歌舞拉开序幕，悠扬、激昂的歌声带动了现场的气氛。中午12时，南海伏季休渔正式结束。随着开渔令的启动，汽笛齐鸣，礼炮连响，千帆竞发，雄伟壮观的景象在闸坡码头上演。在领头船的带领下，在民众的欢送声中，800多艘渔船向着大海出发，辛勤的渔民开始耕海牧渔劳作。

17日，省委常委、统战部部长王瑞军带队到挂点联系的阳江市调研，先后考察阳江海上风电实验室、广东顺欣海洋渔业集团有限公司、广东数字农业（阳西）展览馆，并主持召开座谈会，听取情况汇报。王瑞军强调，要加强安全生产管理和安全风险防控，完善渔业安全责任制；推动闸坡渔港打造成世界级渔港，全面夯实现代渔业产业基础。

24日，省委常委、统战部部长王瑞军到省海洋综合执法总队检查指导防御台风"马鞍"工作，听取省农业农村厅和执法总队防台工作情况汇报，在总队值班室通过省海洋综合执法指挥系统查看全省渔船回港情况。对防台工作进行再部署、再督导、再落实，以更高标准、更严要求、更实举措抓好防御台风"马鞍"各项工作，坚决守护好渔民群众生命财产安全。

31日，《首席专家谈农技》直播第十三期水产品质量安全专场在广州国家现代农业产业科技创新中心成功开播。广东省现代农业产业技术体系水产品质量安全和环境协调创新团队首席专家陈胜军研究员、水产品质量安全检测技术岗位专家黄珂副研究员和水产养殖环境协调与控制岗位专家赖子尼研究员做客直播间。

9月

7日，广东省动物疫病预防控制中心发布9月广东省水产养殖病害预测预报，提示9月广东持续高温天气，水生动物病害依旧严峻，水产养殖要提前做好预防措施。

16日，第十九届中国-东盟博览会在广西南宁国际会展中心盛大启幕，第七届中国-东盟农业国际合作展（农业合作展区）同步亮相。在广东展区，琳琅满目的广东农产品吸引不少观众驻足品尝。"台山烤鳗"等粤菜名肴悉数亮相展会，让观众瞬间化身食客，大饱口福；东莞市松湖水产养殖有限公司参展的"白鲳鱼干"等食品也吸引着观众们的注意。

23日，秋分节气，当晚广东省庆祝2022年"中国农民丰收节"主会场活动在珠海市斗门区开幕。活动以"庆丰收·迎盛会"为主题，以丰富多彩的形式展现广东"三农"发展成效和农民群众的时代风采。庆祝2022年"中国农民丰收节"采取"1+N"的模式，"1"即为"庆丰收迎盛会"主会场活动，"N"是各市以及县、镇（乡）、村自行开展系列庆丰收活动。

23日，"2022年中国农民丰收节暨首届广东（阳江）晒鱼节"活动在阳江市海陵岛开幕。首届晒鱼节活动持续至28日，以"晒出渔家豪情庆丰收、唱响时代强音迎盛会"为主题，开展"晒丰收、晒产业、晒美食、晒文化、晒喜悦"等系列活动。晒鱼节期间还举办谷寮村农民晚会、金枪鱼切鱼秀、海鳗切鱼赛、渔获物拍卖会等一系列精彩活动。晒鱼节招商及现场签约项目6个，达成意向金额24.8亿元。

23日，佛山市南海区在九江镇举行2022年庆祝"中国农民丰收节"活动，分享农民丰收的喜悦。活动举办有"抢丰收·捉塘底"大赛、抛渔网大赛，还有省级非遗传承项目——"数鱼花"技艺大赛。

30日，省农业农村厅召开全省农业安全生产工作电视电话会议，省农业农村厅设主会场，各地级及以上市、有关县（市、区）设分会场。省农业农村厅相关厅领导、机关各业务处室单位负责

人，各地级及以上市、有关县（区、市）农业农村部门、乡村振兴部门、海洋综合执法（渔政）及流动渔民管理有关部门负责人及乡（镇、街道）分管农业领导及相关业务人员共3 019人参加会议。会议传达学习国家和省安全生产工作部署要求和安全生产工作电视电话会议精神，通报全省农业安全生产情况，部署农业各行业领域安全生产工作，省海洋综合执法总队就加强渔船渔港安全监管工作进行专题部署。

10月

13日，珠海获授"中国海鲈预制菜之都"称号。

31日，农业农村部发布2022年农业品牌精品培育名单，将75个农业品牌纳入2022年农业品牌精品培育计划。广东有3个农业品牌上榜，分别是"增城荔枝""清远（麻）鸡""顺德鳗鱼"。"顺德鳗鱼"占2022年农业品牌精品培育计划全国8个水产品的1/8。

11月

1日，农业农村部公示第十二批全国"一村一品"示范村镇名单，全国共396个村镇入选，其中广东省有珠海市金湾区红旗镇大林社区（黄立鱼）、中山市三角镇（杂交鳢）等18个村镇入选。

3日，"中国农民丰收节"组织指导委员会办公室关于公布100个丰收节庆特色活动名单的通报：广东省推荐的广州市花都区赤坭镇农民庆丰收活动、连南瑶族自治县稻田鱼文化节、郁南县无核黄皮文化节、乳源瑶族自治县"大桥石鲤"禾花鱼美食文化旅游节等4个活动入选。其中渔业2个，占全国100个丰收节庆特色活动名单中16个渔业活动项目的1/8。

18日，新华网报道：广东省湛江市是全国最大的金鲳鱼养殖基地之一，金鲳鱼年产量达10万吨，约占全国产量40%，总产值约100亿元。金鲳鱼已成为湛江水产行业支柱产业，带动了种苗、饲料、养殖装备、加工与流通等全产业链的发展，直接从业人口约10万人，间接带动从业人口近100万人。

25日，新华网报道：广东湛江金鲳鱼厚积薄发，"一条鱼"撬动百亿元产业。在日前举办的2022湛江金鲳鱼丰收季暨"年鱼"系列活动启动现场，展示着金鲳鱼"一夜埕""糖醋金鲳鱼""砂锅焗金鲳鱼"等百道菜品，皮脆爽口、味道鲜甜的美味佳肴让游客垂涎欲滴，诠释着粤菜饮食文化。

26—27日，省委常委、统战部部长王瑞军一行到揭阳调研"全面推进乡村振兴、促进城乡协调发展"工作，检查渔港建设、农业社会化服务等工作，来到惠来县前詹镇润泽鲍鱼养殖场、神泉镇示范性渔港，深入了解乡村振兴示范带创建、省级现代农业产业园建设、鲍鱼养殖、示范性渔港建设等情况。

12月

14日，农业农村部农产品质量安全中心公布2022年第三批全国名特优新农产品名录，全国共有426个，其中广东入选34个，包括广州市的南沙黄油蟹、南沙鲜鲩、南沙鲫鱼、花都彩虹鲷、花都加州鲈，佛山市的三水鳜鱼、三水加州鲈，韶关市乳源瑶族自治县的大桥石鲤，湛江市的麻章对虾、麻章罗非鱼、遂溪金鲳鱼、徐闻金鲳鱼，肇庆市广宁县上林武林鱼等13个水产品。

20日，第三届中国水产种业博览会暨第四届广东水产种业产

业大会在广州市南沙区广东国际渔业高科技园开幕。

26日，以"践行大食物观、贯彻高质量发展"为主题的2022年第八届现代渔业论坛暨院士湛江行在广东省湛江市举行。论坛由广东海洋大学、湛江市科学技术协会、湛江人才驿站主办，湛江市水产学会承办，湛江市水产技术推广中心站协办。论坛为相关企业和科研院所搭建平台，促进各方交流、合作与提升，进而引导中国渔业的创新发展。

28—30日，首届中国年鱼博览会在珠海国际会展中心举行。珠海斗门首创"年鱼经济"，发布具有独特形象气质的"国鲈"LOGO，筹办首届中国年鱼博览会。

29日，首届中国年鱼博览会在广东省珠海市开幕，签约投资金额超百亿。这是全国首个以"年鱼"为主题的博览会。"年鱼经济"迅速火热全国，新年亮屏全国核心地标，游向中央电视台祝全国人民新年快乐，年年有鱼。

29日，新华网报道：在"圣诞、元旦"双节庆期间，"达濠鱼丸"亮相美国纽约时代广场交通枢纽屏，与海内外友人齐过"鲜"年。"达濠鱼丸"源自汕头市濠江区，是濠江水产省级现代农业产业园的主导产品。借助广东力推"年鱼经济"的营销模式，该产业园顺势而为，在节庆时间点闪耀纽约时代广场，打造"达濠鱼丸"节庆经济，做大做强"达濠鱼丸"产业。

29日，《广东省农业农村厅关于成立全省渔业安全生产专家委员会的通知》发布，专家委员会设主任委员1名、副主任委员3名，秘书长1名、副秘书长3名；委员会由安全指导组、海事调查组、船港管理组、政策研究组、渔业代表组五个专家组组成，委员实行任期制，每届任期3年。专家委员会秘书处设在中国水产科学研究院南海水产研究所。

29日，农业农村部公布2022年国家级水产健康养殖和生态养殖示范区名单，25个省（自治区、直辖市）的115个申报主体符合创建标准，其中包括31个县级人民政府主体和84个生产经营单位主体，示范区面积总计约33.33万公顷，可供给水产品产量约375万吨。广东有3个县级人民政府主体和2个生产经营单位主体入选，分别是：（1）以县级人民政府为主体：江门市台山市、佛山市顺德区、广州市花都区；（2）以生产经营单位为主体：广州市诚一水产养殖有限公司（淡水池塘）、惠州李艺金钱龟生态发展有限公司（淡水工厂化）。

一、渔业经济结构

● 综述

【概况】渔业经济是指人们利用资本、劳动、技术、水域、水生动植物等各种经济资源从事渔业的生产、交换、分配与消费等经济活动及其过程的总称。进入"十四五"期间，广东加快推进渔业转方式、调结构、促转型，渔业经济发展较快。2022年疫情之下，广东水产品总产量仍保持增长，达894.02万吨，比2020年875.81万吨增长2.08%，继续居全国首位；渔业经济总产值保持稳步增长，2022年达4 309亿元，位居全国前列，比2020年的3 841亿元增长12.18%；2021年水产品进出口总额66.15亿美元，比2020年的50.10亿美元增长32.04%。渔业产值增幅提高，水产品市场供给充足，带动加工流通业新发展，同时质量、安全水平得到稳步提升，产地抽检合格率平均保持在96%以上，为丰富全省城乡居民"菜篮子"供应、稳定农产品价格、保障食品安全发挥了重要作用。增殖渔业、休闲渔业也蓬勃发展。进入"十四五"的两年间，广东渔业人口保持稳定，渔民收入实现快速增长；据对广东省渔民家庭当年收支情况调查，2021年渔民人均收入22 437元；2022年为23 597元，比2020年的22 375元增长5.46%。

【渔业经济总产值】渔业经济总产值和增加值指以货币表现的核算期内渔业经济活动的总产出和总成果（包括全社会渔业、渔业工业和建筑业、渔业流通和服务业）。进入"十四五"期间，广东渔业经济总产值年年增加，2021年为4 087亿元；2022年为4 226亿元，比2020年的3 841亿元增长10.02%（图3-1）。广东省2022年渔业经济总产值占全国30 873亿元的13.69%，位居全国第二（山东省渔业经济总产值4 413亿元，位居第一）。

广东渔业经济结构持续优化，在全社会渔业经济总产值中，第三产业产值占比上升，渔业捕捞逐年减少，养殖渔业比重持续上升。2022年，渔业产值1 861亿元，比2020年的1 609亿元增长15.66%，渔业工业和建筑业（第二产业）产值490亿元，比2020年的439亿元增长11.47%，渔业流通和服务业（第三产业）产值1 875亿元，比2020年的1 793亿元增长4.60%。养殖产量占水产品总量的比重由2020年的85.3%增加到2022年的85.9%。

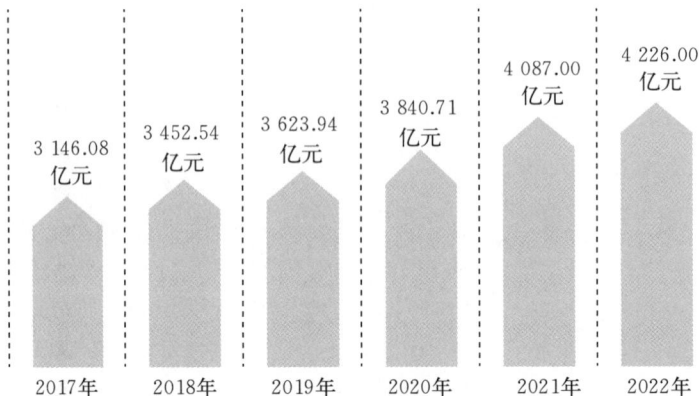

图3-1　2017—2022年广东省渔业经济总产值

【渔业产值占农业产值比重】2022年，广东省渔业产值占全省农业产值比重为21.0%，比2020年的20.01%增长5%，但2017—2019年广东渔业产值占农业产值比重都在21%以上，最高的2018年达21.6%。

2022年，广东省渔业产值占农业产值比重，比全国总计的9.9%高1.12倍，在全国各省（自治区、直辖市）中排名第五，前四位分别是浙江33.2%，福建31.2%，江苏22.1%，海南21.6%。

【渔业经济结构优化】进入"十四五"期间，广东大力推进渔业一二三产业融合发展，提高产业组织化程度和社会化服务水平，把水产品加工业和休闲渔业作为推动产业融合发展的抓手和动力，充分发挥水产品加工业"接一连三"、休闲渔业"接二连三"的作用，延长产业链，提升价值链。通过建设现代渔业产业园，提供渔业一二三产业融合发展平台。全省水产品加工业稳步发展，水产流通体系布局合理，冷链物流初具规模，截至2022年底，全省建成水产品交易市场近百个，水产加工企业982家，水产冷库594座，水产加工品总量152.03万吨，用于加工的水产品达159.36万吨。休闲渔业发展成为以生态观光、渔业体验、休闲游钓为主的新兴产业，产业规模不断壮大，2020年全省休闲渔业产值123亿元，直接带动饲料、鱼药及器材设施等10个大类、100多个相关产业的发展，拉动水族产业年产值200亿元。渔业经济一二三产业产值比例由2020年的41.9∶11.4∶46.7调整到2022年的45.1∶11.4∶43.5。

进入"十四五"期间，广东省渔业产业结构持续调优，海水养殖、淡水养殖产量稳定增长，渔业捕捞逐年减少。2022年水产养殖产量达767.66万吨，比2020年746.65万吨增长2.81%，养殖产量占水产品总量的比重由2020年的85.25%增加到2022年的85.87%。实现养殖和捕捞结构的进一步优化。加工流通业有新发展，增殖渔业、休闲渔业也蓬勃发展。突出绿色发展理念，因地制宜开展工厂化循环水养殖、池塘工程化循环水养殖、集装箱循环水养殖、多营养层级养殖、深水抗风浪网箱养殖等生态健康养殖模式。2022年广东省水产养殖面积47.37万公顷，平均每公顷产量（单产）17.70吨；对比2020年，面积减少0.57%，产量增长2.81%，单产提高12.54%。对虾、罗非鱼、鳗、鲈等产量连续多年居全国前列，名贵龟等特色养殖名扬全国。

渔业产值

【概况】渔业产值指以货币表现的核算期内捕捞和养殖水产品及水产苗种的总产出和总成果，包括海洋捕捞、海水养殖、淡水捕捞、淡水养殖产品以及水产苗种的产出。其计算方法：水产品及苗种的产量分别乘以其产品的现行价格。进入"十四五"期间，广东渔业产值呈递增态势（图3-2），2021年广东省渔业产值1786亿元；2022年1861亿元，比2020年的1609亿元提高15.66%；占全省渔业经济总产值的45.16%，占全国15 267亿元的12.74%，位居全国第一（第二位江苏省渔业产值为1857亿元）。

2022年广东省渔业产值扣去水产苗种产值后为1861.4亿元，除以水产品产量894.02万吨，每千克价值20.82元，比2020年17.84元提高16.71%，为全国平均每千克价值21.01元的99.10%，低0.19元。

【海水养殖产值】2022年广东省海水养殖业产值843亿元，比2020年的648亿元提高30.05%，占全省渔业产值的43.34%（2020年为40.28%），占全国海水养殖业产值4 639亿元的18.17%，位居全国第三（第一为山东省1 140亿元，第二为福建省1 070亿元）。

2022年广东省海水养殖产值除以海水养殖产量339.67万吨，每千克价值24.81元，比全省水产品每千克价值高19.17%，比2020年每千克价值19.56元提高26.84%，比全国平均每千克价值20.38元高出4.43元，提高了21.74%。

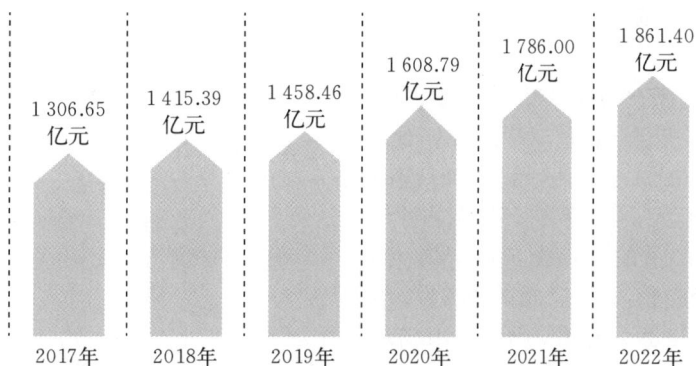

图3-2　2017—2022年广东省渔业产值

【淡水养殖产值】2022 年广东省淡水养殖业产值 846 亿元，比 2020 年的 751 亿元提高 12.76%，占全省渔业产值的 43.52%（2020 年占 46.65%），占全国淡水养殖业产值 7 863 亿元的 10.76%，位居全国第三（第一为湖北省 1 577 亿元，第二为江苏省 1 264 亿元）。

2022 年广东省淡水养殖产值除以淡水养殖产量 428.06 万吨后每千克价值 19.77 元，为全省水产品每千克价值的 94.96%（但 2020 年为 101.30%），比 2020 年 18.07 元提高 9.41%，但为全国平均每千克价值 23.90 元的 82.72%，低 4.13 元。

【海洋捕捞产值】2022 年广东省海洋捕捞产值 155 亿元，比 2020 年的 146 亿元提高 6.05%，占全省渔业产值的 7.96%（2020 年占 9.07%），占全国海洋捕捞产值 2 489亿元的 6.23%，位于全国沿海 11 省（自治区、直辖市）的中间，排名在浙江、福建、山东、海南、江苏省之后，居第六位。

2022 年广东省海洋捕捞产值除以海洋捕捞产量（包括远洋渔业）118.61 万吨，每千克价值 13.05 元，是全省水产品每千克价值 20.82 元的 62.67%（2020 年为 68.61%），比 2020 年的 12.24 元提高 6.62%，但为全国平均每千克价值 21.02 元的 62.08%，低 7.97 元。

【淡水捕捞产值】2022 年广东省淡水捕捞产值 17.29 亿元，比 2020 年的 17.58 亿元（2021 年 18.50 亿元）下降 1.65%，占全省渔业产值的 0.89%，占全国淡水捕捞产值 277 亿元的 6.24%，排名在江苏、安徽、浙江、山东省之后，位居全国第五。

2022 年广东省淡水捕捞产值除以淡水捕捞产量 7.68 万吨，每千克价值 22.51 元，比全省水产品每千克价值高 8.13%，比 2020 年的每千克价值 17.81 元提高 26.39%，但为全国平均每千克价值 23.73 元的 94.86%，低 1.18 元。

【水产苗种产值】2022 年广东省水产苗种产值 83.59 亿元，比 2020 年 46.78 亿元提高 78.69%，占全省渔业产值的 4.30%，占全国水产苗种产值 843.45 亿元的 9.91%，位居全国第五（第一至第四分别为湖北省 112.13 亿元、山东省 87.36 亿元、江苏省 86.43 亿元、福建省 85.89 亿元）。这个排名与广东作为水产苗种重要产区，水产苗种产量居全国前列的地位极不相称（详见本篇水产苗种类目）。2022 年广东省渔业产值结构分布见图 3-3。

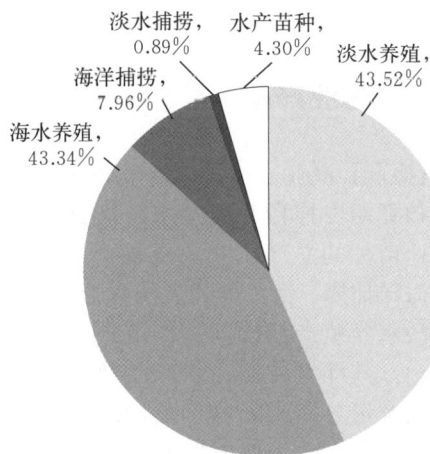

图 3-3　2022 年广东省渔业产值结构

渔业工业和建筑业产值

【概况】渔业工业、建筑业产值是指以货币表现的核算期内全社会从事水产品加工业、渔用机具制造业、渔用饲料工业、渔用药物制造业、渔业建筑业等的产出和成果。2022 年广东省渔业工业、建筑业产值 489.59 亿元，占全国 6 621 亿元的 7.39%，位居全国第六（第一至第五分别是山东省 1 418.92 亿元、福建省 1 326.08 亿元、湖北省 803.90 亿元、江苏省 639.46 亿元、浙江省 543.42 亿元）。2022 年广东省渔业工业、建筑业产值占全省渔业经济总产值的 11.36%，比 2020 年的 439.15 亿元提高 11.49%。2015—2022 年广东省渔业工业和建筑业产值情况见图 3-4。

【水产品加工业产值】水产品加工业产值等于加工产品量乘以现行价格，其增加值采用食品加工业增加值率进行推算。2022 年广东省水产品加工业产值 250.36 亿元，占全国 4 784.61 亿元的 5.98%，位居全国第七（第一至第六分别是福建省 1 109.70 亿元、山东省 1 100.98 亿元、湖北省 596.21 亿元、浙江省 437.58 亿元、江苏省 365.30 亿元、辽宁省 274.84 亿元）。2022 年广东省水产品加工业

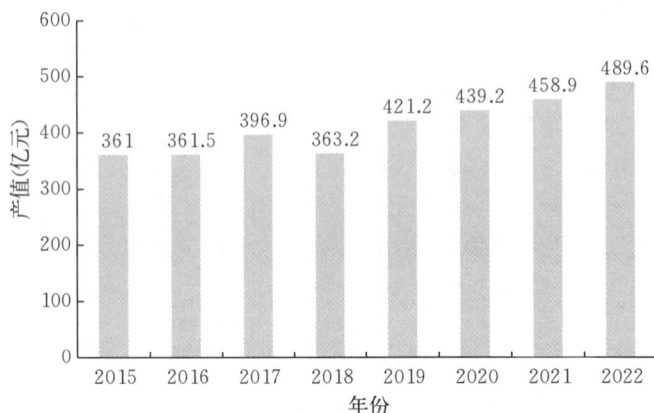

图 3-4　2015—2022 年广东省渔业工业和建筑业产值统计

产值占渔业工业、建筑业产值的51.14%，比2020年的246.63亿元提高1.51%。

【渔用机具制造业产值】渔用机具制造业产值增加值等于渔船渔机修造业、渔用编网制造业和其他设备制造业的产值、增加值之和；其产值计算方法主要采用"工厂法"计算，增加值的计算方法采用统计部门"规模以上工业企业总产值表"中的相应指标增加值率进行推算。2022年广东省渔用机具制造业产值7.83亿元，占全国419.40亿元的1.87%，比例很少，但位居全国第八，第一至第七依次为山东省176.91亿元、福建省73.47亿元、安徽省65.99亿元、江苏省30.37亿元、浙江省28.93亿元、辽宁省12.68亿元、湖南省7.92亿元。2022年广东省渔用机具制造业产值占全省渔业工业、建筑业产值的1.56%，比2020年的7.78亿元提高0.64%。

【渔用饲料工业和药物制造业产值】渔用饲料工业产值主要采用"工厂法"计算，增加值等于渔用饲料工业现行总产出乘以"规模以上"饲料工业现价增加值率。2022年广东省渔用饲料工业产值221.81亿元，占全国1039.34亿元的21.34%，位居全国第一，比2020年的175.25亿元提高26.57%。2022年广东省渔用饲料工业产值占全省渔业工业、建筑业产值的45.31%（2020年为39.91%）。

渔用药物制造业产值取同级相关部门统计年报表中的有关数据，其增加值等于渔用药物总产出乘以"规模以上"生物制药业现价增加值率。2022年广东省渔用药物工业产值9042万元，占全国36.02亿元的2.51%，位居全国第九（第一至第八依次为江苏12.30亿元、湖北6.81亿元、

山西3.79亿元、湖南3.79亿元、江西1.97亿元、山东1.90亿元、辽宁省1.43亿元、安徽1.00亿元），比2020年7874万元提高14.83%。2022年广东省渔用药物制造业产值占全省渔业工业、建筑业产值的0.18%。

【渔业建筑业产值】渔业建筑业产值计算方法是从建筑产品所有方的建筑工程造价角度入手，依据投资完成额计算，其增加值采用建筑业增加值率来推算。2022年广东省渔业建筑业产值5.87亿元，占全国248.21亿元的2.36%，位居全国第十一（第一至第十依次为山东70.55亿元、湖北40.69亿元、江西24.42亿元、江苏19.99亿元，还有广西、辽宁、湖南、福建在12.68亿~16.41亿元之间，浙江、四川在6.00亿~9.01亿元之间），比2020年5.98亿元下降0.22%（图3-5）。2022年广东省渔业建筑业产值占全省渔业工业、建筑业产值的1.20%。

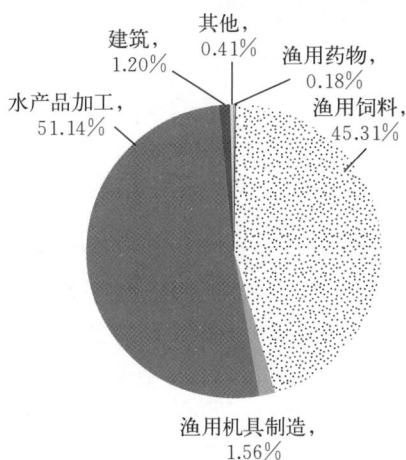

图3-5 2022年广东省渔业工业和建筑业产值结构

渔业流通和服务业产值

【概况】渔业流通和服务业包括渔业流通业、渔业（仓储）运输业、休闲渔业、渔业文化教育、科学技术和信息等产值和增加值。

2022年广东省渔业流通和服务业产值为1875亿元，占全省渔业经济总产值的46.68%，比2020年的1793亿元提高4.60%，占全国渔业流通和服务业产值8984亿元的19.96%，居全国首位（第二为江苏1327亿元）（图3-6）。广东省渔业流通和服务业产值以渔业流通业为主，占比九成以上。

【渔业流通业产值】渔业流通业产值以营业额来计算，其增加值等于渔业流通业产值乘以批发零售贸易业现价增加值率进行推算。2022年广东省渔业流通业产值1736亿元，占渔业流通与服务业产值的92.59%，比2020年的1658亿元提高4.66%。2022年广东省渔业流通业产值占全国7247亿元的23.95%，居全国首位（第二位江苏1158亿元）。

【渔业（仓储）运输业产值】渔业（仓储）运输业产值即营业收入，其增加值计算方法与建筑业相同。2022年广东省渔业（仓储）运输业产值7.14亿元，占全国544.91亿元的1.31%，居全国第十二位（第一位山东203.84亿元），比2020年的6.68亿元增长6.89%。2022年广东省渔业（仓储）运输业产值占渔业流通与服务业产值的0.38%。

【休闲渔业产值】休闲渔业产值包括涉渔的一切旅游服务业产值，以营业额计算，其增加值用旅游业增加值率进行推算。2022年广东省休闲渔业产值123.40亿元，占全省渔业流通与服务业产值的6.58%，比2020年的119.00亿元增长3.70%。2022年广东省休闲渔业产值占全国847.40亿元的14.56%，位居全国第三（第一位山东180.89亿元、第二位湖北130.41亿元）（图3-7）。

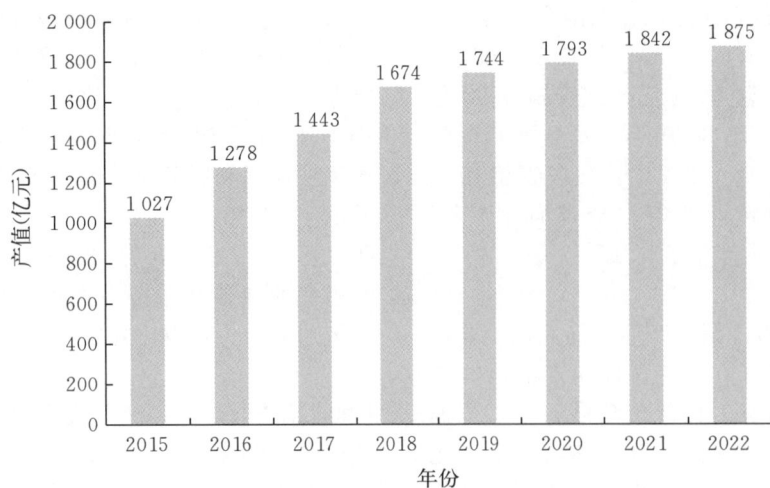

图3-6　2015—2022年广东省渔业流通和服务业产值统计

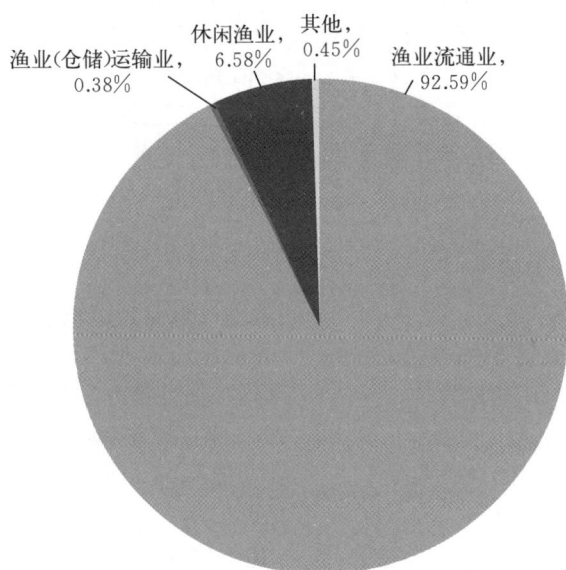

图3-7　2022年广东省渔业流通和服务业产值结构

二、渔民家庭收支

● 全年总收入

【概况】全年总收入指调查期内被调查对象从各种来源渠道得到的收入总和。按收入的性质划分为家庭经营收入、工资性收入、财产净收入、转移性收入和政府生产补贴（惠农收入）。2022年广东省渔民家庭平均总收入5.89万元，比2020年5.27万元增加6243元，提高11.76%；是全国平均8.23万元的71.65%，可见广东渔民家庭总收入较低（在全国位居第21位）。渔民家庭平均总收入比广东高一倍以上的省（自治区、直辖市）有天津23.92万元、宁夏18.18万元、新疆18.14万元、河北16.97万元、上海14.75万元、辽宁13.31万元、江苏12.62万元、浙江11.83万元8个；渔民家庭平均总收入比广东高的省（自治区、直辖市）依次还有陕西、重庆、云南、山东、黑龙江、北京、福建、广西、安徽、山西、四川、江西12个。

【家庭经营收入】家庭经营收入指以家庭为单位进行生产经营和管理而获得的收入，包括渔业（水产品及鱼苗）收入、其他家庭经营收入。2022年广东省渔民家庭经营收入50244元，比2020年的44058元增加6186元，提高14.04%，是全国平均74285元的67.64%，可见广东渔民家庭经营收入较低（在全国位居第21位）。渔民家庭经营收入比广东高一倍以上的省（自治区、直辖市）有天津22.50万元、新疆17.66万元、宁夏17.42万元、河北16.25万元、上海14.31万元、辽宁12.39万元、江苏11.74万元、陕西10.34万元、浙江10.05万元等9个；渔民家庭经营收入比广东高的省（自治区、直辖市）依次还有黑龙江、云南、重庆、山东、北京、山西、福建、广西、安徽、四川、江西11个。

家庭经营收入中包括渔业收入。渔业收入是指水产品及鱼苗用于市场交易的现金收入或自产自食的实物收入。2022年广东省渔民家庭经营平均收入中有渔业收入46930元，是全国平均69839元的67.20%（在全国位居第21位）。渔业收入比广东高一倍以上的省（自治区、直辖市）有天津22.12万元、新疆17.58万元、宁夏17.00万元、河北16.08万元、上海14.18万元、辽宁11.88万元、江苏11.36万元、陕西10.59万元、浙江9.36万元9个；渔民收入比广东高的省（自治区、直辖市）依次还有重庆、黑龙江、山东、云南、福建、北京、山西、广西、安徽、四川、江西11个。

2022年广东省渔民家庭经营中渔业收入中出售水产品收入比2020年的41740元增加5190元，提高12.43%，增长幅度较大；广东省渔民渔业收入占渔民家庭经营收入的93.40%，比2020年的

94.74％低1.34％。

【工资性收入】工资性收入指渔民家庭中从业人员通过各种途径得到的全部劳动报酬和各种福利，包括在渔业生产劳动中获得的工资和在其他行业劳动中获得的工资。2022年广东省渔民工资性收入平均6587元，是全国平均5155元的1.28倍（在全国位居第5位）。渔民工资性收入比广东高的省（自治区、直辖市）有浙江13398元、天津9905元、北京7971元、青海7125元。2022年广东省渔民平均工资性收入比2020年的6561元增加26元，提高0.40％。

在工资性收入中包括渔业收入。2022年广东省渔民平均工资性收入中有渔业收入3347元（占渔民工资性收入的50.87％，比全国的37.41％高13.46个百分点），比2020年的3102元增长7.90％；是全国平均1949元的1.72倍。渔业收入比广东高的省（自治区、直辖市）依次有浙江5847元、天津4645元、新疆4481元、陕西3782元，广东省在全国位居第5位。

【转移性收入】转移性收入指国家单位社会团体对住户的各种经常性转移支付和住户之间的经常性收入转移。2022年广东省渔民平均转移性收入1937元，是全国平均2462元的78，68％（在全国位居第14位）。渔民转移性收入比广东高的省（自治区、直辖市）有宁夏3771元、浙江3705元、辽宁3572元、湖北3518元、江西3394元、河北3355元、山东3177元、北京3034元，比广东高的依次还有广西、江苏、湖南、四川、天津等。

在2022年转移性收入中，全国31.5％来自惠农生产补贴，以

渔业补贴为主。2022年广东省惠农生产补贴平均985元（占转移性收入的50.87％，比全国31.5％高19个百分点），为2020年1214元的81.13％；2022年比全国平均776元高出109元，提高26.93％。

全年总支出

【家庭经营费用支出】家庭经营费用支出指以家庭为单位从事生产经营活动而消费的商品和服务、自产自用产品的费用，包括经营渔业费用支出和经营其他行业费用支出。2022年广东省渔民家庭经营费用支出平均33426元，比2020年的28188元增长18.58％；是全国平均51274元的65.19％（在全国位居第21位），可见广东渔民善于精打细算，家庭经营费用支出较低。全国渔民家庭经营费用支出比广东高一倍以上的省（自治区、直辖市）有天津18.84万元、新疆15.48万元、宁夏15.73万元、河北12.02万元、上海10.49万元、辽宁9.61万元、江苏8.21万元、陕西7.78万元、浙江7.52万元、云南7.44万元、黑龙江6.69万元11个；渔民经营费用支出比广东高的省（自治区、直辖市）依次还有重庆、山东、北京、山西、福建、广西、江西、安徽、四川9个。

【家庭经营渔业费用支出】经营渔业费用支出包括燃料、水电及加冰费用、雇工费用、饲料费用、购买种苗费用以及加工费用、修理费、承包或租用费等其他生产支出。2022年广东省渔民家庭经营渔业费用支出平均31354元（占家庭经营费用支出的93.80％），比2020年27188万元增长15.32％；是全国平均49439元的63.42％（在全国位居第21

位），可见广东渔民家庭经营渔业费用支出较低。渔民家庭经营费用渔业支出比广东高一倍以上的省（自治区、直辖市）有天津、新疆、宁夏、河北、上海［这5省（自治区、直辖市）各10万元以上］，还有辽宁、陕西、江苏、浙江、云南、重庆共11个；渔民经营费用渔业支出比广东高的省（自治区、直辖市）依次还有山东、黑龙江、北京、山西、福建、广西、江西、四川、安徽9个。

2022年广东省渔民家庭经营费用平均支出中，其中燃料、水电及加冰费用16621元，占53.01％，是全国平均10331元的1.61倍；雇工费用8314元，占26.52％，是全国平均9299元的89.41％；饲料费用和购买种苗费用5579元，占17.79％，是全国平均27644元的20.18％；加工费用、修理费、承包或租用费等其他生产支出840元，占2.68％，是全国平均2165元的38.80％。

【生产性固定资产折旧】2022年广东省渔民家庭经营生产性固定资产折旧1838元，是全国平均3610元的50.91％；其中渔业固定资产折旧1770元（占生产性固定资产折旧的96.51％），是全国平均3320元的53.31％。

2022年广东省渔民家庭经营生产性固定资产折旧是2020年2041元的90.05％；其中渔业固定资产折旧是2020年1984元的89.21％。

【转移性支出】转移性支出指渔民家庭或成员对国家单位、住户或个人的经常性或义务性转移支付，包括缴纳的税款、各项社会保障支出、赡养支出、经常性捐赠和赔偿支出以及其他经常转移性支出等。2022年广东省渔民家庭转移性支出1063元，比2020年的

1 044 元增长 1.82%；是全国平均 1 597 元的 60.56%。

【生活消费支出】生活消费支出指渔民家庭用于满足家庭日常生活消费需要的全部支出，包括伙食支出、烟酒支出、衣着支出、居住支出、生活用品支出、交通通信支出、教育文化娱乐支出、医疗保健支出、其他用品及服务支出。2022 年广东省渔民家庭生活平均消费支出 9 751 元，比 2020 年的 8 939 元增长 9.08%，是全国平均 11 054 元的 88.21%，在全国位居第 22 位（全国第 1~5 位分别是浙江 17 372 元、天津 15 575 元、新疆 15 542 元、辽宁 15 054 元、广西 14 753 元）。

全年纯收入

【概况】全年纯收入是指渔民家庭当年从各种来源得到的总收入相应地扣除所发生的费用后的收入总和。渔民人均纯收入是按人口平均的纯收入水平，反映的是一个地区或一个渔民家庭的居民平均收入水平。2022 年广东省渔民家庭纯收入 23 597 元，比 2020 年 22 375 元增长 5.45%，是全国平均 24 614 元的 95.86%，在全国位居第 12 位。渔民家庭纯收入比广东高的省（自治区、直辖市）有浙江、上海、江苏、天津、福建、山东、辽宁、安徽、黑龙江、湖北、河北。

【渔业纯收入】渔业纯收入等于出售水产品收入＋从事渔业所获得的工资性收入－经营渔业支出－渔业固定资产折旧－渔业税费支出。2022 年广东省渔民家庭渔业纯收入 18 060 元，比 2020 年 16 749 元增长 7.83%，比全国平均 17 093 元高 5.66%，在全国位居第 9 位。渔民家庭渔业纯收入

比广东高的省（自治区、直辖市）有上海、河北、江苏、福建、山东、黑龙江、辽宁、新疆。

【可支配收入】可支配收入指渔民家庭可用于最终消费支出和储蓄的总和。2022 年广东省渔民家庭可支配收入 22 654 元，比 2020 年的 21 401 元增长 5.85%，是全国平均 23 755 元的 95.37%（在全国位居第 14 位）。渔民家庭可支配收入比广东高的省（自治区、直辖市）有上海、浙江、青海、江苏、天津、福建、黑龙江、安徽、山东、河北、湖北、辽宁、四川。

三、水产特色之乡

综述

【概况】2006 年农业部渔业局委托中国水产流通与加工协会、中国渔业协会在全国范围内开展水产特色之乡建设工作。广东省也较早地开展此项工作，广东省水产流通与加工协会受省海洋与渔业局委托负责广东省内中国特色之乡的推荐和复审工作。中国水产流通与加工协会于 2006 年 3 月授予中山市东升镇"中国脆肉鲩之乡"称号，2008 年 1 月授予高要市"中国罗氏虾之乡"和"中国罗非鱼之乡"称号，2009 年 1 月 9 日授予佛山市顺德区"中国鳗鱼之乡"称号，并在北京举行顺德鳗鱼推介会。2010 年 2 月，中国水产流通与加工协会授予茂名"中国罗非鱼之都"称号，12 月授予湛江市"中国对虾之都"称号，授予阳江市"中国蚝都"、阳西县"中国蚝乡"称号；2011 年 3 月，授予佛山市南海区九江镇"中国淡水鱼苗之乡"称号，4 月，授予珠海市斗门区白蕉镇"中国海鲈之乡"称号，8 月授予

阳江市"中国南海渔都"称号。至此，中国水产流通与加工协会共授予广东省中国水产特色之乡 11 个，其中授予地市级特色之都 4 个。

2012—2017 年，这 6 年没有新单位申报，但原有申报的单位，基本上做到按要求每五年进行复审而且全部通过。

"十三五"期间，广东水产特色之乡建设有新发展，共获得中国水产特色之乡（之都）7 个。中国渔业协会龟鳖产业分会于 2016 年 12 月授予茂名市电白区沙琅镇"中国养龟第一镇""中国石金钱龟之乡"称号；中国水产流通与加工协会于 2018 年 5 月授予佛山市顺德区稔海村"中国鳗鱼之村"称号，接着有珠海市斗门区莲洲镇获授"中国禾虫之乡"称号；2019 年 8 月珠海市获授"中国海鲈之都"称号，12 月珠海市斗门区莲洲镇获授"中国黄沙蚬之乡"称号，珠海市金湾区获授"中国黄立鱼之乡"称号，2020 年 10 月珠海市高栏港区获授"中国桂虾之乡"称号。

2021 年 4 月 28 日，佛山市南海区九江镇"中国淡水鱼苗之乡"复审通过，并获评"中国加州鲈之乡"；7 月，佛山市获评"中国加州鲈之都"；11 月，中山市小榄镇"中国脆肉鲩之乡"复审评估通过；12 月，饶平县获评全国首个"中国海鳗之乡"。

2022 年 6 月，湛江市获评"中国水产预制菜之都"；8 月，佛山市顺德区获评"中国水产预制菜之乡"；10 月，珠海市获评"中国海鲈预制菜之都"，湛江市获评"中国金鲳鱼之都"。

【九江镇"中国淡水鱼苗之乡"复审通过】2021 年 4 月 28 日，"中国淡水鱼苗之乡"复审会在佛山市南海区九江镇召开，九江镇农

业农村办公室牵头组织并汇报相关产业情况，中国水产流通与加工协会协同来自广东海洋大学、中国水产科学研究院南海水产研究所和中国水产科学研究院珠江水产研究所等单位的专家组进行评审、质询。会上，九江镇通过了"中国淡水鱼苗之乡"第二次复审。

九江镇淡水鱼苗产业有 500 多年的历史，明弘治十四年（1501 年），九江的江河装捞鱼花生产已成产业体系，当时享誉全国。20 世纪 60 年代，九江镇率先突破和应用生态生理催产法先进技术，开拓了淡水鱼人工繁育新历程。2011 年，中国水产流通与加工协会授予九江镇"中国淡水鱼苗之乡"称号，"九江鱼苗"成为全国闻名的渔业区域品牌。2019 年，九江传统鱼花技艺已纳入佛山市第七批市级非物质文化遗产项目名录。2020 年，九江镇被认定为省级"一镇一业"水产苗种品牌镇，启动创建以淡水鱼种业为主导的"九江鱼花产业园"（广东省现代农业产业园）。

2020 年全镇有鱼苗场 70 多家，鱼苗孵化量达 1 000 亿尾，约占全省产量的 18.2%，占全国产量的 10%，产值达 7.1 亿元，是国内重要的淡水鱼苗产区和集散地。当地孵化品种数量多，超 30 个，其中包括青鱼、草鱼、鲢、鳙、鲫、鲤、鲮等传统淡水鱼品种，以及名特优品种加州鲈、生鱼、鳜、黄颡鱼、墨瑞鳕、胭脂鱼、刺鳅、倒刺鲃、光倒刺鲃、大鳞鲃、宝石鲈等。

九江镇贯彻落实乡村振兴战略，确立打造"中国淡水鱼种业名镇"发展目标，坚持发展现代淡水鱼种业，通过创建九江鱼花产业园和现代农业产业研究院水产研究中心，加强淡水鱼种质资源保护和利用，强化种业创新体系建设，提升品种创新能力，推

进育种产业化运用，培育若干省级以上良原种场和现代种业企业，力争发展成为全国淡水鱼种业创新试验区、全国淡水鱼种业标准制定者和国家良种研发和扩繁基地。利用各级政府的扶持政策，九江镇推动淡水鱼苗产业高效发展；以"政企研"合作形式，开设更多经济鱼类品种的提纯复壮科研项目；以渔业品牌战略谋发展，不断活化"九江鱼苗"集体商标实体应用，以媒体采风、直播活动、丰收节活动等线上线下方式，提升九江水产品牌知名度。

另外，九江镇以建设南海区九江鱼花产业园和万亩现代农业示范片区为契机，通过培育市场占有率高、经济效益好和辐射带动力强的九江鱼苗品牌，全面提升九江鱼苗产业核心竞争力和综合效益。

【小榄镇"中国脆肉鲩之乡"复审通过】 2021 年 11 月 22—23 日，中国水产流通与加工协会专家组一行到中山市小榄镇开展"中国脆肉鲩之乡"复审评估工作。因疫情防控需要，复审会采取"现场评审＋视频连线"方式举行。专家组一行先后实地考察了中山市小榄镇农技推广服务驿站、小榄镇东升脆肉鲩产业园、中山市食品水产进出口集团新兴水产加工厂、中山市鱼师傅食品有限公司，并与各考察点负责人互动交流，深入了解脆肉鲩电商直播、流通销售、智慧渔业 5G 技术应用、精深加工和冷链运输、产品研发和质量控制、终端消费等方面发展情况。

在复审会上，专家组观看小榄镇经济社会发展专题片，详细听取了小榄镇关于"中国脆肉鲩之乡"复审，及近五年脆肉鲩产业发展成效和今后五年发展规划的情况汇报。据统计，小榄镇自

2006 年被授予"中国脆肉鲩之乡"称号以来，养殖面积、产量、产值不断扩大，继续保持全国领先。2021 年，全镇脆肉鲩养殖面积 1 006.5 公顷，年产总量达 32 100 吨，年总产值达 11 亿元，带动 3 万多人就业，确立全镇农业支柱产业的地位。

经专家组实地考察、材料审阅、听取汇报、质询、讨论等环节，认为小榄镇高度重视脆肉鲩产业发展，规模继续保持国内领先，科技支撑产业高质量发展，品牌知名度提升，乡村振兴效果明显，符合中国水产流通与加工协会"中国特色水产之乡"的评审条件和要求。复审建议继续授予小榄镇"中国脆肉鲩之乡"称号。

中山市养殖脆肉鲩始于 1973 年，因其肉质结实爽脆、耐煮不烂、肉味清香可口而称之为脆肉鲩。原东升镇于 20 世纪 80 年代初率先采用池塘试养脆肉鲩，至 1992 年形成一定规模，养殖面积突破 333 公顷，1998 年，成立东升农副产品贸易有限公司，2002 年 4 月东升镇正式申请注册了"东裕"牌脆肉鲩商标，2003 年"东裕"牌脆肉鲩被认证为无公害水产品、被评为广东省名牌产品，2005 年被评为中国名优产品，并在香港注册。2005 年，东升镇无公害脆肉鲩产地认证面积 680 公顷，占脆肉鲩养殖面积 99% 以上。2006 年 4 月 10 日，中国水产流通与加工协会组织专家组经过严格评审认为，东升镇养殖脆肉鲩占全国养殖面积的 40.75%，约占广东省的 41.58%，为全国养殖面积最大的镇，2005 年产量 17 510 吨，产值 28 016 万元，利润 9 000 万元；7 月 20 日，中国水产流通与加工协会、国家质量监督检验检疫总局食品监管司、农业部渔业局等在北京钓鱼台国宾馆授予

广东省中山市东升镇"中国脆肉鲩之乡"称号，并举行了命名授牌仪式，这是全国第一个以脆肉鲩命名的特色水产乡。

2021年7月19日，经广东省人民政府同意，撤销小榄镇、东升镇，设立新的小榄镇。中山市东升镇"中国脆肉鲩之乡"称号，改由小榄镇开展"中国脆肉鲩之乡"评估复审。

⬤ 新授中国水产之都

【佛山市获评"中国加州鲈之都"】2022年1月14日，"中国加州鲈之都"授牌仪式在佛山市南海区西樵镇举行。佛山市农业农村局副局长李建能、广东省水产品流通与加工协会常务副秘书长陈日佳以及佛山市农业产业联合会的成员齐聚广东何氏水产有限公司，共同见证这一荣耀时刻。

授牌仪式上，陈日佳受中国水产品流通与加工协会委托授予佛山市"中国加州鲈之都"牌匾。随后，仪式上还对为"加州鲈"在佛山扎根和发展做出杰出贡献的科学家和企业颁发感谢状。

佛山加州鲈养殖已有39年历史，全市加州鲈养殖面积6 667公顷，并成为行业内公认的加州鲈产业龙头。每公顷面积年产量最高可达75吨，种苗供应量约占全国的60%，成鱼年产量25万吨，约占全国总产量的50%。2021年7月，经由中国水产流通与加工协会进行资料审查、实地考察、汇报质询、学界研讨、社会公示等流程后，佛山市正式获评"中国加州鲈之都"特色称号。

【湛江市获评"中国水产预制菜之都"】2022年6月10日，经中国水产流通与加工协会组织的专家组评审，5名专家一致认为湛江市符合中国水产流通与加工协会有关"中国特色水产品之乡"的评审条件和要求，一致同意授予湛江市"中国水产预制菜之都"称号。

评审会上，专家组认为，湛江水产资源丰富，为预制菜产业提供了充足的原材料，且水产预制菜产业起步较早、基础深厚，年产量、产值在全国地级市中位居前列。同时，湛江市政府高度重视水产预制菜产业发展，产业规模全国领先，经济效益显著，科技支撑有力，品牌效益凸显，产业可持续发展，符合中国水产流通与加工协会有关"中国特色水产品之乡"的评审条件和要求，通过专家评审，建议授予湛江市"中国水产预制菜之都"称号。

湛江市是中国最早发展预制菜产业的城市，得益于丰富的鱼虾原材料资源，具有实力雄厚的众多国家、省和市三级农业产业化龙头水产加工企业，依靠政府专门的预制菜产业规划和强有力的扶持政策，以及在"中国对虾之都""中国金鲳鱼之都""中国海鲜美食之都"三个水产国字号荣誉和全国领先的冷链物流体系的支撑下，湛江形成以水产预制菜为主打特色的预制菜产业。

湛江国联水产开发股份有限公司、广东恒兴集团有限公司等一批重点水产龙头企业自2015年就已经开始转型发展预制菜产业，到2021年，共有39家水产企业发展预制菜产业，主要品类20余个、品种近500个，总产值达40余亿元。

2020年3月24日，广东省人民政府办公厅发布《加快推进广东预制菜产业高质量发展十条措施》，要求加快建设在全国乃至全球有影响力的预制菜产业高地，推动广东预制菜产业高质量发展走在全国前列。其中提出要"推动打造湛江水产预制菜美食之都"。3月30日，湛江举行预制菜产业联盟成立大会，组建预制菜产业联盟后，湛江出台推进预制菜高质量发展的措施，探索推进预制菜"12221"市场体系建设，积极布局国内市场，深入对接《区域全面经济伙伴关系协定》（RCEP）行动，助力湛江预制菜走向国际市场。

【珠海获评"中国海鲈预制菜之都"】2022年10月13日，由中国水产流通与加工协会组织有关专家对广东省珠海市斗门区农业农村局申请的"中国海鲈预制菜之都"评审会在珠海市斗门区"白蕉海鲈主题馆"举行。会上，经过专家组的专业评审，认为珠海市符合"中国海鲈预制菜之都"认定条件，建议授予珠海"中国海鲈预制菜之都"称号。

此次评审会采取线上结合线下评审的方式。专家组代表走访强竞农业生态园、珠海市祺海科技有限公司和丰帆汇食品（珠海）有限公司。经过严格的现场考察、听取汇报、调阅资料、现场质询等一系列前期工作，评审专家组对珠海市提出的"中国海鲈预制菜之都"命名申请进行了评审。专家组一致认为，珠海市海鲈预制菜产业基础扎实，品牌效应凸显，经济、社会效益显著，科技支撑有力，发展潜力巨大。同时，珠海市高度重视预制菜产业发展，符合中国水产流通与加工协会有关评审条件和要求，符合"中国海鲈预制菜之都"认定条件。

【湛江获评"中国金鲳鱼之都"】2022年10月22日，经中国水产流通与加工协会的专家组评审，一致同意授予湛江市"中国金鲳鱼之都"的称号，这一"国"字金招牌将为湛江金鲳鱼产业乃至海洋渔业发展带来很好的促进作用。

以中国水产流通与加工协会会长崔和为组长的专家组一行7人在湛江市对其提出的"中国金鲳鱼之都"命名申请进行了评审，在审阅材料、听取汇报的基础上，又实地考察了湛江金鲳鱼种苗、养殖、饲料、加工与流通、产品质量认证及品牌建设等情况。

据湛江市有关方面介绍，金鲳鱼已成为湛江极具特色的支柱产业，带动了种苗、饲料、养殖装备、加工与流通等全产业链的发展，直接从业人口约10万人，间接带动从业人口近100万人，金鲳鱼产业年总产值约100亿元，成为带动农民致富的特色产业之一，湛江成为全国最大的金鲳鱼养殖基地，在市场流通中，每三条金鲳鱼就有一条来自湛江，堪称"中国金鲳鱼行业风向标"。

专家组评审意见认为，湛江具有发展金鲳鱼养殖、加工、出口得天独厚的条件，金鲳鱼产品品质优良，产业规模位居全国首位，经济和社会效益显著，品牌效益凸显，知名度不断提升，依托政府、协会、企业、高等院校"四位一体"的协同工作机制，建立了产学研三位一体的研发体系，在良种繁育、养殖模式、加工运输等领域均有新的突破，确保产业可持续发展。专家组指出，湛江市金鲳鱼产业基础良好、科技支撑有力、产业链完整、发展前景广阔，符合中国水产流通与加工协会有关"中国特色水产品之乡"的评审条件和要求，一致通过授予湛江市"中国金鲳鱼之都"称号。

新授中国水产之乡

【九江镇获评"中国加州鲈之乡"】 2021年7月10日，佛山市南海区九江镇在铜鼓滩举办以"养护水生生物，建设美丽中国"为主题

的2021年广东省（佛山）江河增殖放流活动，助推渔业高质量发展。在该活动上，广东省流通与加工协会向九江镇授予"中国加州鲈之乡"牌匾。当年4月28日，经由中国水产流通与加工协会组织专家进行资料审查、实地考察、汇报质询、学界研讨、社会公示等流程后，九江镇正式获评"中国加州鲈之乡"称号。

加州鲈产业作为九江水产业的拳头产业，于1984年引进后，1986年便自主孵化成功，经过37年的发展，实现了从亩产一千多斤到亩产过万斤的飞跃，在孵化、培育、养殖、营养、病害防治、物流配送、产学研等多个环节处于行业领先地位。2020年，九江镇加州鲈养殖面积667公顷，商品鱼产量超4万吨，鱼苗年产量超150亿尾，总产值约5.2亿元，物流配送量日均40万千克以上，是全国加州鲈集散中心，加州鲈鱼苗孵化量占到全国总孵化量的六成。镇内南金村更是被评为首批省级"一村一品"专业村，成为南海区唯一上榜的加州鲈专业村。九江镇把南金村作为镇内加州鲈优势产业聚集区，通过整合提升产业资源和加强宣传，形成加州鲈鱼苗孵化集聚、优质加州鲈产品集聚、科技成果转化集聚和加州鲈品牌集聚的局面，进一步巩固南金村在佛山乃至全国范围内加州鲈优势产区、优势市场的产业地位。

2006—2010年间，九江镇与珠江水产研究所合作选育出国内首个加州鲈新品种"优鲈1号"，掀起了全国养殖加州鲈的热潮。2020年，九江镇基于"优鲈1号"再次针对性地开展提纯复壮，巩固优质种源，进一步建设商业化育种体系，推进育繁推一体化。

【饶平县获评全国首个"中国海鲈

之乡"】 2021年12月，饶平县获评全国首个"中国海鲈之乡"称号。饶平是传统的鲈养殖大县，早在明代初年，饶平人便开始在柘林湾海域装捞鲈。海鲈养殖历史可追溯到20世纪80年代，最开始是采用捕捞天然鲈鱼苗，进行零星养殖。20世纪90年代，福建、浙江等沿海地区开始进行鲈的人工育苗及养殖试验研究，并取得了初步的成效，但由于苗种价格昂贵，养殖规模仍未形成。从2003年开始，鲈的亲鱼培育和人工繁殖难题、鲈鱼苗的饲料问题、种苗供应难题逐步被攻克，育苗的价格大大降低，饶平县凭借优良的海域优势，开始大量养殖海鲈。其间，饶平县政府组织饶平县展雄水产有限公司等当地龙头企业，联合科研院所及高校进行"鲈鱼健康养殖、无公害加工技术研究及产业化应用"科技攻关，建立了鲈养殖技术标准、鲈网箱养殖技术规范，使得海鲈产业迅猛发展。

2016年的寒潮天气，使得饶平的海鲈养殖业严重受损，同时也给产业敲响警钟。大家意识到不能只是养殖，还需要发展保鲜和加工，在政府和行业协会的努力下，重新规划海鲈的合理养殖布局，并促使一批加工与保鲜物流企业发展起来。

2020年，饶平县海鲈产量7.15万吨，约占广东省养殖产量的90%，占全国海鲈养殖产量的71%。鲈及加工系列产品主要出口韩国、美国、新加坡等国家，内销港澳台地区，部分供应广东、福建、浙江等省的水产品加工厂家。目前饶平已经成为全国最大的鲈养殖基地和产品原料供应基地，自主研发的鲈加工系列产品的质量、技术含量居行业前沿。

2020年饶平县海鲈加工销售达6万吨，销售额达30多亿元，

其中出口占 30%，内销占 70%，成为饶平县发展农业经济的支柱产业，直接从业人员达 8 万人，间接带动从业人口近 30 万人，解决了转产转业渔民的生活出路问题，通过建立选育种、培苗、养殖、保鲜、加工、流通、电商、餐饮、旅游等的互动产业链，间接产生的经济效益近 80 亿元，在乡村振兴中起到重要的推动作用，成为带动农民致富的优势特色产业。

【顺德区获评"中国水产预制菜之乡"】 2022 年 8 月 22 日，由中国水产流通与加工协会组织的评审专家实地考察顺德区保利食品有限公司、广东甘竹罐头有限公司和广东顺德均健现代农业科技有限公司，并与各考察点负责人互动交流。第二天上午，评审进入现场答辩阶段，由顺德区农业农村局、顺德区乡村振兴局局长谭逢显等领导带领相关职能科室工作人员，就专家组提出的质询和疑问进行答辩。专家组认为，顺德水产资源丰富，生产水产预制菜历史悠久，水产预制菜产业发展基础雄厚、产业链完整，年产量、产值在全国县（区）级中位居前列，经济效益显著，科技支撑有力，品牌效益凸显，产业可持续发展，一致同意授予顺德区"中国水产预制菜之乡"。

顺德水产养殖面积 1 万公顷，年产量 30 多万吨，产值 80 多亿元，拥有区域公共品牌"中国鳗鱼之乡"和"中国鳗鱼之村"，地理标志农产品"顺德鳗鱼"，全国名特优新农产品"顺德鳗鱼""顺德草鲩"等名牌。2021 年顺德预制菜产量约 11 万吨，产值约 60 亿元，拥有 60 家规模以上预制菜企业，其中，水产预制菜产量 6 万吨，产值 25 亿元，规模以上企业 20 多家。

四、水产名镇名村

综述

【概况】 广东省农业农村厅贯彻落实 2019 年中央一号文件和《国务院关于促进乡村产业振兴的指导意见》精神，制定《广东省农业农村厅"一村一品、一镇一业"建设工作方案》《广东省农业农村厅"一村一品、一镇一业"专业村镇认定管理办法》，在各地申报推荐的基础上，经专家审核，认定 100 个镇（街）为 2019 年省级"一村一品、一镇一业"专业镇，于 2019 年 10 月 15 日公布，其中渔业专业镇 8 个。2020 年 8 月 24 日发出公布首批省级"一村一品、一镇一业"专业村和第二批省级"一村一品、一镇一业"专业镇名单评审的通知，经过各地申报推荐、专家评审及网上公示等程序，决定认定广州市从化区吕田镇三村等 1 322 个村（社区）为首批省级"一村一品、一镇一业"专业村、广州市从化区太平镇等 100 个镇（街道）为第二批省级"一村一品、一镇一业"专业镇，其中渔业专业村 90 个、专业镇 9 个。

发展"一村一品、一镇一业"富民兴村产业是省委、省政府实施乡村振兴战略的重要工作部署，省级"一村一品、一镇一业"专业村（镇）是全省特色农业发展的标杆和样板。2021 年和 2022 年广东省重视省级"一村一品、一镇一业"专业村（镇）的培育与发展，加强"一村一品、一镇一业"专业村（镇）指导和跟踪服务，加强品牌培育，发挥专业镇的示范作用，引领全省优势特色产业高质量发展。

【2021 年评选情况】 2021 年 9 月 3 日，广东省农业农村厅向各地级及以上市农业农村局、深圳市市场监督管理局发出《关于公布第二批省级"一村一品、一镇一业"专业村和第三批省级"一村一品、一镇一业"专业镇名单的通知》，根据《广东省农业农村厅"一村一品、一镇一业"建设工作方案》（粤农农规〔2019〕2 号）《广东省农业农村厅"一村一品、一镇一业"专业村镇认定管理办法》（粤农农规〔2019〕4 号）规定，经各地申报推荐、专家评审及网上公示等程序，决定认定广州市从化区太平镇三百洞村等 956 个村（社区）为第二批省级"一村一品、一镇一业"专业村，广州市从化区鳌头镇等 100 个镇（街道）为第三批省级"一村一品、一镇一业"专业镇，其中渔业专业村 66 个、专业镇 9 个。强调了省级"一村一品、一镇一业"专业村（镇）是全省特色农业发展的基石和样板，各地高度重视省级"一村一品、一镇一业"专业村（镇）的培育与发展，加强宣传指导，加大扶持力度，推动全省特色农业高质量发展。

【2022 年评选情况】 2022 年，广东省农业农村厅开展 2022 年省级"一村一品、一镇一业"专业村镇认定工作。经各地级及以上市农业农村部门申报推荐、省农业农村厅组织专家评审及网上公示，认定广州市白云区钟落潭镇茅岗村等 177 个村（社区）为 2022 年省级"一村一品、一镇一业"专业村，广州市南沙区万顷沙镇等 52 个镇（街道）为 2022 年省级"一村一品、一镇一业"专业镇，其中渔业专业村 27 个、专业镇 6 个。于 10 月 11 日发出《关于公布 2022 年省级"一村一品、一镇一业"专业村、专业镇名单的通知》，强调省级"一村一品、一镇

"一业"专业村镇是全省特色农业发展的基石和样板，各地高度重视省级"一村一品、一镇一业"专业村镇的培育与发展，加强宣传指导，加大扶持力度，推动全省特色农业高质量发展。

水产名镇

【概况】2019—2022年4年间，广东省农业农村厅认定省级"一村一品、一镇一业"专业镇共352个镇（街道），其中渔业专业镇32个，分布在中山（6个）、阳江（5个）、茂名（5个）、佛山（4个）、珠海（3个）、广州（2个）、江门（2个）、潮州（2个）、惠州（1个）、肇庆（1个）、揭阳（1个）等11个地级及以上市。

【第一、二批水产名镇】广东省农业农村厅于2019年10月15日公布2019年省级"一村一品、一镇一业"专业镇认定名单100个，其中渔业专业镇8个，分别是：珠海市斗门区白蕉镇（白蕉海鲈）、中山市东升镇（脆肉鲩）、阳江市阳东区大沟镇（对虾养殖）、茂名市茂南区公馆镇（罗非鱼）、茂名市电白区沙琅镇（龟鳖）、茂名市化州市杨梅镇（罗非鱼）、茂名市滨海新区博贺镇（渔业）、肇庆市高要区白土镇（罗氏沼虾）。

2020年8月24日公布第二批省级"一村一品、一镇一业"专业镇名单100个镇（街道），其中渔业专业镇10个，分别是：广州市番禺区石楼镇（水产种苗）、佛山市三水区西南街道（水产养殖）、佛山市南海区九江镇（水产种苗）、佛山市顺德区均安镇（草鱼）、中山市三角镇（杂交鳢）、中山市港口镇（水产养殖）、江门市新会区大鳌镇（南美白对虾）、阳江阳春市陂面镇（淮山）、阳江

市阳西县程村镇（程村蚝）、潮州市饶平县洪洲镇（水产品加工）。

【2021年水产名镇】2021年9月3日，广东省农业农村厅公布了第二批省级"一村一品、一镇一业"专业村和第三批省级"一村一品、一镇一业"专业镇认定名单，其中认定第三批专业镇100个，其中渔业专业镇9个，分别是：珠海市斗门区莲洲镇（罗氏沼虾）、佛山市三水区乐平镇（水产养殖）、中山市阜沙镇（水产养殖）、江门市台山市汶村镇（水产养殖）、阳江市阳西县沙扒镇（水产种苗）、阳江市高新区平冈镇（水产养殖）、茂名市电白区岭门镇（南美白对虾）、潮州市饶平县海山镇（对虾种苗）、揭阳市惠来县前詹镇（鲍鱼）。

省级"一村一品、一镇一业"专业镇是全省"一村一品、一镇一业"专业村镇建设的标杆和样板，各地加强对省级"一村一品、一镇一业"专业镇的指导和跟踪服务，加强品牌培育，发挥专业镇的示范作用，引领全省优势特色产业高质量发展。

【2022年水产名镇】2022年10月11日，广东省农业农村厅公布广州市南沙区万顷沙镇等52个镇（街道）为2022年省级"一村一品、一镇一业"专业镇名单，其中渔业专业镇6个，分别是：广州市南沙区万顷沙镇（水产养殖）、珠海市鹤洲新区桂山镇（水产养殖）、惠州市博罗县杨侨镇（龟）、中山市坦洲镇（水产养殖）、中山市板芙镇（水产养殖）、潮州市饶平县柘林镇（水产品加工）。

水产名村

【概况】广东省农业农村厅于2019年制定"一村一品、一镇一业"

建设工作方案和"一村一品、一镇一业"专业村、镇认定管理办法。经过各地申报推荐、专家评审及网上公示等程序，2020—2022年三年间认定"一村一品、一镇一业"专业村2455个村（社区），其中渔业专业村（社区）182个，分布在中山（23个）、佛山（19个）、肇庆（16个）、阳江（14个）、广州（13个）、珠海（13个）、湛江（12个）、江门（10个）、茂名（9个）、潮州（9个）、汕头（7个）、清远（7个）、梅州（5个）、东莞（5个）、韶关（4个）、河源（4个）、揭阳（4个）、惠州（3个）、云浮（3个）、汕尾（2个）等20个地级及以上市，详见表3-1。

表3-1 2020—2022年广东省"一村一品"渔业专业村

市别	2020	2021	2022	合计
全省	90	65	27	182
广州	6	3	4	13
珠海	5	4	4	13
汕头	4	3		7
韶关	2	2		4
河源	2	3		4
梅州	2	3		5
惠州		2	1	3
汕尾	1	1		2
东莞	4	1		5
中山	8	9	6	23
江门	1	6	3	10
佛山	11	4	4	19
阳江	10	3	1	14
湛江	10	2		12
茂名	3	4	2	9
肇庆	10	6		16
清远	2	4	1	7
潮州	7	2		9
揭阳		4		4
云浮	2		1	3

【首批水产名村】广东省农业农村厅 2020 年 8 月 24 日公布首批省级"一村一品、一镇一业"专业村名单，认定广州市从化区吕田镇三村等 1322 个村（社区）为首批省级"一村一品、一镇一业"专业村，其中渔业专业村 90 个，分布在 18 个地级及以上市，各市具体情况：

广州市番禺区石楼镇江鸥村（河豚）、沙北村（草鱼）、沙南村（甜菊鲷鱼），白云区江高镇郭塘村（水产养殖），花都区炭步镇社岗村（水产品加工）、赤坭镇莲塘村（桂花鱼）。

珠海市斗门区乾务镇湾口村（鳗鱼），白蕉镇新环村（盲曹）、泗喜村（白蕉海鲈）、灯三村（白蕉海鲈）、灯笼村（白蕉海鲈）。

汕头市龙湖区新溪镇六份村（珍珠），潮南区陇田镇西湖村（鳄鱼），南澳县后宅镇羊屿村（水产品加工）、山顶农村（海产品加工）。

韶关市乳源瑶族自治县大桥镇中冲村（禾花鱼）、南雄市雄州街道观新村（禾花鱼）。

河源市和平县浰源镇曲潭村（鲟鱼）、连平县元善镇大埠村（甲鱼）。

梅州市五华县华阳镇坪南村（龟鳖）、长布镇横江村（草鱼）。

汕尾市海丰县赤坑镇石望村（脆肉罗非鱼）。

东莞市中堂镇凤冲村（中华草龟）、沙田镇穗丰年村（水产养殖）、石排镇田寮村（龟鳖）、谢岗镇大厚村（中华鳖）。

中山市三角镇光明村（杂交鳢）、沙栏村（杂交鳢）、蟠龙村（杂交鳢）、东凤镇西罟步村（脆肉鲩）、东升镇白鲤村（脆肉鲩）、东升镇胜龙村（脆肉鲩），黄圃镇新地村（脆肉罗非鱼）、民众镇义仓村（水产养殖）。

江门市台山市斗山镇五福村（鳗鱼）。

佛山市三水区乐平镇南联村（鳜鱼）、芦苞镇独树岗村（水产养殖）、西南街青岐村（水产养殖），南海区九江镇南金村（加州鲈）、西樵镇七星村（鳗鱼）、西樵镇朝山村（水产种苗），顺德区勒流街道江义村（加州鲈）、勒流街道稔海村（鳗鱼）、均安镇南沙村（草鱼），高明区杨和镇圆岗村（水产养殖）、荷城街塘肚村（水产养殖）。

阳江市阳东区大沟镇寿长村（寿长蚝），阳西县儒洞镇石楼村（牡蛎苗），沙扒镇渡头村（海水鱼苗）、来福园村（浅色黄姑鱼）、乌石头村（凡纳滨对虾），织篢镇谷围村（罗非鱼），阳春市圭岗镇山塘村（丞仔鱼）、潭水镇盘安村（水产种苗）、新河村（水产种苗）、盘新村（水产种苗）。

湛江市麻章区湖光镇调白村（生蚝），遂溪县江洪镇江洪社区居民委员会（鱼干）、乐民镇调神村（南美白对虾苗）、草潭镇南洪村（沙虫），廉江市营仔镇竹墩村（南美白对虾）、车板镇陆地村（南美白对虾），雷州市附城镇芙蓉村（罗非鱼）、东里镇英佳塘村（对虾）、三吉村（对虾）、覃斗镇流沙村（珍珠）。

茂名市电白区岭门镇海港村（南美白对虾）、海坡村（南美白对虾），树仔镇海进村（牡蛎）。

肇庆市高要区大湾镇古西村（麦溪鲤、麦溪鲩）、白土镇乐堂村（罗非鱼）、新桥镇布塘村（罗非鱼）、蚬岗镇富金村（龟鳖）、莲塘镇波西村（罗氏沼虾）、金渡镇榄塘村（罗氏虾）、金渡镇水边村（罗氏虾），广宁县木格镇木格社区（黄沙鳖）、坑口镇坑洞村（坑洞武林鱼），怀集县冷坑镇成贤村（乌龟）。

清远市清新区三坑镇陂头村（桂花鱼），英德市石牯塘镇长江村（河鲜）。

潮州市潮安区东凤镇东凤一村（水产养殖），饶平县海山镇坂上村（对虾）、黄冈镇霞西村（赤鲩鱼）、洪洲镇洪东社区（牡蛎）、海山镇浮任村（南美白对虾）、柘林镇内里村（牡蛎）、钱东镇上黄隆村（南美白对虾）。

云浮市新兴县车岗镇云卓面村（鳄鱼）、东成镇都斛村（水产养殖）。

【2021 年水产名村】2021 年 9 月 3 日，广东省农业农村厅公布第二批省级"一村一品、一镇一业"专业村认定名单，认定广州市从化区太平镇三百洞村等 956 个村（社区）为第二批省级"一村一品、一镇一业"专业村，其中渔业专业村 65 个，分布在 19 个地级及以上市，分别是：

广州市增城区荔城街道棠厦村（龟鳖）、白云区江高镇叶边村（锦鲤）、花都区花山镇花城村（水产种苗）。

珠海市斗门区白蕉镇新二村（白蕉海鲈）、莲洲镇东滘村（脆肉罗非）、金湾区红旗镇大林社区（黄立鱼）、横琴新区桂山镇桂海村（水产养殖）。

汕头市潮南区井都镇凤光村（对虾），汕头市澄海区盐鸿镇上社村（薄壳）、坛头村（对虾）。

韶关市南雄市水口镇下湖村（小龙虾）、古市镇丰源村（小龙虾）。

河源市东源县新港镇双田畲族村（鲮鱼）、和平县彭寨镇西长村（水产养殖）、连平县隆街镇梅洞村（水产养殖）。

梅州市梅县区大坪镇雷甘村（小龙虾）、畲江镇杉里村（水产养殖），兴宁市新陂镇茅塘村（草鱼）。

惠州市惠城区马安镇横河村（中华鳖）、博罗县杨侨镇十二岭办事处（水产养殖）。

汕尾市陆丰市八万镇吉水村（加州鲈）。

东莞市沙田镇民田村（水产养殖）。

中山市西区街道隆昌社区（脆肉鲩），东凤镇东罟步村（水产养殖）、吉昌村（水产养殖），坦洲镇群联村（水产养殖）、民众镇接源村（水产养殖）、新平四村（水产养殖），港口镇中南村（水产养殖）、阜沙镇丰联村（水产养殖）、牛角村（水产养殖）。

江门市新会区沙堆镇大环村（水产养殖），大鳌镇东风村（南美白对虾）、新联村（南美白对虾），台山市深井镇小江村（生蚝）、赤溪镇北门村（南美白对虾），鹤山市古劳镇连北村（桂花鱼）。

佛山市三水区南山镇六和村（鲩鱼），南海区九江镇海寿村（生鱼）、镇南村（鳗鱼），高明区荷城街道会江村（水产养殖）。

阳江市阳东区雅韶镇津浦村（蚝），阳西县新圩镇沙河村（水产养殖），阳春市岗美镇河帮村（水产种苗）。

湛江市徐闻县和安镇公港村（对虾），遂溪县草潭镇北拉村（金鲳鱼）。

茂名市电白区沙琅镇沙琅社区（龟鳖）、尚塘村（龟鳖），化州市杨梅镇浪山村（罗非鱼），高州市马贵镇周坑村（丞仔鱼）。

肇庆市广宁县排沙镇大罗村（塘角鱼）、排沙镇沙心岽村（龟鳖），怀集县诗洞镇健营村（金边黄沙鳖），四会市大沙镇陈冲村（鲈鱼）、江谷镇新屋村（澳洲淡水小龙虾）、迳口镇迳口村（桂花鱼）。

清远市清新区三坑镇雅文村（桂花鱼）、鸡凤村（罗氏虾），阳山县黎埠镇大龙村（小龙虾），连州市星子镇赤塘村（澳洲淡水龙虾）。

潮州市饶平县汫洲镇汫平社区（巴非蛤）、汫西社区（对虾）。

揭阳市惠来县周田镇新乡村

（鲫鱼）、神泉镇华家村（鲍鱼），普宁市大池农场金钟村（澳洲淡水龙虾）、普宁华侨管理区乌犁村（甲鱼）。

【2022年水产名村】2022年10月11日，广东省农业农村厅公布2022年省级"一村一品、一镇一业"专业村、专业镇名单，认定广州市白云区钟落潭镇茅岗村等177个村（社区）为2022年省级"一村一品、一镇一业"专业村，其中渔业专业村27个，分别是：

广州市花都区炭步镇横岗村（叉尾鲴）、狮岭镇军田村（水产养殖）、花东镇大东村（水产种苗），南沙区万顷沙镇新垦社区（南沙青蟹）。

珠海市斗门区白蕉镇昭信村（鲈鱼）、大托村（鲈鱼）、南环村（鲈鱼），乾务镇虎山村（青蟹）。

惠州市博罗县杨侨镇石岗岭办事处（龟）。

中山市黄圃镇石军村（水产养殖），港口镇下南村（水产养殖）、群众社区（水产养殖）、西街社区（水产养殖），板芙镇广福村（水产养殖），阜沙镇阜沙村（水产养殖）。

江门市新会区大鳌镇东卫村（南美白对虾）、南沙村（南美白对虾）、新一村（南美白对虾）。

佛山市三水区大塘镇莘田村（水产养殖），南海区九江镇璜矶社区（水产种苗），高明区明城镇光明村（水产种苗）、更合镇歌乐村（水产种苗）。

阳江市阳西县上洋镇石门村（对虾种苗）。

茂名市茂名滨海新区博贺镇横山村（海蜇皮）、电城镇马槛村（对虾）。

清远市清新区太平镇马塘村（鳜鱼）。

云浮市新兴县稔村镇坝塘村（水产养殖）。

五、水产品加工

● 综述

【水产品加工能力】进入"十四五"期间，广东省水产品加工业稳步发展。2022年全省水产加工业企业944家，水产品年加工能力224.0247万吨，与2010年持平；虽然企业个数有较大减少，比2015年减少131家，但年主营业务收入500万元规模以上的水产加工企业从144家增加到178家。水产冷库566座，比2015年增加4座，冻结能力26 024吨/日，增加3 739吨/日，冷藏能力366 984吨/次，增加78 315吨/次，制冰能力43 552吨/日，增加25 629吨/日，都有不同程度的增加。其中冻结能力增加14.36%、冷藏能力增加21.34%、制冰能力增加58.84%。

【水产品加工产量】2022年，广东省水产品加工总量152.03万吨、产值250.36亿元，对比2020年水产品加工量145.46万吨、产值246.63亿元，分别增长4.52%和1.51%；水产品加工出口量51.91万吨、出口值29.54亿美元，对比2020年产品加工出口量53.80万吨、出口值28.14亿美元，出口量处于稳定状态，出口值有所增长。

【水产品加工名牌产品】"十三五"期间，广东省水产品加工名牌产品发生较大变化，一是因停产转产，原有名牌不再使用的，如汕头鳗联集团公司的"鳗联牌"烤鳗，广州恒发水产有限公司的"钻石牌"冻罗非鱼片，中山市渔农冷冻厂的"欧风牌"冻对虾等。二是有大量的水产品加工产品成为省级名牌产品，据统计，"十三五”期间通过初评的水产加工名牌产品有74个，另列入2020年"粤字号"农业品牌目录的水产加工产品约有205个，涵盖了对虾、罗非鱼、鳗鱼、水产罐头、鱼糜制品、各类酸菜鱼、各类海鱼加工、水产调味品等。

传统水产品加工

【水产品冷冻与保鲜】 自"十三五"以来，广东重点发展水产品加工冷冻和精深加工，开拓水产品冷冻保鲜品出口国内外市场。建成全省性水产品保鲜冷链。水产品冷冻加工品有冷冻凡纳滨对虾、斑节对虾、罗氏沼虾、冻罗非鱼片、条冻罗非鱼、冻海鱼、冻花鲈鱼、冻马头鱼片、冻海鳗片、冻安康鱼、冻鱿鱼、冻墨鱼、冻带鱼和贝类冷冻品等。2022年，全省冷冻水产品产量106.50万吨（其中冷冻品43.41万吨，冷冻加工品63.09万吨），对比2020年冷冻水产品104.15万吨，增长2.26%；其中，冷冻品43.41万吨，对比2020年42.11万吨，增长3.09%；冷冻加工品63.09万吨，对比2020年62.05万吨，增长1.68%。

【鱼糜制品加工】 广东省鱼糜制品有鱼糕、鱼丸、鱼条、鱼香肠、鱼卷、鱼面、鱼糜片等，分布在茂名、阳江、汕尾、汕头、广州、揭阳、湛江、梅州等地。自"十三五"以来，广东省水产品加工企业推广鱼糜制品先进生产工艺，围绕国内外市场，提高产品品质，开拓产品销售渠道。2022年全省鱼糜制品8.46万吨，但比2020年的8.98万吨略为减少。

【腌干制品加工】 干腌制品是广东传统的水产加工品。自"十三五"以来，江门、珠海、湛江等地革新干腌制品加工技术与工艺，缩短腌制时间，由敞开式日晒转变为封闭式日晒和机械烘干，逐步实行工厂化无害化生产；研发"一夜埋"等产品，降低咸度、保持鲜度与传统特色。加快干腌制品加工与销售，促进干腌制品流通。江门建成全国干腌制品加工和批发集散地。2022年全省干腌制品产量11.13万吨，比2020年9.11万吨增长22.17%，而且品种增加，质量有所提高。

【罐头制品加工】 广东省水产罐头制品有豆豉鲮鱼、鲜炸鲮鱼、油炸蚝、油炸凤尾鱼、油炸龙须鱼、花鱼、油炸鲜鱿鱼、茄汁鲷鱼、油浸鲷鱼、五香参鱼、茄汁金枪鱼、炸酱、油浸金枪鱼、鲍鱼、海螺、蚝等20多个品种。产地分布广州、佛山、茂名、江门、中山、汕尾、阳江等地。佛山、广州等地的"酥炸鲢鱼""鲜炸鲮鱼""豆豉鲮鱼"罐头，汕头等地的"油炸龙须鱼""油炸凤尾鱼"先后评为省（部）级名牌产品。2022年全省水产罐制品产量5.18万吨，比2020年4.16万吨增长24.52%，而且品种有所增加。

【鱼粉生产】 自"十三五"以来，广东省各级政府和渔业主管部门扶持与引导沿海各地加工企业革新工艺，广开水产品原料资源，充分利用海洋捕捞的下杂鱼和大宗养殖产品加工的鱼骨、虾壳等废弃物，开发各类鱼粉生产。但由于资源缺乏，鱼粉生产后劲不足。2022年，全省鱼粉产量8.50万吨，比2020年8.02吨增长5.99%。

【藻类加工】 广东用于加工的藻类有紫菜、江蓠、麒麟菜、马尾藻等。紫菜加工的主要产地在粤东地区小部分沿海市、县，澄海紫菜是畅销国内外的名牌产品。琼脂加工的琼脂为用麒麟菜、江蓠提取卡拉胶制造的食品，主要在汕尾、汕头、潮州、茂名生产。自"十三五"以来，广东省藻类加工业产品销路扩大，产量增加。2022年全省藻类加工品产量4566吨，比2020年的4655吨略为减少。

【保健医药制品】 保健医药制品包含鱼油和珍珠末、珍珠层粉、珍珠注射液、海马精（丸、酒）等海洋生物保健制品。

鱼油。即利用鲨、鳐等大型鱼类的肝脏，提制的清香鱼肝油、乳白鱼肝油和鱼肝油丸等产品。由于渔业资源衰退，鱼油原料缺乏，鱼油加工也随之萎缩。2022年全省鱼油制品年产量有50吨，比2020年的47吨增长6.38%。

海洋生物保健制品。自"十三五"以来，广东海洋生物保健制品主要产品有：利用虾、蟹壳提制药用甲壳素，利用鲜牡蛎提制高级营养药物，利用龟、鳖、海马制造的海马精（丸、酒）等40多种。

出口水产品加工

【概况】 自"十三五"以来，广东继续开拓大宗养殖水产品精深加工新领域，引导加工企业与养殖企业携手，以水产品出口商品原料基地为平台，共同监管产品质量安全，应对进口国的"技术壁垒"和"关税壁垒"，开拓与维护水产品加工出口渠道，占领国际市场，建立水产品加工出口基地，特别是以淡水鱼中的乌鳢等原料加工的酸菜鱼逐步出口国际市场。全省年加工出口水产品总量均在50万吨以上，2022年为51.91万吨，与2020年53.80万吨基本持平，但出口加工品种出现多样化特点，如不但有大宗品种南美白对虾、罗非鱼、鲮鱼，还有鱿鱼、酸菜鱼、鱼罐头等。

【烤鳗加工】广东在 2010 年前已建成全省性烤鳗生产体系。自"十三五"以来，广东省各级政府和农业、商检主管部门引导烤鳗厂配套先进生产设备和检测设备，改革加工工艺，强化质量安全管理，提高原料鳗鱼与烤鳗的质量安全指标，拓宽烤鳗销售渠道，开拓欧美和东南亚等地市场，维持烤鳗持续出口。2022 年全省烤鳗加工出口量 18 271 吨，比 2020 年 7 620 吨增长 1.4 倍。

【对虾加工】广东省对虾养殖业进入 21 世纪快速发展，对虾加工出口量逐年扩大。自"十三五"以来，广东省对虾加工企业以国际市场为导向，更新设备，改革工艺，规范管理，提高产品质量，开拓中东、南美等销售市场，推动对虾加工出口业平稳发展。但由于东南亚对虾养殖业发展很快，国际对虾价格便宜，加上中国人民生活水平提高，对虾消费量增加，全国对虾进出口情况由出口国倒挂为进口国，"十三五"期间，广东对虾出口逐渐减少，但进入"十四五"有所回升，2022 年全省加工出口对虾 13.95 万吨，比 2020 年的 5.48 万吨增长 1.5 倍。

【罗非鱼加工】自"十三五"以来，广东省罗非鱼养殖规模趋于饱和，年产量维持在 70 万～75 万吨之间，具有产量大、个体大、质量优的特点，达到出口标准。建成以粤西的茂名、湛江、阳江为中心的罗非鱼出口商品原料基地和加工出口产业园区。2022 年全省加工出口罗非鱼 30.75 万吨，比 2020 年的 23.93 万吨增长 28.50%。

【珍珠制品加工】广东在 2010 年前已建成以湛江为中心的珍珠加工生产体系。自"十三五"以来，广东省规范珠母贝选育、殖珠、珍珠培育技术，配套先进设施设备，创新技术，改革工艺，提高产品质量，拉动内销和出口，推动珍珠养殖与加工出口业发展。2022 年由于受新冠疫情和国际市场影响，珍珠制品加工减少，全省生产珍珠制品 3 068 千克，比 2020 年的 3 568 千克减少 14.01%。

六、水产品流通

综述

【概况】20 世纪 80 年代初，广东省率先开放水产品市场，建立水产品流通市场调节新机制：水产品敞开供应，放开定价，自由买卖，随行就市。政府主管部门加强对水产品市场管理，规范"公平、公正、公开"购销原则，推行"流通服务生产，生产推进流通"的服务理念、推进水产品省内外流通和出口创汇。自"十三五"以来，广东省发挥全省各地水产品市场和水产品购运专业队伍的作用，引导养殖、捕捞、加工、流通企业建立良好产供销关系，沟通水产品流通信息，开展良好的社会化服务，壮大渔业第三产业。2020 年全省水产品终端消费 700 多万吨，年人均消费量 60 多千克。2022 年全省水产品终端消费基本维持这个水平。

【水产流通主要品种】进入"十四五"以来，广东省水产品在零售环节，流通的水产品种鱼、虾、蟹、贝样样齐全，活鱼、冰鲜、冻鱼都有。2021—2022 年，省内流通的活水产品主要是：虾、蟹、鳜鱼、草鱼、海鲈、加州鲈、乌鳢、蛤、石斑等；流通的冰鲜鱼主要是：红三、马鲛、带鱼、马头、南鲳、金鲳等；流通的冻鱼主要是：红石、马鲛、带鱼、白鲳、马头、黄花等；流通的加工水产品主要有：熟虾、冻虾仁；冻鱼糜制品有咸鱼、鱼干、虾干、鱿鱼干、墨鱼干及各种水产调味品如蚝油、鱼露等，还有各种"一夜埕"制品、各种酸菜鱼制品等。

2021—2022 年，外省调入广东的水产品主要有：多宝鱼、小龙虾、鲷鱼、元贝、扇贝、大闸蟹、海参、干贝、鲍鱼等。

2021—2022 年，广东进口的水产品主要有：阿根廷鱿鱼、挪威、智利三文鱼、厄瓜多尔白虾、澳大利亚龙虾、泰国琵琶虾、草虾、波士顿龙虾、越南巴沙鱼以及缅甸、孟加拉国、马来西亚带鱼及其他杂鱼如赤鲮、越南龙虾、花螺和缅甸黄鳝等。

【水产品市场供应】进入"十四五"以来，广东省在水产品产量较大或单一产品较集中的地区，已形成水产品产区物流集散地。2021—2022 年，湛江市有霞山水产交易市场、宝满水产交易市场、南方水产交易中心等。而在人口较集中的市或地区，形成水产品销区物流集散地。2021—2022 年，广州市有黄沙水产交易市场、广州鱼市场、一德路海味干果交易市场等。深圳市有布吉海鲜交易市场、罗芳活鲜交易市场等。佛山市有环球水产交易市场、桂江农产品交易市场水产交易中心、顺德三山淡水活鱼交易市场等。东莞市有虎门沿江富绅水产批发市场、金桥水产交易市场等。

【粤港澳大湾区（肇庆）水产综合交易中心】2022 年 9 月项目一期建成投入运营。该水产综合交易中心位于肇庆市高要区金渡镇世纪大道，地处大湾区内粤西交通枢纽中心，项目以水产批发零售为主。借助高要"中国罗氏沼虾之乡"全国最大的罗氏沼虾养殖基地，全力打造全国最大的罗氏沼虾交易市场。项目依托占地133公顷的省重点高要预制菜生产基地，打造成粤港澳大湾区以水产批发为主的绿色渔业及农副产品集散基地，集大数据、检验检测、安全溯源、展示、交易、配送、体验、综合配套、住宿休闲于一体的现代水产综合交易中心，形成产供销、渔工贸一体化的可持续发展模式。

【2021年全省水产品产销】 2021年广东省水产品产销形势分析：

一、渔业稳定发展，大宗水产品供应较为充足。 在水产绿色健康养殖持续推进，水产品稳产保供政策持续发力的背景下，2021年全省渔业稳定发展，水产品总产量为884.51万吨，同比增长1.0%。

草鱼供应减少。受2020年下半年投苗量减少影响，2021年上半年全省可供上市草鱼同比减少；随价格行情走高，驱动基地养殖信心提升，草鱼供应逐渐增加，但全年供应量不及2020年。据省农业信息监测体系数据，2021年全省规模基地草鱼出塘量同比减少20.8%，亩均产量为2 520.0千克。

罗非鱼供应宽松。全球宏观经济持续恢复，对全省罗非鱼出口形成支撑；预制菜市场迅速增长，有效带动内销；综合看，2021年全省罗非鱼供销两旺。据省农业信息监测体系数据，2021年规模基地罗非鱼出塘量同比增加26.6%，亩均产量为2 350.0千克。

南美白对虾供应偏紧。受2020年第四季度投苗量减少及养殖成功率下降影响，对虾短期供给偏少；随塘头行情持续上涨，基地积极生产，下半年对虾供应回暖；但整体看，2021年全省南美白对虾供应仍偏紧。据省农业信息监测体系数据，2021年规模基地南美白对虾出塘量同比减少17.5%，混养模式单茬亩均产量为385.0千克。

二、水产品市场成交量同比下降。 因部分水产品种供应减少，加之交易方式多元化发展，批发市场主要监测水产品总成交量同比减少。据省农业信息监测体系数据，2021年主要监测水产品总成交量同比减少10.7%，其中，草鱼、鳙、罗非鱼、鲫和南美白对虾市场成交量分别同比减少8.3%、14.0%、8.6%、15.5%和24.8%；生鱼市场成交量同比增加25.9%。

三、鱼虾塘头行情上涨，规模基地盈利增加。 鱼虾出塘成本同比上涨。因饲料、苗种价格和"动保产品"价格较往年上涨，导致鱼虾出塘成本增加。据省农业信息监测体系数据，2021年全省规模基地草鱼出塘成本为13.2元/千克，同比上涨28.2%，罗非鱼出塘成本为10.1元/千克，同比上涨27.8%，南美白对虾出塘成本为34.1元/千克，同比上涨4.6%。

鱼虾塘头价格上涨，养殖效益提升。随全省新冠疫情防控形势稳定向好和疫苗接种有序推进，水产品消费回暖。在短期供应有限的情况下，消费需求拉升以及养殖成本上涨推升了鱼虾塘头价格。

草鱼塘头价格上涨，养殖效益提升。据省农业信息监测体系数据，2021年规模基地草鱼出塘均价为16.3元/千克，同比上涨38.1%；出塘盈利为3.1元/千克，同比上涨106.7%；亩均产值为4.1万元，同比上涨169.2%；

亩均盈利7 812元，同比上涨3倍。

罗非鱼扭亏为盈。2021年规模基地罗非鱼出塘均价为12.7元/千克，同比上涨60.8%；由2020年亏损0.5元/千克转为盈利2.6元/千克；亩均产值为2.9万元，同比上涨267.5%；亩均盈利6 110.0元。

南美白对虾出塘均价、出塘盈利小幅上涨。2021年全省规模基地南美白对虾塘头均价为61.3元/千克，同比上涨4.6%；出塘盈利为27.2元/千克，同比上涨4.6%；亩均产值为2.4万元，亩均效益1.0万元，均同比上涨

水产品市场批发价同比上涨。受供应减少和养殖成本上涨影响，上半年省内主要批发市场主营水产品价格震荡上涨；8月供需关系开始缓解，批发价格稳步回落。2021年全省水产品批发价格呈先涨后降走势，整体高于2020年。

【2022年全省水产品产销】 2022年广东省水产品产销形势分析：

一、生产供应：全省水产品产量总体稳定。 在"稳产保供"政策的支持下，2022年全省渔业稳定发展，水产品总产量为894.14万吨，同比增长1.0%。草鱼供应量下降。2021年下半年投苗量减少，2022年上半年出塘量也相应减少，第三季度行情回升，下半年草鱼出塘量与上半年相比有所增加。2022年全省规模化养殖基地草鱼出塘量同比下降1%，平均每公顷产量为33吨。罗非鱼供应量增长。受预制菜市场的带动，2022年全省罗非鱼产量整体有所增加。2022年规模化基地罗非鱼出塘量同比增长14%，平均每公顷产量为31.1吨。南美白对虾供应量下降。南美白对虾的利润空间大，行情向好，规模化基地2021年下半年投苗量增加，2022

年上半年南美白对虾供给比下半年供给增加，但全年出塘量同比下降 5％，平均每公顷产量为 9 吨。

二、流通交易：鱼虾市场成交量基本平稳。伴随疫情防控常态化，水产品流通压力逐步减缓，批发市场总成交量基本稳定，同比增加 5％。批发市场水产品主要来源省内，约占 96％，其中，草鱼、罗非鱼、鳜的市场成交量同比分别增加 7％、18％、29％，南美白对虾上半年市场交易波动较大，市场成交量同比下降 24％，下半年趋于稳定，市场成交量同比下降 8％。

三、市场行情：主要水产品价格上涨。主要水产品价格上涨：对基地南美白对虾、罗非鱼规模化监测结果，其分别受成本上涨影响，出塘价格总体小幅上涨，出塘均价分别为 52.1 元/千克、12.4 元/千克，同比分别上涨 3％、1％。草鱼受疫病及需求量减少影响，价格整体下降，均价为 14.9 元/千克，同比下降 2％（图 3-8）。

四、成本收益：养殖成本增加，保持合理盈利水平。鱼虾均保持盈利，其中草鱼出塘成本 14.1 元/千克，同比上涨 4％，出塘盈利 0.5 元/千克，同比下跌 56％；南美白对虾出塘成本 33.6 元/千克，同比上涨 2％，出塘盈利 18.5 元/千克，同比增加 3％；罗非鱼出塘成本 11.4 元/千克，同比下降 1％，出塘盈利 0.5 元/千克，同比上涨 13％。

水产品运销

【概况】自"十三五"以来，广东省水产品终端消费每年 700 多万吨，年人均消费量 60 多千克。在人口稠密的珠三角核心地区的广州、深圳、佛山、东莞，上述四市有 6 000 多万常住人口，约占全省常住人口的 50％，而且人口城市化高度集中，非农业人口比例逐年提高，城乡差距逐年减少，上述四市水产品终端消费每年约 365 万吨，从刚性需求上刺激了水产运销的发展。收购省内捕捞与养殖水产品，从市场销售给宾馆、饭店、饭堂或供肉菜市场销售给普罗大众；同时接纳省外进入的水产品，供应当地各阶层群众水产品消费需求；终端消费方有农贸市场、肉菜市场、超市、酒店、饭店、农庄等。在零售环节方面，主要有四种模式：一是农贸市场和肉菜市场，二是超市，三是酒店、饭店，四是电商配送，水产品流通比较畅顺。在配送方面，广东有组织地将鲜活海鲜、河鲜、冰鲜或养殖的名优品种，以各种方式运输至国内省外大中城市，开辟省外销售渠道。

【水产品运销队伍】自"十三五"以来，广东省的水产品流通加工企业与渔港渔船、养殖基地的渔民水产品销售交易业务日益增多，派生出一批水产品购运企业、专业户，搭建市场与产区间的购销桥梁，构建水产品购运队伍，开拓"多渠道、少环节""入渔区购运""到塘头捕捞、转运"等业务，水产品流通渠道顺畅，并在发展过程中依托水产品产销信息网络和多种形式的购销服务，参与市场竞争。逐步成为水产品流通的骨干力量。2021—2022 年，全省有专业水产品购销专业公司和购销户约 6 万多家，年购运水产品约 600 万吨。

【水产品市场批发】进入"十三五"以来，广东省各级政府和渔业部门引导各地建设与完善原有多种经济成分、多渠道、多层次的水产品批发市场体系。根据市场需求，新建扩建水产品批发市场，增强水产品流通能力。2021—2022 年，全省有水产品交易（批发）市场 90 个，年交易量约 580 万吨，交易额约 870 亿元，保持 2020 年的交易水平。

【水产品物流配送】进入"十三五"以来，广东组织鲜活海鲜、河鲜、冰鲜或养殖的名优品种，以各种方式运输至省外的大中城市，开辟省外销售渠道，满足省外水产品消费需求，涌现出一些大的或较大水产品物流配送企业。在淡水产品最多的佛山市，2021—2022 年有何氏物流公司、上海生生物流有限公司、广州潮汇物流股份有限公司、深圳八达物流股份有限公司、珠海勇记物流有限公司等水产品物流配送企

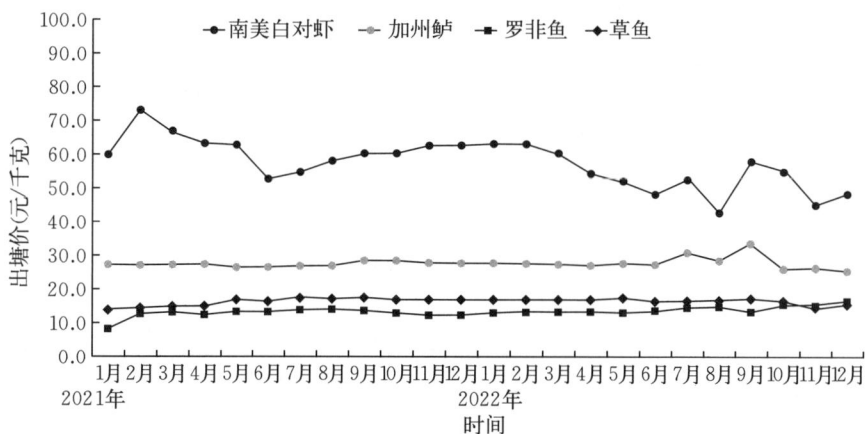

图 3-8　2021—2022 年广东主要水产品出塘价格走势图

业，每年配送量约30万吨，其中何氏物流公司水产年配送量超过5万吨，营业总额超过十亿元，其运用的低温活鱼运输技术，保活时间达到72小时，成活率达到99％以上，最远可运到甘肃省兰州市、黑龙江省哈尔滨市。

水产品进出口

【概况】2021—2022年间，广东省扶持外向型渔业发展，通过发展鳗鱼、珍珠、对虾、罗非鱼、水产预制菜等适销对路水产品加工出口原料基地，规范水产品加工企业生产，推进了水产品养殖与加工出口。同时，水产加工企业由于国内对虾原材料不足，进口泰国、越南、厄瓜多尔等国对虾作为加工原料，加工的产品用于出口和内销。流通企业以市场为导向，进口省内外有消费需求的名特优海鲜等水产品。其中，有些是自捕产品，如金枪鱼、阿根廷鱿鱼。进口量较大的品种有澳大利亚龙虾，美国波士顿龙虾，

美国和加拿大的长脚蟹、象拔蚌，新西兰青口、红斑，南非网鲍，东南亚各国的各种海虾、杂鱼，厄瓜多尔白对虾，越南养殖巴沙鱼等。

2021—2022年间，广东省水产品进出口年年创新高；2021年全省水产品进出口金额62.42亿美元，数量为129.24万吨；2022年全省水产品进出口金额66.15亿美元，数量为127.09万吨；对比2020年、2022年分别增长32.06％和15.12％。广东水产品进出口情况详见表3-2。

【水产品出口数量】2020—2022年，广东水产品出口基本稳定。2021年双创新高，出口量达到61.50万吨、出口额达到34.40亿美元。2022年广东水产品出口双下降，全年出口量51.91万吨、出口额29.54亿美元。两年平均每年出口量56.71万吨，出口额31.97亿美元，为历史最高水平。2015年、2020—2022年广东水产品出口情况详见表3-2。

【水产品进口数量】进入21世纪，广东水产品进口不断发展，"十三五"期间，平均每年进口量22.3万吨、进口额14.88亿美元。其中2019年最多，达到41.72万吨、24.53亿美元。2020年由于新冠疫情的原因，进口量为29.84万吨，较2019年减少近12万吨，但仍比2016—2019年平均进口量20.41万吨增加9万多吨；2020年进口额19.02亿美元，比2016—2019年平均进口额13.84亿美元增加6亿多美元。总结起来，2016—2020年水产品进口量、进口额整体处于上升趋势。

2021—2022年间，广东省水产品进口年年创新高；2021年全省水产品进口金额28.02亿美元，数量为67.75万吨；比2020年分别增长27.65％和19.70％。2022年全省水产品进口金额36.61亿美元，数量为75.18万吨；对比2020年分别增长66.79％和32.83％，为增长幅度较大的两年。广东水产品（不含鱼粉）进口情况详见表3-2。

表3-2 2015年、2020—2022年广东水产品进出口情况

年份	进出口		出口		进口	
	金额（亿美元）	数量（万吨）	金额（亿美元）	数量（万吨）	金额（亿美元）	数量（万吨）
2015	47.06	109.36	30.99	51.40	16.08	57.96
2020	50.09	110.40	28.14	53.80	21.95	56.60
2021	62.42	129.24	34.40	61.50	28.02	67.75
2022	66.15	127.09	29.54	51.91	36.61	75.18

一、生产结构

综述

【概况】按水域不同渔业可分为海洋渔业和淡水渔业；按生产特性不同可分为养殖渔业和捕捞渔业。广东省濒临南海，海域滩涂辽阔，珠三角河网纵横，水库、湖泊星罗棋布，具有发展渔业得天独厚的水域滩涂条件，无论海洋渔业和淡水渔业，还是养殖渔业和捕捞渔业，都具有优越条件便于形成产业，在全国名列前茅。2022年广东省水产品总产量894.03万吨，比2020年的875.81万吨增长1.02%，占全国6865.91万吨的13.02%，继续居全国首位。

2022年广东省水产品总产量中海水产品产量458.28万吨，占全省水产品总产量的51.26%，占全国海水产品产量3459.53万吨的13.25%，在全国居福建、山东之后排在第三位；淡水产品产量435.74万吨，占全省水产品总产量的48.74%，占全国淡水产品产量3406.38万吨的12.79%，在全国位居湖北之后，排在第二位；养殖渔业产量767.73万吨，占全省水产品产量的85.87%，占全国养殖渔业产量5565.46万吨的13.79%，居全国首位；捕捞渔业产量126.29万吨，占全省水产品总产量的14.13%，占全国捕捞渔业产量1300.45万吨的9.71%，在全国位居浙江、福建、山东之后，排在第四位。

【渔业产业结构】进入"十四五"时期，广东渔业产业结构持续调优，水产养殖产量稳定增长，捕捞渔业产量逐年减少，养捕结构进一步优化。全省水产养殖产量2022年达767.73万吨，比2020年增长2.82%，养殖产量占水产品总量的比重由2020年的85.25%增加到2022年的85.87%。2022年全省水产养殖面积47.37万公顷，平均每公顷的产量16.21吨；对比2020年，面积减少0.11%，产量却增长2.82%，单产（每公顷产量）提高3.02%。对虾、罗非鱼、鳗、鲈等产量连续多年位居全国前列，名贵龟等特色养殖名扬全国。

【水产品产量分类】水产品包括鱼类、虾类、蟹类、贝类、藻类和其他类。2022年广东省鱼类产量560.01万吨，比2020年的541.98万吨增长3.33%，占全省水产品总产量887.83万吨（由于远洋渔业产量没有按照鱼、虾、蟹、贝、藻和其他分类，这里是减去远洋渔业产量，下同）的63.08%，占全国3634.74万吨的15.41%，居全国首位；虾类产量115.78万吨，比2020年的98.55万吨增长17.48%，占全省水产品总产量的13.04%；蟹类产量17.15万吨，比2020年的16.39万吨增长4.64%，占全省水产品总产量的1.93%；贝类产量174.48万吨，为2020年的191.98万吨的90.88%，占全省水产品总产量的19.65%（2020年占22.08%），占全国1638.02万吨的10.65%，在全国位居山东、福建、辽宁之后，排在第四位；藻类产量6.46万吨，为2020年7.28万吨的88.73%，占全省水产品总产量的0.73%，占全国274.33万吨的2.35%；其他类产量（含头足类）13.92万吨，比2020年的13.61万吨增长2.28%，占全省水产品总产量的1.56%，占全国200.12万吨的6.96%。

海洋渔业

【概况】广东省海岸线漫长，大陆

架面积广阔，沿海有暖、寒流交汇，沿岸岛屿星罗棋布，港湾较多，滩涂面积广阔，发展海洋渔业有利条件多。全省沿海滩涂面积为 2 000 千米²，近岸海域 10 米水深以内的浅海面积 10 500 千米²，可供发展海水养殖的浅海、滩涂面积 7 300 千米²。积极发展海洋渔业，可提供大量的动物蛋白质，为外贸提供重要商品，对发展国民经济有重要意义。广东渔产丰富，水产品总产量一直以海洋渔业为主，20 世纪 70 年代以前约占 70%，80 年代以后大力发展淡水养殖，占比下降到 60% 左右；进入 21 世纪占比不断下降，2001—2010 年占 55%～60%，2011—2020 年占 51%～54%，2021—2022 年占 51%。

【海水产品产量变化】 海水产品包括海洋捕捞产品、海水养殖产品和远洋渔业产品。其中，海洋捕捞产品产量指国内海洋捕捞产品产量，不包括远洋渔业产量。广东省海水产品产量，在 20 世纪 50—70 年代，约占全省水产品总产量的 70%；到 80 年代初期大力发展淡水养殖，占比下降，1985 年占比为 53.67%；80—90 年代发展海水养殖，占比回升，1990 年为 65.21%。进入 21 世纪，海洋捕捞负增长，全省海水产品产量占比不断下降，2000 年占 60.77%，2010 年占 55.07%。2015 年，全省海水产品产量 459.23 万吨，占 53.51%。2019 年产量 455.49 万吨，占 52.57%；2020 年 450.53 万吨，占 51.44%。2022 年全省海水产品产量 458.28 万吨，占全省水产品总产量的 51.26%，占全国 3 459.53 万吨的 13.25%，在全国位居福建、山东之后，排在第三位。

【海水产品产量分类】 广东海水产

品产量，以贝类最大，接着是鱼、虾、蟹类，贝、鱼、虾、蟹这四类产量占 95% 以上，还有少量的藻类、和其他类（含头足类）。2022 年，广东省海水贝类产量 173.39 万吨，为 2020 年产量 189.57 万吨的 91.56%，占全省海水产品总产量 452.00 万吨（由于远洋渔业产量没有按照鱼、虾、蟹、贝、藻和其他分类，这里是减去远洋渔业产量，下同）的 38.36%（2020 年占 42.66%），占全省贝类产量 174.48 万吨的 99.37%，占全国海水贝类 1 605.87 万吨的 10.80%；2022 年海水鱼类产量 166.64 万吨，比 2020 年 155.68 万吨增长 7.04%，占全省海水产品总产量的 36.87%，占全省鱼类产量 560.01 万吨的 29.76%，占全国海水产品鱼类产量 834.43 万吨的 19.97%，居全国首位；2022 年海水虾类产量 81.88 万吨，比 2020 年的 68.04 万吨增长 20.34%，占全省海水产品总产量的 18.12%，占全省虾类产量 115.78 万吨的 70.72%；2022 年海水蟹类产量 16.44 万吨，比 2020 年的 15.41 万吨增长 6.68%，占全省海水产品总产量的 3.64%，占全省蟹类产量 17.15 万吨的 95.86%；2022 年藻类产量 6.46 万吨，为 2020 年 7.28 万吨的 88.73%，占全省海水产品总产量的 1.43%，占全国藻类产量 273.33 万吨的 2.36%；其他类产量（含头足类）7.28 万吨，为 2020 年 13.61 万吨的 53.49%，占全省水产品总产量的 1.61%，占全国其他类产量 70.50 万吨的 10.33%。

● 淡水渔业

【概况】 淡水渔业是指利用内陆淡水水域，包括江河、湖泊、水库、池塘和沟渠等，捕捞、采集、养

殖水生动植物以取得水产品的生产活动。广东省珠三角河网纵横，水库、湖泊星罗棋布。全省集水面积在 100 千米² 以上的各级干支流 614 条，省内总长度为 2.60 万千米；集水面积 1 000 千米² 以上有 60 条，省内总长度为 0.77 万千米。水库 8 408 座，拥有新丰江水库、枫树坝水库、白盆珠水库等大型水库 18 座、中型水库 250 座、小型水库 7 110 座，水库水面 1 600 千米²。常年水面积在 1 千米² 以上的湖泊 7 个，湖泊水面 34 千米²。坑塘水面 6 600 千米²，是各地市主要养殖水体。

广东省水产品总产量中，淡水渔业产量占比不断提高。广东省淡水渔业产量占水产品总产量的比重：20 世纪 50—70 年代约占 30%，80 年代初期大力发展淡水养殖，占比上升到 40%，1985 年高达 46.3%；进入 21 世纪，淡水渔业持续发展，产量逐渐增加，占比不断提升，2010 年占 45%；2015 年占 46.5%，2020 年达 48.56%。2022 年全省淡水产品产量 435.74 万吨，占全省水产品总产量的 48.74%，占全国淡水产品产量 3 406.38 万吨的 12.79%，在全国位居湖北省 500.42 万吨之后，排在第二位。

【淡水产品产量变化】 淡水产品包括淡水养殖产品和淡水捕捞产品。广东省淡水产品产量及占水产品总产量比重的一些特征年数据：1952 年淡水产品产量 10.14 万吨，占 33.70%，占全国淡水渔业产量 60.62 万吨的 16.73%，居首位；1957 年 15.45 万吨，占 30.97%，占全国 117.93 万吨的 13.10%（居全国首位的是江苏，22.29 万吨）；1965 年 14.64 万吨，占 29.38%，占全国 97.02 万吨的 15.09%；1970 年 15.62 万吨，占 27.25%，占全国 90.37 万吨的

17.28%；1980 年 21.80 万吨，占34.44%，占全国 123.99 万吨的17.58%（比江苏 20.56 万吨多），重回全国首位；1990 年 87.80 万吨，占 34.79%，占全国 551.55万吨的 15.92%；2000 年 232.73万吨，占 39.23%，占全国 1 502.32 万吨的 15.49%；2010 年327.53 万吨，占 44.93%，占全国 2 575.47 万吨的 12.72%（居全国首位的是湖北，353.09 万吨，占全国的 13.71%）；2015 年398.99 万吨，占 46.49%，占比创历史新高，占全国 3 290.04万吨的 12.13%。

"十三五"期间，广东省淡水产品产量年年增加，2019 年达410.91 万吨，占全省水产品总产量 47.43%；2020 年广东省淡水产品产量 425.28 万吨，比 2015 年的398.99 万吨增长 6.59%，占全省水产品总产量的 48.56%，占全国淡水渔业产量 3 234.64 万吨的13.15%，在全国居第二位（湖北省淡水产品产量 467.93 万吨，占全国的 14.47%，位居全国第一）。

进入"十四五"期间，2022 年广东省淡水产品产量 435.74 万吨，占全省水产品总产量的 48.74%，占全国 3 406.38 万吨的 12.79%。

【淡水产品产量分类】广东淡水产品产量中历来以鱼类为主，占九成以上；20 世纪 90 年代开始发展淡水养虾和龟鳖，蟹、贝类不多，藻类更少。2022 年广东省淡水鱼类产量 393.37 万吨，比 2020 年381.34 万吨增长 3.15%，占全省淡水产品总产量 425.28 万吨的90.28%，占全国淡水鱼类产量2 800.31 万吨的 14.05%，居首位；2022 年淡水虾类产量33.90 万吨，比 2020 年的 30.51万吨增长 11.11%，占全省淡水产品总产量的 7.78%，占全省虾类产量的 29.28%；2022 年淡水蟹

类产量 7 108 吨，为 2020 年 9 862吨的 72.07%，占全省淡水产品总产量的 0.16%，占全省蟹类产量的 4.14%；2022 年淡水贝类产量11 023 吨，为 2020 年 24 173 吨的45.60%，占全省淡水产品总产量的 0.25%，占全省贝类产量的0.63%，占全国淡水贝类产量32.14 万吨的 3.42%；2022 年淡水产品其他类产量（主要是龟鳖）66 481 吨，比 2020 年的 50 759 吨增长 31.44%，占全省淡水产品总产量的 1.53%，占全省水产品其他类产量的 47.77%，占全国淡水产品其他类产量 70.98 万吨的 9.37%。

捕捞渔业

【概况】捕捞渔业又称水产捕捞业，是指人们利用渔业船舶和渔具等生产工具采集、捕获野生水生动植物资源，从而获得初级水产品的生产行业。根据养殖产量与捕捞产量划分原则，凡捕捞天然生长的水产品数量为捕捞产量，水产品捕捞产量包括海洋捕捞产量和淡水捕捞产量。2022 年，广东省捕捞产品产量 126.29 万吨，占全省水产品总产量的 14.13%，占全国捕捞产品产量 1 300.45 万吨（包括远洋渔业产量）的9.71%，在全国位居浙江、福建、山东之后，排位第四；进入"十四五"，全省捕捞渔业产量逐年减少，2022 年产量为 2020 年 129.16万吨的 97.78%；回到 1991 年的产量水平。

2022 年，广东省捕捞渔业产量中海洋捕捞产量（包括远洋渔业产量）118.61 万吨，占全省捕捞渔业产量的 93.92%，占全国海洋捕捞产量（包括远洋渔业产量）1 183.83 万吨的 10.02%，排名在浙江、山东、福建之后，居第四位；淡水捕捞产量 7.68 万吨，为2020 年 9.87 万吨的 77.81%，为

2010 年 12.86 万吨的 59.72%，占全省捕捞渔业产量的 6.08%，占全国淡水捕捞产量 116.62 万吨的 6.59%，排名在江苏、浙江、安徽、河南之后，居第五位；远洋渔业产量 61 933 吨，基本保持2020 年生产水平，但为 2010 年94 752 吨的 65.36%，占全省捕捞渔业产量的 4.90%，占全国远洋渔业产量 232.98 万吨的 2.66%，排名在福建、浙江、山东、辽宁、上海之后，居第六位。

【捕捞渔业产量变化】广东省水产品总产量，原以捕捞渔业为主，20 世纪 80 年代以前约占 2/3 甚至3/4，80 年代以后大力发展水产养殖，占比下降到一半，进入 21世纪由于保护资源的需要，捕捞渔业减产，占比不断下降，2000年下降到占 1/3，2010 年为 1/4，2015 年为 1/5。从广东省捕捞渔业产量及占水产品总产量比重和占全国海洋渔业产量比例的一些特征年数据，可看到发展概貌。

1957 年广东捕捞渔业产量33.85 万吨，占全省水产品产量49.89 万吨的 67.85%，占全国捕捞渔业产量 242.93 万吨的13.93%；1965 年 34.99 万吨，占全省水产品产量 49.49 万吨的70.70%，占全国捕捞渔业产量236.56 万吨的 14.83%；1975 年53.95 万吨，占全省水产品产量71.84 万吨的 75.10%，占比最大，占全国捕捞渔业产量 338.04万吨的 15.96%；1980 年 41.63万吨，占全省水产品产量 63.34万吨的 65.72%，占全国捕捞渔业产量 315.11 万吨的 13.21%；1990 年 114.93 万吨，占全省水产品产量 207.66 万吨的 55.35%；2000 年 206.78 万吨，占全省水产品产量 594.97 万吨的 34.75%，占全国捕捞渔业产量 1 469.39 万吨的 13.95%；2010 年 165.29 万

吨，占全省水产品产量 729.03 万吨的 22.67%，占全国捕捞渔业产量 1 744.17 万吨的 9.48%；2015 年 168.44 万吨，占全省水产品产量 858.22 万吨的 19.63%，占全国捕捞渔业产量 1 635.07 万吨的 10.30%。

【捕捞渔业产量分类】广东捕捞渔业产量中以鱼类最多，接着是虾类，还有蟹、贝、头足类和其他类，没有藻类。2022 年广东省国内捕捞渔业产量中，鱼类 87.37 万吨，为 2020 年 88.94 万吨的 98.23%（但 2015 年曾达到 116.33 万吨），占全省捕捞渔业产量 126.29 万吨的 69.18%，占全国捕捞渔业产量鱼类 731.70 万吨的 11.94%；虾类产量 14.45 万吨，基本维持 2020 年 14.56 万吨水平，但为 2015 年 16.41 万吨的 88.06%，占全省捕捞渔业产量的 11.44%，占全省虾类产量的 12.48%；蟹类产量 7.68 万吨，比 2020 年 7.09 万吨增长 8.32%，但为 2015 年 8.42 万吨的 91.21%，占全省捕捞渔业产量的 6.08%，占全省蟹类产量的 44.78%；贝类产量 3.66 万吨，为 2020 年 5.18 万吨的 70.66%，为 2015 年 9.25 万吨的 39.57%，占全省捕捞渔业产量的 2.90%，占全省贝类产量的 2.10%，占全国捕捞渔业产量贝类 49.46 万吨的 7.40%；2022 年还有头足类 48 315 吨，为 2020 年 52 655 吨的 91.76%，为 2015 年 78 849 吨的 61.28%。其他类产量 16 242 吨，为 2020 年 22 196 吨的 73.18%，但为 2015 年 38 557 吨的 42.12%，占全省捕捞渔业产量的 1.28%，占全国捕捞渔业产量其他类 24.33 万吨的 6.68%。

水产养殖

【概况】水产养殖业是人类利用可供养殖的水域，从事水生经济动植物养殖。按水域性质不同分为海水养殖业和淡水养殖业。广东省水产养殖产量在 20 世纪 80 年代以前约占水产品总产量的 1/3，80 年代以后大力发展水产养殖，占水产品总产量很快提升到 1/2，之后历居全国首位；进入 21 世纪，占比不断增加，2000 年占 2/3，2010 年为 3/4，2015 年为 4/5。自"十三五"以来，广东省各地建设"菜篮子"（渔业）产品生产基地、现代渔业示范园区，推动水产养殖业健康发展，推进水产养殖的转型升级，水产养殖保持持续发展的良好势头，全省水产养殖产量逐年增产，2019 年突破 700 万吨，达 729.14 万吨。2022 年全省水产养殖产量 767.73 万吨，比 2020 年的 746.65 万吨增长 2.82%，占全省水产品产量的 85.87%，占全国水产品产量 5 565.46 万吨的 13.79%（2020 年占 14.29%），居全国首位。

【水产养殖产量变化】从广东省水产养殖产量及占水产品总产量比重的一些特征年数据，可看到发展概貌：1957 年水产养殖产量 16.04 万吨，占全省水产品产量 49.89 万吨的 32.15%，占全国水产养殖产量 68.69 万吨的 23.31%，居首位；1965 年 14.50 万吨，占全省水产品产量 49.49 万吨的 29.10%，占全国水产养殖产量 61.87 万吨的 23.44%；1970 年 15.79 万吨，占全省水产品产量 57.32 万吨的 27.55%，占全国水产养殖产量 76.56 万吨的 20.62%；1980 年 21.71 万吨，占全省水产品产量 63.34 万吨的 34.28%，占全国水产养殖产量 134.58 万吨的 16.13%；1990 年 122.21 万吨，占全省水产品产量 252.39 万吨的 48.42%，占全国水产养殖产量 730.13 万吨的 16.74%；

2000 年 388.19 万吨，占全省水产品产量 593.19 万吨的 65.44%，占全国水产养殖产量 2 236.84 万吨的 17.35%；2010 年 533.74 万吨，占全省水产品产量 729.03 万吨的 77.33%，占全国水产养殖产量 3 828.83 万吨的 13.94%；2015 年 689.78 万吨，占全省水产品产量 858.22 万吨的 80.37%，占全国水产养殖产量 4 575.90 万吨的 15.07%。

【水产养殖产量分类】广东水产养殖产量，淡水养殖以鱼类为主，海水养殖以贝类为主，20 世纪 80 年代以来发展养虾，90 年代开始发展蟹类和龟鳖养殖。2022 年广东省水产养殖产量中鱼类为 472.64 万吨，比 2020 年的 453.77 万吨增长 4.16%，比 2015 年的 401.01 万吨增长 17.86%，占全省水产养殖总产量 767.73 万吨的 61.56%，占全国水产养殖鱼类产量 2 903.04 万吨的 16.28%，居全国首位；贝类产量为 170.82 万吨，为 2020 年 186.81 万吨的 91.44%，为 2015 年 198.83 万吨的 85.91%，占全省水产养殖产量的 22.25%，占全省贝类产量的 97.90%，占全国水产养殖贝类产量 1 588.56 万吨的 10.75%；虾类产量为 101.33 万吨，比 2020 年的 84.00 万吨增长 20.63%，占全省水产养殖产量的 13.20%，占全省虾类产量的 87.52%；蟹类产量为 9.47 万吨，比 2020 年的 8.86 万吨增长 6.88%，占全省水产养殖产量的 1.23%，占全省蟹类产量的 55.22%；藻类产量 6.00 万吨，为 2020 年 7.28 万吨的 82.42%，占全省水产养殖产量的 0.78%，占全省水产品藻类产量的 100%，占全国水产养殖产量藻类 272.39 万吨的 2.20%；其他类产量为 7.47 万吨，比 2020 年的 6.02 万吨增长 24.09%，比 2015 年的

3.88 万吨增长 96.58%，占全省水产养殖产量的 0.97%，占全省水产品其他类（含头足类）产量 13.92 万吨的 53.66%，占全国水产养殖产量其他类 116.64 万吨的 6.40%。

【水产养殖面积】 指实际用于养殖水产品的水面面积，包括海水养殖面积和淡水养殖面积。海水养殖面积指利用天然海水养殖水产品的水面面积，包括海上养殖、滩涂养殖、其他养殖。工厂化、深水网箱不计入养殖面积。淡水养殖面积指在淡水水域养殖水产品的水面面积，包括池塘、湖泊、水库、河沟和其他五部分。工厂化、稻田养殖不计入养殖总面积。进入"十四五"，全省水产养殖产量逐渐减少，2022 年，广东省水产养殖面积 47.37 万公顷，为 2020 年 47.41 万公顷的 99.92%，为 2015 年 56.57 万公顷 83.74%，占全国 710.75 万公顷的 6.66%。

二、海洋捕捞

● 综述

【概况】 海洋捕捞业是采捕海洋经济动植物（主要是经济鱼类）的生产事业。广东省海洋捕捞产量自 1982 年起连续 17 年增产，1998 年达 195.45 万吨，创历史最高产量。后因捕捞强度过大，近海渔业资源衰退，2000 年产量下降为 191.46 万吨，2010 年为 152.43 万吨。为引导海洋捕捞业走出困境，广东实施对海洋捕捞采取不同作业方式，以及不同海域区别对待的措施，引导和扶持渔民，改造船网工具，进一步调整近海作业控制捕捞强度，将近海捕捞渔船转移到中海、外海渔场和南沙渔场作业，同时发展远洋渔业。全省海洋捕捞产量稳定了几年，2015 年达到 156.01 万吨。

"十三五"期间，根据《农业部关于进一步加强国内渔船管控　实施海洋渔业资源总量管理的通知》（农渔发〔2017〕2 号）精神，到 2020 年，沿海各省海洋捕捞总产量与 2015 年相比减幅不得低于 23.6%。广东省海洋捕捞总产量逐年减少，2016 年减为 150.01 万吨，2017 年减为 148.91 万吨，2018 年减为 132.44 万吨，2019 年减为 126.36 万吨，2020 年减为 119.29 万吨，2020 年比 2015 年减少 36.72 万吨，减幅为 23.54%，完成国家下达的控制指标。

进入"十四五"，2022 年，广东省海洋捕捞产量（包括远洋渔业产量）118.61 万吨，为 2020 年产量的 99.43%，占全省捕捞渔业产量的 93.92%，占全国海洋捕捞产量（包括远洋渔业产量）1 183.83 万吨的 10.02%，全国排名在浙江、山东、福建之后，居第四位。

【海洋捕捞机动渔船】 2022 年，广东省海洋捕捞机动渔船 32 758 艘，总功率 170.33 万千瓦；相比 2020 年的渔船 32 066 艘，总功率 166.41 万千瓦，分别增长 2.16% 和 2.36%；占全国海洋捕捞机动渔船 13.91 万艘的 25.38%、占功率 1 300.73 万千瓦的 13.09%；渔船功率全国排名在浙江、福建之后，居第三位。

广东省海洋捕捞机动渔船中，2022 年远洋渔船 244 艘、总功率 22.25 万千瓦，比 2020 年的远洋渔船 242 艘、总功率 18.91 万千瓦，分别增加 2.48% 和 17.66%；占全国远洋渔船 2 551 艘的 9.72%、占功率 287.34 万千瓦的 7.74%；渔船艘数和总功率全国排名在浙江、山东、福建、辽宁之后，居第五位。

【近海捕捞渔船更新改造】 广东省农业农村厅于 2022 年 1 月 25 日印发近海捕捞渔船更新改造项目实施方案，按照《财政部农业农村部关于印发〈渔业发展补助资金管理办法〉的通知》（财农〔2021〕24 号）、《农业农村部办公厅　财政部办公厅关于做好 2021 年渔业发展补助政策实施工作的通知》（农办计财〔2021〕24 号）、《农业农村部办公厅关于进一步做好渔民减产转产及渔船更新改造工作等有关事项的通知》（农办渔〔2021〕16 号）有关要求，为促进渔业转型升级，推动渔业高质量发展制定实施方案，以促进捕捞业转型升级，推动现有老旧、木质、水泥、钢质渔船更新改造升级，调整海洋渔业捕捞生产结构，推动渔业装备现代化，提升渔业安全生产水平。

重点支持高能耗、安全状况差、资源破坏强度大的近海捕捞渔船（含港澳流动渔船）更新改造。更新改造的渔船纳入国家"双控"管理，按有关规定办理船网工具指标审批手续，新建渔船的主机总功率不得超出所淘汰渔船船网工具指标功率。

2021 年渔业发展补助政策（中央专项资金）补助期限为：实施整船（含港澳流动渔船）更新改造的渔船的建造完工日期及取得渔业捕捞许可证日期在 2020 年 1 月 1 日至 2021 年 12 月 31 日之间的，以后年度该项资金按照先建后补的原则，补助期限为 2020 年 1 月 1 日至当年 12 月 31 日。

● 捕捞种类

【概况】 广东省海洋捕捞渔获种类包括鱼类、甲壳类、头足类、贝类、藻类和其他类等六大类。进入"十四五"，广东省鱼类海洋捕捞产量有所下降，但仍占渔获种类产量的绝对优势。2022年，在全省海洋捕捞产量112.42万吨中，鱼类捕捞产量为81.50万吨，占海洋捕捞产量的72.50%，其次为虾类、蟹类、头足类、贝类和其他类，海洋捕捞产量分别为13.78万吨、7.36万吨、4.83万吨、2.93万吨和1.56万吨，各占海洋捕捞产量的12.26%、6.55%、4.30%、2.61%和1.38%；藻类捕捞产量最低，为4657吨，仅占海洋捕捞产量的0.41%。

【海洋捕捞鱼类】广东省海洋捕捞对象以鱼类为主。"十三五"期间，广东省海洋捕捞鱼类产量每年下降，2020年为2015年108.57万吨的74.97%，2016年105.19万吨，2017年102.16万吨，2018年90.97万吨，2019年85.81万吨。

进入"十四五"，2022年，海洋捕捞鱼类产量为81.50万吨，占全省海洋捕捞产量112.42万吨的72.50%，比2020年全省海洋捕捞鱼类产量81.40万吨略有增加；占全国2022年海洋捕捞鱼类产量641.87万吨的12.70%，全国排名在浙江、山东、福建之后，居第四位。

【海洋捕捞虾类】"十三五"期间，广东省海洋捕捞虾类产量总体下降，2020年产量为2015年15.54万吨的88.80%，比2019年13.58万吨增产1.62%，2016年15.75万吨（比2015年增产1.35%），2017年15.17万吨，2018年13.84万吨。

进入"十四五"，2022年广东省海洋捕捞虾类产量13.78万吨，占海洋捕捞产量的12.26%，基本维持2020年全省海洋捕捞虾类产量13.80万吨水平。

【海洋捕捞蟹类】"十三五"期间，广东省海洋捕捞蟹类产量逐渐减

少，2020年产量为2015年8.07万吨的82.88%。进入"十四五"，2022年广东省海洋捕捞蟹类7.36万吨，占海洋捕捞产量的6.55%，比2020年的6.69万吨增长10.01%。

蟹类包括梭子蟹、青蟹和膏蟳等，2022年，梭子蟹产量4.09万吨，占全省海洋捕捞蟹类产量的55.63%，为2020年3.83万吨的67.89%；青蟹产量2.64万吨，占全省海洋捕捞蟹类产量的35.88%，比2020年2.43万吨增长8.64%；膏蟳产量2881吨，占全省海洋捕捞蟹类产量的3.91%，比2020年的2565吨增长12.32%，为2015年3849吨的74.85%。

【海洋捕捞头足类】2022年广东省海洋捕捞头足类4.83万吨，占海洋捕捞产量的4.30%，为2020年5.27万吨的91.65%，为2015年7.89万吨的61.22%。2022年广东省海洋捕捞头足类占全国59.15万吨的8.17%，居第五位（排在福建、浙江、海南、山东之后）。

海洋捕捞头足类有乌贼、鱿鱼和章鱼等。2022年，乌贼产量1.33万吨，占全省海洋捕捞头足类产量的27.48%，基本维持2020年的1.36万吨的水平，为2015年1.91万吨的69.63%；鱿鱼产量2.22万吨，占全省海洋捕捞头足类产量的46.05%，比2020年的2.20万吨略有增加，为2015年3.35万吨的66.27%；章鱼产量1.09万吨，占全省海洋捕捞头足类产量的22.66%，比2020年1.06万吨增长2.83%，为2015年1.51万吨的72.67%。

【海洋捕捞贝类和藻类】海洋捕捞贝类包括蛤、蛏、蚶和螺等。进入"十四五"，广东省海洋捕捞贝类产量下降，2022年广东省海洋

捕捞贝类2.93万吨，占海洋捕捞产量的2.61%，占全国36.29万吨的8.07%，位居第四位（在山东、辽宁、广西之后）。2022年产量仅为2020年产量3.36万吨的87.20%，为2015年5.89万吨的49.75%，是海洋捕捞产量鱼类、虾类、蟹类、头足类、贝类、其他类和藻类中减产幅度最大的种类之一。

海洋捕捞藻类包括江蓠、石花菜和紫菜等。广东省海洋捕捞产量中藻类产量最低，2022年为4857吨，仅占海洋捕捞产量的0.43%，为2020年5095吨的95.33%，为2015年7807吨的62.21%。2022年广东省海洋捕捞藻类占全国藻类产量1.94万吨的25.04%，排名在海南之后，居全国第二位。

【海洋捕捞其他种类】海洋捕捞其他类主要是海蜇、海参、海胆、海星等海产动物。"十三五"期间，广东省海洋捕捞其他类产量逐渐下降，2020年产量为2015年3.76万吨的57.08%，在鱼类、虾类、蟹类、头足类、贝类、藻类和其他类中减产幅度接近贝类的57.05%，是海洋捕捞各类产量中减产幅度最大的种类之一。

2022年广东省海洋捕捞其他类产量1.56万吨，为2020年2.15万吨的72.39%，占海洋捕捞产量的1.38%，占全国此类产量23.07万吨的6.74%，全国排名在山东、辽宁、广西之后，居第四位。

在海洋捕捞其他类中，对于海蜇的统计，2022年广东省海洋捕捞海蜇产量0.83万吨，占全省海洋捕捞其他类产量的53.16%，为2020年1.06万吨的78.308%，为2015年1.55万吨的53.55%。

● 作业方式

【概况】广东省的海洋捕捞业作业

方式很多，既有专门捕捉底层、近底层鱼类的底拖网作业，又有捕捉中上层鱼类或河口、内湾小型浮水鱼类的围网作业；既有专门刺捕近海浅海较大型的经济鱼类的刺网作业，又有专门钓捕体型较大、性又凶猛鱼类的钓渔业。还有利用河口、湾口流水湍急，打桩挂网专门捕捉经济鱼类幼鱼和公鱼、毛虾等的张网、敷网作业。此外，还有各种地区性的耙刺类、笼壶类、陷阱类等杂渔业。从生产结构、生产比重、分类组成来衡量，主要为拖、围、刺、钓等4大类。2022年广东省海洋捕捞112.42万吨，其中拖网作业产量54.64万吨，占48.57%；围网作业产量10.69万吨，占9.51%；刺网作业产量35.41万吨，占31.50%；张网作业产量2 565吨，占0.23%；钓具作业产量7.89万吨，占7.02%；还有其他渔具作业产量3.54万吨，占3.15%。

【拖网作业】 是指用渔船拖曳囊袋形网具迫使捕捞对象进入网内的捕捞作业方式，捕捞对象以底层和近底层鱼、虾和软体动物为主。拖网作业是近现代最重要的捕捞方式之一，也是广东海洋捕捞的主要作业方式。1988年后，拖网作业渔船普遍配备探鱼仪、定位仪、雷达、导航仪等导航助渔设备和保鲜冷藏加工设施，由浅海渔场转移到中、深海渔场，拖网产量有所增加。1996年产量达121.30万吨，占海洋捕捞总产量的63.30%；之后，由于底层鱼虾类、贝类资源量减少，拖网产量逐渐减少，占海洋捕捞年产量比例下降。2022年广东省拖网作业54.64万吨，占海洋捕捞作业产量48.57%；为2020年56.70万吨的96.37%，为2015年76.24万吨的71.67%。2022年广东省拖网作业产量占全国451.33万吨

的12.11%，居全国第四位（排在浙江、山东、福建之后）。

2022年，广东省有拖网作业机动渔船3 207艘，总吨位40.08万吨，功率64.86万千瓦，分别占全省国内海洋捕捞渔船艘数的9.79%、总吨位的40.94%、功率的38.08%；对比2020年，为其渔船4 076艘的78.68%、总吨位36.71万吨的176.68%、功率67.88万千瓦的95.55%。

【围网作业】 是指用一种长带形或一囊两翼的袋形网具捕鱼的作业方式。广东原来主要是各内湾河口内外专门围捕蓝圆鲹等集群性中上层小型鱼类群体的索罟围网，亦有在粤东台浅渔场、北部湾渔场等以围捕蓝圆鲹、金色小沙丁鱼等群体为主的灯光大围网。后来的围网作业基本上使用灯光诱集鱼类后进行围捕，捕捞产量增加。2022年广东省海洋捕捞围网作业产量10.69万吨，占海洋捕捞作业产量的9.51%；为2020年11.20万吨的95.46%，为2015年14.61万吨的73.17%。

2022年，广东省围网作业渔船有1 138艘，总吨位15.28万吨，总功率20.68万千瓦，分别占全省国内海洋捕捞渔船艘数的3.47%、总吨位的15.56%、总功率的12.14%；对比2020年，为其渔船1 135艘的100.26%、总吨位13.01万吨的115.67%、总功率18.46万千瓦的112.03%。

【刺网作业】 是指将长带形的网列敷设于水域中，使鱼刺入网目或被网衣缠络后加以捕捞的作业方式。刺网是沿海传统的作业方式。1993年后，广东发展外海远洋刺网作业，开发外海、南沙渔业资源，捕捞产量增加。2022年广东省海洋捕捞刺网作业产量35.41万吨，占海洋捕捞产量的

31.50%；比2020年海洋捕捞刺网作业产量33.13万吨增长6.88%，为2015年44.25万吨的80.02%。

2022年，广东省有刺网作业渔船22 672艘，总吨位24.05万吨，功率53.60万千瓦，对比2020年，为其渔船21 771艘的104.14%、总吨位24.40万吨的98.57%、总功率51.74万千瓦的103.59%；分别占全省国内海洋捕捞渔船艘数的28.796 4%、总吨位的27.19%、总功率的31.09%。

【张网作业】 张网是一种定置在水域中利用水流迫使捕捞对象进入网囊的网具。张网的捕捞对象在海洋中主要有大黄鱼、小黄鱼、带鱼、鮸、鲽、黄鲫、虾及其他小杂鱼和一些经济水产动物的幼体等。20世纪80年代以后，由于发展对虾养殖对小型鱼虾的大量需求，刺激了张网渔业发展。但是随着近岸资源衰退，人们对资源保护意识逐渐加强，张网的选择性差、对经济种类幼鱼损害严重、捕捞强度超出近岸水域的承受能力等问题凸显出来，引起了越来越多的关注。2022年广东省海洋捕捞张网作业产量2 565吨，占全省海洋捕捞作业产量的0.23%；为2020年4 538吨（占海洋捕捞总产量的0.40%）的56.52%，为2015年7 662吨的33.48%，为2010年17 554吨的14.61%。

2022年，广东省张网作业渔船184艘，总吨位2 331吨，总功率5 069千瓦，分别占全省国内海洋捕捞渔船艘数的0.56%、总吨位的0.24%、总功率的0.30%；对比2020年，为其渔船225艘的81.78%、总吨位2 317吨的100.60%、总功率5 162千瓦的98.20%。

【钓具作业】利用装在钓钩上的钓饵引诱捕捞对象吞食、上钩并加以捕捞的作业方式，俗称钓鱼。渔获物以鱼类为主，也有头足类（如柔鱼、乌贼）和甲壳类（如蟹）等。钓具结构简单，成本较低，使用机动灵活，渔获物多为成鱼、质量较好，有利于保护幼鱼，合理利用资源。广东省各地从沿岸到近海、外海渔场都采用钓具作业。2022 年广东省海洋捕捞钓具作业产量 7.89 万吨，占全省海洋捕捞作业产量 7.02%；比 2020 年 7.44 万吨增长 6.05%，为 2015 年 8.94 万吨的 88.26%，占全国海洋捕捞钓具作业产量 33.11 万吨的 23.82%，排名在海南之后居全国第二位。

2022 年，广东省有钓具作业渔船 3 096 艘，总吨位 14.57 万吨，总功率 23.54 千瓦，分别占全省国内海洋捕捞渔船艘数的 9.34%、总吨位的 14.85%、总功率的 13.82%；比 2020 年的渔船 2 177 艘增长 42.21%，比总吨位 10.47 万吨增长 39.16%，比总功率 18.52 千瓦增长 27.11%。

【其他作业】广东省海洋捕捞其他作业包括地拉网类、敷网类、抄网类、掩罩类、陷阱类、耙刺类、笼壶类等。2022 年广东省海洋捕捞其他渔具作业产量 3.54 万吨，占海洋捕捞作业产量的 3.15%。为 2020 年海洋捕捞其他渔具作业产量 4.25 万吨的 83.29%，为 2015 年 5.72 万吨的 61.89%。

2022 年，广东省海洋捕捞其他作业渔船 2 461 艘，总吨位 3.94 万吨，总功率 7.14 万千瓦，分别占全省国内海洋捕捞渔船艘数的 7.51%、总吨位的 4.01%、总功率的 4.19%；为 2020 年渔船 2 682 艘的 91.76%，总吨位 4.27 万吨的 92.27%，总功率 9.30 万千瓦的 76.77%。

远洋渔业

【概况】远洋渔业是指远离本国渔港或渔业基地，在别国沿岸海域或公海从事捕捞活动的水产生产业。远洋渔业是建设"海洋命运共同体""海洋强国"，实施"走出去""一带一路"倡议的重要组成部分，对丰富国内优质水产品供应、保障国家粮食安全、促进多、双边渔业合作、维护国家海洋权益等具有重要意义。2021—2022 年，广东省委、省政府重视远洋渔业发展，省农业农村厅贯彻落实《远洋渔业管理规定》等系列法规政策，按照《农业农村部关于促进"十四五"远洋渔业高质量发展的意见》部署，推进远洋渔业转型升级，促进远洋渔业规范、有序、高质量发展。2022 年，广东 22 家远洋渔业企业共 274 艘远洋渔船，共执行 34 个远洋渔业项目，全省远洋渔业总捕捞量 6.19 万吨，较 2020 年的 6.12 万吨增长 1.21%；远洋渔业捕捞总产值 11.73 亿元，较 2020 年的 9.46 亿元增加 23.94%。

【作业方式与区域】2022 年，广东省远洋渔船作业方式包括金枪鱼延绳钓、拖网、围网、张网、定置网、流刺网、鱿鱼钓、秋刀鱼、钓具、笼壶等，有渔船 226 艘，作业船队总规模较 2021 年缩减 7%。其中，金枪鱼延绳钓是广东省远洋渔业渔船数最多的作业类型，共 91 艘，占总数 40.3%；拖网渔船 79 艘，占总数 35.0%；围网渔船 25 艘，占总数 11.1%；鱿鱼钓、秋刀鱼捕捞渔船 12 艘，占 5.3%；张网、定置网、流刺网、钓具、笼壶等其他过洋性渔船 19 艘，占总数 8.4%。

作业区域涉及太平洋（马绍尔、密克罗尼西亚、斐济及公海）、西南大西洋公海、印度洋公海、亚洲地区（马来西亚、缅甸、泰国、文莱、伊朗）、非洲地区（莫桑比克、毛里塔尼亚、几内亚比绍、冈比亚）等国家或地区专属经济区海域。

【远洋捕捞产品】2022 年，广东省远洋渔业总捕捞量 6.19 万吨，捕捞总产值 11.73 亿元，其中，延绳钓渔船总产量 1.83 万吨、总产值 6.56 亿元；拖网渔船总产量 2.32 万吨、总产值 2.77 亿元；围网渔船总产量 1.09 万吨、总产值 0.82 亿元；鱿鱼钓、秋刀鱼捕捞总产量 0.84 万吨、总产值 1.53 亿元；张网、定置网、流刺网、钓具、笼壶等其他过洋性渔业总产量 0.23 万吨、总产值 0.25 亿元。捕捞品种包括金枪鱼、鱿鱼、秋刀鱼、带鱼、墨鱼、鲳鱼、鳕鱼、金线鱼等 30 多种。其中，大洋性渔业中金枪鱼产量最高，总产量为 1.68 万吨；过洋性渔业中，带鱼产量最高，总产量为 0.87 万吨。

2022 年，广东省远洋渔业企业运回国内自捕水产品 1.97 万吨，占全省总捕捞量的 31.77%，为 2020 年 2.19 万吨的 89.69%。运回自捕水产品种类包括金枪鱼、鱿鱼、秋刀鱼、带鱼、鲳鱼等 30 多种。金枪鱼是广东远洋渔业主打品种，主捕对象包括大眼金枪鱼、黄鳍金枪鱼、长鳍金枪鱼及其他类金枪鱼，回运量为 0.93 万吨；其次是鱿鱼，回运量为 0.57 万吨。广东自 2020 年开展秋刀鱼捕捞作业以来，回运量稳步提升，2022 年回运 0.28 万吨秋刀鱼，丰富广东省远洋渔业产品种类。

【远洋渔业规范管理】广东省始终严格贯彻国家"负责任渔业大国"工作部署，采取积极措施规范远洋渔业管理，加强教育培训，落实企业主体责任和船位监控等有关制度，2021—2022 年，未发现广东省远洋渔业企业严重违法、违规行为、未发生严重涉外事件、未发生处以暂停远洋渔业资格等重罚的现象。

全面落实企业主体责任和属地监管责任，防范涉外渔业违规事件发生。加强远洋渔业综合监管，实施远洋渔业"监管提升年"行动，建立健全安全生产管理制度和应急预案。广东省远洋渔业协会加强行业自律管理，维护行业秩序。组织开展涉外教育、安全生产以及从业人员资格培训，2021—2022 年累计培训从业人员约 500 人。统筹抓好疫情防控和远洋渔业生产，坚决阻断境外疫情传染渠道，确保境外疫情不通过远洋渔船输入中国。

【完善产业链建设】 2021—2022 年，广东打造辐射面广、带动性强的区域性远洋渔业产业集群。深圳市国家远洋渔业基地、深圳市联成远洋渔业集团密克罗尼西亚基地获农业农村部批准建设中；广东协盛远洋渔业有限公司莫桑比克远洋渔业基地、广州顺帆远洋渔业有限公司文莱远洋渔业基地，以及珠海省级远洋渔业基地在建设中。

【开发国内市场】 2021—2022 年，广东省组织远洋渔业企业参加渔博会、展览会，举办金枪鱼等远洋水产品推荐会，培育远洋水产品公用品牌，搭建远洋与餐饮企业间合作平台。建设深圳金枪鱼交易中心，完善水产品市场功能，构建"全球资源＋中国消费"的远洋渔业新格局。广州市黄沙水产交易市场每天成交量在 500 吨以上、成交额超 1 000 万元，辐射至全国乃至世界各地。

三、淡水捕捞

综述

【概况】 广东省淡水捕捞历史悠久，渔民世世代代在江河、河口捕鱼，岸上没有住房或居住河边破旧的沥青纸、茅草房。淡水捕捞船网工具简陋，渔民住在小船、小艇（被称为"公婆艇""连家船"），终年在水上漂泊，从事放钓、刺网、放笼、闸箔、拉地罟等作业。半渔农地区农民，农闲时也兼业淡水捕捞。淡水捕捞渔获物以鱼、虾、贝类为主，由于江河水域环境污染，渔业资源逐年衰退；江河捕捞渔船残旧、吨位小、功率小，渔具、渔法落后，生产力难于提高。1982 年起，各级政府投入资金，分别在西江、北江、东江和粤东、粤西地区江河流域开展江河放流增殖，保护江河渔业资源，江河渔业资源保持正常的繁衍增长，捕捞产量逐年增加，内河渔民增产增收。1990 年全省淡水捕捞产量 88 663 吨，比 1980 年的 18 724 吨十年内增加 3.7 倍；1992 年全省淡水捕捞产量突破 10 万吨，达 113 862 吨，比 1982 年的 25 106 吨十年内增加 3.5 倍。1995 年全省淡水捕捞产量 158 789 吨，比 1985 年的 33 103 吨十年内增加 3.8 倍。2000 年全省淡水捕捞产量 13.52 万吨，比 1990 年增加 52.5％。全省淡水捕捞产量连续 28 年（1990—2019 年）保持 10 万吨以上，但从 2013 年 13.06 万吨后年减产，2020 年减到了 9.87 万吨，为 2013 年的 75.57％。

【淡水捕捞产量】 广东淡水捕捞的主要区域为江河水域。自"十三五"以来，广东省淡水捕捞产量每年下降，2016 年 12.12 万吨，2017 年 12.04 万吨，2018 年 11.53 万吨，2019 年 10.90 万吨，2020 年为 2015 年的 79.40％。

2022 年全省淡水捕捞产量 7.68 万吨，仅占全省水产品总产量的 0.86％，占全国淡水捕捞产量 116.62 万吨的 6.59％，居全国第六位（排在江苏、浙江、河南、安徽、广西之后）。

2022 年全省淡水捕捞产量为 2020 年 9.87 万吨的 77.81％，为 2015 年 12.43 万吨的 61.79％。

【淡水捕捞机动渔船】 2022 年，广东省淡水（内陆）捕捞机动渔船 9 238 艘，总吨位 2.85 万吨，总功率 10.34 万千瓦；为 2020 年渔船 9 832 艘的 93.96％，总吨位 2.28 万吨的 125.00％，总功率 9.20 万千瓦的 112.39％；为 2015 年 1.34 万艘的 68.94％，总吨位 2.00 万吨的 142.50％，总功率 12.33 万千瓦的 83.86％。

捕捞种类

【概况】 广东自然条件优越，淡水生物资源十分丰富。有丰富的鱼类、虾类、贝类资源，还有其他种类繁多的经济水生动植物，有些为鱼类的天然饵料；有些可开发为食用、药用等。淡水捕捞产品包括鱼类、甲壳类（虾、蟹）、贝类、藻类和其他类。广东淡水捕捞渔获物以鱼类、虾类、蟹类、贝类为主，2011—2015 年，广东江河鱼类、虾类、蟹类捕获产量逐年增加。自"十三五"以来，广东省淡水捕捞产量逐年下降，2022 年全省淡水捕捞产量 7.68 万吨，为 2020 年产量 9.87 万吨的 77.81％。

2022 年全省淡水捕捞产量中，鱼类产量 5.88 万吨，占淡水捕捞产量的 76.52％；虾类产量 6 714 吨，占淡水捕捞产量的

8.74%；蟹类产量3 235吨，占淡水捕捞产量的4.21%；贝类产量7 396吨，占淡水捕捞产量的9.63%；其他类产量684吨，占淡水捕捞产量的0.89%。相对应的2020年，鱼类产量6.82万吨，占淡水捕捞产量69.10%；甲壳类产量1.16万吨，占淡水捕捞产量11.73%；贝类产量3.36万吨，占淡水捕捞产量18.45%；其他类产量705吨，占淡水捕捞产量0.71%；可见2022年鱼类占比增加，贝类占比大幅度减少。

【江河鱼类】广东省内江河鱼类资源丰富，根据《广东淡水鱼类资源调查与开发利用》报道（2010年）：共有淡水及河口性鱼类279种（比以往报道减少32种），隶属18目、62科、180属。其中经济鱼类占50%以上，主要有青鱼、草鱼、赤眼鳟、鲢、鳙、鲮、鲤、鲫、鳊、斑鳢、胡子鲶等50多种。鱼类是江河捕捞的主要对象，产量占比逐年增加，1990年鱼类产量约占淡水捕捞产量30%，2000年为37%，2012年为55%。2015年达7.76万吨，占全省淡水捕捞产量的62.46%。"十三五"期间，广东省淡水捕捞鱼类产量每年下降，2020年产量为2015年的89.13%。

2022年，全省淡水捕捞鱼类产量5.88万吨，在淡水捕捞鱼类产量中的占比达76.52%；占全国淡水捕捞鱼类产量89.83万吨的6.55%。

【江河甲壳类】广东省江河的甲壳类共有26种，主要经济种类有日本沼虾（青虾）、米虾、新对虾、脊尾白虾、细足米虾、锯缘青蟹、中华绒螯蟹、日本绒螯蟹等，以及国外引进养殖种罗氏沼虾。江河虾蟹类捕获产量占全省淡水捕捞产量比例也逐步增加，1990年

约占4.0%，2000年提高到6.4%，2012年达8.4%。2015年达1.21万吨，占全省淡水捕捞产量的9.76%。2022年广东省淡水捕捞甲壳类产量9 949吨，占淡水捕捞产量的12.95%，占全国12.36万吨的8.05%。可见自"十三五"以来，广东省淡水捕捞甲壳类产量下降较少，2022年为2020年产量1.16万吨的85.77%，为2015年1.21万吨的82.22%。

2022年广东省淡水捕捞虾类产量6 714吨，占淡水捕捞产量的8.74%，为2020年7 600吨的88.34%，为2015年8 605吨的78.02%。

2022年广东省海洋捕捞蟹类产量3 235吨，占淡水捕捞产量的4.21%，为2020年3 976吨的81.36%，为2015年3 531吨的91.62%。

【江河贝类】广东江河的贝类资源丰富，珠江水系有腹足纲种类共38种，其中常见经济种类有中国圆田螺、环棱螺，为群众所喜食。有瓣鳃纲种类共25种，其中常见经济种类有河蚬、淡水壳菜、背角无齿蚌、褶纹冠蚌、光滑河兰蛤等。江河捕捞的经济贝类主要是河蚬，还有河蚌、螺、蛤类等。全省江河贝类年捕捞产量占淡水捕捞产量比例逐年减少，1990年占63.9%，2000年占55.3%，2012年占35.3%。2000年全省江河贝类捕捞产量达7.48万吨之后逐渐减少，2015年为3.36万吨，为2000年产量的44.9%，占全省淡水捕捞产量的27.04%。2020年1.82万吨，占淡水捕捞产量的18.45%；2022年广东省淡水捕捞贝类7 396吨，占淡水捕捞产量的9.63%，占全国13.17万吨的5.62%（2020年占全国的10.63%，2015年占13.23%）。自"十三五"以来，广东省淡水捕捞贝类产量下降幅度较大，2022年产量为

2020年的40.64%，为2015年的22.01%，是鱼、虾、蟹、贝类淡水捕捞产量中减产幅度最大的种类。

【江河特种水生动物】广东省江河中尚有很多种类水生生物资源，底栖动物就有129属。如底栖环节动物疣吻沙蚕、单叶沙蚕（俗称禾虫），都是很有价值的水产食品；还有虎纹蛙、棘胸蛙（石蛤）、鳖、山瑞鳖、平胸龟、黄喉拟水龟、乌龟、三线闭壳龟（金钱龟）、金头闭壳龟、黑颈乌龟等水产动物，都具较高经济价值，并已开展一定规模养殖。江河捕捞还可捕获禾虫（沙蚕）、鳖、乌龟等特种水生动物，捕捞产量不多，但相对稳定。近十年最高产量是2013年的1 862吨，占全省淡水捕捞产量的1.43%。2015年降为909吨，仅占0.73%。2020年为705吨，占0.71%。2022年为684吨，占0.89%，占全国此类产量1.26万吨的5.43%。自"十三五"以来，广东省淡水捕捞其他类产量逐渐下降，2022年产量为2020年的97.02%，为2015年的75.24%。

● 作业区域

【概况】广东内陆河流众多，水网密布，有大小河流1 343条，集水面积在100千米^{2}以上的河流共640条，直接入海的河流有92条。广东省各水系的自然环境、水文、气象等差异较大，渔业资源分布和资源量不同，产量也各不相同。珠江水系平均年径流量3 412亿米^3，仅次于长江，居全国第二；年捕捞产量占全省淡水捕捞总产的约2/3；粤东韩江、榕江等水系淡水捕捞产量占全省约20%；粤西南鉴江、漠阳江等水系年捕捞产量占全省约15%。

【珠江水系捕捞区域】珠江水系包括西江、北江、东江及珠江三角洲河网区，河汊众多，水产资源较丰富。西江水系是珠江流域的主流。上游南盘江发源于云南省，至广西梧州会桂江后始称西江，此后流入广东，向东流经佛山三水的思贤滘与北江相通后进入珠江三角洲网河区。北江水系发源于江西省，流入广东省的主要支流有武江、滃江、连江、潖江、滨江、绥江等，在佛山三水思贤滘与西江干流相通后进入珠江三角洲网河区。东江水系发源于江西省，流经粤东北山区，主要支流有新丰江、秋香江、西枝江，上游有新丰江、枫树坝两大水库，水面3.33万公顷。珠江三角洲河网区水网密布，河涌交错，水流缓慢，潮出潮入，是淡水鱼类、河口性鱼类、洄游和半洄游鱼类和虾蟹类生长、繁育的良好场所，河口性鱼类资源群体较大。中下游河床多为沙质、沙泥质，贝类资源丰富。2022年珠江水系（含广州、珠海、韶关、河源、惠州、东莞、中山、江门、佛山、肇庆、清远、云浮12市，深圳市淡水捕捞产量为零）淡水捕捞产量4.20万吨，占全省淡水捕捞产量的54.69%，为2020年产量6.16万吨的68.18%，为2015年8.20万吨的51.22%。其中，鱼类产量3.07万吨，占63.40%，占全省淡水捕捞鱼类产量的52.16%；甲壳类产量5 581吨，占13.24%，占全省淡水捕捞甲壳类产量的57.46%；贝类产量5 736吨，占13.66%，占全省淡水捕捞贝类产量的77.56%。

2022年珠江水系淡水捕捞虾类产量3 486吨，占淡水捕捞产量的8.30%，占全省淡水捕捞虾类产量的51.92%；蟹类产量3 235吨，占淡水捕捞产量的7.70%，占全省淡水捕捞蟹类产量的64.76%。

2012年，珠江水系淡水捕捞产量占全省淡水捕捞总产量的68.67%，2015年占65.97%，2020年占62.40%，都比2022年的占比54.69%高。

2022年珠江水系淡水捕捞产量中广州市1.52万吨，占珠江水系淡水捕捞产量的36.26%。

【粤东水系捕捞区域】粤东独流入海的江河有韩江、榕江、练江、黄岗河、螺河、龙津河等，这些河的下游汇流入海，河面宽阔，水流平缓，水质肥沃，水生生物资源较丰富。韩江是广东第二大河，源于福建西部山区，主要支流有梅江等，下游各支流汇流入海，形成韩江三角洲水网地带，江河水流平缓，水质肥沃，水生生物资源较丰富，捕捞产量较高。2022年粤东水系（含汕头、梅州、汕尾、潮州、揭阳5市）淡水捕捞产量2.09万吨，占全省淡水捕捞产量的27.21%，为2020年2.26万吨的92.47%，为2015年2.38万吨87.82%。其中，鱼类产量1.76万吨，占84.21%，占全省淡水捕捞鱼类产量的29.93%；甲壳类产量2 073吨，占9.93%，占全省淡水捕捞甲壳类产量的20.84%；其他类产量449吨，占1.94%，占全省淡水捕捞其他类产量的66.64%。2022年粤东水系淡水捕捞虾类产量1 797吨，占全省淡水捕捞虾类产量的26.76%；比2020年的1 697吨增长5.89%。

2012年，粤东水系淡水捕捞产量占全省淡水捕捞产量的17.74%，2015年占全省的19.13%，2020年占22.93%，2022年占27.18%，占比不断提高。

2022年粤东水系淡水捕捞产量中梅州市1.05万吨，占粤东水系淡水捕捞产量的50.35%。是全省淡水捕捞2022年产量达万吨的2市之一。

【粤西南水系捕捞区域】粤西南独流入海的主要江河有漠阳江、鉴江、九洲江、南渡河等，各水系的河道短，潮汛可进出，水质肥沃，咸、淡水鱼类资源较丰富。粤西南水系（含阳江、湛江、茂名3市）2022年淡水捕捞产量1.39万吨，占全省淡水捕捞产量的18.13%，为2020年1.48万吨的93.92%，为2015年1.85万吨75.14%。其中，鱼类产量10 523吨，占该水系淡水捕捞产量的75.56%，占全省淡水捕捞鱼类产量17.90%；甲壳类产量2 485吨，占17.84%，占全省淡水捕捞甲壳类产量的24.97%；其他类产量222吨，占1.59%，占全省淡水捕捞其他类产量的32.46%。

2022年粤西南各水系淡水捕捞虾类产量1 431吨，占该水系淡水捕捞产量的10.28%，占全省淡水捕捞虾类产量的21.31%；蟹类产量854吨，占全省淡水捕捞蟹类产量的26.48%。

2012年，粤西南各水系淡水捕捞产量占全省淡水捕捞产量的13.60%，2015年占全省的14.90%，2020年占全省的14.66%，2022年占全省的18.13%，占比不断上升。

2022年粤西南水系淡水捕捞产量中阳江市6 554吨，占粤西南水系淡水捕捞产量的47.06%。其2022年淡水捕捞产量在全省排位第四（江门市6 793吨排第一）。

四、海水养殖

● 综述

【概况】海水养殖是利用浅海、滩涂、港湾、围塘等海域进行饲养和繁殖海产经济动植物的生产方式。广东海水养殖自 1980 年来发展较快,进入 21 世纪持续发展。2015 年广东省海水养殖面积 19.49 万公顷,产量 303.22 万吨;对比 2010 年,面积减少 2.2%,产量增长 21.7%。自"十三五"以来,广东省海水养殖连年增产,2020 年全省海水养殖面积 16.47 万公顷,产量 331.24 万吨,每公顷产量(简称单产,下同)20.11 吨;对比 2015 年,面积为 84.52%,产量增长 9.24%;对比 2010 年,面积为 82.67%,产量增长 32.99%。

2022 年全省海水养殖面积 16.66 万公顷,产量 339.67 万吨,每公顷产量 20.39 吨;对比 2020 年面积增长 1.15%,产量增长 2.54%,单产增长 1.39%。2022 年,广东省海水养殖面积占全国 207.44 万公顷的 8.03%,海水养殖产量占全国 2 275.70 万吨的 14.93%,居全国第三位(排在福建、山东之后),单产是全国平均 10.97 吨的 1.86 倍。

【海水养殖水域】海水养殖按养殖水域分为海上养殖、滩涂养殖和其他养殖 3 大类。"十三五"期间,广东省海上养殖、滩涂养殖和其他养殖面积都有所减少,但产量均有增长,分别比 2015 年增长 10.76%、1.78% 和 21.55%。

2022 年,广东省开发利用海上养殖 5.31 万公顷,产量 140.33 万吨;滩涂养殖 6.41 万公顷,产量 122.50 万吨;其他水域养殖 4.94 万公顷,产量 76.85 万吨。对比 2020 年(海上养殖 4.89 万公顷,产量 123.75 万吨;滩涂养殖 6.26 万公顷,产量 130.15 万吨;其他水域养殖 5.32 万公顷,产量 77.33 万吨),海上养殖面积增加 8.59%,产量增长 13.40%;滩涂和其他水域养殖面积缩小,产量相应减少。

【海水养殖方式】是指对海产动植物从苗种培育到养成商品规格产品所采取的养殖生产方式,因养殖海区环境条件不同而有多种海水养殖方式,包括有池塘、网箱(深水网箱)、筏式、吊笼、底播和工厂化养殖。由于对池塘、网箱(深水网箱)和工厂化养殖后面有专门介绍。这里重点介绍筏式、吊笼、底播。

2022 年,广东省海水筏式养殖面积 1.83 万公顷,产量 49.19 万吨,相比 2020 年的面积 1.65 万公顷,产量 44.34 万吨,分别增长 10.91% 和 10.94%。养殖的重点地区是阳江、江门、湛江、汕头和潮州,主要种类是牡蛎等贝类。

2022 年,广东省海水吊笼养殖面积 4 155 公顷,产量 13.50 万吨,相比 2020 年的面积 3 423 公顷,产量 8.00 万吨,分别增长 21.71% 和 68.75%,是增长幅度最大的海水养殖生产方式。养殖重点地区是湛江、阳江、深圳、惠州、汕尾、汕头,主要种类是扇贝、牡蛎等贝类。

2022 年,广东省海水底播养殖面积 3.24 万公顷,产量 56.41 万吨,为 2020 年面积 4.45 万公顷的 72.89%,为其产量 61.17 万吨的 92.22%,是受环境等因素影响减产幅度较大的海水养殖生产方式。养殖重点地区是湛江、茂名、阳江,还有潮州、汕头、汕尾、江门,主要种类是牡蛎等贝类。

但"十三五"期间,广东省各种养殖方式的产量均有较大提高的。2020 年,全省海水池塘养殖面积 6.67 万公顷,占全国 41.15 万公顷的 16.22%,居全国第三位(排在山东、辽宁之后);产量 72.22 万吨,占全国 257.38 万吨的 28.06%,居全国第一位。

海水普通网箱养殖 288.56 万米^2,产量 12.15 万吨,分别占全国 1 975.95 万米^2 的 14.60% 和 56.51 万吨的 21.51%,均居全国第二位(首位是福建)。

【海水养殖种类】广东海域的海生动植物资源丰富,近海鱼类 200 多种,贝类 100 多种,藻类近 100 种,还有海参、海胆、沙蚕、沙虫等其他品种。广东传统海水养殖以贝类养殖为主,20 世纪全省贝类产量占海水养殖总产量 80%~90%。进入 21 世纪,广东省各地开发鱼虾种质资源,规范鱼虾养殖技术,推广高产高效养殖模式,提高鱼虾养殖效益;鱼虾类养殖面积不断扩大,产量不断提高,贝类产量所占比例有所下降:2010 年占海水养殖总产量 70.9%,2015 年占 65.2%,2020 年占 56.2%,形成产量增长靠贝类养殖,产值增长靠鱼虾养殖的海水养殖发展格局。

2022 年广东省海水养殖产量居全国首位的种类有 12 个,其中鱼类有鲈、军曹鱼、鲕、鲷、美国红鱼、石斑鱼等 6 种,甲壳类有南美白对虾、斑节对虾、青蟹等 3 种,贝类有螺、江珧、海水珍珠等 3 种。

鱼类养殖

【概况】广东海水鱼类养殖方式主要是池塘养殖和网箱养殖。2000 年前仍有一些鱼塭,2010 年后大部分鱼塭改为海水池塘。2015 年全省海水鱼类养殖面积 3.10 万公顷,产量 49.29 万吨,分别比 2010 年的 2.84 万公顷、30.81 万吨增长 8.97% 和 59.97%。2020 年全省海水养殖鱼类面积 3.32 万公顷,产量 74.28 万吨;分别比 2015 年养殖面积增加 7.26%,产量增长 57.70%,增产幅度很大;

分别占全国面积 7.89 万公顷的 42.11％和占产量 174.98 万吨的 42.45％，均居全国首位。

2022 年广东省海水养殖鱼类面积 3.55 万公顷，产量 85.14 万吨，分别比 2020 年增加 6.86％和 14.57％；分别占全国面积 7.46 万公顷的 47.59％和产量 192.56 万吨的 44.21％，均居全国首位。

【海水养殖鱼类种类】 据统计，海水养殖鱼类有鲈、鲆、大黄鱼、军曹鱼、鲕、鲷、美国红鱼、河鲀、石斑鱼、鲽和卵形鲳鲹等 11 种，2020 年，广东省海水养殖的鲈、军曹鱼、鲕、鲷、美国红鱼、石斑鱼等 6 种产量居全国首位，分别为：鲈 10.88 万吨，占全国 19.92 万吨的 55.74％，比广东省 2015 年 5.54 万吨增长 96.39％；军曹鱼 2.56 万吨，占全国 3.38 万吨的 75.89％，为 2015 年 2.83 万吨的 90.46％；鲕 1.68 万吨，占全国 2.09 万吨的 80.48％，比 2015 年 1.81 万吨增长 4.74％；鲷 6.91 万吨，占全国 12.24 万吨的 56.43％，比 2015 年 2.64 万吨增长 1.62 倍；美国红鱼 4.26 万吨，占全国 7.74 万吨的 55.07％，比 2015 年 3.37 万吨增长 26.55％；石斑鱼 89 361 吨，占全国 192 045 吨的 46.53％，比 2015 年 42 601 吨增长 109.76％。此外还有卵形鲳鲹（俗名黄腊鲳、金鲳）产量 4.26 万吨，占全国 10.17 万吨的 41.90％，比广西产量少一些，居全国第二位。广东这 7 种产量居全国前列的海水养殖鱼类，2020 年产量 39.50 万吨，占全省海水养殖鱼类产量的 53.17％；而且大部分是池塘养殖的。

【海水池塘养殖】 广东省海水池塘养鱼类型分水体盐度低的低盐度咸淡水池塘养鱼和高盐度海水池塘养鱼两种。咸淡水池塘养鱼主要分布于广东省内各江河出海口咸淡水区域，养殖品种有花鲈、黄鳍鲷、黑鲷、鲻、真鲷、花尾胡椒鲷、中华乌塘鳢、尖塘鳢等近 20 种；海水池塘养鱼主要分布于沿海水域滩涂及海围，养殖品种有尖吻鲈、美国红鱼、大黄鱼、紫红笛鲷、红鳍笛鲷、裸颊鲷、黄鳍棘鲷、斑带石斑鱼、长棘石斑鱼、橙点石斑鱼、军曹鱼、卵形鲳鲹、斜带髭鲷、高体鰤和篮子鱼等 20 多种。

2020 年，全省海水池塘养殖面积 6.67 万公顷，产量 72.22 万吨，平均每公顷产量 10.82 吨；相比 2015 年面积 7.47 万公顷、产量 60.20 万吨和单产 15.92 吨，面积为 89.54％，产量增长 19.97％，单产提高 40.49％；分别占全国海水养殖池塘面积 41.15 万公顷的 16.22％，居全国第三位（在山东、辽宁之后）；而产量占全国 257.38 万吨的 28.06％，居全国首位。

海水池塘养殖对象，有鱼、虾、蟹等种类，2020 年，广东省海水池塘养殖鱼类面积 3.32 万公顷，占全省池塘养殖面积近一半；海水养殖鱼类产量 74.28 万吨，其中有 16 万吨多是网箱养鱼等方式生产的，池塘养殖鱼类产量约 58 万吨，占全省池塘养殖产量 72.22 万吨约八成；2020 年海水池塘养殖鱼类单产 17.46 吨。

2022 年，广东省海水池塘养殖面积 7.72 万公顷，产量 97.29 万吨，平均每公顷产量 12.60 吨；分别比 2020 年增长 15.74％、34.71％和 16.47％。

【普通网箱养鱼】 进入 21 世纪，广东沿海掀起网箱养鱼热潮，至 2010 年，全省网箱养鱼 311.96 万箱，产量 10 万吨，出现饶平柘林湾、惠东考洋洲等海湾网箱密度过大，形成"高密度、高投饲、高污染、高风险"态势，各级政府和渔业主管部门引导渔民转移至深海，转营深水网箱养鱼，调整海湾传统浮筏式网箱密度。2015 年全省普通网箱面积 500.64 万米²，产量 11.82 万吨，比 2010 年产量增长 17.45％，平均每米² 产量 23.61 千克。

2020 年，广东省海水普通网箱养殖 288.56 万米²，产量 12.15 万吨、平均每米² 42.11 千克，对比 2015 年，面积减少近一半（为 2015 年的 57.64％），产量增长 2.79％，单产提高 78.34％。面积占全国 1 975.95 万米² 的 14.60％，产量占全国 56.51 万吨的 21.50％，均居全国第二位（排在福建之后）；单产是全国 28.60 千克/米² 的 1.47 倍。

2022 年，广东省海水普通网箱养殖 293.97 万米²，产量 10.54 万吨、平均 35.85 千克/米²，对比 2020 年，面积增加 1.87％，产量降低为 2020 年的 86.75％，单产为 85.13％。

【深水网箱养殖】 "十三五"期间，广东扶持深水抗风浪网箱养鱼发展，建设以饶平、珠海、湛江为中心的粤东、粤中、粤西"三大"深水网箱养殖产业基地，在汕头市、珠海市、阳江市、湛江市等地建立十大深水网箱养殖产业示范园区。

进入"十四五"后，2022 年，广东省深水网箱养殖 596.37 万米³ 水体，产量 9.85 万吨，单产 16.52 千克/米³；对比 2020 年全省有深水网箱养殖 281.10 万米³ 水体，产量 3.79 万吨，单产 13.48 千克/米³；两年间分别增长 1.12 倍和 1.60 倍，单产提高 22.53％。

【海水工厂化养鱼】 "十三五"期

间，广东省以工业理念发展养殖业，通过改造养殖基础设施，采取"车间孵化＋室外池塘＋室内工厂化"的流水线养殖模式，大力支持循环水养殖试点，建设成为广东省节地、节水、高质、高效现代海水渔业示范园区。2020年，全省海水工厂化养殖水体147.25 万米³，产量 1.21 万吨、平均 8.20 千克/米³；对比 2015年，养殖水体增加 1.24 倍，产量增长 73.59％，但单产下降，为 2015年 10.57 千克/米³ 的 77.55％。

"十四五"期间，2022 年，广东省海水工厂化养殖水体224.37 万米²，产量 1.84 万吨、平均 8.20 千克/米²，对比 2020年，面积增加 52.37％，产量增加48.76％，单产维持 2020 年水平。

● 甲壳类养殖

【概况】海水甲壳类养殖包括对虾养殖和蟹类养殖。广东对虾养殖自 1980 年来持续发展，从小到大、从弱到强成为加工出口和国内销售的大宗养殖商品。2022年，广东省海水养殖甲壳类面积6.49 万公顷、产量 77.18 万吨，对比 2020 年 5.91 万公顷和 62.96万吨，分别增长 9.81％ 和22.55％；面积占全国 30.02 万公顷的 21.62％，居全国第二位（首位是山东）；产量占全国 195.25万吨的 39.53％，居全国首位。

在进行渔业统计时，海水养殖甲壳类的虾品种包括南美白对虾、斑节对虾、中国对虾和日本对虾等，蟹类包括梭子蟹和青蟹等。2022 年，广东省海水养殖甲壳类中的南美白对虾、斑节对虾和青蟹这 3 种产量均居全国首位。

【对虾养殖面积】2022 年，广东省海水养虾面积 5.65 万公顷、产量 68.10 万吨；对比 2020 年 5.15

万公顷和 54.24 万吨，分别增长9.71％和25.55％。

广东海水对虾养殖以粤西湛江、阳江、茂名 3 市最集中，2022 年这 3 市海水对虾养殖面积3.42 万公顷，占全省的 60.76％；产量 42.12 万吨，占全省的61.85％。其中最多的是湛江市，2022 年养殖面积 2.40 万公顷，产量 21.38 万吨，分别占全省的42.66％和 31.40％；其次是阳江市，2022 年海水对虾养殖面积6 248公顷，产量 11.11 万吨，分别占全省的 11.10％和16.25％。广东海水对虾养殖产量 2 万吨以上的市依次还有茂名 9.62 万吨、江门 7.72 万吨，汕尾 5.80 万吨，汕头 5.50 万吨，潮州 2.77 万吨，惠州 2.66 万吨。广东省海水对虾养殖产量 2 万吨以上的这 8 市2022 年产量 64.46 万吨，占全省的 94.66％。

【对虾养殖品种】广东省对虾养殖品种，2000 年前以养殖墨吉对虾、长毛对虾、中国对虾、日本对虾、斑节对虾、刀额新对虾等国内对虾品种为主。1997 年引进南美白对虾，采用单侧眼柄切除和亲虾自然交配方法，攻克南美白对虾人工繁殖新技术。南美白对虾养殖周期短，产量、效益高，养殖面积迅速扩大，产量迅速提高，成为全省对虾养殖的主导品种。

2022 年，广东省海水养殖南美白对虾面积 41 767 公顷、产量55.84 万吨，对比 2020 年的42 072公顷和 44.85 万吨，分别增长 9.71％ 和 24.44％。分别占全省海水养殖对虾面积的74.20％和产量的 82.0％；

2022 年，广东省海水养殖斑节对虾 7 767 公顷、产量 8.32 万吨，对比 2020 年的面积 6 685 公顷和产量 6.37 万吨，分别增长

16.19％和 30.61％；分别占全省海水养殖对虾面积的 11.40％和产量的 12.22％

【对虾养殖技术】广东对虾养殖主要模式有土池精养、高位池精养等两种，"十三五"期间还发展工厂化养殖模式。

"十三五"期间，广东省海水对虾养殖技术进一步发展，2020年全省海水养虾单产为 10.50 吨，比 2015 年 6.95 吨提高 51.08％，为全国海水养虾单产 6.18 吨的1.70 倍。其中海水养殖南美白对虾单产为 10.66 吨，比 2015 年7.51 吨提高 41.86％，为全国海水养殖南美白对虾单产 6.75 吨的1.58 倍；海水养殖斑节对虾单产9.53 吨，比 2015 年的 5.75 吨提高 65.65％；海水养殖日本对虾单产 9.89 吨，比 2015 年 4.55 吨提高 117.29％；海水养殖中国对虾单产 7.82 吨，比 2015 年 5.20 吨提高 52.52％。

【蟹类养殖】广东海水养殖的蟹类主要是锯缘青蟹，还有梭子蟹。锯缘青蟹养殖主要分布在珠江口（珠海斗门、江门台山）、韩江口（澄海、潮阳）、漠阳江口（阳东、阳西）、鉴江口（吴川）等咸淡水交汇处。2000 年前，锯缘青蟹（膏蟹、肉蟹）价格坚挺、销售畅通；珠江三角洲等地养蟹面积迅速扩大，产量平稳提高。2000 年全省养殖青蟹面积 1.04 万公顷，产量 2.32 万吨。进入 21 世纪，广东省推广鱼、虾、贝、藻、蟹类多品种混养模式和青蟹多元化生态养殖技术，提高青蟹养殖产量效益，争创青蟹品牌。珠海南水青蟹养殖基地被评为无公害养殖基地，南水蟹被评为绿色安全食品，珠海"双壳蟹"，湛江、阳江、潮汕"黄油膏蟹"名扬海内外，其品牌与江苏阳澄湖大闸蟹

齐名。

2022年广东省海水养殖蟹类面积8 457公顷，产量9.08万吨，比2020年的面积7 564公顷，产量8.72万吨分别增长11.81%和4.13%。其中，锯缘青蟹养殖面积7 698顷，产量6.25万吨，对比2020年的面积6 822公顷和产量6.24万吨，2022年面积增加12.84%，但产量维持稳定，继续居全国首位。

贝类养殖

【概况】广东省海水养殖的贝类主要有牡蛎、鲍、螺、泥蚶、贻贝、江珧、扇贝、蛤和蛏等。20世纪全省海水养殖产量以贝类养殖为主，占海水养殖总产量80%～90%。进入21世纪，广东海水养殖鱼类、虾类面积不断扩大，产量不断提高，贝类产量所占比例有所下降，2010年占70.9%，2015年占65.2%，2020年占56.2%。"十二五"期间，全省海水养殖贝类平稳发展，2015年全省海水养殖贝类面积8.52万公顷，产量197.40万吨，单产23.18吨；与2010年的9.00万公顷和176.63万吨，单产19.62吨比较，面积减少5.4%、产量增长11.8%，单产提高18.14%。

"十三五"期间，全省海水养殖贝类的面积和产量有所减少，但单产水平提高。

"十四五"期间，2022年广东省海水养殖贝类面积6.17万公顷，产量170.46万吨，单产27.65吨；对比2020年面积6.71万公顷，产量186.21万吨，单产27.74吨，面积减少6 480公顷（为2020年的91.84%），产量减少15.75万吨（为2020年的91.54%），单产水平基本保持；2022年的贝类面积占全省海水养殖的37.00%，产量占50.18%。

广东省海水贝类养殖虽然面积大，产量多，但占全国比重小，地位不突出。2022年，广东省海水贝类养殖面积占全国127.05万公顷的4.85%，产量占全国1 569.58万吨的10.86%，单产是全国12.35吨的2.24倍。

据统计，2022年广东省海水养殖贝类中的螺和江珧这2种贝类产量居全国首位。

【牡蛎养殖】牡蛎俗称蚝，历来是广东省贝类养殖的主导品种，以养殖近江牡蛎居多。2000年后引进太平洋牡蛎，开始在粤东建立太平洋牡蛎养殖基地。牡蛎养殖（俗称养蚝）分布于广东沿海水质肥沃的海湾。养殖模式分地播平面养蚝和立体养蚝两大类：立体养蚝包括浮筏式垂下养殖、桩式垂下养殖、栅架式垂下养殖、柱堆立体养殖；具有放养密度大、生长快、产量高、劳动强度小等优势；但成本高，抗风性差，风险大。2015年全省养蚝面积3.22万公顷，产量114.79万吨，单产35.65吨；与2010年的3.20万公顷、93.19万吨、29.11吨比较，分别增长0.6%、23.2%和22.47%。

2022年广东省海水养殖牡蛎面积3.01万公顷，产量115.14万吨，单产38.21吨；对比2020年的面积2.81万公顷，产量112.52万吨，单产39.99吨，面积增长7.06%，产量增长2.33%，单产为95.55%；2022年牡蛎养殖面积占全省海水养殖贝类的48.88%，产量占67.55%，单产是1.38倍。

【蛤养殖】蛤又称蛤仔，俗称花蛤，分杂色蛤仔和菲律宾蛤仔。分布在广东的柘林湾、广澳港、海门港、甲子港、神泉港、汕尾港、大亚湾、大鹏湾、莱芜岛和东海岛附近海区。2015年全省养殖蛤仔2.13万公顷，产量32.14万吨；分别比2010年的1.92万公顷、28.90万吨增长11.1%和11.2%。

2022年全省海水养殖蛤类面积1.01万公顷，产量19.34万吨，单产19.11吨；对比2020年的面积1.61万公顷，产量26.91万吨，单产16.69吨，2022年面积和产量下降，但单产提高，其中面积为2020年的62.78%，产量为71.89%，单产提高14.50%；海水蛤类养殖面积占全省海水养殖贝类的16.42%，产量占11.35%，单产为69.11%。

广东省蛤类养殖在全国所占比重不大，但单产水平较高。2020年，广东蛤类养殖面积占全国36.51万公顷的4.42%，产量占全国421.76万吨的6.38%，单产是全国11.55吨的1.45倍。

【扇贝养殖】广东扇贝养殖始于21世纪初，湛江市引进墨西哥扇贝，引导渔民开展吊养，建立以粤西北部湾沿海为中心的扇贝养殖基地，2010年广东省扇贝养殖面积6 713公顷，产量7.47万吨。2015年全省扇贝养殖面积7 015公顷，产量104 208吨；分别比2010年增长4.5%和39.4%。

2022年广东省海水养殖扇贝面积5 629公顷，产量11.86万吨，单产21.04吨；对比2020年的面积4 883公顷，产量11.15万吨，单产22.84吨，面积和产量增加，但单产下降。其中面积增加21.42%，产量增长6.37%，单产为2020年的92.12%；海水养殖扇贝的面积占全省海水养殖贝类的9.62%，产量占6.96%，单产为76.09%。

广东省扇贝养殖虽然占全国比重不大，但是是中国南方重要的扇贝养殖基地。2020年，在江苏以南的沿海8省（自治区、直辖市）中，广东扇贝养殖面积占这8省（自治区、直辖市）共5437公顷的80.61%，产量占8省（自治区、直辖市）共12.63万吨的95.94%，独占鳌头。但单产是全国45.66吨的50.03%。

【贻贝养殖】 广东沿海有丰富的贻贝资源。主要养殖品种有翡翠贻贝、紫贻贝等。主要养殖模式有水泥柱插桩式立体养殖、栅架式和延绳式养殖等。2015年全省贻贝养殖面积3521公顷，产量8.61万吨，单产24.45吨。

2022年广东省海水贻贝养殖面积3919公顷，产量6.63万吨，单产为16.66吨/公顷；对比2020年广东省海水养殖贻贝面积3920公顷，产量7.42万吨，单产18.93吨/公顷，2022年的养殖面积基本保持不变，产量和单产都不同程度下降，其中产量为2020年的87.99%，单产为88.01%；2022年的海水贻贝养殖面积占全省海水贝类养殖面积的6.36%，产量占3.93%，单产为60.25%。

【螺养殖】 广东螺类资源丰富，养殖品种有东风螺等，养殖方式有水泥池养殖、土池养殖、虾池养殖。2010年前东风螺人工繁殖取得成功，生产供应充足。螺苗种养殖的发展，改变了靠捕捞海域滩涂野生种苗供应养殖的格局。"十二五"期间，广东省出现"虾价走低，螺价走高"的走势，省内不少虾农转养虾为养螺，东风螺养殖迅速发展。2015年全省养螺面积6158公顷，产量9.12万吨，单产14.81吨；相比2010年的面积6143公顷、产量8.73万吨和单产14.22吨，分别增长0.30%、4.4%和4.15%。

2022年广东省海水养殖螺类面积4759公顷，产量5.09万吨，单产10.70吨；相比2020年的面积5856公顷，产量7.63万吨，单产13.02吨，都有不同程度下降，其中面积为2020年的81.28%，产量为66.71%，单产为82.87%；2022年海水螺类养殖面积占全省海水养殖贝类的7.72%，产量占2.99%，单产为82.18%。

广东省是全国重要的螺类养殖基地，2020年，广东螺类养殖面积占全国3.51万公顷的16.68%，居全国第二位（前有江苏）；产量占全国26.17万吨的29.14%，在全国独占鳌头；单产是全国7.45吨的1.75倍。

【蚶养殖】 广东省沿海有泥蚶、毛蚶、魁蚶、珠蚶和丝蚶资源，蚶的养殖始于20世纪末，主要养殖品种为泥蚶，2000年全省养殖泥蚶2818公顷，产量3.35万吨（阳江占41.8%），建立以阳江为中心的粤西养蚶基地。2010年后，攻克泥蚶人工繁殖技术，生产泥蚶苗种供应养殖。2015年全省养蚶2850公顷，产量5.64万吨，单产19.79吨。

2022年广东省海水蚶类养殖面积1995公顷，产量4.02万吨，单产为20.17吨；相比2020年的面积2353公顷，产量5.16万吨，单产为21.92吨，都有不同程度下降，其中面积为2020年的84.79%，产量为77.91%，单产为92.02%；2022年海水蚶类养殖面积占全省海水养殖贝类的3.24%，产量占2.36%，单产为92.02%。

广东省蚶类养殖虽然占全国比重不大，但单产水平高。2020年，广东蚶类养殖面积占全国3.45万公顷的6.81%，居全国第六位（前五位是辽宁、浙江、江苏、河北、福建）；产量占全国38.51万吨的13.39%，居全国第四位（前三位是浙江、辽宁、福建）；单产是全国11.15吨的1.97倍。

【江珧养殖】 广东省养殖江珧于20世纪90年代后期起步，2000年养殖产量2899吨。2015年全省江珧养殖面积993公顷，产量1.82万吨；与2010年的面积1216公顷、产量1.35万比较，面积减少18.3%，产量增长35.0%。

2022年广东省海水养殖江珧面积336公顷，产量9146吨，单产27.22吨；对比2020年面积691公顷，产量1.22万吨，单产17.67吨，2022年养殖面积和产量都减少，但单产提高。其中面积为2020年的48.63%，产量为0.54%，单产为154.05%；2022年江珧海水养殖面积占全省海水养殖贝类面积的0.55%，产量占0.54%，单产为98.41%。

广东省是全国江珧养殖的重要基地，2020年，广东江珧养殖面积占全国771公顷的89.62%，产量占全国1.26万吨的96.89%，在全国独占鳌头。

【鲍养殖】 广东沿海杂色鲍资源丰富，养殖品种有杂色鲍、皱纹盘鲍、黑鲍、杂交鲍等，养殖模式有工厂化立体笼养、沉箱养殖等。"十二五"期间，广东省养鲍技术、产量和效益明显提高。2015年全省养鲍面积732公顷，产量8482吨，单产11.59吨；与2010年的面积1517公顷、产量4780吨、单产3.15吨比较，2015年面积减少50%以上，产量增长77.5%，单产增加2.68倍。

2022年广东省海水鲍养殖面积736公顷，产量8614吨，单产11.70吨；对比2020年的面积811公顷，产量11468吨，单产14.14吨，都有不同程度下降，其中2022年养殖面积为2020年的90.08%，产量为73.37%，单产为82.74%；2022年海水鲍养殖面积占全省海水养殖贝类面积的0.51%，产量占0.49%，单产为 42.31%。

广东省历来是全国重要的养鲍基地，2020 年，广东鲍鱼养殖面积占全国 1.56 万公顷的 5.21%，居全国第四位（前三位有山东、福建、辽宁）；产量占全国 20.35 万吨的 5.64%，排名在福建之后，居全国第二位；单产比全国 13.09 吨高 8.10%。

【蛏养殖】广东蛏养殖始于 20 世纪 90 年代后期，2000 年全省养殖产量 2 959 吨。2015 年全省养殖面积 1 911 公顷，产量 9 354 吨。自"十三五"以来，由于水域环境和商品蛏市场的销路影响蛏养殖效益，广东养蛏面积减缩。

2022 年全省海水养蛏面积 396 公顷，产量 2 980 吨，单产 7.53 吨；对比 2020 年的面积 557 公顷，产量 2 700 吨，单产 4.85 吨，2022 年面积减少，但产量增加，单产提高。其中面积为 2020 年 的 71.09%，产量增长 10.37%，单产提高 55.26%；2022 年海水养蛏面积占全省海水养殖贝类面积的 0.55%，产量占 0.17%，单产为 27.23%。

● 藻类养殖

【概况】广东养殖的海水藻类有江蓠、紫菜、海带、裙带菜、麒麟菜、羊栖菜等，主要是江蓠、紫菜；江蓠用作养殖鲍鱼的饵料，紫菜多加工为紫菜制品，养殖规模大些。2015 年全省藻类养殖面积 2 952 公顷，产量 7.52 万吨；与 2010 年的面积 2 983 公顷、产量 6.11 万吨对比，面积稳定，产量增加 4 035 吨，增长 22.96%。

2022 年广东省海水养殖藻类面积 1 925 公顷，产量 60 032 吨，单产 31.19 吨；对比 2020 年面积 2 148 公顷，产量 67 695 吨，单产 31.51 吨，面积和产量都不同程度下降，单产基本保持稳定，其中 2022 年海水藻类养殖面积为 2020 年 的 89.62%，产量为 88.68%；面积占全省海水养殖的 1.16%，产量占 1.77%，单产为 1.53 倍。

广东省海水养殖藻类虽然占全国比重不大，但以加工出口为主的紫菜养殖规模大，单产水平高。2020 年，广东海水养殖藻类面积占全国 14.18 万公顷的 1.52%，产量占全国 261.51 万吨的 2.59%，单产是全国 18.44 吨的 1.71 倍。

【紫菜养殖】广东海水养殖的紫菜有坛紫菜和广东紫菜，主要分布在粤东的南澳、饶平、澄海等地。20 世纪 80 年代建立潮汕海水养殖场，并在南澳、饶平县柘林和海山、潮阳海门、达濠广澳、澄海莱芜等建立九个紫菜培苗室，1987 年有南澳、饶平、澄海 3 县养殖紫菜，全省养殖面积 19.6 公顷，产量 34 吨。1995 全省紫菜养殖面积 309 公顷，产量 375 吨。1999 年养殖面积 145 公顷，产量 1 077 吨，产量最高。2000 年养殖面积 246 公顷、产量 916 吨。2015 年全省紫菜养殖面积 796 公顷，产量 8 329 吨；对比 2010 年的面积 528 公顷和产量 8 609 吨，面积增长 50.76%，产量略减。

2022 年广东省海水紫菜养殖面积 627 公顷，产量 13 794 吨，单产 22 吨；对比 2020 年的面积 590 公顷，产量 14 812 吨，单产 25.11 吨；2022 年面积增加 6.27%，产量为 2020 年的 9.57%，单产为 87.61%，海水紫菜养殖面积占全省海水养殖藻类的 32.57%，产量占 22.98%，单产为 70.54%。

广东省紫菜养殖在全国所占面积很少，但单产水平高。2020 年，广东紫菜养殖面积占全国 7.24 万公顷的 0.81%，产量占全国 22.20 万吨的 6.67%，单产是全国 3.07 吨的 8.18 倍。

【江蓠养殖】江蓠又称"蚝菜"，是提取琼脂的原料，也是鲍鱼养殖的鲜活饲料和人类保健食品。20 世纪 80 年代，广东省水产局扶持各地发展江蓠养殖。2010 年前后，琼脂加工业及鲍鱼养殖的发展，龙头企业采用"公司＋基地＋农户"经营方式，带动农户扩大江蓠养殖。同时，各级渔业主管部门扶持龙须菜等新品种育苗及移植增殖，改革江蓠养殖技术，扩大种植规模，江蓠养殖产量稳步增加。2015 年全省江蓠养殖面积 1 792 公顷，产量 5.49 万吨；对比 2010 年的面积 2 204 公顷和产量 4.66 万吨，面积虽有减少，但产量增长了 17.94%。

2022 年广东省海水养殖江蓠面积 963 公顷，产量 3.83 万吨，单产为 39.75 吨；对比 2020 年，为其面积 1 208 公顷的 79.72%，为其产量 4.51 万吨的 84.92%，比其单产 37.37 吨提高 6.37%；2022 年江蓠海水养殖面积占全省海水养殖藻类的 50.03%，产量占 63.77%，单产为 1.27 倍。

广东省是全国的江蓠养殖基地之一，2020 年，广东江蓠养殖面积占全国 1.05 万公顷的 11.55%，居全国第二位（前有福建）；产量占全国 36.90 万吨的 12.23%，居全国第三位（前有福建、山东）；单产是全国 35.28 吨的 1.06 倍。

【其他藻类养殖】广东养殖的海水藻类主要有江蓠、紫菜，还有海带、裙带菜、麒麟菜、羊栖菜等。2015 年，广东省海带种植面积 95 公顷，产量 4 520 吨，分别比 2010 年 的 65 公顷、3 018 吨增长

46.15%、49.77%；裙带菜种植面积10公顷，产量725吨；对比2010年的10公顷、350吨，面积稳定，产量增长107.14%。麒麟菜种植面积40公顷，产量1 820吨；羊栖菜种植面积37公顷，产量125吨；这些都是在"十二五"期间从零发展起来。

2022年广东省海水养殖海带面积68公顷、产量2 875吨，单产42.28吨；对比2020年的面积82公顷，产量3 212吨，单产39.17吨，2022年面积为2020年的82.93%，产量为89.51%，单产提高7.94%。2022年海水养殖海带面积占全省海水养殖藻类的3.53%，产量占4.79%，单产为1.36倍。

2022年广东省海水养殖裙带菜面积10公顷、产量806吨，单产80.60吨；对比2020年，面积保持稳定，产量为其860吨的93.72%，单产为其86.00吨的93.72%；2022年海水裙带菜养殖面积占全省海水养殖藻类的0.52%，产量占1.34%，单产为2.58倍。

其他种类养殖

【概况】除了鱼类、甲壳类、贝类、藻类养殖外，广东海水养殖还发展了珍珠、海胆、海参、海蜇等特色海产动物养殖。2022年，全省特色海产动物养殖面积2 542公顷，产量8 903吨；为2020年面积3 137公顷、产量10 178吨的81.03%、87.47%；占全省海水养殖面积的1.53%，产量的0.26%。

但在广东省海水养殖其他类中，海水珍珠养殖历居全国前列，2015年全省海水珍珠养殖产量2 805千克，占全国3 586千克的78.22%；2020年海水珍珠养殖产量1 436千克，占全国2 121千克的67.70%。

【海水珍珠养殖】南海珍珠，享有盛名，有"西珠（西洋珠）不如东珠（日本珠），东珠不如南珠"之说。广东珍珠业历史悠久，20世纪末建立以雷州、徐闻为中心的粤西珍珠养殖基地。全省珍珠产量达16吨。但由于养珠、育珠技术不规范，养殖期过短，珍珠粒径、珠层厚度降低档次。"南珠"在国际市场声誉受损、销路受阻，导致广东珍珠养殖业步入低谷。进入21世纪，广东省渔业主管部门根据专家调查研究的意见，提出整顿珍珠行业的具体措施，规范养珠技术，延长养珠周期，保证珍珠粒径与珍珠层厚度，实现统一标准、统一出口销售，统一对外的目标，扶持珍珠业走出低谷。2015年全省珍珠产量2 805千克，占全国3 586千克的78.22%。2020年，广东省海水珍珠养殖面积1 036公顷，产量1 436千克，为2015年产量的51.19%，占全国产量2 121千克的67.70%，另有广西壮族自治区海水珍珠养殖产量685千克。

2022年，广东省海水珍珠养殖面积618公顷，产量1 528千克，为2020年面积的59.65%，产量增长6.41%。

【海参养殖】广东养殖的海参品种为糙海参（明玉参），2015年养殖面积286公顷，产量240吨。2020年，全省海参养殖面积267公顷，产量41吨，单产为153.56千克；对比2015年，养殖面积基本维持稳定，但产量只有六分之一。2020年广东海参养殖产量仅占全国产量19.66万吨的0.02%，但是为南海区海参养殖产量65吨的63.08%（另24吨是海南省的养殖产量）。

2022年，全省海参养殖面积229公顷，产量39吨，单产为170.31千克；面积为2020年的85.77%，产量为95.12%，单产提高10.91%。

【海胆养殖】广东养殖的海胆品种为紫海胆，在海域岛礁进行增养殖。2015年全省养殖产量2 200吨，养殖面积2 749公顷。主产区在汕尾、惠州市。2020年，全省海胆养殖面积1 654公顷，产量117吨，单产为70.74千克，广东海胆养殖产量仅占全国产量7 953吨的1.47%，但是为全国海胆养殖的3省之一（另2省是山东和辽宁省）。

2022年，全省海胆养殖面积1 526公顷，产量101吨，单产为66.00千克；对比2020年，都有不同程度下降，其中面积为2020年面积的85.77%，产量为2020年的95.12%，单产为93.30%。

五、淡水养殖

综述

【概况】淡水养殖业是广东的重要产业，养殖的对象主要为鱼类。1980年以来，广东淡水养殖持续快速发展，"十三五"期间连年增产，2020年全省淡水养殖面积30.94万公顷，产量415.41万吨，单产13.43吨；对比2015年，面积为其37.08万公顷的83.43%，产量比其386.56万吨增长7.46%；对比2010年，面积为其36.42万公顷的84.95%，产量比其314.67万吨增长32.01%。

2022年全省淡水养殖面积30.71万公顷，产量428.06万吨，单产13.93吨；对比2020年，面积略为减少，产量增长3.05%，单产提高3.72%；2022年，广东省淡水养殖面积占全国503.31万公顷的6.10%，居全国第八位（前有湖北、湖南、黑龙江、江苏、安徽、江西、吉林）；产量占全国 3 289.76 万吨的 13.01%，排名在湖北 498.02 万吨之后，位居全国第二。

【淡水养殖产量分类】广东淡水养殖产量历来以鱼类为主，占九成以上；20 世纪 90 年代开始发展淡水养虾和龟鳖，蟹、贝类养殖量不多，藻类很少。2022 年广东省淡水养殖鱼类产量 387.50 万吨，比 2020 年的 379.48 万吨增长 2.11%，占全省淡水养殖产量的 90.52%，占全省鱼类产量的 69.20%，占全国淡水养殖鱼类产量 2 710.48 万吨的 14.30%，居全国首位；淡水养殖虾类产量 33.23 万吨，比 2020 年的 29.75 万吨增长 11.70，占全省淡水养殖产量的 7.76%，占全省虾类产量的 28.70%；淡水养殖蟹类产量 3 872 吨，为 2020 年 5 886 吨的 65.78%，占全省淡水养殖产量的 0.09%，占全省蟹类产量的 2.26%；淡水养殖贝类产量 3 627 吨，为 2020 年 5 962 吨的 60.83%，占全省淡水养殖产量的 0.08%，占全省贝类产量的 0.21%，占全国淡水养殖贝类产量 18.97 万吨的 1.91%；淡水养殖其他类产量（主要是龟鳖）6.58 万吨，比 2020 年 5.01 万吨增长 31.34%，占全省淡水养殖产量的 1.54%，占全省水产品其他类产量的 47.27%，占全国淡水养殖其他类产量 69.72 万吨的 9.44%。

【淡水鱼类养殖】广东淡水养殖产量鱼类占九成以上，"十三五"以来，推广多品种、适当密度、立体养殖模式和投喂渔用配合饲料，充分利用水体空间，提高养殖水体产出率。主推大宗出口养殖品种、主导品种、名特优品种，养殖稳步发展，建成罗非鱼、鳗、鲈、鳜、鳢、塘鳢、鲶等淡水鱼类养殖优势产业带。全省淡水养

殖形成"高、中、低档次品种养殖协调发展"的格局；由"产量增长以'四大家鱼'为主，产值、效益提高以优质鱼为主"转变为"产量增长，产值、效益提高均以适销对路的名优品种为主"发展态势。

2022 年广东省淡水养殖鱼类产量 387.50 万吨，比 2020 年的 379.48 万吨增长 2.11%，占全省淡水养殖产量的 90.52%。2022 年全省淡水养殖产量 10 万吨以上的鱼类主导品种有 11 种（据《渔业统计年报》统计鱼类共有 24 种类）：草鱼 91.70 万吨、罗非鱼 75.67 万吨、鲈 38.19 万吨、鳙 32.35 万吨、乌鳢 29.58 万吨、鲮约 25 万吨（但年报统计没有列入）、鲢 20.19 万吨、鲫 15.78 万吨、鳜 14.87 万吨、鳗 11.61 万吨、鲤 10.75 万吨。这 11 种鱼类，其中 7 种（除鳙等外）产量居全国首位。年产量居全国首位的还有短盖巨脂鲤 1.76 万吨和河鲀 1.05 万吨，共 9 种鱼类，占《渔业统计年报》统计的鱼类 24 种类的 37.5%。

【特种水产养殖】广东淡水养殖业将不是鱼类的种类都看作特种水产养殖，20 世纪 90 年代开始发展淡水养殖虾、蟹和龟鳖，自"十三五"以来，特种水产养殖仍以淡水养殖南美白对虾为主，根据市场需求发展罗氏沼虾和青虾。珠江三角洲将淡水养殖南美白对虾和养殖罗氏沼虾提升为淡水养虾优势产业带。

2022 年全省淡水养殖南美白对虾产量 24.28 万吨，比 2020 年的 21.42 万吨增长 13.17%，占全省南美白对虾产量 80.12 万吨的 30.30%，占全国淡水养殖南美白对虾产量 66.52 万吨的 32.20%，居全国首位；罗氏沼虾产量 7.49 万吨，比 2020 年的 6.92 万吨增

加 8.24%，占全省淡水养殖虾类产量 33.23 万吨的 22.53%，占全国罗氏沼虾产量 16.19 万吨的 42.76%，居全国首位。

2021—2022 年间，广东省淡水养殖龟鳖延续"十三五"期间发展势头。2022 年，全省养鳖产量 3.72 万吨，比 2020 年产量 1.99 万吨增长 86.93%，是 2015 年 1.12 万吨的 3.32 倍；养殖食用龟产量 10 852 吨，是 2020 年全省养殖食用龟产量 3 318 吨的 3.27 倍，是 2015 年 3 986 吨的 2.72 倍。

【现代养鱼模式】广东得天独厚的淡水养鱼优势衍生出许多具有生命力的渔业生产模式，特别是进入 21 世纪，涌现多种现代养鱼模式，如淡水网箱养殖、围栏养殖、工厂化养殖等，其中，围栏养殖和工厂化养殖近年来产量均有所增加，围栏养鱼产量增长达 34.3%，而工厂化养殖在 2010 开始被大力推广，并成为推动渔业转型升级的重要载体。但网箱养殖尤其是淡水网箱养殖因为妨碍防灾防汛和航道交通而被拆除，其产量也有所下降。

2022 年全省淡水网箱养鱼面积 9.22 万米²，产量 1 106 吨；对比 2020 年的面积 9.47 万米² 基本维持稳定，比其产量 839 吨增长 31.82%；但为 2015 年面积 29.44 万米² 的 32.32% 和其产量 5 643 吨的 19.60%，减少幅度很大。2022 年平均产量 12.00 千克/米²，比 2020 年的 8.86 千克提高 35.39%，为 2015 年 19.17 千克的 62.60%。

2022 年广东省淡水工厂化养鱼水体 138.79 万米³，产量 5 783 吨；相比 2020 年的 125.21 万米³、产量 4 587 吨，分别增长 10.84% 和 26.07%；为 2015 年水体 1.70 万米³、产量 864 吨的 81.64 倍和 6.69 倍。2022 年全省淡水工厂化

养鱼平均产量 4.17 千克/米³，比 2020 年得 3.66 千克提高 13.93％。

淡水养殖水面

【概况】广东省淡水养殖面积，在 20 世纪 50—70 年代约占全省水产养殖面积的 80％～90％，80 年代开始大力发展海水养殖，淡水养殖面积占比逐步下降，2000 年为 36.96 万公顷，占全省水产养殖面积 56.457 万公顷的 65.47％；进入 21 世纪，淡水养殖面积占比基本稳定在 65％，2010 年为 36.42 万公顷，占全省水产养殖面积 56.34 万公顷的 64.64％；2015 年为 37.08 万公顷，占全省水产养殖面积 56.57 万公顷的 65.55％；2020 年为 30.94 万公顷，占全省水产养殖面积 47.50 万公顷的 65.14％。

2022 年全省淡水养殖面积 30.71 万公顷，占全省水产养殖总面积 47.37 万公顷的 64.3％，为 2020 年面积的 99.25％，略为减少，为 2015 年面积的 82.80％，为面积最大的 2005 年 38.03 万公顷的 80.74％。广东淡水养殖按水面不同可以分为池塘养殖、湖泊养殖、水库养殖、河沟养殖、其他养殖和稻田养鱼等类型。2021—2022 年间，广东省这 6 种水面的淡水养殖中，只有池塘养殖面积扩大，其他都减少。但自"十三五"以来，广东省这 6 种水面，只有稻田养鱼面积扩大，其他都减少。

【池塘养殖】广东池塘养殖历史悠久，在佛山市南海区西樵山下，仍保留着珠三角面积最大、保存最完整的"桑基鱼塘"，被联合国教科文组织誉为"世间少有美景，良性循环典范"。广东淡水养殖以池塘养殖为主体，产量占全省淡水养殖总产的九成以上。1980 年以来，广东鼓励和扶持开发宜渔水面，发展池塘养殖。进入 21 世纪，发展名特优新品种养殖，推广养殖新技术、新模式，推进规模化经营，提高池塘养殖产量效益，面积扩大不多，但产量增加迅速；"十三五"期间，广东省池塘养殖面积逐渐减少，但由于建设现代化标准池塘，发展健康养殖，提高养殖产量与水产品质量安全水平，池塘养殖产量逐年增加。

2022 年全省池塘面积 25.92 万公顷，产量 400.58 万吨，分别比 2020 年的 24.70 万公顷和产量 381.09 万吨增长 4.90％和 5.09％；池塘养殖产量占全省淡水养殖产量的 93.58％，占全国池塘养殖产量 2 414.30 万吨的 16.59％，居全国首位。

2022 年全省池塘养殖单产 15.45 吨，基本保持 2020 年 15.43 吨的水平，为全国池塘养殖单产 9.20 吨的 1.6 倍，居全国前列。

【水库养鱼】水库养殖包括农用小型水库养殖、大中型水库网箱养殖和鱼类移植增殖。进入 21 世纪，由于不少大中型水库被划入饮用水保护区，水库网箱养殖、网拦库湾养殖面积大幅减少。自"十三五"以来，广东省水库养鱼面积逐年减少，但由于养殖技术水平提高，养殖产量基本稳定。2022 年全省水库养鱼面积 4.19 万公顷，为 2020 年 5.27 公顷的 79.50％，产量 22.25 万吨，为 2020 年 24.41 万吨的 91.15％，占全省淡水养殖产量的 5.20％。

2022 年全省水库养鱼单产 5.07 吨，比 2020 年的 4.63 吨增加 9.50％。

【湖泊养鱼】广东湖泊少，且多分布在城市近郊，多开发为旅游景区，养殖产量不高。"十三五"期间，广东省湖泊养殖面积逐渐减少，但由于建设现代化标准池塘，发展健康养殖，提高养殖产量与水产品质量安全水平，湖泊养殖产量逐年增加。2022 年全省湖泊养殖面积 1 525 公顷，产量 7 937 吨，为 2020 年面积 1 681 公顷的 90.72％和比其产量 8 564 吨增长 92.68％，占全省淡水养殖产量的 0.19％。2022 年全省湖泊养殖单产 5.20 吨，比 2020 年的 5.10 吨增加 2.00％。

【河沟养鱼】广东江河纵横，涌涧密布，水面宽广，河沟养鱼历史悠久，分布于珠三角、粤东、粤西等地河网地带。进入 21 世纪，工商业迅速发展、城乡人口密集，大部分河涌，特别是珠三角鱼塘主产区的河沟都被工农业、生活废水污染，河沟养鱼受阻。2010 年以来，广东省河沟养鱼面积逐渐减少，产量也相应减少，但由于养殖技术进步，单产水平提高。2022 年全省河沟养鱼面积 757 公顷，为 2020 年 1 107 公顷的 68.38％，产量 7 043 吨，为 2020 年 10 719 吨的 65.71％，占全省淡水养殖产量的 0.16％。2022 年全省河沟养鱼单产 9.30 吨，为 2020 年的 9.69 吨/公顷的 95.98％。

【稻田养鱼】广东稻田养鱼历史悠久，高峰期面积达 4 万公顷、年产量 6 000 吨；养殖方式有"养稻底鱼"、浸冬浸夏田养鱼、稻鱼轮作、"垄稻沟鱼""沟稻凼鱼""大沟大凼养鱼"等。主要分布在韶关、肇庆、茂名、河源、清远、梅州、广州、珠海等地。"十三五"期间，广东把稻渔综合种养作为一种绿色生态的农渔发展模式大力推广，重点在粤北山区。2022 年全省稻田养鱼面积 4 503 公顷，产量 2 510 吨，相比 2020 年面积 3 740 公顷和产量 2 200 吨分别增长 20.40% 和 14.09%；2022 年全省平均每公顷稻田养鱼 557 千克，为 2020 年 588 千克的 94.75%。

韶关市从 2017 年起通过一系列措施推动稻田养鱼，2018 年 4 月，广东省首个国家级稻渔综合种养示范区——韶关市乳源瑶族自治县大桥镇中冲富民"国家级稻渔综合种养示范区"正式挂牌，大桥镇中冲村合作社的稻田养鱼面积 104 公顷，平均每公顷种植的优质油黏米产值 7.2 万元，禾花鱼产值 3.75 万元，利润达 9 万元以上。随着稻田养鱼综合效益的提高，农民种稻的积极性也增加。由于在稻田里放养禾花鱼能够大幅提高种田收入，乳源县连续四年举办"禾花鱼美食文化节"，吸引众多游客前来观光游玩。对禾花鱼进行定向选择育种，到 2020 年已选育到第六代，新品种禾花鱼生长速度比原来快 4 倍，体高、身短、易捕捞、难逃跑，适宜当地稻田养殖。2020 年 12 月 9 日，大桥石鲤（即当地禾花鱼）通过 2020 年第四次农产品地理标志登记专家评审。2022 年韶关市稻田养鱼面积 2 418 公顷，产量 980 吨，占全省的 53.70% 和 39.04%。

"清远连南稻田鱼文化节"成为当地"特色农业休闲旅游"品牌，2017 年 11 月获得农业部认定，成为"国家级示范性渔业文化节庆（会展）"；2022 年清远市稻田养鱼面积 1 695 公顷，产量 838 吨，分别占全省的 37.64% 和 33.39%。

● 淡水养殖主导品种

【鳗鱼】鳗鱼一般产于咸淡水交界海域，全世界鳗鱼共有日本鳗、欧洲鳗、美洲鳗等 20 多种，其中以日本鳗最多。鳗鱼具有较高的营养价值，被称为"血管清道夫"的高密度脂蛋白比例达到 60.2% ～ 66.1%，有利于人体心脑血管健康。

鳗鱼养殖起源于 20 世纪 50 年代的日本，70 年代台湾地区开始养殖，同时期中国大陆开始引进日本技术，80 年代初起步发展并开始出口，主要产区在广东、福建。80 年代后期顺德人开创国内土池驯化养殖鳗鱼的先河，90 年代成为重点养鳗地区。进入 21 世纪，在离顺德一百多千米的台山市广海因利于出产高品质的鳗鱼，顺德鳗鱼产业的养殖逐渐汇聚到台山，"台山鳗鱼"成为国家地理标志保护产品。顺德是中国鳗鱼之乡，广东鳗鱼看顺德，形成"顺德总部＋台山养殖基地"养鳗新格局，有连片养鳗基地，共 4 000 公顷。

2022 年全省鳗鱼养殖产量 11.61 万吨，比 2020 年全省鳗鱼养殖产量 11.05 万吨提高 5.08%，产量占全省淡水养殖鱼类产量的 3.00%，居全国首位。

【罗非鱼】罗非鱼原产于非洲，具有繁殖力强、生长速度快、粗食、抗病力强、苗种容易解决等优势，养殖成本较低，是联合国粮农组织推广养殖的种类之一。中国于 1956 年从越南引进莫桑比克罗非鱼在广东试养，开启罗非鱼在中国大陆的养殖历史。广东省罗非鱼养殖以珠三角和粤西为主，并逐步拓展到内陆山区，是中国养殖罗非鱼最早、养殖面积最大和产量最高的地区，2010 年罗非鱼养殖产量 62.42 万吨，占全国总产量 133.19 吨的 46.7%。2015 年，广东省罗非鱼产量 74.12 万吨，占全国罗非鱼产量的 46.5%；广东省罗非鱼产量最高是 2018 年的 75.12 万吨，占全国罗非鱼产量的 46.2%。2020 年，由于受疫情影响稍微减产，广东罗非鱼产量 74.01 万吨，占全国罗非鱼产量的 44.7%。

2022 年，广东罗非鱼淡水养殖产量 75.67 万吨，比 2020 年增长 0.72%，占全省淡水养殖鱼类产量的 19.53%，居全国首位。特别是最先养殖罗非鱼的茂名市，罗非鱼产业深植于厚土，2022 年罗非鱼养殖产量 25.28 万吨，占全市淡水养殖鱼类产量的 72.95%，占全省的 1/3；养殖面积达 1.73 万公顷，年出口量超 7 万吨，出口额超 2 亿美元，成为全国最大的罗非鱼养殖优势区域和出口加工基地，是"中国罗非鱼之都"。

【鳜鱼】鳜鱼肉味鲜美，为宴席佳肴，是淡水名贵鱼类之一。鳜鱼终生以活鱼虾为食，历来被视为池塘养鱼的敌害。广东省从 1987 年人工养殖试验成功，不断发展，形成规模生产，1993 年全省养殖鳜鱼 3 000 公顷，产量 1.2 万吨，产值 6 亿多元。1999 年广东养殖鳜鱼 6 667 公顷，产量近 6 万吨，产值超过 20 亿元。2008 年广东养殖鳜鱼产量突破 10 万吨，之后年产量徘徊在 9 万～10 万吨，但居全国鳜鱼养殖产量首位。自"十三五"以来，广东加强鳜鱼良种选育，推广良种良法，规范养鳜技术；并将养鳜基地从珠江三角洲中心地区向外围扩展，建立清新、四会等地养鳜商品基地，建成以佛山、清远、肇庆为中心的养鳜优势产业带；同时，疏通商品鳜销售渠道，拓展商品鳜"活水车长途北上远运"，推动鳜鱼养殖持续发展。2022 年产量为 14.87 万吨，比 2020 年产量 14.33 万吨增长 3.76%，为 2015 年产量 8.89 万吨的 1.67 倍，占全省淡水养殖鱼类产量的 3.84%；2020 年占全国鳜鱼产量 37.70 万吨的 38.01%，居全国首位。

【鲈鱼】广东淡水养殖鲈鱼以大口黑鲈为主导品种。大口黑鲈原产于加拿大和美国，俗称加州鲈鱼，1983年开始引入广东。进入21世纪，广东推广良种良法，投喂全价配合饲料养殖，扩大"南鲈北调"经营，推进淡水鲈鱼养殖持续发展。2022年全省养鲈产量38.19万吨；比2020年的36.12万吨增长5.73%，为2015年22.79万吨的1.68倍，占全省淡水养殖鱼类产量的9.86%；居全省淡水养殖单品种第3位（在草鱼和罗非鱼之后），是广东淡水养殖"十三五"以来增产幅度最大的大宗产品；2020年占全国淡水养殖鲈鱼产量61.95万吨的58.03%，居全国首位，建立了以珠江三角洲为中心的鲈鱼养殖优势产业带。

广东淡水养殖鲈鱼产量中还包括海水花鲈淡化养殖的产量，据相关数据统计，广东省2020年加州鲈养殖产量28万吨，占全国加州鲈养殖产量47.8万吨的58.58%；广东淡水养殖除加州鲈鱼以外的其他鲈鱼产量8万多吨。

【鳢鱼】鳢鱼养殖品种包括乌鳢、斑鳢。广东在广州、珠海、中山、佛山等地重点发展鳢鱼养殖。中国水产科学研究院珠江水产研究所和广东省中山市三角镇惠农水产苗种繁殖场联合创制的乌斑杂交鳢（以经过多代选育的斑鳢、乌鳢为父母本杂交繁殖形成的F1代），2014年通过审定；在"乌斑杂交鳢"新品种的基础上，珠江水产研究所联合4家单位，通过分子育种和性别控制技术共同培育而成全雄杂交鳢"雄鳢1号"，雄性率93%以上，生长速度整体提高25%以上，相同产量饲料投入降低8%～20%。2022年全省鳢鱼养殖产量29.58万吨，

比2020年22.97万吨增长28.78%，为2015年10.35万吨的2.86倍，占全省淡水养殖鱼类产量的7.63%；居全省淡水养殖单品种第5位（前4位是草鱼、罗非鱼、鲈和鳢），是"十三五"以来广东淡水养殖增产幅度最大的大宗产品。2020年占全国鳢鱼养殖产量50.11万吨的45.83%，居全国首位。其中广州、珠海、中山的鳢鱼养殖产量占全省的1/4，成为鳢鱼养殖优势产业带。

【四大家鱼】"四大家鱼"指青鱼、草鱼、鲢、鳙，适合混合养殖，根据各种鱼不同的生活习性，充分利用水体，提高饵料的利用率，增加产量。广东池塘养鱼中放养青鱼很少，但是放养鲮鱼很多，故将鲢、鳙、鲮、草鱼视作广东"四大家鱼"。在混养中，一般是给草鱼投喂饲料，残饲是鲮鱼的饲料，粪便肥水培养浮游生物，是鲢、鳙的饲料。广东"四大家鱼"一直是淡水养殖的主要对象。20世纪80年代以来，广东发展名优特色品种养殖，调整淡水养殖品种结构，"四大家鱼"占比降低，但产量仍然增加，四大家鱼产量仍居淡水养殖单品种产量前列。2022年广东省淡水养殖草鱼、鳙、鲮和鲢产量分别为91.70万吨、32.35万吨、25万吨和20.19万吨，分别居全省淡水养殖鱼类单品种产量的第1、4、5和7位。对比2020年草鱼产量89.93万吨、鳙35.04万吨、鲮25万吨和鲢20.91万吨，草鱼产量增长1.97%，鲮产量稳定，鳙和鲢产量降低，分别是2020年的92.32%和96.56%。2022年全省草鱼、鳙和鲢合计产量144.24万吨，占全省淡水养殖产量的37.22%，为2020年145.88万吨的98.88%。

【鲤鲫】鲤、鲫是池塘养殖的混养品种。20世纪80年代以来，广东发展名优特色品种养殖，把鲤、鲫作为重点品种，建立鲤、鲫良种场，选育鲤、鲫良种，提纯复壮育亲本，研制个体大、长速快、产量高的鲤鲫杂交优势种，提高养殖产量、质量。到2000年已成为年产量10万吨的大宗鱼类，在全省淡水养殖产品排名在鲢、鳙、鲮、草鱼和罗非鱼之后，分别居第六、七位。进入21世纪，广东鲤、鲫养殖又有新发展，鲤、鲫产量2005年分别为12.12万吨和11.11万吨，2010年分别为11.85万吨和13.30万吨，2015年分别为12.78万吨和15.10万吨，2006—2015年的10年间，鲤产量基本稳定，但鲫养殖产量增长35.91%。"十三五"期间，广东省淡水养殖鲫产量继续增加，2019年达17.04万吨，2020年16.83万吨，比2015年增长11.45%；鲤产量逐渐减少，2020年10.75万吨，为2015年的84.12%；在全省淡水养殖鱼类产量排名分别下降到第8位和第11位。

2021—2022年，广东省淡水养殖鲤、鲫产量下降。2022年，淡水养殖鲫产量15.78万吨，为2020年16.83万吨的93.76%；鲤产量8.28万吨，为2020年10.75万吨的77.02%；在全省淡水养殖鱼类产量排名下降到第8位和第12位。2022年全省鲤、鲫养殖产量合计24.06万吨，占全省淡水养殖鱼类产量的6.21%，为2020年27.58万吨的87.24%。

【罗氏沼虾】罗氏沼虾又名马来西亚大虾、淡水长臂大虾，原产东南亚，生活在淡水或咸淡水水域中。1976年由广东省水产研究所从日本引进养殖，具有生长快、个体大、食性广、易驯养、养殖

周期短、适应性强等特点。广东于 20 世纪 90 年代开始发展罗氏沼虾养殖业，1993 年全省养殖产量 2 100 吨，1994 年掀起罗氏沼虾的养殖热潮，全省养殖罗氏沼虾 5 333 公顷，产量 1 万吨，1995 年发展到 8 000 公顷，产量 1.5 万吨，占全国的八成。进入 21 世纪，推广"简易塑料薄膜大棚商品虾越冬""塑料薄膜大棚冬春反季节养虾"等养虾技术，实现一年四季养虾，产品均衡上市。"十三五"期间，广东省罗氏沼虾养殖业有新发展，2020 年全省罗氏沼虾养殖产量 6.92 万吨，比 2015 年的 3.16 万吨增加 1.19 倍，占全国 16.19 万吨的 42.76%，居全国首位。

2022 年全省罗氏沼虾养殖产量 7.49 万吨，比 2020 年增长 8.24%。产地主要是肇庆、中山、江门、珠海 4 市，合计产量 6.57 万吨，占全省的 87.75%；其中肇庆市 3.84 万吨，占全省的 51.25%。

【淡化养殖南美白对虾】 2000 年以来，珠三角发展淡化养殖南美白对虾，2010 年后养殖商品基地主推南美白对虾中科 1 号对虾良种，规范与推广"简易塑料薄膜大棚商品虾越冬""塑料薄膜大棚冬春反季节养虾""微生物净化池水技术""零排放养虾技术""反季节养虾技术"等生态养虾技术；规范淡化养殖南美白对虾质量安全监管，推动加工出口与国内销售。"十三五"期间保持良好发展。2020 年全省淡化养殖南美白对虾产量 21.42 万吨，为 2015 年产量 25.23 万吨的 84.90%，基本维持 2010 年 21.52 万吨的年产水平，占全国淡化养殖南美白对虾产量 66.52 万吨的 32.20%，居全国之首。

2021—2022 年，广东省淡化养殖南美白对虾有新发展，2022 年全省产量 24.28 万吨，比 2020 年增长 13.35%；主要产地是江门、中山、珠海、汕头 4 市，合计产量 21.71 万吨，占全省的 89.43%；其中江门市 12.32 万吨，占全省的 46.34%。

六、水产种苗

● 综述

【概况】 水产种业是推动渔业实现跨越式发展的"芯"片，是水产养殖业战略性、基础性核心产业，也是决定现代养殖业发展的关键要素。"十三五"期间，广东省围绕渔业转型升级发展需求，在传统种业的基础上尝试探索现代种业运营模式，加强水产种业体系建设，建设以国家级、省级良种场为龙头，地市苗种繁育场、县级培育场为支撑的水产苗种生产体系，扩大水产原良种覆盖率，推动水产种业从大到强升级。截至 2020 年底，广东省建成各类水产苗种场 1 000 多家，其中现代渔业种业示范场 7 家、国家级水产良种场 5 家、省级水产良种场 69 家，品种涉及南美白对虾、罗非鱼等 31 个。还有国家级水产种质资源保护区 17 个。

"十四五"期间，2022 年，全省共有水产苗种场 1 064 个，办理水产种苗生产许可证 974 个，发证率 91.54%；全省水产养殖鱼苗总产量 8 002 亿尾，为 2020 年 8 138 亿尾的 98.33%，占全国产量 13 896 亿尾的 57.58%，居全国各省（自治区、直辖市）鱼苗产量首位；全省虾类育苗总产量 6 078 亿尾，比 2020 年的 5 123 亿尾增长 18.64%，占全国产量18 008亿尾的 33.75%，居全国首位（第二位山东省 4 910 亿尾）；其中南美白对虾育苗 5 479 亿尾，比 2020 年的 4 884 亿尾增长 12.18%，占全国 13 886 亿尾的 39.46%，居全国首位。

【水产种业水平】 广东水产种苗繁育和研发水平全国领先，"十三五"期间，广东水产种苗从大到强，产量也稳中增长。生产各类水产苗种产量稳居全国首位，淡水鱼苗占全国 60% 以上，海水鱼苗占全国近 40%。其中，南美白对虾、罗非鱼、"四大家鱼"、加州鲈、生鱼、鳜鱼等主要养殖品种的苗种产量均占全国 50% 以上。广东已成为全国水产苗种生产中心和南苗北运的核心区，鱼苗繁育和虾类育苗除了满足本省需要，还销往全国各地以至海外地区，成为中国最重要的水产种苗生产和交易基地，每年春秋两季都有大量的种苗发往全国乃至世界各地。

作为全国水产养殖量和水产种苗产量"双料冠军"，广东依靠自身在苗种和技术方面的优势，培育了一批以广东海大集团股份有限公司、广东恒兴集团有限公司、广东粤海控股集团有限公司、广东国联水产集团等为代表的水产龙头企业，也有广东海茂集团、佛山百容集团、广东梁氏水产种业有限公司等全国领先的种苗企业，培育的水产种苗涉及罗非鱼、黄颡鱼、鳜鱼、淡水白鲳、石斑鱼、南美白对虾、斑节对虾、罗氏沼虾、鲍等 30 个品种，畅销全国各地。其中罗非鱼、宝石鲈苗种出口至东南亚国家，实现产业转移。

【水产种业博览会】 2019 年成功举办"首届广东渔业种业博览会"，2020 年 12 月升级为"首届中国水产种业博览会"并在2021—2022 年连续举办，全面展示原种保有、良种选育、苗种培育、商品生产、品牌渔业，汇聚国内水产种业创新成果，聚集引领现代渔业发展的全链条要素，开设水产种业质量提升高峰论坛，提升水产种业质量、加强种业品牌建设、推动渔业高质量发展，扩大广东种业的影响力，让广东优质品种走向国际舞台。详情参见本书199页的"水产种业博览会"。

● 水产种业体系

【概况】 广东省水产种苗分为淡水养殖种苗、海水养殖种苗，早在20世纪80年代就建立了全省淡水养殖水产种苗生产体系，可以为省内外淡水增养殖提供充足、优质鱼苗，海水养殖种苗体系也在主管部门引导、推动下不断优化发展，产量有所增长；"十三五"期间，广东加快构建以产业为主导、企业为主体、基地为依托、监管为保障、产学研结合、育繁推一体化的现代水产种业体系，各级渔业主管部门大力支持水产种苗生产体系建设，根据各地养殖发展需求，建成以国家级遗传育种中心和国家级良种场为龙头、省级良种场为骨干、地级市繁育场和县级培育场为网络的苗种生产体系。

【淡水养殖种苗生产体系】 淡水种苗包括鱼（鳗鱼等）、虾、蟹、龟鳖苗种和饲料鱼苗，以人工繁育鱼苗、培育鱼种为主，饲料鱼苗所占的比例较高；鳗鱼苗仍靠天然水域捕捞。20世纪80年代，广东建立全省淡水养殖水产种苗生产体系，为省内外淡水增养殖提供充足优质养殖种苗和饲料鱼苗。进入21世纪，广东引导内陆山区和沿海地区各级鱼苗场更新改造提升基础设施，规范苗种生产技术，提纯复壮亲本，繁育传统品种种苗和饲料鱼苗；引导珠三角各级鱼苗场整治改造基础设施，

或"进山入海"发展外延式苗种生产，重点开发、引进鱼类种质资源，发展适销对路的名优新品种种苗生产，带动健康养殖。在稳定发展四大家鱼（草鱼、鲢、鳙、鲮）、鲤、鲫等传统大宗品种种苗生产基础上，重点提升罗非鱼、翘嘴鳜、加州鲈、罗氏沼虾、中华鳖、乌龟等主导品种育苗技术，提高种苗产量、质量，同时，根据养殖生产需要，组织生产饲料鱼苗。

2022年，全省淡水鱼苗产量7 928亿尾，为2020年8 091亿尾的97.99%，占全国淡水鱼苗产量13 765亿尾的51.06%，居全国首位；同时，生产淡水鱼种21.94万吨，稚鳖6 714万只，稚龟1 825万只，捕捞鳗苗22千克；分别为2020年淡水鱼种22.46万吨的97.68%，稚鳖6 033万只的102.34%，稚龟678万只的269.17%，捕捞鳗苗32千克的68.75%。

【海水养殖种苗生产体系】 海水养殖种苗生产包括鱼、虾、蟹、贝、藻苗生产。鱼类、甲壳类、藻类种苗多靠人工繁育，仍有部分贝类苗种靠天然水域采捕。进入21世纪，粤东地区整治、扩建或新建优质海水鱼苗种场、鲍、太平洋牡蛎等贝类、紫菜等藻类苗种场，粤西扩建或新建对虾、牡蛎、东风螺等贝类苗种场，珠三角扩建或新建对虾、优质海水鱼、牡蛎、青螺等贝类苗种场，构建以对虾、优质海水鱼为重点，贝类、藻类为辅的海水养殖种苗生产体系。2010年后，开展海水鱼类、虾类和贝类人工繁育攻关，先后突破斑节对虾、南美白对虾、鲍、珠母贝、石斑鱼、鲈鱼、石鲈、鲷鱼、鲻鱼等人工繁育，生产种苗供应养殖，规范名优新品种繁育技术和种苗生产管理，提

高种苗质量，支撑海水养殖持续发展。

2022年，全省海水鱼苗产量73.92亿尾，比2020年的46.99亿尾增长57.31%，占全国产量131.83亿尾的56.07%，居全国首位；全省贝类育苗45.35亿粒，比2020年的31.57亿粒增长43.64%，占全国产量54 702亿粒的0.08%；其中鲍育苗17.53亿粒，比2020年15.80亿粒增长10.95%，占全国139.63亿粒的12.55%，为福建省119.73亿粒的14.64%，居全国第二位。

【水产良种场体系】 自"十三五"以来，广东引导基础设施条件优良，种苗生产技术规范，技术力量雄厚，有良种选育积极性的水产繁育场或市级水产良种场申报省级水产良种场，经资格验收后，给予适当资金扶持，引导其建设良种选育基础设施和检验检疫仪器设备，提高层次；认真执行良种选育技术路线和苗种生产技术操作规程；把好亲本种质和种苗质量关，带动当地及全省水产良种选育、种苗标准化生产。

2022年底，广东省有国家级水产良种场5家，省级良种场65家，加强水产良种场的监督管理，提高水产种业质量，主导的原种良种有：广东海洋大学的南美白对虾"兴海1号"，广东海洋大学的马氏珠母贝"海选1号"，广东海茂投资有限公司的"普利茂"南美白对虾等，充分发挥水产新品种的示范带动作用，提高水产养殖良种覆盖率。

2021—2022年共对12家省级良种场进行复查和资格验收，2家国家级良种场通过复查验收。2022年巡查了省级良种场46家，严格抓好省级良种场复查质量关，对生产设施、配套设施设备、"三室"（实验室、档案室、标本室

建设不健全，选育技术路线、核心选育种技术、保种隔离技术及规范标准等不清晰的良种场提出整改意见，限期改进。

● 水产良种选育

【概况】自"十三五"以来，广东聚焦水产种质创新和良种选育，综合运用选择育种、杂交育种、分子标记辅助育种和基因组育种技术，选（培）育出多个优良的新品种。在水产育种科研上，广东省以雄厚的科研技术力量以及扎实的工作基础为水产种业提供了苗种繁育的技术支持。涵盖中国科学院南海海洋研究所、中国水产科学院南海水产研究所、中国水产科学院珠江水产研究所等3家科研机构及中山大学、华南农业大学、广东海洋大学等十余所高等院校。在水产新品种推广上，广东省每年向全省广泛征集和专家遴选评审，发布主推渔业新品种，2021年广东省渔业主导品种：淡水品种有中华鳖"珠水1号"等10个，海水品种有"四指马鲅"等9个。为全省各地养殖户提供了品种和技术解决方案。

【水产新品种】自"十三五"以来广东省重视选育水产品新品种，经全国水产原种和良种审定委员会审定通过、由农业部、农业农村部公告的水产新品种在广东选育的有15个，占全国新品种63个的20.5%。2016年农业部公告的全国水产原种和良种审定委员会审定通过的12个水产新品种，广东省的马氏珠母贝"南珍1号"、马氏珠母贝"南科1号"、白金丰产鲫、莫荷罗非鱼"广福1号"和牡蛎"华南1号"5个新品种名列其中，占全国新品种的40%。2017年农业部公告的全国水产原种和良种审定委员会审定通过的14个水产新品种，在广东选育的有南美白对虾"海兴农2号"、长珠杂交鳜、虎龙杂交斑等3个，占全国的21%；2018年农业农村部公告的全国水产原种和良种审定委员会审定通过的19个水产新品种，在广东选育的有南美白对虾"正金阳1号"、南美白对虾"兴海1号"、斑节对虾"南海2号"等3个，占全国的16%；2019年农业农村部公告的全国水产原种和良种审定委员会审定通过的14个水产新品种，在广东选育的有大口黑鲈"优鲈3号"；2020年农业农村部公告的全国水产原种和良种审定委员会审定通过的14个水产新品种，在广东选育的有熊本牡蛎"华海1号"、中华鳖"珠水1号"、罗非鱼"粤闽1号"3个，占全国的21%。

2021—2022年，广东培育了三倍体牡蛎"中科1号"、斑节对虾"南海3号"、黄鳍棘鲷"中珠1号"、卵形鲳鲹"鲳丰1号"、杂交尖塘鳢"珠沣1号"、翘嘴鳜"鼎鳜3号"、凡纳滨对虾"中兴2号"、马氏珠母贝"海选2号"、全雄金钱鱼"海金1号"、扇贝"红墨1号"、鲫鱼"穗丰鲫"、全雄红罗非鱼"粤科1号"等水产新品种12个，组织专家进行现场初验后上报农业农村部审定。

【水产良种"金苗奖"】2021年12月5—8日，第二届中国水产种业博览会暨第三届广东水产种业产业大会在广州南沙广东国际渔业高科技园举行。本次博览会采用水乡塘头与网络云端、线上与线下相结合方式，其间还举办多场与水产种业主题相关的论坛，全方位、立体化展示全国水产种业发展的新成果，推动水产良种推广。为表彰重点单位的突出贡献，中国水产种业博览会组委会、广东省农业技术推广中心联合颁发"金苗奖"，广东省农业技术推广中心主任林绿、专职副书记刘胜敏共同为企业授奖。"金苗奖"获奖单位（排名不分先后）：广东海大集团股份有限公司、广东诚一实业集团有限公司、海茂种业科技集团有限公司、广东恒兴饲料实业股份有限公司、广东梁氏水产种业有限公司、中山市世和生物科技有限公司、广东金阳生物技术有限公司、佛山市南海区九江水产协会、青岛前沿海洋种业有限公司、广东金阳生物技术有限公司。

一、立法与规划

地方法规

【广东省湿地保护条例】2006 年 6 月 1 日广东省第十届人民代表大会常务委员会第二十五次会议通过，曾于 2014 年 9 月 25 日和 2018 年 11 月 29 日进行两次修正，2020 年 11 月 27 日省第十三届人民代表大会常务委员会第二十六次会议修订。2022 年 11 月 30 日广东省第十三届人民代表大会常务委员会第四十七次会议第三次修正。2022 年 11 月 30 日对《广东省湿地保护条例》的第三次修正有 16 处，而与渔业相关的内容有：

第二条　该条例所称湿地，包括低潮时水深不超过六米的海域，但是水田以及用于养殖的人工的水域和滩涂除外。用于养殖的人工的水域和滩涂的保护、利用、修复及相关管理活动按照《中华人民共和国渔业法》等有关法律法规执行。

第十条　湿地保护规划的编制和调整应当与海岸带综合保护与利用总体规划、养殖水域滩涂规划等相衔接。

该条例分总则、湿地管理、湿地保护和修复、红树林湿地保护、法律责任、附则共六章，与渔业相关的内容还有：

第五条　湿地保护实行统筹管理与分部门实施相结合的管理体制。农业农村等主管部门按照各自的职责，做好湿地保护工作。

第二十一条　属下列情形之一的，县级以上人民政府应当根据当地实际情况建立湿地自然保护区：……（四）对水栖动物的洄游、繁殖有典型或者重要意义的湿地。

第二十六条　禁止在湿地范围内从事下列活动：……（三）擅自挖塘、挖砂、采砂、采矿、取土、取水、烧荒；……（五）破坏鱼类等水生生物洄游通道，采用电鱼、炸鱼、毒鱼、绝户网等灭绝性方式捕捞鱼类以及其他水生生物；……（七）引进、放生外来物种；（八）过度放牧、捕捞。

【广东省乡村振兴促进条例】该条例于 2022 年 6 月 1 日广东省第十三届人民代表大会常务委员会第四十三次会议通过，包括总则、乡村产业发展、乡村人居环境提升、乡村治理、城乡融合发展、

帮扶机制、保障措施、附则共八章。该条例自 2022 年 9 月 1 日起施行，《广东省农村扶贫开发条例》同时废止。

在"第二章 乡村产业发展"中第十一条对发展渔业进行规范：县级以上人民政府应当科学保障水产养殖发展空间，保护和提高产地环境质量，推动水产养殖尾水处理和养殖池塘底泥资源化利用，推进健康生态水产养殖。沿海县级以上人民政府应当统筹布局现代海洋渔业发展空间，制定渔业发展规划，推进海洋牧场、现代渔业产业园区、人工鱼礁建设，完善渔港经营和管护机制，支持渔区小城镇和渔村发展。沿海县级以上人民政府农业农村、自然资源、生态环境等有关主管部门应当加强渔业规范管理和渔业生态环境监管，科学开展渔业资源增殖放流，完善海洋综合执法体制，提升执法能力，依法查处违法行为，促进海洋渔业可持续发展。

政府规章

【港澳流动渔船渔民管理规定（试行）】由港澳流动渔民工作协调小组（农业农村部代章）于 2021 年

6月16日印发，是对农业部、公安部、国务院港澳事务办公室联合印发的《港澳流动渔船管理规定》（农渔发〔2004〕20号）修订完善而形成的。印发后港澳流动渔民工作协调小组各成员单位须遵照执行，以加强对港澳流动渔船渔民到内地从事渔业生产的规范管理，合理养护和利用渔业资源，控制捕捞强度，以保障港澳流动渔民的合法权益，促进其渔业生产有序发展。

该《规定》是根据《中华人民共和国渔业法》《中华人民共和国出境入境管理法》《渔港水域交通安全管理条例》《渔业捕捞许可管理规定》等有关法律、法规、规章制定的。分总则、会籍管理、流动渔船渔业捕捞许可管理、流动渔民及雇用内地渔工管理、安全监督、出入境和治安管理、附则共七章54条。自2022年1月1日起施行，《港澳流动渔船管理规定》（农渔发〔2004〕20号）同时废止。

《规定》加强对港澳流动渔船（下称流动渔船）、港澳流动渔民（下称流动渔民）到内地从事渔业生产的规范管理；要求广东省各级人民政府及有关部门制定完善便利流动渔民在内地发展的政策措施，完善相关制度，以促进流动渔民在内地发展。

【广东省渔业捕捞许可管理办法】广东省人民政府令第292号，2021年11月18日第十三届广东省人民政府第170次常务会议通过，自2022年2月1日起施行。

渔业捕捞许可是渔业行政主管部门根据公民、法人或非法人组织的申请，经依法审查，准予其从事渔业捕捞活动的行政管理活动，目的在于控制捕捞强度，规范捕捞活动，促进渔业资源可持续利用，是中国渔业管理的基本手段。《中华人民共和国渔业法》和《广东省渔业管理条例》均明确规定，依法取得渔业捕捞许可证后方可从事渔业捕捞活动。2020年7月8日，农业农村部修订了《渔业捕捞许可管理规定》，规范海洋捕捞渔船实行分类、分级、分区管理，对制造、更新改造、购置、进口海洋捕捞渔船及申请捕捞许可证的条件进行修改，将部分审批权下放至省级人民政府渔业主管部门，并要求各省（自治区、直辖市）对本辖区内捕捞辅助船、内陆捕捞渔船、休闲渔船等渔业船舶的捕捞许可管理制度作出具体规定。

原《广东省渔业捕捞许可证管理办法》制定于1992年，大部分内容已经滞后于时代，在管理主体、审批程序、许可条件等诸多方面亟须修订。为与新《规定》保持衔接，贯彻落实粤府令第248号有关渔船管理领域简政放权的有关规定，为各级渔业行政主管部门依法开展相关管理提供有效依据，需要通过废旧立新的方式对全省渔业捕捞许可制度予以全面完善。

【加快推进现代渔业高质量发展的意见】由广东省人民政府办公厅于2022年4月29日发布，是"十三五"以来首个以省政府办公厅名义印发的渔业发展综合指导性政策文件。该《意见》明确了广东现代渔业高质量发展的指导思想（包括"树立大食物观，坚持宜渔则渔、稳产保供、创新增效、绿色生态，不断增强广东渔业质量效益和竞争力，形成产出高效、产品安全、资源节约、环境友好、调控有效、渔民富裕的现代渔业高质量发展新格局"）、基本原则（稳产保供，安全可控；绿色发展，创新驱动；产业为本，标准引领；治理有效，提质增收）和主要目标：到2025年，全省渔业经济总产值达到4 500亿元以上，水产品总产量保持在900万吨以上，水产品加工率达到30%以上，水产核心种源自给率达到80%以上，健康养殖示范面积比例达到65%以上，水产品产地质量监测合格率保持在98%以上，重点养殖区域全部实现养殖尾水达标排放或资源化利用。

该《意见》提出以夯实现代渔业产业基础、构建现代渔业产业体系、促进渔业绿色发展、强化政策支持保障"四方面"推进现代渔业高质量发展。明确省有关单位按职责分工负责，各地级及以上市政府落实。省农业农村厅、自然资源厅、科技厅、工业和信息化厅、财政厅、发展改革委、生态环境厅、商务厅、文化和旅游厅、住房城乡建设厅、市场监管局、林业局、农业科学院、中国水产科学研究院南海水产研究所、中国水产科学研究院珠江水产研究所、邮政管理局及中国邮政集团广东省分公司和各地级及以上市政府，按照《意见》要求，将养殖水域滩涂、养殖设施用地等纳入国土空间规划，合理保障水产养殖空间；实施水产种业振兴工程，扶持育繁推一体化水产种业联合体，举办水产种业博览会，打造广东水产种业"南繁硅谷"；提升渔业技术装备现代化和信息化水平；科学布局建设深远海大型智能养殖渔场和海洋牧场，打造"粤海粮仓"；建设现代渔业高质量发展示范园区，布局建设渔业产业园、示范区、产业集群；打造陆海岛统筹、港产城融合、渔工贸游一体化的渔港经济区；支持涉渔龙头企业、行业协会和专业合作社等构建产业联合体，推动产业深度融合发展；培育特色鲜明的水产区域公用品牌、优质水产企业品牌。以渔业文化节庆（展会）活动、"粤菜师傅"工程等为依托，策划开展水产品品牌推广、水产预制菜推介等活动，培育广东水产消费新热点；实施《珠三角百万亩养殖池塘升级改造绿色发展三年行动》，加快全省水产养殖尾水排放在线监测和分类综合治理；推广生态健康养殖模式，加强水产品质量安全监管，建设大湾区水产品供应基地；高标准打造一批美丽渔场，推动传统水产养殖场生态化、景观化、休闲化改造，发展观光渔业、渔事体验、休闲垂钓、科普教育、文化健康等产业。

发展规划

【概况】2021—2022 年，广东省以实施"十四五"规划为切入点，强化行政管理，推动渔业产业发展。具体规划主要有：广东省国民经济和社会发展"第十四个五年"规划和 2035 年远景目标纲要、广东省推进农业农村现代化"十四五"规划、广东省养殖水域滩涂规划（2021—2030 年）。

【广东省国民经济和社会发展第十四个五年规划和 2035 年远景目标纲要】 经广东省十三届人大四次会议审议批准，省人民政府于 2021 年 4 月 6 日印发给各地级及以上市人民政府，各县（市、区）人民政府，省政府各部门、各直属机构。该《规划》共计 21 章，其中"第十一章全面实施乡村振兴战略 加快农业农村现代化"提出"按照产业兴旺、生态宜居、乡风文明、治理有效、生活富裕的总要求，深入实施乡村振兴战略，深化农村综合改革，促进农业高质高效、乡村宜居宜业、农民富裕富足"。要求"稳定水产养殖面积，提高深海养殖设施和装备水平，打造深海网箱养殖优势

产业带，建设海洋牧场。"明确了"十四五"时期广东省农业农村重点工程，在"菜篮子"培育工程中，建设 10 个水产健康养殖示范县，改造升级大型渔港 15 个、建设海洋牧场 14 个、渔港经济区 17 个；在农业科技支撑工程中，支持建设 69 家水产良种场，支持水产等育种创新，建设一批育繁推一体化基地。

【广东省推进农业农村现代化"十四五"规划】 2021 年 8 月 20 日由省人民政府印发，要求全省各地级及以上市人民政府，落实省政府的规划建设水产大县（区）50 个，其中珠三角核心区 18 个：广州市南沙区、花都区、增城区、番禺区，珠海市斗门区，佛山市顺德区、南海区、三水区、高明区，惠州市惠东县，东莞市，中山市，江门市台山市、鹤山市、新会区、开平市，肇庆市四会市、高要区；沿海经济带西翼 14 个：阳江市阳西县、阳东区、江城区、海陵区，湛江市遂溪县、雷州市、廉江市、麻章区、吴川市、坡头区、徐闻县，茂名市电白区、化州市、高州市；沿海经济带东翼 8 个：汕头市南澳县、潮阳区、澄海区，汕尾市城区、陆丰市、海丰县，潮州市饶平县，揭阳市惠来县；粤北生态区 10 个：韶关市南雄市，河源市龙川县，梅州市梅县区、五华县、兴宁市，清远市清城区、清新区、英德市，云浮市罗定市、新兴县。

【广东省养殖水域滩涂规划（2021—2030 年）】 经省人民政府同意，省农业农村厅于 2021 年 12 月 23 日印发给各地级及以上市人民政府，有关县（市、区）人民政府，省政府各部门、各直属机构，要求结合实际贯彻落实。《规划》明确，以传统养殖区为依托，

充分发挥各地水域养殖滩涂优势，优化养殖空间格局，形成由珠三角都市渔业区、粤东特色养殖区、粤西深蓝渔业区、山区和内陆生态养殖区组成的全省现代养殖新格局。《规划》的出台，为广东科学开发和合理利用渔业资源、科学布局渔业发展战略、科学制定渔业转型升级行动方案提供依据和指导。

【广东省乡村产业发展规划（2021—2025 年）】 2022 年 1 月 12 日由省农业农村厅向各地级及以上市农业农村局印发。该《规划》要求做大做强优势特色产业集群，优化优势特色产业集群布局。按照全产业链开发、全价值链提升的思路，优先支持罗非鱼、对虾等优势特色产业跨区域集群发展，统筹优化原料基地、加工、流通、科技、品牌等板块建设布局，跨区域划定共同打造主产县，促进优势产业空间布局由"平面分布"转型为"集群发展"，建成一批结构合理、链条完整、布局集中、具有国际竞争力的百亿级集群。其中涉及渔业的条款有：

（十一）罗非鱼产业集群：重点布局在茂名、湛江、阳江、江门、肇庆等市。

（十二）对虾产业集群：重点布局在粤东、粤西沿海，包括湛江、茂名、肇庆、阳江、江门、汕尾、汕头等市。

加快推进罗非鱼等国家优势特色产业集群建设。力争建设一流的原材料生产基地、一流的农产品加工生产线、一流的仓储物流设施、一流的物流中心。

【广东省农业机械化"十四五"发展规划（2021—2025 年）】 2022 年 3 月 22 日由省农业农村厅印发给各地级及以上市农业农村局，要求推进农业机械化发展，为广

东实施乡村振兴战略和现代农业发展提供装备支撑。

规划目标是到2025年，全省水产养殖和机械化率从2020年的30%提高到50%。具体要求有：

推动水产养殖机械化绿色发展，优化养殖模式，分类分级制定深远海鱼类、近岸贝藻及池塘养殖标准化生产模式和建设规范。

推进网箱养殖离岸化、传统贝藻养殖设施和老旧池塘改造标准化，完善深远海养殖饵料运输投饲、网具清洗和陆基循环水、进排水处理设施，促进养殖品种、工艺、设施与机械装备协同联动，加快水产养殖全程机械化及水质监控、水草管护、尾水处理等设施装备集成配套。

重点研究饵料运输、饵料自动高效定量投喂、水文水质实时在线监测、智能增氧、病害预防等机械化智能化技术，制定水产养殖绿色健康和智能化发展路线。

鼓励在现代农业产业园、跨县集群农业产业园及功能性产业园建立"龙头企业＋养殖合作社＋养殖户"的水产养殖生产经营模式，促进养殖、管控、清淤、捕捞和初加工等核心环节机械装备共享共用，构建全程机械化水产养殖生态区，推进水产养殖向标准化、规模化、绿色化和智能化发展。

同时要求到2025年，工厂化、集装箱式、池塘工程化和深远海网箱养殖基本实现机械化。鱼类养殖饵料投喂、网具清洗机械化率分别达到55%和45%。具体目标有：

1. 创建畜禽水产养殖机械化示范县：围绕罗非鱼、海鲈鱼、鳢鱼、对虾等重要水产养殖品种重点环节的机械化生产，推进水产养殖机械装备与养殖工艺融合，创建水产养殖机械化示范县（场）。

2. 创建水产绿色养殖示范基地：研发推广工厂化循环水绿色高质量养殖技术与成套设施设备、智能化水质监测技术与装备、智能化投料技术与装备，建设50个水产绿色养殖示范基地。

【广东省乡村休闲产业"十四五"规划】 2022年3月31日，由省农业农村厅和省乡村振兴局联合印发。要求各地级及以上市农业农村局，深圳市市场监督管理局、乡村振兴和协作交流局，河源、梅州市乡村振兴局结合实际组织实施。涉渔的内容主要有：

（一）规划建设"四边"乡村休闲区（带） 有关"海边"的规定：在海（岛）边发展休闲渔业。打造"海洋休闲渔业发展带"，联动"海岸—海洋—海岛"共同发展，挖掘海上丝绸之路文化内涵，发展"渔家乐"、海洋牧场、深远海养殖、"渔旅融合"以及渔港渔村特色产业。有关"村边"的规定：在传统农区发展岭南农耕文化产业，依托养殖水面等资源，发展特色动植物观赏、农事农家生活体验、休闲垂钓、民族民俗文化等产业。

（二）依托五大海岛群发展乡村休闲产业带

珠江口岛群：深圳东部沿岸岛区、狮子洋岛区、伶仃洋岛区、万山群岛区、磨刀—鸡啼门沿岸岛区、高栏岛区6个岛区，重点发展滨海休闲渔业。

大亚湾岛群：虎头门以北沿岸岛区、虎头门—大亚湾口岛区、平海湾沿岸岛区、沱泞列岛区、考洲洋岛区5个岛区，重点发展休闲渔业、滨海休闲。

川岛岛群：川山群岛区、大襟岛区、台山沿岸岛区3个岛区，重点发展滨海休闲、现代海洋渔业。

粤东岛群：南澳岛区、柘林湾岛区、达濠岛区、海门湾—神泉港沿岸岛区、甲子港—碣石湾沿岸岛区、红海湾岛区、东沙群岛区7个岛区，重点发展现代海洋渔业、海洋生态休闲。

粤西岛群：南鹏列岛区、阳江沿岸岛区、茂名沿岸岛区、吴川沿岸岛区、湛江湾岛区、新寮岛区、外罗港—安铺港沿岸岛区7个岛区，重点发展现代海洋渔业、滨海休闲。

（三）依托"一村一品、一镇一业"优势特色产业发展乡村休闲产业

广州市：番禺区石楼镇（渔港综合体）、南沙区万顷沙镇（现代渔业、生态资源）；珠海市：斗门区白蕉镇（海鲈）、乾务镇湾口村（鳗鱼）；汕头市：南澳县深澳镇后花园村（南澳紫菜）；佛山市：三水区西南街道青岐村（水产），顺德区勒流街道稔海村（鳗鱼）；中山市：东升镇（脆肉鲩）、三角镇（生鱼）；江门市：新会区大鳌镇（南美白对虾）；阳江市：阳东区大沟镇（对虾），阳西县程村镇（程村蚝）、沙扒镇渡头村（海水鱼苗）；湛江市：遂溪县河头镇油塘村（罗非鱼）；茂名市：茂南区公馆镇（罗非鱼），电白区沙琅镇（龟鳖），滨海新区博贺镇（海洋捕捞）；潮州市：饶平县洪洲镇（大蚝）。

（四）全省主要农事节庆活动资源

涉及渔业的节庆活动有：

广州市：广府庙会，"天后诞"，端午龙舟节；深圳市：南澳龙舟赛；珠海市：开渔节、白蕉海鲈节；汕头市：澄海薄壳美食节；韶关市：乳源稻田鱼文化节；河源市：万绿湖打鱼节；惠州市：妈祖文化旅游节；汕尾市：开渔节，海胆美食节，晨洲蚝美食文化节；中山市：东升脆肉鲩美食节；阳江市：开渔节；湛江市：开渔节，端午龙舟文化节；茂名市；博贺开渔节；揭阳市：惠来开渔节。

行动方案

【珠三角百万亩养殖池塘升级改造绿色发展三年行动方案】由广东省农业农村厅制定，经省人民政府同意，省政府办公厅于2021年10月23日转发给广州、深圳、珠海、佛山、惠州、东莞、中山、江门、肇庆市人民政府和省政府各部门、各直属机构，要求2021年起实施珠三角百万亩养殖池塘升级改造绿色发展三年行动，制定行动方案。所制定的方案内容包括指导思想、基本原则和工作目标。

指导思想：践行"绿水青山就是金山银山"的理念，重建岭南特色现代桑基鱼塘，打造美丽渔场，构建"产出高效、产品安全、资源节约、环境友好"的现代渔业发展新格局，不断满足人民群众对优质水产品和优美水域生态环境的需求，推进实现全省渔业产业振兴、绿色发展、环境优美、渔民富裕。

四条基本原则：一是统筹谋划，整体推进；二是示范带动，全面落实；三是政府引导，多元投入；四是机制创新，长效运作。鼓励采用池塘流转或置换等方式，以镇（街道）、村集体组织为治理实施主体，探索以第三方建设尾水集中处理公共设施的模式开展集中连片养殖池塘升级改造与尾水治理，鼓励第三方独立运营尾水治理设施并负责日常维护，确保养殖池塘改造和尾水治理成效。

工作目标：用三年时间在广州、深圳（含深汕特别合作区）、珠海、佛山、惠州、东莞、中山、江门、肇庆珠三角9市开展养殖池塘升级改造行动，以规模养殖场、连片养殖场为重点，推进100万亩养殖池塘升级改造、绿色发展，建设30个示范性美丽渔场、10个水产健康养殖和生态养殖示范区、100个水产品质量安全智检小站，推广绿色、健康、生态养殖模式，覆盖率达到65%以上；提升水产品质量安全水平，实现提质、增效、稳产、减排、绿色的高质量发展目标。

【广东省渔港建设攻坚行动方案（2021—2025）】2022年1月13日，广东省政府新闻办召开新闻发布会，解读省委实施乡村振兴战略领导小组办公室印发的《广东省渔港建设攻坚行动方案（2021—2025）》。方案目标是计划用5年时间、分两个阶段实施渔港建设攻坚行动：第一个阶段到2022年底，对渔港防风减灾、环境整治、渔港经济区建设、珠三角百万亩养殖池塘升级改造、美丽渔场建设、水产养殖绿色发展、海洋牧场建设等作出阶段性要求，明确健康养殖示范面积比重达65%以上。第二个阶段到2025年，进一步提高并量化任务目标，如新增国家级水产健康养殖和生态养殖示范区10个、美丽渔场100个等。根据该方案，渔港建设攻坚行动的重点任务分为推进渔港建设攻坚行动、加快水产业转型升级、推动海洋牧场高质量建设3个方面，可以归纳为涉及"港""塘""海"共14项举措。方案将广州番禺和汕头南澳作为广东省渔港经济区先行先试区。

省农业农村厅指导列入《全国沿海渔港建设规划（2018—2025年）》的全省17个沿海渔港经济区所在市、县完成渔港经济区规划编制和评审工作；完成广东省"渔港一张图"信息管理平台建设工作，并上线试运行；推动广州番禺和汕头南澳国家级沿海渔港经济区项目、4个平安渔港项目及4个渔港综合管理试点项目完成前期工作并于2022年开工建设；督促各市、县加快推进18个在建渔港项目建设，2022年底有9个完工验收；完成渔港建设攻坚行动第一阶段任务。

【广东省渔业绿色循环发展试点工作实施方案】由省农业农村厅和财政厅联合编制，于2022年1月19日联合印发各地级及以上市农业农村局、财政局以及深圳市规划和自然资源局。试点工作实施方案包括总体要求、组织实施、考核验收、工作要求四部分。

总体要求内容包括指导思想、基本原则和目标任务。指导思想提出，加快内陆养殖池塘标准化改造，推进水产养殖尾水达标治理，推动水产养殖业绿色发展。基本原则三条：一是整县推进、示范带动；二是市场主导、政府引导；三是中央支持、分年实施。目标任务：力争到2025年试点区域实现养殖尾水资源化利用和达标排放的池塘面积达80%以上，形成一批标准化、集约化、机械化、智能化、清洁化的规模养殖基地，促进水产养殖业绿色、高质量发展。

组织实施内容包括试点遴选、重点任务和奖补政策。

考核验收部分规定：省农业农村厅、财政厅适时开展试点县绩效评价工作，建立健全全过程预算绩效管理机制，强化绩效结果运用。

工作要求包括加强组织领导、制定实施方案、强化资金监管、加强宣传总结、材料报送及相关要求。

印发文件后，省农业农村厅按程序组织2022年中央渔业发展补助资金渔业绿色循环发展试点遴选工作，8月23日确定惠州市龙门县等 9 个县级单位列入 2022 年渔业绿色循环发展试点名单。

【广东省近海捕捞渔船更新改造项目实施方案】 由省农业农村厅于 2022 年 1 月 25 日印发沿海地级及以上市农业农村局。该《实施方案》包括总体目标、支持方向、补助范围、补助期限、补助标准、组织实施方式、工作要求、其他说明共八部分。

总体目标是：促进全省捕捞业转型升级，推动老旧、木质、水泥、钢质渔船更新改造升级为资源友好型及新材料渔船，推进节能减排，推动渔业装备现代化，提升渔业安全生产水平。

支持方向是：更新改造为资源友好型渔船和新材料渔船。

补助范围是：重点支持高能耗、安全状况差、资源破坏强度大的近海捕捞渔船（含港澳流动渔船）更新改造。更新改造的渔船纳入国家"双控"管理，按有关规定办理船网工具指标审批手续，新建渔船的主机总功率不得超出所淘汰渔船船网工具指标功率。

补助期限是：2021 年渔业发展补助政策（中央专项资金）补助期限为：实施整船（含港澳流动渔船）更新改造的渔船的建造完工日期及取得渔业捕捞许可证日期，该项资金按照先建后补的原则，补助期限为 2020 年 1 月 1 日至当年 12 月 31 日。

补助标准是：对符合条件的渔船按照渔船类型、船长度分档给予适当补助，具体情况由该方案的附件 1 列出；多艘渔船合并功率更新改造为一艘渔船的，整船更新改造补助资金＝补助标准（<补助上限）×拆解报废渔船中符合补助条件渔船的功率占比。

组织实施方式：包括资金切块下达、补助申报、申请审核和公示、资金拨付 4 个环节。

工作要求是：加强组织领导和统筹协调、严格建档立册和项目管理、及时进行绩效评价和工作总结。

【广东省池塘养殖尾水治理专项建设实施方案】 由省农业农村厅于 2022 年 5 月 24 日印发各地级及以上市农业农村局、深圳市规划和自然资源局。实施方案包括总体要求、建设规模和时限、主要模式及建设内容、保障措施。

总体要求内容包括指导思想、基本原则和工作目标。指导思想提出，以保障水产品安全有效供给和改善养殖池塘生产环境为中心，以养殖尾水循环利用、达标排放为目标，形成一批标准化、设施化、信息化、景观化的规模养殖基地。基本原则四条：一是统筹谋划，逐步推进；二是示范带动，重点突出；三是政府引导，多元投入；四是科技助力，优化推广；五是机制创新，监督到位。工作目标分三阶段（见下一段"建设规模和时限"）。

建设规模和时限：2021—2025 年改造池塘 15.70 万公顷（其中淡水池塘 12.25 万公顷，海水池塘 3.45 万公顷），约占养殖池塘总面积的 50.00%，水产养殖主产区池塘养殖尾水排放标准暂执行《淡水池塘养殖水排放要求》（SC/T 9101—2007）中一级标准；2026—2030 年改造池塘 9.41 万公顷，约占养殖池塘总面积的 30.00%，基本实现池塘尾水治理建设全覆盖。2031—2035 年改造池塘 6.28 万公顷，约占养殖池塘总面积的 20.00%，基本实现全部养殖池塘改造，养殖尾水全面达标排放，池塘养殖实现专业化、标准化、规模化、集约化，产品优质、环境优美、装备一流、技术先进的水产养殖生产现代化。

主要模式及建设内容：根据养殖池塘规模和地理环境条件，因地制宜遴选实施 8 种主要模式："三池两坝"尾水处理模式、复合人工湿地尾水处理模式、养殖池塘底排污模式、桑基鱼塘生态内循环种养模式、海水高位池养殖尾水处理模式、渔稻共作尾水处理模式、池塘岸基一体化设备尾水处理模式、池塘跑道式尾水处理模式。还有其他模式，包括温室鱼菜共生处理模式、"一池一渠"简易尾水处理模式、工厂化养殖尾水处理模式、池塘养殖三级过滤池尾水处理模式、陆基集装箱养殖模式、多营养层级立体生态养殖模式等。

保障措施包括加强组织领导、全面推进项目实施、创新经营管理模式、完善监测评价机制。

【加强海水养殖生态环境监管实施方案】 由广东省生态环境厅、农业农村厅于 2022 年 6 月 12 日联合印发各地级及以上市人民政府。该《实施方案》包括四部分共 10 条。

第一部分　严格环评管理和布局优化。包括强化环评管理和优化空间布局 2 条，要求依法依规开展海水养殖相关规划及新建、改建、扩建海水养殖建设项目的环境影响评价工作，严格落实水域滩涂养殖规划，并按照规划"三区"（禁止养殖区、限制养殖区和养殖区）划定方案，严格养殖水域、滩涂用途管制，依法清理禁养区的非法养殖。

第二部分　实施养殖排污口排查整治。包括建立信息台账和推进分类整治 2 条，要求对辖区内（大陆和有居民海岛）海水养殖排污口进行排查、核实、登记，逐一明确排污口责任主体，核实养殖证内容，进一步完善海水养殖方式、养殖年产量、养殖面积、养殖品种、排污口分布、排放方式、排放时段和频次、排放去向、排水量、项目环境影响评价或排污口备案、监测及污染物浓度等关键信息记录；在制定实施入海排污口整治方案时，将需整治的海水养殖排污口列入整治方案分类整治。

第三部分　强化监测监管和执法检查。包括制定排放标准、推进尾水监测、实施分类监管和加强执法检查4条，要求制定出台广东省水产养殖尾水地方排放标准，作为海水养殖尾水监测及生态环境综合执法的依据；要建立健全海水养殖尾水监测体系，按照有序推进原则，以工厂化养殖为重点，并适当选择养殖规模较大、环境污染重和生态破坏明显的连片池塘海水养殖排污口，逐步落实排污责任主体自行监测并加强执法监测；各级生态环境部门会同农业农村部门，结合工作实际，针对不同养殖模式分类施策；各级农业农村部门及其海洋综合执法队伍依法查处不符合养殖水域滩涂规划、在全民所有水域无水域滩涂养殖证而从事养殖生产等违法行为。

第四部分　加强政策支持与组织实施。包括加强政策支持、加强组织实施和宣传引导2条，要求对实施尾水集中处理、生态化处理的连片聚集养殖区以及尾水达标排放率高的区域，从监测监管等方面加大帮扶力度；要将海水养殖生态环境监管作为解决群众身边突出问题、深入打好污染防治攻坚战、推动海水养殖转型升级的重要举措，加大指导和协调力度，强化部门联动协作和信息共享，有效提升监管能力。

【广东省深远海养殖项目实施方案（试行）】2022年6月28日由省农

业农村厅印发沿海地级及以上市农业农村局。实施方案包括目标任务、实施范围及规定、建设内容、组织实施方式、资金来源及补助标准、绩效目标、有关要求共七部分。

目标任务：力争到2025年底，紧紧围绕海洋经济高质量发展，拓展外海养殖空间，优化养殖产业布局，新增深水网箱养殖水体500万米³，打造产业融合度高、多元化综合发展，生态、经济和社会效益显著，具有典型示范和辐射带动作用的深远海养殖核心示范区，全省深远海养殖产业实现转型升级。

实施范围及规定：实施范围是广东省内注册且具有独立法人资格的渔业企业、合作社、事业单位（包括中央驻粤单位）。渔业企业需从事水产养殖相关经营活动三年及以上，具备开展深远海养殖的技术队伍、技术依托单位和前期工作基础。项目实施地点应符合当地养殖水域滩涂规划。

建设内容包括重力式深水网箱、桁架类大型养殖装备和船型类大型养殖装备3类。

组织实施方式包括项目申报要求、项目申报程序、项目评审要求、项目验收和资金拨付5个方面。

资金来源及补助标准：包括中央渔业发展补助资金和中央成品油价格渔业补助资金。纳入中央渔业发展补助资金的国家深远海养殖设施装备建设项目，按照国家现代渔业装备设施（深远海养殖设施设备）补助标准执行，等等。

绩效目标：项目实施单位开展绩效自评。自评材料逐级报送省农业农村厅。省农业农村厅对国家深远海养殖设施装备建设项目进行书面审查后报送农业农村部，对省级深远海养殖设施装备

建设项目视情况开展实地抽查。

有关要求包括三方面：一是加强组织领导，确保任务完成；二是加强监督检查，确保专款专用；三是做好项目总结，完善档案资料。

2022年建设国家下达广东重力式网箱标准箱534个，桁架类网箱标准箱6个。全省已有3座桁架类大型养殖装备（半潜式新型绿色能源智能养殖平台"澎湖号"、半潜桁架船形大型养殖网箱"德海1号"、智能化深远海养殖平台"海威1号"），实现商业化运营并且开始盈利。

二、水产养殖管理

● 综述

【概况】进入"十四五"，广东省各级渔业行政主管部门贯彻新发展理念和中央"三农"决策部署，积极实行渔业供给侧结构性改革，推进转方式、调结构，推动水产养殖从量的增长到质的提升，努力解决发展不平衡和不充分问题，广东省水产养殖业以产业结构调整为主线，实施外向带动、可持续发展战略，扶持各地建设"菜篮子"（渔业）产品生产基地、现代渔业示范园区，加强水产养殖环境生态修复，推动水产养殖业健康发展，推进水产养殖的转型升级，使水产养殖业在全省渔业经济发展中的地位和作用更加突出。促进水产养殖业绿色高质量发展，取得显著成效。

"十三五"期间，广东省深入落实科学发展观，围绕加快发展现代渔业的重大战略任务，按照用现代物质条件装备渔业、用现代科学技术改造渔业、用现代产业体系提升渔业、用现代经营形式推进渔业、用现代消费理念引领渔业的理念，以加快转变水产

养殖发展方式为主题，以"养殖科技创新、体制机制创新"为动力，促进水产养殖产业优化升级。加强示范带动作用，确保水产品质量安全和有效供给。

【养殖池塘升级改造】由广东省人民政府 2021 年 3 月印发《2021 年省〈政府工作报告〉重点任务分工方案》，提出召开推进粤港澳大湾区百万亩池塘升级改造现场会，推进水产养殖尾水综合治理。省农业农村厅组织对珠江三角洲 9 市开展调研，形成 3 年开展百万亩池塘升级改造的总体思路。9 月 14 日，在佛山召开珠三角百万亩池塘升级改造暨全省水产养殖业转型升级绿色发展现场会，对珠三角地区水产业迈向更高发展阶段进行具体规划部署：计划用 3 年时间，率先完成 100 万亩池塘升级改造，5 年内改造完成全省池塘总面积的 60%，以此带动水产业升级转型，实现绿色发展。省委常委叶贞琴和省委农办、省农业农村厅以及珠三角 9 个地级及以上市分管领导出席会议。10 月 23 日，省政府办公厅印发经省人民政府同意的《珠三角百万亩养殖池塘升级改造绿色发展三年行动方案》，要求结合实际认真贯彻落实。12 月 3 日，举行《珠三角百万亩养殖池塘升级改造绿色发展三年行动方案》新闻发布会，加快推进该方案实施，掀起全社会推动养殖池塘升级改造热潮。广州、湛江、佛山、江门、惠州等市启动全市推进养殖尾水治理计划，全省共完成 2.18 万公顷池塘尾水综合治理。

【池塘养殖尾水治理】由广东省政府办公厅于 2021 年 10 月印发经省人民政府同意的《珠三角百万亩养殖池塘升级改造绿色发展三年行动方案》后，省农业农村厅

组织专家研究制定《水产养殖尾水排放地方标准》，委托珠江水产研究所对广州、佛山、中山、惠州等市 3.67 万公顷池塘养殖水面开展排污调查，印发《广东省水产养殖尾水处理技术推荐模式》，结合实际因地制宜，推广集中连片池塘"三池两坝"、分散池塘"一渠一池"、陆基推水集装箱养殖、"池塘＋稻渔"共作等 14 种尾水处理模式。2022 年 1 月 19 日，省农业农村厅联合财政厅印发《广东省渔业绿色循环发展试点工作实施方案》，开展渔业绿色循环发展试点工作，确认 2022 年渔业绿色循环发展试点名单，组织 2023 年渔业绿色循环发展试点项目入库。8 月 23 日确定惠州市龙门县等 9 个县级单位列入 2022 年渔业绿色循环发展试点名单。省农业农村厅 2022 年 5 月 24 日制定《广东省池塘养殖尾水治理专项建设实施方案》，全面推进池塘养殖尾水治理建设；协助生态厅制定广东省《水产养殖尾水排放标准（征求意见稿）》，于 10 月 21 日至 11 月 19 日公开征求意见，促进养殖尾水治理标准化。省农业农村厅成立广东省养殖池塘升级改造绿色发展和示范性美丽渔场建设专家咨询组，为全省养殖池塘升级改造绿色发展和示范性美丽渔场建设提供技术支撑。举办珠三角示范性美丽渔场建设项目管理培训班，规范项目、资金和绩效管理，推进示范性美丽渔场创建。

【水产绿色健康养殖】2022 年，广东省在全省范围内开展水产健康养殖和生态养殖示范区创建示范活动，创建国家级水产健康养殖和生态养殖示范区 9 个，省级水产健康养殖和生态养殖示范区 110 个。示范区内开展池塘工程化循环水养殖、工厂化循环水养

殖、稻渔综合种养、鱼菜共生生态种养、养殖尾水治理等模式关键技术的研发与示范推广。制定《广东省 2022 年水产绿色健康养殖技术推广"五大行动"实施方案》，创新举办"云课堂""云直播""轻骑兵"乡村行等活动，培训专业人员约 15 000 人，形成"广东经验"和"广东方案"。开展"五大行动"各市联络人线上会议，以渔业主推品种、主推技术为主线，实现"五大行动"全覆盖。推进示范性美丽渔场建设，开展鱼塘种稻试点，推进深远海养殖等。

养殖水域管理

【概况】广东省人民政府 2004 年批准实施《广东省养殖水域滩涂规划（2003—2010 年）》的基础上，2012 年又批准实施《广东省养殖水域滩涂规划（2011—2020 年）》。14 个沿海市制定了市级养殖水域滩涂规划，颁布实施养殖水域滩涂规划的县（市、区）达 60 个。广东是全国核发养殖证最早的省份，从 1996 年开始对国有水域滩涂核发"广东省养殖使用证"。2004 年 5 月全国实施养殖证制度工作现场会在湛江市召开，2005 广东省被农业部评为全国实施养殖证制度建设先进单位。

【养殖水域滩涂规划】2021 年 12 月 23 日，广东省农业农村厅印发《广东省养殖水域滩涂规划（2021—2030 年）》。养殖水域滩涂规划是渔业管理的基本制度，是广东省水产养殖业发展的布局依据，是推进产业转型升级的重要抓手，为广东科学开发和合理利用渔业资源、科学布局渔业发展战略、科学制定渔业转型升级行动方案提供依据和指导。

《规划》共包括五章十八节内

容，分别从养殖水域滩涂利用评价、功能区划、保障措施等方面对广东全省养殖水域滩涂做出详细规划。规划范围涉及广东省全部水域滩涂及邻近海域，

全省共划定养殖区面积42 274千米²，占全省水域滩涂总面积的55.64%。《规划》明确，以传统养殖区为依托，充分发挥各地水域养殖滩涂优势，优化养殖空间格局，形成由珠三角都市渔业区、粤东特色养殖区、粤西深蓝渔业区、山区和内陆生态养殖区组成的全省现代养殖新格局。

【养殖水域确权发证】2010年5月24日农业部令第9号公布《水域滩涂养殖证登记办法》，规范了养殖证发证工作、水产养殖生产和用药管理，以及渔业生态环境保护等。使用全民所有的水域、滩涂从事养殖生产的，向当地县以上渔业局提出申请，由本级人民政府核发养殖证。承包水域、滩涂从事养殖生产的，依法签订承包合同后，可以向所在地申请领取养殖证，当地人民政府予以注册登记后，发给养殖证。持有养殖证方可申请水产品原产地证书、无公害水产品基地资格等。"十三五"期间，广东进一步完善养殖水域滩涂确权发证一系列管理制度，健全养殖使用权的申请、审查、公示、发证和登记建档等制度，全省累计核发养殖证63 906本、面积38.6万公顷，为稳定渔业基本养殖水域发展空间、保障养殖者合法权益、促进水产养殖业绿色发展奠定坚实基础。

2022年，广东省农业农村厅印发《关于全面推进水域滩涂养殖发证登记工作的通知》，指导各地加快养殖证发证登记工作，全面提升水域滩涂养殖证登记发证率，确保2022年底实现水域滩涂养殖证发证全覆盖。印发《关于做好养殖水域滩涂禁养区清退工作的通知》，指导各地开展禁养区清退工作，对目前全省的禁养区养殖清退进行统计，确保全省各地依法养殖。

水产种苗管理

【概况】广东实行水产种苗许可证和分级管理。省渔业行政主管部门审查上报国家级水产良种场；审批、监管省级水产良种场。市渔业行政主管部门审查上报省级水产良种场；审批、监管种苗繁育场。县级渔业行政主管部门审批监管种苗培育场。"十三五"以来，广东加快构建以产业为主导、企业为主体、基地为依托、监管为保障、产学研结合、育繁推一体化的现代水产种业体系。通过专项扶持，改善水产良种保存、繁育和选育基础设施，为遗传育种、新品种选育、苗种扩繁等提供有利的平台。截至2022年底，全省建成1个国家级水产种质监督检验测试中心、2个国家级水产引种保种中心、5个国家级水产良种场、66个省级水产良种场和10个现代渔业种业示范场，形成以国家级遗传育种中心和国家级良种场为龙头、省级良种场为骨干、地级市繁育场和县级培育场为网络的苗种生产体系。

【苗种生产许可制度】1998年广东省海洋与水产厅规定水产种苗凭证生产和分级管理：省渔业行政主管部门审批、监管省级水产良种场，审查上报国家级水产良种场。市渔业行政主管部门审批、监管种苗繁育场，审查上报省级水产良种场。县级渔业行政主管部门审批、监管种苗培育场。2022年全省水产种苗场1 064家，发放水产苗种生产许可证974本，发证率91.54%；建设8家省级水产良种场，审查上报并建立1家国家级水产良种场。

【首次水产养殖种质资源普查】广东省农业农村厅从2021年4月开始进行广东省首次水产养殖种质资源普查，成立广东省水产养殖种质资源普查工作领导小组，召开全省第一次水产养殖种质资源普查视频会，指导地市加快推进第一次水产养殖种质资源普查工作，并组织14家科研院所、高等院校等相关单位近10万人次作为面上普查辅助力量，协助各市、县开展普查。组织水产养殖种质资源普查技术培训，实施跟踪了解普查工作进展，对进度缓慢的地市开展督导，截至12月10日，全省普查对象22万家，普查的水产资源物种数量为446个，其中资源类型为新品种的有58个，现场摸查全省21个地级及以上市的养殖场（户），对全省水产养殖种质资源实现应收尽收、应保尽保。全面完成普查任务。

【水产种业体系建设】广东省建立健全良种体系，全省种苗企业达2 200家，其中国家级良种场5家，省级良种场64家，有国家级水产种质资源保护区17个，罗非鱼、加州鲈、鳜鱼等苗种产量多年稳居全国榜首。积极开展苗种产地检疫工作，取得成效。

【水产种业振兴】2022年在广东全省范围内开展水产种质资源系统调查，制定《2022年水产种质资源普查方案》，指导全省21个地级市开展第一次水产养殖种质资源普查数据核查与补充完善工作，建设珠江流域水产种质资源库，对珠江流域40多个资源性品种进行抢救性收集和驯养保育，对其中的斑鳢、禾花鲤进行模仿自然条件下的人工繁殖；遴选专

家团队，对斑鳢、大刺鳅、月鳢、三线舌鳎、花鲈、金钱鱼等6个品种开展人工繁育研究。同时开展省级优势水产种业企业遴选，全省23家水产种业企业参与申报省级优势水产种业企业遴选，其中有6家入选国家级优势水产种业企业目录，有8家企业入选国家种业阵型企业。2022年水产新品种培育取得重大突破，南美白对虾"海兴农3号"、南美白对虾"海茂1号"和全雄杂交鳢"雄鳢1号"等3个水产新品种通过全国水产原种良种审定委员会审定；8月4日，省农业农村厅举行新闻发布会，对上述两个南美白对虾新品种培育重大突破情况进行正式发布。2022年开展省级水产良种场巡查，组织专家对全省57家省级水产良种场中的46家分批次巡查，对生产设施、配套设施设备、"三室"（实验室、档案室、标本室）建设不健全，选育技术路线、核心选育种技术、保种隔离技术及规范标准等不清晰的良种场提出整改意见，限期改进，严格抓好省级良种场复查质量关。

三、捕捞渔业管理

捕捞生产管理

【规范海洋捕捞管理】2021年，广东省规范海洋捕捞管理，编制广东省海洋渔船数据维护管理办法，进一步规范渔船数据管理。修订《广东省渔业捕捞许可管理办法》，完善船网工具指标管理和捕捞许可证核发制度，强化法律责任。组织办理尖笔帽螺专项捕捞许可，预防2021年尖笔帽螺再次爆发对大亚湾核电站安全生产造成不利影响；印发《2021年海洋渔船核查工作实施方案》，掌握全省海洋渔船基本情况。做好建

议提案办理工作，承办人大建议提案6件，政协提案10件，承办的建议提案答复完毕。深入推进行政审批事项改革，做好行政审批工作，落实"简证便民"各项措施，推动事项办理电子证照关联，扎实开展"双公示"工作。

【远洋渔业规范管理】广东省始终严格贯彻国家"负责任渔业大国"工作部署，采取积极措施规范远洋渔业管理，加强培训教育，落实企业主体责任和船位监控等有关制度，2021—2022年，广东省未发现远洋渔业企业严重违法违规行为、未发生严重涉外事件、未发生处以暂停远洋渔业资格等重罚的情况。

全面落实企业主体责任和属地监管责任，防范涉外渔业违规事件发生。加强远洋渔业综合监管，实施远洋渔业"监管提升年"行动，建立健全安全生产管理制度和应急预案。广东省远洋渔业协会加强行业自律管理，维护行业秩序。组织开展涉外教育、安全生产以及从业人员资格培训，2021—2022年累计培训从业人员约500人。统筹抓好疫情防控和远洋渔业生产，坚决阻断境外疫情传染渠道，确保境外疫情不通过远洋渔船输入中国。

【远洋渔业重点工作】2021年5月19日，广东省农业农村厅召开全省远洋渔业工作座谈会，正视受疫情影响导致的企业困难，谋划远洋渔业发展，降低入渔国有关风险，分析远洋渔船船位监测运行及数据，督促企业做好安全生产工作并做好远洋渔业外防输入管理。推进国内外远洋渔业基地建设，包括深圳联成远洋渔业有限公司密克罗尼西亚基地、广州远洋渔业有限公司斐济基地、广州顺帆远洋渔业有限公司文莱基

地、广东协盛远洋渔业有限公司莫桑比克基地建设，同时抓紧推进深圳大铲湾、珠海洪湾等国内远洋渔业基地建设，完善功能，为远洋渔业发展打下坚实基础。12月8日，在广东国际渔业高科技园召开首届中国—太平洋岛国渔业合作发展论坛，以"开创中国—太平洋岛国渔业合作新局面"为主题，通过《首届中国—太平洋岛国渔业合作发展论坛广州共识》，建立政府间多边渔业磋商机制，签署多项企业投资协议，推动广东与太平洋岛国形成更加紧密的渔业合作关系。农业农村部副部长马有祥出席并致辞。省委常委叶贞琴、与中国建交的10个太平洋岛国农渔业部长及驻华使节、有关国际、区域组织代表出席论坛，还有国内有关部门、科研院所、社团组织、企业的代表300多人通过线上线下参加会议。

休渔禁渔制度

【概况】经国务院同意，农业部决定自1995年开始，在东海、黄渤海海域实行全面伏季休渔制度；1999年开始在南海海域实施伏季休渔制度。南海海域从1999年6月1日零时起首次实行伏季休渔，休渔时间为两个月。中国决定自2011年起在珠江水域实行禁渔期制度，农业部于2010年10月21日印发《关于实行珠江禁渔期制度的通知》（农渔发〔2010〕40号）规定：禁渔水域范围包括珠江在江西、湖南、广东、广西、贵州和云南六省（自治区）的干流、重要支流及通江湖泊。禁渔时间为每年的4月1日12时至6月1日12时。2017年，被外界评价为自中国休渔制度实施22年来的"最严"休渔制度开始施行，其中，南海休渔期为期三个半月，

珠江禁渔期历时4个月。休渔作业类型调整为除钓具外的所有作业类型，为捕捞渔船配套服务的捕捞辅助船也同步休渔。广东积极做好休渔禁渔前的动员部署，强化休渔禁渔期间的执法监督。组织基层渔业主管部门、渔政队伍登记造册并公示休（禁）渔渔船名单，组织开发休渔渔船管理App，提高监管效率。落实属地管理责任，有效保障休渔秩序平稳和渔区社会稳定，休（禁）渔期间没有出现渔船集体冲港等违反休（禁）渔制度的重大事件。

【南海伏季休渔】根据《农业农村部关于调整海洋伏季休渔制度的通告》，2021年，广东省休渔海域为：广东省管辖的北纬12度至"闽粤海域交界线"的南海海域（含北部湾）；海洋伏季休渔时间：从5月1日12时至8月16日12时止，共3个半月；休渔作业类型：除钓具以外的所有作业类型，以及为捕捞渔船配套服务的捕捞辅助船。广东省内应休渔船2万多艘，免休1816艘。广东省农业农村厅和省海洋综合执法总队等相关单位，部署做好2021年休渔相关工作，印发《关于做好2021年海洋伏季休渔工作的通知》，明确休渔水域范围、时间以及工作要求，制定工作方案，组织各地市严格落实休渔制度。2021年，全省海洋综合执法部门（渔政执法部门）出动执法人员46 047人次，执法船艇7 444艘次，检查渔船20 890艘；查获违法违规案件1 833宗、涉渔"三无"船舶1 767艘；罚款842.2万元，移送海警（公安）部门涉刑案件13宗37人；成功驱离外籍渔船10艘。休渔期间，广东省海洋综合执法总队开展"最严"休渔执法，落实"最严"休渔制度，维护南海伏季休渔良好秩序。全省海洋综合执

法队伍取消休假，全力投入休渔执法监管，综合运用船位监控、港内巡查、海上巡航等手段，确保全省23 694艘应休渔船"船进港、人上岸、网封存"。开展渔船安全专项整治，整改安全隐患3 317处，整改率100%，确保在港渔船安全渡休。省海洋综合执法总队同时开展打击涉渔"三无"船舶专项行动，牵头组织粤闽、粤港澳、粤桂琼交界海域联合行动，加强与公安、海警、海事部门协同作战，合力打击跨地区、跨海域"流窜作案"，严厉打击违反休渔制度行为。本年度受"小熊""查帕卡""卢碧"3个台风直接影响，广东召回海上作业渔船5 595艘次，组织渔民上岸避风12 231人次，实现渔业防台"零死亡"。开展特别防护期渔船监管工作，确保"七一"重点时期全省渔船"零事故"。

广东省2022年海洋伏季休渔暨涉渔船舶监管专项联合行动于5月1日在茂名博贺渔港启动，随着一声令下，现场列队的多艘渔政、海警执法船艇鸣笛起航，拉开联合行动的帷幕。据统计，全省应休渔船23 026艘，免休渔船2 730艘。广东省农业农村厅印发伏季休渔工作的通知，召开全省视频会议，进行统一部署安排。其中，"涉渔船舶"监管是重点，如何有效加强"涉渔船舶"监管，严厉打击涉渔"三无"船舶，是实施好、落实好海洋伏季休渔的重要工作措施。

【珠江流域禁渔】珠江禁渔制度自2011年首次实施，至2022年已持续十二年，在养护珠江流域水生生物资源、保护生物多样性、促进珠江流域经济的可持续发展和生态文明建设等方面发挥了重要作用。2017年，《农业部关于发布珠江、闽江及海南省内陆水域

禁渔期制度的通告》（农业部通告〔2017〕4号）规定，珠江流域禁渔期时间为每年3月1日0时至6月30日24时。禁渔范围包括云南省曲靖市沾益区珠江源以下至广东省珠江口（上川岛－北尖岛联线以北）的珠江干流、支流、通江湖泊、珠江三角洲河网及重要独立入海河流。除休闲渔业、娱乐性垂钓外，在规定的禁渔区和禁渔期内，禁止所有捕捞作业。广东省实施珠江禁渔期制度，有效地保护渔业资源和水域生态环境，取得良好的生态效益、社会效益和经济效益。据数据显示，自珠江流域禁渔实施以来，珠江鱼类资源明显恢复，鱼产量、渔获物明显提高，渔民生产捕捞收入也有所增长。广大渔民也由禁渔之初被动的"要我禁渔"，逐渐转变为主动的"我要禁渔"，保护渔业资源环境的意识逐步深入人心。

广东省2021年珠江流域禁渔启动仪式于3月1日在佛山九江举行，农业农村部长江流域渔政监督管理办公室、广东省农业农村厅、佛山市人民政府、中国水产科学研究院珠江水产研究所等单位领导出席活动。在启动仪式上，珠江渔政执法特编船队（以下简称"特编船队"）首次亮相开展联合巡航执法。特编船队由农业农村部长江流域渔政监督管理办公室于2020年12月牵头成立，成员单位包括粤桂两省区的公安、渔政、海事、水利、交通运输、珠江水利委员会等水上执法部门。多部门联合巡航执法，在流域禁渔巡查期间，如发现违法采砂、走私、偷渡等行为，相关部门可联合执法，清理整治，有助于解决以往水域执法"看得见管不着"的问题。

2022年珠江流域禁渔启动仪式于3月1日在广东省肇庆市高

要区南岸街道西江渔政码头举行，随着一声令下，由珠江流域渔业管理委员会办公室、肇庆市农业农村局、肇庆海事局组成的编队执法船艇向江中驶去，开展禁渔期联合执法巡航，即沿西江开展巡航执法，拉开广东省2022年珠江流域禁渔执法序幕。在珠江流域为期4个月的禁渔期中，广东省各级渔业主管部门和执法队伍加强禁渔期渔港、渔船监管，组织开展禁渔专项执法行动，加强同流域内其他五个省（自治区）携手联动，严厉打击珠江禁渔期间各类非法捕捞行为，做好禁渔期渔民生活保障工作，确保珠江禁渔制度顺利实施。

渔船渔具管理

【渔船更新改造】2022年，印发《广东省近海捕捞渔船更新改造项目实施方案》《广东省近海渔船船上设施设备更新改造项目实施方案》《广东省远洋渔船、船上设备更新改造和国际履约能力提升补助项目实施方案》等，加快推动渔船更新改造。建立广东省涉渔船舶审批修造检验监管协调机制。根据国家有关主管部门要求，会同工业和信息化、公安等部门建立广东省涉渔船舶审批修造检验监管协调机制。召开广东省2022年涉渔船舶监管专项联合行动部署视频会。印发《广东省2022年涉渔船舶监管专项联合行动方案》。

【涉渔船舶监管】2022年4月19日，农业农村部、中央外办、工业和信息化部、公安部、交通运输部、海关总署、国家市场监管总局、中国海警局八部门召开2022年涉渔船舶监管专项联合行动部署会。要求盯紧源头，聚焦重点，综合监管，加强船舶修造、渔船拆解、渔船身份标识监管及规范船舶检验，建立健全涉渔船舶监管协调机制和溯源倒查工作机制，优化部门任务分工，强化日常督查。

广东省2022年涉渔船舶监管专项联合行动部署视频会于4月27日召开，主会场设在广东省农业农村厅，各地市设分会场。省农业农村厅、省工业和信息化厅、广东海警局等有关负责人在会上讲话，江门、阳江等市有关部门作交流发言。会议要求，要盯紧源头，聚焦涉渔船舶修造、拆解、标识、检验四个环节，实施综合监管。要加强船舶修造监管，规范船舶修造企业生产经营，严格渔船审批、登记、捕捞许可管理。要加强渔船拆解监管，规范拆解程序，严格防范报废渔船违规流入市场。要规范船舶检验，严格按照渔船检验相关法律法规和技术规范要求，对合法渔船实施检验，切实提升渔船修造质量水平。要加强渔船身份标识监管，严格甄别查处伪造、变造、涂改船舶身份标识等违法违规行为。

会议强调，要建立健全涉渔船舶监管机制和涉渔船舶违法案件倒查工作机制，强化机制间信息共享和协同配合；要做好工作衔接，优化部门任务分工，及时弥合监管缝隙和漏洞；要强化督导检查，实时开展阶段性任务考核，对重点地区和重大案件开展联合指导；要加强宣传教育，及时推广典型经验做法，营造良好氛围。

四、渔业安全管理

综述

【概况】2021—2022年，广东渔业主管部门贯彻落实省委、省政府工作部署，牢固树立安全发展理念，坚持人民至上、生命至上，全力克服新冠疫情、极端灾害性天气等不利因素，采取有力措施，狠抓责任落实，实现渔业安全生产事故起数和涉及人数"双下降"，尤其是重特大事故"零发生"。主要措施：一是高规格部署工作。高度重视水上运输和渔业船舶安全，制定实施方案，开展"不安全、不出海"专项行动，提出"6个100％"的硬要求。二是高频次排查隐患。开展为期3个月的渔业安全生产专项治理，深入开展隐患排查治理，防范化解重大风险，开展督导检查和明察暗访。三是高强度监管执法。结合"亮剑""伏季休渔"等渔政执法行动，开展安全监管执法，严防渔船"带病出海、带病作业"，全面加强渔船审批、修造和检验监管，从源头上遏制渔船"带病出生"和涉渔"三无"船舶产生，推动商渔船碰撞事故联合调查，推动水上安全共管共治。四是高标准筑牢安全基础。围绕渔业安全，开展渔业船员安全技能和自救互救专题培训，开展渔船减船转产和更新改造，提升渔船安全水平。

健全全省渔业安全生产管理工作机制，推动成立广东省渔业安全生产专家委员会。完善渔业安全生产各项制度，做好渔业安全生产督导、检查等工作。高度重视水产养殖安全风险防范，制定《广东省农业农村行业防范学生溺水工作指引（第一版）》，指导各地落实防范学生溺水工作。指导各地将传统渔排养殖安全生产纳入渔业生产网格化管理范畴。

省农业农村厅2022年完善渔业安全生产各项制度，做好渔业安全生产督导、检查等工作。高度重视水产养殖安全风险防范，指导各地将传统渔排养殖安全生产纳入渔业生产网格化管理范畴。为健全渔业安全生产管理工作机制，充分发挥专家智库作用，省农业农村厅于12月29日成立广东省渔业安全生产专家委员会，成员由全省各地渔业主管部门、海洋综合执法（渔政）机构和科研院所及高等院校等单位推荐，专家委员会在省农业农村厅的指导下，根据《中华人民共和国安全生产法》《广东省渔港和渔业船舶管理条例》等有关法规指导全省渔业安全生产。

【"平安渔业"创建活动】 2021年5月，农业农村部印发通知公布2020年度"平安渔业"创建结果，包括广东江门市新会区、佛山市南海区在内的21个县（市、区）被评为"全国平安渔业示范县"，广东珠海市洪湾渔港等6座渔港被评为"全国文明渔港"。"平安渔业"创建活动是经全国评比达标表彰工作协调小组办公室批准，由农业农村部组织开展，各级基层政府和渔业渔政部门广泛参与，反映渔业安全生产管理水平和管理成效的创建活动。"平安渔业"创建活动，成为渔业安全监管的重要抓手。

2021年3月26日，省农业农村厅网站发布《生命至上——2021年渔业安全生产专题片》。3月29日，全省海洋综合执法工作会议要求强化渔船"不安全、不出海"的安全综合监管，制定渔港港务管理规定，开展渔港执法监管示范行动，切实发挥渔船应急救援处置5项机制作用。12月31日，召开渔业安全生产工作会议，落实党中央、国务院和省委、省政府安全生产工作部署，专题研究渔业安全事故原因，落实防范化解元旦、春节期间渔业安全风险的工作措施。

针对年内发生的5起远洋渔业安全事件，在总结经验教训的基础上，加强远洋渔船船位监测运行及数据分析，加强特殊区域渔船（西非海域项目）管理和敏感海区作业（西南大西洋阿根廷附近水域）的远洋渔船的管理，督促企业做好安全生产工作并做好远洋渔业外防疫情输入管理。

【渔港安全生产监管】 2021年初，广东省委农办、省农业农村厅印发《关于开展"建渔港、保平安"专项行动切实维护渔民群众安全利益的通知》。根据农业农村部关于"依港管渔船、管船员、管安全"等系列部署，配合"不安全，不出海"专项行动，通过压实地区财政保障责任、纳入地区乡村振兴考核体系等抓手，以"你生命 我关爱 建渔港 保平安"为行动主题，开展"渔港建设100%推进、管港机制100%提升、驻港机构100%建立、港务管理100%到位、污染防治100%落实、避风泊位100%保障""6个100%"专项行动，实现渔港"建设、管理、养护"有机结合。主要措施：一是落实主体责任，重点落实渔船船东、船长生产经营主体责任。加强渔船进出港管理，完善渔业船舶安全"黑名单"制度，严厉惩处渔船关闭AIS、GPS等违法行为；二是压实属地责任，全省123个渔港全面落实镇委书记或镇长任港长的渔业安全港长制，实现"依港管人、依港管船、依港管渔获物、依港管安全"；三是落实部门监管责任，开展安全隐患自查自纠，及时发现问题并予以纠正，加强重点船舶、重点水域、重点时段和重点部位的监管。建立健全"管港保平安"机制，推进平安渔港及渔港经济区建设，严格实行不安全、不出海，渔船安全监管成效显著。

【省渔业安全生产专家委员会】 2022年，广东省农业农村厅确定成立广东省渔业安全生产专家委员会，以健全渔业安全生产管理工作机制，充分发挥专家智库作用，提升渔业安全生产管理和事故调查能力。9月26日，召开广东省渔业安全生产专家委员会成立大会预备会议，研讨部署专家委员会成立前期筹备工作，包括开展遴选专家、拟写章程、工作手册和推进成立大会等前期工作。

2022年12月29日，省农业农村厅发出成立广东省渔业安全生产专家委员会的通知，并安排在广州召开专家委员会成立大会，部署专家委员会2023年度工作，开展专家业务能力提升培训。专家委员会成立大会于2023年1月12日举行，农业农村部渔业渔政管理局、全国渔业安全事故调查专家委员会、广东省农业农村厅、广东省海洋综合执法总队、中国水产科学研究院南海水产研究所等单位领导及专家学者出席。

专家委员会由中国水产科学研究院南海水产研究所副所长吴洽儿任主任委员，设有副主任委员、秘书长、副秘书长以及安全指导组、海事调查组、船港管理组、政策研究组、渔业代表组。

⦿ 渔业安全生产

【概况】 2022年1月1日零时起，在农业农村部和沿海省（自治区、直辖市）同步启用全国渔业安全事故直报系统，开通全国统一的渔业安全应急值守电话"95166"，开设全国渔业安全应急中心，简称"一网一号一中心"。广东省农业农村厅十分重视，由省委农办常务副主任、省农业农村厅党组副书记、省乡村振兴局常务副局长黎明分管，她于1月5日带队到广州市番禺区莲花山渔港调研，落实落细渔业安全"港长制"，加大安全生产投入，全面开展隐患排查整治。2月11日召开全省渔业安全生产视频调度会，会后带队到省海洋综合执法总队调研渔业安全事故直报系统、渔业安全应急值守电话"95166"、渔业安全应急中心（即"一网一号一中心"）工作开展情况。

2022年6月是全国第21个安全生产月，省农业农村厅联合阳江市人民政府于16日在海陵岛闸坡国家级中心渔港举办广东省2022年渔业"安全宣传咨询日"暨应急演练现场活动。

【渔业安全生产部署】2021年1月4日，广东省农业农村厅召开渔业安全生产工作会议，听取各督导组挂点市"不安全、不出海"行动进展情况汇报，要求严厉查处"安全"出海违法行为，推动渔业安全生产专项整治工作落实落细。12月31日，省农业农村厅召开渔业安全生产工作会议，省委农办常务副主任、省农业农村厅党组副书记、省乡村振兴局常务副局长黎明出席会议并讲话，学习贯彻习近平总书记关于安全生产重要指示批示精神，落实党中央、国务院和省委、省政府安全生产工作部署，专题研究渔业安全事故原因，以及防范化解元旦春节期间渔业安全风险的工作措施。

2022年3月28日，省农业农村厅召开渔业安全生产工作会议，针对渔业船舶安全领域存在的"六个不到位"问题（涉渔"三无"船舶清理不到位、执法监管不到位、船东主体责任压实不到位、属地政府责任落实不到位、"商渔共治共管"协调不到位、渔船安全事故责任追究不到位）采取有力措施，加强安全监管，确保人民群众生命财产安全。

6月14日，省农业农村厅召开渔业安全生产工作会，厅党组书记刘棕会讲话，研究当前休渔期全省渔业安全重点难点问题，重点建立健全渔业"条块"管理机制，加强渔业安全生产网格化监管平台建设，督促指导县、镇健全完善渔业安全责任制，落实"定人联船"和网格化管理，提升信息化技防能力，打通渔业安全监管"最后一千米"。

省农业农村厅9月30日召开全省农业安全生产工作电视电话会议，各市和有关县（区、市）农业农村、乡村振兴、海洋综合执法（渔政）及流动渔民管理有关部门负责人及乡（镇、街道）分管农业领导及相关业务人员共3 019人参加会议。厅党组书记刘棕会讲话，省海洋综合执法总队就加强全省渔船渔港安全监管工作进行专题部署。

【渔业安全生产督查】2021年1月21日，省新冠防控指挥办公室农村疫情防控工作专班（省农业农村厅）派出工作组赴深圳东部海域渔港开展春节前渔船渔民新冠疫情防控检查调研，实地检查了渔民上下鱼货操作和防疫检查点运作情况，现场检查指导内地渔民、港澳流动渔民疫情防控和远洋渔业疫情防控，疫苗接种和鼓励渔民就地过年措施，筑牢疫情防控海上防线，确保渔港渔船生产安全有序。3月26日，省农业农村厅网站发布《生命至上——2021年渔业安全生产专题片》。

2022年6月14日，省农业农村厅召开渔业安全生产工作会后当天，省委农办常务副主任、省农业农村厅党组副书记、省乡村振兴局常务副局长黎明带队到珠海洪湾中心渔港、横琴粤澳深度合作区、阳江市海陵岛经济开发试验区、闸坡渔政大队和溪头中

队、东平镇东方红渔民委员会、闸坡渔民委员会和溪头镇新发渔民委员会，实地调研南海伏季休渔期间的渔港渔船安全管理，要求落实渔业安全网格化管理，实施船籍港和靠泊港共管制度和渔船"编组跟帮"生产制度，建立联合执勤点，"分片包船""定人联船"，履行好渔业安全生产属地责任，落实"不安全、不出海""6个100%"要求，依港"管人管船管安全"，打通渔业安全监管"最后一千米"，有效遏制重特大事故发生。

【渔业安全生产调度】广东省为保障北京冬奥会、全国两会期间全省渔业船舶安全形势稳定，2022年2月11日召开全省渔业安全生产视频调度会。省委农办、省农业农村厅、省乡村振兴局主要领导在主会场参会。各地级及以上市及各涉农县（市、区）设分会场，相关单位负责人130余人参会。会议通报春节期间全省渔业安全情况，要求严格落实渔业船舶安全专项整治工作，加强渔业船舶安全管理和风险隐患治理，坚决防范重特大事故发生，全面实施安全责任到人，建立上下一体的安全生产责任体系；推进渔业安全"港长制"，制定渔业船舶"黑名单"制度；全面启动打击涉渔"三无"船舶专项行动，打出成效；加强应急值守，确保事故发生后第一时间报告、第一时间响应、第一时间处置。

省农业农村厅于2022年2月21日召开渔业安全调研督导工作会，专题研判近期渔业安全风险，加强对渔业安全监管工作的指导和支持力度。全面实施安全责任到人，建立上下一体的安全生产责任体系；严格落实渔业船舶安全专项整治工作，加强渔业船舶安全管理和风险隐患治理，具体

部署加强渔船安全监管和打击涉渔"三无"船舶工作。会后派出调研组，对湛江、茂名、阳江、汕头、汕尾、揭阳、潮州等地开展渔业安全生产调研督导，要求责任主体"立行立改"，确保问题消除在苗头，处理在萌芽。

【渔业"安全宣传咨询日"活动】 2022年6月是全国第21个安全生产月。6月16日，广东省农业农村厅联合阳江市人民政府在海陵岛闸坡国家级中心渔港举办广东省2022年渔业"安全宣传咨询日"暨应急演练现场活动，围绕"遵守安全生产法，当好第一责任人"主题，进一步宣传贯彻安全生产法律法规，推动落实渔船安全生产责任，提高从业人员安全生产意识、突发事件应对处置水平和自救互救技能。

安全生产是"国之大者"，广东以"时时放心不下"的责任感，提高海上渔业安全生产水平，坚持"管行业必须管安全、管业务必须管安全、管生产经营必须管安全"的原则，建立健全安全生产责任体系，创新监管方法，落实水上交通渔业船舶安全专项整治三年行动工作部署，落实渔船"不安全、不出海"的工作要求，推动渔船安全生产"6个100%"责任全面落实到镇、到村。

活动现场播放渔业安全警示宣传片。渔民代表宣读安全生产倡议书，就当好"安全责任第一人"作出庄严承诺，并获赠救生衣。现场开展了防台应急桌面推演和海上救生消防应急演练，并设置了船用安全装备展示区。来自相关部门的工作人员展开"面对面"服务，通过咨询解答、发放宣传资料、安全知识展示等多种方式，向渔民宣传渔业安全生产法律法规、防灾减灾、自救互救等安全知识。

渔船安全生产

【概况】 2021—2022年，广东渔业主管部门加强渔船安全生产，按照渔船安全"6个100%"各项要求，深入推进渔船"不安全，不出海"，强化商渔共治，切实维护渔业安全。加强对渔船检验的管理，严查"脱检脱管"渔船。加强渔业船员管理，开展渔业船员培训考试，确保渔业船员100%持证。落实渔船100%安全检查和全覆盖隐患排查，及时督促整改，形成闭环管理。建立健全预防商渔船碰撞工作联合监管机制，强化协同执法和信息共享，"齐抓共管"防止商渔船碰撞，专项整治渔船船员临水作业不穿救生衣的违规行为，在全市范围内开展专项行动，加大现场检查和处罚力度，以严格的执法倒逼渔业船员穿戴救生衣成为自觉习惯，保障渔民生命安全。

2022年，省农业农村厅强化渔业船舶综合监管和渔业安全生产，印发《广东省近海捕捞渔船更新改造项目实施方案》《广东省近海渔船船上设施设备更新改造项目实施方案》《广东省远洋渔船、船上设备更新改造和国际履约能力提升补助项目实施方案》等，加快推动渔船更新改造。建立"广东省涉渔船舶审批修造检验监管协调机制"。印发《广东省2022年涉渔船舶监管专项联合行动方案》，召开广东省2022年涉渔船舶监管专项联合行动部署视频会。4月12日召开广东省渔业船舶安全生产排查整治专项行动视频调度会，排查出的重大风险隐患要实行"一患一档"，明确整改措施、整改责任人和整改期限。

【渔船安全生产督导】 2021年3月17—18日，渔船"不安全、不出海"专项行动调研组到茂名调研，先后前往勤海码头、电白综合执法大队水东中队、博贺渔港、博贺渔港党群服务中心、新港渔委会、海雁渔委会，与渔民党员代表谈话交流，查看渔港渔船，查阅有关台账资料，并通过召开座谈会，以"党建和渔船安全工作"为主题开展交流，要求镇（街道）继续深挖亮点，夯实基础，形成长效机制，推动渔船安全形势保持稳定向好态势。

4月14日，省农业农村厅党组副书记许典辉带领省安委办、省农业农村厅联合执法检查组，到茂名市电白区开展渔业船舶安全生产联合执法检查，对停靠在水东渔港码头的3艘渔船进行安全检查，并在座谈会上充分肯定茂名市渔业船舶安全生产工作，做到"依港管人、依港管船"；并对茂名市渔业船舶安全生产工作提出要求：继续压实属地监管责任，凝聚相关部门执法合力，加大打击违法行为的力度，探索创新的管理模式。

4月15日，许典辉带领的检查组到江门市新会区开展渔船安全联合执法检查，深入崖门渔港检查渔港消防设施和港内船舶停泊秩序，并登船检查渔船消防、救生、通信导航等安全设备情况，肯定江门市渔船安全监管工作，并要求完善渔船安全网格化管理体系，尽快建立渔港港长制，并将渔船安全生产实际贯穿到渔港的建设规划中，切实落实好渔船安全监管和渔业高质量发展的各项措施。

7月7日，省农业农村厅二级巡视员程文章率工作组一行6人，到茂名开展渔业安全生产督导调研，通过走访渔委会、召开座谈会，了解渔业安全生产状况，听取市和滨海新区农业农村局、博贺镇政府关于渔业安全生产管理工作的汇报并做出指导，特别是深化落实"定人联船"制度，加强渔船动态监管。

【"商渔共治 2021"专项行动】2021 年 8 月 13 日，广东省农业农村厅、广东海事局在广州番禺莲花山渔港启动广东省"商渔共治 2021"专项行动，通过开展商渔船水上航行避碰等演练，借助全省首个渔业安全港长制管理平台，构建渔船安全监管"一张图"，并开展商渔船防碰撞专题培训、警示、警醒教育、商渔船船长"面对面"等活动，聚焦商渔船安全开展联合执法行动，严查各类违法违规行为。该次专项行动持续至 11 月 30 日，通过专项行动，普及了水上交通安全和渔业安全生产知识，落实商渔船安全管理责任。启动仪式当天，参会人员共同见证广东首个渔业安全港长制管理平台试点启动。广东省沿海地区共有渔港（渔船停泊区）123 个，已全部落实由镇委书记或镇长任"港长"。各地全面落实落细责任措施，健全渔业安全港长制职责和工作机制，加强信息手段，充实监管力量。

【渔船安全责任落实】2021 年，广东将渔船安全监管纳入"平安广东"考评体系，压实地方政府属地监管责任。省农业农村厅派出督导组赴全省开展渔船安全监管考评，切实发挥考评"指挥棒"作用。建立违规渔船"黑名单"管理制度，对违规渔船、渔民、涉渔企业进行公开曝光、重点监管和失信惩戒，建立渔船安全监管全链条治理体系。

严格守护渔船安全底线。根据省领导"把底数厘得更清楚"指示精神，组织力量采集 2.8 万艘海洋渔船、7 万名船员基础信息，全面摸清渔船底数和安全状况。认真落实渔船"不安全、不出海""6 个 100％"要求，检验海洋渔船 2.55 万艘，整治"脱检"渔船近 8 000 艘，排查整改渔船安全隐患 8 693 起，有效防范渔船安全风险。

严格开展渔船专项整治。扎实开展渔船安全专项整治行动，整治免休钓具渔船 2 652 艘，培训教育渔业船员 2 632 名，确保休渔期海上秩序良好。开展船员配备、船体标识排查，整治船载终端"脱线"行为，确保渔船"看得见、管到位"。切实做好海上疫情防控监管，确保渔港和海上新冠疫情"零输入"。

严管敏感水域作业渔船。严格对敏感海域作业渔船的监管，坚持每日巡检，重点监控台湾浅滩、东沙岛、北部湾共管海域、南沙牛轭礁等敏感海域，发出预警信息 1 317 条次，及时召回敏感海域作业渔船 118 艘次，有效避免发生涉外渔业事件。

2022 年 1 月 18 日，省海洋综合执法总队召开安全生产专题工作会议，研究部署渔船安全监管措施，以最严要求、最高标准落实渔船安全监管工作，特别是加强渔港监督管理，充分发挥渔港港长制作用，深入开展渔船"不安全、不出海"专项行动，切实消除安全隐患，确保渔船生产安全。

【渔船安全生产监管】2022 年，广东省农业农村厅印发《广东省近海捕捞渔船更新改造项目实施方案》《广东省近海渔船船上设施设备更新改造项目实施方案》《广东省远洋渔船、船上设备更新改造和国际履约能力提升补助项目实施方案》等，加快推动渔船更新改造。建立"广东省涉渔船舶审批修造检验监管协调机制"。根据农业农村部要求，会同工业和信息化、公安等部门建立广东省涉渔船舶审批修造检验监管协调机制。召开广东省 2022 年涉渔船舶监管专项联合行动部署视频会，印发《广东省 2022 年涉渔船舶监管专项联合行动方案》，指导各地将传统渔排养殖安全生产纳入渔业生产网格化管理范畴。

消除安全隐患，开展春节前渔船渔港安全生产专项督导。登船检查船艇船容、船貌、消防安全设备和船舱机舱、驾驶室、船员生活仓内部环境，查阅船艇值守安全台账。压实安全生产监管责任，全面排查安全隐患，船艇安全管理抓严、抓实、抓好。

一是渔船安全专项整治。加强渔业船舶安全管理和风险隐患治理，加强渔船安全监管和打击涉渔"三无"船舶工作。对渔船安全领域存在的"六个不到位"问题（涉渔"三无"船舶清理不到位、执法监管不到位、船东主体责任压实不到位、属地政府责任落实不到位、"商渔共治共管"协调不到位、渔船安全事故责任追究不到位）采取有力措施，加强安全监管，确保人民群众生命财产安全。

二是严格管理应休渔船。强化船位监控、港内巡查、海上巡航，确保全省 23 026 艘应休渔船"船进港、人上岸、网封存"，做到应休尽休。开展渔船安全专项整治，整改安全隐患 2 202 处，确保在港渔船安全渡休。严格执行船籍港休渔制度，召回跨海区异地挂靠渔船 212 艘，从严处理各类违法行为。

三是集中打击违法行为。紧盯涉渔"三无"船舶、非法改变作业类型渔船等重点对象，开展专项行动，全省出动执法船艇 21 870 艘次、执法人员 78 920 人次，检查船舶 39 120 艘次，查扣涉渔"三无"船舶 1 650 艘，查处违法违规钓具渔船50艘，清理违规渔具31万米。牵头组织粤闽、粤桂琼以及粤西执法队伍联合巡航执法，共同维护重点海域伏季休渔秩序。

【港澳流动渔船安全生产】2022年1月17日，广东省应急管理厅明确港澳流动渔船生产安全事故因船籍港为香港或澳门，不纳入广东省生产安全事故统计，理顺港澳流动渔船安全生产有关事项。省农业农村厅主动作为，加强流动渔船各项管理服务，做好港澳流动渔船安全生产、反走私、反偷渡工作。2022年共举办四期港澳流动渔船渔民管理培训班，邀请省公安厅打私局、中国水产科学研究院南海水产研究所南海渔业中心等有关单位专家对全省"流渔系统"工作人员进行安全生产、反走私、反偷渡等工作培训。指导各地港澳流动渔民工作机构、

港澳流动渔民协会利用微信平台、手机短信等有效途径，将"珠桂6496""台沙2985"两船的生产事故向港澳流动渔民宣传，做到家喻户晓，让广大港澳流动渔民从血淋淋的事故中接受教育、从中警醒，增强渔民对安全生产重要性的认识，让安全生产防范工作在渔民观念中从"要我做"到"我要做"转变。

● 渔业防灾减灾

【概况】2021—2022年，台风、洪涝、病害、污染和干旱给广东渔业造成较大影响。据省农业农村厅统计，全省渔业直接经济损失2021年为4.63亿元，其中，水产品损失4.29万吨，经济损失4.22亿元；台风、洪涝损毁渔业设施造成经济损失4073万元，因灾损毁池塘601公顷、网箱863

箱、围栏5千米、堤坝542米、涵闸3座、护岸721米、防波堤816米。全省水产养殖受灾面积2.48万公顷，其中，台风和洪涝致渔业受灾面积6704公顷，损失水产品0.75万吨，经济损失1.04亿元；病害受灾面积5481公顷，损失水产品1.92万吨，经济损失2.11亿元；干旱受灾面积2926公顷，损失水产品5707吨，经济损失0.53亿元；污染受灾面积255公顷，损失水产品477吨，经济损失0.05亿元。

2022年，全省渔业受灾经济损失合计9.82亿元，是2021年4.63亿元的2.12倍；其中，水产品损失9.09万吨，价值8.85亿元（分别是2021年的2.15倍和2.10倍），占受灾经济损失的90.12%；水产养殖受灾损失分类情况见表5-1，损毁渔业设施情况见表5-2。

表5-1 2022年广东省水产养殖受灾损失分类情况

灾害分类		小计	台风、洪涝	病害	干旱	污染	其他
受灾面积（公顷）		27 643	12 009	5 272	861	207	9 294
水产品损失	重量（吨）	70 908	37 132	22 078	1 891	285	9 522
	金额（万元）	88 518	60 328	22 330	1 907	347	3 606

表5-2 2022年广东省台风、洪涝损毁渔业设施情况

损毁设施	小计	池塘	网箱	围栏	船损	堤坝	涵闸	护岸	防波堤	苗种繁育场	其他
损毁数量	—	1 614公顷	781箱	5千米	16艘	26 988米	10座	725米	820米	1个	—
经济损失	9 705万元	2 907万元	1 318万元	26万元	1.5万元	1 160万元	9万元	374万元	380万元	3万元	3 526万元

【重视渔业防灾减灾】广东省农业农村厅是省渔业主管部门，负责渔业气象灾害的防灾减灾工作；其根据气象灾害预警信号，督促、指导海上渔排、渔船人员安全转移以及渔排、渔船撤离、避险工作。2021—2022年，广东渔业主管部门贯彻落实省委、省政府工作部署，树立安全发展理念，坚持人民至上、生命至上，全力克

服新冠疫情、极端灾害性天气等不利因素，采取有力措施，狠抓责任落实，实现渔业安全生产事故"起数"和涉及"人数""双下降"，尤其是重特大事故"零发生"。实现险情事故第一时间接警、第一时间处置、第一时间上报，加快打造"实战管用、基层爱用、群众受用"的救援生命线，促进渔业保险规范有序发展，推

行渔业船员实名制保险，维护渔区社会和谐稳定。

2022年，省农业农村厅健全渔业安全生产管理工作机制，完善渔业安全生产各项制度，做好渔业安全生产督导、检查等工作；重视水产养殖安全风险防范，指导各地将传统渔排养殖安全生产纳入渔业生产网格化管理范畴，制定《广东省农业农村行业防范

学生溺水工作指引（第一版）》，指导各地落实防范学生溺水工作。12月29日成立广东省渔业安全生产专家委员会，在省农业农村厅的指导下，根据《中华人民共和国安全生产法》《广东省渔港和渔业船舶管理条例》等有关法规指导全省渔业安全生产。

2022年，分管省领导重视渔业安全生产和防灾减灾工作。省委常委、统战部部长王瑞军8月17日带队到阳江市调研，先后考察闸坡港澳流动渔民疫情防控监测点、广东顺欣海洋渔业集团有限公司、广东数字农业（阳西）展览馆等，并主持召开座谈会。王瑞军强调，要完善渔业安全责任制，推动闸坡渔港打造成世界级渔港，全面夯实现代渔业产业基础。24日，王瑞军到省海洋综合执法总队检查指导防御台风"马鞍"工作，听取省农业农村厅和执法总队防台工作情况汇报，在总队值班室通过省海洋综合执法指挥系统查看全省渔船回港情况，要求全省农业农村系统和海洋综合执法队伍，以更高标准、更严要求、更实举措抓好防御台风"马鞍"各项工作，坚决守护好渔民群众生命财产安全：一是坚持"人民至上、生命至上"理念，确保渔船就近回港避风。二要压实市、县、镇、村责任，持续加强回港渔船安全管理，确保回港渔船在台风预警解除前不擅自离港。三要加强应急值守，密切关注台风发展态势，及时向船东、船长推送预警信息，做好突发事件应对处置工作。四要统筹做好防台救灾工作。对在广东避风的外省籍渔船要实施分类处置，闭环管理，确保措施落实到位。截至8月24日19时，全省26 355艘渔船全部回港，5 301名渔排作业人员全部上岸避风。

【应对台风洪涝灾害】2021—2022年，广东渔业主管部门落实防台各项部署，科学组织应急救援，强化渔民安全意识。省海洋综合执法总队2021年落实防台"3个100%"要求，防御"查帕卡""卢碧""康森""狮子山"等9个台风，发送预警信息1 180万条次，召回渔船8.51万艘次，组织渔民上岸避风3.11万人次；加强应急值班值守，及时组织海上应急救援，派出执法船艇157艘次、协调渔船参与搜救719艘次，实施海上搜救129次，成功救助海上遇险人员400人、船舶151艘，有力保障渔船海上作业安全；开展渔船安全监管行动43次。

2022年，省农业农村厅扎实落实防台各项部署，科学高效组织应急救援，持续强化渔民安全意识。省农业农村厅、海洋综合执法总队相关处室在渔业防台等工作中加强沟通和协作，共同维护渔业生产秩序，保障渔民群众生命财产安全。省海洋综合执法总队守牢渔船安全底线，落实"人民至上，生命至上"，第一时间调集170艘次执法船、3 708艘次渔船参与"福景001"轮救援行动；成功抵御台风"暹芭""木兰"，全面落实防台"3个100%"要求。出台防范遏制渔船渔港重特大事故"35条"硬举措，全力防范休渔渔船安全事故，确保渔船"不安全、不出海"。

8月9日10时，位于南海的热带低压已加强为热带风暴级别，成为2022年第7号台风，预测于10日中午到傍晚登陆雷州半岛。省海洋综合执法总队统一部署，各级海洋综合执法队伍及时启动应急响应，督促海上渔船、渔排落实防台措施，严密组织防台工作。总队派出检查组深入湛江市遂溪草潭、霞山渔人码头等重点渔港，检查落实渔船防台措施，落实省防总防台风"3个100%"要求，督促渔民立即上岸，确保所有渔船在台风影响之前全部就近回港避风，做到所有渔船、渔排上的人员全部上岸避险，不漏一人。全省2 762艘免休渔船于8月9日12时前全部回港避风，7 925名渔排作业人员全部上岸。

【防台应急救助实效】2021—2022年，广东省海洋综合执法总队以高标准监管安全，严格落实渔业防台"3个100%"要求，连续5年实现渔业防台"零死亡"。2021年，组织防御台风9个，全年组织救助海上遇险人员400人、船舶151艘，渔船安全生产形势稳定向好，防台应急救助有实效：

一是扎实落实防台各项部署。落实防台"3个100%"要求，成功防御"查帕卡""卢碧""康森""狮子山"等台风9个，发送预警信息1 180万条次，召回渔船85 098艘次，组织渔民上岸避风31 101人次。省防总发《感谢信》充分肯定。

二是科学高效组织应急救援。加强应急值班值守，及时组织海上应急救援，派出执法船艇157艘次、协调渔船719艘次参加搜救，实施海上搜救129次，成功救助海上遇险人员400人、船舶151艘，有力保障渔船海上作业安全。

三是持续强化渔民安全意识。开展渔船安全监管行动43次，广泛宣传《护航》警示片和安全生产"七句警示语"，使安全生产理念深入民心。强化船员监管，培训考核船员23 443人，有效提升持证上岗率。全省发生渔船安全事故23宗，死亡（失踪）18人，同比分别下降34%和18%，事故宗数和死亡人数呈"双下降"。

【水产养殖防灾减灾活动】2022年5月中旬，珠海市遭受特大暴雨，引发洪涝灾害，给水产养殖业带来严重经济损失。6月15日，广东省农业农村厅在珠海市斗门区举办主题为"我为群众办实事"——水产养殖防灾减灾科技下乡活动，组织疫病防控机构、涉渔企业、养殖户和水产从业人员192人参加。活动以"服务渔民、服务渔村、服务渔业"为宗旨，以"稳产保供、减量用药、节本增收、质量安全"为目标，以"防灾减灾、绿色高质量"为抓手，通过专家线上线下授课、现场技术咨询和派发宣传资料等多种形式，宣传防灾减灾技术、科普养殖专业知识，与前来参加活动的养殖企业、养殖户进行良好的互动，让渔民群众能够多掌握一些病害防治、健康养殖、安全用药和防灾减灾等方面的技术，提高应对灾害的应急处置能力，减少生产损失，切实保障广大渔民群众的切身利益。

2022年第9号台风"马鞍"于8月25日上午10时30分前后在茂名市电白区沿海登陆，为防止灾后水生动物疫病暴发流行，广东省动物疫病预防控制中心紧急下拨消毒药物4吨给受灾严重的茂名市和阳江市。选派技术人员到灾区一线做好死鱼死虾无害化处理、水生动物疫病监测预警及公共水域防疫消毒等救灾应急工作，防止灾后复产期间由于水生动物疫病暴发流行给渔农造成二次损失。

五、水产品质量管理

● 综述

【概况】广东省加强水产品质量安全监管，2021年印发《广东省加强水产养殖投入品监管工作实施方案》，进一步界定水产养殖用投入品内涵和监管范围，明确属地监管责任，开展水产品投入品三年专项整治行动。印发《关于开展"不安全 不上市"专项行动 构建水产品质量安全长效机制的通知》，部署水产品质量安全管理"6道防线"。省农业农村厅根据《关于开展2022年省级农产品质量安全监督抽查工作的通知》《关于下达2022年下半年省级农产品质量安全监测任务的通知》部署要求，组织开展对水产品的监督抽查工作。于12月29日通报2022年省级农产品质量安全监督抽查结果：对全省20个地级及以上市（深圳市除外）养殖基地开展水产品监督抽查，共抽检样品537批次，品种主要包括加州鲈、鳜、鳊、鲫、鲤、乌鳢、大黄鱼、黄颡鱼、草鱼、罗非鱼、泥鳅、牛蛙、虾类等20余种；监测项目包括氯霉素、孔雀石绿、硝基呋喃类代谢物、氧氟沙星、地西泮、恩诺沙星、环丙沙星等12种药物残留。经检测，发现不合格样品22批次，合格率为95.9%，较2021年下降3.2个百分点。

【首席专家直播谈水产品质量安全】2022年8月31日，在广州国家现代农业产业科技创新中心开播《首席专家谈农技》直播第十三期水产品质量安全专场，并在"科创数字港直播平台""精农网院"、广东乡村振兴融媒体中心等多个平台同步直播。专家们重点介绍水产品质量安全情况、影响水产品质量安全的因素、提高水产品质量安全的重要措施、水产养殖环境对水产品质量安全的影响、水产品质量安全检测监督以及水产品预制菜发展前景等方面的内容。

广东省现代农业产业技术体系水产品质量安全和环境协调创新团队首席专家陈胜军研究员为"如何提高水产品质量安全水平"给出三个方案：一是加强水产品质量安全基础研究；二是建立水产品质量安全控制关键技术体系；三是构建现代渔业全产业链关键技术体系。他还对省发展水产预制菜的优势、加工种类、质量安全把控以及发展预制菜对渔业产业的意义都做了深入浅出的讲解。

水产养殖环境协调与控制岗位专家赖子尼研究员在直播中从广东省水环境质量状况谈起，指出水产品质量安全中养殖水环境的重要性，提出"养鱼先养水"，"藻相与水色"调控是"养水"的突破点。

水产品检测岗位专家黄珂副研究员对水产品质量安全监测的法律依据与评判依据、水产品质量安全监测的技术方法进行介绍，并对水产品检测实验室确证方法与快速检测方法技术特点进行对比分析。

广东省水产品质量安全和环境协调共性关键技术研发创新团队自2019年成立以来，根据产业发展需求，将产学研有机结合起来，紧紧围绕广东省鱼、虾、贝、藻等大宗和特色养殖水产品产业绿色、低碳高质量发展的需求，在水产品品质评价、水产投入品及污染物风险评估与控制、水产品检测技术与方法、水产品标准化、水产品生物有毒有害物质、水产养殖环境协调与控制等开展相关研究与成果推广应用，在为政府管理部门提供政策和决策依据、水产品质量安全突发事件应急处置和水产产业园建设等方面取得了显著成效。近三年来，累计开展技术培训与交流30余场，培训技术人员1000人次以上；发表学术论文30余篇，申请或授权国家发明专利20余件，发布国家标准1项，广东省地方标准10余项，获得各级科技奖励4项。

【发布抽检水产制品信息】广东省市场监督管理局网站于 9 月 19 日发布 2022 年第 29 期食品抽检信息。该次抽检的水产制品主要为干制水产品、盐渍水产品、鱼糜制品、熟制动物性水产制品、生食水产品。共抽检水产制品样品 65 批次，不合格样品 1 批次、合格样品 64 批次。不合格项目为菌落总数，省市场监督管理局已要求辖区市场监管部门及时对不合格食品及其生产经营者进行调查处理，责令企业查清产品流向，采取下架、召回不合格产品等措施控制风险，并分析原因进行整改；同时要求辖区市场监管部门将相关情况记入生产经营者食品安全信用档案，并按规定在监管部门网站上公开相关信息。

水产品质量安全监控

【重点水产品种质量安全管控】2021 年 6 月，根据国家的决策部署，广东省农业技术推广中心（简称"省农技中心"）按照省农业农村厅《广东省食用农产品"治违禁 控药残 促提升"三年行动计划（2021—2024 年）》的工作要求，牵头组织开展大口黑鲈、乌鳢、大黄鱼、鳊鱼 4 个重点治理水产品种标准化生产示范推广工作，组建广东农业技术服务"轻骑兵"，以小分队的形式深入田间地头，重点针对"四条鱼"开展专项抽检及技术服务，从转变农业生产方式、创新完善生产制度、推广绿色防控技术等方面化解"四条鱼"的高风险药物残留系统性问题，提出并落实重点品种质量安全管控技术指导意见。2022 年，通过"轻骑兵"乡村行、科技下乡、健康养殖技术培训、新媒体发布、派发科普资料、张贴"明白纸"等多种途径形式，做好水产养殖安全用药的宣传，

推进食用农产品合格证制度的实施，通过线上线下方式开展水产健康养殖方面的培训班 10 场次，培训渔民达 1 万余人次，发放"四条鱼"绿色防控技术等材料达 5 000 份以上，媒体宣传 10 次以上，制作宣传视频 1 部。推动"四条鱼"生产方式升级和质量安全水平提升，完成"四条鱼"省级标准化生产示范基地水产品药物残留抽检工作 14 批次，合格率 100%。

【水产养殖投入品监管】2021 年初，省农业农村厅印发《广东省加强水产养殖投入品监管工作实施方案》，进一步界定水产养殖用投入品内涵和监管范围，明确属地监管责任。同时，根据农业农村部、市场监管总局、公安部、最高人民法院、最高人民检察院、工业和信息化部、国家卫生健康委等 7 部门联合印发《食用农产品"治违禁 控药残 促提升"三年行动方案》，结合本省实际制定《广东省食用农产品"治违禁 控药残 促提升"三年行动计划（2021—2024 年）实施方案》（以下简称《三年行动方案》），6 月开始在全省范围内集中开展为期 3 年的联合治理行动，重点治理 11 种食用农产品（其中有"四条鱼"：大口黑鲈、乌鳢、鳊鱼、大黄鱼）较为突出的质量安全问题。广东省《三年行动方案》与全国统一方案相比，确定水产品专项治理行动等 12 个重点专项行动。在集中治理阶段（2021 年 9 月至 2024 年 3 月）发布一批典型案例，集中发布一批关注度高、代表性强的农产品及食品安全案例。

【水产养殖用投入品执法典型案例】2021 年 1 月，农业农村部印发《关于加强水产养殖用投入品监管的通知》（农渔发〔2021〕1

号），指导各级地方农业农村（畜牧兽医、渔业）部门进一步加强对生产、进口、经营和使用假劣水产养殖用兽药、饲料和饲料添加剂等违法行为的打击力度。为震慑相关违法行为，引导水产养殖生产者规范使用水产养殖用投入品，农业农村部筛选 2021 年水产养殖用投入品相关执法 10 个典型案例进行公布，其中案例四是"广东省佛山市顺德区农业农村局查处某养殖场使用限制使用的物质养鱼案"：

2020 年 12 月，佛山市顺德区农业农村局接到群众投诉，称有人使用鸡杂和死鸡喂鱼。顺德区农业农村局执法人员立即赶往现场。经询问，当事人承认存在直接投喂限制直接使用的冰鲜（冻）饵料（鸡杂、鸡肠等）进行水产养殖的行为，且涉案饵料已用完。2021 年 1 月，顺德区农业农村局依据《水产养殖质量安全管理规定》第十五条、《饲料和饲料添加剂管理条例》第四十七条第一款规定，对当事人处 3 000 元罚款。

【养殖水产品质量安全风险隐患警示】广东省农业农村厅依照《中华人民共和国农产品质量安全法》第七条和《政府信息公开条例》第九条和第十条等规定，将 2022 年每个季度的养殖水产品质量安全状况和监督检查信息公示，接受社会各方面监督。12 月 19 日公示第一、第二、第三季度广东省养殖水产品质量安全风险隐患警示信息；2023 年 2 月 27 日公示 2022 年第四季度广东省养殖水产品质量安全风险隐患警示信息。

2022 年全省各级农业（渔业）行政主管部门以及执法机构依照相关法律法规的规定，对 4 462 家水产养殖生产单位进行执法检查，发现有 50 家水产养殖生产单位存在违法使用国家禁用药

物及其他化合物等行为，经调查取证，已对其依法做出行政处罚，罚款金额共计人民币 9.60 万元，相关养殖水产品112 276 千克已进行无害化处理，已无质量安全风险隐患。其中，15 宗案件涉嫌犯罪，已移交当地司法机关追究刑事责任。同时共发现有 9 家水产养殖生产单位存在使用合法水产养殖用兽药、饲料和饲料添加剂以外，还使用了未经批准的水产养殖用投入品的情况，可能导致其养殖水产品存在质量安全风险隐患。广东省养殖水产品质量安全风险隐患警示 2022 年汇总详见表 5 - 3，并将"第二季度广东省养殖水产品质量安全风险隐患警示"在下面详细介绍作为示例。

表 5 - 3　2022 年广东省养殖水产品质量安全风险隐患警示汇总

检查情况	第一季度	第二季度	第三季度	第四季度	合计
进行执法检查的水产养殖生产单位（家）	514	994	1 201	1 753	4 462
发现存在违法使用国家禁用药物及其他化合物洋等行为的水产养殖生产单位（家）	9	21	15	5	50
对其依法做出行政处罚，罚款金额（万元）	1.60	4.58	3.02	0.40	9.60
相关养殖水产品已进行无害化处理（千克）	17 650	62 180	111 325	21 121	212 276
案件涉嫌犯罪，移交当地司法机关（宗）	2	10	3	0	15
发现存在使用合法水产养殖用兽药、饲料和饲料添加剂以外，还使用未经批准的水产养殖用投入品的水产养殖生产单位（家）	2	3	2	2	9

第二季度广东省养殖水产品质量安全风险隐患警示：2022 年 4—6 月，全省各级农业（渔业）行政主管部门以及执法机构依照相关法律法规的规定，对 994 家水产养殖生产单位进行执法检查，发现有 21 家水产养殖生产单位存在违法使用孔雀绿、氯霉素、呋喃唑酮代谢物、氧氟沙星等禁（停）用药物和地西泮等行为，经调查取证，已对其依法做出行政处罚，罚款金额 4.58 万元，相关养殖水产品 62 180 千克已进行无害化处理，已无质量安全风险隐患。其中，10 宗案件涉嫌犯罪，已移交当地司法机关追究刑事责任。

发现 3 家水产养殖生产单位存在使用合法水产养殖用兽药、饲料和饲料添加剂以外，还使用了未经批准的水产养殖用投入品的情况，可能导致其养殖水产品存在质量安全风险隐患。

● 水产品质量专项行动

【水产品"不安全、不上市"行动】根据广东省委、省政府关于食品安全重点工作安排部署要求，立足新形势下农产品质量安全工作新情况、老问题，助力乡村振兴和现代农业高质量发展，广东省农业农村厅制定《广东省食用农产品"不安全、不上市"三年行动（2021—2024 年）方案》，印发《关于开展"不安全 不上市"专项行动 构建水产品质量安全长效机制的通知》，部署水产品质量安全管理，在水产品用药上提出"最严"要求，筑起违禁药物不得使用、使用药物务必登记、投入品务必审批、上市前务必过休药期、生产经营者主体责任务必落实、属地监管责任务必到位等"六道防线"，推动水产品质量安全水平稳步提升。

肇庆市开展水产品"不安全、不上市"专项行动，构建违禁药物不得使用、使用药物务必登记、投入品务必审批、上市前务必过休药期、生产经营者主体责任务必落实、属地监管责任务必到位等"六道防线"。2022 年开展 20 余次水产品质量安全抽样检查，合计对 200 余个养殖场、水产种苗场、养殖投入品经营门店实施产品抽样监控，共计开展水产品和水质监测 1 000 余批次，合格率 100%；在鼎湖、高要和四会等养殖主产区建设 20 余个水产品质量安全智检小站，打通塘头的水产品质量安全监管"最初一千米"，全面实施水产品"不安全、不上市"。

【水产品"治违禁 控药残 促提升"专项行动】2021 年 11 月 16—17 日，广东省农业农村厅在佛山召开全省食用农产品"治违禁 控药残 促提升"专项行动工作推进暨佛山市农产品质量安全全程监管现场观摩交流会，实地考察顺德区北滘镇农产品质量安全四级网格化监管体系和广东顺德均健现代农业科技有限公司（简称均健农业）水产品质量安全全程监管模式。

渔业是佛山的优势产业，鱼塘面积 3.47 万公顷，占全市农业用地约 7.4 万公顷的 46.85%，有"中国加州鲈之都""中国鳗鱼之乡""中国鱼苗之乡"之美誉。佛山市实施生态健康养殖、尾水治理、用药减量、饲料代替幼杂鱼、水产种业质量提升等"五大行动"，建成国家级水产健康养殖示范场 14 个、省级水产健康养殖示范场 26 个、省级水产养殖质量安全示范点 35 个。除中心城区外，其他四区均成功创建省级水产健康养殖示范县，加快水产品产业升级。

佛山市重视水产品质量安全监管，对水产养殖户建立一户一档，设立统一台账，指导督促水产品生产者建立完善生产、用药、销售记录等制度；推动水产养殖散户使用合格证，率先将其纳入广东省农产品质量安全溯源平台进行信息化管理，全市录入省追溯管理平台养殖散户 12 717 户。还在全市水产养殖集中区探索推行水产品"逢出必检、合格上市"产地准出做法，养殖户凭合格的检测报告到村级食用农产品合格证打证服务点开具食用农产品合格证，水产品流通企业、收购者、批发市场查验检测报告后收鱼，做到达标上市。

均健现代农业科技有限公司通过技术和管理，做到了生态养殖，打造均安草鲩品牌，将鱼卖出好价格。均健现代农业科技有限公司出产的鱼，一生至少检测三次，保障源头质量安全。

六、渔业资源保护

渔业资源养护

【渔业资源养护制度】2021—2022年，广东按照《农业农村部关于调整海洋伏季休渔制度的通告》（农业农村部通告〔2021〕1号）以及农业农村部关于印发《"中国渔政亮剑 2021"系列专项执法行动方案》的通知要求，印发《关于做好 2022 年海洋伏季休渔工作的通知》以及《关于做好广东省

2022 年珠江禁渔期管理工作的通知》，明确休（禁）渔水域范围、时间以及工作要求，制定工作方案，协调省海洋综合执法总队及海事、海警等有关部门，组织各地市严格落实休（禁）渔制度监管。2022 年伏季休渔期，全省应休渔船 23 026 艘、免休渔船 2 730 艘，全省出动执法船艇 21 870 艘次、执法人员 78 920 人次，检查船舶 39 120 艘次，查处违反休渔制度案件 2 210 宗。2022 年珠江禁渔期间，全省共出动执法人员 21 601 人次，出动执法船艇 3 607 艘次，清理（查扣）涉渔"三无"船舶 973 艘，清理取缔违规网具 9 063 张（顶），查处电鱼器具 81 件，查处违规渔船 46 艘，清理非法钓具 53 件。严格执行休（禁）渔管理制度，做好渔业资源保护，促进渔业可持续发展。

【渔业水域生态环境保护与修复】2022 年，广东省农业农村厅与生态环境部门通力配合，参加省生态环境厅组织的有关海洋、海岸工程项目环境影响评价，针对建设项目造成的渔业资源损害，按照国家有关规定，对项目环境影响报告书渔业资源生态补偿措施内容提出修改建议，进一步完善渔业资源生态保护和补偿措施。按照原广东省海洋与渔业厅和省财政厅联合印发的《广东省海洋与渔业资源环境损失赔偿款收缴使用管理暂行办法》（以下简称《暂行办法》），组织开展补偿款收缴业务，自 2018 年 10 月机构改革后至 2022 年，已累计征收涉渔工程渔业资源补偿款总计约 2.5 亿元，所得款项全部纳入省财政厅非税收入账户，统筹用于渔业资源保护修复工作。

落实渔业资源生态补偿。根据省生态环境厅批复的环境影响报告书文件等，2020 年 12 月至

2021 年 12 月期间，省农业农村厅同有关项目建设主体一共签订 5 份补偿协议，收缴海洋与渔业资源环境损失赔偿款 7 971 万元，统筹用于渔业水域生态环境修复，落实生态补偿措施。

渔业资源增殖放流

【概况】2021—2022 年，广东省各级渔业主管部门科学制定渔业资源增殖放流工作方案，严格按规定组织苗种招投标，落实检验检疫，扎实开展增殖放流活动。

2021 年 6 月 6 日"全国放鱼日"活动期间，珠海、潮州、阳江、茂名等地积极开展增殖放流活动，受到有关媒体广泛报道，取得良好的社会宣传效应。2021 年度中央财政下达预算 1 427 万元，整合上一年中央财政结转资金 185 万元，以及市、县自筹资金和社会投入资金 2 295 万元，在全省江河流域、海域共放流海水、淡水和珍稀濒危物种超过 6 亿尾，完成农业农村部下达的增殖放流绩效目标任务，还带动社会民众积极参与。

2022 年，中央财政增殖放流资金计划安排广东 1 476 万元，增殖放流水生生物 29 000 万尾（粒）；实际执行中央财政增殖放流资金 1 422.79 万元，完成增殖放流苗种 32 417 万尾（粒）。2021 年结转到 2022 年度经费 255 万元，增殖放流苗种共 4 909 万尾；其中，海洋生物资源增殖放流资金 247 万元、放流苗种 4 809 万尾，淡水生物资源增殖放流资金 8 万元、放流苗种 100 万尾。6—7 月，"全国放鱼日"活动期间，汕头、梅州等多地开展的增殖放流活动得到有关媒体报道。

【水生生物资源增殖放流】2022 年中央财政增殖放流资金安排广

东省 1 476 万元,整合上一年中央财政结转资金 255 万元,还有市、县自筹资金以及社会投入资金 2 295 万元,在全省江河流域、海域开展增殖放流行动,共放流海水、淡水和珍稀濒危物种 3.7 亿尾。

海洋生物资源增殖放流情况。2022 年,全省海水经济物种增殖放流投入资金 1 099.39 万元,其中中央财政资金 823 万元,省、市、县自筹及社会投入资金 276.39 万元。完成放流苗种 27 157 万尾;其中中央财政资金放流苗种 26 190 万尾,省、市、县自筹及社会投入资金放流苗种 967 万尾。

淡水生物资源增殖放流情况。2022 年,全省淡水经济物种增殖放流投入资金 990.13 万元,其中中央财政资金 483.56 万元,省、市、县自筹及社会投入资金 506.57 万元。完成放流苗种 10 088 万尾;其中中央财政资金放流苗种 6 222 万尾,省、市、县自筹及社会投入资金放流苗种 3 866 万尾。

珍稀濒危水生野生动物增殖放流情况。2022 年,全省珍稀濒危水生野生动物增殖放流投入资金 20.06 万元,其中 2022 年度中央财政资金 20 万元,完成放流共 4 万尾,省、市、县自筹及社会投入资金 0.06 万元,完成放流 0.03 万尾。

【增殖放流效果评估】2021—2022 年,广东省农业农村厅委托中国水产科学研究院南海水产研究所和中国水产科学研究院珠江水产研究所开展增殖放流效果调查评估。2021 年报告显示:增殖放流补充自然水域资源群体,一定程度实现了碳中和,促进生态环境改善,增殖放流资金投入产出比大于 1∶6,促进渔民增产增收,总体上产生良好的生态效益和经济效益。

2022 年,广东海水增殖放流效果评估:根据各增殖放流海域本底和跟踪调查资源密度的比较,增殖放流后拖网跟踪调查平均渔业资源密度是本底调查的 1.4 倍以上。增殖放流评估点海域渔民人均增收均大于 350 元/年。通过海水经济物种增殖放流效果评估海域本底调查和跟踪调查游泳生物资源密度对比,该次重要经济物种增殖放流资源贡献率大于 2%。增殖放流效果评估海域渔民平均满意度调查结果为 90%。

珠江水产研究所通过开展放流水域本底资源调查、放流水域放流容量估算、放流物种标记、回捕等一系列工作,2022 年在广东省西江、北江、东江、梅江、珠江口等淡水河流共设置 10 个监测点,进行鱼类增殖放流效果评估。物种分子标记检测结果表明广东鲂增殖放流平均贡献率 6.41%,白鲢增殖放流平均贡献率 10.08%;渔民抽样调查总体满意度 98.0%。

【增殖放流规范管理】2021—2022 年,广东加强增殖放流工作的组织领导,按时下达资金、分解任务,督促各承担单位尽早部署、认真组织,针对任务要求的增殖放流种类和数量,结合当地水域生态环境实际,制定年度增殖放流实施方案,确保增殖放流活动的顺利开展。增殖放流管理措施主要有:

科学制定实施方案。各地按照《水生生物增殖放流管理规定》《水生生物增殖放流技术规程》等国家和省有关规程规范,科学制定增殖放流规划和年度实施方案,严格健全增殖放流苗种监管机制,强化增殖放流苗种种质、质量、数量监管,确保增殖放流活动规范化、科学化。

有序开展增殖放流。按照国家和省有关规程规范,科学选择放流水域、品种,在具有水产苗种生产许可证、信誉良好、科研力量雄厚、技术水平高的苗种生产单位中,确定增殖放流苗种供应单位。充分落实苗种供应单位招标、苗种质量监督检验、放流现场公证公示制度。

严格规范资金使用。依照中央、省有关资金使用管理文件精神执行,督促各地及时整理归档增殖放流活动过程文件,包括增殖放流项目资金下达文件、增殖放流计划方案、招投标文书、苗种采购发票复印件、现场监督记录、验收报告、检验检疫报告等台账资料,确保全过程可追溯。

科学规范组织活动。严格执行国家和省有关水生生物增殖放流各种工作规范和技术规程等管理制度要求,落实增殖放流方案专家审查制度、苗种质量检验检疫制度,强化效果评估。

汇总报送数据材料。督促各地通过"全国水生生物资源养护信息采集系统"及时准确完成相关数据上报,省级主管部门审核通过后,汇总形成增殖放流工作报表和总结材料。

⬤ 水生野生动物保护管理

【水生野生动物保护】2021 年,广东省农业农村厅根据新调整的《国家重点保护野生动物名录》,开展《广东省重点保护水生野生动物名录》调整工作,要求各地积极开展新调整国家名录的宣贯工作。支持科研机构开展鼋、鲎的保护研究和珊瑚普查,加大濒危水生野生动物保护力度。编印水生野生动物保护法律法规和规范性文件(续编)等资料,分发各地宣传学习。5 月,农业农村部联合广东省政府开展长江江豚保护暨"江豚进馆"主题活动，省农业农村厅配合协调落实长江江豚迁地保护工作。11月27日，省农业农村厅在深圳联合举办科普宣传月活动启动仪式，开展系列科普活动，向公众宣传水生野生动物保护法律法规、救护方法等知识，提高公众的野生动物保护意识和遵法守法意识，倡导科学文明健康的生活理念，营造全社会共同保护的良好氛围。

同时，规范水生野生动物行政许可管理，加强对地市行政许可管理的指导监督，召开水生野生动物行政许可管理工作座谈会明确相关工作要求，举办全省水生野生动物保护管理培训班，培训市、县（区）级行政管理人员164人，提升基层管理人员的业务水平，确保水生野生动物行政许可审批工作规范有序进行。全年共审核上报国家重点保护水生野生动物（一级9种类）相关行政许可95件。

【水生野生动物濒危物种救护】2021年8月底在韩江流域梅州市大埔段发现一只体重23千克国家一级保护野生动物鼋，省农业农村厅组织专家团队实施救护，转入农业农村部佛山鼋人工繁殖基地进行后续救护；另外在潮州河段、丰顺河段分别发现一只0.9千克和一只16千克的鼋，现场鉴别后就地归野。9月，省农业农村厅按照省领导指示，协助深圳市渔业主管部门妥善做好大鹏湾布氏鲸死亡后相关处置工作。

【生物多样性与濒危物种保护】2022年，广东省农业农村厅加强水生生物多样性与濒危物种保护。

规范行政许可管理。严格规范水生野生动物行政许可审核管理工作，加强对委托下放事项的指导和监督检查。及时转发《农

业农村部渔业渔政管理局关于做好国家重点保护水生野生动物信息管理系统试运行工作的通知》，结合全省实际，督促指导各地做好国家水生野生动物信息管理系统试运行工作。指导各地做好罚没和救护水生野生动物及其制品的处置工作。

加大执法监管力度。落实"2022清风行动"工作部署，积极配合海洋综合执法、林业、公安等执法部门开展联合执法行动，督促各地落实属地管理责任，开展水生野生动物执法检查，坚决遏制非法经营水生野生动物及其制品等违法犯罪行为。经统计，2022年清风行动期间，全省各级农业农村执法部门累计出动执法车辆（船）1 261车/船次，出动执法人员4 975人次，查办案件总数24起。

完成省名录调整工作。推进《广东省重点保护水生野生动物名录》调整工作。将该名录征求意见稿等材料按程序报经省人民政府同意，5月印发《广东省重点保护水生野生动物名录》的通知文件，顺利完成了省名录调整任务，进一步完善了全省水生野生动物保护管理制度。

启动省级科普基地遴选工作。按照省级科普基地动态管理原则，印发《关于遴选广东省水生野生动物救护科普基地的通知》，明确遴选方式和有关程序，组织开展省级救护科普基地遴选工作，加强水生野生动物收容救护能力建设。

支持濒危物种保护研究。继续支持科研机构开展鼋、鲎的保护研究，深入推进鼋人工驯养繁育技术研究，摸清全省鼋历史栖息地鼋资源状况，调查掌握中国鲎育幼生境现状，强化濒危物种栖息地保护和拯救繁育。

水产种质资源保护区

【概况】广东省有国家级水产种质

资源保护区17个，由于水产种质资源保护区的管理责任在市、县，而全省又缺少相应的管理制度，造成水产种质保护区的管理机构不健全，管理能力及管理水平参差不齐。2022年，广东省农业农村厅对全省各国家级水产种质资源保护区开展实地考察，推动出台《广东省水产种质资源保护区管理办法（暂行）细则》《涉渔工程生态补偿资金暂行管理办法》，明确涉水工程建设对保护区影响专题论证评价程序，理顺省、市、县（区）以及涉保护区水域工程建设的相关建设部门的职责、权利及义务，提升全省水产种质资源保护区建设管理水平。

【涉渔保护区工程项目管理】2022年，广东省农业农村厅组织开展国家级水产种质资源保护区涉渔工程情况自查、复查及补偿措施整改工作，督促各地制定整改方案，指定专人负责，形成工作台账；督促广州市增城区、从化区4个项目建设单位尽快完成"未批先建"项目环境影响报告书修改并按程序上报，严格落实生态补偿措施。全省四个"未批先建"项目中，增城两项目顺利通过8月份国务院大督查现场检查，并于9月14日获农业农村部长江流域渔政监督管理办公室（以下简称"长江办"）批复；从化两项目也于12月12日获"长江办"批复。

【水产种质资源保护区管理办法】2022年11月29日，开平市人民政府办公室印发经市人民政府同意的《潭江广东鲂国家级水产种质资源保护区管理办法》，自2023年1月1日起施行，有效期为5年。

潭江广东鲂国家级水产种质资源保护区（以下简称保护区）是2012年12月7日由中华人民

共和国农业部公告第1873号设立的第六批国家级水产种质资源保护区，位于开平市潭江蒲桥至南楼江段，途经赤坎镇、百合镇、蚬冈镇，全长约29.2千米，总面积640公顷。其中核心区为百合大桥下游1千米至茅冈大桥，核心区面积262公顷；主要保护对象为广东鲂，其他保护对象包括日本鳗鲡、青鱼、草鱼、鲢、鳙等。每年的3月1日至7月31日，是广东鲂繁殖期及幼鱼生长特别阶段，设定为核心区特别保护期。特别保护期核心区内不得从事捕捞、爆破作业以及其他可能对保护区内生物资源及生态环境造成损害的活动。

该管理办法明确：开平市渔业行政主管部门按照法律法规规定的职责，开展保护区的各项管理工作。主要职责包括七方面：制定水产种质资源保护区具体管理制度；设置和维护水产种质资源保护区界碑、标志物及有关保护设施；开展水生生物资源及其生存环境的调查监测、资源养护和生态修复等工作；救护伤病、搁浅、误捕的保护物种；开展水产种质资源保护的宣传教育；依法开展渔政执法工作；依法调查处理影响保护区功能的事件，及时向市政府和上一级渔业行政主管部门报告重大事项。

管理办法要求公安、财政、生态环境、交通运输、市场监督、自然资源、水利、海事和航道等有关部门，保护区途经的有关镇人民政府，按照各自的职责，协同做好保护区的保护工作。

【水产种质资源保护区增殖放流】
2022年12月16日，在增江国家级水产种质资源保护区正果拦河坝附近举行水生野生动物保护科普宣传暨增殖放流活动，这是由广州市农业农村局主办，增城区农业农村局、南方农村报承办的。活动现场，与会人员将增江大刺鳅、光倒刺鲃、草鱼、鳙及鲮约4万尾鱼苗及部分鱼种投入增江国家级水产种质资源保护区，增殖水产种质资源。区农业农村部门每年定期开展人工渔业增殖放流活动，稳定增城区江河鱼类种群数量，改善和优化水域群落结构，促进增城区江河渔业的可持续发展。

增江光倒刺鲃、大刺鳅国家级水产种质资源保护区是2008年12月建立的第二批国家级水产种质资源保护区，总面积438.7公顷，其中核心区面积130.3公顷，实验区面积308.4公顷。保护对象为光倒刺鲃、大刺鳅以及栖息地的其他物种等。2019年，增城区树立水产种质资源保护区范围界桩，明晰保护区具体的地理位置分布。同时树立相关宣传标识牌34个，完善保护区基础设施，增强群众对保护区自然环境的保护意识。编制《水产种质资源保护区执法巡查工作规范》，其规范巡查内容、规定巡查频次及明确对违法犯罪的处置原则。区农业农村局联合广州市渔业环境监测中心，每年两次对增城区重要江河及保护区水质进行监测，及时掌握水质变化，保障江河生态稳定性。

2021—2022年，增城区积极开展增江大刺鳅保护工作，以建设增江光倒刺鲃、大刺鳅国家级水产种质资源保护区为主要抓手，开展大刺鳅人工繁育与水产种质资源保护工作，提升渔业产业发展水平。2021年建设"增江大刺鳅繁育养殖基地"，依托广州市河盛汇农业科技有限责任公司为建设主体，在小楼镇八仙湖流转16.67公顷池塘建设增江大刺鳅繁育养殖基地，主要开展增江大刺鳅的保种育种及人工养殖和繁育工作。

海洋牧场建设

【概况】2021—2022年，广东省按照国家关于发展现代化海洋牧场的规划和部署，建设海洋牧场（人工鱼礁）。组织全省国家级海洋牧场示范区年度评价和复审工作，按照2022年4月农业农村部渔业渔政管理局召开的海洋牧场工作推进会议精神，开展工作调研和督导，健全工作台账，督促各地海洋牧场项目抓紧落实年度评价和复审工作；推进海洋牧场项目建设进度，督促有关地方主管部门严格按照海洋牧场建设实施方案抓紧开展项目建设工作，并定期报送项目实施进度；开展全省海洋牧场转型升级工作调研，派员赴湛江、阳江、汕头等地开展海洋牧场工作调研，召集地方主管部门和相关企业，研讨海洋牧场转型升级方向，提出发展海洋牧场以企业为主体，走市场化之路，同深水网箱、休闲渔业以及风电产业融合发展的新转型升级方向。

【海洋牧场发展】在2022年1月13日广东省政府新闻办召开新闻发布会上，现代海洋牧场建设备受关注。截至2021年，全省已累计建设人工鱼礁区50个，创建国家级海洋牧场示范区14个，投放人工鱼礁331万空方，海洋牧场面积1 335千米^2。其中，养护型海洋牧场示范区数量在全国排名第一。会议透露，广东计划到2022年完成推动海洋牧场产业化发展，启动珊瑚修复示范场建设和海洋牧场监管平台建设，推进"海洋牧场＋深水网箱"产业发展。省农业农村厅按照国家关于发展现代化海洋牧场的规划和部署，加快推进广东海洋牧场（人工鱼礁）建设。2022年11月，审核通过并向农业农村部推荐申报广东省湛江遂溪草潭海域创建国家级海洋牧场示范区项目。

【海洋牧场管理】 2021—2022年。广东省在海洋牧场建设过程中，坚持生态优先，科学把握海洋牧场建设定位，将资源养护生态环境保护放在首要位置，养护海洋生物资源，实现渔业的可持续发展。积极探索海洋牧场发展新模式，建立"政府主导、企业为主"的海洋牧场管护开发模式。政府部门通过制定明确的管理目标和管理要求，确保渔业资源得到有效保护和可持续利用，确保海洋牧场发挥公益性功能；各投资主体明确管理责任和义务，并根据投资比例，合理确定各方收益。探索委托企业参与海洋牧场管护、开发工作。按市场化取向推动海洋牧场发展，打造三个具有广东特色的海洋牧场模式，重点打造"人海和谐"模式，资源共享模式，养殖产业模式等的海洋牧场。

【海洋牧场成效】 2021—2022年，广东省建设海洋牧场的成效有：

渔业资源养护效果明显。监测数据表明，大规模的人工鱼礁建设，对养护近海渔业资源发挥重要作用。投礁后鱼卵和仔鱼密度分别提高10～50倍和2～40倍，濒临绝迹或稀有种类时有发现，渔业资源生物种类增加2～4倍，渔业资源密度提高8～27倍。

渔业生境修复效果显现。海洋牧场建设有效改善了水环境质量，提升了水域生态功能。监测评估表明，投礁后生产力明显增加，浮游生物密度提高1～9倍、多样性指数提高7%～54%；已建海洋牧场每年固碳7万吨、消减氮6 000吨、磷600吨，每年可产生生态效益212亿元，占全国海洋牧场生态效益35%。

渔民增收渔业增效凸显。调查显示，海洋牧场海域渔获物中优质鱼类的比例明显提高，海洋牧场每年直接经济效益达10.64万元/公顷，钓业渔船每艘每年增加经济效益5万～8万元。海洋牧场带动了休闲渔业发展。

七、港澳流动渔民

综述

【概况】 港澳流动渔民是指在广东省港澳流动渔民协会入会，在中国内地从事捕捞、养殖、休闲渔业的港澳居民中的中国公民。港澳流动渔船在广东省的深圳、珠海、惠州、汕尾、阳江、台山等6个市的16个渔港（蛇口、盐田、南澳、湾仔、担杆、万山、桂山、洪湾、澳头、港口、汕尾、马宫、闸坡、东平、沙堤、广海湾）登记入会。截至2021年5月，全省登记入会且在广东省港澳流动渔船信息管理系统录入的港澳流动渔船共2 424艘，总功率约837 000千瓦，全省共有港澳流动渔民2万多人。

港澳流动渔民世世代代居住在香港或澳门，历史上一直与广东渔民在共同海区生产作业。中华人民共和国成立后，国家实行海边防管理，他们一度被限制进入内地生产作业。1953年，根据中央"香港是中国领土，香港渔民是中国渔民""争取港澳渔民内向"的方针和周恩来总理、廖承志同志的指示，广东省开始吸收港澳渔民在珠海、宝安县等地入会、入户，从而形成具有香港、澳门和广东"双重户籍"的特殊群体，习惯上将这一特殊群体称为港澳流动渔民。中央和广东省历来重视港澳流动渔民工作，出台一系列支持政策，帮助渔民发展经济，促进渔业增产增收，维

护渔区稳定。

2022年5月8日香港特别行政区第六任行政长官选举，4月在内地生产的多名港澳流动渔船船主选委，为能及时回到香港参加投票，主动放弃休渔前的黄金生产时间，提前"休渔"落实隔离防疫措施返回香港，以渔业为主的香港渔农全票支持。5月20日，完成接返618名内地渔工，也保障一定数量的内地渔工随船在香港指定区域作业，解决香港市场渔获供应问题。

【港澳流动渔民的历史贡献】 港澳流动渔民是中国南海一支重要的渔业生产队伍，更是一支爱国、爱港、爱澳的重要力量，在不同历史阶段，为国家的发展和港澳的繁荣稳定作出积极贡献，素有"海上铁军"之称。

在政治方面，港澳流动渔民具有爱国、爱港、爱澳的优良传统。抗日战争时期，港澳流动渔民为抗日队伍收集、传送情报，运送抗日人士和战略物资，送子弟参加抗日部队；解放战争时期，港澳流动渔民出船出力，为解放军驾船渡海，参加解放海南岛和万山群岛的战斗，不少人立功受奖；港澳回归前他们坚决维护港澳地区稳定，港澳回归后为"一国两制"实践做出重要贡献；香港出现"反修例"风波后，港澳流动渔民积极向社会发出正面声音，多次组织大规模海上巡游，充分展示港澳流动渔民这支爱国、爱港、爱澳队伍关键时刻"拉得出、打得响、打得赢"的形象，积极支持香港特别行政区政府依法施政，坚决支持制定实施香港特别行政区国家安全法和完善香港特别行政区选举制度，积极维护中央政府的权威和对港全面管治权，旗帜鲜明地反对和抵制暴力，为守护香港的繁荣稳定做出

积极贡献；在相关的选举活动中，坚决力挺爱国、爱港、爱澳的候选人；新冠疫情暴发后，港澳流动渔民踊跃向内地同胞捐款捐物，传递爱心，共克时艰，彰显爱国情怀；港澳流动渔民还一直贯彻落实中央"开发南沙渔业先行"政策，为维护南沙主权和海洋权益作出积极的贡献，多次受到中央和各有关部门的充分肯定和表彰。

在经济方面，港澳流动渔民较早建造大船并引进先进的技术和设备，长期在广东省渔场生产、渔港补给和销售渔获物，雇用一万多名内地渔工，对解决内地劳动力就业、带动广东渔业发展和促进粤港澳三地繁荣发展做出积极的贡献；港澳流动渔民还为港澳地区的"菜篮子"（主要是供应大部分水产品）做出重要贡献。

【港澳流动渔民的政治地位】 2022年1月3日，香港渔民团体联合会长何俊贤成功当选香港特别行政区第七届立法会议员。农业农村部渔业渔政管理局局长向何俊贤议员发去贺信表示热烈祝贺，相信香港渔业事业明天会更美好。

港澳流动渔民积极参政议政，香港渔农界（主要是港澳流动渔民）在香港立法会90席议员中占有1个席位，1 500席行政长官选举委员会中占有60＋1席（其中1席为立法会议员当然议席），港区人大代表选举会议成员占有60＋1席（其中1席为立法会议员当然议席），乡村代表47席，以及在深圳、珠海等入会的市、区人大、政协中有若干名代表（委员）。

2017年7月1日，习近平主席视察香港时观看港澳流动渔民在香港维多利亚港举行的"庆香港回归20周年"大巡游活动。2019年10月1日，广东省港澳流动渔民协会委员、香港渔民团体联合会常委、台沙1 276船船主周水根

（香港籍）先生作为香港代表受邀到北京天安门现场参加70周年国庆活动，登上了"一国两制"方阵的花车。

港澳流动渔民管理机构

【港澳流动渔民工作协调小组】 2003年经国务院批准，农业部成立港澳流动渔民工作协调小组，负责协调流动渔民生产生活和管理中的重大政策问题。2019年，经国务院同意，"农业农村部港澳流动渔民工作协调小组"调整为"港澳流动渔民工作协调小组"，并批准进一步完善充实港澳流动渔民工作协调小组组织架构，由农业农村部、国务院港澳办等十个国家部、局单位和广东、广西、海南三省（自治区）人民政府有关部门为成员单位，农业农村部分管领导任组长，国务院港澳办和广东省人民政府分管领导任副组长。协调小组负责协调港澳流动渔民发展和渔业管理工作，以及港澳流动渔民生产活动中的重大事项和政策性问题。协调小组工作办公室设在广东省农业农村厅，具体工作由省农业农村厅港澳流动渔民工作处承担。港澳流动渔民工作协调小组的调整，从国家层面确立港澳流动渔民工作方向。协调小组工作办公室的作用是及时将港澳流动渔民反映的需要国家有关部委层面协调解决的问题向协调小组报告，争取形成协调小组的意见要求相关部门执行。

【广东省港澳流动渔民协会】 1953年广东成立各级港澳流动渔民协会，是港澳流动渔民与政府的桥梁纽带。2014年3月在广州召开广东省港澳流动渔民协会第七次代表大会，香港、澳门、广东地区代表共计200余人参加。香港

中联办、澳门中联办、农业部港澳流动渔民工作协调小组、南海区渔政局以及香港渔农署、澳门海事及水务局等单位派代表参加会议。会议审议通过协会工作报告，选举产生新一届委员会，提出新一届委员会工作任务和奋斗目标，修订了协会章程、会籍管理办法。

2021年6月16日，港澳流动渔民工作协调小组（农业农村部代章）印发《港澳流动渔船渔民管理规定（试行）》，规范对港澳流动渔民协会的管理和监督，更好地服务港澳流动渔民，具体规定有4条（第四至第七条）：

第四条 流动渔船、流动渔民在内地从事渔业生产实施组织化管理，广东省港澳流动渔民协会通过入会形式具体实施。

鼓励广东省各级港澳流动渔民协会为流动渔民及其雇用内地渔工提供协助和服务。

第五条 广东省各级港澳流动渔民协会是由流动渔民组成的非营利性社会团体法人，是广东省各级人民政府批准成立的协调、服务流动渔船、流动渔民的社会组织，在民政部门登记、由港澳流动渔民工作主管部门负责管理。

第六条 广东省各级港澳流动渔民协会应协助地方人民政府管理流动渔船、流动渔民，监督流动渔船、流动渔民按照内地相关法律法规从事生产作业，及时向有关主管部门反映流动渔船、流动渔民的合理诉求，协助解决流动渔船、流动渔民面临的生产困难。

广东省港澳流动渔民协会应在征询港澳流动渔民有关团体意见后，制定流动渔船、流动渔民会籍管理规定，明确流动渔船、流动渔民入会、转会、退会的条件和程序，以及对违法违规情况、会籍处分规定等，指导下级港澳

流动渔民协会规范流动渔船、流动渔民管理。

第七条　流动渔船、流动渔民可在广东省深圳市的蛇口、盐田、南澳，珠海市的湾仔、担杆、万山、桂山、洪湾，惠州市的澳头、港口，汕尾市的汕尾、马宫，阳江市的闸坡、东平，台山市的沙堤、广海湾等十六个渔港入会、转会。流动渔船、流动渔民入会、转会，需向拟入会渔港港澳流动渔民协会提出申请，并逐级报至广东省港澳流动渔民协会同意后，会籍生效。

前款规定的渔港名单需要调整的，由广东省人民政府渔业渔政主管部门提出，经广东省人民政府商国家有关主管部门同意后，另行公布。

入会渔港所在地人民政府，应当为公安、边检、渔业等部门提供必要的办公场所和执勤设施。

【广东省农业农村厅港澳流动渔民工作机构】广东省农业农村厅内设港澳流动渔民工作处，承担与香港、澳门特别行政区政府有关部门建立港澳流动渔民管理工作直接联系机制，承担协调涉及港澳流动渔民的工作，指导市、县港澳流动渔民工作，指导港澳流动渔船安全生产监管，指导、服务港澳流动渔民生产经营活动。

广东省港澳流动渔民接待站是省农业农村厅直属公益一类事业单位。主要职责：承担港澳流动渔民接待服务工作；承接原厅机关服务中心业务。截至2022年12月31日，单位编制人数43人，在职人数43人，退休人员47人。内设7个科室，分别是办公室、综合财务科、港澳流动渔民业务科、行政管理科、物业管理科、基建水电科、车辆管理科。

省港澳流动渔民接待站2021年一般公共预算财政拨款支出决算执行数874.59万元，完成预算的100.0％。单位整体支出绩效目标完成情况与效益主要有：一是港澳流动渔民接待和交流互访工作；二是港澳流动渔民宣传教育培训，与港澳主要爱国渔民社团的联系合作，开展《港澳流动渔船渔民管理规定》等法律法规和政策宣传培训，加强港澳流动渔民特别是青年渔民国情教育，为全面准确贯彻"一国两制"政策方针和维护香港、澳门长期繁荣稳定发挥更大的作用；三是解决港澳流动渔民实际困难和问题，支持港澳流动渔民发展转型升级，更好融入国家发展大局；四是精准服务港澳流动渔民，承担省港澳流动渔民协会有关工作任务，完善省港澳流动渔船、渔民基础信息管理，提升精准服务水平；五是加强港澳流动渔船安全生产管理及反走私工作，加强港澳流动渔民安全生产宣传教育和培训工作，打击不法分子假冒及利用港澳流动渔船走私行为，纯洁港澳流动渔民队伍。

【农业农村部答复十三届全国人大第五次会议第7621号建议】2022年9月19日，农业农村部对"十三届"全国人大第五次会议第7621号建议答复陈勇、谭耀宗、叶国谦代表：你们提出的建议收悉。经商财政部、交通运输部、国务院港澳事务办公室、国家移民管理局和广东省人民政府，现答复如下。

一、关于港澳流动渔民转型升级。国家高度重视港澳流动渔民工作，《港澳流动渔船渔民管理规定（试行）》明确国家鼓励和支持港澳流动渔民向组织化、集约化生产转型升级，从事水产养殖、休闲渔业等。广东省指导部分地市先行先试探索出台港澳流动渔民转型升级政策，支持港澳流动渔民发展水产养殖、加工、冷链、休闲渔业等。2020年，广东省在惠州市建设粤港澳流动渔民深海网箱养殖产业园，香港渔民团体联会成立的惠州市新金满华海洋产品开发有限公司参与产业园建设。

二、关于加强与香港特别行政区政府沟通。2017年，我部渔业渔政管理局与香港特别行政区政府渔农自然护理署签署《关于香港流动渔船事宜的合作安排》，双方就涉及香港流动渔民发展和管理进行合作交流。此后，双方在伏季休渔政策调整、联合增殖放流、世界贸易组织（WTO）渔业补贴政策等方面进行了密切合作。广东省农业农村厅一直与香港特别行政区政府渔农自然护理署保持密切联系。

三、关于港澳流动渔船检验和维修。2020年底，广东省全面启动渔船检验社会化改革，通过政府购买服务方式，委托渔业船舶检验技术机构按照渔业船舶法定检验技术规则实施渔业船舶现场检验。交通运输部指导广东省渔船检验机构做好港澳流动渔船检验工作。针对新造渔船的实际情况，广东省海洋综合执法总队计划分期、分批安排受理港澳流动渔船新造委聘检验申请。

四、关于港澳流动渔民办理出入证。国家移民管理局将继续为港澳流动渔船渔民出入境提供通关便利，做好内地渔工出入境管理服务，持续精准服务港澳流动渔民。

● 港澳流动渔船和渔民管理制度

【港澳流动渔船管理规定】2021年6月16日，港澳流动渔民工作协调小组（农业农村部代章）印发《港澳流动渔船渔民管理规定

（试行）》（以下简称《规定》）。该规定是对《港澳流动渔船管理规定》（农渔发〔2004〕20号）修订完善而形成的。该《规定》亮点有：一是把港澳流动渔船和渔民都纳入管理，从中央层面，对港澳流动渔民、渔船管理更加规范；二是把港澳流动渔民协会写入《规定》，规范对协会的管理和监督，更好地服务港澳流动渔民；三是对相关部门"职、权、利"进一步明确，特别是对港澳流动渔民如何转型发展，也首次纳入管理规定，为以后转型升级打下制度基础。

《规定》要求"广东省各级人民政府及有关部门应制定完善便利流动渔民在内地发展的政策措施，完善相关制度，以促进流动渔民在内地发展。"

《规定》第三条明确：

农业农村部主管港澳流动渔船在中国管辖的内地海域渔业生产管理工作，广东省各级渔业渔政主管部门负责本行政区域内流动渔船的渔业生产管理工作。

广东省人民政府主管港澳流动渔民及其雇用内地渔工在内地从事渔业生产管理和传染病防治相关工作，有流动渔民入会的市、县、区人民政府负责本辖区内流动渔民及其雇用内地渔工的管理工作。

中央人民政府驻香港特别行政区联络办公室、中央人民政府驻澳门特别行政区联络办公室可提供一定的协助。

各级公安机关负责流动渔船、流动渔民及其雇用的内地渔工的治安管理工作；公安机关出入境管理部门负责流动渔船雇用内地渔工的出入境证件签发管理工作；出入境边防检查机关负责流动渔船、流动渔民及其雇用内地渔工的出入境边防检查管理工作。

各级自然资源、港澳事务、海警机构依照各自职责负责涉及流动渔船、流动渔民管理的相关工作。

【港澳流动渔船渔民出入境边防检查管理】 2021年6月16日，港澳流动渔民工作协调小组（农业农村部代章）印发《港澳流动渔船渔民管理规定（试行）》（以下简称《规定》）。按照入境出境模式管理渔船和船民，把相关任务进行切割。其中常规的治安管理归属地方公安机关，被雇用的内地渔工的出入境证件管理归属地方公安机关出入境部门，船舶和人员的出入境边防检查归属边检机关。国家移民管理局根据《中华人民共和国出境入境管理法》《中华人民共和国出境入境边防检查条例》等有关法律法规，于2021年底颁布《港澳流动渔船渔民出入境边防检查管理办法》，2022年1月1日实施，加强和规范港澳流动渔船、港澳流动渔民及其雇佣内地渔工出入境边防检查工作。

为提升广大港澳流动渔民的法治观念和法律意识，突出边检执法规范化，维护口岸良好的出入境秩序，在《港澳流动渔船渔民出入境边防检查管理办法》即将实施之际，珠海边检总站湾仔边检站于12月5日组织码头公司、港澳流动渔船船方代表和务工渔民到洪湾中心渔港广场开展普法宣传活动。活动中，民警通过悬挂宣传横幅、发放办法手册、普法环保袋、观看宣传展板、现场宣传视频滚动播放等方式，从港澳流动渔船渔民出入境手续办理、港澳流动渔船停泊及航行监管、违法违规情形处置等不同维度向渔民群众完整解析整部《管理办法》，提供法律咨询服务，让广大出入境人员熟悉出入境业务法律法规，增强法治观念和法律意识，为出入境管理秩序的安全稳定奠定基础。

2022年5月12日，珠海出入境边防检查总站阳江边检站在对申报出境的港澳流动渔船"阳坡02XX"进行后台核查时，发现该船存在擅自出境入境的嫌疑。经查，该船在未办理出入境手续的情况下，擅自出境。该站遂依法对该船舶负责人处以罚款1万元的行政处罚。

从公布的案例来看，港澳流动渔船的管理模式，已经从边防治安管理模式理顺为出入境管理模式。

【港澳流动渔船渔民管理规定实施】《港澳流动渔船渔民管理规定（试行）》于2021年6月16日印发后，广东省农业农村厅重点做好宣贯工作，将印制的《规定》及解读宣传手册发放给港澳流动渔民，做到家喻户晓，不漏一船一人。根据《规定》有关要求，在协调小组联络办公室的指导下，先后印发实施《港澳流动渔船雇用随船进入港澳指定区域作业内地渔工备案规程》《港澳流动渔船渔业捕捞许可证与港澳渔船证书相应栏目的对应关系》《关于明确海洋捕捞辅助流动渔船的船网工具指标和渔业捕捞许可事项的通知》等三个配套措施；制定《港澳籍渔船转换为港澳流动渔船实施方案》《海洋捕捞辅助流动渔船休渔期申请免休实施方案》《休渔期港澳流动渔船返回港澳休渔实施方案》等三个配套措施报农业农村部渔业渔政管理局批准实施。同时，经报省人民政府同意，2022年4月29日出台的《广东省人民政府办公厅关于加快推进现代渔业高质量发展的意见》明确鼓励港澳流动渔民发展深海网箱养殖、休闲渔业、水产加工等产业，为推动港澳流动渔民转型升级发展提供政策依据。港澳流动渔民积极参与南沙生产，2022年度分配给港澳流动渔船赴南沙生产的指标增加至53艘，比2021年度增加20艘，为维护国家南海主权作贡献。全年举办港澳流动渔船渔民管理培训班4期，邀请省公安厅打私局、中国水产科学研究院南海水产研究所南海渔业中心等有关单位专家对全省流渔系统工作人员进行安全生产、反走私、反偷渡等工作培训。指导各地港澳流动渔民工作机构、港澳流动渔民协会利用微信平台、手机短信等有效途径，将生产事故向港澳流动渔民宣传，让港澳流动渔民从血淋淋的事故中接受教育、从中警醒，让渔民对安全生产防范工作的观念从"要我做"到"我要做"转变。

港澳流动渔民服务

【港澳流动渔民服务工作】2021年，广东省农业农村厅和广东省港澳流动渔民协会统筹安排500多万元，支持全省各地流动渔民协会及港澳渔民社团，无偿向港澳流动渔民提供口罩、消毒液等物资，受到流动渔民的高度好评。港澳流动渔民全年累计上岸离港21 247人次。香港渔民团体联会、澳门渔民互助会多次来信表示感谢，协调小组副组长、国务院港澳办副主任黄柳权多次就流动渔民工作批示，广东省委常委叶贞琴专程到协调小组工作办公室调研指导并给予充分肯定，协调小组联络办公室、国务院港澳办交流司、农业农村部渔业渔政管理局多次指导流动渔民工作。7月1日，香港渔民团体联会、广东省港澳流动渔民协会在香港维多利亚港联合举办"贺建党百年 庆香港回归"流动渔船海上大巡游，充分展示流动渔民这支爱国、爱港、爱澳队伍关键时刻"拉得出、打得响、打得赢"的形象。香港

特别行政区2021年选举委员会界别分组一般选举圆满结束，渔农界界别60名候选人自动当选，再一次证明渔农界这支传统爱国、爱港的"铁军"力量。

【港澳流动渔民复工复产】2021—2022年，广东省对港澳流动渔民坚持便民理念，加强人文关怀。既严格贯彻国家和省有关规定，又充分考虑港澳流动渔船渔民的实际和生产特点，主动征求港澳有关方面的意见，及时通报给港澳特区政府有关部门，并联合香港中联办、澳门中联办及港澳渔民社团加强宣传解释，争取广大港澳流动渔民的理解和支持，最大程度减少疫情对渔民的影响。2022年继续协调安排财政经费800万元，省港澳流动渔民协会安排300万元，支持基层开展港澳流动渔民工作。指导各级港澳流动渔民工作机构、港澳流动渔民协会充分发挥"流动渔民之家"的作用，加强协调、精准服务、排忧解难，积极回应港澳流动渔民的关切问题，协调解决他们在内地修船、检验、销售、补给等困难和问题，减轻渔民负担。

【香港预约内地渔工接返】2022年春节前800多名在香港指定区域作业的内地渔工面临极大的健康风险，大多数人迫切要求尽快返回内地。省委、省政府高度重视，主要领导分别作出指示批示。3月7日，协调小组副组长、省委常委叶贞琴在省政府主持召开会议，专题研究在香港内地渔工的接返工作。港澳流动渔民协调工作小组工作办公室贯彻落实省领导的指示批示精神，督促指导深圳、珠海等市迅速完善工作方案，克服各种困难，周密细致安排，分批次引导在香港预约的内地渔工返回。5月20日，胜利完成所

有预约618名内地渔工的接返工作。同时，保持后续港澳流动渔民预约接送内地渔工随船往返香港指定区域作业的渠道畅通，成功消除了渔民的焦虑情绪，有效化解了风险，也保障一定数量的内地渔工随船在香港指定区域作业，解决香港市场渔获供应问题。香港立法会（渔农界）何俊贤议员，香港渔民团体联会、香港渔民互助会、港九渔民联谊会等渔民社团和多名内地渔工发来感谢信。2022年4月2日，农业农村部副部长马有祥（港澳流动渔民工作协调小组组长）在《关于接春节后在香港指定区域作业内地渔工返回内地的情况报告》上批示："此项工作周到细致，值得肯定"。

港澳渔船大巡游庆回归

【概况】港澳流动渔民素有爱国、爱港、爱澳传统，坚决拥护"一国两制"方针和《基本法》，为香港、澳门顺利回归祖国和保持繁荣稳定作出积极贡献。港澳流动渔民每逢香港、澳门回归日等大喜日子，都会自发开展庆祝回归的海上大巡游活动，渲染回归喜庆的气氛。2021—2022年，累计有400余艘港澳流动渔船和近2 000名港澳流动渔民参与海上大巡游，他们用这种方式表达对祖国和港澳的热爱。

【"贺建党百年 庆香港回归"渔船维多利亚港巡游】2021年7月1日，香港渔民团体联会、广东省港澳流动渔民协会在香港维多利亚港联合举办"贺建党百年 庆香港回归"渔船维多利亚港巡游活动，庆祝中国共产党成立100周年及香港回归祖国24周年，衷心祝愿国家早日实现中华民族伟大复兴的中国梦。8时30分，100

艘流动渔船围绕维多利亚港开始三小时的海上巡游。船队分别于中环摩天轮及尖沙咀文化中心附近水域慢驶，与香港市民分享喜悦。

在参与巡游的渔船中，领头第一艘渔船左右两侧设大型花牌，悬挂"贺建党百年 庆香港回归"大字，两旁悬挂大型国旗及区旗画布，"庆祝中国共产党成立100周年"标语显眼亮丽。第二、三艘渔船则分别写"齐奋斗 筑伟业"及"渔子心 百载情"大字，表达港澳流动渔民爱国、爱港之情。其余97艘渔船船舷悬挂"支持一国两制 落实爱国者治港""感谢国家长期对港澳流动渔民的关怀"等标语，维多利亚港变成了宏伟壮观、张灯结彩的欢乐海洋。

广大港澳流动渔民踊跃报名响应这次活动，为做好疫情防控无法全部参加巡游，但在香港仔、屯门等渔港，以及多个海鱼养殖区内，在香港休渔的港澳流动渔船及鱼排都挂上了国旗、区旗及各式彩旗标语，与香港市民分享节日喜悦。巡游活动引起香港社会强烈反响。

【"庆回归 同携手 开新篇"香港流动渔民渔船维港大巡游】2022年6月28日，香港流动渔民安排25艘大型渔船，于上午9：30开始在维多利亚港举行"感恩奋进 共谱新篇"渔船巡游活动，庆祝香港回归祖国25周年。启航礼于尖沙咀文化中心公众码头举行，一面面国旗和区旗组成的旗海成为维多利亚港亮丽的风景线。在市民高声欢呼中，5个渔船方阵随着鸣笛声启航。巡游路线由尖沙咀出发，经西九文化中心，沿昂船洲向港岛沿岸进发，经西环、上环、中环、湾仔至北角，再往九龙方向，经启德、红磡后返回尖沙咀。

围绕"庆回归 同携手 开新篇"主题，巡游渔船分为5个方阵，其中第一艘领头船为"庆祝号"，寓意广大市民共同庆祝香港回归祖国25周年；第二艘领头船为"感恩号"，寓意感恩在中央带领下，香港回归25年来取得良好发展和辉煌成就；第三艘领头船为"祝福号"，寓意祝福祖国繁荣昌盛，下一个25年更辉煌；第四艘领头船为"奋进号"，寓意香港渔农界和香港市民为国家未来一起打拼，渔农业也继续转型升级，与香港经济一同振兴；第五艘领头船为"湾区号"，寓意共享繁荣，支持粤港澳大湾区等国家重大战略，积极融入国家发展大局。流动渔民与香港广大市民分享香港回归25周年的喜悦，并方便市民拍照留念。晚间香港主要渔港也集中亮灯，营造浓厚的庆祝氛围。

香港渔农界立法会议员、珠海市第十届政协常委何俊贤表示，渔民群体是坚定的爱国爱港力量，香港回归祖国25年来一直举办各类庆回归活动，从未缺席。他认为，感恩和奋进最能代表市民对中央关怀之情，希望未来香港市民能够化感恩为动力，携手奋进，再创新高。

【澳门"渔船大巡游"庆祝回归祖国23周年】2022年12月20日上午，澳门特别行政区政府在金莲花广场举行隆重的升旗仪式，庆祝回归祖国23周年。澳门特别行政区政府主要官员、中央驻澳机构负责人、特区立法及司法机关负责人以及各界代表一同现场观礼。澳门社会各界还举行渔船大巡游、奋进新时代文艺汇演、盛世莲花——"澳门回归"主题美术作品展等形式多样的活动，共庆回归祖国23周年。

12月16日上午11时，澳门组织全澳23艘渔船在澳门内港码头举行"渔船大巡游"活动，庆祝澳门特别行政区成立23周年。随着一声长长的汽笛声，23艘各具澳门本地特色的渔船依次起航，成列出海，船上挂满鲜艳的国旗、区旗，"庆祝澳门回归祖国23周年"等大型横幅鲜艳夺目，渔船巡游过程中，2艘由珠海边检总站湾仔边检站派出的公务船艇紧随船队，从内港码头出发，穿越澳门三条跨海大桥，再经科学馆、观音像和旅游塔等景点，最后原路折返，沿岸众多市民和游客驻足观看，有的挥舞红旗，有的挥手致意，共同庆贺澳门回归祖国23周年。

八、渔政执法

综述

【概况】广东省水产厅于1979年设立渔政处和渔监处，1980年成立广东渔业船舶检验局。1986年7月1日，《中华人民共和国渔业法》颁布实施，首次确立渔政机构执法主体资格。1994年，广东率先在全国整合海洋和渔业管理职能成立广东省海洋与水产厅，渔政机构更名为广东省海监渔政检查总队，渔监机构更名为广东省渔船渔港监督管理总队。2001年，广东在全国率先实行海洋与渔业队伍统一综合执法改革，原广东省海监渔政检查总队、广东省渔船渔港监督管理总队和广东渔业船舶检验局三支执法队伍合并组建广东省渔政总队，加挂中国海监广东省总队、中华人民共和国广东渔港监督局、中华人民共和国广东渔业船舶检验局牌子，实行统一综合执法，副厅级建制，为当时的省海洋与渔业局直属执法机构。市、县海洋与渔业执法机构同时推行改革，全省队伍实行统一领导，分级管理体制。全省渔政执法人员2119名，统一使用行政执法专项编制，纳入公务员管理，率先在全国实现"海＋渔"统一综合执法。

2010年，设立广东省渔政总队直属一、二、三支队，分别加挂"广东省渔政总队粤东、粤中、粤西巡航执法基地"牌子，分别设在汕头、珠海、湛江市，为省渔政总队派出行政执法机构，正处级。核定各支队行政执法专项编制26名，3个支队共78名。核定各支队后勤服务人员10名，共30名。核定3个支队执法船船员211名。该次改革，为独立执行维权巡航任务提供了执法力量保证，使广东渔政队伍具备了履行行政执法职能和承担国家维权任务的双重执行能力。

2019年11月28日，中央编办批复同意设立广东省海洋综合执法总队。2020年11月10日，省编委印发《广东省海洋综合执法总队职能配置、内设机构和人员编制规定》（粤机编发〔2020〕10号），总队设立9个正处级处室、2个挂牌处室，包括办公室（财务与装备技术处）、综合协调与指挥处、海洋行动处、渔业行动处、渔船渔港监督处、案件审理处、法制与监督处、人事教育处、机关党委（渔船党建指导处）。总队新"三定"规定明确主要职责，确立与省农业农村、自然资源、生态环境、林业等部门职责分工。总队内设机构由原来6个正处级处室增加到9个，直属支队由3个科室增加到4个。11月16日，广东省海洋综合执法总队正式挂牌，成为全省唯一海洋执法力量、唯一省级行政执法队伍、唯一跨部门综合执法机构。

【总队制度机制建设】2021年，广东省海洋综合执法总队抓改革、建机制。队伍体制建设的亮点有：

一是有力推进省总队改革。全面贯彻省编委印发省总队的"三定"规定，制定工作规则，完善管理制度，细化处室和直属支队职责分工。印发海洋综合执法队伍执法事项清单，进一步明确队伍职责。

二是有效加快市、县队伍改革。认真落实省领导对《关于全省市、县海洋综合执法队伍改革进展情况的报告》批示精神，推动理顺广州南沙、汕头南澳队伍隶属关系。指导加快市、县队伍改革，深圳、珠海、中山、惠州、东莞等市完成市级统一执法改革，惠州支队"三定"规定印发实施，建立以市支队为主的干部管理新模式。惠州、江门市支队成立党组获批。

三是有序建立部门协调机制。与省台办、生态环境、林业、海事、海警、南海航海保障中心等部门建立工作协作机制，建立健全涉海部门执法协同、信息共享和联动合作工作机制，进一步完善跨领域、跨部门综合执法新模式。

【总队执法办案规范】2022年，广东省海洋综合执法总队强化制度建设，落实执法办案规范：

完善执法办案规范。联合省公安厅、广东海警局、省检察院印发《关于加强广东省海洋综合执法与刑事司法衔接工作机制的意见》，打通"行刑衔接"堵点难点。制定海洋综合执法办案工作规范、钓具渔船涉嫌违法办案指引等相关文件，为海洋执法办案提供规范指引。

着力提升办案质量。联合省司法厅加快推进全省队伍行政执法"两平台"应用，实际应用率达95％，总队在全省依法行政工作会议上作经验交流。全面落实

行政执法"三项制度"，推进严格规范公正文明执法。总队直属二支队和广州、深圳、珠海支队严格办案程序，提升案件办理质量，其办理的2宗案件被评为全国伏季休渔典型案例。

开展全程执法督察。围绕打击"钓改休"、钓具渔船非法载客、违法"拖螺"等专项行动，开展全过程、全链条督察，对"粤新会渔01333"船非法载客海钓等案开展"一案双查"。针对湛江地区非法"拖螺"行为猖獗问题，组织突击暗访，抓获违法"拖螺"船13艘。围绕纪律作风开展大整顿，检查单位42个次，查找出涉及队容风纪、值班值守、船艇管理等问题305个，做到精准发力，督促整改，有效巩固作风整顿效果。

【海洋综合执法亮点】2021年3月29日广东召开全省海洋综合执法工作会议，省农业农村厅、省委农办、省扶贫办主要领导和省自然资源厅、生态环境厅、省纪委监委派驻省农业农村厅纪检监察组、武警海警总队南海海区指挥部相关负责人出席会议，省海洋综合执法总队党组书记、总队长徐放政作工作报告，省海洋综合执法总队党组副书记、政委秦磊主持会议。会议要求，进一步强化渔船"不安全、不出海"安全综合监管，制定渔港港务管理规定，开展渔港执法监管示范行动，切实发挥渔船应急救援处置5项机制作用。

2021年，省海洋综合执法总队抓好"安全、维权、执法"三大主业，主要亮点有：一是高标准监管安全生产，渔业防台实现"零死亡"。严格落实渔业防台"3个100％"要求，组织防御台风9个，连续5年实现渔业防台"零死亡"。全年组织救助海上遇险人

员 400 人、船舶 151 艘，渔船安全生产形势稳定向好。二是高效能执法监管，执法成效稳居全国首位。全省海洋综合执法队伍出动船艇 10 433 艘次、执法人员 66 289 人次，航程超过 20 万海里，查获涉海违法案件 4 435 宗，罚款 6.2 亿元（已入库 3.9 亿元），有力保障海洋强省建设。三是高质量推进改革，为体制改革提供广东经验。坚决贯彻落实中央机构改革部署，率先在全国完成省级海洋综合执法体制改革，成为全国沿海省（自治区、直辖市）建制最完整、体制机制最完善、职能配置最健全的地方海洋行政执法队伍，得到中央编办肯定。

2022 年，海洋综合执法再创新佳绩。全省海洋综合执法队伍出动船艇 3.3 万艘次、执法人员 18 万人次，航程超 50 万海里，查处违法案件 5 440 宗，罚款 2.94 亿元。全省渔船返回船籍港休渔率高达 99.91%，位居全国第一，获农业农村部通报表扬。

【总队执法队伍建设】2021—2022 年，广东省海洋综合执法总队落实省委改革部署，推进市、县海洋综合执法队伍改革，建立"人、财、物"相对独立的海洋综合执法新体制。加强基层党组织规范化建设，推进模范机关创建。全面开展"党建上渔船、干部下基层"活动，实现执法队伍党建与渔民党建互融互促。完善规章制度 26 项，指导基层执法队伍加强党对执法工作领导执法。队伍体制改革实现新突破，做事、创业呈现新气象。

2022 年，总队直属二支队获全国"人民满意的公务员集体"称号，极大激发全省队伍干部荣誉感、责任感，掀起"学典型、赶先进"的良好氛围。全省队伍

共有 9 个集体、16 名个人获得省、部级以上荣誉称号。

2022 年海洋综合执法工作得到省农业农村厅党组、省直属有关单位和各级农业农村部门大力支持，得到省领导肯定，常务副省长张虎在总队工作汇报上批示："2022 年省海洋综合执法总队积极作为、主动服务，安全监管有力、应急救援高效、执法保障到位，特别是在防御台风、参与搜救等方面做了大量工作，成绩值得充分肯定。新的一年，希望再接再厉，为保障渔船安全、维护海洋权益、服务海洋经济发展作出新的更大贡献！"省委常委王瑞军 2 次到总队调研指导工作，协调解决总队经费预算、应急救助、渔船安全监管等重大问题。副省长陈良贤 2 次听取总队汇报，并提出指导性意见。省财政厅提前下达总队执法船艇运维经费，并按每年 3 000 万元标准列入"十四五"渔业发展支持政策总体实施方案，给予海洋综合执法工作有力支持。省委台办、省生态环境厅、省林业局、广东海事局、广东海警局等部门分别与总队建立协作机制，共同推动跨部门联合执法机制落地见效。

⬤ 渔业行政执法

【渔政执法监管】2021 年，广东省海洋综合执法总队"攻难点、敢亮剑"，渔业行政执法监管有强度。

持续用力打好渔业执法攻坚战。严管休渔执法，查处违法案件 1 833 宗，整改异地休渔渔船 745 艘，维护伏季休渔良好秩序。严打"三无"船，查扣涉渔"三无"船 3 100 艘、拆解 1 335 艘。严整"绝户网"，清理违规渔具 34 万米，有效维护渔业生产秩序。严查走私行为，查处走私案件 140

宗，查扣走私船 143 艘、冻品 1 290 吨。

集中力量打好区域违法歼灭战。采取异地用警、交叉执法等形式，进一步扩大粤东、粤中、粤西三个片区歼灭战范围。严查珠江口、琼州海峡、北部湾、台湾浅滩等重点海域，严打电炸、毒、偷捕鱼等重点违法行为，确保海上执法实现全覆盖。严格实施"亮剑"、打击"钓改拖"等重点执法行动，查处渔业违法案件 4 242 宗。

有序组织打好省际执法联合战。牵头组织粤闽、粤桂琼交界海域联合行动，开展海陆联动、协同作战，查获违法渔船 118 艘，成功驱离进入全省海域越南渔船 62 艘。加强与公安、海警、海事部门协同作战，合力打击跨地区、跨海域"流窜作案"，严厉打击违规捕捞行为。

筹备打好"三无"船舶清理战。承担清理整治"三无"船舶工作，组织起草清理整治"三无"船舶行动方案、实施方案。省政府成立由主要领导任组长、五位相关省领导任副组长的领导小组。组织开展摸清"三无"船舶底数，分析"三无"船舶分类分布情况，研究制定针对性的政策措施，为全面清理整治"三无"船舶奠定坚实基础。

【渔港渔场执法】2022 年，广东省海洋综合执法总队重点抓严渔港渔场执法：

严查重点渔船。严查钓具渔船非法载客，查获非法改装渔船 257 艘、非法载客 270 人，有效防范化解重大渔船安全风险，得到张虎常务副省长、王瑞军常委高度肯定。清理整治涉渔"三无"船舶，查扣涉渔"三无"船舶 3 110 艘，销毁 2 150 艘。其中珠海支队开展"清港、清湾"行动

50 余次，查获涉渔"三无"船舶 1 083 艘。江门支队严打严控，率先完成涉渔"三无"船舶动态清零目标，其经验做法被省应急厅向全省推广。

严打重点违法。 全年查处涉渔违法案件 5 335 宗、"两法"衔接 119 宗，有效维护海上渔船生产秩序。实施最严伏季休渔监管，总队领导多次赴基层督导，全省队伍全力以赴坚守一线，查处违反休渔制度案件 2 210 宗，全省休渔秩序稳定。指导健全珠江禁渔执法新机制，查处涉渔违法案件 218 宗，获"长江办"充分肯定。坚决整治"绝户网"，清理违规渔具 170 万米。参与"双反"专项行动，查获走私案件 169 宗、冻品 1.2 万吨。总队、直属二支队、潮州支队、江门支队、大亚湾大队等 5 个集体、8 名同志分别获评全国渔业执法工作突出集体和个人。

严管重点渔场。 严查珠江口、琼州海峡、北部湾等省内重点海域，严打电炸、毒、偷捕等违法行为。严管粤闽、粤港澳、粤桂琼等交界海域，完善联合执法机制，开展联合巡航执法，查获跨界涉嫌违规渔船 72 艘。严控台湾浅滩、东沙群岛、北部湾等敏感海域，严打与境外船舶海上交易、加油补给、走私偷渡等行为，查获涉嫌违规船舶 44 艘。

【珠江禁渔执法】2021 年 3 月 1 日凌晨，珠江流域正式进入 2021 年禁渔期。同日，广东省 2021 年珠江流域禁渔启动仪式在佛山九江举行，农业农村部长江流域渔政监督管理办公室、广东省农业农村厅、佛山市人民政府、中国水产科学研究院珠江水产研究所等单位领导出席活动。禁渔时间为 3 月 1 日至 6 月 30 日，禁渔期间，除休闲渔业、娱乐性垂钓外，珠江流域所有干支流、通江湖泊及重要独立入海河流等水域禁止所有捕捞作业。来自珠江水产研究所的数据显示，自 2011 年珠江实施禁渔以来，东江等水域在保持作业时间基本不变的情况下，渔获量及渔获率均呈稳步提高的趋势。2020 年，该所在珠江干流及主要支流发现鱼类新种 6 种，珠江流域的生态多样性正得到稳步恢复，鱼产量、渔获物数量明显提高，渔民生产捕捞收入也有所增长。此外，在珠江流域广东段的渔民将获得 500～2 200 元不等的一次性禁渔期补贴，较好地保障禁渔期间渔民的基本生活需求。在启动仪式上，珠江渔政执法特编船队（以下简称"特编船队"）首次亮相开展联合巡航执法。"特编船队"由农业农村部长江流域渔政监督管理办公室于 2020 年 12 月牵头成立，成员单位包括粤桂两省区的公安、渔政、海事、水利、交通运输、珠江水利委员会等水上执法部门。多部门联合巡航执法，在流域禁渔巡查期间，如发现违法采砂、走私、偷渡等行为，相关部门可联合执法，清理整治，有助于解决以往水域执法"看得见管不着"的问题。

【南海休渔执法】根据《农业农村部关于调整海洋伏季休渔制度的通告》，2021 年，广东省休渔海域为：广东省管辖的北纬 12 度至"闽粤海域交界线"的南海海域（含北部湾）；海洋伏季休渔时间：从 5 月 1 日 12 时至 8 月 16 日 12 时止，共 3 个半月；休渔作业类型：除钓具以外的所有作业类型，以及为捕捞渔船配套服务的捕捞辅助船。广东省内应休渔船 2 万多艘，免休渔船 1 816 艘。广东省农业农村厅和省海洋综合执法总队等相关单位，部署做好 2021 年休渔相关工作，印发《关于做好 2021 年海洋伏季休渔工作的通知》，明确休渔水域范围、时间以及工作要求，制定工作方案，组织各地市严格落实休渔制度。2021 年，全省海洋综合执法部门（渔政执法部门）共出动执法人员 46 047 人次，执法船艇 7 444 艘次，检查渔船 20 890 艘；查处违法违规案件 1 833 宗，查获涉渔"三无"船舶 1 767 艘；罚款 842.2 万元，移送海警（公安）部门涉刑案件 13 宗 37 人；成功驱离外籍渔船 10 艘。休渔期间，广东省海洋综合执法总队开展"最严"休渔执法，落实"最严"休渔制度，维护南海伏季休渔良好秩序。全省海洋综合执法队伍取消休假，全力投入休渔执法监管，综合运用船位监控、港内巡查、海上巡航等手段，确保全省 23 694 艘应休渔船"船进港、人上岸、网封存"。开展渔船安全专项整治，整改安全隐患 3 317 处，整改率 100%，确保在港渔船安全渡休。省海洋综合执法总队同时开展打击涉渔"三无"船舶专项行动，牵头组织粤闽、粤港澳、粤桂琼交界海域联合行动，加强与公安、海警、海事部门协同作战，合力打击跨地区、跨海域"流窜作案"，严厉打击违反休渔制度行为。本年受"小熊""查帕卡""卢碧"等 3 个台风直接影响，广东召回海上作业渔船 5 595 艘次，组织渔民上岸避风 12 231 人次，实现渔业防台"零死亡"。开展特别防护期渔船监管工作，确保"七一"重点时期全省渔船"零事故"。

● 渔船安全管理

【渔船安全监管成效】2021—2022 年，广东省海洋综合执法总队落实渔船"不安全、不出海""6 个 100%"要求，渔船安全监管有成效：

健全安全监管制度。全面落实国务院安委会"十五条"部署，制定实施防范渔船渔港重特大事故"三十五条"。开展"平安广东"渔船安全监管考评，向湛江、汕头、阳江、揭阳等渔船安全监管不力的地市政府发提醒函、情况通报13份，压实属地责任，推动渔船安全监管落地见效。

落实渔船安全责任。"渔船安全监管"纳入"平安广东"考评体系，有力压实地方政府属地监管责任。派出督导组赴全省开展"渔船安全监管"考评，切实发挥考评"指挥棒"作用。建立违规渔船"黑名单"管理制度，对违规渔船、渔民、涉渔企业进行公开曝光、重点监管和失信惩戒，建立渔船安全监管全链条治理体系。

守护渔船安全底线。根据省领导"把底数厘得更清楚"指示精神，组织力量采集2.8万艘海洋渔船、7万名船员基础信息，全面摸清渔船底数和安全状况。认真落实渔船"不安全、不出海""6个100％"要求，2021年检验海洋渔船2.55万艘，整治"脱检"渔船近8000艘，排查整改渔船安全隐患8693起，有效防范渔船安全风险。

【渔船专项整治】2021—2022年，广东省海洋综合执法总队开展渔船安全专项整治行动，2021年整治免休钓具渔船2652艘，培训教育渔业船员2632名，确保休渔期海上秩序良好。

船员配备、船体标识排查。整治船载终端"脱线"行为，确保渔船"看得见、管到位"。切实做好海上疫情防控监管，确保渔港和海上新冠疫情"零输入"。

严查渔船风险隐患。开展渔船安全大检查，编制安全检查指引，重点整治渔船"脱检脱管""船证不符""九位码"混乱等问题。检查海洋渔船9.6万艘次、排查安全隐患7015处，整改"九位码"异常渔船2584艘，整治"脱检"渔船3005艘，逐船整改过关，及时消除重大安全风险，确保渔船"不安全、不出海"。

强化安全专项检查。紧盯重要时段、重点海域、重点渔船，开展渔船安全监管"百日攻坚"、渔船渔港安全大检查和"商渔共治"专项行动，防范"渔船不适航""船员不适任"等问题。制定渔船渔民疫情防控指引，实施渔民、渔船、渔港全链条防控，确保渔船、渔港不成为海上疫情输入平台。大亚湾大队建成"智慧海洋"系统，实现辖区海域渔船全天候实时监管。

【渔船防台措施】2021—2022年，广东省海洋综合执法总队坚持生命至上，突出科学防御，抓细渔业防台措施。2022年有效组织防御台风9个，连续6年实现渔业防台"零死亡"。坚持闻令而动，成功救助遇险船舶78艘、人员217人。渔船安全事故"起数"、死亡人数分别比上一年下降22％和11％，实现"双下降"。

提档升级早部署。落实渔业防台"3个100％"要求，紧盯载员10人以上渔船、老旧渔船、赴外省生产渔船回港情况，敦促渔船主动避让、提前避风。成功防御"木兰"等台风9个，发送预警信息3580万条次，组织渔船回港避风8.8万艘次、渔排养殖人员上岸避风6.3万人次。江门、茂名、珠海等地妥善安置外省、外市渔船、安排渔民紧急上岸避险，有力化解突发险情。

科学应对快处置。参与"福景001"轮搜救行动，组织执法船艇230艘次、渔船4148艘次全力参与搜救，得到王伟中、陈良贤等省领导充分肯定。中国"海监9068"船率先抵达搜救海域、发现搜救目标，受到省防总通报表扬，被授予"省应急救援先进集体"称号。省财政首次安排专项资金150万元，补助海难搜救中表现突出渔船渔民。全年救助遇险船舶78艘、遇险人员217人，有力保障渔民群众生命财产安全。

普及教育强意识。成功办理全国首宗渔船防台领域危险作业刑事附带民事公益诉讼案，被告人被判处拘役3个月，附带公益赔偿20万元，在渔区渔民中引起强烈反响，有效发挥警示作用。收集渔船事故典型案例，编发警示教育宣传海报10万余份，推动安全生产意识深入民心。培训考核渔业船员2.6万名，有效提升渔民持证上岗率。

一、渔业社团组织

● 广东省渔业协会

【概况】广东省渔业协会是省内渔业行业成立最早的协会，前身是成立于 20 世纪 50 年代的中国渔业协会广东省分会，当时的主要任务是配合中央开展地方渔业民间外交活动。1976 年初在省外办登记为广东省渔业协会，2000 年初根据社团管理条例的规定，向省民政厅申请办理注册登记手续。2002 年召开第一次会员代表大会通过协会章程，选举产生第一届理事会，走上正常运作的轨道。2007 年召开第二次会员代表大会通过章程，选举产生第二届理事会，业务工作不断扩展。2015 年召开第三次会员代表大会通过协会章程，选举产生第三届理事会。2021 年 4 月 21 日召开第四届第一次会员代表大会通过协会章程，选举产生第四届理事会，中国水产科学研究院南海水产研究所副所长吴洽儿当选会长。

【业务范围】2021 年 4 月 21 日，经第四届会员代表大会表决通过的《广东省渔业协会章程》明确业务范围：调查研究当今渔业发展的动态和方向，为行政主管部门决策提供依据；制定协会规章、规范协会行为、协调会员之间的关系，维护会员的合法权益；加强与全省渔业界其他民间行业协会的联系与合作，共同谋求全省渔业事业的健康发展；开展渔业技术、经济交流，沟通渔业生产与科研、教学、推广部门的联系，促进合作和技术创新，提高行业的经济素质和经营管理水平；加强与其他国家（地区）渔业组织的友好往来，发展互利合作，开展互救互助，协调事故、纠纷等处理；收集和提供渔业信息，组织开展渔业教育、培训、咨询、技术服务、项目验收、成果评审（鉴定）以及举办展览、展销等活动；兴办为协会发展的公益性事业，出版协会刊物，建立协会会员信息沟通平台；开展协会宗旨允许的业务和承担政府或有关部门授权或委托办理的其他事项；依法开展涉及法律、法规、规章、规定等明确须经批准的事项。

【会员服务】2021—2022 年，广东省渔业协会秘书处经常走访会员单位，了解会员单位的发展需求，提升行业健康发展的竞争力；深入到省内的渔业龙头企业，了解生产情况、经营需求以及发展中遇到的问题，传达国家促进行业发展的相关政策与支持；与科研领域、渔业技术专家们探讨渔业科研发展和养殖推广方面的新动向，及时了解行业发展的趋势与方向。

协会建立专家库，成员来自省内涉渔行业的知名专家。涵盖了渔业管理、渔业经济、养殖、环境、病害、标准等专业领域，为协会发展提供智力支持，为会员单位提供技术支持。

协会广泛发动高校、科研院所的科研人员以及政府机构的退休人员作为协会的会员或骨干，提高咨询服务能力和服务水平。

【交流合作】2021—2022 年，广东省渔业协会组织参与有关渔业的展览、展示活动，为会员单位提供信息交流、贸易合作平台。连续两年组织会员单位参加第七届和第八届中国（广州）国际渔业博览会，在第七届渔博会展会期间，与广东省水产流通与加工协会、广州市荔湾区黄沙地区水产商会共同承办"海水产品进内陆活动暨广东水产贸易交流会",邀请澳大利亚驻广州总领事馆、新西兰贸易发展局、加拿大BC省中国办公室相关代表出席活动,同时邀请省内40多家水产品生产企业与进出口商、10多家餐饮连锁企业参加。此次活动获得最佳组织奖。连续两年组织会员单位参加"中国水产种业博览会暨广东水产种业产业大会"。组织省内单位参加"第25届中国(青岛)国际渔业博览会""2022海峡(福州)渔业周·中国(福州)国际渔业博览会",被授予优秀组织奖。

● 广东水产学会

【概况】广东水产学会成立于1978年,是非营利性社会组织,是省科协的组成部分,接受省科协、省民政厅、省农业农村厅的业务指导和监督管理。会员单位涵盖驻粤的涉渔高等院校、科研院所和科技型企业近200家,拥有全省水产行业的专家库,超1000名水产科技专家入库,设有12个专业委员会、广东省涉渔青年博士智库、广东省现代农业产业园(水产)专家库、公共技术检测中心和实验室。学会组建广东水产种业创新联盟,是联盟理事长单位,聚集科技与产业、金融、人才、信息等资源,协同创新,助推广东省水产种业高质量发展。

2021年12月16日,广东水产学会在湛江召开第九次会员代表大会,通过理事会工作报告及财务工作报告、广东水产学会章程(修正草案),选举产生广东水产学会第八届理事会和监事会。

【业务范围】2021年12月16日广东水产学会第九次会员代表大会通过的《广东水产学会章程》明确业务范围:开展学术交流,促进技术合作,组织开展综合性、战略性学科建设等重要问题及水产发展预测性课题的研讨,为水产科学事业的发展提供意见建议;弘扬科学精神,普及水产科学知识,开展水产科学教育培训,编辑并依法出版水产学术期刊、科普读物和声像制品,传播科学知识和推广先进生产技术;密切联系水产及与水产有关的科学技术工作者,反映工作者的建议、意见与诉求,维护科学技术工作者的合法权益,促进学术道德建设和学风建设,发现人才和重要成果,及时向有关部门反映和推荐;提供水产科技咨询和技术服务,开展水产方面的科学论证,提出政策性建议,促进科技成果转化;接受委托和承担项目检查、评审与验收、绩效评价、技术评估与成果评价、专业技术职务资格评审等。

【学术交流活动】广东水产学会每年举办各类重大学术交流活动,现代海洋渔业论坛、现代渔业产业融合发展高端论坛、青年科技论坛已成为广东省水产界有深度、有广泛影响力的科技交流平台;2021—2022年,举办各类重大学术交流活动30场次,参会科技人员7000多人次,组织系列科普活动27次;参与科技人员4200余人次;组织开展近60项的渔业科技成果评价活动,颁布12个团体标准。

【系列科普活动】2021—2022年,广东水产学会举办"广东农技服务乡村行——水产健康养殖培训活动"。2021年10月27—29日,由省农业技术推广中心主办、广东水产学会与南海水产研究所联合承办的培训活动在阳江市举行,来自全省各地的高等院校、科研院所、推广单位、企业、合作社等单位的代表近200人参加。活动邀请南海水产研究所、阳江职业技术学院等单位以及地方乡土专家作6个主题讲座,围绕水产良种健康养殖病害管理、海水鱼种苗繁育、养殖技术推广及微生态应用等内容进行探讨交流;组织参会代表们到生产一线参观,现场观摩对虾封闭式工厂化循环水养殖技术。

2022年7月27日,省农业技术推广中心、广东水产学会主办的"广东农技服务'轻骑兵'乡村行——水产良种与生态养殖模式培训活动"在肇庆市举行,会上专家们分享了对鱼塘种稻综合种养技术、南美白对虾水产良种创制及养殖技术模式发展的思考以及探讨了水产养殖微生态制剂应用示范推广等议题。

2022年开展南美白对虾绿色发展科普行动。按照广东省振兴科技基金会公募项目实施的部署要求,学会组织专家共4批次13人分别到湛江市、阳江市、惠州市等地的南美白对虾养殖区域,调研对虾种业发展状况,开展对虾绿色发展技术交流、推广等科普行动,提出推进对虾种业发展的有关建议,为政府决策提供科学参考。

【产业科技服务】2021年,广东水产学会开展"学会青年科学家粤西科技服务产业活动",按照《广东省科协助力乡村振兴实施方案》的部署,依托学会的广东省涉渔青年博士智库、广东省现代农业产业园(水产)专家库,组织青年科技学者组成专家服务队共5批次24人,分别到肇庆、阳江、湛江市有关企业、养殖场实地考察,深入探讨科技攻关问题,对生产技术难题进行现场技术指导服务,鼓励企业、合作社创建品牌，提升市场竞争力，得到政府部门和企业的充分肯定。同时组织科技成果评价活动，开展对"深远海网箱养殖工程关键技术及产业化应用""流水运动高品质、低排放鱼类健康养殖技术研发与应用""石斑鱼虹彩病毒致病机制及免疫防控""斑节对虾卵巢发育基因资源发掘及促进雌虾性成熟RNA干扰技术应用""疣吻沙蚕高效可控工厂化全人工育苗技术体系的建立与推广应用""黄唇鱼救护驯养与人工繁育技术研究"等6项科技成果进行评价。省科技厅公示的2021年度广东省科技进步奖水产类2个奖项，均由广东水产学会组织完成科技成果评价。并于2021年12月14日与广东绿卡实业有限公司联合在东莞市举行"中华鳖良种高效养殖技术培训交流活动"。以线上线下相结合的方式，通过在养殖塘头进行专题授课、技术经验互动等开展培训交流活动，邀请中国水产科学研究院珠江水产研究所、东莞市动物疫病预防控制中心等单位的专家授课，与养殖户互动交流。

2022年，广东水产学会组织专家开展产学研融合活动。5月10日，学会党支部书记吴灶和、理事长林蠡等到省农业技术推广中心开展交流工作，考察珠江流域水产种质资源库、鱼塘种稻关键技术研发试验基地。6月8日，吴灶和等到观星（肇庆）农业科技有限公司等地开展企业产学研调研活动。8月1—2日，吴灶和、林蠡等到惠来开展企业产学研调研，出席惠来县华深水产养殖有限公司广东省博士工作站揭牌仪式。同年学会组织对广东集约化池塘生态工程模式应用与推广、对虾地膜高位池工程化养殖关键技术研究示范推广、合方鲫"良种良养良销"模式应用与推广、

大宗淡水鱼提质增效（瘦身鱼）养殖技术示范推广、笋壳鱼病害免疫及生态防控集成技术示范、池塘有害微藻与对虾肝胰腺坏死综合征（HPNS）防控的关键技术与应用推广、省级海岸带保护与利用规划编制方法研究及应用示范、惠州市水产养殖基础数据采集及信息化建设8项科技成果进行评价。

广东省水产流通与加工协会

【概况】广东省水产流通与加工协会是由省内经营水产品、渔需物资和从事水产品生产、加工、出口、水产品经贸的企业以及水产品交易市场，相关的科研、院校等单位自愿建立的跨部门的全省性、非营利性、行业性的社会团体，前身是1985年12月成立的广东省水产供销行业协会，当时广东省国营水产供销行业管理体制改革，管理方式由"条条管理"变成"块块管理"，实质上是原来的"人财物，产供销"由省水产供销公司管理下放到地方管理。为此，筹备成立广东省水产供销行业协会，适应体制下放的新形势。1998年11月12日更名为广东省水产流通与加工协会，业务主管单位由广东省水产供销总公司变更为广东省海洋与水产厅。2018年底机构改革后，由广东省农业农村厅作为其业务指导单位。2021年4月23日，协会完成第十届理事会换届工作。2022年组织广东省水产加工行业"十强加工企业"及"优秀加工企业"评选活动。

【业务范围】广东省水产流通与加工协会章程规范其业务范围，包括：发布市场信息，编辑专业刊物；开展行业调查，反映行业情

况；开展评估论证、培训、交流及咨询等服务；组织市场开拓和举办展览展销等；协调会员之间、会员与非会员之间涉及经营活动的争议；代表行业提出反倾销调查、反补贴调查及采取保障措施的申请，协助政府及其部门完成调查，组织协调行业企业参与反倾销的应诉活动；接受与全行业利益有关的决策论证咨询，提出相关建议；参与制定有关行业标准；加强会员和行业自律，建立规范行业和会员行为的机制，促进会员诚信经营，维护会员和行业公平竞争参与行业性集体谈判，提出涉及会员和行业利益的意见和建议；以及政府及其工作部门授权或委托的其他事项。

【组织架构】2021年4月23日召开广东省水产流通与加工协会会员代表大会，选举产生第十届理事会，选举广州黄沙水产交易市场有限公司执行董事许晓帆任会长。副会长单位21个，理事单位63个，监事单位3个，会员单位160个。协会所属会员中有国家级农业龙头企业8家（排名不分先后），分别是：广州黄沙水产交易市场有限公司、湛江国联水产开发股份有限公司、广东恒兴集团有限公司、广东省中山食品水产进出口集团有限公司、汕尾市国泰食品有限公司、汕头市侨丰集团有限公司、广东顺欣海洋渔业集团有限公司、广东甘竹罐头有限公司。还有省级龙头单位38家。

【承接政府委托服务】广东省水产流通与加工协会承接政府委托的服务工作主要有：一是广东省水产品进出口统计工作。从2003年开始，根据海关提供的数据进行汇总、整理并撰写年度分析报告。二是广东省水产批发市场价格统

计与发布工作。从 1995 年开始，水产品价格指数一直受到政府有关部门、企业和媒体的关注，成为广东价格指数的组成部分，协会及成员连续多年获得渔业统计监测工作表现突出单位和个人优秀奖。三是承担"中国水产特色之乡"评审。从 2006 年开始，农业部委托中国水产流通与加工协会承办的"中国水产特色之乡"评审工作全面铺开，当时省海洋与渔业局委托省水产流通与加工协会全权负责广东部分的推荐工作，推荐符合条件的水产特色之乡参评，2020—2022 年共评选出 12 家"中国水产特色之乡"。

【主办展览展销会】2021—2022 年，广东省水产流通与加工协会分别主办了第七、八届中国（广州）国际渔业博览会，2022 年由于受新冠疫情影响，第八届广州渔博会无法在线下开展，但开展了"云上展""云直播"活动，其间流量高达 800 多万人次。2021 年 12 月 5—8 日，在第二届中国水产种业博览会上，举办渔业美食品鉴暨水产品推介活动。活动以展示广东渔业美食文化为主题，邀请国家农产品地理标志产品、农业产业化省级重点龙头企业、广东省名优水产品、中央厨房（预制菜专区）等相关题材企业，围绕产品展出、菜品烹饪、品牌打造等方面进行品牌推介及形象展示。

广东省水产流通与加工协会 2021 年参与展览展销的有：7 月 23 日"广东省名特优水产品（贵州）推介会"，主要推介茂名罗非鱼及湛江对虾；9 月 17 日，联合广东省渔业协会、广州市荔湾区黄沙地区水产商会在第七届广州国际渔业博览现场共同举办"海水产品进内陆系列活动（广州站）暨广东和水产品贸易交流会"，推

介广东水产品；10 月 27 日，在青岛举行的第 25 届中国国际渔业博览会上，协会同期举办了 2021 年加拿大海产高峰论坛。

广东省远洋渔业协会

【概况】广东省远洋渔业协会于 2016 年在原广东省海洋与渔业厅指导下，经省民政厅批准成立的行业组织，2018 年机构改革后，现业务指导单位为广东省农业农村厅。协会宗旨：根据国内、国际渔业管理规定，协助政府部门进行行业监督与管理；规范行业行为，维护行业秩序，加强行业自律，反映行业诉求；发挥桥梁与纽带作用，密切与各有关政府部门沟通，促进会员的交流，全心全意服务会员；代表行业的专业和权威性，推动产业的健康和谐发展；做好行业公益事业。

2022 年，协会秘书处在职员工 10 名，由上海海洋大学和广东海洋大学远洋渔业或渔业专业本科生、研究生等专业人才组成。协会组建专家委员会，由来自相关政府部门、行业协会、科研院所、高校和企业等一批拥有丰富的远洋渔业经验和知识，在业界具有一定权威的高级工程师、教授和研究员等专家组成。

【业务范围】2021—2022 年，广东省远洋渔业协会贯彻执行国家有关方针、政策、法律、法规及相关管理措施；调查研究行业发展动态和相关问题，为行政主管部门决策建言献策；制定行规行约，规范行业行为，协调会员之间、会员与非会员之间涉及生产、经营活动的争议；参与行业性集体谈判，提出涉及会员和行业利益的意见和建议；加强会员和行业自律，建立规范行业和会员行为的机制，促进会员安全生产、

诚信经营，维护会员和行业公平竞争；涉及远（海）洋渔业产业养殖、捕捞、加工等资源开发和利用的新技术、新产品、新设备等示范、推广和咨询、培训服务；行业项目申报咨询；行业核查、评估论证；收集和发布行业动态及相关技术、信息，创办网站、刊物等，开展咨询服务，组织行业有关培训和展（销）览会；组织国内外技术交流服务；参与制定有关行业标准；组织会员学习我国及入渔国相关法律、法规、政策和有关国际组织的规定；做好行业发展和会员服务的公益性事业；开展行业协会宗旨允许的业务和由政府及其工作部门授权或委托的其他事项；发展同国际、国家、国内各省等远（海）洋渔业界机构民间友好往来、信息交流与合作；整合产业相关优势资源，密切与远（海）洋渔业界有关权威机构、企业合作，共同推动产业发展。

【成果与奖励】2021—2022 年，广东省远洋渔业协会先后承担政府及其工作部门授权或委托的多项工作；并通过不断开展行业调查，定期搜集有关数据和资料，向政府部门反映行业情况、会员诉求和困难，协调解决问题，形成 10 多篇专业报告和《广东省远洋渔业工作手册》；组织约 300 名远洋渔业从业人员开展培训和考证；组织企业与 2 个相关入渔国开展项目洽谈；积极开拓远洋水产品市场，组织多场宣传推广活动；建立信息平台，不定期发布行业资讯和协会动态，贯彻国家有关远洋渔业的政策、法规，扩大影响。

广东省渔业互保协会

【概况】广东省渔业互保协会是由

广东省农业农村厅业务主管、在广东省民政厅注册登记，由从事渔业生产、经营、管理以及服务的单位和个人自愿组成，实行渔业互助保险的全省性、非营利性社会组织。

1993年，为适应广东渔业生产的实际情况，由原广东省水产局发起，经广东省民政厅等有关部门批复同意，成立中国船东互保协会渔船船东分会广东经理部，在全国率先探索开展渔船船东互助保险业务。1996年，由当时的广东省海洋与水产厅牵头发起，经广东省民政厅批复同意，登记成立具备独立法人资格的广东渔船船东互保协会，开创了会员互助形式开展渔业保险的先河。2008年，广东渔船船东互保协会更为现名"广东省渔业互保协会"。

30年来，广东省渔业互保协会始终坚持党的领导，始终坚决贯彻落实党和国家的各项方针政策和决策部署，不忘初心，牢记使命，在渔业主管部门的领导下，坚持"互助共济，服务渔业"的宗旨，坚守和深耕渔业保险领域，业务网点遍布沿海市、县重要渔业港口及内陆各市、县，形成了较完善的、为渔民群众提供全天候渔业互助保险服务的体系，是全省渔业保险的最主要承保机构。

【业务范围】广东省渔业互保协会的业务范围是：互助保险，法律咨询，技术服务，人才培训；主要职能是开展渔业互助保险，即通过组织从事渔业生产、经营、管理以及服务的单位和个人参加相互保险，共同承担会员因遭受意外事故损失的经济补偿，并向会员提供安全保障服务，增强会员的防灾抗灾能力，维护会员的合法权益，促进渔区社会安定和经济发展。

广东省渔业互保协会专注渔业互助保险，根据渔业安全生产管理工作的需要，聚焦渔民、船东和渔业相关从业人员风险保障需求，开设和开展渔业雇主责任互助保险、渔民人身意外伤害互助保险、渔船财产互助保险、特定水域（NS）渔业涉外互助保险、NS综合互助保险、渔政人员团体互助保险、乡镇管理涉渔船舶渔民人身意外伤害互助保险、附加渔业安全生产责任互助保险等多个切合渔业行业特点的互助保险险种，为渔民船东和渔业相关从业人员提供全面互助保险服务。

【法规政策】广东省渔业互保协会专注渔业互助保险，相关法规与政策依据主要有：《广东省渔业管理条例》第四章第三十条规定，"渔业船舶所有人应当为其水上作业人员购买人身保险。各级人民政府鼓励开展海上自救互救和船东互保业务"；《广东省渔港和渔业船舶管理条例》第五章第三十七条规定，"县级以上人民政府应当鼓励、支持和引导从事渔业生产的单位和个人加入渔业专业合作经济组织，参加非商业性渔业互助保障组织。……鼓励渔业从业人员和渔业船舶的所有者、经营者办理互助保险"；2018年3月16日农业部办公厅《关于商请在渔业生产领域稳妥实施安全生产责任保险有关事宜的函》和国家安全监管总局办公厅的会商意见，在渔业行业暂以渔船船东、雇主责任保险代行安全生产责任保险功能；2020年广东省委农办、广东省农业农村厅印发《关于开展"不安全、不出海"专项行动 构建渔船安全生产长效监管机制的通知》，明确"不安全、不出海""无保险、不出海"。

【主要工作】广东省渔业互保协会

2021—2022年的主要工作：

一是专注渔业互助保险，在继续深入开展渔业雇主责任互助保险、渔民人身意外伤害互助保险、渔船财产互助保险工作的基础上，根据渔业安全生产管理和渔业行业风险保障的需要，2021年全面推进开展乡镇管理渔业船舶渔民人身意外互助保险，2022年推出附加渔业安全生产责任互助保险，为渔民船东和渔业相关从业人员提供更全面的互助保险服务，渔业互保覆盖面不断提升。

二是推进开展政策性渔业保险工作，为渔民群众提供更优惠优质的保险服务。2021年，开展广东省政策性渔业保险（2019—2021年）共承保渔民87 369人、渔船4 688艘，使用省、市、县（区）三级财政保费补贴共4 267.88万元，合计提供风险保障419.55亿元；渔民保险已决理赔590宗（含死亡、失踪58宗58人），赔付金额3 984.13万元，渔船保险已决理赔19宗，赔付金额519.12万元，合计赔付609宗共4 503.25万元。2022年12月，以第一名中标2022—2024年广东省政策性渔业保险承保机构服务项目，继续作为全省政策性渔业保险主承保人开展工作。

三是延伸服务链条，将工作从事后理赔迭代升级到渔业安全生产保障和渔业防灾减灾事前预防服务，充分发挥直接联系全省10万名渔民船东的独特优势，积极配合主管部门推动渔业安全生产关口前移，积极配合各级渔业主管部门开展渔业安全生产宣传教育和防灾应急演练；向渔民群众赠送海上救生设备和应急救援物资，为渔民出海作业保驾护航；建立灾害预警信息推送机制，通过短信、微信公众号等平台及时、准确地向渔民发送灾害预警信息，提醒渔民、船东及时做好灾害性天气预防工作；编制渔业安全生产知识手册并在全省各渔港渔区代办处派发，供渔民群众学习使用，提高渔民的安全生产意识和提升防灾减灾技能。

广东省水生动物卫生协会

【概况】广东省水生动物卫生协会于2020年4月23日成立，以服务水生动物健康养殖，协助执行政府间的水生动物病害防控，协助发展同各地区渔业界的水生动物病害防控技术交流，促进水产养殖业绿色、健康、可持续发展为宗旨。

协会由广东省动物疫病预防控制中心、仲恺农业工程学院、广州瑞森生物科技股份有限公司、海泰达生物科技（广州）有限公司、广东省农业科学院动物卫生研究所、中国水产科学研究院珠江水产研究所、华南农业大学、中国水产科学研究院南海水产研究所等8家单位发起，2022年有会员单位47家，涵盖水生动物产业相关的政府单位、科研单位、高等院校、第三方检测企业、水产养殖企业等。

【主要业务】2021—2022年，广东省水生动物卫生协会在围绕水生动物疫病防控领域开展活动，主要有：加强会员和行业自律，维护会员和行业公平竞争；维护会员的合法权益，协调会员经营活动产生的争议；参与制定相关行业标准，建立规范行业和会员行为的机制；组织与全行业利益相关的决策论证咨询，促进全行业健康发展；组织开展与全行业相关的项目推荐、检查、评审评估、绩效评价、验收、成果鉴定等活动。开展行业科技交流、培训、调研等活动；承接管理部门及相关单位委托的工作任务；为水产养殖户开展病害防治工作提供帮助。

【主要业绩】2021—2022年，广东省水生动物卫生协会的主要业绩：承接农业农村部动物疫情监测与防治项目，完成农业农村部要求的监测任务；协助广东省动物疫病预防控制中心完成广东省水生动物重大疫病省级监测任务，配合完成该中心安排的各项样品采集任务；参与全国首次水产养殖种业普查工作，派出上百人次前往省内多个苗种生产市，如佛山、江门和阳江等地开展实地调研，实地普查工作；在协会网站上发布水产养殖相关信息，内容覆盖养殖尾水处理、健康用药、病害防控、养殖新模式推广等，开展健康养殖宣传，引导水产养殖向积极、正向发展；协助会员单位参与广东省水产绿色健康养殖科技下乡活动、全国水产养殖疾病监测及信息系统使用技术直播讲堂、全国水生动物防疫系统实验室技术培训班等各类水产相关培训工作；研发水生动物苗种产地检疫移动实验室，在广东省动物疫病预防控制中心和广州瑞森生物科技股份有限公司的支持下，完成移动实验室制作，在珠海、东莞、花都等地使用；开展水产苗种产地检疫信息化管理学术交流等技术服务及专门的培训与咨询；通过规范用药新技术、新模式，建立1个水产养殖用药减量示范点，形成一套育苗的标准化用药减量技术模式。

广东省休闲渔业与垂钓协会

【概况】广东省于20世纪90年代开始尝试休闲渔业活动，2014年在广州成立广东省休闲渔业与垂钓协会，由从事休闲渔业、水族观赏、水产食品产品、渔之旅、钓具、海洋牧场等开发、服务、科研、教学、管理的相关企事业单位以及热心支持广东省休闲渔业发展的团体自愿结成。协会宗旨：为休闲渔业经营者及爱好者搭建一个沟通、学习和研究的平台，通过形式多样的活动，促进全省休闲渔业健康持续发展。2021—2022年，协会定期召开理事会、会员大会，2022年5月25日，协会完成第三届理事会、监事会换届工作。

【组织建设】广东省休闲渔业与垂钓协会持续加强内设机构建设，建立专家智库及5个二级专业委员会，制定执行会长轮值制度。

专家智库：于2020年成立，是行业发展和协会的智囊，有46位成员，专业涵盖旅游规划、会展组织、海洋能源、水产、休闲渔业等。

标准委员会：研究休闲渔业活动标准体系，落实休闲渔业活动标准化建设，推进休闲渔业活动管理规范化、标准化和科学化。

垂钓专业委员会：科学有序开展休闲垂钓赛事活动，开展休闲垂钓基地培育与评审，推进休闲垂钓许可制度、饵料标准化和休闲渔船标准化等行业规范建设。

研学专业委员会：开展海洋与渔业研学理论研究、课程开发、师资技能培训、研学线路设计、研学基地规划、建设、管理与运营指导及研学效果监测与评价、研学成果的宣传及行业标准制定等。

观赏鱼专业委员会：研究观赏鱼产业与人们生活有机融合发展的理论与实践，通过产学研合作的方式，打造具有广东特色的观赏鱼产业，丰富休闲渔业产业形态。

海洋牧场专业委员会：以科技创新技术为抓手，推进休闲渔业与海洋牧场融合发展，促进广东省海洋牧场产业做大做强。

【行业服务】广东省休闲渔业与垂钓协会2021年受南方海洋科学与工程广东省试验室（广州）的委托，开展海洋牧场现状与管护的系列调研。由中国科学院南海海洋研究所、广东海洋大学及协会秘书处组成调研组，在珠海、阳江、湛江三地开展实地调研，还通过向省内各钓手发出"广东省近岸海域休闲垂钓"调研问卷收集材料，2022年7月撰写《关于全省海洋牧场与管护情况调查活动的总结报告》，为相关职能部门在海洋牧场与休闲渔业融合发展方面的决策提供依据。

海洋牧场专业委员会选定台山海宴、冶金湾等两地成立海洋牧场专委会工作站，开展藻类、贝类海洋牧场的试点工作，推进海洋牧场发展。

【休闲渔业宣传】广东省休闲渔业与垂钓协会于2020年创办《休闲渔业大家讲》活动，至2022年共举办7期。其中2021—2022年举办3期，主题分别为"滨海休闲渔业发展交流""观赏鱼产业发展交流""休闲渔业与海洋牧场融合发展交流"。每期活动都得到专家学者、行业与企业代表等社会群体的参与，从而扩大了休闲渔业在社会上的影响。

广东省鳗鱼业协会

【概况】广东省鳗鱼业协会于2002年7月1日成立，是由广东省鳗鱼业的企业、团体等经济组织自愿组成的全省行业性的、非营利性的民间社会组织，是依法登记的独立社团法人，为养殖企业、流通企业以及销售市场搭建一座"桥梁"，原本的"一盘散沙"变成一个"坚不可摧"的团体。2021年9月13日，协会召开换届选举大会，选举产生第七届理事会、监事会，周兆恩担任会长，并于10月29日举行就职典礼，全国鳗业工作委员会、北京鳗鱼分会以及福建鳗鱼协会等发来贺电。2022年有会员单位180余家，涵盖鳗苗培育、鳗鱼养殖、饲料生产、活鳗出口和烤鳗加工等整个产业链的各个环节。

【鳗鱼宣传推广工作】广东省鳗鱼业协会组织会员企业参加广州国际渔业博览会、种业博览会、餐饮产业博览会、安全农产品博览会以及广东现代农业博览会等各类展览；协会参与庆祝农民丰收节活动，支持顺德"百里芳华、浪鳗鱼港"等各项活动的开展，加大鳗鱼的国内宣传推广力度。

2021年5月3日，中央电视台《致富经》栏目对行业进行为期一周的深入调研，将"小鳗鱼的大世界"呈现在广大市民眼前；11月25日，中央电视台《消费主张》栏目从美食的角度也对广东鳗业进行深入的采访报道。

【行业交流活动】广东省鳗鱼业协会为进一步加强粤闽两省鳗业间的交流与合作，促进两省鳗业的共同发展，两省鳗业界代表于2021年4月22日在广东顺德召开"闽粤鳗业发展研讨会"，并就建立鳗苗市场供求协调机制、联合发布成鳗市场指导价格、加强鳗鱼养殖技术交流合作、联合拓展国内鳗鱼市场、加强行业自律等进行交流和探讨，会议发布《闽粤两省共同促进鳗业持续健康发展联合声明》。

广东省龟鳖养殖行业协会

【概况】广东省龟鳖养殖行业协会经省民政厅批准于1999年成立，2017年6月20日在东莞市中堂凯景酒店召开第六届第一次会员代表大会，依照章程规定选举产生第六届理事会。理事会由255人组成，协会秘书处设在东莞市中堂镇东汇酒店行政楼二层。

省龟鳖养殖行业协会是由从事龟、鳖养殖、饲料、渔药生产等经济组织，以及科研和技术推广服务单位等自愿组成的全省性龟鳖养殖行业非营利性社会组织。协会遵守宪法、法律、法规和国家政策，遵守社会道德风尚，协助政府搞好行业管理、规范行业行为，向政府反映会员的意见和要求，维护会员的合法权益，协调会员之间的关系，为全行业提供技术交流、市场引导，组织协调、信息沟通，为促进全省龟、鳖行业的健康发展服务。

【业务范围】广东省龟鳖养殖行业协会业务范围：一是组织市场开拓、宣传龟鳖产品的价值，推介优质产品，公示协会的运作，编辑协会刊物等服务；二是开展龟鳖养殖行业调查、评价论证、培训、交流、咨询、展览展销、科普教育、资源增殖等服务活动；三是收集省内外、国内外龟鳖生产、销售、科技进步的动态和信息，向会员发布，与主要龟鳖养殖省建立信息和技术合作关系；四是协调龟鳖养殖行业的产供适应市场需求，协调会员之间、会员与非会员之间、会员与消费者之间涉及经营等活动的争议；五是接受与龟鳖养殖行业有关的政策论证咨询，提出相关建议，接受会员投诉，提出合理合法措施，维护会员和行业的合法权益；六是加强会员和行业自律，推动产品质量行业自律，促进会员诚信经营、互相协作、公平竞争，让社会和消费者放心；七是参与龟鳖养殖行业标准的论证和制定，组织龟鳖养殖、病害防治技术的试验研究，提出科学实用的养殖、防病规范，向会员推广先进技术、标准，督促会员执行强制性标准，组织会员参加技术和管理经验交流；八是组织会员学习相关法律、法规和国家政策；九是开展本协会宗旨允许的业务和政府及其工作部门授权或委托的其他事项；十是开展与全行业有关的各种有偿和无偿的产供销等中介服务。

【主要工作】2021—2022 年，广东省龟鳖养殖行业协会就全省龟鳖养殖基本情况、存在问题和发展方向开展调研，对 2021 年全省龟鳖存塘压池情况统计：具体存塘压池量包括三线闭壳龟 27 万只、黄喉拟水龟 1 828 万只、花龟 745 万只、黑颈乌龟 21 万只、安南龟 23 万只、黄缘闭壳龟 58 万只、黑池龟 7.5 万只、山瑞鳖 30 万只，另统计出从业人员 20 万人，综合产值 300 多亿元。

总结近年龟鳖行业做出的成绩，如茂名市电白区沙琅镇的村民大多发展家庭养龟，许多人因养龟赚到了钱，盖洋楼、买轿车，脱贫致富，过上富裕生活。该镇被国家有关部门授予"中国养龟第一镇""中国石金钱龟之乡""中国淡水龟之乡"等称号。还有东莞市和广州市的增城区、惠州市博罗县、阳江市的阳春、湛江市的廉江、云浮市的云安区等成为龟鳖类养殖主产区，龟鳖养殖成了失业渔民、失地农民、失业居民和弱势群体解决生计的一个好途径，也是个人就业、家庭创

业和企业转产转业的首选，更是精准扶贫的好项目。

新冠疫情期间，龟鳖产业形势严峻、困难重重，协会果断提出：在困难的时候要看到光明、提升勇气，做好本职工作，把龟养好，把产业做大做强才是硬道理，特别是要开发终端市场，利用龟鳖药食同源、养生保健的特点、发展加工产品，主要是龟板胶和龟苓膏两种；"励千鳖万龟进餐馆、红烧清蒸一起上"，让"吃"给龟鳖产业带来兴旺，让"吃"给龟鳖产业创造效益。

广东省锦鲤协会

【概况】广东省锦鲤协会于 2020 年 5 月成立，前身是挂靠在广东省水族协会观赏鱼分会的一个同业协会，是由具有法人资格的从事锦鲤养殖、销售的企业单位，并与生产、经营和锦鲤相关产品的企业自愿组成的非营利性社会团体。

协会宗旨：为广东省从事锦鲤行业的企业及从业人员，为锦鲤经营者及爱好者搭建一个沟通、学习和研究的平台，通过形式多样的活动，协同锦鲤行业的发展，让更多人认识锦鲤，促进全省乃至全国锦鲤行业持续健康发展，同时也为乡村振兴发挥更大的作用。遵守宪法、法律、法规和国家政策，遵守社会道德风尚，协助政府搞好行业管理，规范行业行为，向政府反映会员的意见和要求，维护会员的合法权益，协调会员间的关系，为全行业提供技术交流、市场引导、组织协调和信息沟通的平台，为推进全省乃至全国的锦鲤业持续发展服务。

2022 年 4 月 28 日召开第一届第三次会员大会，总结过去一年工作，部署新一年工作。2022 年新入会会员 14 名，会员单位达 95 名。

【组织建设】广东省锦鲤协会持续加强内设机构建设，建立两个二级专业委员会：

评估委员会。2020 年 5 月 27 日成立，由两位常务副会长、两位理事、三位监事共 7 人组成。主要为锦鲤养殖场的搬迁风险进行鉴定服务。

裁判委员会。2021 年 12 月成立，由会长和四位常务副会长共 5 人组成，对有意通过锦鲤比赛获取裁判资格认证的锦鲤行业人士进行审核，审核通过后再由协会颁发裁判证书。广东省锦鲤协会是国内锦鲤行业的领头单位，每年为国内其他地方举办的锦鲤赛事委派一批优秀的裁判员以协助评审事项，得到锦鲤行业人士的认可。

【交易中心】广东省锦鲤协会会员单位——广东花博生态产业有限公司，在佛山市南海区里水镇建立"南海花卉博览园"，云集 300 多家锦鲤鱼场和 200 多家流通单位，2022 年发展成为全国规模最大的锦鲤养殖、交易中心。

【服务工作】2021 年 3 月，广东省锦鲤协会以投标的方式获得广州市白云区江高镇人民政府的委托，对广州铁路枢纽新建广州白云站项目涉及江高镇何埗村上庄经济合作社范围内测量宗号 HB16 号种锦鲤养殖场搬迁风险进行评估。10 月和 11 月，受广州市白云区人和镇政府委托对广州白云机场三期扩建工程广州白云区人和彩云观赏鱼养殖场、广州广丰养殖有限公司、广州坚利水产养殖有限公司、广州市白云区人和缀宏养殖场、广州市悦泓水产养殖有限公司进行搬迁风险鉴定，两次评估活动均得到政府部门的肯定。

2022 年 6 月，协会受深圳市天熙房地产开发有限公司委托，对深圳市大鹏新区岭南路 88 号大

院锦鲤的市场价值及搬迁风险评估。7月，再次受广州市白云区人和镇政府委托，对广州白云机场三期扩建工程的广州市金仪农业科技发展有限公司等7家渔场进行搬迁风险鉴定，再次协调政府部门以及企业和渔场之间由于渔场拆迁带来的矛盾，得到政府部门的肯定。

广东省海鲈协会

【概况】广东省海鲈协会经广东省农业农村厅和广东省民政厅批复同意成立，于2019年6月18日召开第一届会员大会，选举产生理事会17人，监事会3人。

2021—2022年，广东省海鲈协会发挥"政府与企业的桥梁、纽带"作用，开展各类为会员服务的活动，完成政府委托的各项任务，开展咨询、协调、指导等工作，保护知识产权，保护公平竞争，维护国家、行业和企业的合法权益，维护正常的贸易秩序，推动企业、行业自律，承担社会责任，促进广东海鲈产业持续健康发展。

【业务范围】2021—2022年，广东省海鲈协会协助执行政府间的渔业协定，建立全省海鲈孵化中心交流平台，制定行业标准，促进各国（地区）渔业界的民间友好往来、技术交流合作；通过协会服务企业，发展壮大海鲈产业经济，帮扶一些会员"在发展中扶贫，在扶贫中发展"，建立销售运营模式、链接融资渠道等。

协会向会员及时传递政府相关的政策与补贴信息，及时传递国家、省、市、区最新的各项惠企惠民政策及行业内最新的法律、法规。从全国的发展趋势来看，行业协会将越来越多地承担原来政府部门的部分职能，发挥中介

桥梁作用。

【主要工作】2021—2022年，广东省海鲈协会以建设平台的方式，聚集能量，增强海鲈行业的社会服务功能，为各位会员及海鲈产业提供服务，推动海鲈行业的快速发展，提升"白蕉海鲈"的品牌价值。

引导企业转型升级，开展各类技术服务、技术交流、技术咨询、专业培训等活动。指导、帮助企业改善经营管理；开展科技运用、人员培训、项目建设咨询等服务；组织企业抱团参加行业内各种境内外展览、采购等经贸活动；组织会员开展学习、考察、讲座、论坛、行业培训等活动；组织基地企业学习讨论，及时了解和领会政府的相关政策法规。

协调全省海鲈行业内部关系，营造广东海鲈行业自律平等竞争的良好环境；开展海鲈鱼领域调查研究，了解当地农户的养殖过程中面临的困难，经营动态，向政府有关部门提出促进海鲈鱼发展的对策建议；提高会员知识产权意识，维护会员正当合法权益，进行法制宣传，引导企业会员遵纪守法、诚信经营、改革创新、健康绿色发展。

组织企业开拓海鲈市场，引导海鲈市场的有序开发，创新海鲈企业经营模式和宣传促销方式。积极贯彻落实国家绿色水产行业质量认证系列标准，开展绿色水产海鲈养殖行业自律自查和行业服务技能评比活动。认真做好省内外海鲈行业信息的收集、分析和发布，协助建立全省海鲈行业的信息网络。组织开展与国内外同行的交流与合作，积极引进国内外先进的经营管理方法、营销策略等。

围绕海鲈产业发展，开展统计调查和分析，提供统计信息和

政策咨询，通过信息资源共享提高整体效率，实现合作共赢的基础。

广东省老水产工作者联谊会

【概况】广东省老水产工作者联谊会（简称联谊会）筹建于1988年初，广东省民政厅于当年7月1日下达"广东省社会团体登记证粤社登字0 067号"批文，拟定《广东省老水产工作者联谊会章程》，选出理事会成员，选举老红军温盛湘为会长。联谊会宗旨是联谊聚会、咨询和业务培训，主要是联络在水产战线上奋战几十年的离退休老同志聚集在一起联谊交流，安享晚年。广东省水产历届厅领导舒光才、李云、李进阶、吴健民、于波、杨永汉、谭国侃、徐平、黄琛等，还有相关单位老领导李子惠、陈尊陆、刘宝英、冯华、谢平、林源、吴强、郭仁杰、张秉林、陈景侠等大力支持和参与。成立后会员人数不断增长，首次印发通信录有261人，1993年底310人，1994年350人，2004年418人。2005年6月2日召开理事会，推举原省水产厅副厅长、原省农委副主任、原省农业发展研究中心主任谭国侃接任会长，温盛湘任名誉会长。2015年3月24日召开理事会，推选省海洋与渔业局机关服务中心原主任殷东孙为会长，老会长温盛湘、谭国侃和苏植逢、冯启新为名誉会长；理事13人，监事1人。2019年7月和8月举行两次理事会讨论研究换届事宜，推举原省渔政总队副巡视员姚国成接任会长，设理事13人，监事3人，于2019年11月28日召开会员代表大会通过。

【《老水产》编印】在广东省老水产工作者联谊会成立18周年之

际,2006年9月8日召开理事会议,决定创办《老水产》刊物,主编为谭国侃,副主编为郭少辉、冯启新、钟观运,编委数人。2007年1月出版《老水产》创刊号,开始时一年出版两期,2011年起,联谊活动定为一年一次,《老水产》杂志也定位一年出版一期,到2020年,已编辑出版18期。

2021年中国共产党成立一百周年,理事会研究决定,编辑建党一百周年纪念专刊。理事会有关人员工作认真细致,通力合作,这期《老水产》刊登宣传了中国共产党的革命斗争历史、刊登党从第一次代表大会到第十九次代表大会地址图片、刊登庆祝中国共产党成立100周年大会的盛况,还有《我看建党百年新成就》《广东党组织发动渔民参加革命》等文章。会员阅读后,赞扬内容丰富全面,编排科学合理,反映老水产工作者的心声。

【联谊会理事会议】2021—2022年,广东省老水产工作联谊会听从指挥,凝聚共识,自觉遵守和维护各项法律制度及规定。经理事会研究决定,停止会员聚集活动,仅召开理事会,每次参会人数不超过10人。

2021年先后召开三次理事会会议,讨论联谊会有关工作。3月29日理事会会议研究,切实做好中国共产党成立100周年的纪念活动,在《老水产》杂志中刊登文章、图片,进行大力宣传。同时研究讨论《老水产》杂志有关组稿、出版的事宜;9月20日,理事会召开会议讨论《老水产》杂志组稿落实情况,确定待稿件复审后于10月份出版。理事会会议决定:当年不召开会员大会,《老水产》杂志出版后以其他适当的渠道发给会员。

【注销联谊会】广东省老水产工作者联谊会理事会于2021年11月23日召开全体理事会议,分析当前的形势和工作,研究讨论关于领导干部退休后不能在各种社团、组织兼任职的有关规定和联谊会现状,决定注销广东省老水产工作者联谊会,择机召开会员代表大会通过。2022年8月15日,召开会员代表大会,讨论通过适时注销联谊会的有关事宜。参加会议的有来自原省水产供销公司、省水产开发公司、省珍珠公司、省水产制品厂、广州渔轮厂、广州远洋渔业公司、广州渔业公司和省海洋渔业厅等单位的会员代表共49人。

会长姚国成代表理事会向与会代表介绍拟适时注销联谊会的原因:一是联谊会的会员大多为20世纪30—50年代出生的水产系统的离退休人员,大多年事已高,行动不便,已很少参加社团活动;二是受特殊情况影响,2020—2022年连续3年,联谊会无法开展联谊活动;三是根据上级要求处级以上退休干部不能在民间社团担任理事以上职务,特殊情况须按程序报批,联谊会不属于特殊情况范围,因此联谊会就无法坚持下去了;四是机构改革后,联谊会的原主管部门省海洋与渔业厅撤销,其渔业(水产)职能划归省农业农村厅,原由省海洋与渔业厅不定期对联谊会的经费补助停止了,单靠会员缴交的会费难以支撑联谊会开展活动。根据以上情况,考虑到联谊会今后开展活动的困难,理事会经过认真研究并与上级有关部门沟通,决定向会员代表大会提出适时解散联谊会的建议。

参加会议的代表认为,联谊会自1988年成立以来,做了大量工作,创办《老水产》杂志,开展联谊活动,积极宣传党和国家的大政方针,宣传水产事业改革开放欣欣向荣的大好形势,为老水产工作者增进感情、感受改革开放成果提供平台,深受欢迎。随着时间的推移,情况发生变化,联谊会也要与时俱进。经过充分讨论,到会代表一致同意适时注销联谊会,选出了以姚国成为组长的五人清算小组负责注销有关工作。

会员代表大会后,理事会和清算小组履行职责,抓紧办理。理事会发动大家撰写文章,回顾从事渔业工作历程,抒发"老水产工作者"情怀,编辑出版《老水产》第20期,作为广东省老水产工作者联谊会的纪念册,让"老水产工作者"精神依然发光发热!

二、渔业产业服务

综述

【广东省渔业劳模与工匠人才创新工作室】2022年12月20日,在广东渔业高科技园举行"广东省劳模与工匠人才创新工作室(南沙)"揭牌仪式。该工作室除由"广东省五一劳动奖章"获得者、中国水产科学研究院珠江水产研究所研究员谢骏担任主持人,除谢骏创新工作室成员入驻外,同时引进广州市农业技术推广中心蒋天宝(2018年"广东省五一劳动奖章"获得者)、李镕(2022年"广东省五一劳动奖章"获得者)两位劳动模范和广州市诚一智慧渔业发展有限公司副总经理、"大国农匠"许鹏(获2022年"大国农匠"全国农民技能大赛种养能手类一等奖)。谢骏创新工作室有9名成员,其中博士6人,主要聚焦水产养殖尾水修复生态工程技术,致力解决水产养殖尾水治理、水产品品质提升、质量安全等实际问题，突破创新一批有竞争力的养殖水域保护和水产品品质提升高新技术。水产养殖业是南沙传统优势农业主导产业，谢骏创新工作室落户南沙，给南沙带来更多的技术力量。南沙区农业农村局 2022 年 11 月印发《广州市南沙区养殖池塘升级改造绿色发展三年行动方案（2022—2024 年）》提到，要推进南沙 6 107 公顷（9.16 万亩）养殖池塘的升级改造和尾水治理，建设至少 2 个示范性美丽渔场、4 个水产健康养殖和生态养殖示范区、4 个塘头小站（免费快速检测点），全面推广绿色、健康、生态养殖模式。

【广州市花都区水产劳模与工匠人才创新工作室】广州市花都区总工会于 2020 年 5 月命名区农业技术管理中心水产高级工程师"李文卫技术创新工作室"为"李文卫劳动模范和工匠人才技术创新工作室"。李文卫于 2015 年 10 月获得全省渔业技能竞赛第一名，被授予"省职工经济创新能手称号"，2016 年省总工会授予其"广东省五一劳动奖章"，2017 年获"广东省最美农技员"称号，2018 年获"全国最美渔技员"称号，还是广州市、花都区两级两届基层党代表。依托广州顺源农业发展有限公司水产养殖基地，工作室采用"工作室＋基地"的形式，技术团队包括中心渔业部管理和基地经营人员，并建立了工作室相关制度，完善必要工作设备。工作室依托基地建设"池塘养殖尾水生态治理系统"，现场指导养殖户规划建设"生态治理系统"，转化"池塘养殖尾水生态治理工艺"技术成果，以点带面，在花都区建设 66 套"生态治理系统"。2021 年基地负责人完成《广东省水产养殖用药减量示范项目》技术报告，编制《脆肉罗非养殖技术规范》标准 3 个；把基地负责人培养成为"高素质农民"，2021 年基地负责人被省农业农村厅认定为"广东省农村乡土专家""广东省十佳精勤农民"，2022 年获农业农村部颁发的"大国农匠"二等奖；基地成为"粤港澳菜篮子基地""省级农业龙头企业"；花都区农业技术管理中心 2021 年 12 月获全国水产技术推广站授予的"全国星级基层水产技术推广机构"称号，花都区 2022 年成功创建"国家级水产健康养殖和生态养殖示范区"。领衔人李文卫 2021 年 6 月被省委授予"广东省优秀党员"称号，2022 年获广东省农业技术推广二等奖。

【广东水产学会科技服务站】2021 年，广东水产学会按照《广东省科协学会科技服务站管理办法》要求，申报省级学会科技服务站 2 个〔广东水产学会（阳江）科技服务站、广东水产学会（南湾）科技服务站〕，获得批准备案。在 10 月举办的广东水产学会第三届青年科技论坛上，学会理事长吴灶和为（阳江）科技服务站的依托单位——阳江市水产学会授牌，服务站的建设运行将为当地水产绿色发展提供技术支撑，其可以开展多种形式的科技服务，更好地服务学会的会员、企业，达到推动发展、资源共享、提供优质服务的目的，促进当地渔业高质量发展。

广东水产学会按照省科协下达的项目要求，加强学会（阳江）科技服务站建设，2022 年 5—10 月学会科技服务站组织南海水产研究所、仲恺农业工程学院、阳江职业技术学院等单位的专家，到阳江市大沟镇等地分别对广东南湾水产有限公司、当地养殖户进行对虾养殖技能培训、现场指导和技术服务，推广对虾封闭式工厂化循环水养殖、篮子鱼高位池集约化养殖和养殖尾水排水生态化处理等技术成果，累计辐射带动周边农户 100 户以上，有效提升当地水产养殖的整体技术水平。

在 2022 年 7 月广东水产学会第四届青年科技论坛上，广东水产学会（南湾）科技服务站站长董宏标获颁"2022 年度广东水产学会科技青年先锋"证书。据悉，2019 年以来，董宏标以广东水产学会科技服务站（广东南湾水产有限公司）为技术示范平台，建设具有行业领先水平的对虾健康养殖示范基地，建立了阳江市首个技术较为成熟的对虾工厂化养殖场，并以"工厂化标苗＋高位池"接力养成相结合，着力打造适宜于当地的工程化序批式对虾高效养殖新模式。

⬤ 海鲈养殖服务

【国家海水鱼产业技术体系授牌】作为 2022 年度国家海水鱼产业技术体系（下称"海水鱼体系"）"一县一业"重点任务之一，"海水鱼体系"的科学家与广东省海鲈协会签订合作协议，并为广东强竞农业集团产业园、珠海市之山水产发展有限公司、珠海粤顺水产养殖有限公司、珠海斗门区白蕉镇新泗海水产养殖场、珠海市斗门区河口渔业研究所 5 家单位，颁发"海水鱼产业技术体系示范基地"牌匾。国家海水鱼产业技术体系通过授牌活动，建立海水鱼体系规范化的海鲈养殖产业技术研发与示范基地，让该体系的岗位科学家和综合试验站站长真正扎根于珠海海鲈养殖产业，开展关键技术研发与示范推广，为白蕉海鲈养殖产业绿色高质量发展提供科技创新原动力。

【海鲈预制菜发展】随着珠海海鲈

养殖业的发展，以海鲈加工为主的第二产业也在加紧布局，加工规模不断提升。2021—2022 年，珠海斗门区海鲈年加工量约 4 万吨，成为全国最大海鲈加工基地，同时，海鲈预制菜品牌建设也在同步推进，截至 2022 年底，海鲈预制菜生产企业有 20 多家，培育出"好渔阿聪""海源鲈鱼""一叶情""鲜城故事""祺海""鲈鱼公馆"等多个省级海鲈预制菜品牌。

珠海市高度重视海鲈预制菜产业发展，制定了产业发展规划，出台一系列促进产业发展的措施，建设省级"斗门区预制菜产业园"，组建"海鲈预制菜产业联盟"，扶持相关企业加工技术升级，加强配套设施建设，促进产业高质量发展。在产学研结合产品创新方面，珠海建立了院士工作站、国家海水鱼产业技术体系海鲈"一县一业"重点任务实施区域，与高校及科研院所联合开展海鲈预调理食品加工技术、贮存技术研发和产业应用生产，有效推进海鲈预制菜形态、品类的更新，不断满足消费者多样化需求。

2022 年 6 月，珠海成功获批省级预制菜产业园，成为斗门区构建百亿级水产品"标准养殖＋精深加工＋冷链物流"产业链的重要平台。7 月，珠海市斗门区人民政府办公室印发《加快推进斗门区预制菜产业高质量发展十五条措施》，10 月，珠海市人民政府办公室印发《加快推进珠海市预制菜产业高质量发展若干措施》，提出十大举措，系统性地构建从"田野"到"餐桌"的预制菜全产业链，推动农业生产、规模预制、装备制造、冷链物流、连锁餐饮等新业态共同发展。

【海鲈产品推介活动】 2021—2022

年，广东省海鲈协会开展了海鲈产品推介活动，重要活动如下：

2021 年 3 月 28—30 日，《"良之隆"2021 第九届国食材电商节》在武汉国际博览中心举行，珠海市斗门生态农业园管理委员会携"中国海鲈之都"珠海展团参加展会，为珠海斗门白蕉海鲈走向世界谱写新篇章。同期由中国水产流通与加工协会海鲈分会、广东省海鲈协会承办了珠海斗门白蕉海鲈推介会。

2022 年 12 月 28—30 日，首届中国"年鱼"博览会在广东珠海国际会展中心举行。广东省海鲈协会和数十家会员企业一同参加此次博览会展览。博览会上，一大批珠海水产企业相继推出"年鱼爆款新品""中华好年鱼"十大爆品——"金鲈满堂"好年鱼大礼包等在天猫、京东平台火热上架，成功打造全国首家"年鱼"直营店，打响年货销售"发令枪"。

【海鲈产业技术培训】 2021—2022 年，广东省海鲈协会承担了珠海市斗门区农业农村局有关捕捞渔民转产转业职业技能培训，2021 年 5—7 月为第一期阶段，开展海鲈鱼生态养殖、鱼虾混养技术、青蟹养殖与病害防治、活鱼加工工艺、股权分配等相关的五期转产转业培训班，邀请中国水产科学研究院南海水产研究所、广东海洋大学等专家授课。10—11 月为第二期阶段，在珠海市香洲区、斗门区、金湾区开展六期的培训，培训内容涉及海鲈鱼苗期管理培训、冬棚白虾及鱼虾混养模式培训、青蟹养殖技术培训、龟类繁育实地教学、海鲈鱼鱼柳取片技术、面点花式厨艺等，帮助渔民认清就业形势，更新就业观念，树立自主就业意识。协会通过这些工作为渔民提供职业需求信息

和介绍求职方法，指导渔民制定个人再就业计划和措施。通过知识讲座，多媒体教学，现场参观等方式，传授农民新型职业技术技能。

鳗鱼产业服务

【鳗鱼品牌培育】 2021—2022 年，广东省鳗鱼业协会加强鳗鱼品牌培育和推广，把优质的鳗鱼产品推荐给更多的消费者，对丰富国民的"菜篮子"起到推动作用。2021 年是佛山市实施粤菜师傅工程的第三年，为全面推进佛山市粤菜师傅工程"佛味鲜生"系列工程建设，擦亮"佛味鲜生"优质粤菜食材品牌效应，佛山市农业农村局联合《南方日报》开展2021 年最受市民喜爱的"佛味鲜生"优质佛山本地粤菜食材评选活动，经过网络投票和专家评选，"顺德鳗鱼"被评选为 2021 年最受市民喜爱的"佛味鲜生"优质佛山本地粤菜食材。

【鳗苗资源保护】 2021—2022 年，广东省鳗鱼业协会参加由农业农村部渔业渔政管理局牵头组织召开的鳗苗资源管理工作座谈会，并适时反映行业诉求，对防止中国珍贵的鳗苗资源外流，促进行业的可持续发展起到推动作用。

2022 年 2 月 11 日，协会领导应邀到省农业农村厅参加由农业农村部和海关总署联合召开的打击鳗苗走私、加强鳗苗资源管理工作专项视频会议，达成加强鳗苗资源管理以促进国内鳗鱼行业健康发展的相关意见。农业农村部渔业渔政管理局根据会议的精神于 2 月 23 日下发《进一步加强鳗鲕出口管理的通知》，规范了日本鳗鲕苗出口的审批，保障国内鳗业养殖需求，联合海关部门共同打击违法走私行为，维护行业

核心利益。

2022 年 6 月 22 日，为及时掌握日本鳗苗捕捞、养殖、销售及流向等情况，研究制定下一步日本鳗苗出口政策。农业农村部渔业渔政管理局召集有关单位负责人召开日本鳗苗出口有关工作网上研讨会，经过研讨，会议认为部渔业渔政管理局年初出台的管控措施是有效的，应进一步加强。广东鳗鱼协会再次在会上表明了自己的观点，提出 5 月 1 日以后以"100P 的黑仔"形式出口的建议，以优先满足国内需求；同时，还要加强与海关的交流沟通，打击走私，加强价格的协调，协调捕捞业者与养殖企业的利益。该观点得到参会者的一致认可。

2022 年 11 月 10 日，受农业农村部渔业渔政管理局委托，中国渔业协会鳗鱼业工作委员会召集各有关单位召开鳗苗出口管理工作座谈会（视频），集中研讨鳗苗出口管理问题。会上，协会重申要继续加大鳗苗走私打击力度的意见。

【养鳗分区管理】2021—2022 年，广东省鳗鱼业协会多次召集养殖大户座谈会，达成实行养殖片区分区管理的决议，每个片区以合作社或集团公司的形式有序运作，并对其下属的养殖场进行统一管理。

对行业实行分养殖片区管理，可以有效整合资源，建立公平、公正、有序的鳗鱼贸易环境，促进鳗鱼的稳定有序供应，维护广东活鳗在日本市场的有序销售，维护行业及各方利益，推动广东鳗鱼行业健康发展。

● 产业技术服务

【产业技术支撑】2021—2022 年，广东省农业科学院动物科学研究所（水产研究所）获省主推技术称号 3 次，具体包括"黄颡鱼健康养殖营养调控关键技术（2021 年）""水产生物活性饲料添加剂的应用技术（2021 年、2022 年）"被认定为广东省农业主推技术。省农业科学院蚕业与农产品加工研究所的"多元化桑基鱼塘模式与技术"获 2022 年广东省农业主推技术。

省农业科学院动物科学研究所（水产研究所）和企业建立产学研推相结合的产业技术创新模式，构建"应用基础研究＋关键技术攻关＋成果转化＋技术应用服务"的全过程技术创新生态链。加强饲料新原料利用、功能性生物活性饲料添加剂产品开发、高效健康养殖技术集成等多领域的协同研发，探索科技与产业、成果和转化应用的新模式、新途径，提高产业技术创新能力。先后与广东海威农业集团有限公司、惠来县海鸿源水产养殖有限公司等共建产学研示范基地 5 个。先后与广州希望饲料有限公司、乐达（广州）香味剂有限公司、广东丰炫农业科技有限公司、广东金阳生物技术有限公司、广东海威水产养殖有限公司、广东氢水鱼农业科技有限公司、惠来县海鸿源水产养殖有限公司、广东水答案农业科技有限公司等 10 余家企业开展技术创新领域合作。与地方政府、农业技术推广部门、养殖企业、农民合作社等签订科技合作项目 14 项，开展科技服务和科技成果转化项目 10 项，获科技成果奖励 2 项，制定团体标准 7 项、企业标准 2 项。

省农业科学院蚕业与农产品加工研究所专家团队与中山三角镇签订生鱼产业人才发展合作框架协议；打造出环境优美、绿色生态、效益显著的现代桑基鱼塘模式。开展超低温速冻和涂膜保护对鱼生安全作用的研究，建立"鱼生"安全加工技术；解析"老火汤"中嘌呤物质的变化规律，阐明"味肽"替代味精、酵母提取物等鲜味剂的形式，为顺德美食发扬光大提供技术支撑。"多元化现代桑基鱼塘生态农业模式与技术"已在广东顺德均健现代农业科技有限公司、佛山市南海区杰大饲料有限公司、佛山市顺德区乐从供销集团有限公司、佛山市顺德区养德顺农业科技有限公司、广东植物龙生物技术股份有限公司等企业进行转化，建立了一批现代桑基鱼塘生产示范样板，促进了企业产业升级与效益提升。

省农业科学院蚕业与农产品加工研究所与顺德区龙江镇万安村合作，立足万安涉农特色产业，盘活万安的河湾、堤围等地理资源以及丰富的人文资源，发展现代基塘生态农业和文旅第三产业，支持万安村建设了现代桑基鱼塘展览馆、桑园围生态农业园、现代农业温室、万安草艇文化公园、十里果桑长廊、桑园围万安花海等乡村振兴项目和特色景点，打造成珠三角现代桑基鱼塘示范基地。在渔场现有基础下，2022 年，万安村和麦朗村 90 公顷（1 352 亩）连片池塘成功申报广东省首批美丽渔场建设项目，先后建立塘网结合单塘循环示范区和多元化桑基鱼塘生态种养殖模式示范区，开展太阳能多元孵化净化技术、单塘循环尾水处理等先进技术的示范应用，提升渔场科技水平，建成集水产养殖、科普、旅游于一体的示范性美丽渔场。

【产业检测与研发服务】2021—2022 年广东省农业科学院动物科学研究所（水产研究所）以两大公共服务平台为依托，为行业、企业提供检测与研发服务。公共检测平台检测服务水平得到提高，检测平台参加广州汇标检测技术中心组织的"氨基酸和粗蛋白检测能力比对活动",获得满意结果。检测样品 4 400 余份,涉及氨基酸、粗蛋白、粗脂肪、水分、灰分、钙、磷、挥发性盐基氮、酸价、盐分、组胺、游离氨基酸、胆汁酸、蛋白溶解度、酸溶蛋白、维生素 B_2、维生素 B_6、虾青素、胆汁酸、过氧化值等 39 类指标的检测。检测平台为饲料养殖企业共节约检测费用近 300 万元,减少了饲料养殖企业生产成本。

【产业技术指导培训服务】2021—2022 年,广东省农业科学院动物科学研究所(水产研究所)持续为养殖户、企业提供技术人员培训,指导其提升专业技能。开展广州、阳江、河源、四会、梅州、江门、台山、佛山、清远、茂名、揭阳等市农村科技特派员技术服务活动 210 余次,调研地方水产养殖现状、存在问题和技术需求,为养殖企业、合作社和养殖户进行针对性技术指导和产业支撑服务。参与桂花鱼产业园、优质草鲩产业园、对虾省级现代农业产业园、佛山上华基地现代渔业科技中心、珠海市海鲈产业园等产业园建设技术服务活动 92 次。赴广州市南沙区陈顺棠家庭农场、佛山市顺德区均健水产农民专业合作社、佛山市三水区广源顺水产养殖场等近 40 家养殖户开展现场技术指导服务。先后服务广东梁氏水产种业有限公司、广东太二农业科技有限公司、四会市渔亿水产养殖合作社、茂名六合饲料有限公司、珠海集元水产科技有限公司等 35 家企业。团队专家 18 人次受邀参加广东省农业技术推广中心举办的广东水产"轻骑兵"调研牛蛙健康养殖、"数字+轻骑兵"乡村行和"轻骑兵"能力提升培训等活动;组织开展 5

期脆肉罗非养殖技术、澳洲淡水龙虾和罗氏沼虾养殖技术等培训会及现场会,与会人数超 300 人次。

【省级现代农业产业园建设】2021—2022 年,广东省农业科学院对接广东省现代农业产业园建设,动物科学研究所(水产研究所)与阳江市鳜鱼种苗产业园、珠海市海鲈产业园等建立科技对接服务,蚕业与农产品加工研究所与中山市三角镇生鱼产业园、汕头濠江水产产业园等建立科技对接服务。

根据阳江市鳜鱼种苗产业园建设目标,围绕产业园在鳜鱼苗种繁育、工厂化培养、标准化生产、新技术推广及产业从业人员培训等企业综合实力提升方面的科技支撑需求,协助产业园实施主体单位完成产业园建设内容规划、方案制定等工作;对企业、养殖合作社技术人员等开展技术培训和现场指导服务超 30 次,助力鳜鱼种苗产业发展提质增效。

根据珠海市海鲈现代农业产业园建设目标,充分发挥研究所和产业园资源互补优势,围绕产业园海鲈保活运输、海鲈养殖尾水治理、海鲈品质提升等方面的科技需求,开展海鲈保活运输关键技术、养殖尾水治理技术应用示范、海鲈吊水技术研究,协助产业园组织培训 100 人次。通过为产业园实施科技对接服务,主导建立海鲈保活运输关键技术 1 项、海鲈品质提升离子水吊养技术 1 套,并建立海鲈养殖尾水治理示范基地 46.67 公顷(700 亩)。

根据佛山市顺德区优质加州鲈现代农业产业园、顺德区优质草鲩产业园、三水区渔业产业园和广州南沙区渔业产业园等产业园建设目标,由省农业科学院蚕业与农产品加工研究所提供科技

支撑,将现代桑基鱼塘先后纳入这些产业园建设,并列入顺德区均安镇、龙江镇和杏坛镇等多个区域现代农业产业发展重点项目。

三、渔业技术推广

● 渔业技术推广体系

【概况】2021—2022 年,广东省渔业技术推广工作以推动渔业高质量发展、保障粮食安全和水产品有效供给为目标,以打赢水产种业翻身仗为重点,发挥渔业技术推广公共服务支撑保障作用,在推进广东省渔业转型升级、提质增效和绿色高质量发展方面,取得显著成效。

【技术推广机构】2022 年,广东省渔业技术推广体系具有机构 321 个,相较 2020 年的 664 个减少了 343 个。其中,现有机构中地级及以上市水产技术推广专业站 9 个,综合站 12 个。2022 年全省渔业技术推广工作经费总额为 25 359 万元,比 2020 年经费总额 33 414 万元减少 8 055 万元。随着各级推广机构撤并,工作经费、项目经费有所减少。

【技术推广人员】2022 年,广东省渔业技术推广机构有人员编制 1 694 个,实有人员 1 611 人,相较 2020 年(编制 2 640 个,实有人员 2 398 人),编制减少 946 个,实有人员减少 787 人。2022 年全省渔业技术推广人员中,专业技术人员 1 611 人,其中拥有正高职称的有 27 人、副高职称 159 人、中级职称 409 人、初级职称 369 人。

【试验示范基地】2022 年,广东省渔业技术推广机构有试验示范基地 179 个、面积 5 475 公顷,与

2020 年的 268 个、面积 3 055 公顷相比，基地减少 89 个、面积增加 2 420 公顷。示范基地的减少是由于在此轮机构改革中，县（市、区）及乡镇一级的水产机构的试验示范基地被整合或被脱钩。

技术推广履职成效

【概况】技术推广履职成效情况主要由技术服务、渔民技术培训、推广人员继续教育和公共信息服务四部分组成。2021—2022 年，广东省渔业技术推广履职成效情况见表 6-1。

表 6-1 广东省渔业技术推广履职成效情况

履职成效类别			2021 年	2022 年	合计
技术服务	示范关键技术（项）		106	83	189
	检验检测（批次）		45 899	24 217	70 116
	指导面积（公顷）		147 523	152 144	299 667
	服务对象	指导农户（户）	65 476	72 553	138 029
		指导企业（个）	1 673	1 644	3 317
		指导合作组织（个）	548	435	983
渔民技术培训	期数（期）		452	436	888
	人数（人次）		77 664	851 993	929 657
推广人员继续教育	业务培训（人次）		4 086	3 848	7 934
	学历教育（人次）		504	148	652
公共信息服务	信息覆盖用户（户）		63 765	122 498	186 263
	发布公共信息（条）		527 391	1 665 304	2 192 695
	发放技术资料（份）		120 405	129 897	250 302

【渔业技术服务】广东省渔业技术推广服务主要有三个方面：一是推广示范关键技术。2021—2022 年全省水产技术推广机构累计推广示范关键技术 189 项；二是开展检验检测，主要是围绕水产养殖病害防控和水产品质量安全监管而开展，2021—2022 年全省水产技术推广机构累计开展 7 万批次的检验检测；三是技术指导服务，2021—2022 年全省水产技术推广机构累计技术开展的指导面积 29.9 万公顷，累计指导农户 13.8 万户、企业 3 317 家、合作组织 983 个。

【渔业培训教育】2021—2022 年，广东省渔业技术推广机构共开展渔民技术培训 888 期、培训人数合计 92.96 万人次；全省水产技术推广机构共开展推广人员业务培训 7 934 人次，学历教育 652 人次。

【公共信息服务】广东省渔业技术推广机构公共信息覆盖用户从 2020 年的 11.6 万户增长到 2022 年的 12.2 万户。2021—2022 年累计发布信息 219.2 万条，累计发放技术资料 25 万份。

水产种业体系建设

【概况】2021 年以来，广东不断加强水产种业体系建设，深化水产种业基础性、公益性研究，加大关键核心技术攻关力度，开展长周期研发项目试点；扶持育繁推一体化水产种业联合体，支持标准化扩繁生产；加强品种性能测定，培育推广一批优质、高效的水产新品种，挖掘保护传统优势品种；建设水产种质资源库，强化精准鉴定评价，开展资源合理化利用，建立健全水产种质资源保护利用体系；加强水产新品种知识产权保护和交易平台建设，坚持办好水产种业博览会，完善水产种苗管理体系，打造广东水产种业"南繁硅谷"。

【举办水产种业博览会】自 2019 年举办水产种业博览会以来，该博览会的办展方式不断创新，展览规模越来越大，交流领域越来越广，辐射带动作用也越来越强，已成为全国水产种业成果展示、种苗交流交易的重要平台。2021 年举办的第二届中国水产种业博览会上，来自全国各省（自治区、直辖市）的水产苗种、加工、装备、动保等产业的龙头企业参展，参展单位 300 多家，参展水产良种和新品种 250 多个。2022 年，第三届举办中国水产种业博览会大会，展览规模超过 2 万米²，会场分为馆展、地展、休闲渔业和预制菜美食展区，近 300 家企业参展，集结全国水产新品种、特色渔业品种等近千种展品，搭建水产种业育繁推一体化展示平台，取得良好效果。

【渔业种质资源的普查、保育】近年来，土著鱼类数量急剧减少，资源量下降，开展土著鱼类的资源保护和开发利用是夯实广东渔业可持续发展根基的重要举措。2021—2022 年，省农业技术推广中心指导全省 21 个地级市开展第一次水产养殖种质资源普查数据核查与补充完善工作。建设珠江流域水产种质资源库，对珠江流域 40 多个资源性品种进行抢救性收集和驯养保育。对其中的斑鳠、禾花鲤进行模仿自然条件下的人工繁殖；遴选专家团队，对斑鳠、大刺鳅、月鳢、三线舌鳎、花鲈、金钱鱼等 6 个品种开展人工繁育研究。

【水产良种场验收、复查和巡查】在广东省农业农村厅的指导下，2021—2022 年广东省渔业技术推广机构对 12 家省级良种场进行复查和资格验收，2 家国家级良种场通过复查验收。2022 年巡查省级良种场 46 家，严格抓好省级良种场复查质量关，对生产设施、配套设施设备、"三室"（实验室、档案室、标本室）建设不健全，选育技术路线、核心选育种技术、保种隔离技术及规范标准等不清晰的良种场提出整改意见，限期改进。

【水产新品种的培育指导】2021—2022 年，广东省渔业技术推广机构指导培育了三倍体牡蛎"中科 1 号"、斑节对虾"南海 3 号"、黄鳍棘鲷"中珠 1 号"、卵形鲳鲹"鲳丰 1 号"、杂交尖塘鳢"珠沣 1 号"、翘嘴鳜"鼎鳜 3 号"、凡纳滨对虾"中兴 2 号"、马氏珠母贝"海选 2

号"、全雄金钱鱼"海金 1 号"、扇贝"红墨 1 号"、鲫鱼"穗丰鲫"、全雄红罗非鱼"粤科 1 号"等 12 个水产新品种，组织专家进行现场初验后上报农业农村部。

【渔业主导品种遴选发布】2021—2022 年，广东省渔业技术推广机构遴选发布广东省渔业主导品种。2021 年发布的广东省渔业主导品种有：（1）淡水品种：中华鳖"珠水 1 号"、合方鲫、白金丰产鲫、连南稻田鱼、禾花鲤"乳源 1 号"、罗非鱼"粤闽 1 号"、全雌翘嘴鳜"鼎鳜 1 号"、长珠杂交鳜、翘嘴鳜"广清 1 号"、大口黑鲈"优鲈 3 号"；（2）海水品种：四指马鲅、花鲈、斑节对虾"南海 2 号""普利茂"南美白对虾、凡纳滨对虾"兴海 1 号"、凡纳滨对虾"中兴 1 号"、凡纳滨对虾"海兴农 2 号"、方格星虫。

2022 年发布的广东省渔业主导品种，淡水品种有：中华鳖"珠水 1 号"、乌斑杂交鳢、大口黑鲈"优鲈 3 号"、全雌翘嘴鳜"鼎鳜 1 号"、长珠杂交鳜、禾花鲤"乳源 1 号"、罗非鱼"粤闽 1 号"；海水品种有：四指马鲅、华贵栉孔扇贝"南澳金贝"、凡纳滨对虾"兴海 1 号"。

● 渔业技术推广 "轻骑兵"

【概况】"轻骑兵"是广东创新农技服务的具体表现和有效载体。广东省农业技术推广中心统筹全省农技服务队伍，开展实施"1＋20＋100＋1 000"农技服务"轻骑兵"乡村行专项行动。2022 年初，广东省印发《广东农技服务"轻骑兵"乡村行工作方案》，要求统筹各级农技公共服务和社

会化服务力量，围绕各地产业发展的技术需求，组建农技服务"轻骑兵"，以小分队形式，深入生产一线，开展农技服务乡村行。

【树立品牌、搭建队伍】2022 年，广东省渔业技术推广机构树立渔业"轻骑兵"品牌，将水产绿色健康养殖"五大行动"、种业发展、种质提升等渔业重点工作与"轻骑兵"乡村行活动高度融合，将"轻骑兵"的旗帜插在田间、塘头上，树立"轻骑兵"品牌。同时，搭建渔业"轻骑兵"队伍架构，聚合全省科研院所和地级市推广部门力量，组建病害防治、尾水处理等共 13 支产业链队伍，200 专家人次参与，组建 21 支地级市"轻骑兵"，队伍超 300 人次参与。

【探索服务新模式】2022 年，广东省渔业技术推广机构横向联动、统筹协作，促进产学研推用一体化。联合科研院所、高等院校、龙头企业、行业协会开展地标登记、无公害农产品认定指导、水产养殖技术推广和指导、鱼塘种稻试验试点指导等工作。联动南海水产研究所、省农科院、中洋渔业（清远）公司解决牛蛙养殖暴露的供求失衡、用药环境污染等问题，探索绿色健康养殖模式，扶持牛蛙产业发展。同时，纵向联动、快速响应，推动"抗灾治违"服务精准化。联动各市、县农（渔）技推广部门成立"轻骑兵"队伍深入调查渔业灾害性事件；发布《广东抗击寒潮低温冻害技术指引》《2022 年水产养殖汛期防灾减灾应急技术指南》。

【水产品质量安全保障】2022 年 2 月 25 日，在广东国际渔业高科技园成功举办了"农技服务

'轻骑兵'乡村行——水产品质量安全'轻骑兵'在行动"活动。广东省农业技术推广中心与广东旋达检测技术服务有限公司、深圳市添晨生物科技有限公司等企业深入合作成立水产品质量安全"轻骑兵"小分队,以"智慧小站""一镇一店"为依托,渔业"轻骑兵"小分队采集样品611批次,直接对接塘头终端、服务基层渔民,为广大渔民做好检测服务,把好水产品质量安全关。

【轻骑兵工作亮点】2022年8月10日,广东省农业技术推广中心依照"轻骑兵""服务为本、奉献意识"的队伍准入原则,以高标准建设、高质量管理、高效能运行的企业服务产业条件为甄选基础,试点授予广东旋达水产服务中心(佛山市九江西樵镇店)为"轻骑兵"渔业检测驿站。这是全省第一家由企业主导实施的"轻骑兵"村镇服务示范站,开启企业力量"轻骑兵"服务农技推广生产最前线,通过融合社会化服务,发挥渔业检测驿站等村镇示范站的技术推广功能,助力"轻骑兵"乡村行更好服务农民和产业。广东旋达水产服务中心于2022年2月加入广东渔业"轻骑兵",其拥有专业的水产检测技术团队,具备CMA实验室资质,在全省11个地级市建有包括68家塘头小站的实验室网络。

肇庆、广州、江门、中山、清远、韶关市部分区、县陆续成立"智检小站质量兴农服务队",以"广东农技'轻骑兵'+智检小站质量兴农服务队"形式,深入田间塘头、进村入户,持续为生产经营主体提供新技术应用指导、宣传培训等服务。"智检小站"由添晨生物科技有限公司国内首创,是构建以农(水)产品快速检测、食用农产品合格证自助开具为核心,兼顾科普宣传、质量溯源、网格化管理于一体的智检小站服务综合体。据介绍,智检小站可快速检测60多项禁用农兽药、停用兽药和非法添加物以及常规农兽药残留,站点可半小时内出具结果,指导生产主体落实自控自检。另外需要精准检测的农产品,还可以扫码,在线送检、下单,打通农产品质量安全检测服务"最初一公里"。

渔业技术推广服务

【概况】渔业技术推广是将渔业科技转化为生产力、渔业转型升级和高质量发展的重要保障,是连接科研机构、企业和养殖户的桥梁和纽带。2021—2022年,广东省渔业技术推广机构通过试验、示范和推广渔业新品种、新技术、新模式,搭建"政产学研推用"平台,促进渔业新技术的应用,支撑渔业绿色高质量发展。

【鱼塘种稻试验】2022年,广东省农业技术推广中心与广东省农业科学院水稻研究所联合开展鱼塘种稻综合种养试验,在鱼塘种稻模式下试验养殖大口黑鲈、丰产鲫、杂交黄颡鱼、澳洲淡水龙虾4个水产养殖品种,试验种植南晶香占、粤农丝苗、五山丝苗等10个水稻品种。水上种稻,水下养殖,做到"一水两用""一塘两收"。结果4个养殖品种的生长速度都比常规养殖模式下同一品种的生产速度要快,且成活率远高于常规养殖模式,其中大口黑鲈、澳洲淡水龙虾的表现最为突出。鱼塘种稻能在维持鱼塘正常养殖生产规模的前提下,扩大水稻种植面积,提高粮食自给率,保障粮食安全;同时,通过水面种稻吸收利用鱼塘水中氮、磷等营养元素,实现养分循环与废弃物利用并且可以净化水质。通过对该模式的推广应用,有望统筹解决粮食增产、鱼塘回填复耕、养殖尾水处理三大难题,从而促进粮食增产、农业增效和环境保护协调发展。

【水生生物资源养护】2021—2022年,广东省渔业技术推广机构开展增殖放流苗种供应商遴选、入库工作。组织20个地级及以上市推荐申报苗种供应单位,共指导70家申报入库的苗种供应单位开展苗种基地和放流苗种条件自评,经专家评审,向农业农村部渔业渔政监督管理局报送经济物种增殖放流苗种供应商32家。同时,做好水生生物资源增殖放流工作。在中央农业资源及生态保护补助资金项目的支持下,2021—2022年在广州、珠海、惠州大亚湾海域等地开展斜带石斑鱼、鞍带石斑鱼、黑鲷、黄鳍鲷、斑节对虾等海洋经济物种的增殖放流,共27 300万尾,放流青鱼、草鱼、鳙鱼、鲢鱼、鲮鱼和广东鲂等淡水经济苗种630万尾。

【水产健康养殖"五大行动"】2021—2022年,广东省农业农村厅发布《关于印发〈广东省水产绿色健康养殖技术推广"五大行动"实施方案〉的通知》,广东省渔业技术推广机构指导全省各地级市开展"五大行动"。在珠海市金湾区、清远市清新区开展金湾黄鳍鲷、清新桂花鱼地理标志保护与品牌提升培训的系列活动。开展2期渔业健康养殖技术培训,在"粤农技"小程序直播观看人数达2万人次;与"中国水产前沿展"联合举办第五届中国加州鲈产业论坛暨加州鲈健康养殖技术培训班。

【水产品质量安全"三年行动计划"】2021—2022年，广东省渔业技术推广机构针对质量安全关注度高的"四条鱼"（大口黑鲈、乌鳢、鳊鱼、大黄鱼），提出并落实重点品种质量安全管控技术指导意见。通过多种途径，做好水产养殖安全用药的宣传，推进食用农产品合格证制度的实施，通过线上+线下方式开展水产绿色健康养殖方面的培训班10场次，培训渔民达1万余人次，发放"四条鱼"绿色安全防控技术等材料达5 000份以上，媒体宣传10次以上，制作宣传视频1部，推动了"四条鱼"生产方式转型升级和质量安全水平提升；完成"四条鱼"省级标准化生产示范基地水产品药物残留抽检工作14批次，合格率达100%。

【水产品质量安全例行监测】2021—2022年，广东省渔业技术推广机构根据《广东省农业农村厅关于印发〈2021年度广东省省级农产品质量安全监测方案〉的通知》（粤农农函〔2021〕86号），开展水产品质量安全例行监测，共抽检430批次，监测样品产地覆盖湛江、茂名、梅州和韶关等地级市，检出不合格样品11批次，严格履行了水产品质量安全监督监测的职能。

【地理标志水产品登记】2021—2022年，广东省渔业技术推广机构共受理、初审35份无公害水产品认定申请，颁发证书32本；开展"顺德草鲩""惠来鲍鱼""三角生鱼""佛山加州鲈""湛江蚝""连南稻田鱼""南沙青蟹""茂名罗非鱼"等地理标志产品登记工作。

渔业技术推广成果

【概况】"技术成果情况"由技术成果数量、审定新品种、获奖情况、专利授权、发表论文、制定标准/规范、出版图书七个部分组成。2021—2022年，广东渔业技术推广的技术成果数量、审定新品种、获奖情况、获得专利授权、发表论文、制定标准/规范、出版图书情况见表6-2。

表6-2　2021—2022年广东省渔业技术推广成果情况

类别		2021年	2022年	合计
技术成果数量（个）		6	8	14
审定新品种（个）		0	0	0
获奖情况（个）	国家级	0	3	3
	省部级	20	23	43
	市厅级	29	11	40
	县级	0	0	0
专利授权（项）		25	8	33
发表论文（篇）		97	39	136
制定标准/规范（个）		15	26	41
出版图书（本）		2	未统计	

【成果推广数量】2021—2022年，广东全省水产技术推广机构共登记14个技术成果，获得国家级奖励3项、省部级奖励43项、市厅级奖励40项、县级奖励0项，授权专利33项，发表论文136篇，制定技术标准（规范）41个。2021—2022年广东渔业技术成果登记见表6-3。

表6-3　2021—2022年广东省渔业技术推广成果登记情况

序号	项目名称	起止年限	任务来源	验收或评价单位	承担单位	完成人
1	草鱼出血病免疫技术梅州山区推广与应用	2015年12月至2021年8月	省级	梅州市水产协会	梅江区农业服务中心	温国珍温延盛
2	笋壳鱼病害免疫研究与生态防控集成技术示范	2019年9月至2021年12月	中央财政2019年渔业成品油价补助资金项目	广东水产学会	东莞市动物疫病预防控制中心等	李本旺等
3	中华鳖珠水1号新品种创制及配套养殖技术推广	2015年1月至2022年10月	企业自立	广东水产学会	广东绿卡现代农业有限公司、中国水产科学研究院珠江水产研究所、东莞市动物疫病预防控制中心等	黄启成、李本旺等
4	工厂化小水体水产养殖配套设施要求（DB4416/T8—2021）	2022年1月15日开始实施	河源市农业地方标准	河源市市场监督管理局	广东晶润公司、东源县现代农业中心	戴远棠

（续）

序号	项目名称	起止年限	任务来源	验收或评价单位	承担单位	完成人
5	红螯螯虾养殖技术（DB4416/T9—2021）	2022年1月15日开始实施	河源市农业地方标准	河源市市场监督管理局	东源县绿地美农业公司、东源县现代农业中心	戴远棠
6	Effects of nanoplastic exposure on the immunity and metabolism of red cray fis (Cherax quadricarinatus) based on high through put sequencing	2022年8月发表	自主科研	Ecotoxicology and Environmental Safety	东源县现代农业综合服务中心	戴远棠
7	对虾地膜高位池工程化养殖关键技术研究示范推广	2008年1月1日至2022年4月29日	日常工作	广东水产学会	广东海洋大学、徐闻县水产技术推广站等	孙成波 丁树军等
8	海水鱼类工厂化循环水养殖系统构建与配套技术开发应用	2021年至2022年	项目	珠海市科技创新局	珠海市现代农业发展中心、中国水产科学研究院南海水产研究所	古群红等
9	脆肉罗非鱼专用饲料研制	2021年9月至2022年12月	罗非鱼优势特色产业集群子项目	广东省农业科学院动物科学研究所	茂名市农业科技推广中心	彭振

【先进技术推广】2021—2022年，广东省渔业技术推广机构遴选发布了广东省渔业主推技术。2021年广东省渔业主推技术：禾花鲤稻田高效养殖技术、鲜鲩"345"现代生态健康养殖技术、鳜鱼免疫与生态防病技术、集约化淡水养殖尾水处理实用技术、河口区对虾生态混养技术、南美白对虾分段式健康养殖技术、对虾封闭式工厂化循环水养殖技术、青蟹生态健康养殖技术、海水池塘—基围接力式轮捕轮放生态混养技术、近江牡蛎围垦区高效养成及育肥技术、深远海网箱工程化养殖关键技术、全封闭工厂化循环水高密度水产养殖技术、基于5G网络的中央储料精准投喂技术。

2022年广东省渔业主推技术：河口区对虾生态混养技术、对虾封闭式工厂化循环水养殖技术、水产生物活性饲料添加剂的应用技术、浅色黄姑鱼高效优质繁育技术、围垦区香港牡蛎高效养殖及育肥技术、酸菜鱼预制菜加工技术。

四、水产疫病防控

水产疫病防控体系

【概况】2021—2022年，广东省落实中央、省委省政府机构改革部署，理顺全省水生动物疫病防控体制机制，确保改革期间"活有人干、事有人管"。落实农业农村厅水产养殖绿色发展的部署，开展水生动物疫病防控工作，为促进水产业高质量发展、保障水生动物生物安全和水产品质量安全做出积极贡献。广东省水生动物疫病预防控制中心与广东省动物疫病预防控制中心（广东省动物卫生技术中心）合并成立新的广东省动物疫病预防控制中心（广东省动物卫生技术中心），承担全省动物卫生监督及动物、动物产品的检疫相关具体工作；承担动物疫病监测、检测、诊断、流行病学调查和疫情报告以及其他预防控制工作。到2022年底，全省有9个地级市、10个县水生动物疫病预防控制（检疫）机构与陆生动物合并卫生监督机构；有11个地级市、76个县与水产技术推广机构（农业类服务中心）合设（加挂水生动物疫病预防控制中心牌子）；有1个地级市与农产品质量安全检测所合设；有18个县与陆生动物卫生监督机构合设。

【水产疫病防控人员】2021—2022年，广东省水产疫病防控人员逐年增加。到2022年底，全省在岗水产动物疫病防控和检疫人员443人。两年间，全省任命渔业官方兽医286名，到2022年底，广东纳入全国官方兽医统一管理的渔业官方兽医484名，登记在册渔业乡村兽医3 809名。培训渔业官方兽医1 207人次，市、县防疫人员专业技术培训2 728人次，渔业乡村兽医技能提升培训800人次。

【水产防疫检疫实验室】2021—2022年，广东在加强对全省水生动物疫病防控系统的97个防疫检疫实验室人员进行检测技术培训的同时，对从事种苗生产、养殖、饲料产销、动保产销等行业企业实验室技术员和社会化检测机构技术员进行系统性的培训、指导，并加强与海关、高校和科研院所联系。2022 年广东有 51 个水生动物防疫检疫实验室通过农业农村部能力测试，获得国家水生动物疫病监测计划和省级水生动物疫病监测计划相应疫病检测实验室备选资格，其中，有 33 个是企业实验室和社会化检测机构。参加认证的单位同比增长 30.1%，认证通过的项目比上一年增加 45.2%，均居全国前列。

水产疫病防控工作

【水产养殖病情测报】 2021—2022 年，广东水产养殖病害测报预报工作逐步向科学化、精准化、数字化转变。优化设立监测点 292 个，实现一人一点，分布于 78 个县（区），监测养殖面积 15 012 公顷，其中淡水养殖面积 13 012 公顷，海水养殖面积 2 000 公顷。监测养殖种类 38 种，监测鱼类疾病 55 种，甲壳类疾病 22 种，贝类疾病 1 种，其他类疾病 6 种。2 年共发布预测预报信息 1 800 余条。

【水产疫病防控服务】 2021—2022 年，广东省农业农村厅先后组织中山大学、中国水产科学研究院南海水产研究所、中国水产科学研究院珠江水产研究所、华南农业大学等多家科研院校开展虹彩病毒病、虾肝肠孢子虫病等病害的防治试验研究，取得一批成果。

广东充分发挥远程鱼病诊断网络的快速诊断作用，截至 2022 年底，全省设立 9 个专家点，安装 150 套基层网点系统，分布在 19 市、85 县（区）的水生动物

防疫检疫站和 46 家水生动物诊疗机构（鱼病医院），每年上传远程会诊水产病害 700 余例。

广东开展"我为群众办实事"科技下乡活动，2021 年、2022 年分别在梅州、珠海举办水产绿色健康养殖科技下乡活动，共现场培训指导养殖户 450 余人次，线上培训 2 700 余人次。

广东开设便民免费病害检测诊断服务窗口，2021—2022 年全省水生动物防疫机构共为养殖户免费服务 2 570 余次。

广东各级水生动物防疫机构加大对养殖户的技术培训服务，2021—2022 年，全省各级水生动物疫控机构为养殖户举办技术培训 112 期，培训近 14 860 人次，发放宣传资料 5 万份以上，下场指导服务 0.1 万人次以上，开展电话咨询 3 000 多次；发送手机防病短信 30 多万条，在网上发布防病信息 300 多条。

广东组建省级水生动物疫病防控专家技术服务团队。成员包括中国水产科学研究院珠江水产研究所、中国水产科学研究院南海水产研究所、广东省农业科学研究院、中山大学、华南农业大学、广东海洋大学、仲恺农业工程学院的专家教授，及市、县水生动物疫病预防控制机构的专业技术人员。专家服务团队成立的第一年，在病害防治指导和绿色健康养殖理念、用药减量养殖模式应用推广等方面，在潮州市柘林湾、惠州市考洲洋、珠海市桂山岛、湛江市流沙湾海水网箱养殖鱼类重大死鱼事件病害诊断、疫情分析、应急处置方面，在洪涝灾害、台风灾害后疫病防控、复产指导等方面发挥了重要作用。

【水产苗种产地检疫】 广东自 2012 年起开展水产苗种产地检疫工作，是全国最早开展检疫工

作的省（自治区、直辖市）；2016 年建立电子出证系统，是全国首个实行电子出证的省（自治区、直辖市）；2012—2022 年，广东水产苗种产地检疫工作覆盖率、开具检疫合格证数量、检疫苗种数量等方面均走在全国前列。2021 年广东在全国率先实现水产苗种产地检疫申报检疫率 100%、检疫合格电子出证率 100% 的工作目标。广东为加快水产苗种产地检疫制度实施，印发《关于加强水产苗种产地检疫工作的通知》，明确要求各地渔业主管部门要充分认识水产苗种产地检疫工作的重要性和紧迫性，将其纳入推进水产养殖绿色发展重点工作，切实加强组织领导，依法履职尽责。同时，以省级以上水产良种场、水产产业园、养殖龙头企业为重点，在中山市、湛江市建设 10 个水产苗种产地检疫示范场，以点带面推进产地检疫工作。全省检疫水产苗种 1 759 批次，开具检疫合格证 1 757 份张，检疫苗种 52.5 亿尾。全年各级渔业主管部门出动检疫监督、执法人员 1 659 人次，检查巡查种苗生产企业和养殖企业 1 100 余家次。

2022 年，广东在实现水产苗种产地检疫电子出证 100% 基础上，在广东省农业农村厅微信公众号开设了检疫信息核查功能。同时，将放养苗种检疫情况列入省级水产健康养殖示范场、省级水产产业园申报和巡查考核内容，并列为财政扶持的必要条件；在湛江市徐闻县创建水产苗种产地检疫示范县，有序推进检疫工作。全省共检疫水产苗种 2 946 批次，开具检疫合格证 2 941 份张，检疫苗种 310 余亿尾。

水产疫病监测预警

【概况】 2021—2022 年，广东各

级财政每年安排 400 多万元用于开展对虾白斑病、罗非鱼链球菌病、罗湖病毒病（TILV）、虹彩病毒病、虾肝肠孢子虫病、刺激隐核虫病、草鱼出血病、小瓜虫病及贺江等足类寄生虫病等 17 种新旧疫病的监测，监测面积超过 6 667公顷（10 万亩），每年监测检测病原学样本 4 万多份，每年发布预测信息 6 000 多条。每年召开 2 期水生动物疫情分析会。

【对虾主要疫病流行情况】 对虾疫病白斑病（WSD）已不再是对虾的主要疫病，2021—2022 年白斑病阳性率均低于 2%。传染性皮下及造血器官坏死病毒（IHHNV）的流行情况呈现逐渐下降趋势，2017 年阳性率高达到 20%，而 2022 年下降到 8.3%。虹彩病毒（SHIV）是 2018 年在虾类中新检测出来的疫病病毒，当时的暴发地区主要集中在粤东地区，2019 年开始在珠三角养殖区出现，2020 年全省都能检测到阳性样品，且阳性率、死亡率呈逐年上升趋势，2022 年阳性率达 17.2%。虾肝肠胞虫（EHP）是近年来影响养殖对虾成活率的主要疫病之一，在整个广东省的对虾养殖中发病率都呈较高趋势，2022 年检出率高达 24.5%。

【鱼类主要疫病流行情况】 2021—2022 年，病毒性神经坏死病毒（VNN）的阳性率均超过 30%，主要影响苗期生长，该病仍然是影响石斑鱼苗期成活率的决定性因素。草鱼呼肠孤病毒（GCRV）的阳性率均高于 10%，仍然是草鱼养殖的主要病害之一。TILV 在广东省内检出阳性率较低（低于 2%）且该病的致死率相对较低。链球菌病仍是危害罗非鱼养殖的最主要病害，2022 年阳性率高达 35.2%。

作为观赏鱼的锦鲤，2022 年调查发现部分养殖场有检测出鲤鱼浮肿病毒（CEV）阳性，但未造成大规模死亡现象。

水产疫病应急处理

【概况】 2021—2022 年，广东省各级水生动物疫病防控机构积极参与渔业主管部门组织的救灾行动，第一时间组织人员到灾区指导养殖户做好防疫和救灾复产工作，降低了灾害造成的损失。2 年共应对台风灾害 1 次，洪涝灾害 3 次，冰冻灾害 2 次，重大死鱼事件 8 次。组织有关市、县水生动物疫病防控机构，坚持在一线指导救灾复产工作，共无害化处理死鱼虾 800 多吨，发放救灾药物 50 多吨，疫病应急监测采样检测 1 460 多个，技术培训渔农民 3 112 人次。

【极端天气应对】 广东每年都遭受低温阴雨、高温多雨和强对流天气，低温冷冻导致越冬亲鱼及存塘鱼虾冻伤冻死，高温多雨容易引发水产养殖病害高发，强对流天气易发生严重洪涝灾害。为做好水产养殖防灾减灾工作，2021—2022 年，广东省动物疫病预防控制中心印发《水产养殖防寒救灾应急措施》《洪涝灾害水产养殖病害防治技术措施》《台风期间水产养殖病害防治技术措施》《高温期水产养殖病害防治技术指南》2 万份，并派出 5 名技术员到现场了解灾情，组织市、县疫病防控机构 1 000 多人次及时到基层一线指导养殖户做好救灾复产工作，下拨 22.5 吨消毒药物给受灾地区用于养殖水域的消毒。

【台风灾害的应对】 2022 年，第 9 号台风"马鞍"在茂名市电白区沿海登陆，为防止灾后水生动物疫病暴发流行，广东省动物疫病预防控制中心给受灾严重的茂名市和阳江市紧急下拨消毒药物 4 吨。选派技术人员到灾区一线做好死鱼虾无害化处理、水生动物疫病监测预警及公共水域防疫消毒等救灾应急工作，防止灾后复产期间水生动物疫病暴发流行从而给渔农民造成二次损失。

重大死鱼事件应对

【2021 年应对 3 宗重大死鱼事件】 2021 年 3 月下旬，广东黄颡鱼养殖中出现鱼大量死亡，广东省动物疫病预防控制中心组织力量对黄颡鱼主养地区佛山、江门、肇庆、珠海等市进行流行病害调查。据调查，广东黄颡鱼主养地区发病率较往年高，主要病害是细菌性肠炎病，斜管虫病，拟态弧菌和爱德华氏菌感染。当年春季全省气温偏高，且同期降雨量偏少，是发病率偏高的主要原因（往年广东的发病高峰期是 7—8 月份，2021 年在 3—4 月份就开始发病）。同时养殖户片面增加投喂量，导致鱼体负荷加重，水质恶化，多种因素的影响下，导致疾病的暴发。省、市、县水生动物疫病防控机构迅速行动起来，及时指导养殖户采取应急措施，做好对病害的防控，开展应急监测预警、死鱼无害化处理、规范用药技术指导等应急处理工作。全省开展塘头技术指导 800 多人次。通过及时、科学指导养殖户开展自救，疫情得到有效控制，最大程度减少了养殖户损失。

7 月初，江门市台山海水网箱养殖鱼类发生大量死亡，省、市、县的技术人员及时前往调查死鱼原因，经检测是感染刺激隐核虫病造成的，为防止该病出现暴发流行，技术人员及时指导养殖户做好病害防控、死鱼无害化处理和规范用药等应急工作。

11月5日，惠州市惠东县东山海域出现大量野生鱼类异常死亡现象，死亡的主要品种是花鲹，经过网络媒体的转载，引发渔民的恐慌。为了解死亡原因，消除渔民群众疑虑，省、市、县水生动物疫病防控机构第一时间进行采样检测。检测结果显示：临床诊断未发现明显病症，实验室未检测到常见病毒性疾病和寄生虫。惠州市及下属县农业农村局及时向社会公布死鱼不是因为病害原因造成的，平息了渔民群众的恐慌。

【2022年应对5宗重大死鱼事件】 2022年4—5月是广东放虾苗的旺季，但珠三角地区养殖的对虾暴发严重病害。广东省动物疫病预防控制中心迅速组织技术人员，会同江门、中山市水生动物疫病防控机构技术员，对珠三角对虾养殖发病较严重的江门、中山等市开展流行病害调查，采样进行实验室检测，摸清病情、病因。据调查，2022年上半年珠三角对虾养殖发病率较往年高，特别是江门市台山，主要原因是2022年全省天气变化频繁，气温波动大，在大规模放苗季（3—5月）时候，冷空气多次影响全省，且雨水较多，特别是5月11—13日，全省大部分区域出现大暴雨降水过程。养殖户普遍反映2022年4月中下旬至5月初生产的虾苗活力弱，整体质量较往年差。上半年珠三角沿海养殖区自然水域弧菌含量偏高，也是造成台山市养殖区发病率、排塘率高的原因之一。疫病发生后，通过微信及时发送专家编写的《对虾病害应急防控措施》技术资料给养殖户，省、市、县水生动物疫病防控机构迅速开展疫

病应急监测、规范用药等应急处理工作，指导养殖户做好对虾病害防控工作。

5—6月潮州柘林湾、惠州考洲洋海水网箱养殖鱼类出现大量死亡现象。广东省动物疫病预防控制中心及时组织相关市、县技术人员会同南海水产研究所、广东海洋大学的专家前往开展流行病学调查。经现场检测诊断，鱼大量死亡是感染刺激隐核虫病引发的。为防止该病暴发流行，技术人员及时指导养殖户做好病害防控、规范用药和死鱼无害化处理等应急工作。

5月份珠海市桂山岛、湛江英利镇海水网箱养殖鱼类相继出现不明原因死亡，经过网络媒体的转载，引发渔民和群众的恐慌。广东省动物疫病预防控制中心迅速组织相关市的技术人员，会同中国水产科学研究院南海水产研究所、广东海洋大学的专家赶赴养殖生产一线调查死鱼原因。经采样病原检测，并结合当时水质情况综合分析，珠海市桂山岛网箱养殖死鱼的原因是海水溶氧低及刺激隐核虫暴发等因素叠加造成的；而推测湛江英利镇海水网箱养殖死鱼原因是养殖海区低潮期海水溶氧低等水质原因造成短时间大量死亡。技术人员及时指导养殖户做好死鱼的打捞工作，并进行无害化处理，防止死鱼造成养殖海区污染。同时做好养殖技术指导，加强海区水质监测，密切注意水质变化情况。

五、渔区渔民服务

● 综述

【渔民安全生产培训】 广东省渔业互保协会作为广东省内唯一专注渔业行业互助保险的服务组织，不断延伸服务链条，发挥直

接联系全省10万名渔民船东的独特优势，将工作从事后理赔迭代升级到渔业安全生产保障和渔业防灾减灾事前预防服务，配合主管部门推动渔业安全生产关口前移。2022年6月16日，广东省农业农村厅联合阳江市人民政府在海陵岛闸坡国家级中心渔港举办广东省2022年渔业"安全宣传咨询日"暨应急演练现场活动，广东省渔业互保协会作为协办单位，全程参与活动的组织工作，并在其中的广东省渔业互保协会赠送救生衣仪式上向渔民代表赠送救生衣，宣传出海作业救生衣的正确穿着方式。同时，设立渔业互助保险展位，向渔民群众宣讲渔业互助保险和提高风险保障的有关知识。2021—2022年，广东省渔业互保协会在全省各地组织渔业安全生产宣传培训活动20余场（次），免费向渔民提供安全生产知识宣传培训，提高渔民安全生产意识，提升安全生产素质和技能，受益渔民达1万人（次）。2022年，广东省渔业互保协会编印《渔业安全生产知识手册》5 000册在全省各渔港渔区互保代办处派发，提高渔民的安全生产意识，提升防灾减灾技能。2021—2022年，广东省渔业互保协会建立灾害预警信息推送机制，通过短信、微信公众号等平台，及时、准确地向渔民发送灾害预警信息，提醒渔民、船东及时做好灾害性天气预防工作，两年共推送10次，受众达100万人（次）。

【渔业防灾减灾指导】 广东是台风和洪涝灾害的多发地区，2022年5月中旬，珠海、江门等市遭受特大暴雨，引发洪涝灾害，给水产养殖业带来严重经济损失。为此，6月14—15日，广东省海鲈协会在珠海市斗门农村电子

商务园承办 2022 年广东省水产养殖防灾减灾科技下乡活动，组织疫病防控机构、涉渔企业、养殖户和水产从业人员 192 人参加。此次活动为养殖户提供技术咨询服务；进行现场解答、讲解水产健康养殖技术和疫病防控知识。在现场宣传防灾减灾技术、科普养殖专业知识，与前来参加活动的养殖企业、养殖户进行良好的互动。

通过水产养殖防灾减灾科技下乡系列活动，让渔民群众、养殖企业能够多掌握一些病害防治、健康养殖、安全用药和防灾减灾等方面的技术，提高应对灾害的应急处置能力，减少生产损失，切实保障广大渔民群众的切身利益。

政策性渔业保险

【概况】根据《广东省政策性渔业保险实施方案》（2019—2021 年）和广东省农业农村厅《关于做好政策性渔业保险和水产养殖保险工作的通知》，广东省渔业互保协会作为主承保人，承担广东省政策性渔业保险（2019—2021 年）工作，负责开单、收费、理赔等。至 2021 年 12 月，广东省政策性渔业保险（2019—2021 年）工作实施期满，其间广东省渔业互保协会作为主承保人全力推进广东省政策性渔业保险（2019—2021 年）实施工作，累计承保符合补贴条件的渔民 20.56 万人次、渔船 11 934 艘次，使用省、市、县（区）三级财政保费补贴资金 9 914 万元，提供风险保障 993.43 亿元；赔付渔民保险 1 000 宗（含死亡、失踪 93 宗 93 人）、渔船保险（全损）35 宗，赔付金额 6 972.91 万元。

【政策性渔业保险实施效果】广东省政策性渔业保险（2019—2021 年）工作实施效果显著：

切实减轻渔民的经济负担。省、市、县（区）三级财政对保费进行补贴，参保仅需交纳 60% 的保费；部分地区市、县级财政保费补贴比例更是高于 40%，参保仅需交较少部分的保费，即可获得较高的保险保障。各级财政保费补贴累计减轻渔民经济负担超过 9 900 万元，惠及渔民超过 20 万人次、惠及的渔船超 11 000 艘次。

有效实现财政补贴资金的放大效应。通过开展财政保费补贴，实现惠农强农财政投入的放大效应，显著提高财政投入资金的效率。实施期间，各级财政保费补贴累计超 9 900 万元，带动总保费规模 2.6 亿元，撬动 990 亿元风险保额，财政资金效益放大 1 000 倍，财政资金使用实现了"四两拨千斤"的功效。

显著提高渔业保险保障水平。实施政策性渔业保险，使社会各界认识到保险对于保障渔业生产、稳定渔民收入具有不可替代的作用，促进渔民、船东的保险意识和参保积极性不断提高。渔民保险基本实现应保尽保，人均保障额从实施前的 33.17 万元提高到 2021 年的 51.53 万元，增幅达 55%；渔船保险方面，符合补贴条件的渔船参保率较实施前同样有显著提高。政策性渔业保险工作"提标""扩面"效果显著。

有力增强渔业恢复生产能力。政策性渔业保险实施以来，累计理赔赔付近 7 000 万元，累计受益渔民超 1 000 人次，总赔付额预估超 1 亿元，特别是在重大事故或灾害的善后工作中，以快速及时的理赔服务积极配合地方政府和主管部门，发挥渔业互助保险的经济补偿功能和社会稳定器的作用，有助于受灾受损渔民快速恢复生产，增强渔业恢复生产能力，巩固渔区脱贫成果。

【新的政策性渔业保险工作】2022 年 9 月 20 日，广东省农业农村厅 广东省财政厅 中国银行保险监督管理委员会广东监管局联合印发《2022—2024 年广东省政策性渔业保险实施方案》，明确规定 2022—2024 年广东政策性渔业保险工作目标、基本原则、实施期限、承保险种、实施内容、补贴标准、实施步骤、各有关方面职责等，落实国家关于农业保险"扩面、增品、提标、降费"的要求：一是扩面，将 20 马力以下海洋渔船和内陆渔船纳入政策性渔船财产险承保对象。二是增品，渔船财产综合险纳入保费补贴范围，船东可以根据自身情况选择合适的险种参保。三是提标，渔民人身意外伤害险和雇主责任险的补贴保额由 50 万元提高到保额 60 万～100 万元均可享受补贴；渔船财产保险省级财政保费补贴上限由 1 万元上调至 2 万元。四是降费，渔民保险费率由 0.22%/0.2%（海洋渔民/内陆渔民）降至 0.2%/0.18%（海洋渔民/内陆渔民）；渔船财产险费率由最低 0.7% 降至最低 0.6%。

【新的政策性渔业保险招标】2022 年 12 月，广东省农业农村厅发布《广东省政策性渔业保险承保机构服务项目招标公告》，对 2022—2024 年广东省政策性渔业保险承保机构进行公开招标。广东省渔业互保协会与中国人民财产保险股份有限公司广东省分公司、中国渔业互保协会组成联合体参与投标。12 月 23 日，《广东省政策性渔业保险承保机构服务项目结果公告》公布，广东省渔业互保协会（联合体成员：中国人民财产保险股份有限公司广东省分公司、中国渔业互保协会）克服时间紧、任务重和新冠疫情严重的多重困难，以绝对高分排名第一中标，成为主承保人，联合其他五家中标人组成共保体，共同承担 2022—2024 年广东省政策性渔业保险工作。2022—2024 年广东省政策性渔业保险工作落地实施。

● 渔业互助保险

【概况】广东省渔业互保协会在省渔业主管部门的领导下，在各市、县渔业主管部门的支持下，围绕渔业安全生产管理和防灾减灾，推进渔业互助保险工作。2021—2022 年，全省累计 19.53 万人次参保渔民人身互助保险（含渔民人身意外伤害互助保险和雇主责任互助保险），风险保障额 981.96 亿元；累计 13 061 艘次渔船参保渔船财产互助保险，风险保障额 63.76 亿元；共计为全省渔业生产提供渔业风险保障额 1 045.72 亿元。

理赔服务方面，累计办结渔民人身互助保险（含渔民人身意外伤害保险和雇主责任保险）理赔案件 1 568 宗，已决互保理赔款 9 236.97 万元；办结渔船财产互助保险理赔案件 292 宗，已决互保理赔款 1 792.97 万元；办结水产养殖互助保险理赔案件 1 宗，已决互保理赔款 6.67 万元。两年累计办结互助保险理赔案件 1 861 宗，已决赔付 11 036.61 万元，有效帮助受灾受损渔民会员减灾减损、恢复生产生活，有力地配合渔业主管部门和渔区政府处理灾害、事故善后工作。

【渔业保险承保】2021—2022 年，广东省渔业互保协会克服渔船减船转产以及新冠疫情等多重困难和挑战，确保渔业保险保障不脱节、不中断，具体工作：一是以政策性渔业保险为抓手，积极配合做好主管部门的各项渔业安全生产宣传培训等活动，加强渔业互保工作的宣传，提高渔民群众的风险防范意识和保险意识，引导渔民踊跃参加互保。二是主动降低费率，为渔民群众减轻经济负担，同时推出更多适应渔民需求的承保档次，降低投参保门槛，确保应保尽保，保险保障不中断。三是提升服务能力，提供更全面的渔业互助保险服务。深入推进开展乡镇管理涉渔船舶渔民人身意外互助保险工作，维护乡镇管理涉渔船舶工作人员遭受意外事故伤害后获得经济补偿的权益，增强最基层的渔民在发生意外事故和受灾后恢复生产生活的能力，巩固渔区脱贫成果，助力乡村振兴。四是深入基层，加强与基层渔业管区（大队）、渔业合作社的工作沟通联系，将业务工作战线向基层更推进一步，委托基层渔业组织开展政策性渔业保险宣传发动工作，省协会工作人员直接下沉到一线，在渔区、渔港张贴宣传横幅，深入渔民社区、登上渔船派发宣传单张，以点带面扩大渔业互保的覆盖面。

【渔业保险理赔】广东省渔业互保协会用心、用情、用力做好互保理赔服务，帮助受灾、受损渔民快速恢复生产，发挥互助保险的经济补偿功能和社会稳定器的作用。2021—2022 年的典型理赔案件有：

2021 年 1 月 25 日，广东省渔业互保协会会员"珠桂 6496"渔船在汕尾海域生产期间发生火灾事故，共造成 8 人失踪。由于该渔船属贷款购置经营，船东基本没有积蓄支付失踪渔工的因工死亡赔偿金，互保理赔款成为赔偿失踪渔工家属的重要资金来源。按照相关保险规定，人员失踪案件索赔需提供政府部门的事故调查报告和失踪人员户口注销证明，而根据国家户籍管理的规定，一般要求失踪人员满 2 年方能注销户口，意味着"珠桂 6496"渔船船东暂时无法满足一般商业保险的索赔条件。但由于临近春节，该事故的善后工作成功与否，关系到当地社会稳定，考虑到事故善后和维稳工作的需要和案件的特殊性，广东省渔业互保协会贯彻习近平总书记以人民为中心的发展理念，开通绿色理赔通道，全力配合当地政府和主管部门的善后处理工作，按船东和失踪渔工家属签订赔偿协议的进度，签订一户即全额赔付一人的理赔款。于春节前先行向"珠桂 6496"渔船船东预付 420 万元理赔款，供其向 6 户失踪渔工的家属支付工伤死亡赔偿金。该事故共计赔付 560 万元，有力推动该事故的善后调解工作在短时间内顺利完成，大大减轻地方政府及事故船东的压力。

2021 年 12 月，香港籍流动渔船"CM69704Y（台沙 2985）"在南沙海域失联致船上 7 名渔民失踪，在该海事事故善后处理中，广东省渔业互保协会开通绿色理赔通道，按推定死亡先行赔付 416 万元，推动该海事事故的善后处理工作开展。

一、科教单位

● 中国水产科学研究院 南海水产研究所

【概况】中国水产科学研究院南海水产研究所始建于1953年3月，是中国最早建立的从事热带、亚热带水产科学研究的公益性国家科研机构，为农业农村部属农业科研事业单位。为全面推进乡村振兴、推动渔业高质高效发展提供科技支撑。设有8个科研试验基地和研究中心，包括渔业信息中心、南海渔业战略研究中心（南海渔业中心）、调查船基地、深圳试验基地、热带水产研究开发中心（海南）、花都试验基地、珠海试验基地等。主办水产科技期刊《南方水产科学》。牵头成立"南海渔业科技创新联盟"，是全国水产标准化技术委员会渔业资源分技术委员会、广东省水产标准化技术委员会的挂靠单位，是农业农村部"渔政执法举报受理中心"的受理执行单位。

【科研团队】南海水产研究所内设7个研究室：渔业资源研究室、资源养护与海洋牧场研究室、渔业环境研究室、水产养殖与遗传育种研究室、渔业工程研究室、渔业生物病害防治研究室、食品工程与质量安全研究室等。2022年，在职职工290人，其中科技人员224人，包括研究员40人、副研究员75人，博士生导师14人、硕士生导师76人。享受国务院政府特殊津贴专家20人，中央联系专家、全国先进工作者、农业农村部农业科研杰出人才、中国水产科学研究院首席科学家、广东省劳动模范和"广东省五一劳动奖章"获得者以及省部级有突出贡献专家等24人（次）。

2022年，南海水产研究所有各类科技创新平台32个，包括广东省重点实验室1个及工程技术研究中心4个，中国水产科学研究院重点实验室2个及工程技术研究中心2个、功能实验室12个等。拥有渔业科学调查船2艘，分别是千吨级"南锋"号和300吨级"中渔科301"号。

【研究方向】2022年，南海水产研究所以热带、亚热带渔业科学研究为特色，以南海区域的鱼、虾、贝、藻等为研究对象，聚焦渔业资源保护与利用、渔业生态环境、水产健康养殖、遗传育种、生物技术、水产病害防治、水产品加工与综合利用、水产品质量安全控制、渔业装备与工程技术以及渔业信息10个研究领域，开展基础研究与应用基础研究、高新技术研究和重大应用技术研究，重点解决渔业发展中全局性、基础性、关键性和方向性的重大科技问题。

2021年，通过落实"四个面向"要求，积极组织申报与其相关的项目。亚洲合作资金项目等一批重点项目立项并启动实施。2022年，积极组织申报相关项目并争取立项，其中国家重点研发计划青年科学家项目取得突破，共主持国家重点研发计划项目1项、课题4项。

【科研成果】南海水产研究所自1953年建所以来，先后承担各级各类科研项目3 500多项，获各类科研成果2 900余项。突出成果有《大珠母贝人工育苗养殖与插核育珠》《"南海贻贝观察"体系的研究》《广东省海岛水域海洋生物和渔业资源》《鲻鱼人工繁殖与育苗技术研究》《中国专属经济区和大陆架海洋生物资源及其栖息环境调查与评估》《对虾规模化健康养殖技术》《罗非鱼与对虾加工与质量安全控制技术》《深水抗风浪网箱装备研制及养殖关键技术》《斑节对虾全人工繁育及良种选育》《斑节对虾遗传育种研究及新品种推广应用》《人工鱼礁关键技术研究与示范》《鲍鱼病害综合防治技术》《人工鱼礁与资源增殖养护关键技术》等。其中在斑节对虾遗传育种和基因资源挖掘、罗非鱼精深加工、深水抗风浪网箱装备研究、人工鱼礁关键技术、水产种质资源库构建、主要经济海藻精深加工关键技术、主要经济贝类生态养殖与病害防控技术等方面成果突出。培育出斑节对虾"南海1号""南海2号"和合浦珠母贝"南优1号"等新品种。自主研制的"半潜桁架结构德海智能养殖渔场"入选2020年"中国农业农村十大重大新装备"。发表论文1 720篇,其中SCI/EI收录666篇;获得授权专利472件,出版专著37部。这些成果分别在各个时期为解决"吃鱼难"问题、丰富"菜篮子"、促进渔业增产和渔民增收、推动渔业高质量发展、繁荣国家渔业经济等作出重要贡献。

2021—2022年,全所获各级科技成果奖励34项次,其中省部级以上奖励5项次,包括省部级一等奖1项次、二等奖3项次、三等奖1项次。

中国水产科学研究院珠江水产研究所

【概况】中国水产科学研究院珠江水产研究所,创建于1953年,现为农业农村部属农业科研事业单位,是珠江流域及其相关水系中唯一的国家级渔业科研机构。始终坚持围绕三农中心工作,承担

中国珠江流域及热带、亚热带渔业重大基础、应用研究和高新技术产业开发研究的任务,以解决行业发展中基础性、方向性、全局性、关键性重大科技问题为己任,在科技创新和产业支撑方面履行渔业科研国家队职责。设有广州芳村实验基地、肇庆高要实验基地、佛山三水基地等3个实验基地,自2015年起,珠江水产研究所还承担珠江流域渔业管理委员会办公室职责,承接"长江办"在珠江流域水生生物资源保护相关工作。

珠江水产研究所承担珠江流域及热带、亚热带渔业重大基础、应用研究和高新技术产业开发研究的任务,重点开展水产种质资源与遗传育种、水产养殖与营养、水产病害与免疫、水产生物技术、水生实验动物、渔业资源保护与利用、渔业生态环境评价与保护、休闲渔业和水产品质量安全等领域的研究,同时拓展外来水生生物入侵与生物安全等新兴研究方向,以解决行业发展中基础性、方向性、全局性、关键性重大科技问题。

【科研团队】珠江水产研究所内设8个研究室:水产种质资源与遗传育种研究室、水产养殖与营养研究室、水产病害与免疫研究室(水生实验动物研究室)、渔业资源生态研究室、渔业环境保护研究室、水产生物技术研究室、观赏渔业研究室、水产品质量安全与标准研究室等。2022年,有在职在编职工177人,研究生学历人员130人(博士学位人员73人)。其中,专业技术人员169人:包括正高级职称25人、副高级职称38人、特聘研究员3人、特聘副研究员7人、中级职称100人、初级职称及以下6人;博、硕士生导师35人。在所联合培养

研究生88人。有全国巾帼文明岗1个、部级英才(神农)1人、省劳动模范1人、首届中国水产青年科技奖1人。

2022年,珠江水产研究所设有资源与生态、种子工程与健康养殖、水产品质量安全三大学科群,有渔业资源保护与利用、渔业生态环境评价与保护、水产种质资源与遗传育种、水产养殖与营养、水产病害与免疫、水产品质量安全等六大学科领域。现建有各类平台24个,其中,国际合作平台2个、部级重点实验室4个、省级重点实验室1个、部级野外观测台站1个、省级工程技术研究中心4个。

【科研成果】2021—2022年,珠江水产研究所获得各级科研项目立项276项,发表各类研究论文342篇,其中SCI/EI收录220篇,IF 5.0以上论文9篇、IF 6.0以上论文24篇、IF 10.0以上论文7篇;出版专著12部;授权发明专利75件;获颁布行业标准5项、地方标准8项。先后选育水产新品种3个,分别为翘嘴鳜"广清1号"、禾花鲤"乳源1号"和杂交鳢"雄鳢1号"。另外罗非鱼"粤闽1号"入选2022年度中国农业农村重大新产品。

珠江水产研究所在2021—2022年间获各类科技奖励24项,其中省部级以上奖励5项,"大口黑鲈""优鲈"系列新品种及配套技术推广应用获全国农牧渔业丰收奖一等奖,"淡水池塘环境生态工程调控与尾水减排关键技术"获"十三五"广东省十大农业科技标志性成果。

广东省农业科学院

【概况】广东省人民政府直属事业单位,简称"省农科院",成立于

1960 年 1 月，前身是 1930 年由著名农学家丁颖教授创办的中山大学稻作试验场及 1956 年成立的华南农业科学研究所。2022 年设水稻、果树、蔬菜、作物、植物保护、农业质量标准与监测技术、设施农业、动物科学（水产）、蚕业与农产品加工、农业资源与环境、动物卫生、农业经济与信息、茶叶、环境园艺和农业生物基因研究中心等 15 个科研机构，并设有博士后科研工作站。在职高级职称专家 591 人，博士以上学历 589 人，享受国务院政府特殊津贴专家 89 人，"百千万人才工程"国家级人选 4 人、国家"万人计划"4 人、全国杰出专业技术人才 1 人、国家现代农业产业技术体系专家 24 人。建有占地 133 公顷的现代农业科技园区—广东广州国家农业科技园区（国家农业科技创新与集成示范基地）；建有 1 个全国重点实验室和农产品加工省、部共建国家重点实验室培育基地，热带、亚热带果蔬加工技术国家地方联合工程研究中心。组建了现代农业产业专家服务团，在全省建设 17 个农科院地方分院（现代农业促进中心）、80 个专家工作站和一批特色产业研究所，建成基本覆盖全省主要农业生态区域的各单位协同的农业科技服务网络，形成"共建平台、下沉人才、协同创新、全链服务"院地合作模式；构建"需求导向、资源共享、联合研发、强企兴农"的院企合作模式，成立广东省农业科技成果转化服务平台和广东金颖农业科技孵化有限公司，有 300 余家农业企业进驻。

【动物科学研究所（水产研究所）】省属正处级公益二类科研事业单位，前身为成立于 1952 年的广东省农科院畜牧研究所。2020 年，省编办批准动物科学研究所加挂"水产研究所"牌子，主要从事畜牧与水产产业研发、科技成果转化和技术应用示范与推广服务。为广东省农科院开展水产研究工作的主力军。

科研团队。2022 年全所有科技人员 113 人，其中博士 51 人，硕士 43 人；高级职称专家 62 人，国家现代农业产业技术体系岗位科学家 4 人，广东省现代农业产业技术体系岗位专家 10 人，其中 1 人担任首席专家。有全国先进工作者 1 人；全国杰出专业技术人才 1 人；全国优秀科技工作者 2 人；"百名南粤杰出人才培养工程"培养对象 1 人。国家万人计划科技创新领军人才 1 人；中国青年科技奖 2 人；中青年科技创新领军人才 1 人；广东省丁颖科技奖 2 人；广东省农业科技创新带头人 1 人；农业农村部科技创新团队 2 个；中华农业科技优秀创新团队 2 个。

研究方向。主要从事动物育种、营养与饲料科学、高效绿色生态健康养殖模式、养殖生态环境控制、养殖设施与装备的研究与开发、系统微生物与合成生物学研究。重点项目是养殖废弃物资源化处理与利用、种业与饲料配套技术研发与共享、高效绿色健康养殖技术集成与示范，建立具华南地区特色经济动物繁育与养殖的理论体系、技术体系和服务体系。

科研平台。建有农业农村部华南动物营养与饲料重点实验室、国家饲料工程技术研究中心南方分中心、广东省教育部科技部饲料产学研创新联盟、广东省动物育种与营养公共实验室、系统微生物与合成生物学创新实验室、农业农村部饲料效价与安全评价中心等研发创新平台。拥有 4 个广东省现代农业科技创新中心、2 个工程中心和 1 个省级现代农业（饲料）产业技术研发中心，1 个创新联盟（广东省生态养殖产业技术创新联盟）。被省科技厅认定为"动物健康养殖国际科技合作示范基地"。配备高端精密科研仪器 100 多台（套），拥有科研场地总面积超过 14 000 米^2，成果示范基地 10 多万米^2。

科研项目。2021—2022 年，省农科院动物科学研究所（水产研究所）累计主持或参与水产相关的各级各类纵向科研项目 72 项，其中包括国家科技部外专局、广东省自然科学基金——自由申请、广东省科技计划（技术开发及产业化类别）、广东省农业农村厅"十四五"广东省农业科技创新十大主攻方向、广东省农业农村厅种业振兴行动项目、广东省农村农业厅科研项目和农业技术推广项目、广东省科技厅科技特派员项目、广东省农业科技特派员精准扶贫乡村产业振兴支撑项目等省部级以上项目 11 项。省农科院蚕业与农产品加工研究所水产加工研究团队共主持省部级以上项目 5 项，包括广东省重点研发项目、国家自然科学基金青年项目、广州市重点项目等。

知识产权成果。2021—2022 年，省农科院动物科学研究所（水产研究所）通过第三方评价的成果/成果登记 5 项，发表论文 95 篇，其中 SCI 收录论文 51 篇、中文 44 篇，获授权专利 59 件，软件著作权 24 件，制定团体标准 7 项、企业标准 2 项。主持的研发成果获得广东省农业技术推广三等奖 1 项。共建产学研示范基地 5 个。"立体生态吸附桩水产养殖尾水处理技术"通过成果评价并完成登记。省农业科学院蚕业与农产品加工研究所水产加工研究团队发表论文 60 余篇，其中 SCI 论文 20 篇，授权专利 20 余件。2022 年"现代桑基鱼塘科普工程体系构建和创新"通过成果评价。

创新平台建设。2021—2022年，省农科院动物科学研究所（水产研究所）创新平台稳步运行，条件建设成效凸显。2021年7月，在原有平台基础上组建"珠三角基塘农业研究院"；12月8日，省农科院水产研究所挂牌成立，省农科院水产研究中心获得首批启动建设。佛山市南海区杰大饲料有限公司与省农科院蚕业与农产品加工研究所共建广东省特种水产功能饲料工程技术研究中心，2022年获省科学技术厅认定为省级工程技术研究中心。省农科院蚕业与农产品加工研究所水产加工研究团队建立广东省水产功能食品工程技术研究中心（第一单位），广东省鱼胶原蛋白肽工程技术研究中心（第二单位）。

【蚕业与农产品加工研究所】省属正处级公益二类科研事业单位。前身是成立于1952年的广东省农业试验场蚕桑组，1960年成立广东省农科院蚕业研究所；1987年成立院农业生物技术研究所，2005年起两所合署办公，2012年两所合并为院蚕业与农产品加工研究所。主要从事农产品加工、蚕业科学技术和农业生物技术研究，内设水产加工研究室。

科研团队。全所2022年有在职人员155人，其中研究员29人，副研究员和高级农艺师31人，博士49人，硕士43人。其中享受国务院政府特殊津贴专家6人，全国先进工作者（劳动模范）2人，新世纪"百千万人才工程"国家级人选1人，全国农业科研杰出人才1人，全国优秀科技工作者1人。

研究方向。主要从事农产品的保鲜、物流、初加工、精深加工与综合利用、营养功能食品、食品安全、蚕桑育种与高效种养及农业微生物利用等科学研究、成果转化与技术推广。下设果蔬加工研究室、粮油加工研究室、功能食品研究室、蚕桑与药食资源加工利用研究室、畜禽加工研究室、水产加工研究室、农产品保鲜与物流研究室、桑树育种研究室等研发部门。

科研平台。建有"省部共建农产品加工国家重点实验室培育基地""农业部功能食品重点实验室""农业农村部谷物副产物加工技术集成科学试验基地""广东省农产品加工重点实验室""广东省农产品加工技术研发中试公共服务平台""广东省农产品加工服务产业园""广东省特殊医学用途配方食品加工工程技术研究中心"等科技创新平台，配备有大批先进的科研及中试仪器设备。

科技奖励。"十二五"以来，获奖科技成果奖73项，其中国家科技进步二等奖2项，省部级科学技术奖一等奖13项、二等奖9项，省技术推广一等奖11项；其中"水产加工副产物蛋白资源高值化利用关键技术研究与应用"获广东省科技技术三等奖，"水产蛋白资源高值化加工关键技术示范与推广"获广东省农业技术推广二等奖。

中山大学

【概况】中山大学的前身是孙中山先生创立于1924年的国立广东大学，有一百多年办学传统，是"学术与文化中国"南方重镇和人才培养南方高地。中山大学是国家"985工程""211工程"建设高校，同时是"珠峰计划""111计划""卓越法律人才教育培养计划""卓越医生教育培养计划"实施高校。中山大学学科门类覆盖面广，研究生教育已涵盖除军事学外的所有学科门类，是教育部直属高校中学科门类最齐全的学校之一。2022年有57个博士学位授权一级学科、64个硕士学位授权一级学科，7个博士专业学位，36个硕士专业学位类别。在第四轮全国学科水平评估中，学校50个学科参评，A类学科数（A＋、A、A－）14个。2022年2月，教育部、财政部、国家发展改革委印发《关于公布第二轮"双一流"建设高校及建设学科名单的通知》，中山大学11个学科再次入选新一轮"双一流"建设学科名单，表明学校学科总体实力居于国内高校前列。

【生命科学学院】中山大学生命科学学院成立于1991年，前身是1907年成立的两广优级师范学堂博物科，1924年与国立广东高等师范学校生物系合并成为广东大学生物系（1925年改中山大学）。2022年有专任教师153名，其中教授80名，院士2名、各类国家级高层次杰出人才11名、国家优秀人才20名、全国农业产业体系首席科学家2名。

学科设置。在教育部第五轮学科评估（2022年）中，生态学获得A＋，生物学获得A，生物学和生态学均入选"双一流"建设学科，是国家首批获得生物学一级学科博士学位授予权的单位，2022年有17个博士点，21个硕士点。中山大学生命科学学院高度重视人才培养，生物科学、生物技术、生态学均入选"双万计划"国家级一流本科专业建设点；生物科学专业入选首批"强基计划"，生物科学类先后入选国家"拔尖计划"1.0和2.0名单。有国家精品课程和省级以上一流课程11门，"思想政治"课程覆盖率100%。获国家教学成果奖2

项，获广东省教学名师 2 名，获南粤优秀教师 3 名，获广东省高等教育教学成果一等奖 3 项。

教育平台。学院依托水产动物疫病防控与健康养殖全国重点实验室、科技部中国—东盟海水养殖技术"一带一路联合实验室"、广东省水生经济动物良种繁育重点实验室、广东省药用功能基因研究重点实验室、广东省热带、亚热带植物资源重点实验室、基因功能与调控教育部重点实验室四个省部级重点实验室等重大科研平台，科学研究"坚持面向世界科技前沿、面向经济主战场、面向国家重大需求、面向人民生命健康"，围绕"生物安全"和"生命健康"两大国家重大需求领域进行重点攻关。

科研成果。科研项目数和经费量长年位居全国同类院系前列，到位经费年均 2 亿元，2022 年在研科研项目 600 余项。在动植物病虫害防控、水产动物和畜禽的良种繁育和绿色养殖、生物多样性的形成与维持、RNA 科学、衰老的免疫和基因调控、基因编辑和干细胞技术等前沿与应用领域取得了重大成果，近十年获得国家自然科学二等奖 3 项和省部级一等奖 9 项。

社会服务。坚持以生物科技成果推广为切入点，在创新推动养殖鱼类良种培育及应用、维护水产养殖安全、国家生猪种业振兴、搭建畜禽疫病综合防控技术平台、岭南特色生物资源利用、受损生态系统修复、新一代生物技术临床治疗转化研究等方面均做出了重要贡献。

【海洋科学学院】 中山大学于 2008 年 6 月成立"海洋学院"，2016 年 5 月更名为"海洋科学学院"。

师资力量。海洋科学学院持续推进人才强院主战略，通过引进人才、共建核心团队、聘任兼职教授等方式，实现不同层次优秀人才的快速积聚，2022 年形成一支包括 28 位教授在内的专职教师 91 人［包括国家杰出青年科学基金项目获得者（以下简称"国家杰青"）3 人、国家优秀青年科学基金获得者（以下简称"国家优青"）3 人、教育部跨新世纪人才 3 人、广东省"珠江学者"1 人和广州市珠江科技新星 3 人］，以及共建 PI 核心团队、兼职研究生导师、兼职教授 50 名（包括院士 3 人、国家"千人计划"人才 1 人、"国家杰青"2 人）。建成了包括本科专业、一级学科硕士、博士点和博士后流动站在内的一套完整的海洋科学人才培养体系，人才培养质量不断提升。

学科设置。学院建设立足南海，面向国家和地方在海洋科学的深海生物资源、矿产资源和近岸海洋工程与环境领域的重大科技需求，围绕资源与环境、资源与发展两大主题，重点开展我国深海生物功能基因资源、海洋生物资源保护、海洋地质矿产资源、海洋环境、海洋工程、海洋监测和海洋矿产资源基础与应用基础科学研究与技术开发。2022 年学院形成海洋动力与物质输运过程、海洋环境与生态动力过程、海洋生物资源与深海生物学与海洋沉积过程与资源效应四个学科方向，17 个科研团队的结构。四大学科方向交叉融合、齐头并进。学院拥有中山大学近岸海洋科学与技术研究中心、中山大学河口海岸研究所、海洋地质研究所和深海生物资源研究所等研究机构。

教育平台。至 2022 年建成河口水利技术国家地方联合工程实验室、广东省海洋资源与近岸工程重点实验室、水产品安全教育部重点实验室（与生命科学学院、测试中心、公共卫生学院联合筹建）、广东省河口水利工程实验室、海洋石油勘探开发广东高校重点实验室和海洋微生物功能分子广东高校重点实验室。

学术交流。学院重视学术交流与合作，鼓励学科交叉融合。定期举办每月两次的"海琴论坛"，加强院内师生交流。担任"广东海洋学会天然气水合物分会"第一副会长单位；积极参与"中山大学"号海洋科考实习船建设工作，安排专任教师和专业技术人员参与科考船的设计、建造和交付仪式；继续实施"青年突破计划"项目，第三批项目已公示立项。

● 华南理工大学

【概况】 华南理工大学办学最早可溯源至 1918 年成立的广东省立第一甲种工业学校（史称"红色甲工"）；正式组建于 1952 年全国高等院校调整时期，为新中国"四大工学院"之一；1960 年成为全国重点大学；1981 年被国务院批准为首批博士和硕士学位授予单位；1993 年在全国高校首开部省共建之先河；1995 年进入"211 工程"行列；2001 年进入"985 工程"行列；2017 年进入"双一流"建设 A 类高校行列，2020 年进入上海软科"世界大学学术排名"前 200 强。

华南理工大学"以工见长"，"理、工、医"结合，"管、经、文、法"等多学科协调发展，是综合性研究型大学，以雄厚的原始科研创新能力推动"一流大学"建设。至 2022 年底，学校建有 28 个国家级科研平台、225 个部省级科研平台，数量位居全国高校前列、广东高校首位；发明专利申请公开量、发明专利授权量、有效发明专利拥有量、第一专利权人获中国专利奖数量稳居全国高校前列。

华南理工大学坚持探索渔业领域相关技术转型升级，推动绿色健康养殖和渔业领域高质量发展，形成大批拥有自主知识产权的重大科技创新成果，为渔业养殖转型升级提供支撑。2021—2022年，学校有渔业相关各类科研项目14项，合同经费3 573万元。

【食品科学与工程学院】华南理工大学食品科学与工程学院办学历史最早可追溯至1952年，为国内最早开始培养食品领域本科生的学校之一。学院以建设食品科学与营养工程、食品绿色加工与智能制造领域的科技创新基地、高新技术发展基地和高端人才培养基地为目标，向着世界一流食品学科阔步奋进。

师资力量。2022年间，引进国家级人才工程2人，培养国家级人才工程2人、广东省人才工程2人。截至2022年底，全院专任教师103人，高级职称人员超过90%，列入国家级人才项目等的国家和省部级高层次人才24人，13人次入选科睿唯安、爱思唯尔高被引科学家，19人次入选全球顶尖前10万科学家，24人次担任国际主流学术期刊主编、副主编、编委等职。

学科设置。在教育部第五轮学科评估中，食品科学与工程学科排名A，参与建设的轻工技术与工程学科排名A＋，均进入A行列。学院拥有食品科学二级学科国家重点学科，参与建设轻工技术与工程一级学科国家重点学科，拥有食品科学与工程、轻工技术与工程（参与）2个一级学科博士学位授权点。食品科学与工程和食品质量与安全两个本科专业均为国家级一流本科专业建

设点，获IFT国际专业认证。学院拥有国家级一流课程2门和省级一流课程2门，思想政治课程覆盖率100%。

科研成果。2022年，全院共获批立项科研项目187项，合同经费11 513万元，实到经费6 743万元。承担重大、重点项目能力稳步提升，新获国家"十四五"重点研发计划项目1项、课题7项，国家自然科学基金项目12项，广东省卓越青年团队项目2项，广东省自然科学基金杰青项目1项，广东省联合基金重点项目1项。新建广东省预制菜（食品）工程技术研究中心。荣获中国轻工业联合会的科学进步一等奖1项，以及中国发明协会一等奖1项。

社会服务。学院坚持将科学研究与服务国家重大战略和社会经济发展需要相结合，带动提升广大教师服务国家战略的能力，助力精准扶贫、西部援建、乡村振兴、海洋经济等重大战略。参与制定预制菜相关行业标准2项、广东省地方标准4项、团体标准1项。

【生物科学与工程学院】华南理工大学生物科学与工程学院于2004年成立，占地面积1.5万米²，拥有独立的教学科研大楼，设施先进；学院教师中具有副高级以上职称人数占专任教师总数的93%；具有博士学位教师占总数的99%；含"双聘"院士1人、长江特聘教授1人，高层次人才2人，国家重点研发计划专项负责人3人。

学科建设。学院现有生物学一级学科（含生物化学与分子生物学、细胞生物学、微生物学、生物物理与生理学、医药生物学二级学科）和发酵工程二级学科硕、博士点，生物工程和药学专

业学位硕士学位点，以及生物工程、生物技术和生物制药三个本科专业，三个专业全部入选国家一流专业建设点。学院结合"双一流"建设，启动若干汇聚型交叉研究中心，包括合成生物学、生命大数据、生物医药及绿色生物制造等。

教育平台。学院依托合成生物学与药物制备国际合作联合实验室、广东省发酵与酶工程重点实验室、广东省生物酶与工业绿色加工工程技术研究中心、广东省生物制药工程技术研究中心、工业生物技术广东普通高校重点实验室五个省部级重点实验室等重大科研平台，围绕"生物制造技术"和"生物信息大数据""生物医药与健康"研究领域开展攻关。

科研成果。学院"十三五"期间年均实到经费4 600万元，获中国专利优秀奖2项，主持国家重点研发计划项目3项。在高附加值渔业饲料蛋白质和脂类等营养成分的转化与产业化、新型渔业养殖水体生物处理技术、装备和工程化实施领域取得一批代表性成果。

社会服务。学院"生物曝气技术和折叠板的废水生物膜反应器工程化应用"项目入选《广东省水污染防治技术指导目录》《广州市水污染防治技术成果目录》（第一批），其相关产品和技术完成了南美白对虾（海水、淡水）、罗非鱼、巴沙鱼、桂花鱼等渔业经济品种的产业化示范；"低值农业含氮废弃物高值化利用技术"完成中试，实现了年转化10万吨羽毛废物，收获10万吨角肽产品（总蛋白含量85%，可溶氨基酸＋小肽含量超过55%）的效益，基于产品每吨售价8 000元，可替代14 000元/吨鱼粉，形成年产值8亿的产业，缓解渔业鱼粉依赖进

口的"卡脖子"原料问题。

暨南大学

【概况】暨南大学是中国第一所由政府创办的华侨学府，是中央统战部、教育部、广东省共建的国家"双一流"建设高校，直属中央统战部管理。学校的前身是1906年清政府创立于南京的暨南学堂。后迁至上海，1927年更名为国立暨南大学。抗日战争期间，迁址福建建阳。1946年迁回上海，1949年8月合并于复旦大学、交通大学等高校。新中国成立后，暨南大学于1958年在广州重建，20世纪60—70年代一度停办，1978年在广州复办，1996年6月成为全国面向21世纪重点建设的大学，2017年9月，入选国家"双一流"建设高校。2018年10月24日，中共中央总书记、国家主席、中央军委主席习近平莅临暨南大学视察并发表重要讲话。2019年8月，中央统战部、教育部、广东省人民政府决定共同建设暨南大学。2022年2月，学校入选国家第二轮"双一流"建设高校。

学校学科齐全，"文、理、工、医"兼备，设有38个学院，58个系，27个直属研究院（所）；有本科专业105个，一级学科博士学位授予点26个，一级学科硕士学位授予点41个，专业学位授权类别32种；有博士后流动站19个，博士后科研工作站1个。学校拥有国家"双一流"建设学科1个，国家重点学科二级学科4个。教育部第四轮学科评估中，学校30个一级学科上榜，数量位列全省高校第三。

学校师资力量雄厚，结构优化，有专任教师2732人，其中两院院士（含双聘）89人，教育部重大人才工程入选者21人，"国家杰青""国家优青"获得者43人，"珠江学者"48人，教授902人，副教授1064人，博士生导师1160人，硕士生导师2218人。

【生命科学技术学院】暨南大学生命科学技术学院前身为1927年成立的生物学系，1999年整合重建。学院下设7系（所）1中心，即生物工程学系、生态学系（水生生物研究所）、生物医学工程系、细胞生物学系、生化与分子生物学系、免疫生物学系、发育与再生生物学系和赤潮与海洋生物学研究中心。2021—2022年度，学院获批广东省丁颖科技奖、广东省科技进步奖、中国产学研合作创新奖、教育部高等学校科学研究优秀成果奖（科学技术）等各类奖励20余项，承担国家级、省部级和地市级等纵向科研项目140余项，累计项目经费达9000万元，获国际、国内各类发明专利授权123项。

学科建设：学院现有1个国家重点学科（水生生物学），3个广东省重点学科（生物学、生物医学工程、生态学），1个国务院侨办重点学科（免疫学）。生物科学和生物技术专业是国家高等学校特色专业，同时也是广东省特色专业和名牌专业，生态学专业为广东省特色专业。

重点实验室：学院有1个基因工程药物国家工程研究中心；有再生医学教育部重点实验室和肿瘤分子生物学教育部重点实验室等2个教育部重点实验室；有1个教育部工程研究中心：热带、亚热带水生态工程教育部工程研究中心。

师资队伍：学院拥有包括院士、长江学者、中组部人才计划、973首席专家和"南粤百杰"等各类人才在内的全职专任教师183人，其中正高级职称93人，副高级职称73人，92.02％的教师具有博士学位。

【水生生物研究中心】水生生物研究中心前身为国家高教部水生生物研究室，创立于1964年，由早期留英博士、著名鱼类学家廖翔华先生和留美博士、国际知名藻类学家樊恭炬先生等老一辈科学家领衔创办，拥有目前中国高等学校中唯一的水生生物国家重点学科，是"211工程"重点建设学科。经过几代人的努力，学科建设取得了长足发展。1983年获批水生生物学硕士点，1998年获批水生生物学博士点，先后建成广东省重点学科、国务院侨办重点学科，并于2002年被教育部批准为国家重点学科，2007年通过验收再次确认为国家重点学科，是中国高等学校中第一个获批的水生生物学国家重点学科。

师资队伍与人才培养：2022年有教职员工60多人，其中，教授20人，副教授20人，博士生导师18人，硕士生导师46人。拥有国际湖沼学会理事2人（中国"唯二"）、中国海洋湖沼学会水环境分会常务理事1人、科技部"863"计划首席专家1人、国务院政府津贴专家1人、广东省水产原良种审定委员会委员2人、广东省渔业安全生产专家委员会委员1人、广东省贝藻类产业技术体系创新团队首席科学家1人和岗位科学家1人、广东省水产品质量安全专家2人、中国淡水生态学委员会主任1人等人才。水生生物研究中心于2003年创办生态学本科专业并成立生态学系，2004年招收第一批生态学本科生，2010年获批建设广东省高等学校特色专业，建成了涵盖本科生、硕士生、博士生、博士后的完整人才培养体系，是中国水生生物学、水域生态学研究和人才培养的重要基地之一，也是中国水生生物学、生态学专业人才培养体系的重要组成部分。

学科研究特色与平台：该中心坚持以水生生物学、热带亚热带水域生态学与污染生态学研究为特色，涵盖江河、湖泊、湿地、水库、河口与近海及农田土壤等生态系统类型，围绕国家及地方在水生资源开发利用和生态环境保护等方面的重大需求开展教学、科研与平台建设，在水生生物技术、水产养殖技术、水域生态学、养殖环境生态学和生态修复、海洋环境与生态修复、水域微生物生态学、河流生态与湿地、湖泊恢复学和藻类生物技术与资源利用等领域具有坚实的基础和较高的学术水平。2007年建立"广东高校水体富营养化与赤潮防治重点实验室"，2009年建立"热带亚热带水生态工程教育部工程中心"，2010年与广东省水利厅联合建立"广东省水库蓝藻水华防治中心"，2012年签订了暨南大学——丹麦奥尔胡斯大学校际合作谅解备忘录，推动中丹联合实验室的建设；2014年成为"中国生态学学会淡水生态学专业委员会"的挂靠单位，2015年成立"广东省水利学会水库蓝藻水华防治技术服务站"，2016年获批建立"广东省水库蓝藻水华防治工程技术研究中心""广东省环境污染控制与修复材料工程技术研究中心"等。承办了刊物《生态科学》出版工作。经过近60年的建设与发展，中心已经成为中国水生生物学领域科学研究、人才培养和技术开发的重要基地。

成果与奖励：2021—2022年，中心新增国家级项目37项，其中，国家自然科学基金重点项目1项，国家重点研发计划政府间国际科技创新合作重点专项1项，国家重点研发计划子课题3

项，国家自然科学基金面上项目14项，国家自然科学基金青年基金项目13项，国家自然科学基金国际合作交流项目1项，"国家级外专"项目2项，经费共计1700余万元。

2021—2022年，中心创新成果获国家生态环境部环境科学技术奖1项，教育部高等学校科学研究优秀成果奖1项，广东省科技进步奖二等奖2项，广东省环境保护科学技术奖一等奖2项，第十六届广东省丁颖科技奖1项，广东省农业技术推广奖1项，广东省农业主推技术1项。

【赤潮与海洋生物学研究中心】创建于2007年，隶属暨南大学生命科学技术学院，是一个以海洋浮游生物和赤潮灾害的生物学、生态学和海洋学为研究主线，以海洋赤潮和淡水藻华为研究特色的研究和教学机构。2022年有科研、教学和工作人员10人，其中教授/研究员4人，副教授/副研究员4人，研究人员以中青年骨干为主。中心拥有"水生生物学国家重点学科"、广东省教育厅"水体富营养化与赤潮防治"高校重点实验室等重要研究平台，具有"海洋生物学与生物技术"二级学科硕士点、博士点和博士后流动站等完善的人才培养体系。中心现有三个主要研究方向：藻类分类学和水环境生态学、藻毒素和环境毒理学、水生生物生理生态学。

对赤潮的研究是该研究中心的特色项目。自暨南大学水生生物研究所创始人、所长、著名赤潮专家齐雨藻教授开创赤潮研究以来，有关对赤潮的研究一直是暨南大学的优势和特色研究方向，在国内有关赤潮研究中始终处于领先地位。先后主持和承担一大批国家级重要科技项目的研究工

作，包括国家重点研发项目课题、国家自然科学基金重大项目、重点项目和"面上"项目多项，主持国家科技部"973"赤潮研究项目课题，主持和参加多项国家科技部"863"项目和国家海洋"908"专项项目。建立国内最大、收藏最为齐全的海洋赤潮藻类藻种资源库，发表了大量的有关赤潮研究的论著。

2021—2022年，中心共主持国家和地方各类科研项目20项，其中包括2个国家重点研发项目课题和3项国家自然科学基金项目。

华南农业大学

【概况】华南农业大学坐落在素有"花城"美誉的广州市，土地总面积550.73公顷，其中天河五山校部297.13公顷，增城教学科研基地253.60公顷。学校建筑总面积140万米²。校内自然景色与人文景观交相辉映，形成了"五湖四海一片林"的优美环境。

华南农业大学的办学历史可追溯至1909年成立的广东全省农事试验场及附设农业讲习所。1952年，分别由中山大学农学院、岭南大学农学院和广西大学农学院的一部分合并组建华南农学院，1984年更名为华南农业大学，2000年国家深化高校管理体制改革，学校由农业部划归广东省主管。华南农业大学是以农业科学、生命科学为优势，"农、工、文、理、经、管、法、艺"等多学科协调发展的综合性大学。

2022年，教育部、财政部、国家发展改革委公布第二轮"双一流"建设高校及建设学科名单，华南农业大学入选，作物学入选国家"一流建设学科"。百余年来作物学科先后培养了包括丁颖、卢永根、黄耀祥、林鸿宣、刘耀

光 5 名院士在内的一万多名农业专门人才，涌现出丁颖、卢永根、刘耀光"一门三院士"，以"丁颖精神""卢永根先进事迹"为核心的学科文化一脉相承。同时，华南农业大学已获批 10 个广东省高水平大学建设计划重点建设学科。植物学与动物学、农业科学 2 个学科进入 ESI 全球排名前 1‰；植物学与动物学等 11 个学科进入 ESI 全球排名前 1%。

2022 年学校有教职工 3 438 人，其中专任教师 2 634 人（正高级职称 476 人，副高级职称 952 人）；院士 3 人，国家级人才 58 人，省级人才 107 人；国家级教学名师 3 人，国家级教学团队 4 个；博士生导师 320 人，学术型硕士生导师 895 人，专业型硕士生导师 1 314 人。

【海洋学院】源于华南农业大学动物科学学院的水产养殖系，2002 年设立水产养殖学本科专业，招收第一届本科生，2005 年设立水产养殖硕士点，2016 年成立海洋学院，2017 年设立海洋科学本科专业。至 2022 年底，海洋学院共有在校学生 1 062 人（本科生 767 人，硕士生 257 人，博士生 38 人）；在职教工 66 人，其中具有正高级职称 16 人，副高级职称 19 人，中级及以下职称 28 人，博士生导师 14 人，硕士生导师 53 人，具有博士学位 51 人。有国家杰出青年基金获得者 1 名，"丁颖讲座教授"（院士）2 名，柔性引进兼职教授（院士）1 名，国家现代农业产业体系岗位学科专家 2 名及试验站站长 1 名，国务院政府特殊津贴专家 2 名，教育部高等学校水产类专业教学指导委员会委员 1 名，中科院优秀"百人计划"学者 2 名，广东省珠江学者特聘教授 1 名，华南农业大学教学名师 1 名。

学院拥有水生生物学博士后流动站，水生生物学博士学位授权点，水产、水生生物学硕士学位授权点，渔业发展专业硕士学位授权点，水产养殖学和海洋科学 2 个本科专业。拥有省级科研平台"广东省水产免疫与健康养殖工程技术研究中心""海洋生物资源保护与利用粤港澳高校联合实验室"，获得"广东省设施渔业与健康养殖科技创新中心""广东省现代农业产业技术（水产品质量安全）研发中心"立项建设，获批教育部科技部新农村发展研究院分布式服务站 5 个，与水产行业龙头企事业单位共建 28 个集"教产学研四位一体"的教学实践和人才培养基地。

海洋学院 2021—2022 年共有 11 个"校改项目"，产出 10 余篇教改论文。2021 年，"'两联动两融合'水产类新型人才培养的探索与实践"项目荣获校级一等奖，"粤港澳大湾区水产养殖专业高水平科研创新人才培养的探索与实践"荣获校级二等奖，研究水产养殖技术课程的"学研产"教学模式荣获校级二等奖。

【广州南沙华农渔业研究院】2022 年 5 月注册成立，是由广东省农业农村厅、广州南沙经济开发区管委会和华南农业大学共建的渔业科技创新机构，是广州市唯一的渔业领域研究院。按照"立足南沙、面向湾区、服务全国"的定位，研究院整合资源、创新制度，瞄准中国渔业产业中的实际问题，攻克产业技术瓶颈，促进产业转型升级，致力于建成以现代水产种业科技创新为引领的有世界影响力的国际水产种业创新高地，打造产学研结合和成果转移转化基地和高水平研究生人才培养基地，为渔业产业转型升级、提质增效，实施粤港澳大湾区国

家战略以及乡村振兴战略，提供人才和技术保障。研究院由华南农业大学副校长温小波教授担任理事长，国家杰出青年基金获得者、华南农业大学海洋学院院长秦启伟教授担任院长。

研究院有 5 大研究方向：一是种业：渔业种质资源评价与养护，原良种保种与选育；二是营养与饲料：水产动物精准营养与高效环保配合饲料研发及绿色养殖技术；三是病害防控：重要疫病感染致病机理、检测诊断和免疫防控技术；四是养殖环境调控：水生态系统污染的风险评估、鱼菜共生等生态养殖、水环境生态修复等；五是智慧渔业和数字渔业相关技术、装备研究与示范。

● 广东海洋大学

【概况】广东海洋大学是广东省人民政府和国家海洋局共建的省属重点建设大学，是一所以海洋为特色、多学科协调发展的综合性大学，是教育部本科教学水平评估优秀院校，是具有"学士、硕士、博士"完整学位授权体系的大学，是广东省高水平大学重点学科建设高校。学校坚持"质量立校、人才强校、学术兴校、特色扬校"的办学理念，实施"内涵发展、特色发展、创新发展"战略，立足广东、面向南海、辐射全国，以建设国内一流、国际知名的高水平海洋大学为目标，培养具有国际视野和社会责任感，富有自主学习能力、实践能力与创新精神的高素质专门人才和行业精英，服务国家海洋事业和地方经济社会发展。

广东海洋大学立足广东、面向南海，以热带、亚热带水生经济动物为研究对象，以解决制约南海渔业可持续发展所面临的资源短缺、产品品质与安全、环境

污染、近海渔业资源衰退、渔业装备设施落后等共性瓶颈问题为目标，围绕主导品种选育、养殖技术与水产品精深加工等开展研究。

【科研团队】广东海洋大学涉及渔业领域的学院包括水产、食品等学院。水产学院2022年有教职工119人，其中正高级职称45人、副高级职称42人；博士生导师42人，硕士生导师68人；聘任讲座教授5人，客座教授1人。获评（批）教育部新世纪人才、全国模范教师、广东省教学名师、南粤优秀教师等省级及以上人才称号29人；拥有省级创新团队6个，省级教学团队5个和省级思想政治教学示范团队1个。食品科技学院现有专任教学与科研人员65人，其中教授20人，副教授17人，讲师28人；博士学位教师53人，占81.5%；博士生导师12人，硕士生导师37人。现有国务院特殊津贴专家1人，国家农业产业技术体系岗位科学家2人，教育部海外教学名师1人，广东省教学名师1人，南粤优秀教师1人，广东省扬帆计划紧缺人才2人，广东省扬帆计划高层次人才1人，校"南海杰出学者"3人，"南海杰出青年学者"3人。

广东海洋大学水产学院共拥有25个国家、省（部）、市（厅）级教学科研创新平台（基地），包括国家级实验教学示范中心1个、广东省重点实验室1个、广东省发改委工程实验室1个、广东省农业创新中心3个及农业农村部实验室2个。食品学院现有科研与教学平台18个，其中省、部级平台7个：国家贝类加工技术研发分中心（湛江）、海洋食品精深加工关键技术省、部共建协同创新中心、广东省水产品加工与安全重点实验室、广东省海洋生物制品工程实验室、广东省海洋食品工程技术研究中心、广东省鱼类加工科技创新中心和广东省亚热带果蔬加工科技创新中心。

【科研成果】2021—2022年，广东海洋大学获批首个省级水产种业功能性现代农业产业园；获海洋科学技术奖一等奖1项和二等奖1项，省农业技术推广一等奖1项、二等奖3项，范蠡科技二等奖1项，入选省部级优秀海洋图书1部。发表论文525篇（SCI收录377篇），授权专利35项。

2021—2022年间，广东海洋大学获得各级科技成果奖励7项次，其中省部级以上奖励3项次。其中"对虾加工关键技术创新与应用""海洋经济贝类保活流通与高值化加工关键技术及应用"分别获得2021年和2022年海洋科学技术奖一等奖；"池塘养殖环境微藻调控技术的研究与应用"获得2021年海洋科学技术奖二等奖；"金钱鱼繁殖生物学及高效养殖技术研究与应用"和"海洋ω-3不饱和脂肪酸预防和改善抑郁和痴呆症的作用机制及产品研发"获得2022年度海洋科学技术奖二等奖；"金钱鱼繁殖生物学及高效养殖技术研究与应用"分别获得2022年广东省农业推广奖一等奖；"马氏珠母贝优质品种及配套养殖技术示范与推广"获得2021年广东省农业推广奖二等奖。

其他科教单位

【广东省微生物研究所】前身为1964年5月19日经国家科委批准成立的中国科学院中南真菌研究室，1972年改名为广东省微生物研究所，隶属于广东省科学院，2021年1月更名为广东省科学院微生物研究所，是广东省淡水和海洋渔业微生物资源保藏、开发和利用的省级科研机构。

科研团队。2022年有员工433人，其中专业技术人员402人，其中博士100人，硕士95人。具有正高级职称32人，副高级职称32人。已建成由中国工程院院士、科技创新领军人才和青年拔尖人才等为领军科学家的六大研究中心，在海洋渔业微生物资源、应用基础研究、行业共性关键技术创新及科技服务、海洋渔业微生物高技术成果转移转化方面，为海洋渔业可持续健康发展起到重要的推动作用。

研究方向。作为具有热带、亚热带区域特色与优势的微生物学专业科研机构，广东省科学院微生物研究所面向国家和广东省渔业经济发展对微生物学的重大需求，长期着重致力于具有热带、亚热带特色的渔业微生物功能菌株的资源发掘和利用、微生物与海洋渔业养殖生态环境修复等相关基础、应用基础及公益性研究，开展为支撑淡水和海洋渔业生物技术相关行业可持续发展的共性关键技术研究及储备性前沿技术探索；建立了以修复水产动物肠道损伤、糖脂代谢调控等为代表的水产用功能微生物资源库和降解水产养殖环境中有毒有害物质的微生物资源库，为渔业微生物资源开发和有效利用提供技术支撑。

研究成果。先后承担国家重点研发计划、国家"973"计划、国家"863"计划、国家重大科技攻关项目、国家科技支撑项目、国家基金重点项目、国家基金重大研究计划、国家生物高新技术产业化示范工程、国际合作、广东省基础与应用基础重大专项、省重点领域研发计划项目、省重大重点科技攻关项目、省应用型科技研发专项以及科技援藏等国家和省部级科技项目，共取得科技创新成果 157 项，其中国际先进、领先水平的 81 项；获得国家及省部级成果奖 122 项，其中国家级成果奖 8 项、省、部级一等奖 20 项；共申请专利 934 件，授权专利 415 件，其中发明专利 388 件。

【广东省生态工程职业学院】 于 2014 年 3 月，经广东省人民政府批准设立、教育部备案的全日制公办普通高等职业学院，前身是创建于 1953 年的首批国家级重点中等专科学校广东省林业学校。2021 年，在省教育厅部署下，广东生态工程职业学院与创建于 1935 年的国家级重点中等专科学校广东省海洋工程职业技术学校开展集团办学，分为广州天河和海珠 2 个校区，占地近 47 公顷，另有校外实训基地 100 公顷。2022 年入选省域高水平高等职业院校培育单位。学校作为广东乡村振兴高素质技术技能创新人才培养高地、生态绿色经济发展的技术支持高地，致力于服务"农、林、渔"产业，打通"绿水青山"与"金山银山"的双向通道。通过聚焦现代农业转型升级，对接森林培育、生态保护、林下经济、森林旅游、休闲农业、水产养殖、农村电商等产业链，为实现"农业强、农村美、农民富"提供智力支持和人才保障。

广东生态工程职业学院设立有海洋与渔业学院，开设水产养殖技术、水生动物医学、宠物养护与驯导、食品智能加工技术和环境工程技术五个专业。学院建有全国海洋科普教育基地、水产品质量安全快速检测基地、中国水产学会教育科研类科普基地；具有国家人力资源和社会保障部农业行业特有工种职业技能鉴定资质和广东省渔业从业人员培训一级资质。2021—2022 年，学院

面向太平洋岛国开展多期渔业培训和技术交流工作。师生们积极参与教育科研、乡村振兴、创新创业等工作。

学院对接现代渔业与食品加工产业高端，构建优势特色"新农科"专业群，水产养殖技术专业群，形成了"岗课融通""课赛融通""课证融通"相结合的现代渔业"岗课赛证"融通人才培养模式，水生动物医学专业、水产养殖技术专业在校期间具备参加职业兽医（水生动物类）考试资格。2021—2022 年承办佛山市南海区水产品质量安全培训项目，完成 1 000 人次的培训任务。

【广东省农业技术推广中心】 2021 年 3 月 29 日在广州柯木塱正式挂牌，省委常委叶贞琴出席挂牌仪式。根据广东省委机构编制委员会《中共广东省委机构编制委员会关于印发广东省农业技术推广中心机构职能编制规定的通知》，整合广东省农业机械试验鉴定站、广东省农业机械化技术推广总站、广东省农业技术推广总站（广东省农业良种示范推广中心）、广东省畜牧技术推广总站（广东省种畜禽质量检测中心）、广东省渔业技术推广总站、广东省海洋渔业试验中心，组建广东省农业技术推广中心（简称"省农技中心"），为广东省农业农村厅管理的公益一类事业单位，副厅级。

"省农技中心"注册地址为广州市柯木塱南路 28－30 号（原省农业技术推广总站），法定代表人为林绿。主要职能：拟订并组织实施全省农业技术推广体系建设规划、重大农业技术推广和生产技术攻关项目。承担现代种业发展与技术服务；种质资源调查收集、保存评价、利用和良种登记；农业新技术、新品种等的引进、集成、试验、示范、推广应用；

畜牧业调查统计、种畜禽生产性能测定与质量检测；渔业科研试验、成果转化及种质资源养护；水生生物标志放流技术研究及效果检验；水产品生产环节质量安全监测、风险评估；农机产品、技术试验鉴定等；购置补贴类机、具选型的技术评审；指导和协调农机维修网点、农机专业合作社的建设和跨区作业等。

广东省农业技术推广中心内设机构为：综合部、计划财务与资产管理部、种植业技术与种业推广部、畜牧技术推广部（广东省种畜禽质量检测中心）、渔业技术推广部（广东省海洋渔业试验中心）、农业机械化技术推广与鉴定部（广东省农业机械试验鉴定站）。

二、重点实验室

● 综述

【水产动物疫病防控与健康养殖全国重点实验室】 依托中山大学，是在中山大学昆虫学研究所原有基础上发展起来的，原名生物防治国家重点实验室，由"南中国生物防治之父"蒲蛰龙院士于 1978 年创建，1995 年通过验收正式成为国家重点实验室。2005 年经科技部批准更名为"有害生物控制与资源利用国家重点实验室"。2022 年经科技部批准，实验室重组更名为"水产动物疫病防控与健康养殖全国重点实验室"。

研究领域。 实验室原主要研究领域为农、林、卫生害虫的生物防治，1999 年开始拓宽，立足热带、亚热带，面向全球，聚焦农业绿色发展病虫害防控"卡脖子"问题，在种质资源、病因、生态环境等多维度开展疫病暴发流行的前沿科学研究、创制重大

病虫害防控关键核心技术，不断提升中国农业病虫害防控科技水平和能力。致力将实验室建设成国际一流的动植物病虫害防控基础与应用基础研究中心和技术创新基地。主要研究方向包括：病虫害发生的生态学基础；动植物免疫与抗病遗传；植物病虫害生物防治；动物疫病绿色防控。

科研团队。 2022 年实验室共有职工 311 人，其中，固定人员 189 人；科研人员 170 人，教授 83 人，副教授 74 人；包括中国工程院院士 1 人，"973"首席科学家 3 人，《国家重大人才工程》特聘教授 2 人，国家杰出青年科学基金项目获得者 6 人，《国家重大人才计划》3 人，中组部"万人计划"科技创新领军人才 3 人，科技部创新人才推进计划"中青年科技创新领军人才"1 人，《国家百千万人才工程》第一层次 4 人。流动人员有 122 人，其中科研专职人员 29 人，博士后 93 人。

项目成果。 近十年来，实验室先后主持承担国家"973"计划项目、863 计划项目、国家重点研发计划项目、国家科技计划科技基础性工作专项、星火计划项目、国家科技重大专项、农业农村部现代农业产业技术体系、中国-东盟海上合作基金项目、海洋经济创新发展区域示范专项、国家自然科学基金重大研究计划集成项目等多个重要科研体系来源的国家级重大重点研究项目 95 项，合同金额合计 5.88 亿元。在总的 12.7 亿元科研经费中，国家级科研项目经费 6.60 亿元，占比为 52%。

实验室围绕农业病虫害防控与资源利用，取得了一系列理论和绿色防控技术的突破。研究成果在国际顶级和高水平期刊上发表。成果先后获国家自然科学奖二等奖 2 项；获广东省科学技术

奖 8 项，其中一等奖 5 项；培育了养殖动物新品种 6 项，其中鱼类抗病新良种 4 项，植物新品系 3 项；获得国家一类新兽药注册证书 1 项；制定国家标准 1 项，行业标准 1 项。获得授权发明专利 236 项。

交流合作。 实验室与美国、英国、德国、法国、荷兰、菲律宾、日本、新西兰、泰国、俄罗斯、加拿大等国家以及国内的多个单位在多个生物防治研究领域有合作关系。牵头实施"中国—东盟海上合作基金"项目"中国—东盟海洋养殖技术联合研究与推广中心"，联合国国际粮农组织、亚太水产网络中心等国际组织，中国海洋大学等国内海水养殖技术优势单位，马来西亚、印度尼西亚、泰国和越南 4 个东盟国家的大学及企业等 30 多家单位联合，开展海水养殖国际合作与研究，对东盟国家实行技术转移与培训，培养东盟国家海水养殖人才，帮助东盟国家发展海水养殖产业，对推进"一带一路"倡议，共同建设 21 世纪"海上丝绸之路"具有重要科技外交意义。

【粤港澳联合实验室——广东科学院微生物组与鱼类健康研究联合实验室】 2022 年 1 月开始，在广东省科学院打造综合产业技术创新中心行动专项资金资助下，由广东省科学院微生物研究所牵头，联合香港理工大学和澳门大学，组建"广东科学院微生物组与鱼类健康研究联合实验室"。联合实验室将针对大湾区水产养殖业面临的技术瓶颈和产品安全问题，围绕微生物与鱼类健康研究领域的基础与应用研究及其产业化发展方向，共同探索并形成高效和可持续发展的合作运行与管理机制，构建开放共享、合作共赢的科技创新平台，组建具有国际一

流水平的微生物组与鱼类健康研究创新团队，打造粤港澳大湾区微生物与鱼类健康研究领域的科技创新高地。

联合实验室重点开展三方面的创新性研究：一是通过大湾区重要淡水和海水养殖鱼类肠道以及水体微生物种群调查和分离培养，建设经济鱼类肠道和主养殖水体的有益微生物数据库；二是筛选出可改善鱼类肠道微生态的优良微生物功能菌种，合成适配性功能菌群，研发高效微生物制剂，解析其作用的分子机制；三是利用肠道有益和高效微生物，研发功能性发酵饲料，改善饲料利用率，调控鱼体免疫、代谢和健康，解析其作用的分子机制。通过联合实验室和创新团队建设，攻克经济鱼类养殖从高质量资源到高性能产品的关键技术，研发鱼类健康养殖用微生物产品、发酵饲料和新种质，促进粤港澳大湾区经济鱼类养殖业的安全、优质、高效和无公害发展。

【"华南理工大学-生生农业集团"智慧渔业联合实验室】 华南理工大学和生生农业集团股份有限公司于 2021 年 6 月签署合作协议成立。智慧渔业联合实验室围绕水产行业生产、加工和销售等各个环节中的"痛点"问题，进行专项研究，具体包括：种苗培育、种苗自动计算、自动放养、水体净化、自动投料、环境智能监测、自动消毒、智能捕捞、自动分级和称重装车等各个环节数字化管理、智能分析和智能控制。至 2022 年底，依托该联合实验室申请发明专利 16 件，授权 12 件；申请实用新型专利 12 件，均获授权；申请软件著作权 21 件，授权 18 件。此外研发了一系列的实际应用系统，从底层硬件设计、嵌入式开发到上层云平台构建和设

计，如智能消毒车、自动制氧机、智能放鱼器和水产物联网监测云系统等，目前已经在企业试运行和现场应用。

● 省级重点实验室

【广东省水生经济动物良种繁育重点实验室】依托中山大学生命科学学院，以中山大学水生经济动物研究所为基础，于2001年经广东省科技厅和教育厅批准立项建设，2005年经广东省科技厅验收建成合格，并评为良好研究机构，成为中山大学全国重点学科中动物学和水生生物学的重要组成部分。

研究方向。发挥地处华南热带、亚热带和面向南海的区域优势，加强水生经济动物良种繁育的基础研究和高新技术研发，成为促进广东省以及华南地区水产养殖产业持续健康发展的人才培养基地和科技创新基地。主要研究方向：水生经济动物良种繁育与资源利用；水生经济动物营养饲料与代谢调控；水生经济动物病害控制与生态养殖。

研究内容。（1）水生经济动物良种繁育与资源利用。应用多学科研究方法对水生经济动物性状及生物与非生物逆境适应性的遗传机理进行研究，研究调控复杂性状如生长、生殖、抗逆的相关基因，阐明相关表型形成的分子基础；进一步运用选育、杂交等方法结合分子育种技术对重要经济养殖品种鱼类和虾类的产量性状及环境适应性进行遗传改良，最终培育出高产、优质、耐逆境的鱼类新品种。（2）水生经济动物营养饲料与代谢调控。研究水生经济动物摄食、生长、代谢和免疫的生物学特性及相应的调控机制；注重优化重要养殖种类的环保配合饲料配方，开发新的饲料蛋白源，研制低鱼粉饲料；进行基因重组产品和关键技术的研发，研制新型促生长剂和免疫增强剂。（3）水生经济动物病害控制与生态养殖。进一步优化刺激隐核虫病和对虾白斑综合征的综合防控技术，深入研究鱼病免疫防治的疫苗学原理与研制高活性疫苗；集成海洋水产病毒综合征防控技术并组织示范与推广。

科研团队。2022年，实验室有固定人员36人，其中中国工程院院士1人、国家杰出青年基金获得者1人、国家优秀青年基金获得者3人，教授、博士生导师21人。另有15名副教授学术骨干和100多名在读博士、硕士研究生正在从事水生经济动物繁育和养殖的研究工作。"十三五"的5年时间，共培养博士、硕士研究生共200多人。

项目成果。2022年承担38项国家级以及省、部级研究课题，包括国家自然科学基金重点项目、联合基金项目、优秀青年基金和面上、青年等多项项目；国家重点研发计划课题、广东省重点领域研发计划项目、广东自然科学基金重点、联合、面上、青年等多项项目。在了解鱼虾生殖、生长和抗病机制的基础上，通过杂交育种、性别控制结合分子标记辅助育种，2021—2022年获得了2个经全国水产原种和良种审定委员会审定的新品种：全雌翘嘴鳜"鼎鳜1号"、凡纳滨对虾"海兴农3号"，在全国范围进行推广示范，产生良好的经济和社会效益。

【广东省水产动物免疫与绿色养殖重点实验室】依托中国水产科学研究院珠江水产研究所，于2003年8月立项，2022年更名为广东省水产动物免疫与绿色养殖重点实验室。实验室立足水产病害免疫防控和健康养殖学科发展前沿、结合绿色养殖产业需求，以打造国际领先水平的免疫和绿色养殖技术创新平台为建设目标，以实现疫病可防可控、绿色养殖和质量安全为产业目标；围绕主养品种，以病原与免疫基础研究、免疫防控制剂研究与开发、健康管理与绿色养殖等为主要研究方向；开展免疫防控和健康养殖应用基础研究和核心关键技术攻关，并为产业提供技术支撑。重点实验室实行"开放、流动、竞争、协作"的运行管理机制，设立实验室管理委员会及学术委员会，重视多学科的相互结合渗透，积极邀请相关领域的国内外科研人员开展合作研究，近五年共设立25个重点实验室开放课题，发挥了省重点实验室的辐射带动作用。

科研团队。2022年，实验室固定人员为69人，其中研究员20人、副研究员23人、助理研究员26人；建有水科院级创新团队4个，所级团队9个。有设备较完善的实验室和试验基地，可基本满足实验室各研究方向相关工作的需要。

项目成果。获得各类成果奖励16项（省、部级奖励5项）；培育并获得新品种证书4个；获得水产疫苗相关批件4个；发表论文190篇（SCI 117篇）；授权专利53件（发明专利29件）；取得软件著作权7项；颁布标准14项（国家标准1项、行业标准9项）；出版专著8部。重点在池塘环境调控与尾水处理、水产疫苗研发与产业化应用和良种良法综合配套应用等方面作出重要贡献。

【广东省水产经济动物病原生物学及流行病学重点实验室】2004年成立，依托广东海洋大学水产学科，"十三五"期间纳入广东省高水平大学建设项目。实验室围绕"病原—宿主—环境"相互作用的问题，针对南方沿海重要养殖水生动物健康养殖中的关键问题，从病原生物学及致病机理、疾病的流行规律、免疫机制、精准营养及营养免疫、环境生态、新品种选育等开展多方位的研究，开发生物制品和免疫增强剂、繁育水产养殖新品种，建立南方重要经济养殖品种的健康养殖技术，设有 3 个研究方向：一是水生动物病原生物学及流行病学：重点阐明溶藻弧菌和无乳链球菌致病机理及模式识别受体介导的病原免疫逃逸机制；在国内率先发现罗非鱼罗湖病毒病，并开展了其流行病学调查及检测技术研发。二是水生动物免疫机理：解析石斑鱼和罗非鱼抗感染免疫、马氏珠母贝移植免疫机制；获得罗非鱼 NCC 单细胞图谱并鉴定出 NCC 表面活性受体，为揭示罗非鱼 NCC 的免疫监视功能奠定基础；三是水生动物健康养殖理论与技术：突破了石斑鱼哈维氏弧菌病灭活疫苗（VHD 株）关键技术，研制出国际上首个海水鱼重大弧菌病一类灭活疫苗；创建罗非鱼链球菌病的防控关键技术；建立凡纳滨对虾育种体系。

2022 年实验室在岗固定人员 30 名，其中研究人员 29 人，技术管理人员 1 人。有教授 18 人，副教授 10 人，中级职称 2 人。拥有实验室 500 米²，野外实验基地 2 个。实验室坚持"开放、合作、竞争"的运行机制，重视多学科的相互结合渗透，积极邀请相关领域的国内外科研人员开展合作研究，近五年共设立 11 个重点实验室开放课题，发挥省重点实验室的辐射带动作用，推动了广东省水产经济动物病原生物学及流行病学研究的发展。

【广东省海水养殖生物育种工程实验室】2019 年成立，主要依托广东海洋大学水产学院，联合湛江国联水产开发股份有限公司、广东越群海洋生物研究开发有限公司、珠海德洋水产养殖有限公司与湛江腾飞实业有限公司共同建设。围绕影响广东省海水养殖生物种业种质资源创新能力不足、良法缺乏与良种覆盖率低等关键问题与产业发展的需求，以广东省主要海水养殖生物（鱼、虾、贝、藻）为研究对象，开展种质资源创新评价研究，研究其生长、品质与抗逆性状的关键基因与调控网络，发掘优质种质基因资源；探索全基因组选择与分子育种设计前沿技术，集成传统与现代育种技术培育高产、高品质与抗逆的养殖新品种，构建高效制种与中间培育技术。2022 年实验室拥有科研成员 62 人，其中教授 20 人，副教授 17 人。培育出马氏珠母贝"海选 1 号"、南美白对虾"兴海 1 号"和多个鱼、虾、贝养殖品系。

【广东省南海海洋牧场智能装备重点实验室】广东海洋大学 2021 年新增加的广东省重点实验室，围绕南海资源开发与利用、保障粮食安全等国家重大战略需求，以海洋牧场提质增效、转型升级、绿色生态养殖为着力点，针对海洋牧场智能化生产管护、绿色能源供给、养殖监测与信息化等面临的科学问题和技术瓶颈，开展海洋牧场作业装备智能化、海洋新能源采集与供给、养殖水域污染防控、养殖监测与海洋物联网等四个领域的基础前沿核心技术及其装备国产化技术进行攻关。推动大海洋类人才培养、技术攻关、成果转化，为广东省海洋经济高质量发展贡献智慧和力量。

技术研究中心

【热带、亚热带水生态工程教育部工程研究中心】2009 年获教育部批准建设，以暨南大学为依托单位，联合台湾中山大学、香港城市大学共建。针对热带、亚热带地区生态退化特点，发展因地制宜的生态工程技术，助力粤港澳大湾区生态环境建设，为中国唯一开展"水生态工程"技术研发的专业平台，立足国际化视野，引领全国水生态工程研发与应用。中心培养和引进了一批优秀科技人员，形成一支专业与学术层次合理的研发队伍，2022 年有固定人员 62 人，兼职人员若干，其中中级职称科研技术人员 58 人，高级职称 53 人。

该研究中心以热带、亚热带地区共性的水体污染、生态系统受损、水生生物资源综合开发利用和微藻生物固碳与资源化利用生态工程为目标，开展相关基础及应用基础研究，设立了以下四个研究方向。一是水土污染生态处理与修复生态工程；二是淡水生态系统修复与重建生态工程；三是水生生物资源综合开发利用及高密度养殖区生态修复工程；四是微藻生物固碳与资源化利用生态工程。

该研究中心拥有水生生物学和生态学二个硕士授予点和水生生物学、生态学二个博士授予点，设有生态学博士后流动站。2022 年有约 5 000 米² 研发基地和技术服务平台，多个校外研发基地和野外产业化示范基地；拥有 5 万元以上仪器总值 3 551 万元。2021—2022 年，中心新增国家级项目 37 项，获得经费 1 700 余万元。

2021—2022 年，中心获授权专利 18 件，申请专利 10 件，发表学术论文 188 篇（SCI 150 篇），主编/参编专著 4 部，起草地方/团体标准 5 件。

2021—2022 年，中心创新成果获生态环境部环境科学技术奖 1 项，教育部高等学校科学研究优秀成果奖 1 项，广东省科技进步奖二等奖 2 项，广东省环境保护科学技术奖一等奖 2 项，第十六届广东省丁颖科技奖 1 项，广东省农业技术推广奖 1 项，广东省农业主推技术 1 项。

【广东省农业科学院水产研究中心】 2021 年 4 月，广东省农业科学院开展"水产研究中心"的建设工作，补齐省农科院在水产全产业链关键环节上的创新短板，推动院属单位协同联动，形成创新合力。6 月，水产研究中心通过专家论证；12 月，举行水产研究中心第一届学术委员会会议，麦康森院士受聘为水产研究中心委员会主任。

省农科院水产研究中心依托省农科院动物科学研究所（水产研究所），协同动物卫生研究所、蚕业与农产品加工研究所、农业资源与环境研究所、农业质量标准与检测技术研究所、设施农业研究所、农业经济与信息研究所、环境园艺研究所等研究所组成。

水产研究中心主要针对广东省水产产业问题开展协同创新，推动省渔业转型升级、高质量发展。重点以优势淡、海水鱼、虾、贝等为对象，围绕水产营养与饲料、遗传育种、病害防控、养殖模式升级、养殖生态环境管理、水产加工与品质安全等产业问题，开展应用基础研究、成果转化和技术推广工作，为广东省渔业科技协同发展的重要创新平台，也是开展渔业科技服务的重要载体。2022 年，水产研究中心在绿色基塘农业生态循环种养模式、水产营养与饲料、水产育种与绿色健康养殖、水产病害绿色防控、养殖水体与环境控制、水产品加工与安全等方面取得系列成果。

【广东省珠三角基塘农业工程技术研究中心】 由广东省农业科学院蚕业与农产品加工研究所与佛山市农业科学研究所（佛山农业技术推广中心）于 2019 年 3 月共同成立，于 2020 年 3 月被认定。中心联合广东省农业科学院、中国科学院地理研究所等单位，围绕基塘农业生产技术提升、模式创新、系统特征与功能、文化挖掘与传承等开展研究与推广，并成立顺德、南海、三水、高明四个工作站，开展试验示范与成果转化，共同探索适用于经济发达的佛山地区的基塘农业发展模式。

2021 年 7 月，中心吸收顺德区乐从供销集团、广东顺德规划设计研究院等企业参与共建，以"核心研究单位＋企业集群"模式组建"珠三角基塘农业研究院"，共同打造现代基塘农业科技成果孵化平台和人才培养平台。早在 2020 年，由省农业科学院蚕业与农产品加工研究所发起，30 余家科研推广单位及企业联合成立了珠三角桑基鱼塘产业联盟，对关键技术协同攻关，构建出产学研用紧密结合、上中下游有机衔接的协同协作机制，挖掘桑基鱼塘生产、生态与文化价值，拓展系统功能，依靠科技的进步，推动现代桑基鱼塘健康发展。

【广东省特种水产功能饲料工程技术研究中心】 佛山市南海区杰大饲料有限公司与广东省农业科学院蚕业与农产品加工研究所共建广东省特种水产功能饲料工程技术研究中心。2022 年获广东省科学技术厅认定为省级工程技术研究中心。中心重点开展特种水产功能饲料研发，已在桑提取物在特种水产功能饲料中的应用研究方面取得突破性进展，发现 1‰ 比例添加的桑提取物在加州鲈养殖 15 天和 60 天后，对加州鲈肝应激状况有较好的改善作用，并正在开展鳜鱼配合饲料添加后的养殖效果评价，桑提取物在特种水产功能饲料中的应用前景广阔。

● 技术创新团队

【广东省现代农业产业技术体系水产品质量安全和环境协调创新团队】 2022 年度工作总结与考评会于 2023 年 1 月 13 日在广州召开。体系创新团队首席科学家、中国水产科学研究院南海水产研究所食品工程与质量安全研究室主任陈胜军研究员主持会议。南海水产研究所副所长李来好研究员、项目咨询专家组杨贤庆研究员、吴燕燕研究员以及创新团队岗位专家、技术骨干等 30 余人出席会议。首席科学家陈胜军汇报了创新团队 2022 年度工作总体进展情况，表示将继续全力做好组织协调工作，确保团队建设项目顺利实施和高质量完成。随后，团队成员依次汇报工作，包括围绕合同任务开展的基础研究、产业支持、政府决策、学术交流、人才培养、团队建设、经费支出及考核指标完成情况，并总结了存在的问题以及制定下一步工作计划。

体系咨询专家点评创新团队 2022 年度工作，肯定工作亮点和取得的阶段性成果，并联系工作实际，从服务"全省水产产业需求""科研成果转化""农技推广、渔民培训、宣贯工作"等方面提出指导意见。首席科学家结合与会领导和专家的意见建议，表示要紧紧围绕广东渔业产业需求，发挥团队优势，开展联合攻关，强化技术集成和成果示范。

【广东省现代农业产业技术体系虾蟹产业创新团队】2022年1月24日在中国科学院南海海洋研究所召开项目年度总结会。会议由体系首席专家中国科学院南海海洋研究所胡超群研究员主持，总结了2021年体系工作情况，部署2022年的工作重点。各岗位专家汇报工作进展。广东省农业农村厅科教处和渔业处充分肯定虾蟹产业技术体系创新团队取得的成绩，指出进一步的建设要点和发展方向。

2021—2022年，虾蟹产业技术体系创新团队发现凡纳滨对虾抗病性状相关的关键功能基因9个、斑节对虾耐低盐性状相关功能基因2个；开发凡纳滨对虾抗病性状相关的分子标记19个、斑节对虾耐低盐性状相关的分子标记6个；建立对虾养殖相关技术、方法17项；育成凡纳滨对虾"海茂1号"国家水产新品种1个，开发养殖水环境调控产品4种和对虾新食品3个；获得有益菌1株和优质微藻1种。开展了"线上＋线下"的技术培训20次，培训从业人员及养殖户17.4万人次。发表论文31篇；申请专利27件，其中发明专利18件；获得软件著作权2项；编写著作1部。

【广东省现代农业产业技术体系淡水鱼产业创新团队】2022年1月19日在广东梁氏种业有限公司三水青岐总部召开2021年度工作总结会议。体系首席专家中国水产科学研究院珠江水产研究所朱新平研究员主持，总结2021年工作，部署2022年的工作重点。各岗位专家汇报了2021年的工作进展。广东省农业农村厅渔业处领导肯定"体系"创新团队取得的成绩，提出下一步的建设方向。

"广东省鱼（淡水鱼）产业技术体系创新团队2022年度总结会议"于2023年3月2日在惠州市渔业研究推广中心召开，首席专家朱新平研究员主持，各岗位专家、试验站站长汇报本岗位（试验站）2022年度的工作进展、研究成果以及下一步计划。省农业农村厅渔业发展处领导肯定创新团队取得的成绩，并指出"体系"进一步的建设要点和发展方向。

【广东省现代农业产业技术体系海水鱼产业创新团队】2022年1月7日在梅州市梅江区举行2021年工作总结会议，首席专家李桂峰主持。岗位科学家和示范基地负责人分别汇报2021年工作和2022年计划。首席专家发言，要求在新的一年，以目标为导向，面向产业、面向企业、面向生产发展需求定工作、定指标、定业绩，注重工作中长、短期工作目标与指标的结合，扎实做好有关工作。2022年，强化各岗位科学家和示范基地的目标与绩效考核。组织执行专家组成员就各岗位科学家和示范基地的工作开展进行实地考察，年末集中考核，重点考核量化实效指标，并按绩效排名，引入体系的退出机制，使优胜劣汰成为体系运作的常态。与会岗位科学家和示范基地负责人表示，要针对目标，找出问题，找出差距，按体系创新团队要求，扎实做好工作。会议期间，创新团队前往省级现代农业产业园梅江区水产产业园调研，就园区预制菜和水产种业发展与企业家交流。

【广东省现代农业产业技术体系贝藻类产业创新团队】2019年6月21日在暨南大学水生生物研究所召开创新团队成立大会。该创新团队由广东省贝藻类研究开发的优势单位暨南大学、中国科学院南海海洋研究所、中国水产科学院南海水产研究所、广东海洋大学等从事研究、技术推广和养殖的7家单位的相关专家及技术推广人员组成，由暨南大学水生生物研究所张其中教授担任首席科学家，另外还包括7位岗位专家和4位示范基地站长。

2022年6月15日，广东省贝藻类产业技术体系首席科学家、暨南大学张其中教授带领团队骨干王庆恒教授和林壮炳教授级高工作为广东水产界首个登上"首席专家谈农技"节目的创新团队代表，首次通过媒体向大众公开绿盘鲍亲鲍保种、培育和杂交繁育技术，同时，介绍了牡蛎从苗种到商品蚝养殖全过程各环节的技术以及马氏珠母贝的育珠技术，对普及绿盘鲍繁育、牡蛎养殖和马氏珠母贝育珠技术，促进产业快速发展和乡村振兴都具有重要意义。

【广东省现代农业产业技术体系水产疫病监测与综合防控创新团队】2022年1月23日在广州市南沙区东涌镇广东省海洋与水产高科技园召开2021年度工作总结会议。体系首席专家仲恺农业工程学院林蠡教授主持，总结了"体系"2021年的工作，部署2022年的工作重点。各岗位专家汇报了2021年的工作进展。广东省农业农村厅渔业处领导肯定"体系"取得的成绩，指出进一步的建设要点和发展方向。

三、科学研究

● 国家自然科学基金项目

【热带典型海湾有害底栖原甲藻藻华的生态学过程及发生机制研究】承担国家自然科学基金面上项目（42076144，2022—2025年），项目负责人是暨南大学生命科学技术学院赤潮与海洋生物学研究中心主任吕颂辉教授。项目以海南岛新村湾新发现的底栖原甲藻藻华为研究对象，研究热带典型海湾有害底栖甲藻藻华发生的生态学过程及发生机制。通过对新村湾凹面原甲藻种群的时空分布、在不同生境（海草床、大型海藻、红树林、泥质浅滩等）的分布特征、种群在底栖甲藻群落中的竞争关系、与浮游植物间的相互作用、附着基质（海草、海藻、底泥、人工废弃物等）选择性等生态学研究，结合凹面原甲藻的系统发育分析、毒素和毒性分析、生理生态研究等，全面了解凹面原甲藻的生物学和生态学特性，阐明凹面原甲藻种群特征和生态分布规律，分析凹面原甲藻藻华形成的生态学过程。

【直立白薇苷 C 与多子小瓜虫靶蛋白作用的杀虫分子机制】承担国家自然科学基金面上项目（32173013，2022—2025 年），项目负责人是暨南大学生命科学技术学院水生生物研究所付耀武副教授。多子小瓜虫是危害淡水养殖鱼类最严重的寄生虫之一，每年都会造成严重经济损失。通过筛选获得迄今为止抗多子小瓜虫效果最好且安全性高的天然活性化合物直立白薇苷 C，并阐明了该化合物杀成虫的靶标是 ABC 跨膜转运蛋白。该项目在原有研究基础上，首次筛选鉴定直立白薇苷 C 与小瓜虫成虫 ABC 跨膜转运蛋白结合所调控的关键信号蛋白，揭示该蛋白通过抑制抗细胞凋亡的信号通路并激活凋亡关键酶引起小瓜虫成虫凋亡的分子机制，从而阐明直立白薇苷 C 与多子小瓜虫靶蛋白作用的杀虫分子机制，为直立白薇苷 C 的成药开发提供理论支撑。

【赤潮甲藻胞内磷的资源化配置与转化利用机制研究】承担国家自然科学基金面上项目（42176201，2022—2025 年），项目负责人是暨南大学生命科学技术学院赤潮与海洋生物学研究中心欧林坚研究员。随着人类活动加剧，全球许多近海海区限制向磷发展。缺磷情况下浮游植物适应性的磷吸收同化代谢机制已成为研究新热点。项目以东海原甲藻和米氏凯伦藻等近海代表性有害赤潮原因种为研究对象，结合赤潮跟踪调查和室内模拟实验，综合运用生理生态学、生物化学、脂质组学和转录组学等技术，对环境磷变动下甲藻胞内主要磷组分的动态变化特征开展定量研究，解析甲藻胞内磷的储存、分配和转化利用机制；结合甲藻种群生长动力学，阐明甲藻胞内磷代谢的适应性策略及其在赤潮发生中的作用机制。项目将提升对甲藻磷营养生理学和磷在赤潮生态学调控机制的认知，为甲藻赤潮的预警防治提供科学依据。

【抑食金球藻光保护机制中关键蛋白鉴定及其调控机理研究】承担国家自然科学基金面上项目（42176142，2022—2025 年），项目负责人是暨南大学生命科学技术学院赤潮与海洋生物学研究中心崔磊副研究员。抑食金球藻（*Aureococcus anophagefferens*）引起的有害藻华（褐潮）对贝类乃至海洋生态系统有严重的危害，2009 年中国秦皇岛海域发生的多起大规模褐潮使当地贝类产业及旅游业造成重大经济损失。该研究团队在野外生态调查中发现，抑食金球藻在现场海域呈现出表底垂直分布的特征，表现出很高的光适应能力。此外，抑食金球藻在高光环境下，上调的光保护蛋白具有两个酸性的谷氨酸残基，在三维折叠后形成距离很近的结构域，可能参与感知类囊体内腔质子梯度，并进行信号传递。这种具有特殊结构域的蛋白很可能是抑食金球藻能快速应对不同的光环境，频繁爆发褐潮并对其他藻类保持竞争优势的原因之一。该项目运用 CRISPR/Cas9 基因编辑技术，对前期研究中筛选出的抑食金球藻关键光保护蛋白进行敲除，旨在揭示其在光保护过程中的关键作用，分析关键蛋白的深层次调控机理，为褐潮发生规律及赤潮灾害防治提供数据积累和决策依据。

● 国家重点科研项目

【国家重点研发计划】承担中国近海赤潮藻种组成分布特征研究与数据库建设（"有毒有害赤潮新一代综合防控技术体系研发与应用"课题 2022YFC3105301，2022—2025 年），经费 168 万元，课题负责人是暨南大学生命科学技术学院赤潮与海洋生物学研究中心欧林坚研究员。

受全球气候变化和人类活动影响，中国近海有毒有害赤潮灾害频发，赤潮表现出多样化、小型化和有害化等演变趋势，严重威胁近海生态安全、人类健康和沿海地区社会经济发展。然而，目前仍未对中国近海赤潮藻种的物种组成和分布特征等形成较为全面系统的认知体系，也未能清晰掌握其历史演变趋势和规律，严重制约了赤潮监测、检测关键技术的升级完善以及赤潮防控体系的集成联动。本课题将综合传统形态学和现代宏组学等多种分析技术，结合中国近海赤潮及赤潮藻的历史数据，编制中国近海赤潮藻种及休眠孢囊的物种组成与分布数据集；获取中国近海主要有毒有害赤潮藻种的多维度生物学信息，编制典型有毒有害赤潮藻种信息数据集；构建权威完善的中国近海赤潮藻种数据库和信息检索系统，提供对比、查验、检索、共享等互动服务功能；深入挖掘中国近海重要赤潮发生与其沉积休眠孢囊之间的相关性，构建赤潮藻种及其休眠孢囊的多样性和分布特征数据集，建立中国近海有毒有害赤潮发生潜在风险的评价方法。研究成果可为赤潮演变及近海生态系统健康评估等提供基础数据，深化中国近海赤潮的科学认识，具有明显的科学理论意义；还可为赤潮风险的预估预判提供参考依据，为管理部门的赤潮预警防控提供技术支撑，具有重要的生态安全价值和经济社会效益。

【蓝色粮仓科技创新】广东海洋大学参与了"十四五"重大渔业科技专项"南海海洋牧场构建以生态农牧化开发新模式"，广东海洋大学为课题"海洋牧场关键功能物种苗种规模化繁育与高效增殖技术"的承担单位；负责大型海藻（琼枝和马尾藻）、珍珠贝和石斑鱼苗种规模化繁育与高效增殖技术。广东海洋大学参与"十四五"重大渔业科技专项"大型设施化智慧渔场鱼贝生态养殖体系"，承担子课题"大型设施化智慧渔场鱼贝生态养殖体系"，负责构建"浅海养成—深海净化"分段式牡蛎养殖技术，培育生食高品质牡蛎；构建马氏珠母贝与大珠母贝港湾—深海接力养殖技术。主持国家重点研发计划"蓝色粮仓科技创新"课题3项，包括"水产品陆海联动远距离保活流通与品质监控关键技术及装备研发（2019YFD0901601）""低值水产品及副产物制备活性肽关键技术研发与新产品创制（2019YFD0902004）""水产品营养功效因子结构表征与

功能解析（2018YFD0901105）"，主持"蓝色粮仓"子课题8项。

【广东近海渔业资源与环境调查】2022年4月29日，中国水产科学研究院南海水产研究所"中渔科301"号渔业科学调查船圆满完成广东省近海渔业资源与环境调查项目2022年第1航次任务，顺利抵达广州。

"中渔科301"号自4月7日从广州出发，历时23天，行程1546海里，共完成广东近海5个断面、45个站点的调查任务，调查包括渔业资源结构及种类组成、主要经济种类生物学特征及数量分布等内容，并同步获取温度、盐度、溶解氧、pH、无机盐、叶绿素、初级生产力、浮游生物等渔业资源栖息环境数据，为加强广东近海渔业资源养护和管理积累大量基础资料。

调查期间，"中渔科301"号严格按照相关规定做好工作，同时成立海上临时党支部，开展党史学习活动，组织消防救生逃生演练，为确保海上安全和科考任务圆满完成提供了坚强保证。

【特色淡水养殖鱼类精准良种培育技术研究与示范】为广东省重点领域研发计划"精准农业"重点专项。中国水产科学研究院珠江水产研究所针对罗非鱼、鳜和大口黑鲈三种特色淡水养殖鱼类，联合中山大学、广东海大集团股份有限公司、佛山市三水白金水产种苗有限公司开展了精准良种培育技术研究与示范。翘嘴鳜"广清1号"和全雌翘嘴鳜"鼎鳜1号"获得国家水产新品种证书，首创了"一种全雌鳜的规模化生产方法"。制作了鳜20K SNP育种芯片，筛选获得了与鳜食性性状显著关联的3个SNP位点。利用性别与体色性状紧密关联的分

子标记选育获得了生长快速、体色纯正的YY超雄红罗非鱼群体，建立了一套针对2个以上表型性状的多性状分子聚合育种技术体系；定位了吉富罗非鱼耐寒与抗链球菌病、红罗非鱼性别与生长等性状关联区。授权发明专利3项，申请发明专利3项，发表第一标注论文14篇，其中1区SCI 12篇，培养硕士研究生6名，博士研究生2名。两个鳜鱼新品种2021年累计推广优质苗种6 000万尾，累计推广面积达667公顷，带动本地及周边从事养殖鳜鱼的农户2 000户以上，每亩增收5 000元以上，间接产值1.2亿元，极大地促进广东省鳜鱼养殖的良种化和鳜鱼产业的升级，带动广东淡水渔业的良种化发展。通过增加名优鳜新品种，充分利用"翘嘴鳜"的种质资源，减少对"翘嘴鳜"野生资源的消耗，生态效益明显。

【ISKNV通过PI3K-Akt-mTOR通路调控鳜脑细胞自噬机制研究】为国家自然科学基金面上项目，由中国水产科学研究院珠江水产研究所李宁求研究员主持，2022年通过结题验收。该项目探讨ISKNV调控细胞自噬与PI3K-Akt-mTOR通路的关系，阐明PI3K-Akt-mTOR通路与ISKNV复制增殖的关系，解析ISKNV通过PI3K-Akt-mTOR通路调控细胞自噬的信号传递途径，从而阐释ISKNV调控宿主细胞自噬的分子机制，为阐明ISKNV致病机制和找寻传染性脾肾坏死病防控新靶点提供了新的思路。项目共发表论文19篇，其中SCI论文12篇、核心期刊论文7篇，项目培养博士后1名、硕士研究生5名。为水产病害防控提供了新思路和新途径，获得学术界和产业界同行的高度关注。

四、技术研究

综述

【珍珠贝综合利用关键技术创新与应用】 由广东海洋大学承担，该成果运用现代测试仪器系统地研究珍珠的成分、结构和性质，揭示珍珠的前处理和抛光原理，发明优化珍珠色泽的方法、珍珠抛光设备、珍珠抛光材料及其制备方法。开发具有规则几何形状的珍珠贝壳工艺品生产技术，建立珍珠贝壳板材生产技术规范。发明一种非机械接触式珍珠粒粉碎装置，发明一种富含活性肽的纳米珍珠粉的制备方法，提出鉴别海水和淡水珍珠粉的方法，建立《海水珍珠层粉》产品标准，研究珍珠美白机理、体外抗氧化活性和保湿性能。发明物理法制备珍珠粉及其珍珠美白化妆品，开发多种美白化妆品。2022年6月21日经过广东省轻工业联合会组织专家鉴定，主要技术指标到达国际先进水平。通过产学研合作，在广东、广西、海南和浙江等多个珍珠企业进行推广应用，取得良好的经济、社会和生态效益。项目技术在应用企业实现大规模产业化生产，直接就业2 600多人，为湛江市流沙村脱贫攻坚和乡村振兴提供技术支撑。2019—2021年应用于企业生产的产品销售额达20多亿元，实现利税4亿多元。

【水产品3D打印技术】 2021—2022年，广东省农业科学院蚕业与农产品加工研究所水产加工团队建立鱼糜3D打印技术：利用微波快速加热和渗透的特性，使食品原料在打印的同时辅以微波加热，实现从流体到半固体或从半固体到流体的相转变。通过添加热敏性物质还可以实现打印后颜色的"4D"变化。可用于鱼糜、奶酪、巧克力、淀粉等其他相关制品的3D食品打印。通过调整物料理化特性，可制备性质稳定、个性化的3D鱼糜制品。研究食品微波3D打印机对金线鱼鱼糜的打印效果。研究发现，通过调整鱼糜的水分含量、加盐量以及打印机的设置和微波功率，可以显著提高金线鱼鱼糜的可打印性，打印出的模型成型好，结构紧密、稳固。且经过微波3D打印后，可直接进行鱼糜的第二阶段的熟化。随着3D打印技术的不断发展以及定制食品设计、个性化营养设计等概念的普及，食品3D打印机将会逐渐走进工厂、商店、家庭中。食品3D打印技术将得到越来越多的关注，对未来食品的发展具有重大意义。

【鲍鱼嫩化技术】 2021—2022年，省农业科学院蚕业与农产品加工研究所水产加工团队采用超声波联合木瓜蛋白酶处理鲍鱼，有效改善鲍鱼的嫩度且对色泽质构不产生太大的影响。超声波联合木瓜蛋白酶处理的鲍鱼样品的持水力、蒸煮损失和pH显著下降（$p<0.05$），亮度值（L^*）和ΔE显著增加（$p<0.05$）；剪切力值、硬度和咀嚼性分别下降43.38%、35.74%和37.42%，肌原纤维小片化指数增加41.67%；超声波联合木瓜蛋白酶处理使得鲍鱼的保水性下降，鲍鱼的肌纤维间隙增大，肌肉组织结构变得松散。超声波联合木瓜蛋白酶可以有效改善鲍鱼的嫩度。

肉的嫩度指肉在食用时口感的老嫩，反映肉的质地和食用品质，是消费者评价肉质优劣的常用指标。大量试验结果表明，超高压处理在提高肉制品嫩度方面有其独到的优势，超高压处理的肉制品，较其他嫩化方法的嫩化效果更为显著，且最大限度地保留肉制品的原有风味和营养价值。在鲍鱼深加工过程中，由于鲍鱼的肌原纤维含量高，肌纤维间多覆有结缔组织，导致其肌肉硬度大，使得消费者在食用时咀嚼较为困难，进而影响其接受度。

【易消化富铁鱼皮短肽高效制备技术】 2021—2022年，省农业科学院蚕业与农产品加工研究所水产加工团队以鱼肉加工副产物鱼皮为主要原料，采用胃蛋白酶等复合酶解工艺水解鱼皮，所制备的鱼皮短肽得率超过80%，短肽含量超过75%，利用膜透析法进行脱盐，并使短肽进一步富集。将富集的短肽与铁离子进行螯合，优化制备工艺得到具有较好功能特性的富铁鱼皮短肽，并对其进行功能特性、生物利用度等性质评价。通过上述技术能制备出高水解度、高纯度、具有易消化、可补铁的鱼皮短肽。该产品适用于孕妇、哺乳期妇女及幼儿等特定人群，可缓解其缺铁症状。该技术申请发明专利1件，在《肉类科学》《现代食品科技》发表学术论文3篇。

中国特定人群因生理特点和饮食习惯等因素影响，贫血人群较多。而通过正常饮食补铁，无疑是最好的方案。因此，通过引进国外先进技术高效绿色制备可促进微量元素吸收的螯合肽，研究螯合肽在肠胃消化道内的稳定性及其进入小肠黏膜细胞的功效，研发可促进微量元素吸收的螯合肽新产品。该产品对于填补国内相关技术和产品的空白，具有重要的社会意义和经济效益。

水产育种技术

【凡纳滨对虾耐植物蛋白和抗逆新品种选育研究】 2021—2022年，省农业科学院动物科学研究所

（水产研究所）黄文博士团队针对南美白对虾低盐应激耐受性状，依托省农业科学院创新工作平台，联合广东金阳生物技术有限公司构建了 1 个全同胞家系，通过开展简化基因组测序，利用获得的 3 335 个高质量 SNP 分子标记构建遗传图谱，开展性状关联的 QTL 定位，发现 3 个低盐、3 个体重关联的 QTL 数量性状位点，并验证了其中 3 个低盐相关候选基因与低盐应激显著关联。采用"半定向交尾"方法，利用企业自有对虾品系，开展生长优势、高抗性对虾的家系保种繁育 234 个，为后续品系选育工作奠定基础。持续开展南美白对虾性状基因组定位研究，通过孟德尔最优拟合模型筛选出 3 163 个高质量 SNP 标记，绘制了南美白对虾精细遗传图谱，发现 LvTRMT10 A 四个连锁错义突变 SNP 位点与对虾体重密切相关，首次在南美白对虾中定位获得主效功能基因。探索缩合单宁对凡纳滨对虾生长、抗氧化和肠道健康的应用效果，发现饲料中添加缩合单宁可提高凡纳滨对虾生长性能和血清抗氧化能力，但会造成肠道健康损伤。研究发现豆粕添加量超过 28% 显著抑制对虾生长性能和饲料消化率，豆粕介导对虾肌肉生长相关基因 TOR 和 Myf5 mRNA 的表达抑制肌肉生长。

【杂交鳢"雄鳢 1 号"】 该品种技术依托单位为中国水产科学研究院珠江水产研究所，2022 年 7 月通过全国水产原种和良种审定委员会审定。杂交鳢"雄鳢 1 号"以 2005 年从广东珠江水系收集的斑鳢为基础群体，以体重为目标性状经连续 4 代群体选育的斑鳢雄鱼（XY）与通过性别控制技术诱导产生的生理雌鱼（XY）交配获得的超雄斑鳢（YY）为父本，

以 2007 年从山东微山县南四湖渔业有限公司引进并以体重为目标性状经连续 2 代群体选育获得的乌鳢雌鱼（XX）为母本，经杂交获得的杂交鳢新品种。杂交鳢"雄鳢 1 号"雄性率 93% 以上。此外，在相同养殖条件下，生长速度比对照乌斑杂交鳢提高 26.2%～36.6%，饲料系数降低 12.6%～27.4%，体重 1 000 克以上大规格比例提高 18%～30%，综合养殖效益提高 40% 以上。适宜在中国水温 12～30 ℃ 的人工可控的淡水水体中养殖。

【翘嘴鳜"广清 1 号"】 该品种技术依托单位为中国水产科学研究院珠江水产研究所，2021 年 6 月通过全国水产原种和良种审定委员会审定。这是以 2013 年从安徽秋浦河、洞庭湖收集的翘嘴鳜野生群体和清远市清新区宇顺农牧渔业科技服务有限公司保种的翘嘴鳜"华康 1 号"选育群体为基础群体，以生长速度和成活率为目标性状，采用家系选育技术，经连续 4 代选育而成。在相同养殖条件下，与翘嘴鳜"华康 1 号"相比，生长速度平均提高 16.3%，成活率平均提高 12.6%。适宜在中国鳜鱼主产区人工可控的淡水水体中养殖。

【禾花鲤"乳源 1 号"】 该品种技术依托单位为中国水产科学研究院珠江水产研究所，2021 年 6 月通过全国水产原种和良种审定委员会审定，是中国第一个通过国家审定的适合"稻渔综合种养"的禾花鱼新品种。禾花鲤"乳源 1 号"是以华南鲤稻田养殖群体（俗称禾花鲤）和珠江水系北江华南鲤野生群体为基础群体，以生长速度和体型为目标性状，采用群体选育技术，经连续 5 代选育而成。在相同的稻田养殖条件下，

与当地普通养殖的禾花鲤相比，10 月龄鱼生长速度平均提高 29.26%，单产平均提高 50.10% 以上；体长与体高比和尾柄长与尾柄高比分别平均降低 25.8% 和 22.51%。适宜在广东、广西、贵州、湖南等人工可控的稻田水体中养殖。禾花鲤"乳源 1 号"具有生长快、体型短圆、跳跃能力弱、存活率高、稻渔养殖专用等特点。

【南方海洋环境下的糙海参新品系选育关键技术研究与推广应用】 糙海参作为最具开发前景和潜力的南方养殖特有品种，在中国远未能得到发展，尤其是经济性状较低、繁殖技术滞后成为"卡脖子"问题，落后于近年来迅速发展的东南亚国家，一直存在经济性状较低、生长慢、个体小及过于依赖进口的问题。选育高值的糙海参新品系，改良不良性状，对南方海参产业高质量发展具有重要意义。基于中国南方海洋环境，广东海洋大学率先以突破的亲参驯化、育苗和养殖等核心技术及自主形成的南方海参养殖技术配套体系为基础，以优良的斯里兰卡秃参和当地灰秃参为对象，开展糙海参的种质资源基因鉴评及杂交选育，采用家系群体间纯繁、选择、杂种优势进行远缘杂交和新品系选育研究。确立了糙海参品系选育技术并选育出优良品系，实现了南方海参杂交的成体化创新，建立海参良种基地及配套系统，进行示范与推广。至 2022 年，申请发明专利 5 件，获授权发明专利 4 件，实用新型专利 2 件，发表论文 9 篇；获省级高新产品 3 项，市级 2 项，广东"粤字号"农业品牌 2 个。相关成果在粤、桂、琼等地广泛开展示范应用推广，推广面积达 1 000 多公顷，与农户签订合作协议 2 000

多公顷，直接经济效益 2.87 亿元，间接经济效益估算近 15.5 亿元。为南方沿海地区水产养殖增效增收提供新途径，并合理优化养殖结构、丰富物质生活资源、促进水产养殖经济技术发展。

【热带海参繁育研究】海参资源日渐枯竭，加强热带海参人工繁养技术研究势在必行。2021—2022年，省农业科学院动物科学研究所（水产研究所）黄文博士团队持续与广东金阳生物技术有限公司合作开展热带海参繁育研究。针对现有催产技术虽然可以获得足量的受精卵，但操作过程需要持续人工搅动水体，且人工搅动的频次和力度不易掌握，且需要较长时间的人工蹲守，劳动力成本增加，应用推广难度高等问题，改进海参催产技术。现研发的技术无须阴干等待，可直接将亲参转移至产卵桶，待亲参攀爬至顶部，放置气室持续充气，充气强度为水面气泡移动速度 15～25 厘米/秒。1～1.5 小时后即发现有产卵亲参，催产效率显著提高。单次催产约获 8 000 万受精卵，成果申请发明专利 1 件。

水产养殖技术

【水产动物高效健康养殖技术】2021—2022 年，省农业科学院动物科学研究所（水产研究所）针对产业发展面临的资源节约、环境污染及产品品质安全问题，开展了水产动物绿色健康养殖与应用示范研究。重点开展了系列生物活性物质养殖中应用效果和作用机理研究。研究发现，海鲈霉菌毒素 AFB1 显著抑制海鲈生长，并诱发肠炎。缩合单宁通过保护肠道完整性，缓解 AFB1 对海鲈的毒性作用。饲料中添加高剂量缩合单宁抑制了海鲈肌肉生长基

因表达，影响适口性、降低平均体重，增加肌纤维密度，降低肌肉系水力。丁酸钠通过上调抗氧化酶 SOD、CAT、GPx 基因表达和下调促炎因子 IL - 1、IL - 8、TNF - α，抑制 p53 - Bax 途径，改善肠道健康和提高抵抗氨氮胁迫能力。饲料添加 1 213.33 毫克/千克丁酸钠有效缓解黄颡鱼氨中毒的负面作用，2 000 毫克/千克丁酸钠显著提高鱼体脂质含量和肝胰腺脂蛋白脂肪酶 mRNA 的表达。饲料中添加 60%蚕豆不影响罗非鱼生长性能，但降低肌肉脂肪含量，增加肌肉硬度，Colla1 和 Colla2 基因可能是蚕豆介导罗非鱼肌肉脆化的关键调控基因。相关研究成果在 *Aquaculture*、*Aquaculture Reports* 期刊上发表论文 4 篇。

【对虾地膜高位池工程化养殖关键技术研究示范推广】针对中国对虾池塘养殖工程化程度低等产业问题，广东海洋大学相关项目组开展对虾地膜高位池工程化养殖技术研究。形成水产养殖用原水工程化处理技术，高效处理地膜池气泡、地膜池池底附着物的去除方法、智能化闸门式自动排污系统及方法、池水自循环系统和地膜养殖池排污和排虾壳装置等技术体系，开展了养殖水质生态调控机制和调控技术研究，创制了池塘半生物絮团水质调控技术，节约养殖用水 70%，有效地减少养殖尾水排放。研发对虾高位池养殖尾水治理技术，建立"地膜型三池两坝"和 Z 字形过滤通道的高位池尾水处理系统等，实现养殖尾水达标排放。上述关键技术广泛应用于中国 3 种主要养殖对虾：日本囊对虾、斑节对虾和凡纳滨对虾养殖，并辐射杂交鳢、篮子鱼、珍珠龙趸石斑鱼和大口黑鲈等名贵海、淡水鱼类养殖。

项目组发表论文 48 篇，授权国家发明专利 9 项，实用新型专利 10 项，该成果在广东、广西、海南、福建、浙江和山东等中国对虾主产区进行大规模示范推广，据不完全统计，仅广东、广西和海南三省（自治区、直辖市）2019—2021 年三年累计推广面积 2.6 万公顷，新增纯收益 123.1 亿元；总经济效益 272 亿元。项目组累计培训从业人员 22.8 万人次。

【淡水养殖鱼快速瘦身技术】2021—2022 年，省农业科学院蚕业与农产品加工研究所水产加工团队针对目前淡水养殖鱼品质低、口味差以及现有瘦身技术需要时间长等现状，提供一种 15～20 天即可达到瘦身效果的技术和以天然植物提取物为原料的瘦身产品。使用本技术和产品后，脂肪去除率可达 3%～7%，腥味清除率达 40%～50%。本技术申请发明专利 4 件，并在 2 000 千克规模的淡水养殖鱼瘦身池完成验证。

随着鱼类养殖面积的扩大，技术的不断进步，鱼类生长速度也越来越快，但鱼的食用味道较野生鱼逊色不少，其主要原因在于整个鱼养殖过程中，全程过量饲喂全营养饲料和促鱼类生长激素以及鱼药的滥用，鱼既不需要通过游动去寻食又不会感染鱼病而自然淘汰体质不好的鱼。养殖鱼品质差主要体现在鱼肉中游离氨基酸尤其是呈鲜味氨基酸少，蛋白质含量低，脂肪含量高，鱼腥味物质含量高以及毒性物质累积多等方面。因此养殖鱼上市前快速提高其食用品质具有较大的市场前景。

【多元化桑基鱼塘模式与生产技术】2021—2022 年，省农业科学院蚕业与农产品加工研究所根据桑基鱼塘生态循环原理，以科技

手段，不断挖掘蚕桑资源多种功能，通过种桑养蚕、种桑养人、种桑养鱼、种桑养地和蚕桑文化等多元化开发途径，研发出蚕桑水产饲料、蚕沙生物肥、全龄人工饲料养蚕、塘网结合设施养鱼等原创性技术和产品，构建出效益和生态兼顾的多元化现代桑基鱼塘生态农业技术体系和产业模式。"多元化桑基鱼塘模式与生产技术"入选2022年广东省农业主推技术。

【水产养殖尾水治理技术研究】2021—2022年，省农业科学院动物科学研究所（水产研究所）黄文博士团队依托省农业科学院创新工作平台，按照生态化和有机化的养殖尾水处理要求，针对现有水产养殖尾水处理技术适用性低、工艺流程复杂、尾水处理空间利用不足、综合成本过高等问题，率先创制研发出尾水高效治理设施—立体吸附桩，筛选到2株环境友好新型异养硝化—好氧反硝化脱氮菌。利用生物立体生态共生的原理净化、处理养殖尾水，研发的立体生态吸附桩定殖脱氮菌、净化植物后具有较强的水产养殖尾水净化功能，可直接应用于处理水产养殖尾水，可以在尾水处理示范区进行技术推广与应用。团队申请12件发明专利和3件实用新型专利，获得授权发明专利6件，实用新型专利2件，在 *Bioresource Technology* 等期刊上发表论文3篇。"立体生态吸附桩水产养殖尾水处理技术"通过第三方成果评价并完成成果登记。在珠海白蕉镇、平沙镇等地开展应用，推广面积133公顷。

【淡水池塘环境生态工程调控与尾水减排关键技术】2021—2022年，华南理工大学程香菊教授团队与珠江水产科学研究院、广州

观星农业科技有限公司等单位合作，针对集约化养殖密度大的特点，以脱氮、降磷和去除抗生素为关键抓手，利用多级串联混合湿地系统、高水力负荷运行调控、混合曝气、高效增氧、底质调控、好氧反硝化菌生物强化、零价铁/缓释碳源复合固定化载体和智慧管控等关键技术，解决养殖尾水处理系统尾水无序排放、资源过度利用、高强度开发、生物膜挂膜难挂膜慢、系统脱氮除磷除抗生素效率低、尾水处理效率低、尾水水质演变恶化及水生态破坏等问题，达到了让养殖尾水处理系统运维成本降低、集约化处理、功能微生物富集、脱氮除磷及除抗生素效率增加的效果，项目核心成果在广州、中山、佛山、肇庆、惠州等市、县应用。

饲料开发技术

【水产动物精准营养需求数据库完善】2021—2022年，省农业科学院动物科学研究所（水产研究所）继续开展黄颡鱼、大口黑鲈、杂交鳢、禾花鲤等对维生素、氨基酸、蛋白质、脂肪、碳水化合物等营养需求量的研究，进一步丰富、完善黄颡鱼、海鲈营养需求量数据库。以杂交鳢特定生长率、增重率、蛋白质沉积率指标为判定依据，通过折线模型进行综合分析表明，就这三个方面而言杂交鳢幼鱼饲料精氨酸适宜水平分别为 2.91%、2.95%、2.98%。以黄颡鱼增重率、饲料效率、蛋白质利用效率、蛋白酶和超氧化物歧化酶指标为判定依据，通过折线模型分析表明，黄颡鱼饲料维生素 B_6 适宜水平为 6.70～7.42毫克/千克。饲料中补充精氨酸能够通过提高肠道消化酶活性改善杂交鳢生长性能，而添加 N-氨甲酰谷氨酸（NCG）可能通过促进

抗氧化能力提高杂交鳢成活率。首次获得禾花鲤的主要营养需求参数，这些研究结果为水产动物精准饲料配方的配制夯实基础。相关研究成果在 *Aquaculture*、*Aquaculture reports*、*Aquaculture nutrition* 等期刊上发表论文6篇。

【脆肉罗非鱼饲料研制及健康养殖技术】2021—2022年，省农业科学院动物科学研究所（水产研究所）围绕脆肉罗非鱼饲料配制及生产技术、营养调控技术、肉品质调控技术、快速脆化及检测技术、配套健康养殖技术，开展了一系列科学研究和示范推广工作，拥有专利、论文、标准等一系列原创科研成果。厘清了脆化关键营养素水平及营养调控技术，开发了脆化饲料功能包及快速脆化配合饲料，阐明蚕豆基于 colla 基因调控肌肉脆化的分子机理，研发了快速脆化的活性成分（蚕豆替代物），克服了脆度快速检测、脆化环境控制的技术障碍，确定了适宜脆化的罗非鱼品种，上述技术解决了罗非鱼脆化效果不稳定及肌肉脆而不鲜的问题。截至2022年12月，团队承担各级科研项目15个，发表论文6篇，获授权发明专利6件，起草完成国内首个团体标准《罗非鱼脆化饲料生产技术规程》，研制的脆肉罗非鱼专用饲料首次在茂名实现工厂化批量生产，并在茂名、阳江、中山、佛山、广州等地推广脆肉罗非鱼饲料超过2 000吨，应用养殖面积133公顷，新增收益大于5 000万元。

【桑资源功能性水产饲料创制】桑叶具有丰富的活性物质黄酮、生物碱和多糖等，其提取物在水产功能饲料中的应用，对鱼有护肝、降血糖、抗病毒等方面的作用。2021年以来，省农业科学院蚕业

与农产品加工研究所廖森泰研究员团队，以桑枝叶为核心原料，对活性物质黄酮、生物碱和多糖的提取、富集和纯化工艺进行优化提升，建立了规模化生产制备的关键技术，开发出桑枝叶提取物饲料添加剂，已在草鱼、鳜鱼和加州鲈健康养殖中应用推广，生产实践应用表明本技术具有改善生长性能、降血糖、保肝护胆、抗病毒、提高免疫力等明显效果。2022年，该技术在佛山市南海区杰大饲料有限公司转化，已建成桑提取物生产线，应用于水产功能性饲料生产。

水产品加工技术

【水产品保活关键技术研究与应用】 2021—2022年，广东海洋大学以牡蛎、波纹巴非蛤和文蛤等滩涂贝类、石斑鱼和凡纳滨对虾等南海大宗水产为原料，研究了活体水产在多种环境胁迫因子交互作用条件下的生理变化规律、代谢特性变化规律和品质劣变规律，开发了基于生态冰温保活理论的人工休眠调控技术及基于生态冰温保活的水产品协同保活运输与品质调控技术。研究成果在 *Food Control* 等期刊上发表论文6篇，获得授权专利2项，参与制定国标1项——《海水产品运输技术规范》（GB/T 36192—2018）。成果技术在广东湛江谊林水产有限公司、广西钦州深海富蚝海产科技有限公司等进行产业化示范，取得良好的经济效益。

【水产品加工新技术研究与应用】 2021—2022年，广东海洋大学采用响应面法优化真空油炸条件参数，研究油炸过程中吸油与散水的规律，分析真空油炸与普通油炸虾风味特征与香气成分，考察其贮藏过程中的品质变化。研发

的脆虾技术在湛江佰大生物科技有限公司和湛江虹宝水产有限公司进行了产业化示范，研发出原味、海苔味、麻辣味、芥末味、香辣味等5种产品，并进行工业化生产，产品销及全国各省（自治区、直辖市）。

【海洋生物活性肽制备技术研究与应用】 2021—2022年，广东海洋大学以南扁舵鲣鱼、远东拟沙丁鱼、南极磷虾、牡蛎、马氏珠母贝软体部位等为原料，研究基于深度酶解与多级膜耦联分离的ACE抑制肽、免疫增强肽、护肝肽、抗疲劳肽和降尿酸肽等多肽制备技术。ACE抑制肽、免疫增强肽和降尿酸肽制备技术在肇庆兴亿海洋生物工程有限公司进行了产业化应用，研发与生产出立解通、肌肤完美、西楚霸王、金硒肽、金枪鱼多肽等5款产品，其中金枪鱼多肽产品获批国家高新技术产品，制定了产品企业标准。护肝肽和抗疲劳肽生产技术在当代海洋生物科技（深圳）有限公司进行产业化应用。

【鲟鱼关键活性成分的高效提取方法】 针对目前中国鲟鱼养殖规模不断扩大，而鲟鱼衍生产品较为单一的现状，为改善鲟鱼衍生品种类单一、品质不高、核心竞争力不足的问题，华南理工大学娄文勇教授团队于2021年开展关于鲟鱼关键活性成分的高效提取方法和工艺的研究，探究了鲟鱼鱼肉、鱼卵中的关键活性成分提取工艺。一方面着手于鱼肉中蛋白的提取及降血糖活性肽的制备，至2022年，成功探索到鱼肉蛋白提取的工艺，"碱提酸沉"并加热、超声辅助，提取率达80%；另一方面着力于鲟鱼中可商品化鱼油的生产，成功探索到相应的鱼油提取精炼的相关酶解法和化

学法工艺参数，同时成功富集到可商品化的高含量 omega-3 脂肪酸鱼油，为扩大鲟鱼产业化规模奠定基础。

【鱿鱼加工副产物加工】 华南理工大学食品科学与工程学院张学武教授团队以鱿鱼加工副产物为原料，2021—2022年分别开展酶解法和微生物发酵法制备降血压水解肽的研究。结果发现，鱿鱼加工副产物的中性蛋白酶水解产物和纳豆芽孢杆菌发酵液对高血压2种关键酶［血管紧张素转换酶（ACE）和肾素］都具有良好的抑制活性，半抑制浓度（IC50）分别为（1.34±0.12）毫克/毫升、（1.47±0.06）毫克/毫升和（1.01±0.08）毫克/毫升、（1.15±0.09）毫克/毫升，表明鱿鱼加工副产物是潜在的 ACE 和肾素抑制化合物来源。

鱿鱼加工副产物约占体重的20%，处理不当会造成环境污染和资源浪费。现阶段中国在鱿鱼加工副产物的利用方面还处于较低的水平。需要开发高附加值的高科技海洋保健产品，把副产物的综合利用与社会和人类的需求联系起来，既充分利用海洋资源，又变废为宝，保护环境，有益于人类健康。

【广东大宗养殖鱼类加工】 华南理工大学崔春教授团队研发大宗养殖鱼类加工技术，2021—2022年主要针对广东大宗优势养殖鱼类开展低温调理食品加工关键技术、冷冻鱼糜及其制品标准化加工技术、大宗养殖水产品加工下脚料高值化加工技术、产品开发与应用示范方面的研究，有助于提升全省大宗养殖水产品高值化加工技术发展，提高保鲜、加工、副产物综合利用技术水平，显著延长产业链，提高附加值与经济效益，为全省大宗养殖水产品高值

化加工发展、促进渔业一二三产业融合与高质量发展具有显著的促进作用。

2021年广东省水产口进出口贸易金额占全年全国水产品进出口总额15.62%，位居全国第三位，其中大宗养殖鱼类，如罗非鱼、金鲳鱼和鲈鱼等高值化加工产品出口量、出口额均居于全国前列。这得益于广东省大宗水产品养殖和加工优势，多年来广东省大宗养殖水产品高值化加工发展均处于国内领先地位。

【鱼生安全加工技术】2021—2022年，省农业科学院蚕业与农产品加工研究所水产加工团队创制了超低温冷冻结合保护液涂膜法（简称超冻膜法）。首先研发绿色天然的鱼肉涂膜保护剂，再将新鲜草鱼经过专业处理后，切成雪白的鱼柳，在冷冻前将保护液给鱼柳涂膜，再通过－80摄氏度的超低温设备使鱼柳迅速冰冻。冷冻过程中，降温速率控制在一定范围内，但也不能太慢，目的是使囊蚴中的水分形成冰晶。储藏一定时间（48小时）后，使绝大部分囊蚴的结构遭到不可逆的损伤，致使囊蚴丧失活性。而鱼肉则因为涂膜保护，在此过程中受影响较小。此外，还研发食用鱼生专用的酱油调味品配料，更可增强灭杀囊蚴的效果，达到既能灭杀鱼生中的囊蚴又能增加鱼肉风味的目的。通过这种方法不仅可以最大限度地保留鱼生肉质的爽脆，而且还能增添鱼生的风味。另外，为了使顺德鱼生走出顺德，将鱼生制作成中央厨房预制菜品是必不可少的途径。水产加工团队除了在鱼生的加工操作、冰冻灭杀寄生虫等环节开展研究外，还在鱼肉在贮运过程中的保鲜保质和对鱼肉的新鲜度进行快速、客观评价方面取得进展，制作鱼

生的鱼肉一定要新鲜，而将来开发鱼生中央厨房预制配餐产品，很难做到宰杀处理立即配送。因此，水产加工团队通过温度控制和气调包装等技术确保鱼肉的"锁鲜"，使鱼柳在数小时内保持新鲜度，从而满足消费者希望客观评价鱼肉新鲜度的要求。目前本技术已在广东德云居餐饮有限公司等企业应用示范，受到消费者的一致认可。

【水产品加工超高压技术】2021—2022年，省农业科学院蚕业与农产品加工研究所水产加工团队通过非热加工的超高压处理技术，实现可在常温和低温条件下进行水产品加工，避免热处理对食物所带来的剧烈变化，能够极大保持甚至提高食物本身的口感、质地和风味。开展了超高压处理南美白对虾、鲍鱼以及牡蛎等水产品微生物、质构等品质以及脱壳的研究。使其携带的细菌等微生物下降几个数量级，显著延长水产品的货架期，提高水产品的安全性。另外，超高压技术可使贝类更容易脱壳，方便后续的加工。在300兆帕保压1分钟，南美白对虾脱壳效率提高了65.46%，而超高压处理得到的虾肉硬度有所增加、耐咀性变大、而弹性变化不明显。超高压处理组的菌落总数由1.0×10^3菌落形成单位/克减少至30～50菌落形成单位/克；250～350兆帕时能有效实现牡蛎脱壳，但保压时间过长会导致牡蛎壳破碎和得肉率下降，压力300兆帕、保压时间1分钟时脱壳效果最好。250兆帕，保压2分钟杀菌效果最好，相比手工脱壳菌落总数减少了52.26%；200～300兆帕条件下超高压处理1～3分钟，鲍鱼脱壳率可达到100%，超高压处理组的菌落总数由2.5×10^3菌落形成单位/克减少至280～

360菌落形成单位/克。超高压处理可明显改善鲍鱼的持水性，且不会对鲍鱼的新鲜度造成负面影响；超高压脱壳后鲍鱼的亮度L^*值显著增大（$p < 0.05$），a^*值变化不显著（$p > 0.05$），而b^*值显著降低（$p < 0.05$），ΔE值变化较大；随着处理压强和保压时间的增长，鲍鱼的硬度增加，弹性降低。超高压技术可实现南美白对虾、鲍鱼以及牡蛎脱壳，延长货架期，提高水产品的安全性。

【冷链物流容器中杀菌除味关键技术】2021—2022年，省农业科学院蚕业与农产品加工研究所水产加工团队针对目前冷链物流容器（冷库、冷藏车和冰柜）中气体循环不畅、微生物种类多、来源复杂、潜在致病菌危害性强等潜在的食品安全危害和冷链物流容器中异味物质组成复杂、异味容易产生累积效应、产品之间易串味等冷链物流行业中存在的共性问题。开发气体强制内循环装备，使筛选优化的杀菌除味技术在低温冷库正常运行状态下使用，解决行业中存在的由微生物引起的潜在食品安全风险和产品串味造成品质下降等问题。本技术申请发明专利2件，在500米^{3}的冷库（0～4℃和－20℃）进行验证，每次杀菌除味后可降低微生物对数值3～4、清除异味总量30%～40%。

【周年生产低盐高水分淡水鱼鱼干关键技术】2021—2022年，广东省农业科学院蚕业与农产品加工研究所水产加工团队针对低盐高水分淡水鱼干干燥过程中发生腐烂变质时的温度阈值，采用臭氧控制原料和环境中的微生物，辅助建立冷加工车间，应用特制的低温干燥设备，实现周年、规模化生产低盐高水分淡水鱼鱼干，填补国内淡水鱼鱼干生产的空白。

本技术申请发明专利 2 件，制造 500 千克/次的低温干燥设备 1 台，建立鱼干生产厂 1 个。

水产品质量安全技术

【水产品质量保鲜提升关键技术研发与应用】 广东恒兴集团有限公司和广东海洋大学联合承担，2019 年 11 月至 2021 年 11 月实施，湛江市科学技术局于 2022 年 3 月进行成果评价。

项目针对水产品保鲜质量的关键技术研究，开展利用生物保鲜提升水产品质量的关键技术研究与产业化示范。广东海洋大学利用生物保鲜剂与其协同剂对致病菌的协同抑菌机制研究。在生物保鲜剂与其协同剂联合及其各自独立作用下，对细胞超微结构、细胞膜通透性、蛋白质合成及代谢活力等方面进行比较，探明生物保鲜剂与其协同剂对水产品典型食源性致病菌的协同抑菌机制。建立生物保鲜剂与其协同剂对食源性致病菌的控制模式。在不同内、外在因素的条件下，对生物保鲜剂与其协同剂联合控制代表性水产品食源性致病菌存活的进行定量研究，通过数据处理软件建立脂生物保鲜剂与其协同剂与菌株存活之间的关系，从而建立生物保鲜剂与其协同剂对水产品典型食源性致病菌的控制模型。集成技术应用后不仅显著减低对虾冷藏期间的黑变程度，而且改善其他感官和理化指标。同时，该技术也控制了生产过程中抗生素滥用和冷藏过程含硫保鲜剂的使用问题，确保了食品安全。

该项目采用生物保鲜的方法可对水产品中食源性致病菌进行很好地防控，有利于解决由食源性致病菌所带来的水产品食品安全问题。

【有害物质在水产品中的残留标志物的定量检测方法研究】 广东海洋大学针对水产品质量与安全方面的多个重大问题，2021—2022 年研发了部分水产食源病原菌及毒素和结合态真菌毒素的免疫磁珠检测试剂盒，建立痕量 T-2 毒素、麻痹贝素和麻醉剂等非法添加物等有害物质在水产品中的残留标志物的定量检测方法，建立隐蔽态 T-2 毒素的共性表征免疫学检测技术；建立水产品中 T-2/HT-2 痕量检测技术的省级地方标准。通过全基因组测序、比较基因组学和全基因转录组学对脂肽菌株关键合成代谢调控基因进行挖掘，完成菌株基因高产改造及发酵生产调控关键技术；建立微生物发酵、内源酶激活和电子束辐照的大宗水产品中常见真菌毒素控制及消除的关键技术。

【水产品质量安全监控技术研究与应用】 2021—2022 年，广东海洋大学针对制约南方水产加工产业发展的质量安全关键问题，在广东省农业产业技术体系（水产品质量与安全岗位）和国家自然科学基金项目的支持下，开展水产品中危害因子的分析和检测、危害因子的产生和代谢机制，以及危害因子控制关键技术研究，为南海区水产品加工企业、市场监管、水产品进出口监督和检测机构提供了技术、智库和人才支撑。揭示共存体系下腐败希瓦氏菌（SP）对致病性副溶血弧菌（VP）溶血素 TDH/生物被膜形成的作用效应；阐明了腐败希瓦氏菌对致病性副溶血弧菌毒力增强的作用机制。揭示 T-2 毒素及其隐蔽态蓄积对虾和鱼 DNA 的损伤机制。建立了水产品中农药残留（氯霉素、甲砜霉素、氟甲砜霉素）、麻醉剂（丁香酚、甲基丁香酚、异丁香酚、乙酰基异丁香酚、甲基异丁香酚和乙酸丁香酚酯等）、T-2/HT-2 毒素等危害因子的高效痕量检测技术，并发布省级地方标准。为政府和企业举办 3 次食品安全培训，培训从业人员 700 余人。为国家进出口监管部门制定《进出口冷冻对虾白斑病毒无害化处理技术规范》；协助政府监管部门解决北部湾地区金鲳鱼加工品中寄生虫、疫情期间水产品冷链传播新冠病毒等多个重要食品安全舆情和监管咨询。

渔业标准

【国际标准《冷冻鱼糜》】 中国水产科学研究院南海水产研究所参与制定中国首项水产领域国际标准 ISO 23855《冷冻鱼糜》。

2021 年，国际标准 ISO 23855：2021《冷冻鱼糜》（Frozen surimi - Specification）由 ISO 正式发布，这是中国主持完成的第一项水产领域的国际标准。该标准规定了"冷冻鱼糜"的术语和定义、产品等级划分、产品品质要求、关键指标的检测方法，以及产品包装、标识、储藏和运输等要求，建立冷冻鱼糜产品质量评价体系。中国水产科学研究院南海水产研究所杨贤庆研究员作为该项标准的起草专家参与该标准制定工作。

该国际标准是中国基于国家标准《冷冻鱼糜》（GB 36187—2018），组织 8 个国家 26 位专家历时 3 年多研制完成，是中国水产领域推动中国标准"走出去"的具体体现，实现中国主导制定水产领域国际标准"零的突破"，使中国水产标准化工作完成由采标、参与制定到牵头制定国际标准的跨越，提高中国在水产领域国际标准化舞台上的话语权和影响力，推动中国优势水产品"走出去"，增强中国水产品在国际市场的竞争力。

【观赏鱼标准化】中国水产科学研究院珠江水产研究所是观赏鱼分技术委员会的挂靠单位，致力于观赏鱼标准化体系规划、标准化技术普及和行业标准的制修订，自2012年首批观赏鱼行业标准颁布以来，现归口观赏鱼分技术委员会的观赏鱼国家和行业标准已有24项，其中包含金鱼分级、锦鲤分级、观赏鱼养殖场条件、人工钓饵、热带观赏鱼命名规则和观赏渔业通用名词等一系列观赏鱼相关国家和行业标准，促使中国观赏鱼行业标准体系的建立和不断完善，带动观赏鱼养殖产业和流通贸易的健康可持续发展。

主要由珠江水产研究所编制起草的《金鱼分级虎头类》（SC/T 5713—2022）、《金鱼分级望天眼》（SC/T 5712—2021）、《金鱼命名技术规则》（SC/T 5053—2021）和《观赏性水生动物养殖场条件 海洋甲壳动物》（SC/T 5109—2022）4项观赏鱼行业标准分别于2021年和2022年获准实施，这为中国观赏鱼产业全面、均衡和可持续发展提供标准支撑，全面提高观赏鱼产业生态效益和经济效益。

《金鱼分级 虎头类》（SC/T 5713—2022）和《金鱼分级望天眼》（SC/T 5712—2021）规定金鱼中望天眼和虎头类品种的术语和定义，规定了外观特征、分级指标等技术要求，描述相应的检测方法，给出等级判定的规则，解决了金鱼相关品种分级标准的不统一对贸易流通造成的困扰。《金鱼命名技术规则》（SC/T 5053—2021）给出金鱼品种命名的规范性引用文件、术语和定义，确立金鱼品种命名规则，适用于金鱼品种的命名，规范在行业内金鱼品种名称繁多而不统一的状

况。《观赏性水生动物养殖场条件 海洋甲壳动物》（SC/T 5109—2022）规定观赏性甲壳动物养殖场的场址选择、场区布局、配套设施设备、隔离区、尾水处理及水质监测和监测的要求，适用于观赏性海洋甲壳动物养殖场设计、建设和管理，提高了海洋甲壳动物设备、设施水平和生产效率，减少海洋甲壳动物生产过程的能量和水资源消耗，减少排污。

【观赏鱼养殖技术规范 唐鱼】《观赏鱼养殖技术规范唐鱼》（DB44/T 2386—2022）是珠江水产研究所观赏渔业研究室制定的广东省地方标准，由广东省市场监督管理局批准发布，于2022年11月15日实施。

唐鱼（*Tanichthys albonubes*），又名白云山鱼、白云金丝，是中国鱼类学家林书颜等在广州白云山发现并命名。唐鱼外形漂亮，沿体侧中部有1条金黄色或银蓝色纵行条斑。因其独特的观赏价值，被传至世界各地。广东作为中国观赏鱼中心，既是中国最大的观赏鱼集散地，又是国内最大的观赏鱼产地。鉴于唐鱼在广东的"绝迹"和"再发现"，《观赏鱼养殖技术规范 唐鱼》的制定和实施，让相关从业人员掌握其养殖繁育过程中的关键技术，提高唐鱼养殖产量和成活率，对该物种的保护和开发均有重要意义。

【黑鲷鱼苗培育技术标准】2022年9月17日，广东省老科学技术工作者协会组织专家在阳西县金源海洋生物科研有限公司对"黑鲷鱼苗培育技术的企业及行业标准制定"项目进行现场验收。来自中国科学院南海海洋研究所、广东水产学会、广东海洋协会的专家参加验收会。与会专家听取项目负责人姚国成教授级高工的

汇报，查看鱼苗培育现场，审阅有关技术资料，认为该项目提交的验收材料齐全，资料翔实，符合验收要求；项目完成黑鲷鱼苗培育技术的企业及行业标准制定，对提高黑鲷鱼苗培育技术水平和开展标准化生产都具有指导意义。经综合评审，专家组认为该项目完成了任务书规定的各项考核指标，同意通过验收。

该项目是省老科学技术工作者协会下达给阳西县老科学技术工作者协会实施的，由原广东省水产技术推广总站、华南农业大学海洋学院、中国水产科学研究院南海水产研究所、广州市渔业环境监测中心、阳西县科技局和阳西县3家黑鲷鱼苗培育企业等9个单位的专家组成项目组，在阳西县金源海洋生物科研有限公司实施。项目组成员克服新冠疫情影响等困难，于2022年元旦前起草出《黑鲷鱼苗培育技术规范》企业标准初稿，立即征求项目组其他成员的修改意见和建议；元旦放假后就到阳西县项目实施单位，现场研究修正《黑鲷鱼苗培育技术规范》企业标准，于2月底形成送审稿，邀请广东海洋大学陈刚教授等专家评审通过。在此基础上，于3月25日拟出《黑鲷鱼苗培育技术规范》团体标准初稿，阳江市海水种业创新发展协会向会员发出征求意见通知，并向阳江市市场监督管理局、科技局、农业农村局和阳江市水产学会等有关单位征求意见。按照收集到的意见、建议，再次修改补充，形成《黑鲷鱼苗培育技术规范》团体标准送审稿。省老科学技术工作者协会5月6日发出召开《黑鲷鱼苗培育技术规范》团体标准专家评审会通知，5月18日发出《黑鲷鱼苗培育技术规范》团体标准专家评审意见的函，专家评审通过。阳江市海水种业

创新发展协会于 5 月 29 日将《黑鲷鱼苗培育技术规范》团体标准进行发布。

【华南农业大学海洋学院制定的行业标准】2021—2022 年海洋学院参与制定中华人民共和国水产行业标准 4 项：《陆基推水集装箱式水产养殖技术规程——罗非鱼》(SC/T 1164—2022)、《陆基推水集装箱式水产养殖技术规程——草鱼》(SC/T 1165—2022)、《陆基推水集装箱式水产养殖技术规程——大口黑鲈》(SC/T 1166—2022)、《陆基推水集装箱式水产养殖技术规程——乌鳢》(SC/T 1167—2022)。

【广东水产学会组织制定团体标准】广东水产学会根据《团体标准管理规定》(国标委联〔2019〕1 号)相关要求，结合工作实际，研究制定出《广东水产学会团体标准管理办法（试行）》，于 2021 年 9 月 24 日印发。2022 年对科研单位、高等院校制定团体标准的提案申请，组织专家开展《脆肉罗非鱼》《脆肉罗非鱼养殖技术规范》《脆肉罗非鱼鱼片加工技术规范》《南海岛礁海域大型藻类资源养护技术规范》《南海岛礁海域大型藻类生态增殖技术规范》《南海岛礁海域海参资源养护技术规范》《南海岛礁海域海参生态增殖技术规范》《南海岛礁海域贝类资源养护技术规范》《南海岛礁海域贝类生态增殖技术规范》《南海岛礁海域石斑鱼资源养护技术规范》《南海岛礁海域石斑鱼生态增殖技术规范》共 11 项团体标准材料的技术审查、征求意见、评审、论证、公示和发布实施。

【广东省海鲈协会修订地方标准】2021 年 8—9 月，广东省海鲈协会与珠海市农业农村局、珠海市市场监督管理局等共同修订地方标准《水产养殖池塘改造标准化建设规范》，规定水产养殖的产地要求、进水要求、池塘基础建设、配套设施建设及改造技术要求。该标准适用于珠海市渔业养殖生产中池塘建设。

五、科技奖励

综述

【概况】广东拥有发展渔业经济的区位、资源、产业和科技优势，把科技创新作为推进渔业开发和保护的战略性工作来抓，创新体制机制，形成一批具有自主知识产权的渔业科技创新成果。2021—2022 年，广东省渔业行业获得广东省科学技术奖 2 项，同时获得全国农牧渔业丰收奖、全国农牧渔业丰收奖农业技术推广合作奖等全国性科技奖励。2021 年获广东省农业技术推广奖 17 项。

【大口黑鲈"优鲈"系列新品种及配套技术推广应用】2022 年 10 月获得 2019—2021 年度全国农牧渔业丰收奖一等奖，由中国水产科学研究院珠江水产研究所牵头，联合广东梁氏水产种业有限公司、苏州市水产技术推广站、南京帅丰饲料有限公司等多家科研院所、推广机构及企业共同完成，为中国大口黑鲈产业飞速发展提供了强有力支撑。该成果培育了生长速度快的"优鲈 1 号"和易驯食配合饲料的"优鲈 3 号"新品种，建立良种规模化扩繁技术、早繁技术、反季节繁殖技术以及高效育苗技术体系，创建绿色高效的大口黑鲈精养模式、鲈蟹混养模式和池塘内循环流水养殖模式，颁布了系列养殖技术规范。成果实施以来，已在全国各主产区建立 12 个规模化繁育基地，年生产

销售优质鱼苗 60 多亿尾。"优鲈"系列新品种连续 10 年相继被列为农业农村部和各省（自治区、直辖市）主推品种，并在全国 16 个省进行了广泛推广，累计推广面积达 3.77 公顷，总经济效益 103.08 亿元，新增纯收益 18.51 亿元，良种覆盖率达 80％，累计培训人员 20 000 余人次。获授权专利 26 件，发表论文 108 篇，出版著作 6 部，制定标准 9 项，极大地推动了大口黑鲈养殖产业从育种到消费终端的全链条发展。

【养殖海域大型海藻栽培生态过程和机理与资源利用】2021 年获教育部高等学校科学研究优秀成果二等奖（排名第一）。

广东海洋大学围绕水产和海洋资源环境领域可持续发展的重大科学问题和关键技术，经过近 20 年基础研究和技术研发，在大型海藻生态过程与机理、资源利用技术研发、龙须菜产业链构建与产品研发等方面取得系列成果，为中国龙须菜栽培业实现从无到有的跨越式发展作出原创性贡献。主编了《海水养殖绿色生产与管理》和《近海环境生态修复与大型海藻资源利用》专著 2 部。推广了扩大大型海藻龙须菜的栽培面积，研发大型海藻绿色饲料、琼胶、医用冷敷敷料和医用冷敷贴等产品。成果具有显著的经济效益、环境效益和社会效益。

全国海洋科学技术奖

【对虾绿色加工关键技术与智能生产线建设及产业化应用】2021 年获海洋科学技术一等奖。对虾是世界各国消费的主要水产品。中国是对虾主要生产国，对虾产量占世界对虾总量 35％。广东海洋大学瞄准对虾绿色与高效双重目标，按照"机制明晰化—技术系

列化—产品高值化—生产智能化"理念，重点对对虾鲜活流通与绿色加工关键技术进行系统研究，取得如下创新：提出凡纳滨对虾肌肉软化控制与无水保活技术，揭示了凡纳滨对虾肌肉软化形成机制。首次研发出采用大豆胰蛋白酶抑制剂浸泡凡纳滨对虾控制其肌肉软化的技术，0℃条件下对虾贮藏期延长4天；攻克采用低温联合 CO_2 胁迫进行凡纳滨对虾无水保活技术，保活率提高15%以上；阐明无水保活条件下免疫指标、呼吸代谢关键酶与功能蛋白的变化规律，揭示了凡纳滨对虾头部类胰蛋白酶向肌肉定向迁移，导致肌肉软化的形成机制。创新对虾裹涂食品与休闲食品加工技术，创制虾肉糜非热诱导凝胶化技术。采用大豆分离蛋白、罗望子胶、芒果粉、紫薯粉等部分替代小麦粉构建功能性裹浆体系，联合真空油炸使对虾裹涂产品吸油率与丙烯酰胺含量降低35%以上，冻藏货架期延长3个月以上，色泽均一。该技术在3家国家重点农业龙头企业进行应用，产品实现出口，打破国际对虾裹涂产品市场长期被泰国、日本垄断的局面。揭示对虾加热红变的实质与变化规律；开发高密度二氧化碳和真空油炸进行对虾快速脱水技术，创制系列化休闲食品，实现对虾常温流通与全利用。阐明热风干制凡纳滨对虾的关键香气成分为18种，首次发现虾干关键香气主要形成部位为虾表皮，筛选出3-乙基-2，5-二甲基吡嗪、2，5-二甲基吡嗪、三甲胺与3-（甲硫基）丙醛4种关键香气成分作为虾干品质的特异性评价指标，确定其含量标准分别为100～800毫克/千克、150～450毫克/千克、≤600毫克/千克、20～250毫克/千克，为虾类干制品标准的修订提供了技术支撑。

创建对虾智能生产线，并进行了产业化应用。获授权专利21件，发表学术论文101篇；培养博士3人，硕士38人；出版著作2部，参编著作1部；制定农业行业标准1项，参加制定国家水产行业标准2项。2019—2021年累计新增产值91.68亿元，新增利税5.33亿元。

【海洋经济贝类生态冰温保活流通与高值化加工关键技术及应用】2022年获海洋科学技术一等奖。中国是贝类生产大国，年产海洋贝类达1500万吨以上，其中牡蛎、蛤类、扇贝、鲍鱼等经济贝类占其中的80%以上。目前贝类加工产业整体存在贝类捕捞离水后易死亡、保活流通成活率低、预处理和保活装备少，加工效率低、加工品种单一、高值化产品少等亟待解决的难题。广东海洋大学针对这些技术瓶颈，该项目以牡蛎、蛤类等主要海洋经济贝类为研究对象，开展贝类保活流通与高值化加工关键技术研究攻关与推广应用，取得系列创新成果：研发了基于"海水循环利用-杀菌-生态冰温"的贝类净化-保活流通技术，创制贝类无损清洗分级装置以及多功能贝类保活运输车，最大程度保持活贝的品质。解决活贝流通产品存在的安全隐患、成活率低、营养品质下降、机械化程度低等行业难题；集成贝类特征风味指纹标识、酶法转化、风味改良等食品加工技术，研发贝类系列高值化加工产品，并进行技术应用。提高贝类加工技术水平和市场竞争力；创新了牡蛎脱脂、脱腥和活性短肽富集酶解的关键技术，攻克牡蛎活性肽产品腥味重、目标活性短肽占比低的行业技术难题；系统筛选贝类功能活性，深度挖掘牡蛎、马氏珠母贝等贝类抗酒精性肝损

伤、抗疲劳、抗皮肤光老化等功能活性，揭示贝类关键功效成分的构效关系及作用机制，并实现相关产品的产业化。该成果在13家企业进行了产业化应用，其中2家国家高新技术企业。该成果技术推广应用后贝类高附加值产品比例提高25%，实现无渣排放，直接安排就业岗位1000个，带动产业链上下游间接创造就业岗位1.5万个，取得显著的经济效益、生态效益和社会效益。

【金钱鱼繁殖生物学及高效养殖技术研究与应用】2022年获海洋科学技术二等奖。广东海洋大学开展了金钱鱼"种质资源评估-生殖生长调控-人工繁育养殖"研究，建立了金钱鱼高效绿色养殖技术，并进行推广应用。围绕种质资源遗传评估，采集中国沿海9个代表性金钱鱼地理群体样本，评估群体的遗传多样性、遗传结构参数；以 GnRH 为主调控通路，ERs 介导的雌激素信号反馈通路，构建金钱鱼生殖内分泌基本调控网络。围绕生长内分泌调控，克隆鉴定了 GH、Ghrh、Ghrhr、Pnx、SST、igfs 等生长调控关键基因并研究其生物学功能。以 GH/IGF 轴为基础阐明金钱鱼雌雄性别生长二态性的机理。围绕性别决定机制研究，克隆 Dmrt1、Cyp19al、Fox12、Gsdf、Sfl 等性别决定与分化相关基因，首次构建金钱鱼高密度遗传图谱，证明金钱鱼具有 XX-XY 性别决定系统，并在性别决定候选区域开发两个位于 Dmrt3 和 Dmrt1 上的性别特异分子标记，建立金钱鱼遗传性别鉴定技术。围绕人工繁殖技术，建立高效的亲鱼培育和促熟技术，使卵巢发育Ⅳ期的雌性亲鱼比例达到88%；发明金钱鱼催产用激素试剂盒及"三针法"人工催产法，催产成功率达到75%

以上，批次受精率达到 79.3%，孵化率达到 95.8%；构建高效苗种培育技术体系，育苗成活率达到 18.0%。围绕高效绿色养殖技术，建立金钱鱼鱼苗梯级淡化技术，鱼苗平均成活率超过 90%；建立金钱鱼多元生态混养模式。混养改善水质、可稳定浮游动植物种群结构，控制浮游动物的过度繁殖，虾的单位产量提高 28.5%。在 2017 年 1 月至 2019 年 12 月，该成果的推广应用总产值为 41.80 亿元，总利润为 16.80 亿元，其中新增产值为 10.25 亿元，新增利润 4.91 亿元。

广东省科学技术奖

【概况】广东省高度重视科技奖励工作，2015 年颁布《广东省科学技术奖励专项资金管理办法》，将科技奖（除突出贡献奖和特等奖之外）的奖金分别提高 2～4 倍，加大对科技人员的激励力度。2016—2020 年，广东省渔业行业获得广东省科学技术奖 13 项，其中：一等奖 1 项，二等奖 9 项，三等奖 3 项。2022 年 3 月 31 日发出《广东省人民政府关于颁发 2021 年度广东省科学技术奖的通报》：根据 2021 年度广东省科学技术奖评审有关规定，经省科学技术奖评审委员会综合评审、省科技厅审核，省人民政府批准授予 8 项成果自然科学奖一等奖，授予 14 项成果自然科学奖二等奖；授予 5 项成果技术发明奖一等奖，授予 7 项成果技术发明奖二等奖；授予 3 项成果科技进步奖特等奖，授予 35 项成果科技进步奖一等奖，授予 104 项成果科技进步奖二等奖；授予 4 名专家科技合作奖。其中渔业有 2 项成果科技进步奖二等奖（详见表 7-1）。并在表后介绍获奖项目的基本情况。

表 7-1　获 2021 年度广东省科学技术奖的渔业科技成果

项目编号	项目名称	主要完成人	主要完成单位	提名单位/提名专家
J022-2-01	深远海网箱养殖工程关键技术及产业化应用	黄小华　郭根喜　陶启友 陈傅晓　胡昱　谌志新 莫赞　王绍敏　范斌 张海发	中国水产科学研究院南海水产研究所 海南省海洋与渔业科学院 广东工业大学 中国水产科学研究院渔业机械仪器研究所 阳江海纳水产有限公司 广东省农业技术推广中心	广州市科学技术局
J022-2-02	斑节对虾卵巢发育基因资源发掘及促雌虾性成熟 RNA 干扰技术应用	邱丽华　赵超　王鹏飞 范嗣刚　闫路路　郭志勋 杨铿　陈智兵　李勇 余招龙	中国水产科学研究院南海水产研究所 珠海市现代农业发展中心 广东冠利达海洋生物有限责任公司 广东省农业技术推广中心	广州市科学技术局

【卵形鲳鲹种质创新及绿色养殖加工产业化关键技术与应用】2022 年 11 月 15 日，海南省科学技术奖励大会在海口召开，大会颁发 2021 年度海南省科学技术奖。由中国水产科学研究院南海水产研究所卵形鲳鲹遗传育种创新团队张殿昌研究员牵头完成的"卵形鲳鲹种质创新及绿色养殖加工产业化关键技术与应用"成果荣获海南省科技进步奖一等奖。

卵形鲳鲹是发展深远海养殖的优选品种，发展卵形鲳鲹深远海养殖对拓展养殖空间，保障优质水产品有效供给意义重大，但在 21 世纪初，卵形鲳鲹优质种苗缺乏，绿色养殖、加工等关键技术尚未建立，制约了卵形鲳鲹深远海养殖产业的快速发展。

近年来，张殿昌研究员带领项目团队，重点围绕卵形鲳鲹优良新种质创制、绿色养殖以及现代加工等产业链进行重点攻关与集成应用，形成了一批创新成果，相关系列成果在广东、海南和广西实现了产业化应用，有力地推动了南海区深远海养殖产业发展，取得显著的经济社会效益。

该科技成果围绕卵形鲳鲹"种质-养殖-加工"等产业环节的关键问题，取得一系列科研创新：一是发明了性别分子精准鉴别技术，解决了生产中长期以来亲本盲目选配的问题，极大提高了繁殖效率；创新了卵形鲳鲹育种技术体系，创制出生长速度提高 23.8% 的新品系和抗刺激隐核虫等种质新材料，为卵形鲳鲹深远海绿色高效养殖提供了优质的苗种；二是发明了工厂化苗种培育技术，研发了卵形鲳鲹专门化配合饲料优质品牌，建立了免疫综合防控技术，集成相关技术构建了卵形鲳鲹陆海接力养殖模式，有效支撑了卵形鲳鲹新种质养殖推广；三是突破了卵形鲳鲹加工产品质量控制关键技术，构建了基于区块链技术的全程品质溯源体系，开发出冷冻、干制、调味等卵形鲳鲹多元化产品，打造了多个商标品牌，实现了卵形鲳鲹现代化加工，延伸了卵形鲳鲹养殖产业链，提升了产业价值链。

【深远海网箱养殖工程关键技术及产业化应用】 2022 年 4 月，广东省科技创新大会在广州召开，颁发 2021 年度广东省科学技术奖。由中国水产科学研究院南海水产研究所牵头，联合海南省海洋与渔业科学院、广东工业大学、中国水产科学研究院渔业机械仪器研究所、阳江海纳水产有限公司、广东省农业技术推广中心等共同完成的"深远海网箱养殖工程关键技术及产业化应用"成果荣获广东省科技进步奖二等奖。

为拓展开放海域养殖空间，解决深远海养殖工程技术问题，南海水产研究所离岸网箱养殖装备与工程创新团队从"十二五"开始，重点围绕深海网箱动力学理论、大型网箱安全设计及装配制造、养殖管理装备技术开发、生产模式构建等方面，集中力量开展关键技术攻关研究与集成应用，形成了一批创新成果，相关系列成果在广东、海南和广西三省（自治区）实现了产业化应用，推动了南海区深远海养殖产业发展，取得显著的经济效益和社会效益。该获奖成果取得一系列科技创新，主要包括：

——突破深海网箱波浪流精准模拟和水动力试验核心技术，创新了深海网箱水动力分析理论，解决了动态荷载作用下网箱系统的运动受力及变形的耦合解析科学难题，优化确定了深海网箱结构形式和关键部件力学参数；

——优化深远海网箱框架、网衣及锚泊系统设计，掌握了大型网箱模块化制造、养殖系统总成等核心技术与工艺，创制出国内第一个单点系泊半潜桁架结构大型网箱，经历了超强台风安全性验证，增强了深远海网箱养殖生产安全保障能力；

——发明自动投饵系统、信息监测、养殖管理平台、数据化服务系统等深远海养殖工程配套系统与装备，大幅提升了深远海养殖生产效率和产业技术水平；

——系统构建适用于卵形鲳鲹等主导鱼类品种的深远海网箱工程化养殖技术体系，创建了深远海网箱工程化养殖生产模式，支撑建立了一批开放海域深远海网箱养殖产业园区，有效推动了深远海网箱养殖产业快速发展。

【斑节对虾卵巢发育基因资源发掘及促雌虾性成熟 RNA 干扰技术应用】 获 2021 年度广东省科学技术奖二等奖。项目以斑节对虾卵巢发育人工调控为切入点，借助多组学联合发掘大量基因资源；通过构建稳定的转录、蛋白及细胞水平的功能测试平台，对一批卵巢发育相关的关键调控因子进行功能解析，明确了两个调控对虾卵巢发育的信号通路；依据鉴定的靶点基因和信号通路开发了一套简单、高效、持久的促雌虾性成熟 RNA 干扰技术，研发了配套的 RNA 干扰制剂，替代传统的眼柄剪除术，亲虾重复使用率达 90%，催产效率提高 20%。以广东省粤东地区为核心辐射推广示范，项目累计新增产值 24.32 亿元，利润 6.88 亿元，其中近三年来累计新增产值 12.22 亿元，新增利润 3.44 亿元，提高了养殖户养殖斑节对虾的积极性，社会效益显著。

⬤ 广东省农业技术推广奖

【概况】 广东省农业技术推广奖评审委员会办公室每年对经广东省农业技术推广奖评审委员会评出的广东省农业技术推广奖拟奖项目予以公示。2022 年 12 月通报被评为 2021 年度广东省农业技术推广奖获奖项目 141 项，其中一等奖 22 项、二等奖 53 项、三等奖 66 项。渔业项目获 2021 年度广东省农业技术推广奖 17 项，其中一等奖 3 项，二等奖 4 项，三等奖 10 项。获奖项目见表 7-2，并在表后介绍获得一等奖项目的基本情况。

表 7-2 2021 年度广东渔业获得广东省农业技术推广奖（一、二、三等奖共 17 项）

序	项目名称	主要参与单位	主要参与人员
		一等奖	
1	花鲈优质苗种的筛选及配套生态养殖技术的建立与示范	中国水产科学研究院南海水产研究所、珠海粤顺水产养殖有限公司、仲恺农业工程学院、广东省农业技术推广中心、阳江市水产技术推广站、广州市中心沟水产养殖发展有限公司、饶平县万佳水产有限公司、饶平县西海岸生物科技有限公司、珠海德洋水产养殖有限公司、平县少华水产科技有限公司	邱丽华 王鹏飞 冯娟 闫路路 苏友禄 邓益琴 赵超 吴郁丽 戴了疑 陈健 郭奕惠 张晓阳 潘国文 鄢朝 郑镇雄 林锋 高流钊 杨文燕 许晓东 郑少华
2	凡纳滨对虾"海兴农2号"良种选育和健康养殖产业化	广东海兴农集团有限公司、广东海大集团股份有限公司、中山大学	江谢武 孙明华 李辉 何建国 张健 陈荣坚 陈柏湘 黎宏宇 蔡胜 翁少萍 李朝政 徐斌

（续）

序	项目名称	主要参与单位	主要参与人员			
一等奖						
3	金钱鱼绿色养殖技术研究与应用推广	广东海洋大学、阳西县梁氏水产养殖有限公司、珠海育成鱼苗养殖有限公司、阳西县源兴水产养殖专业合作社、汕头市水产技术推广中心站	李广丽 朱春华 吴天利 马庆涛 吴志宪	陈华谱 杨尉 石红娟 梁卫民 戴月友	邓思平 黄洋 吴佳恩 许抱	江东能 田昌绪 陈华东 梁志发
二等奖						
4	池塘养殖水生态治理循环利用模式集成示范与推广应用	华南农业大学、湛江市水产技术推广中心站、广州市花都区农业技术管理中心、广州市番禺区农业技术推广服务站、珠江水利委员会、珠江水利科学研究院、中国水产科学研究院南海水产研究所、广州千江水生态科技有限公司、广州碧水生态科技有限公司	周爱国 陈俊 叶毅 陈方灿	唐汇娟 施国斌 李胜华 张志萍	李文卫 范家豪 罗斌 张博	梁海燕 陈海进 肖健 孙涛
5	围堰养殖香港牡蛎病害生态防控关键技术及推广应用	中国水产科学研究院南海水产研究所、惠州学院、深圳市渔业发展中心、广东省农业技术推广中心、广州市欣海利生生物科技有限公司、江门市动物疫病预防控制中心、广东海之菁水产养殖有限公司、惠州市渔业研究推广中心	叶灵通 姜敬初 蒋魁 刘曦瑶	卢洁 时少坤 陈明波 杨振琦	王江勇 姚托 曹超 朱伟	杨铿 陈智兵 郑杰添 赖燕华
6	马氏珠母贝优质品种及配套养殖技术示范与推广	广东海洋大学、广东荣辉珍珠养殖有限公司、广东尊鼎珍珠有限公司、徐闻县水产技术推广站、雷州市水产技术推广站、湛江丰联水产有限公司	邓岳文 尹国荣 廖永山 陈伟耀	王庆恒 何德边 丁树军 许小填	杨创业 焦钰 林新 李春光	杜晓东 郑哲 李俊辉 尹海恩
7	黄喉拟水龟标准化养殖模式示范与推广	惠州市渔业研究推广中心、博罗县农业农村综合服务中心、惠州李艺金钱龟生态发展有限公司、惠州市惠城区农业科学研究所、惠东县水产技术推广站、龙门县水产技术推广站	叶林 赵春艳 刘艺 林海强	侯同玉 黄秋标 左娅 杨建松	朱德兴 李庆勇 徐南祥 钟志云	王焕 韩强音 许嘉翔 刘贵明
三等奖						
8	凡纳滨对虾功能饲料关键技术研发及示范	湛江恒兴特种饲料有限公司、仲恺农业工程学院	姜永杰 孙广文 罗莎	林蠡 梁日深 刘敏	张旭娟 谢瑞涛	赵丽梅 朱双红
9	基于微生物工程无抗生物饲料在对虾养殖中推广与应用	中国水产科学研究院南海水产研究所、广东远宏水产集团有限公司、广东南湾水产有限公司、广东银海水产饲料有限公司	丁贤 何利 武霞	徐爱宁 段亚飞 梁扬斌	张家松 徐远围	张传镶 董宏标
10	龟鳖细菌性疫病综合防控技术的推广与应用	广东省农业科学院动物卫生研究所、龙川县渔业技术推广站、连平县水产技术推广站、广宁县水翁龟鳖养殖专业合作社	梁志凌 冯国清 朱振华	郝乐 黄兴周 张德泉	马江耀 何永坚	钟天喜 罗锐彬
11	草鱼出血病免疫技术梅州山区推广与应用	梅州市梅江区农业技术服务中心 梅州伟群有限公司、梅州市农林科学院水产研究所	温国珍 甘沛君 周轲	黄盛鹏 罗莉 侯颂芬	温延盛 林伟强	叶国浪 潘琳
12	新品种"吉奥罗非鱼"繁育与养殖示范推广	广东伟业罗非鱼良种有限公司、茂名市农业科技推广中心、茂名滨海新区新养水产有限公司、茂名市茂南区农业技术推广中心	简伟业 简铭婉 谢权有	车南青 简鹏充 陈国全	邱文 黎飞龙	董文业 郑丽明
13	罗非鱼高效能高品质低耗能加工技术示范与推广	茂名鸿业水产有限公司、茂名市海亿食品有限公司、茂名市农业科技推广中心、广东环球水产食品有限公司	蔡魁荣 彭振 吴文东	林莉莉 利妃友 翁小云	李爵乾 余坤才	马伟雄 李龙芝

（续）

序	项目名称	主要参与单位	主要参与人员			
三等奖						
14	饲料中甲基汞检测方法的研究与应用	中山市农产品质量安全检验所、中山海关技术中心、中山市第一职业技术学校	叶少媚　李浩洋　汪海滨　贾晓菲 刘琼瑜　招钰娟　温　馨　李　蓉 张忆萍　何秀琴			
15	赤岸蚝综合标准化养殖技术推广	惠东县水产技术推广站、广东省农业技术推广中心、惠州市渔业研究推广中心、深圳市渔业发展研究中心	张剑涛　吴亚梅　巫树东　周文川 吴晓萍　田志群　胡少锋　吴梅生 唐桂彪　许玉田			
16	黄鳍鲷种苗繁育技术研发及产业化繁育	阳江市渔乡子水产科技实业有限公司	陈　桓　陈小星　陈玉婷　梁成锦 范倩颜　刘国建　韦雨晴			
17	南美白对虾良种规模化培育技术研究与推广示范应用	阳西县康顺虾苗场、广东省农业技术推广中心、阳江市水产技术推广站、广州市康函生物科技有限公司	黄　畅　杨四柳　马志洲　梁伟锋 谢绍意　黄文意　陈月英　冯修德 唐　波　史秦川			

【花鲈优质苗种的筛选及配套生态养殖技术的建立与示范】中国水产科学研究院南海水产研究所联合珠海粤顺水产养殖有限公司、仲恺农业工程学院、广东省农业技术推广中心、阳江市水产技术推广站、广州市中心沟水产养殖发展有限公司、饶平县万佳水产有限公司、饶平县西海岸生物科技有限公司、珠海德洋水产养殖有限公司等单位实施，获得2021年度广东省农业技术推广奖一等奖。

【凡纳滨对虾"海兴农2号"良种选育和健康养殖产业化】获得2021年度广东省农业技术推广奖一等奖，完成单位是广东海兴农集团有限公司、广东海大集团股份有限公司、中山大学等。

【金钱鱼绿色养殖技术研究与应用推广】获得2021年度广东省农业技术推广奖一等奖，由广东海洋大学、阳西县梁氏水产养殖有限公司、珠海育成鱼苗养殖有限公司、阳西县源兴水产养殖专业合作社、汕头市水产技术推广中心站完成。

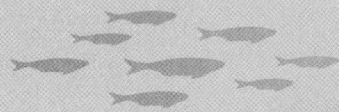

一、休闲垂钓

综述

【概况】休闲渔业是指利用各种形式的渔业资源（渔村资源、渔业生产资源、渔具渔法、渔业产品、渔业自然生物、渔业自然环境及人文资源等）并通过资源优化配置，将渔业与休闲娱乐、观赏旅游、生态建设、文化传承、科学普以及餐饮美食等有机结合，向社会提供满足人们休闲需求的产品和服务，实现一二三产业融合发展的一种新型渔业产业形态。广东省现代休闲渔业从 20 世纪 90 年代初期在广州、中山等地开始萌芽，并于 1994 年 9 月开始成立一批休闲渔业公司，走专业化经营之路。2001 年，出于对渔船载客安全考虑，广东暂停休闲渔业。2003 年基于渔业转型以及人民群众对渔业休闲的迫切需求，省政府同意逐步恢复发展休闲渔业。

2014 年 4 月成立广东省海洋渔业休闲与垂钓协会，作为政府管理部门与行业的桥梁和推手。

2017 年，农业部在全国范围内组织开展休闲渔业发展监测工作。据《中国休闲渔业发展监测报告》：2017 年广东省休闲渔业总产值为 10 亿～50 亿元区间，在全国名列第 11 位；2018 年为 105.8 亿元，名列全国第 3 位；2019 年为 118.81 亿元，2020 年为 119.28 亿元，均居全国第 2 位。

《中国休闲渔业发展监测报告（2021—2022）》显示，2021 年广东省休闲渔业产值 121.39 亿元，居全国首位。报告显示，广东是中国最大的观赏鱼养殖区，尤其是珠三角地区观赏鱼养殖场较为集中，成为当地构建都市型农业的重要抓手。持续两年，广东观赏鱼产值和观赏鱼进出口贸易额都稳居全国首位。

【休闲渔业类型】广东休闲渔业自 2003 年重启后迅速发展。2016 年全省从事休闲渔业经营活动的企业 114 家，休闲渔业接待规模 756.87 万人次/年，吸纳转产渔民 1 316 人，休闲渔业产值 29.01 亿元。休闲渔业主要分为 5 大类型：水族观赏、休闲垂钓、海洋牧场＋休闲渔业、渔业旅游观光、研学与渔业科普。2018—2022 年的《中国休闲渔业监测发展报告》显示，水族观赏和休闲垂钓的产值呈现增长态势，2021 年广东省水族观赏的进出口贸易额在全国排名第一，水族设备产业营业额占全国总量的 73.53％。

【休闲渔业系列活动】2016 年举办首届"中国休闲渔业高峰论坛"，至 2022 年底已举办 6 届，旨在传递最新休闲渔业发展政策与支持措施，持续推动渔业供给侧结构性改革，探索休闲渔业的新模式、培育休闲渔业新业态、开拓休闲渔业新市场，促进渔业绿色高质量发展。始于 2020 年的"中国水产种业博览会"，至 2022 年底举办了三届；每届均设立休闲渔业展区，以"渔之旅""休闲垂钓""水族观赏""海味闲食""海洋牧场及技术服务""休闲渔业进校园"等六个板块为主题进行展示。此外在展区中还举行"大学生徒手捕鱼"休闲赛，广州市大专院校均派代表参加，活动受广大师生喜爱，满足休闲渔业进校园的体验需求，不断推进休闲渔业进校园。广东省休闲渔业与垂钓协会于 2020 年推出线上线下相结合的栏目活动《休闲渔业大家讲》，至 2022 年底已举办七期。专家学者、企业代表、大学生等不同社会群体均参与其中探讨休闲渔业的发展。

垂钓活动

【概况】垂钓活动作为中华传统文化的一种形式，历久弥新，日益为广大人民群众所喜爱。垂钓钓法按照不同标准划分为传统钓、悬坠钓、竞技钓、台钓、路亚钓等。广东省休闲渔业与垂钓协会于 2021—2022 年举办休闲矶钓赛 1 场，开塘赛 1 场，休闲海钓巡回赛 3 场，休闲垂钓赛 1 场，为钓友们搭建交流、竞技平台，提升垂钓的社会普及度与影响力。

【中国斗门垂钓大赛】2022 年 12 月 17—18 日，"白蕉海鲈杯" 2022 年中国斗门垂钓大赛在斗门区成益垂钓基地举办。举行 "白蕉海鲈杯" 比赛着力打造国际垂钓之都，推动白蕉海鲈迈上高质量发展的台阶。通过垂钓大赛，带动休闲体育、文化旅游等产业蓬勃发展，为斗门千亿产值的水产品经济增添新动力，助力建设斗门全国乡村振兴示范样板。广东省海鲈协会作为此次活动的协办单位，荣获"优秀合作协会"称号。

【珠海"万山论钓"】首届"万山论钓"于 2004 年在珠海举办，是汇集世界各地知名大师的国际矶钓邀请赛。十几年来，赛事规模不断扩大，逐渐成为国际矶钓赛事中的最高荣誉，享有中国海钓界"奥斯卡"的美名。"万山论钓"海钓赛事成为珠海市鹤洲一体化区域打造的赛事名片之一。2022 年，安宫牛黄丸杯"万山论钓"赛事期间还进行便民义诊、体验海钓知识培训班等多项活动。

【游钓拓展课】2021—2022 年，广东生态工程职业学院联合广州市金花地渔具物业管理有限公司开展了"游钓进校园""大中学生实地游钓"等拓展课程活动，参加活动的学生主要来自水产养殖技术、水生动物医学、宠物养护与驯导专业的学生，让更多年轻人了解、投身融入休闲渔业，在学习专业课程的同时，拓展相关钓鱼行业的知识与技能，开阔视野。活动让行业实战专家成为学校的授课讲师，让学校成为游钓爱好者及从业者的诞生地。于 2022 年 9 月以主题为《休闲钓鱼，青年人的新舞台》的课程开课，得到校内 11 个专业的 30 多名学生踊跃参与。

渔旅观光

【珠海九洲集团】珠海九洲控股集团有限公司是珠海市市属国有企业，业务多元化，产业链齐全，业务涵盖水上客运、港站管理、酒店服务、海岛及城市综合体开发、城市休闲运营、高尔夫、赛车、游艇、帆船等体育赛事、物业服务、商品贸易、金融投资等领域。2022 年拥有国内规模最大的高速客运船队、最大的水路口岸客运站、国内第一家休闲度假型五星级酒店、国内第一个以"公益＋旅游"开发的无居民海岛——三角岛、国内第一个国际标准赛车场等。珠海九洲控股集团有限公司 2021 年被授予"广东省十大文旅领军企业"称号。

【广东大麟洋生物有限公司】2013 年 11 月成立，是一家集水产养殖、水产品加工与销售、水产种苗生产、海洋牧场、休闲渔业等业务于一体的企业。租用广东省珠海市桂山镇的大蜘洲海域面积 170.47 公顷，建有大型半潜式现代化波浪能养殖平台、112 口深水养殖网箱、182 口木制渔排，主要养殖金鲳鱼、石斑鱼等海水鱼。平台现已建成了初具规模的海洋生态工程与现代渔业基地，并先后获得"农业部（广东省）水产养殖健康示范场""广东省菜篮子基地""粤港澳大湾区菜篮子生产基地""珠海市现代农业发展示范基地（深水网箱养殖研发）"等称号。

其半潜式平台"澎湖号"于 2019 年 7 月投放海域试运营，装置整体运营良好，先后开展养殖生产、休闲渔业、学生研学等工作。2022 年 8 月下旬前往垂钓的游客络绎不绝，游客租用村企"众归休闲渔业有限公司"以及当地渔民的快艇作为交通接泊工具往返桂山镇与澎湖号之间；仅 9 月交通性船费、游客在当地的餐饮、住宿消费等整体经济带动超过 50 万元，为"渔旅结合"做出示范。

【广东景宏农业发展有限公司】2020 年 8 月成立，位于阳江市江城区，是一家以水产养殖、渔业经营、饮食服务、观光旅游、生态农业、渔村民宿、科普教育及劳动实践于一体发展的多元化农业渔业产品公司，致力于科学利用水域滩涂从事合理养殖，为市场提供无害新鲜的养殖海鲜产品，奉献安全优质的海洋食品，保护周边渔业水域生态环境，保障水产质量安全，推进"农旅一体化"，打造乡村振兴"生态循环链"。现已打造：珍稀水生动物育种育苗场；红树林保育场；水产健康养殖场；大型休闲垂钓场多个，最大的钓场可同时容纳 400 人比赛；高新农业作物培育场；海上观光等项目。2021—2022 年，荣获"广东省省级水产健康养殖示范区""广东省休闲渔业基地""广东省休闲垂钓基地""广东省钓鱼协会阳江景宏比赛训练基地"

"江城区 2022 年度农业科技示范基地"等称号。

2021—2022 年，举行 4 次休闲垂钓活动，其中 1 次是由广东省休闲渔业垂钓协会主办，阳江市青年商会、阳江市网商协会、阳江市一方设计集团有限公司等 3 家企事业单位协办的，带动周边 32 户渔民增收。

二、水族观赏

观赏渔业

【观赏鱼养殖】广东省是国内最大的观赏鱼养殖区，尤其是珠三角地区观赏鱼养殖场较为集中，成为当地构建都市型农业的重要部分。据《中国休闲渔业发展监测报告（2021—2022）》显示，广东省观赏鱼产值分别为 32.48 亿元和 22.51 亿元。广东省观赏鱼产值、观赏鱼进出口贸易额持续两年位列全国首位，产业态势保持正增长。

【金鱼名贵优良品系培育】2001—2022 年，唯美水族（东莞）有限公司先后培育出"宽尾琉金系列""长尾寿星系列""水晶鳞兰寿""黑白兰寿"等名贵优良品系，以及创造了虎纹、三色、水墨色等引领世界审美潮流的观赏鱼色系，为欧美、澳洲、非洲、东南亚等地区的超过 40 个多国家提供中国产金鱼。

唯美水族（东莞）有限公司前身为东莞市东海水族有限公司。自 1995 年起承租石碣镇沙腰管理区彭屋村北堤路段的集体土地 18 333 米²，于 1996 年建成全部工厂化水产养殖设施与建筑，养殖场的所有规划设计、健康管理、疫病防治等均参照世界动物卫生组织（OIE）国际标准，是中国首批准予注册的养殖和中转包装

场，也是国内最早的工厂化的观赏鱼养殖场。

20 多年来，唯美水族（东莞）有限公司发展出"企业＋科研＋品牌＋基地＋农户"的产学研生产模式，多次开展联农带农的渔业技术交流会，连续被东莞市海洋与渔业局、农业农村局评为东莞市渔业企业先进单位。并作为中国现代化金鱼养殖企业代表，多次接待欧美、日韩等海外有关专家组来访考察，为东莞渔业企业在国际上塑造良好形象起到示范作用，被记载入《东莞农业志》。

锦鲤大赛

【中国锦鲤大赛】由中国水产学会和广东省锦鲤协会举办，自 2001 年开始至 2020 年已经举办 20 届，是国内重要的锦鲤赛事，得到世界锦鲤业界同仁的广泛认可。2020 年中国锦鲤大赛的参赛锦鲤数量已经超过日本，锦鲤的品质也有质的飞跃。

广东省锦鲤协会于 2021 年 12 月在顺德南宏文创园举办第二十一届中国锦鲤大赛，该次赛事参赛鱼只的数量虽然比上一年少，但大鱼比上一年多。该次大赛的拍卖活动也再次为星愿自闭症儿童活动中心筹得善款。赛事充分体现了协会为行业服务、为政府服务的宗旨。

2022 年 12 月，广东省锦鲤协会在顺德南宏文创园举办第二十二届中国锦鲤大赛，无论是数量还是质量以及参赛鱼规模都是历届之最，受到锦鲤业界人士的高度赞扬。该次大赛的拍卖活动也再次为星愿自闭症儿童活动中心筹得善款。

【中国锦鲤若鲤大赛】2021 年 11 月广东省锦鲤协会与东莞市锦鲤协会共同举办第十三届中国锦鲤

若鲤大赛，与上一年相比参赛鱼的规模略有缩减。

2022 年 11 月举办第十四届中国锦鲤若鲤大赛，参赛鱼只数量比往年有所下降，但参赛鱼只的品质有所增加，继 2020 的第十二届中国锦鲤若鲤大赛顺德长龙锦鲤场生产的锦鲤获得全场总合冠军、继 2021 年第二十一届中国锦鲤大赛郭斌养鲤场生产的锦鲤获得全场总合冠军之后，此次赛事的全场总合冠、亚、季军都由顺德长龙锦鲤场生产的锦鲤获得，国产锦鲤有此殊荣是在基于广东省锦鲤协会大力推动国产锦鲤的发展而获得的。

【"海豚杯"全国锦鲤大赛】由江门市海豚水族有限公司创立及承办，自 2013 年开始至 2022 年已经举办 28 届，持续推动锦鲤文化，带动观赏鱼产业发展，受到锦鲤从业者和爱好者的喜爱。

2021 年第十八届全国锦鲤公开赛（海豚超级杯）于 12 月 30—31 日在广东省佛山市南海花卉博览园举行，主展馆展览面积约 6 000 米²，设展位 80 个，来自全国 80 多个顶尖锦鲤养殖企业、共计 1 000 多条锦鲤来"选美"。锦鲤大赛共设 15 个部别的 165 个奖项。经过六轮激烈的投票角逐，全场综合冠军由一尾超体长 80 厘米的"大正三色"锦鲤夺得。据评估，这条锦鲤的价值超 100 万元。12 月 31 日对部分获奖锦鲤拍卖，其中一条斩获"50 部红白冠军"的锦鲤，经过数十轮竞价后，最终成交金额 3 万元，成为这次拍卖的"标王"。

2022 年《第二十届南海花博园·海豚超级杯全国锦鲤公开赛暨名龟金鱼展览会》于 12 月 31 日至 2023 年 1 月 2 日在南海花博园展馆举办，由广东省休闲渔业与垂钓协会、佛山市南海区渔业

行业协会、佛山海豚锦鲤俱乐部共同主办，广东花博生态产业有限公司与海豚水族有限公司共同承办，该赛事设置 15 个部别 165 个奖项，吸引了来自全国 97 个锦鲤顶尖养殖企业参赛，共计 1 000 多尾锦鲤来"选美"。该次活动还加入"名龟和金鱼"的元素，迎来首届金鱼品鉴会，带动各地水族和锦鲤事业并肩向前。

● 水族器材

【概况】广东是全球水族产业的生产基地及产业集散地，2022 年全省有宠物水族企业数千家，市场份额占全国的 60%，以观赏鱼为引领的广东水族业年产值接近 400 亿元，带动近 30 万人就业，养殖面积 6 667 公顷，年产观赏鱼数百亿尾，并兴起水族器材厂家两千余家，实现观赏鱼和水族器材全国销量首位，占比 60% ～ 70%。2020 年广东省水族设备营业额 21 599 万元，连续两年在全国名列第一。广东省 2021 年水族设备产业营业额占全国总量的 73.53%。广东省水族协会设立水族器材专业委员会，以通过有效规范引导产业健康发展。

【水族器材专业镇】2010 年潮州市饶平县黄冈镇被省评定为"广东省水族机电专业镇"，其水族机电产业在国内外同行业中占据主导地位，形成集约化、规模化产业集群，成为高新科技型的新兴产业基地和全国水族器材特色产业基地，产品涉及多功能泡茶机、电磁炉、水族器材、观赏鱼缸、水泵、气泵、园艺泵、海、淡水养殖泵以及蓄电池、智能电暖挂架等。黄冈镇水族机电产业起步于 20 世纪 80 年代末，该镇生产小型机械产品的国有企业如汕头液压厂、县农机一厂等，为水族

机电产业的诞生发展培养了一批经营管理和专业技术骨干人才，再加上得天独厚的临海地理优势，为产业的形成提供了优越条件，产生最初的水族机电企业。黄冈镇水族机电产业的发展是一个从为水产养殖提供器材到生产水族观赏养殖器材再到生产水族机电产品的过程，从几家产品局限于水泵、气泵等低端器材的家庭式小作坊开始，经历了一个从少数手工作坊生产零星水族器材到批量生产水族器材、从单一产品到多元化产品经营、从生产技术含量不高的中低端水族机电产品到生产技术含量较高的中高端水族机电产业、从"贴牌"生产到具有知识产权的自主品牌生产的过程。2022 年，黄冈镇从事生产水族机电企业 39 家，规模以上企业 7 家，产值超亿元的企业 6 家，拥有国家驰名商标 1 个，省著名商标 6 个，省著名品牌 7 个。

【观赏鱼粮生产基地】随着观赏鱼产业的迅速发展，观赏鱼粮生产行业应运而生，广东逐渐形成规模化的观赏鱼粮生产基地。

江门市海豚水族有限公司专业生产观赏鱼饲料、食品级龟饲料、钓饵以及水族用品，集科研、生产、营销于一体，成立于 1996 年，是较早拥有自创品牌的专业水族产品制造商。公司通过 ISO9001＆HACCP 双体系认证、BRC（食品安全全球标准）认证、WQA（澳大利亚大型连锁超市产品质量标准）认证、NSF（美国卫生基金会）的食品安全、质量和食品防护的认证，并获得首批宠物饲料出口加拿大的资格。2021—2022 年拥有实用新型 9 项、发明专利 13 项。年生产各种观赏鱼粮 1 万吨，年产值约 1.5 亿元。产品除供应全国各地观赏鱼市场外，还远销 50 多个国家，是国内

观赏鱼粮生产规模较大、市场占有率较高的观赏鱼粮生产基地。

三、渔业科普

● 科普场馆

【珠江淡水渔业展览中心】由中国水产科学研究院珠江水产研究所内"钟麟纪念馆""鱼苗孵化池""珠江鱼类标本室""科普长廊"和"观赏鱼基地"等组成。

"钟麟纪念馆"于 2003 年建成，2013 年进行升级改造。钟麟先生集鱼类生理学、生态学原理于 1958 年发明的"家鱼人工繁殖技术"开创水产苗种可控繁育的新时代，获得 1965 年国家发明奖和 1978 年全国科学大会奖，他被誉为"家鱼人工繁殖之父"，闻名全球。

"鱼苗培育环道池"（亲鱼产卵池）建于 20 世纪 50 年代，钟麟研究员等人运用这套系统以生理生态结合方法使家鱼在人工控制下成功产卵、受精并孵出鱼苗。钟麟先生发明的家鱼人工繁殖技术，结束了中国长期依赖江河捕捞鱼苗的历史，使中国池养家鱼的种苗生产进入就地计划生产的新阶段，为中国水产养殖业的大发展奠定关键技术基础。

"珠江鱼类标本室"面积 600 米²。有珠江水产研究所科研人员 1953 年以来收集的珠江水系 1 000 余种淡水鱼类标本。

"观赏鱼基地"是"城市渔业"学科的组成部分，各类观赏鱼令人赏心悦目，流连忘返。

"科普长廊"展示珠江水产研究所主要科技成果，是一个全天候、不关门的科普场所。

珠江水产研究所的科普场馆 2009 年成为"广州市科学普及基地"。2014 年成为广东省直机关关心下一代工作活动基地，2019

年成为广东省青少年科普基地，2021年被授予"广东省科普教育基地"称号，2022年被认定为"全国科普教育基地"。

2021年是中国共产党建党一百周年，"珠江淡水渔业展览中心"联合当地东漖街道党工委，作为重要的红色科普宣传点，对外宣教钟麟老先生等渔业科学家的先进事迹。1月举行第一次活动，有20多名市民走进珠江水产研究所，在科普名师杨婉玲高级实验师的带领下，先参观钟麟纪念馆和珠江鱼类标本馆，后又来到鱼苗环道孵化池遗址，杨老师对钟麟先生发明的家鱼人工繁殖技术进行了详细的讲解。

2022年9月17日在广州市白云区举行2022年全国科普日"一区一品牌"活动启动仪式暨广州科普联盟走进白云区太和镇头陂村活动，中国水产科学研究院珠江水产研究所（珠江淡水渔业展览中心）进行科普展出。研究所观赏渔业研究室主任牟希东开展渔业知识科普讲座。

【南海水产研究所标本馆】隶属于中国水产科学研究院南海水产研究所，始建于1954年，2014年从所本部迁至花都基地，总面积1 080米²。标本馆收藏自1953年建所以来历年采集、馆际交流、国际友人赠送的大量标本，包括浸制标本4 500多瓶、干制标本90多件、贝类400余件、藻类压制标本200余件等，标本收集区域以中国南海为主，东至台湾浅海、西至北部湾，南至西、南、中沙群岛，最深海域达1 308米。

2021年4月20日，中国水产科学研究院南海水产研究所标本馆展馆改造工程通过验收，新改造的标本展馆划分为鱼类、甲壳类、贝类、藻类、珊瑚类五个展区，紧紧围绕"南海渔业生物多样性"这一主题，以体现南海特色和全所研发优势为重点，展示了浸制、剥制、干制、塑化等多种类型标本，种类涵盖鱼类、甲壳类、贝类、头足类、藻类、海龟类、珊瑚类等海产生物，以及黄唇鱼、鹦鹉螺、唐冠螺、砗磲、玳瑁、中华白海豚、瓶鼻海豚等珍稀、濒危动物。这次改造，除对原有一批标本进行修复、整形、上色外，还新增了各类标本300多件，涉及鱼类、甲壳类、藻类、贝类等，其中藻类塑化标本采用专利技术制作，保留了海藻原来的形态和颜色，栩栩如生。

新展馆集标本收藏、科学研究、艺术展示、宣传教育为一体，通过标本、艺术、场景等多种方式，形象展示南海渔业生物的丰富多样和多姿多彩，实现标本馆作为科学研究和科普教育基地的功能，将更好地服务科研创新和社会大众。2021年开发南海渔业生物标本资源共享平台小程序，平台有43个VR资源和10个小视频资源，平台上线后访问量超2 000次。

2021—2022年，标本馆展品标签更换为二维码标签，提升参观者的参观体验感。两年共接待参观者近500人次，受到参观者对标本馆的一致好评。

【珠三角现代桑基鱼塘展览馆】2021年7月，在省农业科学院蚕业与农产品加工研究所的技术支撑与规划设计下，佛山顺德区龙江镇政府、万安村委会投资建成"珠三角现代桑基鱼塘展览馆"。展览馆从"海上丝绸之路和桑基鱼塘""蚕桑生物学知识""蚕桑多元化利用支撑现代桑基鱼塘发展""种桑养蚕——现代蚕桑丝绸产业""种桑养人——蚕桑食药用产业""种桑养畜（鱼）——动物健康饲料产业""种桑养地——生态经济蚕桑产业""种桑养文——蚕桑丝绸文旅产业""现代桑基鱼塘"等板块展示了桑基鱼塘的起源、农业特征、文化内涵与现代生产技术体系，并通过视频、产品更加生动、形象地展示了现代桑基鱼塘创新发展成果，起到了很好的科普宣传作用。"现代桑基鱼塘展览馆"是万安村大力打造的乡村振兴项目之一。在桑基鱼塘故乡打造现代桑基鱼塘展览馆，可向公众科普桑基鱼塘农业知识、文化内涵与新模式、新技术和新产品，促进现代桑基鱼塘创新发展和科技成果的推广与转化，传承和发扬了岭南农耕文化，让公众充分认识和体验桑基鱼塘的魅力。

【产业科普媒介】省农业科学院动物科学研究所（水产研究所）制定技术标准，撰写科普文章，其技术服务模式在《南方日报》《坦洲发布》《南方Plus》《搜狐网》《潇湘晨报》等媒体或网站进行宣传。省农科院蚕业与农产品加工研究所水产加工团队制作"鱼生"宣传动画片1项，以宣传"鱼生"文化，荣获2021年广州市科普视频一等奖；制作食用水产品的宣传册1本，撰写9篇科普论文。其技术服务模式与方式在《南方Plus》《顺德城市网》《新华网客户端》等媒体或网站上宣传。广东省农业科学院作为技术指导和合作单位，充分发挥科技创新优势，指导万安村将桑基鱼塘与现代农业科技相结合，使桑基鱼塘成功焕发崭新活力。

● 科普实践

【大学生"徒手捕鱼"休闲赛】2021年12月7日，广东省首届大学生"徒手捕鱼"休闲赛在第二届中国水产种业博览会暨第三届广东水产种业产业大会广州南沙广东国际渔业高科技园休闲渔业展区成功举办，来自暨南大学、中山大学、华南师范大学、华南农业大学、广东生态工程职业学院等12个学校代表队的高校师生齐聚展区，展开了一场妙趣横生的徒手捕鱼大赛。活动充分调动了大学生参与休闲渔业的积极性，不仅使大家重拾了儿时乐趣，同时也促进了高校之间的相互联系，增进了校际的友情，从而为推动我省休闲渔业进校园活动打下良好基础。

由于首届大学生"徒手捕鱼"休闲赛活动受到了广东大学生的喜爱，2022年12月20日第二届大学生"徒手捕鱼"休闲赛在第三届中国水产种业博览会广东休闲渔业展区举行，有暨南大学、华南农业大学、广东生态工程职业学院等学校的大学生代表队参赛。虽然天气寒冷，徒手捕鱼过程不断受到湿身的"虐待"，但参赛的同学们热情不减，更多的是采取团队配合战术，采用追逐围捕的策略，水花四溅，一片欢腾，场面十分热闹，达到了在大学生群体中宣传休闲渔业的目的。

【珠三角现代桑基鱼塘示范基地】
省农业科学院蚕业与农产品加工研究所在现代桑基鱼塘技术体系支撑下，构建出多元化桑基鱼塘、工厂化桑基鱼塘和泛桑基鱼塘等多种生产模式并在珠江三角洲地区广泛推广，已先后建立广东宝桑园（花都）新生态农业科普基地、佛山现代渔业科技园、顺德均安太子农庄、南国丝都丝绸博物馆、三水小农街蚕桑生态岛、龙江万安村桑园水韵美丽渔场等现代桑基鱼塘示范基地，并在珠三角地区示范推广了上万亩。通过对传统桑基鱼塘中各环节相关的物质、生物和文化资源进行综合高效的开发，包括开展桑椹采

叶和水产加工、生产蚕沙塘泥肥料进行绿色种植和改土培肥、利用蚕桑生态饲料进行水产养殖，以及科普展示、桑果采摘、喂蚕、捉鱼等体验活动，打造出集农业生产、休闲观光、农事体验、农业科普于一体的现代桑基鱼塘示范基地，取得了较好的经济和社会效益。

2022年5月佛山万安"桑园水韵美丽渔场"纳入广东首批示范性"美丽渔场项目"名单，建设范围涵盖顺德区龙江镇万安村和麦朗村90公顷连片鱼塘，建设塘网结合单塘循环养殖、现代桑基鱼塘生态种养模式、鱼塘种稻和智慧渔业等示范项目，打造以现代桑基鱼塘为特色的"美丽渔场"。8月24日，省农科院佛山分院专家到万安"桑园水韵美丽渔场"实地调研，探讨项目具体建设方案，通过在鱼塘中设计大小合适的网箱养鳜或养鲈，实现饲料的精准投喂，在外塘配套养殖四大家鱼。通过底部高效增氧技术，结合利用微生物、挺水植物对养殖水体进行生态调控，使整个鱼塘实现"单塘循环，零尾水排放"。

【惠东县平海镇鱼鹰养殖场】2020年10月成立，有6.67公顷咸淡水鱼塘，纯生态闭环养殖海水脆罗非和青蟹。成功突破淡水罗非鱼的海水咸化并实现量产。坚持农业结合旅游，创造出"小小农庄主"、海岛生存的主题活动。借助巽寮湾、双月湾的度假人口，让旅游的人在养殖场娱乐的同时了解生态养殖，又可带走手信特产。2021年获得惠东十大手信特产、惠州特色美食等称号。2022年6月获惠州大学生实习基地称号。

公司连续5年为7~15岁孩子举办冬夏令营课程，毕业的孩

子有300多人；主营课程为"海洋研学"，以航海，海洋生物，海洋生存为主题，先后开发了："海岸潮间带的海洋生物""海岛生存的5项技能""生态农业和渔业"等课题。同时和外校合作开展海洋研学活动，参加人数达2 000人，并结合小学和初中课本开发专业课程，由浅入深，为学生提供劳动实践课堂。公司带动周边渔民就业数量15人，增收金额50万元。

● 科普教育

【休闲渔业科普教育基地】在珠海市金湾区黄鳍鲷产业园的珠海龙胜良种育苗有限公司珠海海洋生物科普馆，是由广东省休闲渔业与垂钓协会授予的全省首个"休闲渔业科普教育基地"，2020年12月揭牌。珠海海洋生物科普馆于2019年6月建成，占地600多米^2，分为"积厚流光""畅游深海""海洋与人类""海洋保护"四个部分，展出300多个海洋生物标本。2021—2022年，基地荣获"珠海市龙胜海洋生物科普教育基地""广东省巾帼创业基地""广东省渔业'轻骑兵'乡土专家工作室""广东省金湾黄立鱼健康养殖标准化试点单位"等称号。

2021—2022年，龙胜海洋生物科普教育基地接待来自省内外的各界参观者达1万人次，其中接待了珠海市中小学、中山大学、仲恺农业工程学院、华南农业大学等8家学校的学生，以及广东省水生动物卫生协会、广东省水产学会、珠海市现代农业发展中心、珠海市金湾区农业农村局和税务局等30家。基地举办2次科普讲座，3次科普活动，获得良好效果。活动带动了周边渔民增收，每人达2万元。

【恒生海洋生物科普教育基地】该基地成立于 2019 年 5 月，位于阳西县沙扒镇，占地 3 000 米²，科普长廊 50 米。基地以"树基地、建阵地、抓队伍、搞活动、创品牌"为目标，推动科普教育基地科普工作的创新与发展。以科普教育基地为实施科普教育地点，利用现有资源开展科普活动；利用科普教育基地多功能厅现有场地放映各种科普教育片；创办科普宣传专栏，定期更换科普宣传内容。

2021—2022 年基地接待全县学生、水产养殖农民、创业者约 2 万人次。弘扬了海洋文化，开阔学生视野，教育学生要爱护海洋资源，让他们懂得人与海洋应和谐共存。提高学生的科技素养，激发学生勇于探索、勇于创新的精神。同时，通过科普带给水产养殖农民、创业者一种新的养殖技术，提高农民养殖效益，帮助农民增收致富。2022 年基地营业额为 2 500 万元，带动周边渔民就业 1 500 人，使渔民每人每年增收 2.5 万元。

基地于 2020 年被农业农村部评为"国家级水产健康养殖示范场"。2021 年获得广东省农业技术推广三等奖，2022 年参与研发的"浅色黄姑鱼高效优质繁育技术"，被广东省农业农村厅评定为"广东省农业主推技术"。

【珠江科学大讲堂讲渔业】2021 年 11 月 7 日上午，由广州市科技局、羊城晚报社、广东科学中心联合主办的珠江科学大讲堂第 90 讲在广东科学中心学术交流中心举行。本期大讲堂邀请水产技术推广专家、教授级高级工程师姚国成带来"保护海洋 清洁海洋"的主题演讲。活动采用线上线下方式举办，现场有 180 名市民参与讲座，同步吸引了近 3 万人在线观看直播。

姚国成介绍，人类对海洋及其价值的认识可以分为四个阶段：15 世纪以前，海洋有鱼盐之利和舟楫之便；15 世纪至 20 世纪初期，海洋是世界交通的重要通道；第一次世界大战以后至 20 世纪 80 年代，海洋是人类生存的重要空间。1992 年的世界环境与发展大会指出，海洋是人类生命支持系统的重要组成部分，可持续发展的宝贵财富；并提出了许多新的认识：海洋中不仅有已被利用的各种资源，而且还有许多尚未开发甚至未被发现的潜在战略资源。

姚国成表示，海洋是人类的起源，人类最早是在水边、靠海的地方生活，海洋给我们提供鱼盐之利和舟楫之便。一直以来，海洋里的鱼、海盐可解决生活食物问题，分布于广东省大陆架海域的鱼类有 1 004 种，虾类 135 种，头足类 73 种；分布于大陆坡海域的鱼类 200 余种，虾类 96 种，头足类 21 种。还有蟹类、贝类、藻类等。随着人类社会不断进步，人类进一步了解到海洋还是世界交通的重要通道，海洋将整个世界链接在一起。海洋是我们重要的生存空间，也是重要的财富。

【观赏鱼养殖与鉴赏通识教育】暨南大学水生生物研究中心崔淼博士于 2009 年就在暨南大学首开《观赏鱼养殖与鉴赏》通识教育选修课程，至 2022 年已开设了 14 年，入选暨南大学"我最喜爱的通识教育选修课"前三名。2021—2022 年受邀在"广州院士专家校园行"活动中向广州市中小学学生科普宣传休闲渔业，培养了一大批潜在的休闲渔业参与者、爱好者和宣传者。2021—2022 年期间选课人数近 800 人，其中一半以上为港澳台及海外华侨学子，为中国休闲渔业发展培养了人才。

2022 年 5 月 24 日"2022 年广州院士专家校园行"活动走进广州市黄埔区，崔淼老师应邀为广州市黄埔区茅岗小学 200 多名四年级小学生做"奇妙的鱼类世界"主题讲座，从什么是鱼类、鱼类的特性、鱼类的用途和保护生态环境等方面进行生动的讲解，展示美轮美奂的鱼类世界，同学们听得津津有味。

2022 年 9 月 22 日，"2022 年广州院士专家校园行"活动走进广州市增城区，崔淼老师应邀为碧桂园学校 200 多名学生做休闲渔业知识科普讲座，拓展同学们对休闲渔业的理解与认知，激发学生们对休闲渔业的热情。

【中学生科普研学】2022 年 5 月 14 日，广东省休闲渔业与垂钓协会研学专业委员会与广东金天成印刷包装城和广州金花地渔具城联合承办"渔乐天地第 2 季"的研学志愿活动。组织来自暨南大学附属中学、清华附中湾区学校、华南师范大学附属中学、广州市第一一三中学陶育实验学校、广州市第一一三中学、广州市东圃中学、广州奥林匹克中学等 20 多位中学生及家长共 60 余人参加。活动主要围绕传统工艺中的观赏鱼纸艺制作、浮漂制作及海钓模拟科普体验与比赛，让中学生了解海洋渔业的科普知识，也体验了垂钓的乐趣，得到参与者的好评。

2022 年 7 月 4 日，在暨南大学生命科学技术学院举办暨南大学附属中学学生高校研学活动，由暨南大学生命科学技术学院和广东省休闲渔业与垂钓协会研学专业委员会承办，为暨南大学附中学子做"休闲渔业知多D"专题讲座，传播休闲渔业知识，受到同学们的好评。

2022 年 11 月 9 日，暨南大学硕士生导师崔淼应邀到广州市执信中学校本部为高一年级学生做"水产与社会"元培课程讲座，系统讲授水产、渔业、休闲渔业与社会的关系以及其在社会经济发展中的作用；2022 年 11 月 26 日又应邀在线上为广州市执信中学学生做"渔业与生活"元培课程二期讲座，诠释渔业、休闲渔业在人们生活中的作用与地位，激发了同学们对休闲渔业的兴趣与爱好。

【桑基鱼塘进校园】2022 年，顺德龙江叶霖佳小学与广东省农科院蚕业与农产品加工研究所合作共建了"桑基鱼塘农耕文化劳动教育实践基地"，围绕桑基鱼塘特色，追根溯源，开设桑基鱼塘景观类、蚕丝文化类、生活习俗类、创新创造类校本课程，旨在提高学生动手能力、创新能力和综合能力，全面提高学生素质，打造桑基鱼塘特色品牌学校。桑基鱼塘农耕文化进课堂，既有利于学生拓宽知识面、增强动手能力，更可以锻炼品格意志，传承优秀传统文化和生态环保理念，对培育学生全面发展具有重要的作用和意义。

四、文化节庆

综述

【首届中国牛蛙美食文化节】2021 年 12 月 24—25 日在广州长隆酒店举行首届中国牛蛙美食文化节暨第二届全国牛蛙产业绿色发展大会，由广东省农业农村厅、广东省农业技术推广中心指导，南方报业传媒集团主办，南方农村报社、农财宝典—大国渔业承办，得到相关企业鼎力支持。来自全

国主要牛蛙养殖产区的政府、科研院校、协会、企业、经销商及养殖户代表齐聚一堂，共同为打造千亿牛蛙产业出谋划策，推动牛蛙产业绿色发展转型升级，将牛蛙打造成中国乃至世界知名的水产品。

从外国引种的牛蛙，养殖产量从 0 发展到 40 万吨，花了数十年时间；从 40 万吨增长到 60 万吨，仅花了两年时间。牛蛙以其鲜嫩爽滑的口感、多元的菜品、年轻化的消费符号受到消费者的追捧，与各大餐饮品类都能很好地兼容，成为明星养殖品种，粤菜、湘菜、川菜、江浙菜等各大菜系争相研发牛蛙菜品。2021 年，全国有超过 1 万家牛蛙主题餐厅和 3 万多家牛蛙相关餐饮店。来自全国各地上百名牛蛙餐饮采购商与参会的数十家牛蛙养殖、加工、流通企业及上百名牛蛙养殖大户洽谈相关合作。

广东牛蛙产量占全国的一半，从牛蛙种苗、养殖、饲料到流通加工等产业链从业者已达数十万人，帮助无数农民走上致富道路。会上参会代表讨论了下面的热点问题：在食品安全与环保持续加码的大趋势下，牛蛙行业绿色发展、转型升级迫在眉睫。探讨牛蛙的养殖标准、科学养殖模式，以及如何加强全产业链联动，丰富多元化牛蛙菜品，如何开发牛蛙预制菜。

在省农业农村厅指导下，成立广东省牛蛙绿色发展转型升级联盟。这个以生产主体、市场主体、科研主体、服务主体为核心的联盟，依托一二三产业联合建立可复制的示范发展模式，引领行业绿色高质量发展，实现牛蛙产业转型升级。

大会还举行中国牛蛙产业链产品展示和美食品鉴、2021 年中国牛蛙产业风云榜颁奖典礼等精

彩活动。

【首届广东（阳江）晒鱼节】9 月 23 日，2022 年中国农民丰收节暨首届广东（阳江）晒鱼节活动（以下简称"晒鱼节"）在阳江市海陵岛开幕。首届"晒鱼节"活动持续至 28 日，以"晒出渔家豪情庆丰收、唱响时代强音迎盛会"为主题，开展晒丰收、晒产业、晒美食、晒文化、晒喜悦等系列活动。

首届"晒鱼节"是在广东节庆活动之一——南海（阳江）开渔节多年举办的基础上进一步传承和创新的一个新节庆活动。活动为"乡村振兴短视频大赛获奖选手""水产养殖、捕捞能手""种植、农机能手"颁发了获奖证书，并举行了招商合作签约仪式，现场签约项目 6 个，达成意向金额 24.8 亿元。

除开幕式活动外，"晒鱼节"还举办谷寮村农民晚会、金枪鱼切鱼秀、海鳗切鱼赛、渔获拍卖会等一系列精彩活动。活动通过线上采访、线上直播等形式连续 6 天不间断全程直播。

【汶水塘捕鱼节】河源市东源县漳溪畲族乡中联村有春节捉鱼"迎春接福"的传统节目。当地村民为感谢"神仙凿岩赐福泉"的滴水之恩，每年大年初三就在汶水塘举行捕鱼比赛，所捕获的鱼虾归村民个人所有，寓意"丰年有余（鱼）"，这是中联村春节最隆重的节目。

中联村的汶水塘，也称为喷泉湖。湖水是天然地下喷泉，水质纯净，清澈碧透，无污染，一直为漳溪乡圩镇及邻近村落 5 000 多居民提供优质的生产和生活用水，特别是汶水塘里生产的鱼，肉质细嫩，味道鲜美，不论怎么烹饪都无腥味，在漳溪畲族乡有

这么一句古话："靓女爱嫁汶水塘，塘鱼无腥嫩又香"。

2022年大年初三这一天，中联村的周氏族人都相约回乡，村民统一下塘捕捉鱼虾，这时候十里八乡数千人都来围观他们捕鱼，场面十分热闹，而在这一天通常都是比较冷，但是这些勇士们都奋不顾身地跳进池塘捕捉，谁捕的鱼最大，还会奖励彩电。此项活动迄今已有数百年历史。汶水塘捕鱼节已成为市级非物质文化遗产项目。

节庆活动

【2022"中国农民丰收节"】9月23日，是第五个"中国农民丰收节"。当晚，广东省庆祝2022年"中国农民丰收节"主会场活动在珠海市斗门区开幕。活动以"庆丰收·迎盛会"为主题，以丰富多彩的形式展现广东"三农"发展成效和农民群众的时代风采。作为"中国海鲈之乡"，珠海发展预制菜产业优势得天独厚。晚会上，"八大菜系"的八位名厨，各用不同技艺用白蕉海鲈做出一桌菜，将白蕉海鲈烹出了新花样。当天，会场还举行了农村大厨厨艺比拼活动。

肇庆市举办首届罗氏沼虾节，庆祝2022年中国农民丰收节。活动现场，肇庆市首次公布粤港澳大湾区罗氏沼虾价格指数，发布2项罗氏沼虾团体标准、启动了哈哈乐农耕文化园，并为高要鱼虾检测监测站揭牌，从源头到终端，全面塑造了罗氏沼虾全产业链条。

【南海（阳江）开渔节】南海（阳江）开渔节始办于2003年，是广东省十二大节庆活动之一，也是广大渔民庆开渔、祈丰收的重要节日，具有浓郁的地方文化色彩。

第二十届南海（阳江）开渔节于2022年8月15—16日在阳江海陵岛举办，以"开渔喜迎二十大，奋楫扬帆新征程"为主题，举行发布开渔令、祭海、"漠阳味道"美食周、海陵岛荷花节等9项活动，让八方游客领略海岛风光，体验渔家风俗文化。

8月16日，第二十届南海（阳江）开渔节发布开渔令活动在国家AAAAA级旅游景区、中国"十大美丽海岛"海陵岛闸坡国家中心渔港举行。随着开渔令的发布，全市超过3380艘渔船与全省各地渔船一起结束为期3个半月的南海伏季休渔开启了新一轮耕海征程。

南海（阳江）开渔节是全省保留的重大节庆活动之一，是南海渔民欢庆的节日，悠久历史、具有深厚的群众基础，该活动产生丰富多彩、具有地方特色的海洋文化、海丝文化和疍家文化，至2022年已连续举办20年。南海（阳江）开渔节已发展成为渔民"欢乐节"、文化"嘉年华"、经贸"大平台"。阳江素有"中国南海渔都""广东鱼仓"美称，海洋是阳江的优势所在、潜力所在。通过"开渔节"活动，让更多朋友了解阳江、认识阳江、爱上阳江。

中午12时，省农业农村厅党组书记刘棕会宣布2022年南海伏季休渔期结束正式开渔，并与阳江市委书记冯玲等一同推杆启动开渔。

链接：历届南海（阳江）开渔节

2003年，闸坡渔港海浪轻打、万众欢腾，南海（阳江）开渔节——一个以海洋名义的节日，在阳江诞生了。7月31日，首届南海（阳江）开渔节开幕，主题为"拥抱海洋世界，共铸蓝色辉煌"。8月1日，南海两个月休渔期结束，举行开船仪式。

2004年7月31日至8月1日，第二届南海（阳江）开渔节举行，主题为"共铸南海辉煌"，南海（阳江）开渔节被省委、省政府列为全省12项重大节庆活动之一。

2005年，第三届南海（阳江）开渔节以"爱我海洋 保护环境"为主题，举行阳江荣膺"中国楹联文化城市"授牌仪式，渔家婚嫁习俗首现街头，闸坡渔家民俗博览馆开馆。

2006年，第四届南海（阳江）开渔节举行。海产品和旅游产品展销、快乐泼水节、海中拔河等活动亮点纷呈。

2007年，第五届南海（阳江）开渔节举行，千年疍家婚俗表演轰动闸坡。

2008年，第六届南海（阳江）开渔节举行，主题为"万众千帆庆开渔"，推出咸水歌对唱、渔民电影周等文化大餐。

2009年，第七届南海（阳江）开渔节首次举办祭海、放流仪式。中国当时最大渔政船311船到访闸坡附近海域。

2010年，第八届南海（阳江）开渔节举行，主题为"飞歌南海，领唱渔风"，祭海、民间放生、渔家婚嫁庆典等活动吸引游人。

2011年，第九届南海（阳江）开渔节举行，主题为"激情南海，幸福渔家"。首次开办渔家大宴。开船仪式举行了"广东海陵岛国家级海洋公园"牌匾揭幕和"中国南海渔都"授牌仪式。

2012年，第十届南海（阳江）开渔节举行，主题为"南海开渔，幸福颂唱"。

2013年，第十一届南海（阳江）开渔节以"打造深蓝渔业聚集地，建设浪漫中国十大宝岛"为主题。中国渔业协会授予海陵岛"中国国际休闲垂钓基地"牌匾，中国帆船帆板运动协会授予阳江市"中国帆船帆板项目高水平后备人才基地"牌匾。

2014 年，第十二届南海（阳江）开渔节举行，主题为"风正千帆竞，丝路谱新篇"，更加突出民间和社会参与性。

2014 年，第十三届南海（阳江）开渔节以"扬帆丝路水道，力促蓝色崛起"为主题，增设泼水、帆船表演等助兴活动。

2016 年 7 月 31 日，第十四届南海（阳江）开渔节举办渔家婚嫁庆典巡游、渔家大宴活动。受台风"妮妲"影响，开渔日期推迟至 8 月 5 日。

2017 年 8 月 15—16 日，第十五届南海（阳江）开渔节举行，主题为"以海兴市喜开渔，绿色发展齐扬帆"。南海伏季休渔期调整为三个半月。

2018 年 8 月 17 日，第十六届南海（阳江）开渔节开船仪式举行，主题为"扬帆新时代，激荡南海潮"。

2019 年 8 月 15—16 日，第十七届南海（阳江）开渔节举行，主题为"普天同庆迎华诞，南海千帆喜开渔"。《海陵岛的呼唤》短片首发。

2020 年 8 月 15—16 日，第十八届南海（阳江）开渔节举行，主题为"丰收开渔，同奔小康"，开渔节活动包括发布开渔令、彩船巡游、渔船海钓装备展览会等。

2021 年 8 月 16 日，第十九届南海（阳江）举办开渔节，发布开渔令，活动以"万帆竞发喜开渔，百年华诞庆丰收"为主题，受新冠疫情影响，部分活动由线下改为线上。

【连南"稻鱼茶文化活动周"】9 月 23 日，2021 年"中国农民丰收节"系列活动暨广东·连南第八

届"稻鱼茶"文化活动周在连南瑶族自治县三江镇"稻鱼茶产业园融合发展中心"开幕。连南县有着全国独一的"排瑶文化"，生态环境优良，是国家重点生态功能区，2020 年成功创建为国家生态文明建设示范县，在"稻鱼茶省级现代农业产业园"的多个项目带动下，涌现许多知名农产品。有国家农产品地理标志产品——连南大叶茶，有国家名特优新产品——连南稻田鱼、高山稻香米、瑶山香菇等产品。近年来，依托"稻鱼茶省级现代农业产业园"建设，创造了"山上有茶、田里有稻、稻下有鱼"的传统农业产业发展新生机、新活力。与此同时，连南还拥有"中国油茶之乡""中国无核柠檬之乡""中国蚕丝之乡""金瑶山茶油""连南无核柠檬"国家地理保护标志等 5 个重量级农业品牌。

● 电视专题

【中央电视台《大地渔歌》】建党百年之际，2021 年 7 月 1 日 16 时，中央电视台《致富经》栏目播出专题节目《大地渔歌》第一集《鱼是养出来的》，介绍在党的领导下，依靠改革开放政策，中国渔民创造了伟大成就，使中国人从"吃鱼难"到"年年有鱼"，从技术上被"卡脖子"到实现全球 60% 的养殖量占比；而且给世界渔业提供一套又一套中国方案。

该节目重点讲述广东一尾"活鱼"搅活了水产市场。20 世纪 60—70 年代，中国渔业还处于发展初期，吃鱼都要凭票购买，整个中国都经历着"吃鱼难"的岁月，就算是在素以物产丰富著称的珠三角地区，每人每月也只有 5 角钱的鱼票，"鱼米之乡"没鱼吃。直到 1978 年，人民日报社论《千方百计解决吃鱼问题》发

出保障水产品供给，解决"吃鱼难"问题的信号，广东就此率先开放水产市场。

1978 年 12 月 25 日，广州以水产品市场为突破口，成立全国第一间国营河鲜货栈，实行"产销见面""随行就市"。紧接着又开办咸鱼海味、塘鱼、海鲜品的自由市场。1985 年 4 月，广州取消最后一张鱼票，水产市场全面开放。由此，"一条鱼"引发的城市改革拉开大幕！几乎是一夜间，一条小街成了一个农贸市场：肉菜、水果不再凭票供应，市场议价买卖。顺德、南海等城市附近鱼塘的鱼一路"游"向广州。一时间，热火朝天的交易、活蹦乱跳的鱼生，一片欣欣向荣景象。

1985 年，中共中央、国务院发出《关于放宽政策，加速发展水产业的指示》，这是第一次单独为水产行业发出的联合指示。放宽养殖政策，允许个体经营，渔民可以就地生产、就地销售，让中国渔民迎来了机遇，渔业生产掀起一轮又一轮的热潮。

【中央电视台广东鳗鱼节目】广东省鳗鱼业协会加大对鳗鱼的国内宣传推广力度。2021 年 5 月 3 日，中央电视台《致富经》栏目对鳗鱼行业进行为期一周的深入调研，从鳗鱼的绿色生态养殖、精细加工和搏击国内外鳗鱼市场等方面挖掘鲜为人知的鳗鱼人的故事，将"小鳗鱼的大世界"呈现在广大市民眼前；11 月 25 日，中央电视台《消费主张》栏目又从美食的角度对广东鳗业进行深入的采访报道，从养殖到加工、再到餐桌，将鳗鱼的安全安心、营养美味和样式各异的料理方法展现在消费者面前，进一步增加行业的曝光度，让消费者感受到鳗鱼美食的独特魅力。

【央视"围观"广东开渔】2021年8月16日12时，南海伏季休渔结束，正式开渔。中央电视台新闻频道和财经频道记者分别来到阳江、湛江两地，直击开渔现场。8月16日11：09，开渔前夕，央视新闻频道《新闻直播间》记者来到海陵岛闸坡码头，现场详细报道渔港、渔民的开渔准备情况及介绍伏季休渔制度。当天，央视财经频道《经济信息联播》记者来到湛江市渔人码头附近的海鲜市场，介绍开渔"第一网"的水产品种、质量和价格。广东省沿海城市的渔港都统一于8月16日开渔，当天12时，惠州市停靠大亚湾澳头海域的渔船有序出港，多艘执法船艇在海域巡查，做好开捕前后渔船渔港安全监管和疫情防控工作，确保海上开捕秩序和安全，切实把"护海有责、护海尽责"落实到位。当天11点多，在东莞虎门新湾渔港的150多艘渔船在开阔的珠江口海面集合，静候开渔季到来；12点正式开渔，鞭炮齐鸣，150多艘渔船同时发动马达，渔船如天女散花般分开驶向远海，开始新一年的开渔季。在潮州，饶平县三百门渔港内的渔民早早开始忙着整理渔具、调试出海设备、加载出海物资备战开渔，期待开渔第一网丰收而归。开捕后第二天，汕头市各大渔港陆续迎来一些首航归来的渔船，为市民带来丰富多样的海鲜鱼货。8月17日傍晚，濠江区达濠渔港热闹起来，一艘艘渔船首航满载而归，处处洋溢着丰收的喜悦。

【央视、广东卫视宣传休闲渔业】2022年6月8日是第14个"世界海洋日"暨第15个"全国海洋宣传日"，暨南大学生命科学技术学院崔淼老师和中央广播电视总台"南海圆桌派"记者白宇共话鱼类行为："鱼"你告白。双方就鱼类的行为、认知、感受、沟通、交流和其他动物的合作共生等进行互动，通过中央广播电视总台《南海之声》向社会大众广泛传播。

广东卫视献礼中国共产党百年华诞大型融媒体项目《飞越广东》第四季《奋进凯歌》第八期于2021年9月12日在广东卫视直播，第二篇章《新产业就是这个范儿》中播出《养鱼"菜鸟"的专家进阶路》，专门介绍广东省休闲渔业发展概况。

五、非遗项目

综述

【概况】2022年4月29日，广东省人民政府公布第八批省级非物质文化遗产代表性项目名录，其中第八批省级非物质文化遗产代表性项目名录43项，对前七批省级非物质文化遗产代表性项目名录中的72项进行扩展。全省共有236项申报项目纳入评审，经过推荐申报、材料审核、专家评审、社会公示、征求意见等程序，公布的项目名录主要特点：（1）突出岭南文化特色。将体现岭南三大民系和疍民文化的"珠玑巷移民落籍良溪传说""白庙疍家游龙""水淹天"等一批项目列入名录；（2）服务国家战略和贯彻落实省委、省政府决策部署。潮州菜烹饪技艺、德庆竹篙粉制作技艺、汶水塘捕鱼节等一批乡村振兴项目列入名录；（3）"补短板"与"强优势"相结合。强传统技艺优势，"蚝烙煎制技艺"、蚝油制作技艺等项目列入传统技艺名录；强民俗优势，"九江鱼花"生产习俗、"沙井蚝"生产习俗、"装禾虫"习俗、"作鱼梁"习俗等一批具有鲜明地域性、弘扬当代价值的项目列入名录。

【清远白庙疍家游龙】清远是"中国龙舟之乡"，端午赛龙舟的习俗源远流长。清城区白庙疍家游龙，也叫旺龙，习俗传承至今已有500多年。它不是竞技活动，而是端午民俗活动中热闹有趣的一种习俗活动，从农历四月初八开始，到五月初十左右结束，历时一个多月，分"起龙船、龙船下水取青开光、龙船探亲戚、端午节纪念屈原、龙船盛典庆、收龙"六个部分。这项传统的民俗活动一直受到人们的喜爱，曾受邀远赴东莞等地参与端午龙舟节游龙展示。白庙也是清远北江畔著名旅游目的地，游客可在白庙码头或五一码头登船，溯江而上，访寻名胜古迹、欣赏飞来峡大坝，观赏峡山风景之余，可以品尝当地美食清远鸡、乌鬃鹅及北江河鲜。

【从化水族舞】水族舞是广州市从化区温泉镇龙桥村草塘社流传最广的民间舞蹈，具有浓郁的岭南水乡特色，有200年的历史。村民们自发组织队伍，用惟妙惟肖的"鲤鱼""鳌鱼""虾蟹"等道具，还原田间"鱼虾嬉戏""鱼跃龙门"等场景，以此来祈求一年风调雨顺、五谷丰登，通常在春节等重要节日进行表演。

草塘社村落形似巨型鲤鱼，前方两山成拱门之势，由此有"鱼跃龙门"之景。大年初四，正是立春节气，天气逐渐回暖，万物渐次复苏。这一天，水族舞为村子带来的新年气息。先是伐竹取材，然后削竹成篾，再将一根根弯曲自如的竹丝扎成不同形态的水族生物，最后糊上彩纸或布块，"描色点睛"，一只只五彩灵动的鱼类就跃然眼前了。接着，在铿锵有力的锣鼓声中，村民们头顶水族生物，踏着欢快的舞步，时而游龙戏珠，时而穿梭往来，时而相濡以沫，热闹非凡。舞到高潮处，领头的村民带领着大家手持各种水族生物，兴高采烈地在田野间游行。

2022年9月10日，由广州市文化和旅游志愿者总队主办，广州市从化区温泉镇人民政府、从化区文化馆、温泉镇龙桥村民委员会、从化水族舞传承服务队携手承办"鱼灯闹中秋，月夜跃龙门"——2022草塘村庆中秋迎国庆之水族舞鲤鱼灯展演活动，"鼓起锣响鱼影跃"，为村民和广大网友们打造了一场"传统节日＋非遗文化"的视听盛宴，舞出"非遗"新魅力，尽展水族舞文化的可持续性活力。

【蕉岭广福船灯】明清时期，客家船灯舞盛行于闽西、粤北、赣南等地。清光绪年间，福建武平县的船灯艺人到广东蕉岭县广福镇传授船灯舞，从此"广福船灯"迅速发展，形成自身特色，据《蕉岭县志》《飘动的长潭绿韵》等书籍记载，蕉岭"广福船灯"始于清乾隆年间，已有200多年历史。"广福船灯"戏有"登船起航、轻舟荡桨、搁浅磨沙、脱出浅滩、船上花鼓、落地花鼓"等情节，它不仅收集了原生态的民间船灯表演，还融入了现代山歌演唱，既古朴又现代，表演形式载歌载舞，锣鼓铿锵有力，彩船典雅漂亮，曲调活泼欢快，营造出喜庆祥和的欢乐气氛，是当地群众喜闻乐见的民间传统节目。

"广福船灯"戏一般由4人表演，男演员饰船公，女演员饰孙女船妹，另一男演员饰船郎，还有一人藏在船舱内操纵彩船，主要是配合舞蹈情节。内容一般为爷孙俩"出海捕鱼、鱼满舱、心欢畅"；有的戏则以男女传情形式，节奏欢畅明快。《中国民族民间舞蹈集成·广东卷》详细记载了"广福船灯"表演程式分别为"登船起航、轻舟荡桨、顺流急下、搁浅磨沙、脱出浅滩、顺利登岸、进城观灯"等表演过程；表演通过漂船、跳船、追船、搁浅、拉船、旋船等舞蹈形式，配以民间弦乐器演奏《渔家乐》《闹元宵》等民间小调，再加上鼓点、锣声等打击乐器。"广福船灯"戏使用的乐器有小锣、小钹、渔鼓、唢呐、笛子、二胡、扬琴、三弦。

"广福船灯"戏船长达4米，重达20千克，舷下加水布装点遮掩舞者的足，整个船身"镶金衬银"，前舱装八字门楼，横匾书"渔家乐"三个金字，船的两侧绘饰才子佳人、山水花鸟图等，后门有横联"春满人间"，顶篷及船檐均缀彩带和珠串，造型漂亮美观，端庄雅致。

"广福船灯"戏2008年被蕉岭县公布为第二批县级非物质文化遗产名录，2013年被列入梅州市级非物质文化遗产保护名录。2022年4月29日，被列入广东省第八批省级非物质文化遗产代表性项目名录扩展项目名录。

传统技艺

【蚝烙煎制技艺】蚝烙，是用地瓜粉溶于水，拌葱珠，在一个平底的铁锅上煎，加上海蛎，再下蛋花，取起蘸鱼露吃。最初食材只是单一的鲜蚝，经过创新，加上虾仁、豆腐鱼、文蛤、米粉等材料提鲜，赋予传统蚝烙更丰富的口感。

地处南海之滨的汕头盛产牡蛎，俗称蚝。潮系菜中关于蚝食用的记载可以追溯到唐代，韩愈贬任潮州刺史时，写下《初南食贻元十八协律》，其中"蚝相黏为山，百十各自生"诗句，说明当时潮人已有食蚝习俗。作为潮汕特色小吃，蚝烙是海内外潮籍乡亲舌尖上的乡愁，也是亲切的家乡印记。好吃的蚝烙，应该是外脆内嫩，蚝多粉少。要使之外脆内嫩，烹饪过程就必须"厚月劳猛火"而且以蚝刚熟为度。一把平铲、一口老鼎、一家小店，佐以地道的传统手艺，最平凡不过的老味道，不仅是一份美食记忆，也承载了一个地方悠久的历史文化。

1902年，陈训哲的曾祖父朱炳泉开始在澄海区莲下"老南光"一带煎蚝烙，乡里人称他为"蚝烙泉"。尔后，其女儿朱银屏接手成为第二代传人，创立"银屏蚝烙"。1996年，第三代传承人陈树苞接手母亲朱银屏的生意，一方面从事"银屏蚝烙"店的经营，一方面出门为人承办宴席。如今，"银屏蚝烙"煎制技艺传至第四代陈训哲，不仅遵古法制，而且改良提升，使得制作技艺更加精湛，口感更鲜甜，"银屏蚝烙"飘香鮀城大街小巷，"银屏蚝烙店"成为汕头老字号。

大学毕业的陈训哲推陈出新，从用料、品种等方面对"银屏蚝烙"进行创新，通过将当地盛产的贝类海鲜注入传统的蚝烙中，实现了传统蚝烙必须靠味精等调味料来提鲜向依靠贝类海鲜自带的鲜甜味提鲜的转变，同时对蚝烙煎制过程控油、控盐等技术进行研究，对传统蚝烙"多油味重"进行改良，使"蚝烙"这一小吃品种更具多变、健康的理念。

按照陈训哲家祖传的做法，要成功煎出可口的蚝烙，需从选料开始。选取洪洲上游的蚝仔，洪洲上游距离咸淡水交汇处稍远，水质偏咸，蚝仔的肉质饱满。还有蚝的开撬技术有讲究，随意打开流失蚝液便影响质量。

食材有保证之后，用番薯粉打浆，包裹蚝肉，减缓蚝在高温下的迅速缩水，同时使蚝仔更加滑嫩。将粉浆下鼎，煎到金黄色时在上面淋上蛋浆。

最后的"装盘"也是十分讲究，在陈训哲看来，优品的蚝烙必须是盘底无油渍，且摆放整齐。上桌时一定要趁热将洗净的芫荽放在蚝烙上面，让蚝烙的余热逼出芫荽的香味，同时还一定要配搭鱼露、辣椒酱和胡椒粉这三种佐料。

【蚝油制作技艺】是江门市新会区的地方传统技艺，蚝油制作技艺的诞生与珠江口岸自古以来是中国东南沿海重要的"蚝乡"有关。1888 年，祖籍新会县七堡的李锦记创办人李锦裳先生于珠海市南水镇开设了一家小茶寮兼煮蚝出售维持生计。一天，煮蚝时因忙于工作而忘记关炉火，当炉灶传来浓烈香味时，本该是奶白色的蚝豉汁变成一层厚厚沉于锅底、色泽棕褐色的浓稠液体，香郁扑鼻，味道鲜美，蚝油就这样意外熬制而成，后来他由此建立了"李锦记蚝油庄"。1902 年的一场大火令南水镇几近烧毁，李锦记蚝油庄亦未能幸免，李锦裳便带着家人迁往澳门重开李锦记蚝油庄，开拓港澳市场。1920 年，家族第二代李兆南接手管理，开始把蚝油销往美国，开拓海外市场。1932 年，李锦记蚝油庄总部迁往香港。1972 年，李文达正式成为李锦记的第三代接班人。

蚝油于 1888 年由李锦记创办人李锦裳意外熬制而成后，李锦裳反复探索将蚝汁熬成稠汁并调味的方法，传承和优化了传统的四大工艺。经过 130 多年的发展，蚝油制作技艺主要分布于李锦记的五大生产基地，包括中国新会、黄埔、香港，美国洛杉矶，以及马来西亚吉隆坡。蚝油制作技艺是将上等鲜蚝提炼成为鲜美的棕褐色蚝汁，再经过调配及高温蒸煮，最后灌装及包装成为蚝油。其工序包括选蚝、开蚝、熬制蚝汁、高温蒸煮等工序。

2020 年 12 月 31 日，李锦记广式调味品（李锦记蚝油制作技艺）入选第六批新会区级非物质文化遗产代表性项目名录。2022 年 4 月 29 日，"蚝油制作技艺"入选广东省第八批省级非物质文化遗产代表性项目名录。

【湛江海味月饼制作技艺】始创于 1866 年，主要分布在湛江赤坎区。海味月饼以湛江特产海味虾米作为主打馅料，配以自然椰丝、地道蔗糖等本地食材精制而成，具有选料精优、制作精巧、配方独特、海味浓郁的特点。2022 年被纳入省级非物质文化遗产。

湛江海味月饼又叫金钩月饼，因主馅料海味虾米色黄似金、形弯曲似钩而得名（虾米雅称金钩）。从明清时期起，湛江沿海居民靠海吃海，就地取材，将本地特产海味虾米加入馅料中制作月饼，作为赠送亲朋好友的手信及祭祀祈福的供品。清代潘荣陛《帝京岁时纪胜》（1758 年）中记载"菠菜同金钩虾米以面包合，烙而食之"。及康熙（1685 年）《海康县志》《遂溪县志》均有关于制作和食用金钩海味月饼的相关记载。

民俗

【沙井蚝民生产习俗】"沙井蚝"是深圳最主要的土特产之一。其历史可以追溯到宋朝。"沙井蚝"产地分布在深圳市沙井、福永、盐田、前海、后海和香港流浮山一带。沙井蚝业从宋代开始插杆养蚝，距今一千多年，是世界上最早人工养蚝的地区。至明、清时代，沙井蚝业有较大发展。

"沙井蚝业合作社"于 1956 年被国家评为"模范合作社"，1957 年评为"全国劳模集体单位"，此后，"沙井蚝"发展迅速，产品远销海内外，苏联、日本、越南等国专家纷纷前来考察，沙井蚝民也到各地传授生产技术。1980 年以后，因蚝田海水污染，沙井蚝民赴阳江、台山、惠东建立养蚝基地，使"沙井蚝"可以传承。

在长期生产过程中，已形成一整套成熟的沙井蚝养殖技术。生产程序包括种蚝、列蚝、搬蚝、散蚝、开蚝等。生产习俗有"打山口""流水定作息""集体协作"等，还有"蚝壳砌墙""拜天后""拜观音"等生活习俗和民间信仰。特别是在收获的开蚝季节，更有一定的风俗习惯。"沙井蚝"生产习俗世代相传至今，具有一定的文化价值和社会价值。

"沙井蚝生产习俗"项目主要分布于广东省深圳市宝安区沙井街道的蚝一村、蚝二村、蚝三村、蚝四村等几个蚝业村，以及沙一村、沙二村、沙三村、沙四村、东塘村、辛养村、步涌村、后亭村等半蚝业村（既保持传统的养蚝业，又开展另类经营的行政村）。上述蚝业村和半蚝业村有蚝民约 6 000 人。

"沙井蚝生产习俗"世代相传至今，具有重要的文化价值和社会价值。沙井街道建有沙井蚝文化博物馆，馆内有 1 000 余件展品，每年来馆内参观学习的深圳市民、学生约 20 万人。已连续举办 18 届的沙井金蚝美食民俗文化节已经成为深圳地区乃至全省范围内历史最为悠久、规模最大、影响最广的代表性传统民俗文化活动，成为沙井蚝生产习俗的集中展示平台和载体。

【九江鱼花生产习俗】是佛山南海九江乡民在鱼花捕捞季节，据气象预测鱼花流经时间，在河段设立鱼花埠，捞取鱼花后进行分类、培育管理，以及交易和运输的民间生产模式。明代初年，九江人便开始在西江河段装捞鱼花。弘治十四年起，九江乡民奉旨承接西江两岸鱼埠，《广东新语》等文献均有详细记载，屈大均描述九江："地狭小而鱼占其半，池塘以养鱼，堤以树桑，男贩鱼花，妇女喂爱蚕，其土无余壤。人无敖民，盖风俗之美者也"。九江乡民在"鱼花"长期生产中，积累了丰富的经验，具有很高的科学性和实践性。在每年"鱼花"捕捞季节，乡民事先在湾环处设鱼埠，并在日落时分察看天气天象，预测"鱼花"从哪里来、何时来。九江"鱼花"生产大致可分为"鱼花装捞、筛选分类、鱼苗培育、买卖运输"四个步骤，从鱼花装捞到买卖运输的整个过程，有预测、分辨、设埠、装捞、撇花、开鱼花、清塘、兑水放养、挑运鱼花、数鱼花等环节。其中预测、撇花、挑运、数鱼花几个环节很讲究专业技术，唯九江人深谙其道，堪称"绝活"。九江"点算"鱼花的规则、鱼筛度量标准、鱼筛和鱼碟的计量法等仍在全国淡水养殖业中沿用，九江鱼花生产量在全国占比仍较大，九江鱼花生产习俗作为非物质文化遗产，通过发展人工繁育，恢复濒危品种等探索和实践已迈向现代化管理。

2012年10月，被南海区人民政府列入第四批区级非物质文化遗产名录；2019年9月，被佛山市人民政府列入第七批市级非物质文化遗产名录；2022年4月，被广东省人民政府列入第八批省级非物质文化遗产名录。

【装禾虫习俗】是东南沿海民间在每年农历四月和八月利用禾虫出海的高潮期进行捕捞，并制作成美食的一个民俗活动。禾虫是潮间带生物，因栖息在稻田或水草的根部，故称为"禾虫"。珠海市"装禾虫习俗"历史悠久，在斗门区的莲洲、白蕉、斗门等镇特别盛行，至今还保留较多禾虫生长的潮间带，当地人称为"禾虫埠"。禾虫相关的美食制品也广泛流行于粤港澳大湾区地区，具有重要的社会价值、文化价值和经济价值。2016年4月"装禾虫习俗"被列入珠海市级非遗名录，2022年4月被列入省级非物质文化遗产项目。

2018年，莲洲镇获授"中国禾虫之乡"称号，得天独厚的自然环境成了禾虫最好的栖息地。莲洲镇乃至斗门区河网密布，经过多年坚持不懈的努力，污染防治攻坚战取得阶段性成效，全区生态环境进一步改善，处处可见绿水青山，禾虫的生长环境得到极大改善。

斗门区河口渔业研究所所长崔阔鹏是禾虫人工繁殖和滩涂增殖技术的领头人。过去几年，斗门区河口渔业研究所先后在斗门镇南门村和莲洲镇福安村建立禾虫精养试点池塘和增殖示范基地，结合大面积滩涂仿生态方式，将禾虫亩产从不到5千克提升至超过25千克，其中精养试点池塘未来亩产有望超过75千克。

斗门区河口渔业研究所已经形成完整的禾虫繁育和养殖技术体系，可以有效提高现有滩涂，特别是低产滩涂禾虫的产量，通过掌握这项技术，养殖户的收益将得到极大提升。

【作鱼梁习俗】河源市连平县东南部有个肖屋村，明朝天顺年间（公元1457—1464年），肖氏先民落居桐梓园（现称肖屋村）后，利用新丰江畔渔业资源丰富这一得天独厚的自然条件，组织男丁建造鱼梁进行捕鱼来维持生计，该技术肖家人世代相传，沿袭至今逾百年。这是肖屋村村民发挥集体智慧，就地取材筑堰拦水进行捕鱼的一种传统生活方式，是南方地区传统捕鱼活动珍贵的、活态的遗存，是中国最古老的一种水能资源利用方式。

鱼梁是一种用竹子、木藤、木桩、柴枝等制成长形或U型的、有自然筛选功能的竹栅，在有落差的水流湍急处，倾斜装置于河床筑堰拦水捕鱼的一种古老捕鱼工具。当鱼逆流而上的时候，强壮的鱼就能穿过两侧预留的大孔，穿过急流直接往上游，水、小鱼顺着鱼梁的竹排往下漏下回到河里，而体力较弱的就被急流冲到鱼梁的竹栅"斜坡"上成为肖屋村民的收成。这是一种符合可持续发展规律的选择性捕捞方式的实践。

独具特色的作鱼梁习俗活动，是由"鱼梁头"（上一届抓到头阉的人担任）发起，根据当年汛期情况确定建梁时间后，组织参与出资修建鱼梁的村民（称为"梁股"）集体修建鱼梁，利用鱼梁进行日夜轮换捕鱼的群体性活动，主要程序包括筹备、备料、搭建、圆梁、聚餐、抓阉、收获等七个过程。持续时间是从汛期前开春后（组织建造鱼梁），到清明节前后至中秋节期间（捕鱼季）。

【潮州"打冷"食俗】又称"潮州打冷"，指潮州大排档经营的大众化冷盘熟食。这些食物不同于潮州筵席常见的"燕翅鲍参肚"等高档菜肴，多数是潮州风味乡土菜式，通常由如下几类组成：一是卤水类，如卤鹅、卤猪脚、卤豆干等；二是鱼饭类，常见的有巴浪鱼、大眼鸡和红鹦哥鱼等，按照潮汕的食俗，薄壳米、红肉米和冻红蟹、冻小龙虾等贝壳虾蟹均属此类；三是腌制品，常见的有腌膏蟹、腌虾姑、咸血蚶和菜脯、咸菜等；四是熟食类，如猪肠咸菜、猪尾炖豆仁、春菜煲等。

这些菜式全部都以明档方式摆放出来，或大锅慢火煮着，客人站在摊前，无须询问菜名，看见喜欢的用手一指，旁边点菜的服务员便会记录下来，有时刚坐到位子上，所要的菜肴已然送到餐桌。"潮州打冷"就是这样一种潮式快餐。

六、图书出版

科学技术类

【《南海渔业生态环境》（英文版）】

中国水产科学研究院南海水产研究所的学术著作《Fisheries Ecological Environment in South China Sea》［ISSN 1664—8714，ISBN 978-2-83250-115-3（eBook）］于2022年9月在 *Frontiers in Environmental Science*（影响因子5.41）和 *Frontiers in Ecology and Evolution*（影响因子4.49）这两个学术期刊同步线上出版（DOI 10.3389/978-2-83250-115-3）。

南海渔业生态环境不仅影响着南海周边国家水产养殖业的发展，还关系到数百万渔民及渔业从业者的生计。然而，近几十年来南海沿岸诸国的快速发展以及密集的人类活动，已对南海的渔业资源和生态环境造成巨大的负面影响。环境污染导致沿岸水产养殖场退化，降低水产养殖业的生产效率；过度捕捞使南海渔业资源量不断减少，生物多样性降低，加速海洋生态系统的恶化。因此，亟须开展南海渔业生态环境研究，确保南海渔业资源和生态环境的可持续发展。

该专著收纳17篇研究论文，重点研究南海沿岸渔业环境中重金属、放射性元素、抗生素等危害物的污染状况以及渔业资源和种群的变化特征，并从不同角度提出了针对性的改进措施。具体为：一是通过完善法律法规，加强对非法、未报告和不受管制的捕捞活动和非法渔业交易的打击力度；二是完善伏季休渔和渔民补贴制度，提高增殖放流的科学性，开展鱼类产卵区保护，促进渔业资源增殖；三是通过海草场建设和有益微生物培育等方式进行水质调控和环境修复。这些新颖的研究成果为南海渔业生态环境修复和改善提供新的解决思路，对南海渔业的可持续发展具有重要的借鉴意义。

【《卵形鲳鲹胚后发育（英文版）》】

中国水产科学研究院南海水产研究所院级深远海养殖技术与品种开发创新团队编著的《Ontogenetic development of pompano Trachinotus ovatus》［《卵形鲳鲹胚后发育（英文版）》］［ISBN 978-981-19-1711-0，ISBN 978-981-19-1712-7（eBook）］于2022年9月再版发行。该书由 Springer 与中国农业出版社联合出版，以翔实的数据、图文并茂的形式系统性地总结了卵形鲳鲹个体发育特征，重点介绍了早期个体发育过程中的生理和分子水平的变化，全面概述卵形鲳鲹育苗阶段的管理技术要点。

全书共十六章：第一章至第七章介绍卵形鲳鲹人工育苗技术的最新进展，包括饵料、投喂、环境控制、育苗管理和稚、幼鱼运输；第八章至第十四章解析环境变化对卵形鲳鲹仔、稚鱼影响的分子机制，讨论卵形鲳鲹生长和发育相关基因的转录和表达；第十五章至第十六章讨论功能性

饲料添加剂和抗生素的使用对卵形鲳鲹幼鱼的影响。

该书由南海水产研究所院级深远海养殖技术与品种开发创新团队发起编撰，该团队科研人员和中国水产科学研究院相关专家等主执笔，以南海水产研所最新科研成果为基础，聚焦卵形鲳鲹育苗管理，全面解读管理技术要点，传播科技文化。该书可为水产养殖从业人员、水产养殖领域科研工作者、高等大专院校的水产专业学生等提供学习参考。

该书于2018年5月由中国农业出版社第一次出版。自该书出版以来，卵形鲳鲹幼鱼养殖技术发展迅速，其饲养、培育方式也在不断优化，同时，环境、消费需求等因素对卵形鲳鲹育苗管理提出了更高要求。2022年9月再版包括了大量更新案例、数据、调查资料等内容，重新编辑组稿，由十九章变为十六章，并邀请中国水产科学研究院专家审核，内容更加严谨准确。

【鱼类形态学模型与群落研究】

该书由科学出版社于2022年10月出版，16开本，字数365千字，共274页。作者是中国水产科学研究院珠江水产研究所李新辉研究员等人。该书由中国水产科学研究院珠江水产研究所李新辉研究员领衔完成，为"河流生态丛书"之一，是关于利用形态学模型解构分析江河鱼类群落的专著。长期进化过程中，鱼类在与环境（包括鱼类之间）相互作用下，形成形态各异的种类，占据各自的生态位，组成鱼类群落。该书以鱼类群落为对象，通过物种的形态学性状，建立一种"基于形态学性状"的鱼类群落研究模型。通过开发软件和案例分析，从生态位角度研究鱼类群落种间的关系，并以河流生态修复服务为目

标，试图为鱼类群落构建提供一种辅助分析工具。书中设置了二维码，可下载内容供研究者使用。

该书共分为鱼类群落与河流生态系统、鱼类形态学模型、种与群落关系、群落生态位关系、鱼类群落重建 5 章，基础资料丰富，研究内容系统，学科交叉融会贯通。全书既具有基础研究的深度，又具有实用性强的特点，可作为河流生态管控、环境保护、渔业资源管理人员，以及科学工作者、大专院校师生的参考书籍。

【江河鱼类产卵场功能研究】由科学出版社于 2021 年 8 月出版，16 开本，字数 365 千字，共 228 页。作者是中国水产科学研究院珠江水产研究所李新辉研究员等。该书归纳总结了中国江河鱼类产卵场基本环境条件、水文水动力条件，以及根据珠江长期定点鱼类早期资源发生量与径流量的关系分析，建立基于产卵场水下地形、水文水动力要素的产卵场功能评估方法，提出鱼类产卵场功能保障将成为江河生态系统保护及管理的重要手段。以西江广东鲂产卵场为例，构建产卵场江段水文水动力模型，剖析与广东鲂鱼类早期资源发生相关的产卵场功能单体、功能流量以及水文水动力作用机制，提出鱼类产卵场功能位点判定方法，建立量化评估产卵场受损的方法，并介绍了不同类型鱼类产卵场功能修复的基本思路和方法。

【江河鱼类早期资源研究】该书由科学出版社于 2021 年 11 月出版，16 开本，字数 380 千字，共 284 页。作者是中国水产科学研究院珠江水产研究所李新辉研究员等。该专著是作者对在珠江流域开展 10 余年鱼类早期资源调查监测工作的经验总结，也是团队对江河

鱼类早期资源研究成果的系统总结。其从江河鱼类早期资源调查监测方法、早期仔鱼种类鉴定、鱼类早期生长发育、鱼类早期补充动态过程与水文环境关系、珠江鱼类早期补充特征时空差异等方面出发，阐明了河流重要生态单元鱼类早期补充的关键机制，介绍了江河鱼类早期资源监测的断面控制采样方法和观测体系，提出了鱼类繁殖的"功能流量"概念，建立了基于鱼类早期补充群体资源量的河流生态系统功能评价体系，对江河鱼类早期调查研究及鱼类资源保护与管理具有重要的实用价值和意义。

科学普及类

【南沙群岛珊瑚礁鱼类生态图册】该书由科学出版社于 2021 年 3 月出版，作者是刘胜等。该书聚集南沙群岛珊瑚礁鱼类的功能多样性及资源状况，以食性为主要依据将鱼类划分为不同的功能类群，清晰地反映不同食性鱼类的功能特征，然后以鱼类分类学地位为基础，结合水下原位生态照片和调查数据，对南沙群岛珊瑚礁鱼类不同种类形态特征和生态习性进行详细描述，总结其在南沙群岛各珊瑚礁区的分布特征，反映其资源状况。共记录南沙群岛珊瑚礁鱼类 300 种，隶属于 143 属 46 科。该书可为从事海洋生态学、海洋生物学等领域的科研工作者，以及高等院校相关专业的师生提供参考，也可供潜水爱好者、生物爱好者等阅读。

【南海经济鱼类图鉴】该书由科学出版社于 2021 年 3 月出版，作者是颜云榕、易木荣、冯波，16 开本精装。该书共收录主要采集于南海各海区的海洋鱼类 830 种，隶属 34 目，164 科。每种鱼类配

有原色照片，标注拉丁学名、中文名、俗名，并介绍形态计数特征、栖息分布和摄食习性等，便于使用者参考学习，是一本鱼类图鉴工具用书。

第一作者颜云榕，教授，博士生导师。1998 年 7 月湛江海洋大学海洋渔业科学与技术专业毕业（工学学士）后留校至今，在水产学院海洋渔业系任助教、讲师、副教授，其间获上海水产大学捕捞学农学硕士（2003）、中国科学院海洋研究所海洋生态学理学博士（2011）、厦门大学海洋生物学博士后流动站博士后（2014），接着赴美国佛罗里达国际大学生物系做访问学者。现任广东海洋大学海洋渔业科学与技术专业首席教师，省实验室建设办公室常务副主任，湛江湾实验室筹备主任委员会副主任。主要从事南海渔业资源保护与开发、海洋食物网方面的研究。

【南海仔稚鱼图鉴（一）】该书由中国海洋大学出版社于 2021 年 12 月出版，16 开胶版纸彩印专著，侯刚、张辉著。该书以图文形式，记述南海隶属于 19 目 50 科 80 属的 150 余种仔稚鱼的形态学图鉴，其中隶属于 19 目 48 科 77 属的 130 个多种类通过 DNA 条形码技术分子鉴定到种这一分类单元；分子鉴定的仔稚鱼为甲醛浸泡样品，受甲醛 DNA 提取技术限制，有分子鉴定未成功的物种，有 20 多个种类鉴定到科属。南海是世界生物热点核心区域之一，拥有世界海洋生物物种的 1/3，其中已记录鱼种 3400 多种，占全球鱼种的 10.4%。由于全球气候变化和人类活动双重影响，南海鱼类资源量急剧下降，开展对鱼类的产卵场和育幼场调查，探明鱼类资源补充机制，有助于实现对鱼类资源保护和可持续利用。由于鱼

卵、仔稚鱼形态学特征鉴定依据严重不足，近50年来根据鱼类形态学鉴定到种的鱼卵、仔稚鱼不足150种。而结合形态学特征与DNA分子标记技术鉴定鱼卵、仔稚鱼，能突破鱼卵、仔稚鱼的分类瓶颈。书中包括150余幅仔稚鱼的形态原图，概括介绍了主要形态学特征，和这些种类的分布海域以及样品采集海区和采集时间等生态学信息。部分仔稚鱼形态信息为中国南海首次记述。

该专著相关研究工作历时7年，建立了适用于南海仔稚鱼甲醛标本DNA的提取技术，报道了第一阶段工作的57科112属162种，其中134种仔稚鱼是首次进行形态描述，填补了南海区域该研究领域空白。该书可作为渔业资源科研工作者的参考工具，也可以成为大学生及研究生专业学习的辅助工具。在国家海洋局、教育部、文化和旅游部、国家广播电视总局、国家文物局联合开展的2022年国家级优秀海洋图书（期刊）推荐与推广活动中，《南海仔稚鱼图鉴（一）》被推选为"国家级优秀海洋图书"，由中国太平洋学会9月1日颁发证书。

第一作者侯刚，2005年7月湛江海洋大学海洋渔业科学与技术专业毕业（工学学士）后读研究生，获广东海洋大学渔业资源农学硕士（2008），后留校至今，在水产学院海洋渔业系任助教、讲师，其间获中国科学院水生生物研究所水生生物学鱼类生态学方向理学博士学位（2017）。2022年1月起任广东海洋大学水产学院海洋渔业系副教授，为本科生主讲《渔业资源与渔场学》等课程，研究方向为南海鱼卵、仔稚鱼分类鉴定，南海鱼类DNA条形码库构建。

【全彩图解南美白对虾高效养殖与病害防治】 由化学工业出版社于2021年12月出版，由中国水产科学研究院南海水产研究所胡晓娟、徐煜、曹煜成等编写。该书从中国南美白对虾养殖的生产现状及存在的问题出发，针对近年来对虾养殖生产实践的一些实际问题，详细介绍南美白对虾的生物学结构特征、生态习性，重点讲解了目前国内主要采用的高位池精细养殖、滩涂土池养殖、低盐度淡化养殖、越冬棚养殖、小面积温棚养殖、盐碱池塘养殖、工厂化全封闭循环水养殖、工程化零换水养殖等多种对虾养殖模式；既总结了适用于各种养殖模式的高效养殖技术流程、环境调控、病害综合防治等共性技术，又针对不同模式的特点提出专用技术。该书将理论与生产实践紧密结合，深入浅出、通俗易懂，有较强的指导性和可操作性。书中重要内容都有插图，增加直观性，部分技术和模式还添加视频，通过手机扫描书中的二维码即可观看相应的视频。

【现代桑基鱼塘生态循环农业技术创新和应用】 由中国农业科学技术出版社于2022年8月出版，由广东省农业科学院廖森泰、杨琼主编。该书对现代桑基鱼塘技术体系及阶段性成果进行总结，内容主要包括八个方面：一是蚕沙塘泥无害化肥料化；二是塘基种植桑树等作物，以蚕沙塘泥肥料进行改土培肥；三是以蚕蛹蛋白和桑叶提取物研发水产饲料，改善鱼的品质和提高抗病力；四是以微生物对鱼塘水进行净化；五是家蚕人工饲料工厂化饲养；六是塘网结合底部供氧高密度养鱼技术与设施；七是建设鱼塘水净化设施和生态沟渠，实现单塘水循环；八是"蚕桑鱼"食品加工和桑枝栽培食用菌。

● 史志年鉴类

【广州市海洋与渔业志（2001—2017年）】 由广东科技出版社于2021年12月出版，16开精装本，字数700千字，共500页。由广州市农业农村局编写，主编姚国成。2017年，广州市农业局（广州市海洋与渔业局）根据《〈广州市部门志、行业志丛书〉编纂工作方案》的部署，由局主要领导牵头成立《广州市海洋与渔业志（2001—2017年）》编纂委员会，安排海洋与渔业方面的专家任编写成员。

编纂人员发挥熟知广州市海洋与渔业发展历程的优势，搜集和整理资料，按照《〈广州市部门志、行业志丛书〉编纂工作手册》的编纂要求，存真求实，全面系统、真实客观地记述广州市海洋与渔业发展历程和现状，突出行业特色和地方特点。编纂素材主要来源于广州市海洋与渔业局报送给市人民政府地方志办公室的地方志年报资料（2001—2015年），以及市局及相关处室、直属单位的有关材料，还参考大量的档案资料、文件、书刊。全书前有概述，后有大事记，中间分八章分别介绍广州市的有关海洋与渔业情况：海洋与渔业资源、海洋经济、现代渔业、资源环境保护、渔区建设、公共服务、科技教育、行业管理。附录包括《广州市海洋经济发展第十二个五年计划（2011—2015年）》《广州市海洋经济发展第十三个五年计划（2016—2020年）》《广州市海洋功能区划（2013—2020年）》。

【湛江市海洋与渔业志】 由中州古籍出版社于2020年4月出版，16开精装本，字数700千字，共709页。署名《湛江市海洋与渔业志》

编纂委员会编，主编吴国雄。2015年10月，湛江市海洋与渔业局召开第一次"修志"工作会议，成立志书编委会，确定编修人员，拟定工作方案，启动《湛江市海洋与渔业志》编纂工作。"修志"人员于2016—2017年到市档案馆、市政府《地方志》办公室和各县、区（县级市），查阅收集自古以来至2016年底的资料；2018年1—6月将收集的史料整理加工，按篇、章、节、目、子目体例记述，由记述、志、图表、附录互为一体编纂出初稿，重点记述中华人民共和国成立后的海洋与渔业工作。之后报送市《地方志》办公室审定，广泛征求意见后，"修志"人员数易其稿，于2018年12月定稿。

该志书共分10章，分别从环境与资源、海域海岛管理、渔业管理、养殖渔业、捕捞渔业、渔业灾害与减灾救灾、水产品加工与流通、科技与教育、海洋与渔业文化、机构及民间组织等10方面记述湛江市海洋与渔业情况。

【珠江主要渔业资源种类分布】由科学出版社于2021年3月出版，16开本，字数180千字，共110页。作者是中国水产科学研究院珠江水产研究所李新辉研究员等。书中记录珠江水系鱼类682种（含河口鱼类和亚种），珠江是我国鱼类多样性颇为丰富的流域之一。这些鱼类既是河流生态系统功能保障的关键生物类群，同时也是重要的渔业资源。然而，由于河流环境的改变，鱼类栖息地受到影响，许多物种丧失生存环境。该书是中国水产科学研究院珠江水产研究所渔业资源研究团队在珠江水系进行了长达40多年鱼类资源调查和研究的成果。该书编入了珠江水系102种重要渔业资源种类，从俗名、习性、价值和分布等方面进行描述，旨在为鱼类保护提供数据支撑。

书中记载的102种鱼类分别隶属鲱形目、鳗鲡目、鲟形目、鲤形目、鲇形目、鲻形目、鲈形目、合鳃鱼目、鲀形目9个目，其中鲤形目、鲇形目、鲈形目3目共89种鱼类，占87%。鲤形目65种，包括青鱼、草鱼、赤眼鳟、红鳍原鲌、鳊、广东鲂、翘嘴鲌、鲮、鲢、光倒刺鲃、倒刺鲃、鲮、三角鲤、鲤、鲫等重要经济鱼类；鲇形目14种，包括鲇、胡子鲇、黄颡鱼、斑等；鲈形目10种，包括花鲈、大眼鳜、斑鳢、月鳢等。

附录详细记录了鱼类名录及在珠江水系的历史分布表（2006以前）。

【《南方水产科学》被荷兰 Scopus 数据库收录】2022年7月，《南方水产科学》编辑部收到 Scopus Title Evaluation Team 的邮件通知，由中国水产科学研究院南海水产研究所主办的学术期刊——《南方水产科学》已通过 Scopus 内容遴选与审查委员会（Content Selection & Advisory Board，CSAB）的评估，被 Scopus 数据库收录。这表明《南方水产科学》的学术质量、影响力、标准化、规范化等进一步得到国际认可。

《南方水产科学》自2005年创办起，始终坚持以提高学术水平及编辑质量为核心，依托主办单位南海水产研究所的学科优势，重点报道我国南海区域和珠江流域水产科学研究的新技术、新成果和新动向，突出刊物特色，加大传播力度，期刊的学术影响力不断扩大，先后入选中国科学引文数据库（CSCD）、中文核心期刊、中国科技核心期刊和 RCCSE 中国核心学术期刊，并被俄罗斯《文摘杂志》等10家国际知名检索系统收录，期刊影响因子自2015年起连续多次位居水产学期刊榜首。

《南方水产科学》被 Scopus 收录，是南海水产研究所办刊取得的又一重要成绩，标志着该期刊在学术水平和期刊出版标准化、规范化等方面已跨入世界先进行列，对进一步扩大期刊传播范围、提升期刊知名度和学术影响力具有重要意义；同时也必将进一步激励期刊编辑部以此为新起点，继续坚持以促进学术交流、服务学科建设、培育学术人才为己任，不断提升期刊学术质量和影响力，向打造更高水平的学术交流平台迈进。

据悉，Scopus 数据库是目前全球最大的同行评议出版物文摘和引文数据库，其收录的内容均由独立的、来自世界各地的 CSAB 专家采用透明标准严格审查，遴选标准及程序日趋严格，以确保内容品质和出版伦理，因而受到国内外学术界普遍关注，已成为世界大学排行榜、中国高被引学者排行榜等评价的重要数据来源和排行依据。

七、博览展示

● 综述

【首届中国年鱼博览会】2022年12月29日在珠海国际会展中心开幕。以鱼为名，以年为基，作为全国首个以"年鱼"为主题的博览会，满载人们对幸福生活的热切期许，共续"年鱼"之缘、共话"年鱼"之事、共谋"年鱼"之业。再掀"年鱼经济"新高潮！

2022年，广东省农业农村厅联合珠海首次提出打造"年鱼经济"，随即"年鱼经济"迅速火爆全国，成为经济热词。珠海接续探路"丰收节经济"、策源"年鱼经济"、打造"国鲈"品牌。首届中国年鱼博览会是一场全产业链融合的大会，全国超200家企业参展，汇集企业、政府、媒体、协会等多方资源，从生产、加工、流通、消费等全产业链打造"年鱼"品牌，成功构建了全国性最具规模的"年鱼"产品展示平台。作为全国首个以"年鱼"为主题的博览会和首次"年鱼"产销对接大会，采取"会议＋展览＋品鉴＋比赛＋联盟"的方式，大会首度发布"2022年中国年鱼排行榜"，其中"中华好年鱼"十二大区域品牌、"中华好年鱼"十强企业、"中华好年鱼"十佳企业、最受采购商欢迎的"中华好年鱼"企业、"中华好年鱼"先锋企业、"中华好年鱼"十大爆品等均新鲜出炉。同时，成立"中国年鱼产业联盟""珠海市预制菜产业联盟"，推动资源整合，推动企业打造"年鱼"品牌，培育并开发"年鱼"市场。启动仪式上，北京、上海、西安、成都、哈尔滨、澳门等全国六个城市与珠海连线，全国400家企业汇聚云端，共同见证开幕式。博览会创新推出"线上鱼市"，打造365天永不落幕的数字展馆。

在博览会重大项目战略签约仪式上，共30个加工、流通、科研等领域的优质预制菜项目选择落户斗门，总签约金额超百亿元。除投资项目外，"年鱼"销售市场同样火旺。现场，衡智慧冷链物流有限公司、鲁港贸易有限公司、京东、北京一亩田集团等10家企业，正式通过中国"年鱼"交易中心，与全国的"年鱼"生产加工企业签订年鱼采购协议，采购总额达6.5亿元。博览会上，中国年鱼交易中心暨"中国好年鱼"旗舰店正式发布。"中华好年鱼"十大爆品——"金鲈满堂"好年鱼大礼包等在天猫、京东火热上

架，成功打造全国首家"年鱼"直营店。

【2021年首届"广东远洋渔业杯"金枪鱼烹饪厨艺大赛】 5月22日在广州市广交会展馆举行，以"海洋瑰宝·万家共享"为主题，由广东省农业农村厅指导，广东省远洋渔业协会、广东省餐饮服务行业协会和广东广播电视台南方卫视联合主办，深圳市联成远洋渔业有限公司、广州远洋渔业公司、深圳市水湾远洋渔业有限公司等远洋渔业企业、广州市旅游商务职业学校协办，广东省餐饮服务行业协会中青年星厨专委会、广州市浩联展览有限公司共同承办。依托第十二届CRE中国餐博会举办之际，同期举办"广东省远洋渔业产品宣传推介会"，邀请广东远洋渔业企业与日料餐厅负责人、星级酒店行政总厨及各大网红媒体参与，通过现场金枪鱼展示、切鱼秀、厨师现场烹饪，由"材料"到"佳肴"，让金枪鱼真正"游"上餐桌，给观众带来前所未有的体验，全方面立体展示广东远洋渔业企业的金枪鱼产品。

该次厨艺比赛使用的大目金枪鱼来自广东省远洋渔业企业回运的自捕海产品，作为高端海产品的金枪鱼，具有无污染、高蛋白、不含嘌呤、营养多维的特点，鱼肉中富含不饱和脂肪酸DHA、EPA，是人类大脑和中枢神经系统发育必需的营养素，对预防和治疗脑血管疾病有着特殊的作用，是国际营养协会推荐的世界三大营养鱼种之一，是真正的海洋瑰宝，世界公认的营养健康美食。目前已逐步进入国内食品消费市场，被广大的消费者认知、接受和喜爱。

明星裁判评委团以公平、公正、公开透明的方式保障此次2021首届"广东远洋渔业杯"金

枪鱼烹饪厨艺大赛专业品质和行业权威。同时为参赛选手提供更全面、更严谨、更客观的打分及技术指导。

● 水产种业博览会

【概况】 2018年12月12日，第十七届广东种业博览会开幕，新增现代水产种业展区，在100米²的展区里，展示娃娃鱼、罗非鱼、大刺鳅、水母等20多个水产优新品种及种苗，这是广东水产种苗首次在广东种业博会上亮相，走进更多人的视野，受到更广泛的关注。2019年12月23日首届广东渔业种业博览会在位于广州市南沙区的广东省渔业高科技园开幕，来自省、内外超100家企业的水产种苗品种集中展出，展示水产名特优品种100多种。2020年12月5日首届中国水产种业博览会在广州市南沙区开幕，以"水产芯动力 种业创未来"为主题，汇聚国内水产种业创新成果，以原良种为载体，以良技、良法、良品为延伸和拓展，充分展示中国水产新品种、新技术、新模式、新装备、新业态。参展企业超过300家，展示全国各地200多个优良品种，来自广东、山东、湖北、江苏、海南等18个省（自治区、直辖市）的64家苗种企业和机构组团参会。2021年12月继续举办第二届中国水产种业博览会，2022年12月举办第三届中国水产种业博览会。

【第二届中国水产种业博览会】 2021年12月5—8日，广州南沙举办第二届中国水产种业博览会暨第三届广东水产种业产业大会，参展单位超300家、参展品种250多个、展示广东重点鱼类种质资源保护品种38个、汇聚行业10多位院士，大会展示中国渔业形

象，发出中国渔业声音。7月28日，农业农村部公告第451号公布虹鳟"水科1号"等11个水产新品种，有广东3个品种：禾花鲤"乳源1号"，以2010年分别从广东省乳源瑶族自治县华南鲤稻田养殖群体和珠江水系北江华南鲤野生群体中收集挑选的200尾个体为基础群体，以生长速度和体型为目标性状，经连续5代选育而成；翘嘴鲌"广清1号"，以2013年从安徽秋浦河、洞庭湖收集的翘嘴鲌野生群体和清远市清新区宇顺农牧渔业科技服务有限公司保种的翘嘴鲌"华康1号"选育群体中挑选的600尾个体为基础群体，以生长速度和成活率为目标性状，经连续4代选育而成；全雌翘嘴鲌"鼎鲌1号"，以2009—2010年从湖南省水产原种场引进后经4代群体选育获得的翘嘴鲌选育系雌鱼为母本，以性别控制技术获得。

【第三届中国水产种业博览会】
2022年12月20日，第三届中国水产种业博览会暨第四届广东水产种业产业大会（下称"水产种博会"）在广州南沙开幕，以"渔业创芯发展 良种成就未来"为主题，在2万米²的展会上，分为馆展、地展、休闲渔业和预制菜美食展区，参展单位超300家，以"种"为核心，集结全国水产新品种、特色渔业品种、珠江流域水产种质资源品种、渔业智能设备、环保设备、先进养殖装置等近千种展品，其中水产品种超200个，搭建水产种业育繁推一体化展示平台。观众能看到各种市场最新的水产品种，看到各种"生猛海鲜"，可以品尝到新鲜的美食。作为中国规模最大、参展企业最多的水产种业盛会，继续保持"塘头开办、活体展出"的特色，并在此基础上增加全国首个水产种

业专设奖"钟麟水产种业科技奖"以及"这十年·广东水产种业风云榜"评选活动，增加水产预制菜沙龙论坛等新内容，并通过水乡塘头与网络云端、线上与线下相结合，全方位、立体化展示全国水产种业发展的新成果。

广东作为中国水产种业最重要的策源地和风向标，水产苗种繁育和研发水平领军全国，十年来通过国家审定的水产新品种合计25个；农业农村部遴选出的优势水产种业阵型企业，广东以15家在全国名列前茅；拥有6家中国水产种业育繁推一体化优势企业，名列全国第二；广东水产种苗产量全国第一，淡水鱼苗占全国60%以上，海水鱼苗占全国40%以上，是全国水产苗种生产中心和"南苗北运"的核心区。

渔业博览会

【2021中国（广州）国际渔业博览会】 2021年9月16—18日在中国进出口商品交易会展馆A区5.1馆举行，以"渔聚广州，商通天下"为主题，由农业农村部渔业渔政管理局、广东省农业农村厅指导，广东省水产流通与加工协会、广东省渔业协会、广东省远洋渔业协会联合主办，广州环球博毅展览公司承办。

这是第七届中国（广州）国际渔博会，集养殖、加工、流通、冷链及生鲜、餐饮配送，全产业链展示，为餐饮行业实现一站式的采购服务。组委会通过联动政府部门、商协会及专业机构，邀请全国酒店、餐饮及贸易商等，涵盖的知名电商及零售巨头有京东生鲜、天猫生鲜、盒马鲜生、卜蜂莲花、永辉超市、超级物种、每日优鲜、山姆会员店、蜀海供应链、沃尔玛等，新辣道、渔民新村、南海渔村等批发商、经销

商、贸易商、餐饮酒楼采购商强势加入。专业买家超30 000名，行业商协会及采购团体超60个。线上流量吸引500万人次，100多家媒体共同参与报道，促进国内外行业交流互通，搭建国际渔业水产行业展示交流洽谈贸易平台。

本届展会通过展会与论坛的结合，围绕当前经济形势、内循环新格局、市场及用户需求等行业热点动态，为来自全球各地的水产行业人士提供一个专业的交流平台。展会期间，同期开展2021中国渔业绿色养殖产业发展论坛、2021年首届中国脆肉罗非鱼市场峰会、2021年"水产大咖羊城论道"、广东省名特优水产对接活动等十多场系列经贸活动。分享行业创新思维、发展趋势、行业转型等热点话题，定向邀请、重点邀请行业相关协会团体、科研机构等知名专家学者、业界人士、专业供货商、采购商共济一堂、共襄盛举！

【2021年中国国际水产博览会】
2021年10月18—20日，由中华全国工商联水产业商会、湛江市水产进出口企业协会主办，广东省粤西水产协会、湛江市水产流通与加工协会、湛江市水产商会共同协办，广东中湛国际水产博览会服务有限公司承办，以"魅力湛江 水产领鲜"为主题，首次启用云展会模式举办，助力企业足不出户做贸易、拓市场。

在疫情防控常态化情况下，博览会组委会采用3D技术，推出线上"云展会"，在《今日头条》和《抖音》同步进行。此次"云展会"采用纯全景图、云展实景展厅多种技术形式，利用5G、视频直播、VR、大数据、AI等新技术，为博览会的主办方、参展商和采购商3大展会核心主体提供数字化解决方案。

此次博览会达到百家展商、千件展品组建超豪华阵容。在科技的支撑下，此次活动实现了展会主办方"网上办展"、参展商"云上参展"、观众"在线观展"，实现场景再造和价值重构，打破物理空间、时间、参展成本的限制，持续衍生新项目，不断催生新合作。

【2022 中国国际水产博览会】6 月18 日，2022 中国（广东）国际水产博览会开幕式暨水产品牌推介会在湛江举行，由中华全国工商联水产业商会、湛江市水产进出口企业协会主办，由中国水产流通与加工协会、广东省粤西水产协会、湛江市水产流通与加工协会协办，由广东中湛国际水产博览会服务有限公司承办。

开幕式后，广东恒兴集团有限公司、湛江国联水产开发股份有限公司、广东虹宝水产开发股份有限公司、湛江港洋水产有限公司、湛江东洸水产有限公司、广东湛江海丰水产有限公司等水产行业龙头企业代表在水产品牌推介环节中，通过线下＋线上直播形式与观众互动，介绍企业的发展史以及主打产品。

湛江拥有中国最大的水产产业集群，是全球第四、中国第二专业水产展"中国国际水产博览会"永久会址所在地，拥有"中国对虾之都""中国金鲳鱼之都""中国水产预制菜之都""中国海鲜美食之都"等荣誉称号，湛江市还被评为"水产品国家级外贸转型升级专业型示范基地""全球水产采购基地"，湛江水产业的发展对我国乃至世界的水产业发展趋势有着重要影响。

一、国际交流合作

● 综述

【概况】自"十三五"以来，广东省渔业主管部门贯彻落实中央对外开放各项方针政策和省委、省政府关于进一步提高广东省对外开放水平、构建对外开放新格局的重要指示精神，紧抓"一带一路"倡议发展机遇，组织落实《广东省参与建设"一带一路"实施方案》，实施走出去战略，加强与"一带一路"沿线国家和地区的交流合作，推进渔业对外交流与合作，通过接待来访、参加经贸洽谈会等多种形式，搭建政府间合作平台，构建合作长效机制，达到"政府搭台、企业唱戏"的目的，促进广东省与有关国家的经贸交流和技术合作，取得明显成效。2021—2022 年，广东渔业对外交流与合作取得新发展。

【南海水产研究所渔业科技国际合作】2021—2022 年，南海水产研究所围绕立足南海、面向东盟、走向世界的国际合作布局，发挥区位和科研优势，多渠道、多途径争取和开展国际合作与交流，加强与"21 世纪海上丝绸之路"沿线国家尤其是与东盟国家间、渔业发达国家间的渔业务实合作，服务国家周边外交、促进学科发展、增强科技实力、培养国际化人才队伍和提升国际影响力。

2021 年，进一步推进国际交流与合作，密切与南太平洋岛国相关组织和机构沟通联系，组织参加首届中国—太平洋岛国渔业合作发展论坛，谋划依托南海水产研究所筹建"中国—太平洋岛国现代渔业合作交流中心"。全年国际合作项目立项 3 个，组织完成 2021 中越北部湾渔业资源联合增殖放流与养护活动，举办 2 期"中国—东南亚国家现代渔业技术培训研讨班"。2022 年继续举办"中国—东南亚国家现代渔业技术培训研讨班"；继续组织完成中越北部湾渔业资源联合增殖放流活动，获得农业农村部渔业渔政管理局专函表扬。编制完成"中国—太平洋岛国现代渔业合作交流中心"建设方案。组织召开（线上）"南海周边国家渔业可持续发展研讨会"，编制完成《香港特别行政区四个新渔区养殖发展规划》，被纳入香港特区政府施政报告。

【广东海洋大学渔业科技国际合作】广东海洋大学与国内外知名高校或科研院所建立科研合作关系，联合培养本科生和研究生，招收一批国际留学生，建设国际化研究生课程体系。2021—2022 年，承办和协办 2 次国际和国内学术会议，邀请国内外著名专家来校讲学 40 余人次，学科带头人和骨干参加国内外学术会议并做报告 70 余人次。

广东海洋大学与日本东京海洋大学、加拿大渥太华大学、新西兰林肯大学等国内外著名海洋类院校建立合作关系。新西兰林肯大学的 Ravi Gooneratne 教授及其学生 Walter Ondiek 和 Omega Amoafo 分别到广东海洋大学的校实验室从事水产品安全方面的合作研究；毛伟杰、林华娟博士多次到东京海洋大学相关实验室进行海洋食品热加工技术、贝类毒素等方面的合作研究，并共同发表论文；李雁群教授长期与加拿大渥太华大学化学与生物工程系进行合作研究，并获得广东省国际科技合作项目"以小球藻为载体的鱼类神经坏死病口服疫苗前期开发研究"。

水产学院和赞比亚卡帕萨·马卡萨大学签署合作框架协议，举办首期中赞罗非鱼健康养殖及加工技术培训班，获学校同意成立"中赞联合水产养殖产业＋国际中文教育创新研究中心"。

【省农业科学院水产研究所国际交流合作】2021—2022年，广东省农业科学院动物科学研究所（水产研究所）（简称水产研究所）针对水产养殖所面临的资源、环境和产品质量与安全问题，围绕水产养殖转型升级、水产产业高质量发展，拓宽国内外科技合作渠道，并加强与行业、领域内技术人员的学习和交流。先后派出30多人次参加产业学术与技术交流，邀请10多人次来广东省农业科学院动物科学研究所（水产研究所）开展产业学术与技术交流。主持开展学术与交流活动20次。

2021年2月2日，邀请中国工程院院士林浩然到水产研究所交流指导；3月31日，省农科院水产研究所进驻佛山市现代渔业科技园；12月8日，省农科院水产研究中心第一届学术委员会会议在创新大楼召开。省农科院院长陆华忠、院党委书记廖森泰、副院长张名位、广东海洋大学党委书记曹俊明、中国工程院院士麦康森（中国海洋大学）、林浩然（中山大学）、陈松林（中国水产科学研究院黄海水产研究所）、中国科学院院士桂建芳（水生生物研究所）、中国科学院南海海洋研究所研究员林强、华南农业大学教授李远友等学委会成员，院水产研究中心参建单位相关领导以及核心成员共45人参加会议。廖森泰汇报水产研究中心建设基本情况及绿色基塘农业生态循环种养模式方向的研究。水产研究中心其他"五大方向"负责人分别

就水产营养与饲料、水产育种与绿色健康养殖、水产病害绿色防控、养殖水体与环境控制、水产品加工与安全等进行汇报。

2022年12月30日，省农科院水产研究中心在创新大楼召开2022年学术委员会会议。中国工程院院士、学委会主任麦康森（中国海洋大学），中国工程院院士林浩然（中山大学），中国科学院院士桂建芳（中国科学院水生生物研究所），中山大学何建国教授，中国科学院南海海洋研究所副所长林强研究员，中国水产科学研究院珠江水产研究所谢骏研究员，华南农业大学李远友教授等学委会专家线上参加会议。院党委书记、水产研究中心主任廖森泰研究员，院水产学科带头人、委员会委员曹俊明研究员，院科研管理部和院水产研究中心参建单位相关负责人以及核心成员共30余人参加现场会议。廖森泰介绍水产研究中心整体建设情况，其他方向负责人分别就院水产营养与饲料、水产育种、水产病害绿色防控、绿色基塘农业生态循环种养模式、养殖水体与环境控制、水产品加工与安全等方面进行汇报。

● 广东与国际组织交流合作

【联合国粮食及农业组织水产养殖抗微生物药物耐药性和生物安保参考中心】2022年，联合国粮食及农业组织（FAO）正式出具任命函，授予中国水产科学研究院珠江水产研究所作为水产养殖抗微生物药物耐药性和生物安保参考中心（下称"参考中心"）的身份。"参考中心"是FAO为在全球水产养殖业中建立和完善生物安保管理，以及应对抗微生物药物耐药问题而成立的，旨在为

FAO各成员国水产养殖提供相关政策建议和技术支撑，由FAO在全球范围内的申请单位中进行筛选设立。

为响应世界抗微生物药物耐药性宣传周，中国水产科学研究院珠江水产研究所专家作为中心成员受邀参加由FAO组织的系列技术研讨会及培训班，分享中国在水产养殖抗微生物药物耐药性和生物安保方面的相关工作，旨在提高全球业界对水产养殖病原微生物耐药重要性的认识，推动相关国家开展水产养殖动物细菌耐药性监测、加强细菌耐药性监测方法的标准化，全球共同行动遏制耐药。此外，在FAO组织的"副溶血性弧菌耐药性风险评估"专家咨询会上，中国水产科学研究院珠江水产研究所专家根据《食源性抗微生物药物耐药性风险分析指南（CAC/GL 77—2011）》的要求，结合水生动物和食源性病原菌副溶血性弧菌的研究现状，探讨开展风险评估和风险管理的可行性，拟从公共卫生和水产养殖的角度，构建副溶血性弧菌耐药性风险评估模型，为抗微生物药物的选择和合理使用提供科学评估工具。

【全球首届"碳中和与绿色水产发展论坛"】2021年11月7—8日在珠海召开，由中国渔业协会、世界自然基金会（瑞士）北京代表处和广东联鲲集团联合主办，产学研领域600余人出席活动，与会专家学者探讨如何在渔业领域减排固碳，助力实现"碳达峰""碳中和"，创新水产养殖产业链价值，加快绿色水产发展步伐。

广东是水产养殖大省，发展生态渔业、绿色渔业、低碳渔业具备较为厚实的基础。其中，发展蚝产业是巩固生态系统碳汇能力的重要举措，仅广东湛江的

6 667公顷生蚝养殖，固碳就可以达到14万吨，生蚝固碳能力是红树林的7倍之多。广东的淡水鱼养殖、贝藻类养殖和稻渔综合种养的"碳移除"在全国名列前茅。广东省农业农村厅制定"十四五"发展规划，将养蚝生产发展作为重中之重，推动汕尾蚝产业园建设。

中国科学院院士、厦门大学教授焦念志在线上做主旨报告指出，实现"碳中和"一靠减排，二靠"增汇"（负排放/主动增汇），"增汇"是不减产的减排。他建议研发由微型生物驱动的无机、有机、生命、非生命的综合储碳生态工程；实施陆海统筹、减排增汇，量化生态补偿政策，推动国内大循环；实施海洋负排放国际大科学计划，建立国际标准体系，提出中国方案，为全球治理作贡献。

中国科学院院士桂建芳表示，技术创新与可持续发展架起通向更清洁水产模式的桥梁。以信息化和数字化引领的池塘改造和利用水生生物净化和处理尾水等功能，以大水面净水渔业"以渔养水"、稻渔综合种养"以渔促稻"生态农业等为代表的循环水池塘在各地都有很好的示范。

中国水产科学研究院副院长刘英杰指出，与其他国家相比，至2020年，中国水产品总产量6 500余万吨、占全球的约1/3，连续32年居世界首位；中国水产养殖产量5 080万吨，占全球的2/3；中国水产品人均占有量47千克，为世界平均水平的2倍以上。可持续发展面临一定的问题，"双碳"下的现实理解是要在产业上进行结构优化升级，在市场上升级水产品加工流通体系，在政策方面进行节能、减排、降碳的鼓励和引导，最大程度减少碳足迹，实现可持续发展。

广东恒兴集团有限公司董事长陈丹讲述了"碳中和"背景下水产食品的机遇与挑战。他预测水产食品将是牛羊肉的主要替代品，随着消费者的年轻化和产品形式、销售渠道多元化，人们会更注重安全、营养、健康、美味，水产品的占比会逐步增加。

广东联鲲集团有限公司总裁杨勇指出，水产业的变革要"换道超车"，以工业化生产的饲料为中心，研究上下游的减排策略：上游是原料，需要减排生产或者找到替换品种；中游是加工，需要在工艺和配方方面发力；下游是养殖，需要研究育种技术提高产量，利用"动保技术"减排、减抗、固碳和废物再利用。

中山大学孙逸仙纪念医院临床营养科主任陈超刚做有关"水产品与人类健康"的主题报告；世界自然基金会（瑞士）北京代表处海洋项目专家顾问杨松颖讲述基金会在可持续渔业领域的实践及思考；水产养殖及畜牧企业提供各自的探索方案。中国科学院水生生物研究所研究员解绶启指出"碳中和"对水产饲料发展的新要求。中国水产科学研究院珠江水产研究所研究员谢骏从绿色养殖的角度，讲述尾水排放治理案例。深圳大学高等研究院教授胡强介绍微藻碳捕捉及在水产养殖绿色发展中的应用。广东海洋大学教授鲁义善讲述"动物保护"与"碳中和"及食品安全的相关性。

● 广东与东盟国家交流合作

【第一期"中国—东南亚国家现代渔业技术培训研讨班"】由外交部、农业农村部主办，中国水产科学研究院南海水产研究所承办，2021年8月16日，在深圳试验基地举行开班仪式。此次研讨班依

托全所科研与培训优势，采用线上培训和交流研讨、专题报告等方式进行。培训班为期14天，安排专题研讨、专题讲座、国别报告等20余场，涉及中国渔业管理制度体系、渔业绿色发展、水产种质资源、现代水产养殖技术、水产品加工、水产动物饲料和水产养殖动物病害与防控等内容，来自马来西亚、缅甸、菲律宾、印度尼西亚、新加坡、越南和泰国7个国家48名学员参加。南海水产研究所相关领域科技人员和联合培养的研究生等也参加在线学习。

【第二期"中国—东南亚国家现代渔业技术培训研讨班（基础班）"】由外交部、农业农村部主办，中国水产科学研究院南海水产研究所承办，2021年10月18日在深圳试验基地开班。研讨班采用在线形式举办。

研讨班是南海水产研究所承担实施的亚洲合作资金项目"中国与南海周边国家现代渔业合作"项目的重要活动，为期60天，培训研讨内容涉及中国渔业绿色发展、鱼虾贝藻养殖品种生物学、人工繁育与健康养殖技术、水产动物营养与饲料产业发展、绿色养殖发展模式、养殖工程技术与装备、水产品加工技术、绿色捕捞技术、渔业资源养护与海洋牧场建设技术等28个专题和21个研讨主题，并辅以视频分享交流，来自文莱、印度尼西亚、马来西亚、缅甸、菲律宾、越南、新加坡等东南亚国家的60余名学员线上参加。

【2022年中国—东南亚国家现代渔业技术高级研讨班】由外交部、农业农村部主办，中国水产科学研究院南海水产研究所承办，2022年10月11日在深圳基地正

式开班。深圳基地主任林黑着主持开班仪式。农业农村部渔业渔政管理局代表在开班仪式上介绍中国渔业发展的基本情况和成就。此次培训班为期15天，培训内容聚焦渔业资源、水产种业、健康养殖、可持续发展与渔业管理等四大模块，安排专题研讨、专题讲座、国别报告等20余场次课程。来自印度尼西亚、马来西亚、缅甸、菲律宾、斯里兰卡、泰国、越南7个国家39名学员参加培训。

【2022年度中国—东南亚国家现代渔业技术线上基础培训班】 2022年7月19日，中国水产科学研究院南海水产研究所在深圳试验基地组织启动。来自文莱、印度尼西亚、马来西亚、缅甸、菲律宾、泰国、越南等东南亚国家以及斯里兰卡的70余名渔业官员、技术人员、高校与研究机构的专家等通过在线方式参加此次培训。深圳基地主任林黑着主持开班仪式。

开班仪式上，外交部边界与海洋事务司、农业农村部渔业渔政管理局、中国水产科学研究院等单位应邀在线出席的相关部门领导先后致辞。南海水产研究所副所长吴洽儿代表举办单位致欢迎词，并为学员们作了题为"中国渔业绿色发展之路"的专题讲座。菲律宾渔业和水生资源局第二区域办公室渔业法规高级官员杰奎琳·卡皮奥女士作为学员代表发言。林黑着介绍南海水产研究所和深圳试验基地的基本情况。

此次培训班为期60天，涉及海洋渔业、淡水渔业、经营管理等三大模块，涉及中国渔业绿色发展、鱼虾贝藻养殖品种生物学、人工繁育与健康养殖技术、水产动物营养与饲料产业发展、绿色养殖发展模式、养殖工程与装备、水产品加工技术、渔业资源养护、海洋牧场建设等59个专题，并辅以视频分享交流。

【2022中越北部湾渔业资源联合增殖放流活动】 5月18日，中国水产科学研究院南海水产研究所牵头实施的中越北部湾渔业资源联合增殖放流活动完成，该活动是由南海水产研究所主持承担的亚洲合作资金项目"中国与南海周边国家现代渔业合作"的一项重要任务。农业农村部副部长马有祥和越南农业与农村发展部副部长冯德进以视频方式出席活动并致辞。广西壮族自治区副主席方春明，南海水产研究所副所长吴洽儿等领导出席北海现场放流活动。

中越北部湾渔业资源联合增殖放流活动以线上线下相结合的方式，在中国广西壮族自治区北海市和越南广宁省下龙市同步举行，共向北部湾放流黑鲷、黄鳍鲷、花鲈、斑节对虾和日本对虾等鱼虾类苗种近6 400万尾。同时，还对3.12万尾黄鳍鲷开展体外挂牌标记，对10.59万尾黄鳍鲷和1 030.5万尾日本对虾进行分子标记。

● 广东与太平洋岛国交流合作

【首届中国—太平洋岛国渔业合作发展论坛】 2021年12月7—8日在广州南沙举办，以"开创中国—太平洋岛国渔业合作新局面"为主题，聚焦渔业合作和发展，围绕中国与太平洋岛国的渔业合作、产业发展及相关政策进行沟通交流、研讨互动，促成务实合作成果，并通过《首届中国—太平洋岛国渔业合作发展论坛广州共识》。

论坛是经国务院批准，为落实2019第三届《中国—太平洋岛国经济发展合作论坛》《中国—太平洋岛国农业部长会议楠迪宣言》和2021年《中国—太平洋岛国外长会联合声明》的成果，由农业农村部和广东省人民政府共同主办；广东省农业农村厅、中国远洋渔业协会、广州市南沙区人民政府共同承办；上海海洋大学、太平洋中国友好协会、世界金枪鱼围网组织、亚太渔业信息组织协办。邀请10个与中国建交的太平洋岛国农、渔业部长、驻华使节；联合国粮农组织和区域渔业管理组织代表；有关国际组织机构代表；各有关沿海省（自治区、直辖市）渔业主管部门领导；广东省有关与太平洋岛国合作的市领导；全国重点科研院所、高校；远洋渔业企业等共同参与，线上线下参会人数300人。

【2022年中国—太平洋岛国渔业技术线上培训研讨班】 2022年12月14日开班，主会场设在广东生态工程职业学院学校海珠校区。培训班得到广东省委外事办公室、广东省教育厅的支持，由广东生态工程职业学院联合广东省中等职业教育农林牧渔专业教学指导委员会共同主办，培训班为期三天。学员23名，来自斐济、汤加、巴布亚新几内亚、所罗门群岛、基里巴斯5个国家的渔业官员和渔业从业人员。

该次培训班是继2018年以来该校承办的第五期"一带一路"渔业培训项目，至此为太平洋岛国10个建交国培训近百名学员，学员把学习成果转化为在当地的实际运用。

该次培训班旨在加强中国与太平洋岛国在创新渔业技术方面的合作与交流，学校邀请国内渔业技术领域专家共同授课。课程内容涵盖水产养殖技术、水产动物疫病防治、新型综合种养模式等方面，重点分享中国水产养殖发展的模式和成功经验，推广对虾、贝类、海参等水产品的养殖技术和病害诊断技术等。课堂采用"网络直播讲课＋在线答疑＋留言板留言＋电子邮件答复"的综合方式在线上进行。

二、粤港澳交流合作

● 综述

【国家出台新政助力港澳渔业发展】 新华社 2021 年 9 月 1 日报道：农业农村部有关负责人表示，2022 年施行的《港澳流动渔船渔民管理规定》中明确要求各级政府及有关部门应制定、完善便利流动渔民在内地发展的政策措施，鼓励和支持流动渔民产业转型升级，发展水产养殖和休闲渔业等；支持巩固壮大流动渔民队伍，明确凡是持有港澳渔船证书的香港、澳门籍渔船，都可以有条件转换为流动渔船；进一步简化办事程序，允许港澳流动渔船在更新改造时可以施行"先建后拆"政策，流动渔船上的内地渔工可以办理一年内多次出入的"港澳通行证"。

"十四五"期间，将港澳流动渔船纳入近海捕捞渔船与船上设施、设备更新改造项目补贴范围，与内地渔船享受一样的补贴标准，并初步商定将港澳流动渔船纳入海洋渔业资源养护补贴项目。

国家此次出台的新政策对港澳渔业发展有促进作用，在保持港澳流动渔民队伍稳定、促进港澳渔业转型升级、便利港澳流动渔民生产等方面，都有针对性较强的措施。

【中山水产品 25 年供港澳超 50 万吨】 中山市是全国最大的供港澳鲜活水产品生产基地，淡水水产品出口量占港澳市场的五成，基本涵盖港澳市场全部品种供应。2022 年 6 月，中山有供港澳水产品养殖基地 36 个，数量居全国地级市之首。自 1997 年香港回归至今，中山已供应港澳水产品累计超过 50 万吨，无一批出现质量安全事故。

中山食品水产进出口集团位于港口镇的铺锦水产养殖基地，每天清晨三、四点，工作人员就开始为这些供港的淡水鱼做收网起鱼的准备。这是公司的一个"吊水场"，水面 13 公顷。"吊水"是帮助鱼儿"瘦身"，让每条上市的鱼儿重量都控制在三、四千克左右。这套精养塘鱼的方法是在 20 世纪 90 年代摸索出来的，准备上市的塘鱼要调运到这里进行 60 天左右的"吊水""塑型"，在这 60 天里，鱼儿不仅没有变重，反而因为掉膘"减肥"轻一两成。这套独特的"吊水精养"模式，渐渐被周边城市的同行"发现"并推广。

为了确保供应港澳水产品的质量安全，海关要求所有供港水生动物在出口前，必须严格按照监督抽检和风险监测计划进行抽样检测，合格后才能输往港澳。

● 粤港交流合作

【京粤港座谈发展香港渔业】 由香港渔民团体联会主办的"把握国家'十四五'机遇，促进渔业可持续发展"业界座谈会于 2021 年 8 月 30 日下午在港举行，香港中联办、香港特别行政区政府食物及卫生局、渔农自然护理署有关负责人，立法会渔农界议员，香港渔民社团领袖、渔民代表出席会议。农业农村部发展规划司、国际合作司、渔业渔政局，广东省农业农村厅有关负责人通过视频连线方式在北京、广州两地参会。

香港中联办副主任何靖致辞表示，在中央的关心支持下，香港渔业迎来前所未有的发展机遇，未来国家将继续支持香港渔业转型升级，希望香港业界用好、用足国家惠港、惠渔政策。香港渔业发展要克服资源萎缩、产业链不完备、缺乏龙头企业等困难，既需要自己努力，也要搭上国家发展快车，积极参与粤港澳大湾区建设，踏实迈出发展步伐。

农业农村部有关负责人表示，香港渔农界是一支重要的爱国爱港力量，中央始终关心港澳流动渔民这一群体。

香港特别行政区政府食物及卫生局副局长徐德义表示，一直以来国家都十分关心香港渔民的发展，出台一系列支持措施。特区政府对国家支持香港流动渔民转型升级的新政策非常欢迎，未来将与农业农村部密切合作，将相关政策落到实处。

香港渔民团体联会主席张少强表示，国家此次出台的新政策对香港流动渔民是一个好消息，对香港渔业发展有十分正面的促进作用，充分体现国家对香港渔民群体的关心和支持。

香港特别行政区立法会渔农界议员何俊贤表示，国家有关部门在制定涉及香港渔业的新政策时，多次听取香港业界代表的意见建议。未来，我们一定要紧贴国家"十四五"规划，引领香港渔业转型升级，融入国家发展大局。

【深港企业合作发展金枪鱼远洋捕捞】 2021 年 11 月 11 日，香港海洋渔业有限公司（香港渔民团体核心）与深圳联成远洋渔业有限公司共同发展的金枪鱼远洋捕捞作业合作签约仪式在湾仔海港中心举行。双方合作旨在促进香港渔业转型及可持续发展。带领香港渔民开拓太平洋金枪鱼捕捞事业，同时引入优质金枪鱼供应本地市场。香港渔农自然护理署助理署长（渔业）黎存志，前渔农界立法局议员黄容根及渔业界和餐饮界代表出席活动。

深圳联成远洋渔业有限公司董事长周新东表示，合作双方决定共同投入人民币1 667万元，建造2艘符合欧盟标准的玻璃钢金枪鱼延绳钓远洋渔船，采用先进的捕捞设备和网络技术，提高经营效益，为香港业界开拓远洋金枪鱼作业寻求新的路径。

全国人大代表陈亨利表示，深圳联成和香港海洋渔业的合作标志着香港渔业界走进太平洋的第一步。

香港海洋渔业有限公司董事长布绍有、香港渔民团体联会主席张少强表示，与深圳联成渔业集团的合作是香港海洋渔业把握"十四五"时期规划惠港惠渔的新政策，希望得到香港特别行政区政府政策支持，香港业界可享受到国家的优惠政策。

【90后香港小伙到开平创建"鱼菜共生"工厂】2021年12月31日，广东省开平市赤坎镇"鱼菜共生"循环农业供港澳蔬菜种植项目签约仪式于赤坎侨小馆举行。"鱼菜共生"项目是4名90后香港优秀青年发起的绿色农业种植和观光项目。"鱼菜共生"循环农业供港澳蔬菜种植项目团队自2016年起，连续5年扎根《广东省开平市国家现代农业示范区》，将"鱼菜共生"技术与气雾栽培技术结合，发挥创新精神，攻坚多项农业技术难关，取得丰硕的科研成果，申请国家发明专利4项，国家实用新型专利3项。

广东天菜农业有限公司负责人、"鱼菜共生"循环农业供港澳蔬菜种植项目团队成员罗伟特介绍，他2016年从香港中文大学毕

业后为寻找现代农业落地的空间，与团队成员一起到广东江门国家农业科技园区开展"鱼菜共生"技术的前期创业。团队从2020年开始筹备新基地的建设，由于打通了供港澳蔬菜销路，需要落地建设一个现代化、标准化、集约化的蔬菜生产基地进行大规模种植，生产出更为优质和性价比高的产品。他的这一想法得到赤坎镇政府和树溪镇村委会的支持，决定将基地落户于此。

"鱼菜共生"循环农业供港澳蔬菜种植项目团队在基地中对使用鱼塘养殖的肥水进行水处理，运用益生菌分解水体中的有机物，转化成为蔬菜需要的养分，利用喷枪远程喷射灌溉蔬菜，采用新型的大型设备和先进的管理理念提高生产效率，打造成一个优质的生态环保的蔬菜生产基地。

截至2022年底，罗伟特和所在团队建成蔬菜年产量为300吨，占地面积6 200米²的鱼菜共生植物工厂，完成土地流转面积33.67公顷，带动251户农户增收，并获得"供港澳蔬菜生产基地"资质。

罗伟特参加由共青团中央主办的"创青春"中国青年创新创业大赛，以农业农村初创组全国第一名的成绩获得金奖。

● 粤澳交流合作

【广东农渔业组团赴澳对接洽谈】2021年5月14日，粤澳农渔业交流活动在澳门渔人码头励骏大道举行，全场活动分为2个环节，持续3天，即开幕启动仪式和产品采购对接洽谈会，与澳门同胞分享广东省特色优质农产品，加强粤澳农渔业交流合作。

开幕仪式后，举行产品采购对接洽谈会，促进粤澳两地农业和渔业贸易交流与合作，一方面

为广东农渔业企业提供开拓澳门市场的有利渠道和优质资源，提升广东农渔业"粤字号"在澳门的品牌影响力，另一方面为澳门采购商提供优质新鲜的广东农渔产品货源，让澳门市民吃上放心安全优质的广东农渔业产品。

产品采购对接洽谈会邀请19家广东农业和渔业企业，其带来的产品范围涵盖肉禽蛋类、蔬菜水果、水产品、大米干粮以及各类农副食品。同时，邀请澳门当地采购商，为广东参展企业提供开拓市场的优质渠道。

【"渔旅融合"创意策划邀请赛】澳门城市大学旅游策划的"渔旅融合"创意策划邀请赛，于2022年5月25—26日在广东省珠海市万山岛举行复赛，以"渔旅融合"畅享宏伟蓝图——秘境万山为主题。

"渔旅融合"创意策划邀请赛复赛由珠海市万山镇人民政府、万山村民委员会作为指导单位，珠海市农控海洋产业发展有限公司与澳门城市大学国际旅游与管理学院共同主办，澳门国际旅游与区域发展学会协办。活动是在粤港澳大湾区背景下，澳门主动融入大湾区的一次尝试，同时也是进一步推进《珠海农控智慧海洋牧场综合产业项目》建设实施工作的重要组成部分。

该次活动由珠海市农控海洋产业发展有限公司副总经理带队调研，首先参观大万山岛沙滩、望渔台、妈祖庙、晒场等万山岛特色旅游景点，深入了解万山岛历史文化及风土人情。随后参观万山岛的民宿、静云山庄以及珠海农控集团在万山岛的部分待盘活物业，并深入交流万山岛旅游业的发展。参观后，各方代表到万山镇政府举行"渔旅融合"万山岛旅游策划邀请赛座谈会。万

山岛是《舌尖上的中国 2》拍摄地，作为广东省休闲渔业示范基地及广东省海钓示范基地，在带动渔民增收，发展海洋经济，助力乡村振兴发挥着作用。澳门城市大学国旅学院执行副院长等教师参加此次交流活动，分享心得体会。

【粤澳联手打造中葡海洋合作高地】 2022 年 9 月 15 日，"粤澳联手打造对接葡语国家海洋合作高地"线上学术研讨会在中山大学广州校区南校园文科楼分会场召开。分别由联合主办方的中山大学副校长兰平、南方海洋科学与工程广东省实验室（珠海）副主任王辉、澳门科技大学副校长庞川代表致辞。会议由中山大学区域开放与合作研究院、中山大学港澳珠江三角洲研究中心、澳门科技大学澳门海洋发展研究中心、南方海洋实验室自主科研项目、国家自然科学基金—澳门科学技术发展基金联合基金、国家社会科学基金重大项目承办，得到科技部中国 21 世纪议程管理中心和澳门城市大学葡语国家研究院支持。

与会专家学者围绕海洋经济、海洋科技、海洋资源环境与可持续发展等合作议题进行交流研讨，就推动"一带一路"框架下中葡海洋合作交流提出对策建议。自然资源部第一海洋研究所副所长乔方利以"中国—葡语国家合作建议：UN'海洋十年'框架下海洋与气候的预测与服务"为题、中国科学技术发展战略研究院院务委员王书华以"当前科技创新形势与中葡科技合作的思考"为题、中山大学区域开放与合作研究院院长毛艳华以"新形势下中国-葡语国家海洋合作的新动能与新机制"为题分别做报告。澳门科技大学副校长庞川以"推动建

设海洋自然科学与社会科学交叉学科人才培养基地"为题作报告。他认为，澳门具有与葡语系国家在高等教育合作上的先天优势，要发挥澳门联通内地与国际的优势地位，服务澳门与粤港澳大湾区的社会经济发展。澳门城市大学副校长叶桂平以"粤港澳大湾区建设背景下澳门海洋经济发展的机遇与挑战"为题作报告。澳门海洋学会会长何伟添以"中葡海洋合作与澳门'蓝色经济'发展"为题作报告。他认为未来应立足于粤港澳大湾区和国家"一带一路"建设背景，着眼于海洋区域合作现状，寻找澳门海洋协同发展的关键点，共同推动海洋发展走进"全面合作、深度融合"的新时代。

【第一届粤澳水产种业发展与创新论坛】 2022 年 9 月 28 日在华南师范大学生命科学学院举行，由华南师范大学主办，华南师范大学生命科学学院、港澳台事务办公室、科技处、广东省普通高校粤澳水产种业发展与创新联合实验室和广东省水产健康安全养殖重点实验室联合承办。中国工程院院士林浩然、中国科学院院士朱作言、桂建芳，以及澳门大学、中国水产科学研究院珠江水产研究所、中山大学、华南农业大学、汕头大学、仲恺农业工程学院、省农科院动物科学研究所等 20 余名专家学者应邀出席。中国工程院院士、华南师范大学现代水产养殖科学与工程研究院学术带头人麦康森教授，副校长马卫华及师生代表参加论坛。

华南师范大学水产养殖研究院于 2018 年 10 月引进中国工程院院士麦康森，建立"华南师范大学现代水产养殖科学与工程研究院"及番禺海鸥岛工作基地，通过学科交叉融合，解决水产养

殖产业发展的痛点和难点。该次论坛是落实共建"粤澳水产种业发展与创新联合实验室"三方合作框架协议重要内容，合力谋划粤澳水产种业创新发展。

林浩然、朱作言均表示，水产种业是现代渔业的芯片，"打好种业翻身仗"是国家交给种业科技人员的重要任务，粤澳水产种业发展与创新联合实验室应充分发挥华南师范大学、澳门大学、珠江水产研究所科研团队在水产动物遗传育种、水产动物营养与饲料、绿色健康水产养殖的优势力量，提升种业科研创新水平。澳门大学副校长葛伟在视频致辞中强调，依托麦康森院士牵头的"粤澳水产种业发展与创新联合实验室"，澳门大学将与华南师范大学、珠江水产研究所开展在人才培养、基础研究和技术开发等方面的合作，为中国水产种业创新发展做出贡献。珠江水产研究所副所长朱新平表示，与华南师范大学和澳门大学一道，聚焦水产种业创新人才培养，争取承担更多国家级、省级重大、重点科研任务，将联合实验室建设成为特色鲜明、成果丰硕、国际一流的水产种业创新平台。

桂建芳院士作"蓝色转型加速水产遗传育种与水产种业的竞争和发展"的特邀报告。珠江水产研究所朱新平研究员的主题报告介绍华南地区淡水新养殖对象开发和优良品种培育的最新进展。华南师范大学赵俊教授就鲫鱼新品种培育和濒危物种唐鱼的保护做主题报告。3 位专家的报告从多维度、系统地阐述中国水产育种的过去、现在以及未来发展方向。

论坛开始前，华南师范大学校长王恩科教授会见朱作言、桂建芳、麦康森院士，交流华南师范大学水产学科建设、平台创建、人才培养、项目申报等。

三、广东与国家单位交流合作

综述

【农业农村部与广东省人民政府合作】2021年6月10日，省政府办公厅印发《农业农村部 广东省人民政府共同推进广东乡村振兴战略实施2021年度工作要点》，共八章（分别为确保粮食安全和重要农产品有效供给、提高农业质量效益和竞争力、增强农业创新驱动能力、大力实施乡村建设行动、深化农业农村改革、接续推进脱贫地区发展和乡村全面振兴、巩固发展共建共治共享乡村治理新格局、加强规划和试点引领）25条，每条明确牵头单位和按职责分工负责单位。从推进产业绿色发展、种业建设、加强水产品质量安全监管、强化金融服务等方面，对渔业发展重点工作做出部署。主要有：

打好种业翻身仗。 实施粤强种芯工程，强化种业科技创新，开展水产等良种重大科研联合攻关，着力解决一批关键核心技术。

保障"菜篮子"等重要农产品供给。 发展深水网箱养殖。

加强现代农业产业体系建设。 建设沿海渔港和渔港经济区，提升渔业基础设施和装备水平。

推进农业绿色发展。 开展珠三角百万亩鱼塘转型升级行动，建设国家级水产健康养殖与生态养殖示范县、区。强化渔业资源管控与养护，开展增殖放流，建设海洋牧场，严格实施海洋伏季休渔制度。

提升农产品价值和安全水平。 开展水产品"不安全、不上市"专项行动，实施世界银行贷款广东省农产品质量安全提升（示范）项目。

强化农业农村金融服务。 推动农业保险高质量发展，提高水产养殖等承保覆盖率。

【全国水产品加工发展座谈会在广州召开】2021年9月18日，农业农村部渔业渔政管理局在广州市召开水产品加工发展座谈会，推动水产品加工相关基础设施、设备建设，促进水产品加工发展，构建现代渔业产业体系，提升产业链、供应链现代化水平。

广东推进水产品加工发展，产业基础较为稳固，布局逐步优化，结构加速调整，技术不断进步，产品更趋多样。2020年，中国水产品加工业实现总产值4 354亿元，加工企业9 136个，其中规模以上企业2 513个，用于加工的水产品总量达到2 477万吨。

2021年起，财政部、农业农村部利用渔业发展支持政策中央专项转移支付资金支持各地开展水产品初加工和冷藏保鲜项目建设，对暂养净化、冷藏冷冻、生态环保等设施和原料处理、分级分割、灭菌包装等设备购置予以补助。会议要求各地将水产品加工发展作为渔业高质量发展的重要内容统筹考虑，通过优化加工布局，聚焦主产区，加快塘头、港口等产地初加工设施设备建设，提升初加工、精深加工和副产物综合利用水平。引导加快冷链物流建设，逐步打造从池塘、渔船到餐桌的全程仓储保鲜冷链物流体系。加强科技支撑，提高水产品加工技术联合攻关和成果转化应用水平。汇聚各方力量，争取项目和政策支持，多措并举扩大加工水产品消费群体，合力促进水产品加工高质量发展。

17个省（自治区、直辖市）渔业主管部门领导和渔业处室负责人，中国水产流通与加工协会、中国水产科学研究院等单位的专家共50余人参加会议。会议考察烤鳗和淡水鱼加工流通有关企业，广东、安徽、山东、湖北等省作典型发言，与会代表和专家就"十四五"全国水产品加工规划和产业发展前景等进行研讨。

【农业农村部远洋渔业培训中心与广东合作】2021年4月22日，广东省远洋渔业协会到农业农村部远洋渔业培训中心（上海海洋大学）进行调研并召开座谈会。广东省远洋渔业协会会长黄富雄及相关人员，上海海洋大学副校长江敏、海洋科学学院院长陈新军及培训中心教师等相关人员参加座谈会。双方研究和探讨渔业培训、金枪鱼可追溯研究和推广等内容。

黄富雄介绍广东远洋渔业发展现状及拟与农业农村部远洋渔业培训中心开展的后续合作内容。培训中心与协会就有关广东省企业管理人员安全生产培训、从业人员资格培训、船员安全生产培训、海外基地管理人员培训、职务船员培训等内容进行交流，达成合作以下意向：充分发挥双方的优势，培训中心提供优质的教学资源，分享丰富、成熟的培训办学经验和模式；协会充分发挥地方优势，因地制宜，合作培训。

【中国水产科学研究院在广东合作实施中华鳖培优工程】中国水产科学研究院于2021年启动种业创新攻关计划，设立"强种工程""培优工程""赶超工程"，重点项目在广东省合作实施。珠江水产研究所有6个物种列入计划，其中中华鳖被列为培优工程。研究人员在广东围绕优质速生中华鳖新品种选育及种苗高效生产开展系列研究工作，选育优质速生中华鳖新品系，获得中华鳖"珠惠1号"新品系；建立中华鳖"珠水1

号"良种规模化生产工艺流程,从亲本培育、集卵、孵化、培苗和越冬 5 个环节实现技术创新。发明中华鳖无介质孵化方式,简化中华鳖苗种规模化生产的操作工艺,提高良种的生产效率。

珠江水产研究所研究人员在广东建立中华鳖高效健康养殖良法模式,通过集成工厂化、池塘和稻鳖养殖技术,建立商品鳖分段式接力生产流程,实现中华鳖健康高效养殖技术集成,提高养殖的综合效益。创新中华鳖工厂化养殖模式,将商品鳖 18 个月的生产周期缩短至 10 个月以内,优化商品鳖池塘养殖技术,开展良种良法示范推广。在广东省推广中华鳖良种,建成华南地区规模最大的中华鳖良种供应基地,中华鳖优质苗种年供应 1 000 万只以上。在广东示范推广中华鳖良种养殖面积 1 907 公顷、工厂化养殖面积 12 万米²。并在珠三角地区推广稻鳖综合种养技术,推动广东中华鳖养殖产业结构向多元化综合生产模式迈进。

● 广东与全国协会交流合作

【中国远洋渔业协会赴广东调研】

2021 年 5 月 17—19 日,中国远洋渔业协会会长张显良一行赴广东省调研远洋渔业情况,商讨中国—太平洋岛国渔业经济合作发展论坛有关筹备工作。5 月 19 日,由广东省农业农村厅主办的广东省远洋渔业企业座谈会在广州市召开。24 家远洋渔业企业以及广东省内各市级渔业行政主管部门、广东省远洋渔业协会、广东省人民政府外事办公室等部门有关人员共 50 余人参加座谈会。省远洋渔业协会介绍全省远洋渔业发展现状及企业面临的困难和问题,提出发展建议和有关需求。有关

参会企业代表发言反映行业发展中遇到的困难和问题,并就行业政策制定、国内市场开拓、对外入渔合作、渔船检验等方面提出意见和建议。广东省外事办公室海洋权益与涉外安全处强调涉外安全的重要性,并结合远洋渔业对外合作特点提出有关要求。

张显良充分肯定广东省远洋渔业工作,对今后发展提出希望和要求,并表示中国远洋渔业协会将发挥好桥梁纽带作用,切实做好会员服务。对这次调研了解到的困难和问题、意见和建议,将全面梳理,积极协助反映,争取妥善解决。

调研期间,张显良考察中国—太平洋岛国渔业经济合作发展论坛有关筹备工作,并就相关事宜交换意见;还考察深远海抗风浪网箱养殖平台,赴广州水产集团有限公司了解公司远洋渔业项目运行情况以及斐济远洋渔业基地规划及建设情况,参观有关养殖设施,了解养殖规模、养殖技术和养殖品种等情况。

【中国渔业协会水产种苗分会】

2021 年 12 月 7 日,中国渔业协会在广东省广州市召开水产种苗分会成立大会暨第一次会员代表大会。100 余家会员单位来自广东、海南、山东、辽宁、福建等 12 个省(自治区、直辖市),业务领域覆盖鱼类、甲壳类、贝类、藻类和特种水产品种苗。

中国渔业协会常务副会长兼秘书长林毅,中国渔业协会副会长、中国水产科学研究院原副院长邓伟,深圳市规划和自然资源局副局长高尔剑,俄罗斯自然科学院院士、深圳市华大海洋研究院院长石琼等领导、嘉宾和分会会员代表出席。会议审议通过水产种苗分会管理办法、会费标准、财务管理制度和会徽;选举产生

分会第一届理事会,广东恒兴集团有限公司副总裁刘付永忠当选为理事会会长;广东海大集团股份有限公司、山东安源种业科技有限公司、共鳞实业(深圳)有限公司当选为执行会长单位,还有 21 个单位当选为副会长单位。

会员代表同意,聘请中国科学院院士桂建芳,中国工程院院士林浩然、包振民、刘少军、陈松林,俄罗斯自然科学院院士石琼 6 人为名誉会长;聘请中国水产科学研究院原副院长邓伟为分会专家委员会主任。分会专家委员会主任邓伟和分会名誉会长石琼在会上分别就"水产种业发展趋势与分会发展方向"和"基因组学推动水产种业现代化"做了主题报告。

【中国渔业协会龙鱼分会】

2021 年 4 月 10 日在广东省普宁市召开第二次全国会员代表大会,审议通过分会第一届理事会工作报告和财务报告,审议通过龙鱼分会管理办法、财务管理制度以及选举产生新一届理事会。广东和兴龙鱼公司董事长文建强当选为新一届理事会会长,古月龙宫公司总经理高宝良当选为秘书长。中国渔业协会常务副会长兼秘书长林毅应邀出席会议。他在致辞中向分会换届会议的召开表示祝贺,对分会过去五年所取得的成绩表示肯定,希望龙鱼分会结合观赏鱼产业和龙鱼产业的发展历史,开展党史学习教育。林毅还传达民政部社会组织管理局《关于进一步加强社会组织管理 严格规范社会组织行为的通知》,要求分会认真贯彻落实。会后,分会组织与会代表到副会长单位"正大渔场"进行考察交流。

2022 年 8 月 4 日,中国渔业协会龙鱼分会在广州召开二届八次常务理事扩大会议,讨论水族行业行情动态,研讨国家对于观

赏鱼类动物的保护，协会推行行业标准化管理，让观赏鱼更加健康健全地发展。

【中水集团·国渔鲜生金枪鱼运营招商中心】2022年10月20日，"中水集团·国渔鲜生金枪鱼运营招商中心"揭幕。"中水集团·国渔鲜生金枪鱼运营招商中心"是中国农业发展集团有限公司成员企业中水渔业的控股公司广州国渔商贸在中国华南打造的首家金枪鱼运营招商中心，主要负责天然海捕蓝鳍金枪鱼的全国线下加盟店的运营招商业务。该运营招商中心位于广州国际医药港首期"健康方舟"，将立足粤港澳大湾区医药健康综合试验区，服务大湾区，并辐射至全国各地。

中国农业发展集团有限公司（简称"中农发集团"）系国务院国有资产监督管理委员会直接管理的中央农业企业。中水集团远洋股份有限公司（简称"中水渔业"）是由中农发集团作为实际控制人、主要从事远洋渔业和国际经贸合作开发的股份制上市企业（股票代码000798）。中水渔业拥有最高价值金枪鱼——蓝鳍金枪鱼的中国的全部捕捞配额，是国内金枪鱼作业方式最全、金枪鱼捕捞种类最多的专业化公司，具有掌控整合金枪鱼全产业链资源的优势。广州市国渔商贸有限公司是中水渔业在中国南方创建的金枪鱼加工及销售企业。"中水集团·国渔鲜生金枪鱼运营招商中心"揭牌，标志着深海渔业和健康滋补这两大实力领域将实现资源互通、优势互补发展。

● 驻粤机构与广东交流合作

【中国水产科学研究院珠江水产研究所与广东省农科院合作】2021年7月12日，广东省农科院党委书记廖森泰率动物科学所、资环所、动物卫生所负责人等，到中国水产科学研究院珠江水产研究所，与珠江水产研究所所长徐瑞永等所领导及相关业务处室、创新团队负责人，交流洽谈合作事宜。副所长黄志斌介绍了珠江水产研究所基本情况以及科技创新、产业支撑、国际交流合作等情况。廖森泰介绍了省农科院学科布局及取得的成就，指出桑基鱼塘、功能饲料、渔用设施、渔业经济、渔业文化等将作为农科院水产研究所今后研究发展方向，并希望能与珠江水产研究所共同合作，协同创新。

徐瑞永指出，珠江水产研究所在淡水种业创新、水产动物病害防治、稻渔综合种养、健康养殖模式与尾水处理等学科方向在行业内具有较强的影响力，农科院在饲料营养等多个学科以及桑蚕鱼塘等养殖模式方面具有较强优势，双方可优先从这几个方面开展合作，共同为广东渔业高质量发展作贡献。在合作模式上，前期双方以项目为纽带，共建地市级研究院、成果转化中心等，多形式开展协同创新。

【中国水产科学研究院珠江水产研究所与梅州市农林科学院合作】2021年3月24日，中国水产科学研究院珠江水产研究所与梅州市农林科学院签署《推进水产养殖业绿色发展战略合作框架协议》。梅州市农林科学院党委书记卓国宁、珠江水产研究所所长徐瑞永等出席签约仪式。珠江水产研究所与梅州市农林科学院围绕梅州生态环境、渔业资源和产业基础，创新合作机制、拓展合作领域，协同推进梅州乃至粤北山区渔业绿色健康发展。双方在"客都草鱼"品牌打造、特色淡水鱼良种场建设、省级工程技术中心申报、韩江渔业资源普查和人才培养等方面开展合作，还对粤北山区稻渔综合种养、种质资源库建设、乡村振兴示范点创建等进行研讨。

梅州市农林科学院是梅州市政府直属"公益一类"正处级事业单位，于2020年4月21日成立运行，加挂"广东省农业科学院梅州分院""广东省（梅州）区域性渔业试验中心"牌子。梅州市农林科学院下设水产研究所、动物科学研究所等10个"公益一类"正科级事业单位。

【中国水产科学研究院南海水产研究所与广东省农业技术推广中心合作】2022年7月21日，中国水产科学研究院南海水产研究所所长江世贵一行来到广东省农业技术推广中心惠州海洋渔业试验基地参观调研，参观了海洋渔业试验基地工厂化循环水养殖车间、人工繁育车间、亲本保种车间和海洋科普馆。双方就深化海洋渔业合作，推动广东渔业高质量发展进行交流。

海洋渔业试验基地负责人吴锦辉介绍了基地科研平台建设、科研成果转化、人才队伍建设等相关情况，具体：海洋渔业试验基地主要承担广东海洋渔业科研试验工作，开展海洋生物、海水增养殖、名特优新品种人工繁育、海洋生物遗传育种、海洋农牧化、水产养殖病害防治等基础性技术研究试验工作，承担海洋生物增殖放流技术研究及效果检验有关工作，承担海洋渔业科研成果孵化、中试工作，开展深海生物资源研究工作。基地在国内首次取得石斑鱼杂交育种成功，并在多个杂交组合中筛选出具有优良性状的"虎龙杂交斑"新品种和"青龙杂交斑"新品系，在提高单产、增加抗性、保障品质等方面均具有不可比拟的优势，在广东、海南、福建、广西等省（自治区、直辖市）推广养殖，产生良好的经济效益和社会效益。海洋渔业试验基地是促进广东海洋渔业产业发展的重要平台，是广东唯一的海水渔业资源增殖站、渔业高级人才培养的平台和海洋与渔业科普基地。

江世贵表示，海洋渔业试验基地在海洋渔业研究上引领前沿，特别是在石斑鱼杂交育种技术、工厂化循环水育苗技术以及专业人才培养上成效明显，在海洋渔业产业发展实践、海洋渔业基地建设中积累了丰富经验，为广东农技推广工作贡献了"大亚湾样本"。提议双方继续深化在海水经济鱼类种质库的建设、工厂化循环水养殖技术、资源增殖放流及生态修复等方面的合作。

省农业农村厅二级巡视员廖纪坤表示，海洋渔业试验基地是广东省农业农村厅唯一的"涉海"科研基地，深耕海洋渔业研发工作，平台优势明显，成果显著；双方合作，优势互补，在新品种、新技术、成果转化、人才培养等方面协同合作，为广东海洋渔业产业高质量发展贡献力量。

【中国水产科学研究院南海水产研究所与珠海市斗门区乾务镇合作】2021 年 9 月 8 日，中国水产科学研究院南海水产研究所与广东省珠海市斗门区乾务镇政府签订乡村振兴合作框架协议，并在珠海粤顺水产养殖有限公司举行"中国水产科学研究院南海水产研究所实施乡村振兴战略行动示范点"揭牌仪式。根据协议，双方将在海鲈繁育、池塘健康养殖模式、病害防治、保鲜加工等方面加强合作，提高当地海鲈优质苗种生产和供应能力，推动海鲈产业高质量发展，促进当地一二三产业

融合发展。南海水产研究所还将发挥科技和人才优势，选择珠海粤顺水产养殖有限公司为实施乡村振兴战略行动示范点，带动和促进科技成果转移转化，助力乡村振兴。

珠海粤顺水产养殖有限公司隶属于湛江粤海水产种苗有限公司，在乾务镇拥有 236.8 公顷生态养殖基地，是斗门区最大的水产养殖基地，主要养殖花鲈、加州鲈等品种，围绕白蕉鱼类产业发展，创建特色渔业品牌。

【中国水产科学研究院南海水产研究所与广州市企业共建牛蛙健康养殖示范基地】2021—2022 年，中国水产科学研究院南海水产研究所与广州市盛世瑭丰公司进行合作，共建牛蛙健康养殖示范基地和成果转化基地，派出养殖研究室张家松研究员，指导基地开展牛蛙健康养殖，发挥科技支撑与示范引领作用。广州盛世瑭丰渔业基地位于南沙区东涌镇，是广东省无公害水产品生产基地，面积 31 公顷，其中鳜鱼养殖面积 10 公顷，蛙池面积 0.7 公顷。

该基地实行的"蛙鱼共生"养殖模式，蛙池配备 10 倍面积的鱼塘，蛙池在中间，2 个鱼塘布设在两边，池塘放养鲮鱼苗，蛙池养殖尾水会排进养殖鲮鱼的池塘。由于牛蛙排泄物的蛋白含量高，可以作为鲮鱼的饵料，实现养殖无须另外投料。鲮鱼苗养到一定规格后，便可用作鳜鱼的饵料。而池塘里的尾水经过两级生物过滤之后，再回到蛙池，如此循环使用，形成"牛蛙—鲮鱼—鳜鱼"生态循环模式。

基地从 2017 年开始养殖牛蛙，试验过多种模式。特别是蛙池面积和池塘面积的配比，从 1∶5 到 1∶7 再到 1∶10，直到 2020 年才固定下来。在"蛙鱼共

生"养殖模式下，该基地一年可以养殖 3 批牛蛙，牛蛙每公顷年产量 400～500 吨，成蛙直供广州番禺的水产品市场。

三、省际交流合作

● 粤桂琼闽交流合作

【粤桂琼交界海域联合执法行动】2021 年 9 月 14 日，广东省海洋综合执法总队、广西壮族自治区渔政执法总队、中国海监广西壮族自治区总队、海南省海洋渔业监察总队、海南省海洋监察总队共同开展为期 5 天的北部湾海域及粤桂琼三省（自治区）交界海域联合执法行动，加强粤桂琼三省（自治区）交界海域执法管控力度，保护粤桂琼交界海域海洋生态环境，依法严打各类海洋渔业违法行为。

此次行动采取编队集中巡航的方式，发挥"集中用警、规模用警、异地用警"的优势，调集中国渔政、中国海监共 5 艘执法舰船，重点检查无证捕捞、跨海区捕捞、使用"电、炸、毒、绝户网"等禁用渔具违法捕捞、涉渔"三无"船舶违法捕捞和围填海、海砂开采、海洋倾废等行为。行动中，编队对巡航海域进行拍照、摄像取证（无人机拍摄），并驱赶在航道、海缆海域作业渔船。

【两广交界海域联合执法】2021 年 11 月 20—21 日，广东省海洋综合执法总队、广西壮族自治区渔政执法总队、中国海监广西壮族自治区总队联合开展为期 2 天的执法行动，合力打击两广交界海域海洋与渔业违法违规行为，重点打击粤、桂两省（自治区）交界海域非法捕捞巴菲蛤等海洋与渔业违法违规行为。执法行动以北部湾雷州以东、涠洲岛以西

海域作为重点海域。

粤桂两省（自治区）总队组织湛江、茂名、阳江、北海4市及沿海县级海洋与渔业执法队伍同时行动，共出动执法船艇18艘，执法人员196人，航程1100海里，查获非法拖螺渔船1艘，其他类型违法捕捞船舶13艘，查处违法定置网10多口，检查航道疏浚工程船6艘，登检渔船26艘。

【粤闽海洋伏季休渔联合执法】2022年，南海海洋伏季休渔从5月1日12时起至8月16日12时止，除钓具以外的所有作业类型以及为捕捞渔船配套服务的捕捞辅助船均须休渔。广东省海洋综合执法总队与福建省海洋与渔业执法总队于5月10—12日调派省、市、县三级执法力量，开展2022年粤闽海洋伏季休渔联合执法行动。联合执法首日，两省执法人员驾驶执法船艇，在汕头南澳县后江海域集结后出航执法。登检船舶125艘，检查港口3个。检查中发现10艘涉嫌违规渔船，其中3艘未按要求使用AIS渔船船载终端、1艘渔船改变作业类型、1艘辅助船上存放钓具工具、1艘辅助船舶改变船体材质、1艘渔船在港内明火作业、1艘渔船进港未报备、2艘渔船标识不清。执法人员对违规船东开展教育，督促其立即整改。该次行动两省共派出执法人员154人、执法车辆5辆、执法船艇11艘，重点对粤闽交界、台湾浅滩等海域及底拖网禁渔区线内侧海域开展拉网式巡查，严查休渔期偷捕、钓具船改休闲渔船等违法违规行为。

【粤桂琼海洋综合执法联合行动】2022年6月22—30日，广东省海洋综合执法总队、广西壮族自治区渔政执法总队、中国海监广西壮族自治区总队、海南省渔业监察总队、海南省海洋监察总队联合开展粤桂琼三省（自治区）海洋综合执法联合执法行动，集中打击各类海洋违法行为。行动期间，三省（自治区）执法队伍共出动执法人员1081人次，执法船艇70艘次，航程8800海里，采取编队巡航、共同商讨、联合打击违法行为等形式，开展执法一体化协作，查获违法拖螺船舶14艘，其中在册渔船8艘，涉渔"三无"船舶6艘，清理定置网1万余米，查获走私船"大飞"4艘，查获一批走私香烟、牛肚，巡查海底电缆保护区及重点用海项目7个。

6月23日、6月26日，三省（自治区）执法船艇编队，分别联合巡查琼州海峡至粤西海域、北部湾海域，沿途巡护琼州海峡海缆区和临高北海海缆区，巡查斜阳岛和涠洲岛海域，以及涠洲岛中海油钻井平台。

粤黔渔业交流协作

【粤黔协作有"鱼"更精彩】2021年，广东省先后组织水产企业携众多名特优水产品到贵州举办推介会，分批次向贵州省赠送鱼苗，助力贵州稻渔综合种养和生态水库渔业发展。7月23日广东名特优水产品推介会在贵州举行；10月21日广东首批1.45万千克鱼苗帮扶贵州省台江县生态养殖；11月2日，粤黔渔业协作第二批鱼苗从广东出发，包括水库生态养殖的鳙、鲢苗2万千克，稻田养殖的鲤苗0.8万千克。

【广东省名特优水产品（贵州）推介会】2021年7月23日在贵阳市举行，旨在推动两省水产品产销合作，促进粤黔渔业高质量发展，丰富了贵阳市民对广东水产品的选购。推介会现场，广东水产企业带来湛江对虾、生蚝、金鲳鱼和茂名罗非鱼等名特优水产品。贵州打造的"贵水黔鱼"公用品牌以及渔业养殖、食品加工等企业在活动中亮相。现场还特别举行以茂名罗非鱼、湛江白对虾为主题的沙龙分享会、项目合作签约、美食品鉴会等系列活动，拓展粤黔两地合作。

推介会由广东省农业农村厅、省乡村振兴局和贵州省农业农村厅、省水利厅指导，湛江市农业农村局、茂名市农业农村局主办，现场邀请粤黔两省企业代表、水产品经销商、餐企代表等300余人参会。

【贵州省湄潭县举办白蕉海鲈推介会】2021年12月2日，珠海市斗门区在贵州省遵义市湄潭县举行白蕉海鲈区域公用品牌宣传推介会。活动以"鱼跃斗门·鲈游四海"为主题。活动现场，珠海强竞农业有限公司与贵州宏远美味香食品有限公司、珠海市诚汇丰农业科技有限公司与贵州福泉冻香人食材批发部、珠海集元水产科技有限公司与遵义鹏聚商业管理有限公司、珠海市农产品流通协会与贵阳凯全海浩食品有限公司等结对成功，斗门区9家水产品加工企业与贵州当地客户现场签订合作意向书，签约成交额超1.1亿元，成交量达3780吨。

斗门区15家水产企业现场设摊摆位，围绕白蕉海鲈的品牌优势，与当地商家进行沟通交流和业务链接，同时开展产品介绍、产品试吃、资料派发、播放宣传片等一系列推介活动。活动还同步启动白蕉海鲈区域公用品牌电商直播活动，珠海强竞农业集团、珠海诚汇丰农业科技有限公司、珠海集元水产科技有限公司、珠海祺海水产科技有限公司等斗门水产龙头企业相关负责人现场直播带货，当天吸引超 10 万粉丝收看。

广东与其他省市交流合作

【2021 年湛江对虾（西安）推介会】9 月 28 日在西安市举行了广东海水产品进内陆系列活动，由广东省农业农村厅、陕西省农业农村厅指导，湛江市农业农村局主办，广东省水产流通与加工协会承办，以"湛江对虾 鲜动西部"为主题，推介对虾养殖、加工和种苗以及渔业设施设备等相关产业产品。现场邀请来自陕西省行业商（协）会领导、湛江对虾品牌企业代表、当地水产品经销商、贸易商、餐企代表、商场超市、专业媒体等 100 多人参加。该次活动同期举办沙龙分享会、"一虾多吃"品鉴会、线上直播，以及水产市场考察座谈，全方位展示宣传湛江对虾产品，扩大内循环，拓展西部消费市场。

【2021 茂名罗非鱼品牌西安推介会】10 月 18 日在西安市世纪金源大酒店举行，由广东省农业农村厅、茂名市农业农村局、茂名市罗非鱼协会、陕西省餐饮业商会共同主办，以"粤来美好'鱼'您共享"为主题，以茂名罗非鱼品牌推广为中心，通过"美食厨艺交流会＋云直播"等新营销模式，实现线上线下宣传推广，引导与罗非鱼相关的企业与农产品批发市场、餐饮企业等对接，拓展产品销售渠道。

茂名市罗非鱼协会会长王伯顺就茂名罗非鱼行业引导餐企合作、市场化推广等方面做演讲；中国水产科学研究院珠江水产研究所谢骏研究员演讲揭示茂名罗非鱼扬名海内外的奥秘。邀请陕西餐饮界的名店名厨名师，分别就不同话题分享自己的经验与做法。

在现场技艺展示、品鉴交流环节，烹饪大师以煎、炸、烧、煮、焖等各种烹饪方法，现场烹制的各种罗非鱼块、鱼片、"一鱼多吃"等十几种罗非鱼风味美食，让与会嘉宾品鉴，展现一场鲜、香、爽、脆、嫩的罗非鱼盛宴。

【2022 年湛江对虾（重庆）推介会】2 月 23 日在重庆威斯汀酒店举行，活动以"湛江对虾，鲜动西部"为主题，由广东省农业农村厅指导，湛江市农业农村局主办，广东省水产流通与加工协会承办。现场邀请来自重庆市和广东省在业内具有影响力的行业商（协）会领导、湛江对虾品牌企业代表、当地水产品经销商、贸易商、餐企代表、商场超市、专业媒体等参加。据了解，这次推介交流，参会人员达 198 人、线上总流量达 25 万人次，广东湛江多家品牌企业与重庆参会采购商现场签约 1 亿元，50 家媒体同步宣传报道。

【茂名罗非鱼品牌（太原）推介会】2022 年 8 月 12 日在太原市山西饭店举办"粤来越好，鱼您共晋"茂名罗非鱼品牌（太原）推介会，以茂名罗非鱼品牌推广为中心，扩大茂名罗非鱼产业的内销市场。品鉴会上，行政主厨现场烹制十几种罗非鱼风味美食让与会嘉宾品鉴，展现一场鲜、香、爽、脆、嫩的罗非鱼盛宴。

茂名地处南海之滨，四季如春，适合养殖罗非鱼，构建起饲料生产、种苗选育、养殖、加工出口、副产物加工、方便休闲食品研发生产等完整的产业链，茂名是全国面积最大、质量最优的商品鱼基地，是"世界罗非鱼产业优势核心区"，被授予"中国罗非鱼之都"。

【茂名罗非鱼品牌（长沙）推介会】2022 年 9 月 27—28 日在湖南省长沙市富兴时代钻石中庭举行"粤来越好，鱼您湘约"茂名罗非鱼品牌（长沙）推介会，以茂名罗非鱼品牌推广为中心，美食厨艺交流＋云直播，线上线下同步推广。推介会由广东省农业农村厅指导，茂名市农业农村局主办，茂名市罗非鱼协会承办。

活动现场，湖南省餐饮行业协会企业、湖南省广东商会、长沙市水产批发市场等单位和经销贸易商、生鲜电商代表共同探讨推进茂名罗非鱼消费端的发展以及拓展渠道。现场嘉宾、美食网红博主和市民还品尝了"香辣烤鱼""酸菜罗非鱼"。

【湛江金鲳鱼全国行—成都站推介会】2022 年 12 月 13 日在成都市举行，由广东省农业农村厅指导，湛江市农业农村局主办，以"湛江金鲳，全球共享"为主题，以美食品鉴交流会等新营销模式，线上线下双线联动。活动邀请湛江多家品牌企业前来推介，分别推介企业及旗下包括湛江金鲳鱼、南美白对虾、生蚝、年鱼系列、预制菜等相关水产加工品。推介会同期举办湛江金鲳鱼川、粤菜美食品鉴会。

【广东省锦鲤协会协助举办首届中国（济南）名优锦鲤大赛】2021 年 10 月，济南市长青锦鲤协会在济南市举办首届中国（济南）名优锦鲤大赛。广东省锦鲤协会派出专门工作小组协助举办该赛事，促进省锦鲤协会与国内其他协会友好合作、经验交流及资源运用。

2022 年 10 月，广东省锦鲤协会支持辽宁休闲渔业协会举办辽宁省第五届锦鲤大赛；12 月 3 日，省锦鲤协会派工作小组协助济南市长青锦鲤协会以网络评比的方式在济南市举行第二届中国（济南）名优锦鲤大赛。

五、论坛研讨会交流

综述

【首届中国脆肉罗非鱼市场峰会】
2021年9月16日在广州市中国进出口商品交易会展馆盛大举行，由《海鲜指南》、广州渔博会组委会共同主办，"第七届中国广州国际渔博会"同日开幕。脆肉罗非鱼产业链上下游企业近200名嘉宾代表隆重出席该次峰会。

会上首先由广东省水产流通与加工协会专家姚国成（原广东省水产技术推广总站站长）教授级高级工程师作题为《兴起！中国脆肉罗非鱼养殖产业现状及市场发展前景分享》的报告，报告认为：脆肉罗非鱼是在普通罗非鱼的基础上经过3个月的"脆化"（喂养膨化饲料），从而变得没有泥腥味，肉质脆香浓郁，久煮不烂，业内简称为"脆妃"。脆肉罗非鱼一跃变成餐桌美食，特别是脆肉罗非鱼生鱼片，被誉为"水产新贵"，晶莹剔透，爽口弹牙，价格是一般罗非鱼的两三倍。脆肉罗非鱼比一般的罗非鱼要大一点，肉质要比普通的罗非鱼清新，可火锅、煎、炒、焗、焖。让"吃鱼"重新赋予定义，是食客们难以抗拒的美味。脆肉罗非鱼可制作多种菜品，如香煎鲷鱼片、黄金鲷鱼排、酸菜鱼、火锅等，市场潜力巨大。

会上还有其他专家作报告：中山渔峰饲料有限公司总经理周怀林的《降成本、提脆度、稳供应：脆肉罗非鱼养殖品质把控及鲜活流通市场分享》；海南勤富食品有限公司周云峰的《聚焦高品质，海南罗非鱼及脆肉罗非鱼全产业链打造》；广东优配供应链管理有限公司梁少文的《珠三角地区脆肉罗非鱼深加工与消费市场前景分享》。

报告之后举行圆桌讨论会，讨论主题《如何更好地匹配终端？脆肉罗非鱼现阶段市场困境与解决方案探讨》，由姚国成主持，海南翔泰渔业股份有限公司新零售及电商部总监刘子丹、肇庆市中业水产有限公司总经理钟志成、恒兴食品国际贸易中心总监华海燕、"仙泉湖""一筷夹""QQ脆鱼"创始人朱继荣、广东优配供应链管理有限公司副总经理冯文滔等参加。

【首届中国海鲈种业大会暨"白蕉海鲈"产业高质量发展论坛】
2021年12月7日在广州市南沙区召开，由广东省农业农村厅、广东省农业技术推广中心、中国水产流通与加工协会、珠海市斗门区人民政府指导，珠海市斗门区白蕉镇人民政府主办，南方报业传媒集团《南方农村报》承办。大会聚焦海鲈育种、精深加工，围绕海鲈产业转型升级，倡导"绿色、环保、节能、循环"的环境友好型生态养殖模式，以专业的角度审视行业，推动海鲈产业健康可持续发展。论坛是2021"白蕉海鲈"品牌网络活动周暨第四届"白蕉海鲈"旅游文化嘉年华系列活动之一，通过《南方+》《视频号》《微赞》等网络云平台直播，观看量约50万人次。

中国水产科学研究院花鲈种质评价与遗传育种创新团队首席科学家、中国水产科学研究院南海水产研究所研究员邱丽华介绍了攻克海鲈种业问题最新技术研究进展，通过建立海鲈种质资源库，采用人工方法开展家系选育，加快苗种培育规模化、专业化、标准化，加强抗病育种等工作。

广东省海鲈协会会长刘强在大会上分享海鲈产业可持续发展思路，他建议推进海鲈精深加工，提升产品附加值，打造差异化海鲈品牌，发挥"一条海鲈"的最大价值。

国家海水鱼产业技术体系鱼品加工岗位科学家、中国水产科学研究院南海水产研究所研究员吴燕燕讲述海鲈加工产业现状及最新深加工技术应用前景，介绍海鲈品质提升技术、海鲈鱼糜食品加工技术、海鲈鱼休闲食品加工技术，以及海鲈质量安全保障技术等前沿研究。

国家现代农业产业技术体系海鲈营养需求与饲料岗位科学家、集美大学水产学院院长张春晓阐述海鲈养殖现状与水产养殖饲料利用问题，从营养角度探讨优质高效养殖方向，并提出通过生态学、营养学手段改善海鲈品质，形成差异化产品，满足市场对高端水产品的需求。

珠海市海川农业有限公司总经理李志明，珠海集元水产科技有限公司总经理谢祖铭作为企业代表在会上发言，分享海鲈养殖管理经验以及对白蕉海鲈区域品牌建设的理解。

大会开展"白蕉海鲈"产业"思想汇"，专家同台交流，探讨健康生态养殖、打造海鲈品牌、拓展流通渠道等行业热点问题。

论坛

【2021中国渔业绿色养殖产业发展论坛】9月16日在中国进出口商品交易会展馆开幕，这也是第七届广州国际渔业博览会开幕首日，论坛是此次渔博会的重要议题之一。论坛由广东省农业农村厅指导；中国渔业协会智慧渔业分会、工业化水产养殖与装备产业技术创新战略联盟、中国水产养殖网、广东省水产流通与加工

协会、广州国际渔业博览会组委会共同主办；广州市诚一智慧渔业发展有限公司独家冠名；广东省渔业协会、广东省休闲渔业与垂钓协会、中国渔业协会金鲳鱼分会协办；广州环球搏毅展览有限公司承办。

论坛首先由中国渔业协会智慧渔业分会秘书长杨谊兴致词，接着由广州市诚一智慧渔业发展有限公司副总经理范志明介绍诚一集团发展情况。主题报告有全国水产技术推广总站评价与示范处处长陈学洲的"推广新技术新产品新装备优秀科技成果，促进渔业高质量发展"、广州市诚一智慧渔业发展有限公司副总经理许鹏的"池塘生态养殖实践与数字渔业探索"、武汉市中易天地物联科技有限公司董事长唐宾国的"数据化在水产养殖中的应用"、碧沃丰生物科技（广东）股份有限公司总裁范德朋教授高级工程师的"绿色生态养殖——循环多元尾水处理技术"等。

【2021 第七届现代渔业论坛（院士专家湛江行）】12 月 16 日在湛江市举行，由广东水产学会、广东海洋大学、湛江市科学技术协会、湛江市人才驿站联合主办，湛江市水产技术推广中心站协办。论坛以"创高端水产区域性品牌、促现代渔业高质量发展"为主题，总结探讨：智慧渔业和渔业智能设备的发展现状与未来，加快重要水产养殖动物种业创新创制步伐，推动渔业现代化转型升级，为企业和科研院所搭建高端对话平台，促进各方交流、合作与提升，引导中国渔业创新发展。中国科学院院士桂建芳、广东海洋大学副校长谭北平、湛江市政协副主席陈丹等出席论坛。广东海洋大学教授、湛江市水产学会理事长鲁

义善主持论坛。论坛开设线上实况直播，网上观看达 18 万人次。

中国科学院院士、中国科学院水生生物研究所研究员桂建芳作题为"技术创新架起通向可持续更清洁绿色渔业模式的桥梁"的报告；中国水产科学研究院黄海水产研究所研究员、中国水产学会理事长王清印作题为"方兴未艾的水产种业——发展与展望"的报告；中国科学院南海海洋研究所研究员喻子牛作题为"牡蛎遗传育种研究及其产业应用"的报告；中国水产科学研究院南海水产研究所研究员张殿昌作题为"卵形鲳鲹种质评价与新品种培育"的报告；广东海洋大学水产学院教授刘建勇作题为"湛江对虾种业现状及其发展建议"的报告。

【2022 第八届现代渔业论坛暨院士湛江行】12 月 26 日在湛江市举行，以"践行大食物观、贯彻高质量发展"为主题，由广东海洋大学、湛江市科学技术协会、湛江人才驿站主办，湛江市水产学会承办，湛江市水产技术推广中心站协办。相关水产科研院所（院校）有关领导专家，有关渔业企业负责人及技术人员通过线上线下方式参加论坛。中国科学院院士桂建芳，中国水产科学研究院南海水产研究所研究员林黑着，广东海洋大学教授黄郁葱、鲁义善等专家围绕渔业"全球蓝色转型加速水产种业竞争和发展""卵形鲳鲹营养与饲料研究""金鲳鱼主要病害研究进展""金鲳鱼渔场认证与优质鱼计划""打造金鲳鱼消费爆品——全产业链渠道全场景破局金鲳鱼市场""中国鲳鱼之都——湛江"等主题作报告。同时，从国内金鲳渔业发展现状出发，总结探讨当前国内金鲳鱼产业升级、养殖病害防控等经验与

做法，加快金鲳鱼产业从育种、饲料、病害等可持续生态养殖、提升产业发展质量、全力推进金鲳鱼养殖业绿色健康高质量发展。

【水域生态学高端论坛】2022 年 11 月 25—26 日，由暨南大学主办的水域生态学高端论坛（2022）在广州市召开。暨南大学水生生物研究中心、生态学系主任张修峰，热带、亚热带水生态工程教育部工程研究中心主任杨扬、副主任韩博平共同担任大会主席。

论坛邀请来自荷兰、捷克、英国、爱尔兰、美国、泰国、菲律宾、印度、中国香港、中国台湾、中国等国家和地区的水域生态学领域著名专家学者做了 30 场专题报告。专家学者围绕论坛主题"水域生态系统健康评估与管理"，在新型污染物的生态健康风险与修复、水生生物多样性与生态系统完整性、水域生态工程技术与生态系统碳汇、水体富营养化与有害藻类水华防治等方面进行探讨，向与会人员展示相关领域前沿研究的新技术、新方法、新进展。论坛在线上进行，线上观看直播人次超过 2.3 万人次。

【南美白对虾种业绿色发展论坛】2022 年 12 月 25—27 日以线下线上方式在湛江市举行，这是岭南科学论坛系列活动之一，由广东省科技厅、省科协、省农业农村厅指导，广东水产学会、广东水产种业创新联盟主办，以"科技创新，以种为先"为主题。论坛吸引业界多家科研院校、推广部门、企业等单位科技工作者超 10 万人关注观看。

中国海洋大学包振民院士作题为"对中国南美白对虾种业发展的几点认识"的报告；中国科学院水生生物研究所桂建芳院士作题为"渔业全球蓝色转型加速

水产种业竞争和发展"的报告；中山大学何建国教授做题为"凡纳滨对虾养殖与种业发展的探讨"的报告；广东海洋大学刘建勇教授做题为"南美白对虾抗逆性状选育及现代种业产业园建设情况"的报告；中国水产科学研究院南海水产研究所林黑着研究员作题为"卵形鲳鲹营养与饲料研究的思考"的报告。

【广东水产学会第三届青年科技论坛】2021年10月27—29日在阳江市举行，以"创新发展　青年担当"为主题，由广东水产学会主办，阳江市科学技术协会、阳江市农业农村局、阳江职业技术学院承办，阳江市水产学会、阳江海纳水产有限公司、广东稻花禾虫科技开发有限公司协办，得到广东省农业技术推广中心、中山大学、广东海洋大学、仲恺农业工程学院、华南师范大学、华南农业大学、中国水产科学研究院南海水产研究所、中国水产科学研究院珠江水产研究所、中国科学院南海海洋研究所、广东省农业科学院水产研究所等单位的支持，来自全省各地的高等院校、科研院所、推广单位、企业、合作社、社会组织、新闻媒体等水产领域科技工作者近300人参加论坛。中国工程院院士林浩然、广东省科学技术协会专职副主席林晓湧、阳江市委常委雷玉春、广东水产学会理事长吴灶和、广东省农业技术推广中心副主任罗国武出席开幕式并致辞。

林浩然院士在论坛现场作主旨发言。论坛安排专家主题报告3个、分论坛报告57个。原广东省水产技术推广总站站长姚国成教授级高级工程师作题为"广东渔业发展历程及新时代特点"的报告，回顾广东渔业发展历程，讲述渔业新时代发展特点——

"十大工程"等内容。中国水产科学研究院南海水产研究所张家松研究员作题为"工厂化分段式对虾高效养殖模式构建与推广应用"的报告，阐述工厂化分段式对虾高效养殖模式，分析了生物絮团水处理技术、养殖系统设计、养殖管理技术。阳江职业技术学院陈兴汉教授以"疣吻沙蚕（禾虫）种业创新及综合种养产业化进展"为主题，讲解团队首创工厂化苗种中间培育关键技术工艺，实施精准淡化程序，筛选并人工定向培育开口饵料，开发苗种标粗发酵饲料，实现禾虫的工厂化全人工育苗。

此次论坛得到阳江海纳水产有限公司支持，设立"海纳杯"优秀论文奖。来自中国水产科学研究院南海水产研究所、中国水产科学研究院珠江水产研究所、华南师范大学、广东海洋大学、仲恺农业工程学院等单位的优秀青年66人获得优秀论文荣誉证书，其中一等奖8人，二等奖11人，优秀论文奖47人。

论坛期间，进行"院士专家服务阳江行"活动，市委副书记、代市长余金富，市委常委、组织部部长杨春涛会见林浩然一行，双方就携手搭建产学研服务平台，推动阳江高科技成果转化与产业融合发展，加强高素质人才引进和培养，促进海洋渔业转型升级等方面内容进行座谈交流，省科协党组成员、专职副主席林晓湧参加活动。

【广东水产学会第四届青年科技论坛】2022年7月27—29日在肇庆市举行，由广东省科学技术协会、广东省农业农村厅指导，广东水产学会主办，肇庆市农业农村局、肇庆学院承办；以"青年成长与时代精神"为主题，关注青年成长和学术前沿及行业话题，渔业

界多家科研院校、推广部门、企业等单位青年科技工作者近300人参会。广东省农业技术推广中心专职副书记刘胜敏、肇庆学院副校长胡文涛、肇庆市水产技术推广中心副主任谢俊刚、广东水产学会理事长林蠡分别致辞。

中国工程院院士、中山大学教授林浩然作线上致辞。会议邀请广东省农业农村厅原二级巡视员陈文，广东水产学会理事长林蠡，观星农业科技有限公司董事长舒锐等专家做专题报告。

《论坛》举行期间，广东省农业技术推广中心发布广东农技服务渔业"轻骑兵"乡村行管理规定（试行）。

⬤ 研讨会

【南海周边国家渔业可持续发展研讨会】2022年5月19日，中国水产科学研究院南海水产研究所通过线下线上相结合的方式组织召开"南海周边国家渔业可持续发展研讨会"，旨在搭建常态化渔业科技合作交流平台，促进区域渔业高质量发展和渔民生产技术水平提升，共同推动建设南海"蓝色伙伴关系"。南海水产研究所所长江世贵研究员以视频方式出席会议并致辞，副所长吴洽儿研究员主持研讨会并作会议总结。

此次研讨会以"绿色、低碳与可持续渔业发展"为主题，聚焦渔业资源养护、水产养殖绿色发展、水产品加工与产后处理技术，分享交流现代渔业发展经验、理念、模式和科技创新成果等。其中，南海水产研究所副所长张殿昌研究员和渔业资源研究室邱永松研究员分别做题为"卵形鲳鲹新品种培育与养殖技术研究进展""中国南海渔业资源现状与渔业管理实践"的学术报告。

农业农村部渔业渔政管理局

有关领导，联合国粮食及农业组织（FAO）亚太办事处、亚太水产养殖中心网（NACA）、亚太区域渔产品销售信息及技术咨询服务政府间组织（INFOFISH）等国际组织和菲律宾、越南、印度尼西亚、马来西亚、泰国、新加坡等国家的渔业官员、专家学者，以及中国海洋大学、厦门大学、华南农业大学等国内高校和科研单位的专家学者共 70 多人参加研讨会。

【水产养殖尾水综合治理学术研讨会】2021 年 9 月 17 日在广州举行，由中国水产科学研究院珠江水产研究所、广东水产学会、广东省水产养殖污染修复生态工程技术研究中心联合主办。以"养殖尾水生态治理 促进渔业转型升级"为主题，邀请国内知名专家介绍水产养殖尾水综合治理的概况、政策及科研进展，提出水产养殖尾水综合治理的建议、措施和发展方向。中国工程院院士林浩然，中国水产科学研究院副院长刘英杰，省农业农村厅、各市渔业主管部门和相关科研机构等单位相关领导、专家参加研讨会。

研讨会上，与会专家就微生物、大型海藻生物、好氧反硝化细菌在养殖水环境修复中的研究与应用，圈养模式、集装箱养殖模式、池塘生态工程化养殖、大水面生态渔业模式尾水处理技术研究进展、广东省尾水治理模式与技术、池塘养殖尾水及其悬浮物去除、中国养殖尾水排放标准的制定情况等涉及养殖尾水处理的相关技术应用、行业标准进行交流，分享浙江、江苏在推广生态养殖模式，开展池塘养殖尾水综合治理方面的实践经验。

研讨会期间举行广东省水产养殖污染修复生态工程技术研究中心专家委员聘书颁发仪式。研讨会结束后，与会人员参观佛山市顺德区优质草鲩产业园养殖尾水治理模式。该产业园的"生态养殖尾水智能化循环处理检测调控系统"建设项目成为国家现代农业核心示范区之一，由"人工湿地＋三池两坝"构建而成，自运行以来尾水处理效果明显。

【水产育种研究与商业化应用研讨会暨产学研对接洽谈会】2021 年 12 月 6 日在广州市南沙区举行的"第二届中国水产种业博览会暨第三届广东水产种业产业大会"召开，来自国内多家著名科研院所和高校的专家教授、企业和学生代表参会。

来自中国科学院南海海洋研究所研究员胡超群、中国水产科学研究院珠江水产研究所研究员朱新平、中国水产科学研究院南海水产研究所研究员张殿昌、中国水产科学研究院珠江水产研究所研究员谢骏、华南师范大学生命科学学院教授赵俊、华南农业大学海洋学院教授余祥勇、暨南大学水生生物研究中心研究员崔淼、中山大学水生经济动物研究所研究员张勇、仲恺农业工程学院动物科技学院教授林蠡、广东海洋大学水产学院教授邓岳文等专家教授及部分企业代表分别发言，共谋水产种业振兴。

一、珠三角地级及以上市

● 广州

【市情概览】广州市地处中国大陆南部，广东省中南部，珠江三角洲的中北部，接近珠江流域下游入海口，区位条件优越，是中国南方航运、铁路、公路和航空的交通枢纽交汇的重要城市，是国家对外贸易、交流的重要海港，还是古代海上丝绸之路的发祥地之一，在海上丝绸之路和中外海上交通贸易史上有重要地位。2022年，土地面积 7 436 千米²，年末户籍人口 1 035 万人，常住人口 1 873 万人（城镇化率 86.48%）。2022年广州市地区生产总值 28 839 亿元，比上一年增长 1.0%；人均地区生产总值 15.36 万元（按年平均汇率折算为 22 840 美元），增长 1.0%。一般公共预算收入 1 855 亿元，下降 1.5%。一般公共预算支出 3 014 亿元，增长 0.2%。

【渔业资源】广州市渔业资源丰富，有鱼类 16 目 47 科 151 种，其中纯淡水鱼类 94 种，河口海洋鱼类 57 种。94 种纯淡水鱼类分别隶属于 6 目 20 科。由鲤形目和鲇形目所组成的世界淡水鱼类中的最大类群——骨鳔鱼类，约占全市淡水鱼类种数的 80.89%。在鲤形目鱼类中，鲤科在种数上占绝对优势（约占全部淡水鱼类的 56.38%），不少种类在数量上也属优势种。流溪河和增江孕育着广州市最丰富的淡水鱼类物种资源。57 种海洋河口鱼类分别隶属于 12 目 27 科 43 属，全部为硬骨鱼类。海洋河口鱼类组成的总体特征是种类偏少，资源量较低。珠江口广州区域是河口鱼类重要的繁育场和部分鱼类的洄游通道，具有重要的生态价值。

【渔业经济发展】2022年，广州市水产品总产量 49.8 万吨，比上一年下降 1.9%；水产品总产值 129.5 亿元，增长 4.7%。全市渔业持续绿色健康高质量发展，建成 3 个省级现代渔业产业园，创建 2 个国家级水产健康养殖和生态养殖示范区。全市水产养殖保持稳定发展，国内捕捞渔业受捕捞渔船减船退捕和更新改造行动影响，减产明显，远洋渔业呈稳定向好发展趋势。

2022年底，广州市国家级水产绿色健康养殖"五大行动"骨干基地数量占全省三分之一，持续居全省首位。发展渔业生产的同时，推进水产品加工、储运、销售和水产种苗繁育、渔用饲料、渔药、观赏鱼养殖及其水族器械、休闲观光渔业等相关行业的发展。以一二三产业全方位发展推动广州渔业高质量发展。

【捕捞渔业生产】2022年，广州市有机动渔船 1 295 艘、总吨位 1.94 万吨、总功率 5.98 万千瓦，分别比上一年下降 2.92%、7.59% 和 4.80%。全市捕捞产量 4.23 万吨，产值 14.3 亿元，分别比上一年下降 18.9% 和 7.2%。其中，近海捕捞产量 1.05 万吨，淡水捕捞产量 1.5 万吨，分别比上一年增长 7.53% 和下降 46.4%；远洋捕捞产量 1.66 万吨，增加 18.6%。印发《广州市捕捞渔船减船退捕和更新改造总体实施方案》，大力推动渔船减船退捕和更新改造工作。积极支持远洋渔业发展，全市现有取得远洋渔业项目资格的远洋渔业公司 6 家、远洋渔船 55 艘，作业水域包括斐济、马来西亚、文莱、莫桑比克等国家和北太平洋、太平洋、印度洋公海等。

【水产养殖生产】 2022 年，广州市养殖水产品总产量 45.6 万吨，养殖面积 2.12 万公顷，产值 115.9 亿元，分别比上一年增长 0.1%、下降 1.76% 和增长 6.4%。其中，淡水养殖产量 33.5 万吨、养殖面积 1.65 万公顷，产值 68.79 亿元，分别比上一年下降 2.95%、3.89% 和增长 4.73%；海水养殖产量 12.1 万吨，养殖面积 4 712 公顷，产值 47.07 亿元，分别比上一年增长 9.67%、6.52% 和 8.81%。

【特色水产养殖】 2021—2022 年，广州市实施水产养殖"三品一标"提升行动，坚持品种培优、品质提升、品牌打造和标准化生产，强化水产品质量安全。先后打造了"绿色食品"花都福源沙河甲鱼、国家地理标识认证商标"从化流溪娟鱼"、全国名特优新农产品"南沙青蟹"等一批品质优良、具有广州特色的精品水产品牌。布局谋划区域特色养殖渔业，发展从化流溪娟鱼、增城增江大刺鳅、花都脆肉罗非鱼、南沙青蟹、番禺笋壳鱼等特色水产。养殖方式逐渐由传统土塘养殖向现代设施渔业转型；养殖模式呈现特色化、本土化、高产值等发展方向。

【绿色健康养殖】 2021—2022 年，广州市推行水产健康养殖"五大行动"，通过专项行动提升养殖技术，推行绿色健康养殖模式。加快推进水产养殖业转型升级，促进产业绿色发展，实现提质、增产、增效、减排绿色高质量发展。2022 年 8 月，印发《广州市养殖池塘升级改造和绿色发展三年行动方案（2022—2024 年）》，打造国家级水产健康养殖和生态养殖示范区。全市建成 35 个国家级水产健康养殖示范场、52 个省级水产健康养殖示范场；建成国家级

水产良种场 1 家，省级水产良种场 6 家，市级水产良种场 26 家。创建 2 个国家级水产健康养殖和生态养殖示范区，占全省获批示范区的 40%。印发《广州市水产养殖尾水综合治理技术指导意见》，指导连片 3.33 公顷以下散、小鱼塘开展尾水治理工作；同时加强对已开展尾水治理设施建设池塘的运行维护指导监督，完成池塘升级改造。争取中央、省级渔业发展补助资金开展连片池塘升级改造，开展池塘升级改造和尾水治理面积 1 133 公顷。至 2022 年底，全市完成 7 333 公顷池塘升级改造和尾水治理任务。

【渔业基础设施】 2021—2022 年，广州市调整养殖方式，推动渔业生产从传统养殖向设施渔业养殖转变。推广池塘健康养殖技术，发展工厂化循环水养殖、池塘工程化循环水养殖、"鱼菜共生"等健康养殖模式。现代设施渔业面积明显增加：至 2022 年底，全市工厂化循环水车间 15 个（超 35 万米²），池塘工程化循环水养殖基地 8 个（达 120 条水槽），集装箱推水养殖基地 2 个（超 45 个箱），稻渔综合种养基地 3 个，生态健康养殖模式得到广泛应用。

【水产技术推广】 2021—2022 年，广州市重视水产技术推广体系的推广与应用，实施水产科技入户示范工程。以科技入户工程为载体，推广水产新品种新技术，调整和优化水产养殖品种布局，将示范户培养成农技推广带头人，通过示范带动，促进科技进村入户，加快水产良种良法示范推广。2022 年，全市设立水产科技示范基地 9 家，示范面积 666 公顷，带动养殖户 2 000 多户，推广应用面积 2 333 公顷。指导从化区畜禽水产技术推广中心、花都区农业

技术管理中心申报全国星级基层水产技术推广机构，被国家水产技术推广总站遴选为首批 100 名全国星级基层水产技术推广机构（全国 2/100，广东 2/7）。两年间举办水产苗种质量控制工作交流与技术培训、水生动物防疫检疫与病害测报工作交流和技术培训班 30 余期，培训养殖生产、经营和管理人员等 2 000 余人次，派发资料 5 000 多份。

【质量安全监管】 2021—2022 年，广州市科学开展水生动物疾病预测预报和监测预警，完善水生动物疫病防控体系；组织全市范围的渔业安全生产及水产品质量监管督查行动，提高群众水产品质量安全意识，保障渔业水产品质量安全和渔民群众生命财产安全。持续推进水产绿色健康养殖技术推广"五大行动"。开展"广州市养殖池塘升级改造绿色发展三年行动"和"美丽渔场"等建设，建立省级水产养殖尾水治理模式推广基地 3 个。推进水产苗种产地检疫制度实施和 SPF（无规定疫病）苗种场建设，探索水产养殖过程全链条生物安全保护，参与该行动的企业水产养殖用药量平均每年下降 5% 以上，使用抗生素类兽药量平均下降 10% 以上。开展水产品质量安全专项整治行动，加强对水产养殖投入品使用执法检查，严打违法用药和违法使用投入品等行为，保障人民群众"舌尖上"的安全。2022 年，全市出动执法人员 1 049 人次，巡查检疫水产苗种场 297 家次，检疫水产苗种 412 批次 3.93 亿尾，开具 A 类动物检疫合格证 8 张，B 类动物检疫合格证 462 张，检疫处理通知书 2 张，发放宣传资料 1 029 份。

【渔业行政管理】 广州市积极开展

船网工具指标、渔业捕捞许可证、水生野生动物利用许可证等行政审批业务，树立"马上办""帮带办"服务理念，建立健全"首问负责、限时办结"制度，承接省厅实施专项捕捞许可证（拖虾、拖贝）审批、省管权限渔业船网工具指标审批事项，解决基层和群众的"急难愁盼"问题。2021—2022年，渔船渔业船网工具指标审批248件，海洋大型拖网作业渔船渔业捕捞许可证核发919件；水生野生动物利用许可证核发4672个，其中人工繁育许可证3078个，经营利用许可证1594个。

【渔业资源保护】2021—2022年，广州市落实《中国水生生物资源养护行动纲要》，加大对水生野生动物收容救护、病害检测和增殖放流力度。两年开展水生生物增殖放流活动20次，放流鱼苗2500万尾，推动2个国家级水产种质资源保护区建设。推进鳄鱼、海马和鲟鱼籽提取物制品的标识申请和使用，办理51个企业申请的相关标识13.86万个。组织开展水生野生动物保护科普宣传月活动，开展渔业资源人工增殖放流，开展科普宣传进"四区"（景区、社区、渔区、校区）系列活动。2022年，印发宣传资料1.63万份，张贴宣传公告215份，多渠道宣传普及《中华人民共和国野生动物保护法》《广东省野生动物保护管理条例》《广州市禁止滥食野生动物条例》《国家重点保护野生动物名录》等法律法规及生物多样性保护相关科普知识。防治鳄雀鳝等外来物种侵害，印发《广州市农业农村局关于开展鳄雀鳝养殖摸底调查及存量管控工作的通知》《广州市农业农村局关于贯彻落实防治鳄雀鳝等外来物种侵害工作的函》等文件，建立完善全市鳄雀鳝联防联控工作格局和综合防治长效机制。组织开展"亮剑2022"和打击涉野生动物走私专项行动。

【渔业安全生产】2021—2022年，广州市加强渔业船舶的安全生产工作。制定《广州市重点渔船监管工作制度》，健全渔船安全管理机制体制，建立重点监控渔船清单，落实重点监控措施。打击、取缔违反船舶安全管理的违法行为。制定《广州市渔业船舶安全生产专项排查整治行动工作方案》，加强渔船隐患排查治理，开展拉网式、起底式安全生产全覆盖大排查、大整治，逐船登记检查情况，避免渔船"带病"生产作业；强化渔业安全执法，开展"海上综合执法百日行动""亮剑2022""强堤2022-2"百日攻坚系列专项执法行动，重点针对渔船证书有效性、有限空间安全、不规范安装敷设电器电路、AIS通导、消防救生和防污染等设备质量和运行情况等问题开展专项检查工作；加强渔民安全警示教育，结合水上从业人员安全宣教培训"百日行动""安全生产月"活动和"商渔共治"专项行动等，组织开展渔业安全生产宣传、应急演练及安全知识培训，深化渔民安全生产意识。印发各类宣传资料5000余份，张贴宣传海报200余张，发送各类宣传短信13000余条。全市渔船安全生产形势总体稳定，连续5年未发生渔业船舶安全生产事故。

【现代渔港建设】2021年12月，广州市番禺国家级沿海渔港经济区被纳入2021年中央财政补助资金支持建设的渔港经济区试点名单。渔港经济区项目总投资14.1亿元，其中中央财政资金2亿元、省级配套资金2亿元、地方财政资金4.4亿元、社会资金5.7亿元。计划将莲花山渔港打造成为"陆海岛联动，港产城融合，渔工贸游一体"的现代化综合型渔港。

莲花山国家级中心渔港建设于2012年开工，2019年4月8日通过农业农村部验收并投入使用，成为广州辖区唯一的国家级中心渔港。之后，广州市番禺区打造莲花山国家级中心渔港休闲渔业综合体暨渔村振兴示范区。

【休渔禁渔相关政策】2022年，广州市农业农村局加强伏季休渔开捕后的安全生产工作，完善休（禁）渔期的补贴政策，组织落实珠江禁渔和南海休渔制度。休（禁）渔期间，加强水上执法监管，开展执法巡查，加大对非法捕捞的打击力度。明确休（禁）渔水域，组织开展休（禁）渔工作。休渔期间，加强执法监管，通过宣传和巡查相结合，保护渔业资源环境。2021年，发放休（禁）渔补助资金1197万元，惠及捕捞渔船1278艘、渔民3001人。2022年，发放休（禁）渔补助资金1246万元，惠及捕捞渔船1248艘、渔民3015人。

【渔政执法检查】2021—2022年，广州市组织开展休（禁）渔、"亮剑"等专项执法行动，通过"路上巡、港内查、水上搜"，保持严打各类涉渔违法行为的高压态势。全市海洋综合执法队伍累计出动执法人员1.6万人次、执法船艇3005艘次，检查船舶等生产经营场所6653艘（家）次，查处违法行为462起，立案180宗，移送公安机关8宗，收缴罚没款89.21万元，没收涉渔"三无"船舶350艘，清理违规渔具2010件。定期举办销毁违法捕捞工具现场会，震慑违法分子，维护渔业生产秩序和渔民的合法权益。

【渔业船舶检验】2021—2022年，广州市持续加强渔业船舶检验，提高渔船安全技术保障能力。共检验渔船2 340艘，船用产品出厂检验37件，船用产品抽检121件，责令现场整改问题246处，发放遗留项目通知书及整改渔船146艘次，排除安全隐患。开展全市海洋渔船安全突出问题专项整治，登船检查渔船149艘，查处及整改AIS未开机、"一船多码"等问题，整改消除隐患12处。市海洋综合执法部门开展"我为群众办实事"活动，利用休（禁）渔期集中上门登船开展检验，通过实地复核、动态抽查、效用试验等方式加强检验后监管，最大程度便民利民。组织船检人员到番禺、南沙和珠海等水域加强巡查，确保渔船通导装备在线率。协助推动广州市渔船减船转产、拆解和更新改造工作，逐步改善辖区渔船"老、旧、小"的局面。

【渔业文化活动】广州市举办水产种业盛会，立足水产种业，将广州打造成为"国际水产种业中心"和"南繁硅谷"。从2020年举办第一届水产种业博览会起，便开创多项业内"唯一"：全国唯一开在塘头的水产种业博览会，全国唯一以活体展示为主的水产种业博览会等。2021年第二届种业博览会以"养鱼不换水、种菜不施肥"的"鱼菜共生"技术作为技术焦点，在鱼塘边现场展示渠道流水养鱼技术，2022年第三届种业博览会以"东涌渔稻模式"展示鱼塘种稻技术，进行专题研讨，全方位解读模式优劣和执行要点、难点。以建设广州国际种业中心为契机，搭建国际渔业交流和合作平台，举办水产种业及健康养殖花城院士科技峰会、中国—太平洋岛国渔业合作发展论坛等重大活动和广州国际渔业博览会、中国水产种业博览会等旗帜性渔业盛会，擦亮广州水产种业"名招牌"。

深圳

【市情概览】深圳市地处珠江口东岸，东临大亚湾和大鹏湾，西濒珠江口和伶仃洋，是海滨城市，毗邻香港，南边由深圳河与香港相连，北部与东莞、惠州两城市接壤。深圳市面积1 997.47千米²，海域面积1 145千米²，下辖9个行政区和1个新区：福田区、罗湖区、盐田区、南山区、宝安区、龙岗区、龙华区、坪山区、光明区，大鹏新区。2018年12月16日，位于汕尾市的"深汕特别合作区"揭牌。2022年末，深圳市常住人口1 766万人，其中，常住户籍人口583.47万人，占常住人口比重33.0%。2022年深圳市地区生产总值32 388亿元，同比增长3.3%。人均地区生产总值18.33万元（按年平均汇率折算为27 248美元），同比增长3.2%。一般公共预算收入4 012亿元，剔除留抵退税因素后同口径下降0.6%。一般公共预算支出4 997亿元，增长9.3%。

【渔业资源】至2022年底，深圳市海域发现水生生物约1 500种，主要包括浮游植物约300种，大型海藻约60种，浮游动物约300种，多毛类动物约180种，贝类约200种，头足类约20种，棘皮动物约50种，甲壳类约130种，鱼类约400种，以及海绵、蝛虫和珊瑚等种类。西部的珠江河口海域，属亚热带河口半咸淡水域，受珠江径流和海洋潮流的共同影响，渔业资源种类繁多，是珠江口经济鱼类繁育场保护区及幼鱼幼虾保护区，多种淡水鱼类、咸淡水鱼类、海水鱼类及众多海洋生物的优良产卵场、索饵场和育肥场，以及近江牡蛎（沙井蚝）的重要采苗场；东部的大亚湾海域水产资源丰富，建有大亚湾水产资源省级自然保护区，被誉为南海渔业资源的摇篮。"深汕特别合作区"红海湾是广东近海重要的渔场。

【渔业规划政策】深圳市坚持战略引领，健全现代渔业发展顶层设计，高起点谋划、高标准发展，完善渔业法规、政策、规划、计划体系，2021—2022年，印发《深圳市现代渔业发展规划（2022—2025年）》，编制完成《深圳市推动现代渔业高质量发展的实施意见》《深圳市农业发展专项资金（渔业类）扶持措施》（送审稿）和《深圳市养殖水域滩涂规划（2023—2030年）》，明确深圳现代渔业发展的总体目标、重点方向与发展路径，加大对远洋渔业、现代种业、智慧渔业、休闲渔业等重点领域方向的扶持力度，引导渔业转型升级和绿色高质量发展。

【渔业经济发展】深圳市坚持挺进"深蓝"，做大做强远洋渔业。2021年12月2日，深圳国家远洋渔业基地获批，推进国家远洋渔业基地和国际金枪鱼交易中心建设，2022年底完成基地可行性研究，开展项目核准和用海用地审批等相关工作。市政府与中国农业发展集团总公司（简称"中农发集团"）于2022年底签署战略合作框架协议，把中农发集团渔业总部落户深圳，并且在国家远洋渔业基地和国际金枪鱼交易中心建设运营方面开展深入合作。

坚持产业为先，推进渔业招商引资。至2022年底，与10家渔业企业对接洽谈，达成企业落户深圳以及开展远洋渔业、现代种业、深远海养殖、水产品加工和贸易等相关项目的合作意向。以龙头企业和产业链"链主"企业为主导，培育优势产业集群。

坚持开放发展，打造国际交流合作平台。2022年9月，市政府同意批复《深圳国际渔业博览会总体方案》后，加快招展招商和宣传策划等工作，向13家外国政府部门、商协会及外国驻华机构发出邀请，收到智利、西班牙等国家（地区）的相关行业组织确认参会，预定达670个展位，约占总规模的56%，举办论坛及配套活动约20场。

深圳市渔业生产健康良好，渔业经济平稳发展。2022年，全市水产品产量8.27万吨，其中远洋渔业产量3.24万吨，近海捕捞2.46万吨，水产养殖2.57万吨；水产品产值25.90亿元。

【捕捞渔业生产】截至2022年底，深圳市注册的远洋渔业企业有11家，在海外设立12个远洋渔业工作办事处，注册15家境外公司，拥有165艘远洋渔船。远洋渔船数量和产值占全省总额约六成。2022年，远洋渔业捕捞量3.24万吨，产值约8亿元，其中金枪鱼捕捞量1.40万吨。深圳远洋渔船作业范围包括太平洋、西南大西洋、印度洋公海以及太平洋岛国、东南亚、西亚、非洲等沿海国家专属经济区，初步形成以金枪鱼延绳钓为主、围拖网作业为辅的生产体系。

深圳渔业捕捞产业模式由近海养殖捕捞向深远海发展，由于不断加大近海渔业资源保护力度，深圳市近海捕捞量控制到逐步下降，2022年，深圳近海捕捞量为2.46万吨，比上一年下降7.17%。截至2022年底，全市拥有海洋渔船768艘、远洋渔船165艘、港

澳流动渔船866艘，全市完成更新改造渔船14艘。

【现代渔港建设】2021—2022年，深圳市坚持转型发展，高品质规划建设现代化渔港群。2021年编制《深圳市渔港空间布局规划》，差异定位各渔港的主要承载功能及未来转型方向，科学引导传统渔港转型升级。以蛇口渔港为试点，启动设计方案国际招标，按照国际一流标准推动现代渔港建设，打造新的城市名片。开展盐田渔港升级改造规划研究，打造港城融合的都市消费型渔港。完成深汕小漠、鲘门渔港升级改造立项等事宜，持续推进项目实施落地。建立渔港综合管理站，制定渔港港章，建立健全渔船进出港报告、港容港貌、渔船渔民及渔获物上岸等工作机制。推进"智慧渔港"建设，提升渔港信息化管理水平。

【渔业科技创新】深圳市坚持科技兴渔，2021—2022年实施水产种业振兴行动。推进深圳渔业（种业）创新园前期研究，打造"基础科研＋技术攻关＋成果产业化"的水产种业创新生态链。探索组建中国蓝色种业研究院（深圳），打造世界一流的蓝色种业中心。依托南海水产研究所深圳试验基地、深圳华大海洋科技有限公司等种业科研创新主体，搭建种业科研创新平台，发展现代育种新技术，持续推进水产育种技术创新和示范应用。华大海洋公司和中国水产科学研究院联合创制的"建鲤2号"通过国家水产新品种审定。推进新品种"大鹏湾1号长茎葡萄蕨藻""南海3号"上报国家水产原种和良种审定委员会评审，推广墨瑞鳕鱼优良新品种的工厂化养殖，推进"南海1号"斑节对虾抗病新品种示范推广，

完善卵形鲳鲹等高档优质水产品种质库基地建设，完成方斑东风螺、波纹龙虾引种养殖新技术、新模式试验示范推广。

实施"耕海牧渔"工程，拓展深远海养殖空间，建设"深蓝粮仓"。开展养殖工船新技术应用示范，支持智慧渔业大型养殖工船及船队建设，探索深远海规模化高效养殖生产模式，带动苗种繁育、工业化养殖、船舶装备、新一代信息技术等产业集成创新，完善育种、选种等产业链关键技术环节，提升设施装备的国产化、专业化和产业化。深圳市企业投资建设4艘10万吨级大型智能化养殖工船，2022年9月27日通过专家论证会，年底开工建设。

【质量安全监管】2021—2022年，深圳市强化水产品质量监管，建立健全渔业安全生产机制体制。2021年组织开展水产品质量监督抽查，全年完成养殖水产品质量安全检测36批次，检测结果均为合格。对水产养殖企业证照、生产日志、投放药物等情况开展执法检查，出动执法人员86人次，检查养殖场所39家次。开展深圳市农业产业化重点龙头企业和深圳市"菜篮子"水产基地评定复核工作。加强水产苗种产地检疫工作，2022年，出具苗种产地检疫证59批次，检疫合格苗种6.6亿尾。开展水产养殖病情测报工作，设立6个水生动物病害监测点，2022年收到病情测报61次。对测报点及主要养殖场开展疫病监测，监测样品145份，监测水生动物种类20多种，全年未发生重大水生动物疫病。

2022年，出动执法人员216人次，对生产经营企业开展157户次的兽药等投入品及生产记录的执法检查，督促其完善养殖生产、用药、销售记录档案，建立

质量管理制度，落实相关安全主体责任。对即将销售的水产品进行质量安全例行监测，对磺胺类等21项准用水产养殖兽药进行监测，未发现有销售尚在休药期内的水产品行为。按照检疫流程，开展水产苗种产地检疫。累计检疫出证70批次，检疫合格苗种6.31亿尾，确保启运苗种不携带规定疫病，实现全市水产苗种产地检疫申报检疫率100%，检疫合格电子出证率100%的工作目标。

【渔业行政管理】 2021—2022年，深圳市严格执行养殖证制度，贯彻落实"应发尽发"的原则，截至2022年底，核发养殖证8张，其中深汕特别合作区5张、大鹏新区3张，对禁养区、限养区内未取得养殖证的海上养殖鱼排进行清退，完成67公顷海域的清退任务；发放14张水产苗种生产许可证，主要苗种供应企业均持有水产苗种生产许可证，持证企业均按照水产苗种生产许可证规定的范围、种类等进行生产。

【渔业资源保护】 2021—2022年，深圳市落实南海伏季休渔和渔业资源总量控制制度，科学养护水生生物资源，推进国家级海洋牧场示范区和人工鱼礁区建设管理。联合省农业农村厅，在深圳市举办2021年广东省水生野生动物保护科普宣传月启动仪式，开展进学区、进社区、进景区、进渔区等系列线上线下活动。

深圳市开展水生生物资源增殖放流活动，试点珍稀水生动物中国鲎的增殖放流。2021年，市内海域增殖放流虾苗2.8亿尾、鱼苗2 900万尾、贝类1 500万只、中国鲎10.2万只；2022年，市内海域累计增殖放流虾苗4 022万尾、鱼苗1 530万尾、贝类705万粒，珍稀水生动物中国鲎苗种1 506个、成体598个。

深圳市实施水生生物资源调查评估和智慧系统项目，对全市水生生物资源（包括渔业资源、基础生物、保护物种、特有物种、典型渔业栖息地、入侵物种等）进行调查评估，结合立体监测、视频AI与大数据应用等建设水生生物"一张图"智慧管理系统，实现水生生物资源的可量化、可视化、可预测化。按照农业农村部有关部署要求，对深圳市（含深汕特别合作区）养殖区、人工鱼礁区，深圳湾区域，伶仃岛区域及深汕小漠河海域等开展生态环境监测，共监测47项指标。抽检45个站位，抽样样品共1 580份，出具报告90份，各项监测指标均正常。

【渔业安全生产】 深圳市加强渔业安全生产制度体系建设，《深圳市渔业安全生产工作方案》经市政府同意后于2021年5月17日印发，全面厘清并夯实全市渔业安全生产主体责任、属地责任和监管责任，筑牢渔业安全生产底线。印发《深圳市海洋渔业局渔业安全生产内部职责分工》，明确局内各相关部门的监管职责。联合深圳海事局印发《"商渔共治2022"专项行动实施方案》，并联合开展商渔船安全宣贯和联合执法行动。编制《深圳市"建渔港、保平安"专项行动实施方案》《深圳市规划和自然资源局渔业船舶海上安全突发事件应急预案》《深圳市规划和自然资源局渔业船舶海上安全突发事件应急预案操作手册》《深圳渔业领域安全生产风险评估报告》《渔业船舶安全检查指南》《深圳市海洋渔船跟帮编队生产管理暂行办法》等系列文件，推动渔业安全生产管理规范化、制度化、流程化，完善渔业安全生产治理体系，提升安全生产现代化治理水平。

深圳市做好海上应急处置与救助。2021年，开展海上搜救工作29次，成功救助遇险人员13人。组织台风防御工作，全年召回海上作业渔船3 196艘次，督促、协助辖区撤离渔排养殖人员1 114人次，转移外来渔民上岸避风139人次，实现渔业防台"零死亡"。2022年，组织10次灾害天气（含台风）防御，重点防御"暹芭""木兰""马鞍""纳沙""尼格"5个台风。防台期间，共向渔船船主、渔排经营者和相关渔业防台人员转发台风预警信息3.57万条次，组织出动执法人员1 244人次、执法船艇175艘次、执法车辆224辆次，加强海域巡查和渔港检查。

系统推进全市渔船"不安全、不出海"专项行动、全市渔业船舶安全专项整治三年行动。各沿海区政府、街道等部门各司其职，落实渔船"6个100%"规定，2021年，组织开展渔船安全检查835次，检查各类渔船3 368艘次，完成船舶检验628艘次，整改安全隐患290处。组织开展"不安全、不出海"渔船安全应急演练和各类安全培训，培训渔民301人次。2022年，开展渔船安全生产整治"百日攻坚"行动，共出动执法人员1 253人次、执法船艇363艘次、执法车辆52辆次，检查各类渔船1 363艘次，发出安全生产隐患整改通知书38份，排查安全隐患43处，立案调查4宗。

【渔政执法检查】 2021—2022年，深圳市开展"三无"船舶专项整治行动和疫情防控演练。开展"护渔""亮剑""蓝盾"等系列渔业执法专项行动，整治各类海上违规捕捞行为，整治"三无"船舶。以疫情防控为契机，发挥跨部门协调联动机制，定期联合辖区街道、海警、海事、海防等部门在全市海域开展打击"三无"船舶专项行动；联合香港渔农署、水警部门开展深港交界水域执法行动，杜绝海上输入隐患，2021年，开展巡查511次，出动执法人员2 327人次，执法检查361艘渔船和77家渔排，查获"三无"船舶185艘、非法网具16.9万米，全部予以公开销毁。持续开展反走私、反偷渡专项执法行动464次，查获并销毁走私冻品200千克，查获涉嫌走私案件1宗、涉嫌偷渡案2宗，移交涉案人员5人。

2022年，深圳市加强"陆海执法"联动，组织对全市海域、岸线进行地毯式巡查。全年开展渔船渔港安全执法1 438次，出动执法人员7 318人次、执法船艇3 169艘次、检查渔船3 258艘次，查获"三无"船舶98艘、违法违规渔船86艘，开展"三无"船舶联合销毁行动2次，劝离308艘次海上作业异地渔船驶离深圳海域，切断海上偷渡渠道，保护海洋渔业资源、维护渔业安全生产秩序。

【惠渔支渔政策】财政部下达深圳市2021年渔业发展补助资金12 162万元，用于远洋渔船设施设备更新改造以及养护国际渔业资源履约奖补。该年度拨付12 119万元，资金执行进度99.65%，发挥专项资金对远洋渔业的支持、引导作用，促进远洋渔业规范有序和可持续发展；2022年，全市9家远洋渔业企业申报276套船上设施设备更新改造、130艘远洋渔船国际履约能力提升，符合2022年中央渔业发展补助资金的补助要求，共计拨付补助资金12 091万元。

深圳市健全专项资金制度体系。出台《深圳市农业发展专项资金（渔业类）多部门联动工作方案》《深圳市农业发展专项资金（渔业类）项目专家评审实施细则（试行）》《深圳市农业发展专项资金（渔业类）项目专项审计实施细则（试行）》《深圳市农业发展专项资金（渔业类）项目事中监管及验收管理实施细则（试行）》等制度文件，完善内部管控机制，规范专项资金全流程管理。依据中央专项资金和一般转移支付资金使用规定，组织编制《深圳市"十四五"中央渔业资金发展支持政策总体实施方案》《深圳市海洋渔业资源养护补贴实施方案》《深圳市近海渔船和船上设施设备更新改造实施方案》等，规范和指导中央资金的使用和管理。

同时，开展深圳市农业发展专项资金（渔业类）项目资助工作，2021年，对17家企业57个项目共拨付资助金额12 635万元。通过对全市远洋渔业、水产种业、休闲渔业、智慧渔业等领域进行资金扶持，助推现代渔业转型升级、高质量发展；2022年，对22家单位40个项目共拨付市级农业发展资金（渔业类）5 901万元。

珠海

【市情概览】珠海区位优越，濒临南海，东与香港水路相距36海里，南与澳门陆地相连，港珠澳大桥竣工后，珠海成为内地唯一与香港、澳门同时陆路相连的城市。珠海是中国重要的口岸城市，设有拱北、横琴、青茂、港珠澳大桥珠海公路、珠澳跨境工业区5个陆运口岸，九洲港、湾仔港轮渡客运、珠海港、斗门港、万山港5个水运口岸，共10个国家一类口岸，是仅次于深圳的中国第二大口岸城市。全市下辖香洲、斗门、金湾3个行政区。根据珠海市第三次全国国土调查结果，2021年末，全市总面积1 725千米²。

2022年末，全市常住人口247.72万人，人口城镇比90.76%；全市地区生产总值4 045亿元，比上一年增长2.3%；人均地区生产总值16.37万元，增长1.8%；地方一般公共预算收入437亿元，增长1.7%。

珠海市海洋资源丰富，海域辽阔，海岛众多，领海线以内海域面积9 348千米²，大陆海岸线224.5千米，拥有大小岛屿262个，其中有居民海岛10个，无居民海岛252个，是珠三角城市中海洋面积最大的城市。

【渔业资源】珠海市地处西江下游滨海地带，境内河流众多，西江诸分流水道与当地河冲纵横交织，属典型的三角洲河网区。海水盐度受珠江水系的影响较大，随不同季节径流量的大小而变化，海水盐度1.84～27.63，珠江水系每年30 826亿米³径流量携带大量有机或无机物质入海，使浮游生物生长所需要的营养饲料得到补充，浮游生物生长快，饲料丰富，对鱼、虾、蟹、贝、藻类生长非常有利，是鱼、虾、蟹的产卵繁殖和生长的天然场所。珠海市具捕捞价值的鱼类有200余种，较常见的经济鱼类70多种，主要经济鱼类有鲻鱼、花鰶、凤鲚、七丝鲚、银鱼、鳗鲡、花鳗、青鱼、草鱼、鳡鱼、鲳鱼、赤眼鳟、大眼红鲌、鳊鱼、唇鱼等；海水网箱主要养殖品种有军曹、白花、章红、青斑、黄立鲳、芝麻斑、珍珠龙趸等。地方特色养殖品种有白蕉海鲈、莲洲南美白对虾、罗氏沼虾、斗门笋壳鱼、平沙罗非鱼、小林草鲩、三灶斑节对虾、乾务锯缘青蟹等。

【渔业经济发展】2022年，珠海

市紧扣"产业第一"总抓手，坚持"稳"总基调，推广绿色、健康、生态的养殖模式，推进产业转型升级，渔业经济呈健康稳定发展态势。全市水产养殖面积22 845公顷，水产品总产量33.96万吨，比上一年增长1.9%；全年渔业产值91.76亿元，增长6.5%，占全市农林牧渔业总产值70%以上，成为农业农村经济中重要的支柱产业。

【捕捞渔业生产】 2022年，珠海市在册渔船（含远洋渔船）1 481艘，其中捕捞渔船1 005艘，捕捞辅助渔船476艘；渔业捕捞产量（含远洋捕捞）12 539吨，其中远洋捕捞2 725吨、海洋捕捞8 644吨、淡水捕捞1 170吨。减船转产成效明显。2021—2022年，全市更新改造渔船共22艘。鼓励和支持远洋渔业的发展，推进东港兴远洋渔业公司与南太平洋瓦努阿图、西非毛里塔尼亚的远洋合作项目稳步实施，并推动珠海市东港兴远洋渔业基地项目动工建设。

【水产健康养殖】 2021—2022年，珠海市大力发展绿色健康养殖，积极引导渔业生产向健康无公害、生态养殖的现代渔业方向发展。创建省级水产健康养殖和生态养殖示范区（生产主体）10家，示范区总面积307.45公顷。组织实施水产绿色健康养殖"五大行动"，累计创建8个广东省水产绿色健康养殖技术推广"五大行动"骨干基地，9个全国水产绿色健康养殖技术推广"五大行动"骨干基地。通过水产技术推广骨干基地创建活动提升创建单位养殖技术和管理水平、健康养殖保障能力、水产品质量和养殖效益。

【水产技术推广】 2021—2022年，珠海市围绕海鲈、黄鳍鲷、对虾产业种业发展技术需求，开展海鲈、黄鳍鲷、对虾等品种的良种选育、苗种繁育、病害防控等关键技术研发与推广，组织农渔业科研推广部门、产业企业、联合高等院校、研究所，开展以水产良种选育为核心的渔业科研工作，获得多项省市级科技大奖和国家专利证书，其中《花鲈细胞系的建立及特定性状的分子解析》获2021中国水产科学研究院科学技术奖二等奖，《斑节对虾卵巢发育基因资源发掘及促雌虾性成熟RNA干扰技术应用》获2022广东省科技进步奖二等奖，《海水鱼类工厂化循环水养殖系统构建与配套技术开发应用》获2022年创新珠海科技进步奖二等奖，获得授权发明专利3项、实用新型专利9项。项目技术团队发表科技论文20多篇，主持参与撰写黄鳍鲷、高栏桂虾、斗门重壳蟹深海智能化设施养殖技术、珠海乡村工匠金湾黄立鱼、斗门海鲈养殖专业人才职称评价标准条件等标准多项，其中珠海市地方标准报批3项（斗门重壳蟹养殖技术规范、高栏桂虾养殖技术规范、水产养殖尾水处理技术规范），发布1项（深海智能化设施养殖技术规范）。示范推广新品种（新品系）2个（"中珠1号"黄鳍鲷新品系、"农发1号"黄鳍鲷新品系）、研究集成实用技术7项、示范推广技术7项，为渔业产业高质量发展、提高产业发展核心竞争力和综合效益提供科技支撑，经济效益、社会效益明显。

【渔港经济区建设】 2022年，珠海市实施渔港建设攻坚行动，印发实施《珠海渔港经济区建设规划（2021—2030年）》，推进渔港经济区建设，重点建设洪湾中心渔港，推动形成集现代渔业生产、冷链物流、加工贸易、滨海旅游和海洋生物科技等为特色的渔港经济区。通过渔港经济区规划建设，完善渔港配套设施和基本服务功能，以渔港经济区为平台和载体，加快建设智慧渔港，吸引和集聚各类生产要素，推动渔港周边产业发展。同时依托洪湾渔港推动"粤港澳大湾区海产品交易中心"建设工作。

【质量安全监管】 2021—2022年，珠海市出动执法人员650人次，检查水产品生产单位492家次，抽检水产品样品970个，其中监督抽查样品225个，对检测不合格的4个样品做出行政处罚，以及对约100吨养殖水产品进行无害化处理，并将相关人员移送公安机关追究刑事责任。例行监测样品745个，6个不合格，其中运输环节3个、流通环节1个、养殖环节1个、海捕1个，将运输和流通环节检测不合格的情况通告相关部门。2021—2022年，监督抽查检测合格率分别为98.9%、97.2%，例行监测合格率分别为98.4%、100%。

【渔业行政管理】 2021—2022年，珠海市依法加强养殖水域滩涂统一规划，开展养殖水域滩涂规划修编，推进水域滩涂养殖发证登记工作；执行捕捞许可管理制度，加强海洋、内陆捕捞渔船"双控"指标管理，控制捕捞强度；加强水生野生动物保护管理，规范水生野生动物行政审批工作。全市发放养殖证55本，发证面积3 686公顷（其中海水养殖11本，面积2 132公顷；淡水养殖44本，面积1 554公顷）；受理签发国内海洋渔业捕捞许可证284本，发放水生野生动物经营利用许可证40本，水生野生动物驯养繁殖许可证58本。

【渔业资源保护】2021—2022 年，珠海市组织渔业资源增殖放流工作，投入渔业资源养护资金 320.52 万元，放流各类鱼苗 380 万尾、虾苗 12 150 万尾，促进渔业资源恢复；推进人工鱼礁建设，完成制作并投放鱼礁单体 1 236 个，形成礁体空方量 50 020 米³。组织开展海洋与渔业资源环境损失赔偿款收缴以及渔业资源增殖保护费征收工作，其中督促指导 15 个海洋工程项目落实生态补偿措施，缴交补偿款 130 万元；征收渔业资源增殖保护费 360 万元。加强保护水生生物物种资源，维护水生生物资源多样性，科学开展系列公益、科普宣传活动，营造全民"亲海、爱海"、严格保护利用海洋渔业资源的氛围。

【渔业安全生产】2021—2022 年，珠海市组织"不安全、不出海"等专项行动，履行渔船安全监管责任，防范化解渔船安全风险，遏制重特大事故发生。对全市 1 473 艘登记在册正常生产渔船实行船舶检验与安全检查"两检"并行，确保 100% 检查。强化对渔船、渔港与停泊点开展日常安全检查，2 年间共检查渔船 13 360 艘次，整改安全隐患 1 734 宗。其间，珠海市籍渔船无发生安全生产事故。

开展渔业船舶检验工作。2021 年，审查批准新造渔业船舶图纸 54 套，检验建造船舶 47 艘；检验营运渔业船舶 1 483 艘；船用产品检验发证 1 192 件次（螺旋桨 69 件、救生筏 1 015 件、主配电板 10 台、灭火器 1 050 台）。2022 年，审查批准新造渔业船舶图纸 14 套，检验建造船舶 73 艘；检验营运渔业船舶 1 455 艘；船用产品检验发证 5 109 件次（螺旋桨 25 件、救生筏 1 706 件、主配电板 18 台，灭火器 3 360 台）。推动渔

业船员安全及技能培训，促进渔业发展提速增效。推动培训机构举办渔业船员培训班，2021 年开展培训 17 班次，培训渔业从业人员 1 023 人；2022 年开展培训 63 班次，培训渔业从业人员 1 484 人。

【南海伏季休渔和珠江流域禁渔】2021—2022 年，珠海市贯彻落实上级有关南海伏季休渔管理工作部署，通过"宣、教、查、治、防"五项措施，从宣传发动、渔民培训教育、渔船渔港安全、严打非法捕捞等方面，积极维护渔业生产秩序，防范各类涉渔突发事件，确保海洋伏季休渔秩序稳定。2021 年，市籍休渔渔船 1 015 艘，会籍休渔港澳流动渔船 790 艘；2022 年，全市 1 272 艘海洋渔船、217 艘内陆渔船，以及全市会籍 841 艘港澳流动渔船，均停航靠岸参与休渔，其间未发生安全事故，完成伏季休渔任务。实施珠江流域禁渔，加强磨刀门、鸡啼门、虎跳门和前山水道以及相关内河水域的日常巡查与突击检查，打击各类违法行为；组织农业农村、海洋综合执法、海警、公安等部门开展联合执法行动，提升执法效能。

【渔政执法检查】2021—2022 年，珠海市出动执法船艇 4 141 艘次、执法车辆 1 870 辆次、执法人员 23 129 人次，检查渔船 19 697 艘次。查处渔业违规案件 868 宗（其中简易程序 346 宗），收缴罚款 819.13 万元；查获电鱼行为 24 起（其中电鱼船行为 17 起，手持式工具行为 7 起），没收"三无"船舶 1 504 艘，没收非法渔获物约 47 168 千克。跟进处理有关渔业违法情况举报投诉 162 宗。在辖区水域清理滩边罾、蛇笼等违规网具 7.8 万米。通过"两法衔接"机制向公安机关移送案件 10 宗，

向海警部门移送案件 1 宗。

【惠渔支渔政策】珠海市认真落实"油补"政策和省政府休（禁）渔补助政策，开展近海渔船设备更新改造，推动政策性渔业保险，让渔民群众受惠得益；2021 年度发放休（禁）渔渔民生产生活补助 618.66 万元；完成救生安全装备、北斗终端、生产用海洋宽带设备、插卡式 AIS 设备等合计 663 套设备更新改造，超额完成近海渔船船上设备更新改造 400 套的绩效目标任务，支出补助资金 171.07 万元。2021 年，政策性渔业保险惠及渔民 1 961 人、渔船 35 艘，保费财政补贴金额 85.13 万元。

【渔业文化活动】2022 年，珠海市以"节庆经济"为抓手，做大做强"年鱼经济"，举办首届中国"年鱼"博览会，构建全国性最具规模的"年鱼"产品展示平台，让"年鱼"走进千家万户，创新联农带农模式，带动渔民增收致富，助力乡村振兴，致富农民，造福大众。同期还举行"中国年鱼交易中心揭牌仪式""中国年鱼产业联盟成立仪式""中国好年鱼颁奖仪式"等，评出"中国年鱼十大区域品牌""中国年鱼十大爆品""中国年鱼百强先锋企业""中国年鱼百强养殖示范基地""中国年鱼先锋人物"等，助力企业"年鱼"品牌升级，树立产业标杆做强水产业。举办"白蕉海鲈杯"2022 年中国斗门垂钓大赛和 2022 年"万山论钓"大赛，夯实休闲渔业基础，打造国际垂钓之都。

● 佛山

【市情概览】佛山市位于广东省中南部，珠江三角洲腹地。东倚广州市，西靠肇庆市，南邻江门市、

中山市，北接清远市，邻近深圳和香港、澳门，陆运、水运、空运交通基础设施齐备，交通便捷。佛山市域东距西、南距北均约103千米，大致呈"人"字形，总面积 3 797.79 千米²。佛山市地处珠江三角洲中部河网区，西江、北江分流的各水道贯穿其中，主要江河面积 3.47 万公顷，河流纵横交错，形成水网。除西北江及其主要分流河道外，集雨面积超过 1 000 千米² 的河流只有高明河。从功能和重要性上划分，可分成主干道和河涌。主干道包括西、北江干流水道，主要河涌有芦苞涌、西南涌、吉利涌、水口水道、陈村水道、顺德水道、佛山水道、甘竹溪、容桂水道等 18 条。西江干流和北江干流在佛山境内长达 69.1 千米和 100.2 千米。

2022 年末户籍人口 495.40 万人；常住人口 955.23 万人，其中城镇常住人口 909.57 万人。2022 年全市地区生产总值 12 698 亿元，比上一年增长 2.1%；地方一般公共预算收入 797 亿元，下降 1.4%。

【渔业资源】佛山市水生生物资源丰富，浮游生物为淡水生物生长提供生物饵料。根据《广东淡水鱼类资源调查与研究》（2013 年）报道，佛山市境内江河鱼类资源丰富，有淡水鱼类 46 种，其中鲤形目 2 科 32 种 12 亚种，占总种数的 69.6%；鲇形目 4 科 7 种；鳉形目 1 科 1 种；鲈形目 5 科 6 种。

佛山市主要经济水产品有加州鲈、鳜鱼、日本鳗鱼、中华鳖、长吻鮠、乌鳢、笋壳鱼等。过河口鱼类 9 种：花鳁、斑鳁、七丝鲚、花鳗、间下鱵、花鲈、尖头塘鳢、黑体塘鳢、舌虾虎鱼等；甲壳类有日本沼虾、罗氏沼虾等；贝类主要有中国圆田螺、淡水壳菜、河蚬、背角无齿蚌、褶纹冠蚌；爬行动物有鳖、黄喉拟水龟（石金钱）、中华草龟、三线闭壳龟（金钱龟）等；水生维管束植物常见种类有喜旱莲子草、马来眼子菜、龙须眼子菜、菹草、茨藻、矮慈姑、浮萍等。高明区有国家一级保护野生动物鼋的主要保育地。

【渔业生产发展】2021—2022 年，佛山市把渔业作为农业经济的重要产业来抓，坚持以"稳产保供"为目标，努力推进产业化、现代化建设，实现渔业持续稳定发展。2022 年，全市水产养殖面积35 667公顷（其中池塘 35 453 公顷、水库 214 公顷）；水产品总产量 77.28 万吨，较 2020 年增长 2.69%，其中淡水捕捞产量 5 685 吨，淡水养殖产量 76.71 万吨（池塘产量 76.56 吨、水库产量 1 520吨）；渔业经济总产值 198 亿元；繁殖鱼苗 3 757 亿尾，各类鱼种产量 21 568 吨。水产养殖业是佛山市农业的重要支柱产业和"菜篮子"供给的重要组成部分。

【水产健康养殖】2021—2022 年，佛山市加大对渔业龙头企业、渔业专业合作组织、设施渔业、渔业科技推广等方面建设的财政扶持力度，提高渔业综合生产能力。引导渔业生产向健康无公害、生态养殖的现代渔业方向发展。至2022 年底，市内有国家级水产健康养殖和生态养殖示范区 2 个（南海区、顺德区）、省级水产健康养殖和生态养殖示范区 4 个（南海区、顺德区、三水区、高明区）、省级水产健康养殖和生态养殖示范区（生产主体）15 个。通过建立国家和省级水产健康养殖和生态养殖示范区，引导和带动水产绿色健康养殖，为推进乡村振兴贡献现代渔业力量。

【特色品种养殖】2021—2022 年，佛山市坚持以市场为导向，以科技为依托，发挥当地资源与技术优势，调整优化养殖结构，引进宝石鲈、笋壳鱼、台湾泥鳅、匙吻鲟、全雄黄颡鱼等多个名优新品种，选育出优鲈 1 号、鲥鱼、良种鳜鱼、良种草鱼、罗氏沼虾、杂交鳢等特色品种，形成并巩固"中国鳗鱼之乡""九江鱼苗之乡""百容草鱼苗""白金鲫鱼苗""何氏锦湖鲈鱼""生生草鱼""卖口乖"等一大批国内外知名水产品牌。截至 2022 年底，鳗鱼养殖面积 1 100 公顷、鳜鱼 1 581 公顷、加州鲈 4 774 公顷、甲鱼 143 公顷、乌鳢 3 141 公顷、黄颡鱼 1 652 公顷、长吻鮠 316 公顷。优质鱼养殖面积占全市水产养殖面积 35.6%。

【水产良种体系】2021 年 7 月，首届中国加州鲈产业链年会在南海区九江举行，九江镇被授予"中国加州鲈之乡"；8 月，佛山市获批为"中国加州鲈之都"。2021年，广东梁氏水产种业有限公司的全雌鳜鱼"鼎鳜 1 号"经全国水产原种和良种审定委员会鉴定为水产新品种，并在第二届中国水产种业博览会暨首届鳜鱼产业链创新论坛上召开新品种推介会。

2022 年，全市建立 5 家省级良种场，还有市级良种场、区级良种场，基本建立省级、市级、区级三级苗种生产体系，保障全市良种覆盖率。养殖种类的种苗基本能通过人工繁殖得到解决，除满足全市养殖生产需要外，还有部分种苗供应外省、市以及远销马来西亚、新加坡、泰国等东南亚国家和非洲、西欧部分国家。

【水产技术推广】2021—2022 年，佛山市水产技术推广体系不断发展，技术推广、防疫网络逐步形成，技术队伍得到充实，基础设施建设得到完善。截至 2022 年底，设立市、区水产技术推广站（中心）5 个（综合站），镇级综合站 18 个，有 3 个区设立水生动物防疫检疫站和 1 个区设立动物卫生监督所。全市从事技术推广工作的人员 131 人，其中镇级 96 人。有技术职称 80 人（高级 13 人、中级 41 人、初级 26 人）。全市建有 10 个实验室，并配备仪器设备。同时，发挥水产技术推广站的公益性职能，开展水产新品种、新技术推广，水生动物病情测报等工作，为从业者提供多项服务。2021 年全市举办各类型水产养殖培训班 66 期，培训人员 5 121 人次，发放培训资料 17 900 份；2022 年举办培训班 46 期，培训 2 925 人次，发放资料 17 915 份。荣获 2021 年度省农业技术推广奖二等奖、三等奖。

【水产品质量安全】2021—2022 年，佛山市委、市政府重视水产品安全监管工作，采取一系列措施，强化水产品质量安全监管工作，水产品质量安全形势逐年向好，全市未发生水产品质量安全事故。以水产良种繁育体系建设、创建农业农村部健康养殖示范场、水产品质量安全示范点，加强职业农民培训和培育水产养殖龙头企业、渔业"菜篮子"基地和渔业专业合作社等手段抓好水产品养殖源头监管工作。截至 2022 年底，全市共建有农业农村部健康养殖示范场 4 个。构建市、区、镇水产品质量检测体系，到 2021 年底，全市建有市级检测中心 1 个、区级检测中心 5 个、镇级综合检测站 32 个，完善市、区、镇三级农产品质量安全政府检测网络。加强水产品质量安全监管，2021—2022 年水产品质量安全抽样检测共计 18 175 份，抽检合格率达 99.46%，从源头上确保民众食用水产品"舌尖上的安全"。

【渔业行政管理】2021—2022 年，佛山市采取有力措施，加强渔业行政管理，落实水域滩涂养殖企业、渔船数据库管理。截至 2022 年底，全市共发放养殖证 1 130 本，养殖面积 22 896 公顷，占全市应发证面积的 64.2%，其中：国有水域 17 本，面积 990.9 公顷，占全市养殖面积的 2.8%，占应发证面积的 100%；集体水域发证 1 113 本，面积 21 905.2 公顷，占全市养殖面积的 61.4%，占应发证面积的 61.4%。

【渔业资源保护】佛山市重视渔业资源保护，推动渔业持续发展，促进渔民增收。在渔业资源和对渔民扶持的统筹规划上，支持渔业增殖放流活动。放流活动与母亲节、儿童节相结合，通过开展鱼苗义卖、亲子活动等，创新渔业资源保护的宣传方式。2021—2022 年，全市投入增殖放流资金 180.25 万元，放流各类鱼种鱼苗 2 252.7 万尾。其中 2021 年投入放流资金 120 万元，放生鱼苗 1 661 万尾；2022 年共投入放流资金 60.25 万元，放生鱼苗 591 万尾。

【珠江流域禁渔】2021—2022 年，佛山市农业农村局按照农业农村部和省农业农村厅的工作部署，实施珠江禁渔期制度，多渠道多形式对禁渔期制度进行宣传。成立珠江禁渔工作领导小组，制定禁渔期制度具体的管理和执法工作方案，实行禁渔期间渔民生活专项补贴政策（补贴标准与最低生活保障挂钩，超出省标准部分由地方财政补齐），以陆上蹲守、水上巡航、联合执法、重点查处等工作方式，严打禁渔期各类涉渔违法违规捕捞行为，确保珠江禁渔制度在佛山市顺利实施。按照"江上无生产渔船，水中无作业网具，市场无捕捞江鱼"的目标落实珠江禁渔期制度。禁渔期出动执法人员 3 008 人次、执法船艇 638 艘次，执法没收涉渔"三无"船舶 285 艘，清理取缔违规网具 5 926 米，查办行政案件 69 件，查获涉案人员 58 人，司法移送 11 人，行政处罚金额 12.8 万元，地级及以上市媒体播放禁渔公益广告 2 则，报纸刊登禁渔通告 12 份（市级 1 份，区级 5 份）。

【渔业安全生产】2021—2022 年，佛山市农业农村局通过"定制度、强设施、严执法、做专项"四位一体加强渔业船舶安全生产工作，全市水上生态环境逐步改善，渔民生命财产安全水平逐步提升，江河渔业资源逐步恢复。

落实渔船检验和安全检查全覆盖。通过定期开展渔船年度检验和渔船安全检查，保证全市出航渔船 100% 年检和渔船安全检查 100% 全覆盖。落实渔业船员定期培训全覆盖。通过禁渔期安全生产培训和应急演练，实现出航船员 100% 持证上岗和渔业船员安全培训 100% 全覆盖。

落实责任书签订全覆盖。渔政部门年初督促镇、街和村委与渔船所有人签订"渔船安全生产主体责任承诺书"，确保船舶所有人签署率 100%。

落实"三防"工作要求全覆盖。每遇极端天气，渔政部门通过 AIS 定位和微信短信平台，确保渔业船舶"三防"要求 100% 落实。

落实安全隐患整改全覆盖。加强安全生产基础管理工作，通过定期开展季度联合巡航执法，抽查在江面生产作业的渔船，纠正查处各类不按安全生产规定作业的各类行为。

完善网格化监管。2022 年印发《关于进一步完善全市渔船安全生产网格化管理工作的通知》，制作《"一船一档"台账指导目录》《佛山市渔业船舶安全检查记录表》，督促涉渔镇（街道）抓实抓细渔船安全生产网格化管理工作，压实船东、属地镇（街）和监管部门的"三方"责任，实现打通渔船安全生产管理工作"最后一千米"。

组织涉渔"三无"船舶清理整治行动。市、区、镇（街道）三级政府加强组织领导，明确工作目标，强化部门协调，压实镇街责任，至 2022 年 8 月完成"三无"船舶清理整治工作。全市排查"三无"船舶 3 197 艘，清理拆解 2 338 艘（其中拆解执法没收"三无"船舶 255 艘、涉渔"三无"船 1 686 艘、住家"三无"船 220 艘、水泥趸船等其他"三无"船舶 177 艘），符合相关条件被纳入乡镇管理的船舶 859 艘，率先在全省实现"三无"船舶清零。

【渔政执法管理】2022 年，佛山市、区两级农业综合执法人员合计 130 人，其中市局 36 人（局执法监督科及农管办 5 个执法工作科室均为执法类公务员编制）、禅城区农业综合执法大队 5 人，南海区农业综合执法监察大队 40 人，顺德区农业综合执法监督所 31 人，三水区农业综合执法队 12 人，高明区局农业综合行政执法队 6 人；有农业执法车 15 辆，执法船艇 16 艘，影像、录音取证设备 100 余台。市财政每年安排农业综合执法和装备建设专项经费，2021—2022 年市级农业执法经费预算 500 万元，确保执法工作顺利开展。

2021 年，佛山市获"中国渔政'亮剑'2020 工作成绩突出集体"称号。顺德区、南海区农业农村局分别荣获农业农村部第二批、第三批"全国农业综合执法示范窗口"称号。

佛山市聚焦执法办案主业，2021 年、2022 年分别办理行政处罚案件 223 宗和 196 宗，位居全省前列；有 4 宗农业综合执法案件入选省农业农村厅 2021—2022 年全省农业行政处罚优秀案卷（全省 18 宗）。

2021—2022 年，佛山市农业农村局与市公安、检察院、海事等部门沟通协调，先后制定出台《关于办理非法捕捞相关公益诉讼案件协作协议书》《佛山市农业农村局深化"两法衔接"部门会商制度》《佛山市农业农村局 佛山市公安局打击涉农违法犯罪合作机制》《渔政 海事水上安全生产联合执法工作制度》，实现从前期的违法线索研判到后期的批捕、起诉环节与公检法单位的全程协作，提高"两法衔接"的工作效率。

惠州

【市情概览】惠州市地处广东省东南部，位于珠江三角洲东北端，毗邻香港特别行政区和深圳市，北连河源市，东接汕尾市，西邻东莞市和广州市增城区，素有"粤东门户"之称，也是粤港澳大湾区"9+2"重要城市之一。陆地面积 1.13 万千米²，东西宽 152 千米，南北长 128 千米；海域面积 4 520 千米²，大陆海岸线 281.4 千米，大小海湾 28 处，大小岛屿 162 个，干出礁 108 个，暗礁 83 个，岛岸线长 133.7 千米。下辖惠城区、惠阳区、惠东县、博罗县、龙门县 5 个县（区），以及大亚湾经济技术开发区和仲恺高新技术产业开发区 2 个国家级开发区。2022 年末，全市常住人口 605.02 万人，城镇人口 441.12 万人，常住人口城镇化率 72.91%；户籍人口 415.77 万人，其中城镇人口 239.17 万人。2022 年惠州市地区生产总值 5 401 亿元，比上一年增长 4.2%。人均地区生产总值 89 157 元，增长 4.3%。地方财政一般公共预算收入 442 亿元，同口径增长 4.0%；地方一般公共预算支出 693 亿元，增长 4.5%。

【渔业资源】惠州市海洋渔业资源丰富，是著名鲷科鱼类繁殖场，也是南海经济鱼类幼体的索饵场。大亚湾海域设立广东大亚湾水产资源省级自然保护区（下称"自然保护区"），面积 986.35 千米²；惠东县港口海龟自然保护区为国家级自然保护区（下称"海龟保护区"），面积 18 千米²，为亚洲大陆唯一的海龟自然保护区。惠州市江河生物生态群落复杂，纯淡水鱼类、河口鱼类、洄游和半洄游鱼类互相交错。2022 年，通过对东江干流（惠州段）开展 2 次渔业资源调查工作，鉴定出 2 门 2 纲 6 目 12 科 33 属 39 种鱼类，基本摸清东江干流丰水期和枯水期的鱼类种质资源状况。其中，丰水期主要优势种为鲮鱼；枯水期主要优势种为罗非鱼、鲮鱼、鲢鱼。

【渔业经济发展】惠州市渔业经济持续稳步发展。2021 年修编《惠州市养殖水域滩涂规划（2016—2020）》形成《惠州市养殖水域滩涂规划（2018—2030）》，通过市政府审批印发实施。科学规划水产养殖业，突出渔民民生，落实"惠渔支渔"政策，维护渔民切身利益；突出水产品"菜篮子"工程建设，加快渔业转型升级，推进现代渔业发展；突出重点环节，加强渔业安全生产，提升防灾减灾和渔船管理水平，促进渔业经济持续稳步发展。2022 年，全市渔业经济总产值 57.94 亿元，全市水产品总产量 21.01 万吨。

2022 年引进"惠州大百汇现代渔业产业集群"项目，在惠州建设集"健康养殖、种业振兴、加工仓储、休闲渔业"于一体的三产融合示范区，结合惠州资源、生态、区位优势，建立现代渔业全产业链，同时以现代化海洋牧场建设为契机，打造惠州渔业高质量发展蓝色引擎。

【捕捞渔业生产】 惠州市重视渔船更新改造工作，2021—2022 年，全市实施更新改造项目的渔船 27 艘，调整优化全市渔业船舶结构，保障渔业生产安全。2022 年海洋捕捞量 17 368 吨、淡水捕捞量 844 吨。做好渔业捕捞管理，加强渔业捕捞许可审核、审批发证工作，截至 2022 年底，审批办理渔业捕捞许可证 161 本、渔业船网工具指标批准书 154 本。

【特色水产养殖】 2022 年，惠州市有可养殖水产总面积 20 667 公顷，其中淡水可养殖面积 1.8 万公顷，海水可养殖面积 2 667 公顷。海洋渔业形成 221 口深海网箱养殖、1 万口传统网箱养殖、666.67 公顷牡蛎养殖、333.33 公顷高位池对虾养殖产业基地。2022 年水产品总产量 21.01 万吨（淡水养殖 13.96 万吨、海水养殖 5.23 万吨）。水产养殖品种繁多，其中淡水养殖品种以四大家鱼、罗非鱼、鲫鱼、鳖等为主，海水养殖品种以对虾、牡蛎、鲷鱼、金鲳鱼等为主，捕捞产量以海水品种为主。发展金钱龟、中华鳖、牡蛎等特色水产业。惠东县有牡蛎养殖面积约 600 公顷，申报"国家级赤岸蚝养殖综合标准化示范区"建设，以实现近海养殖现代化、标准化、规范化经营生产。

【设施渔业发展】 成立于 2020 年的"一方海（广东）海洋牧场有限公司"，海上养殖基地海域面积 48.89 公顷，投资 1.6 亿元建成深水网箱养殖示范区休闲垂钓型深水网箱 100 口、1 800 米² 海洋牧场管护平台及 3 000 米² 海上休闲旅游观光平台，于 2021 年开始养殖生产，2022 年产量 800 吨、总产值约 6 000 万元。

广东省鳇鲸海洋生物科技有限公司建有水产种苗繁育场总面积 9.07 公顷，其中室内种苗培育车间面积 16 500 米²；生物饵料培养及孵化车间 2 400 米²；循环水育苗车间 3 600 米²；智能温控循环水鱼种养殖车间 2 栋 7 200 米²，光温调控亲鱼培育车间 1 200 米²，育苗总水体 5 600 米²，是建设及配套较为完善的封闭式循环水育苗场。

惠州李艺金钱龟生态发展有限公司成立于 1989 年，位于"中国金钱龟之乡"杨桥镇，养殖场面积 23 公顷，场内金钱龟种龟约 9 800 只，年繁育苗种约 11 000 只，年产值 1.65 亿元，是规模较大的金钱龟养殖场。

【水产品牌建设】 惠州市创建首个涉渔省级特色现代农业产业园——惠州市粤港澳流动渔民深海网箱养殖产业园，培育惠州市财兴实业有限公司、惠州市正道实业有限公司、惠东县惠科农生态农业发展有限公司、广东海胆辉农业科技发展有限公司、惠东县丰茂花草种植有限公司、惠州李艺金钱龟生态发展有限公司、博罗县吴波畜牧水产有限公司、惠州市华龙永利实业有限公司 8 家省级涉渔农业龙头企业。"杨侨冲浪鱼（草鱼）"被纳入 2021 年第二批全国名特优新农产品名录，"赤岸蚝"入选广东省著名品牌、广东省第三届名特优新农产品、"惠州

市名优农产品"，"广三华鳖"获有机产品认证，"东江祥皖（彩虹鲷鱼）""东江瘦身鱼（草鱼）""惠绿缘鳗鲡""惠绿缘中华鳖""李艺金钱龟""石金钱龟"入选广东省 2022 年"粤字号"农业品牌目录。

【现代渔港建设】 惠州市有港口渔港、盐洲渔港、巽寮渔港、范和渔港、澳头渔港、霞涌渔港、三门岛渔港、亚婆角渔港等 8 个渔港。印发《惠州渔港经济区建设规划（2021—2030 年）》《惠州市渔港建设攻坚行动方案（2021—2025 年）》。惠东县巽寮渔港升级改造建设项目总投资 3 247.41 万元，2022 年建设中。大亚湾区编制《惠州大亚湾经济技术开发区渔港建设总体规划（2017—2025 年）》《惠州市澳头、霞涌、三门渔港工程项目建议书》，并经区管委会批准印发实施，启动澳头、霞涌、三门岛渔港建设。

【渔业科技创新】 惠州市实施"科技兴渔"战略，提升渔业科技创新、技术推广等能力。2021—2022 年，全市获省农业技术推广奖 8 项，其中二等奖 3 项、三等奖 5 项。全市有省级良种场 4 家，其中中华鳖和金钱龟已申报国家级良种场，并通过省级验收。

广东省鳇鲸海洋生物科技有限公司搭建"中国石首鱼物种保育与种业创新平台"，开展珍贵鱼类人工繁育技术研究，实现全球极危物种黄唇鱼的人工繁育，将成为南海海域深远海养殖的重要发展品种。

充实惠州市水产技术推广队伍，推广网络得到健全，设施设备得到完善，推广能力持续提升。2022 年，全市设立各级水产技术推广机构 9 个，其中市级 1 个（专业站）、县级 6 个（专业站 2

个、综合站 4 个）、区域站 2 个（专业站）。全市技术推广工作人员 57 人，其中有技术职称人员 33 人（副高级 9 人、中级 13 人、初级 11 人）；建有自有试验示范基地 3 个，合作试验示范基地 35 个、实验室 5 个。

市级水产推广机构——惠州市渔业研究推广中心，与中国水产科学研究院南海水产研究所、惠州市财兴实业有限公司、惠州李艺金钱龟生态发展有限公司等签订合作协议，在龟鳖、鲈鱼、牡蛎、对虾等品种选育、健康养殖研究等领域开展技术合作；与惠州市农业科学技术研究所联合开展稻田养鱼综合示范，示范效果明显。2021 年，获授权实用新型专利 1 项，发表论文 6 篇；2022 年获省农业农村厅授予"广东省省级水产健康养殖和生态养殖示范区"称号，批准创建省级鲫鱼良种场；获第六届中国水产学会范蠡科学技术奖一等奖 1 项、二等奖 1 项；1 人获第三届全国"最美渔技员"称号。通过科技下乡活动，开展灾害天气下渔业预警、救灾、复产工作，2022 年服务养殖企业（户）300 余户，发送渔技信息 3 万余条，推送科技文章 250 余篇。

【质量安全监管】 惠州市加强水产品质量安全管理，制定惠州水产品"不安全、不上市"工作方案。2021 年，开展水产品质量安全抽检行动 11 次，出动执法人员和技术人员 81 人次，抽检水产样品 800 批次，样品合格率 98%。2022 年出动检查人员共 340 人次，其中行政人员 52 人次，执法人员 288 人次，检查水产苗种场 16 个，水产养殖场 236 个，行政处罚 1 起，罚款 0.4 万元。加强产地水产兽药残留监测、水产养殖用投入品风险隐患排查和海产品中重金属等风险物质监测评估工作，在博罗、惠城、惠东等县（区）对重点水产品（鲈、"四大家鱼"、金鲳等），随机抽取 32 个样品，经省级专业机构检测，未发现不合格样品。

2021—2022 年，惠州市开展水生动物疫病防控工作，组织水生动物疫病防控与健康养殖线上线下专题培训班 13 期，培训养殖户和基层渔技人员 600 余人次，派发宣传资料 1 500 余份。开展"轻骑兵"志愿服务活动 30 余次，服务相关人员 350 余人次；组织寒潮、水灾、台风灾后疫病防控与救灾复产工作，发放消毒药品 200 余件（箱）。建立监测点开展相关病害预警、监测和防控工作，全市水产养殖未出现水生动物重大疫情。

【渔业行政管理】 2021—2022 年，惠州市控制全市渔船功率和数量，加强海洋、内陆捕捞渔船"双控"指标管理，明确海洋渔船"双控"和海洋捕捞总产量控制目标，并根据海洋渔业资源评估情况和渔业生产实际，确定调控目标，实现海洋捕捞总产量与海洋渔业资源承载能力相协调。做好水域滩涂养殖发证登记工作，截至 2022 年底，全市国有水域累计发证面积 479 公顷，集体水域累计发证面积 3 021 公顷。创建国家级水产养殖示范区和生态养殖示范区 1 个、省级水产养殖示范区和生态养殖示范区 10 个。

【渔业资源保护】 惠州市小星山海域国家级海洋牧场示范区人工鱼礁建设项目于 2019 年 12 月入选第五批"国家级海洋牧场示范区"，列入《国家级海洋牧场示范区建设规划（2017—2025 年）》，是惠州市首个国家级海洋牧场示范区。项目建设总投资 1 850 万元，建设人工珊瑚礁区 1 个，包括建造投放礁体 28 493 空方，搭建海底实时在线可视化监测系统 1 套。截至 2022 年，项目完成海域使用论证报告和对 2 个保护区影响专题评价报告的编制工作，完善项目环评报告。

2021—2022 年，惠州市开展水生生物资源增殖放流活动，加强水生野生动物保护。利用中央农业资源及生态保护补助资金 20 万元和中央财政农业资源及生态保护补助资金 40 万元，开展全市增殖放流活动，投放各类鱼虾苗 1 980 万尾；2 年发放水生野生动物经营利用许可证 202 本、水生野生动物人工繁育许可证 747 本、特许捕捉证 1 本，开展行政检查超过 27 次，发放宣传资料 1 800 份，通过 LED 屏滚动播放保护水生野生动物宣传标语 210 条。加强科普宣传，利用油补资金投入建设资金 400 万元，在市渔业研究推广中心建设渔业资源展馆，提高社会各界对渔业资源的保护意识。

2021 年，惠州市开展水产养殖种质资源普查，完成全市 13 477 户水产良种场、苗种场和养殖场（户）普查数据采集、录入、审核等工作。

【南海伏季休渔和珠江流域禁渔】 惠州市加强休（禁）渔期管理，印发实施《关于做好惠州市 2022 年东江禁渔期管理工作的通知》《惠州市 2022 年东江禁渔专项执法行动方案》《关于做好 2022 年海洋伏季休渔工作的通知》等。禁渔期间，落实渔政执法行动，重点打击涉渔"三无"船舶以及违规使用禁用渔具和"电、炸、毒"鱼等非法行为，清理取缔涉渔"三无"船舶和非法网具。设立并公开禁渔期违法行为的举报电话，接受渔民群众和舆论的监督,调动群众参与禁渔护渔的积极性,确保全市东江流域禁渔期秩序稳定。

2021—2022年,全市继续坚持"最严格的伏季休渔制度"和"最严格的伏季休渔管理",落实"依港管船""定人联船""船位报告""定期点船""信息周报"等管理制度。休渔期间,落实防火、防台工作,畅通渔港消防通道、配齐消防设备、完善消防预案。查处违法违规行为,保障渔港渔船安全,确保海洋捕捞渔船应休尽休,海洋渔业资源得到休渔生息,促进海洋捕捞渔业可持续发展,保障海洋伏季休(禁)渔顺利实施。

【渔业安全生产】2021—2022年,惠州市统筹开展渔船"不安全、不出海"和"建渔港、保平安"专项行动。在全省范围内率先制定《惠州市乡镇船舶安全管理办法》,印发《惠州"亮剑2022"系列专项执法行动方案》《惠州市"建渔港、保平安"专项行动方案》《关于深入开展渔业船舶安全生产专项排查整治行动的紧急通知》等文件,开展渔港渔船安全生产专项督查和交叉检查18次,规范渔船安全监管和属地管理工作。举办安全生产培训班10期,培训渔民群众1040余人;举办全市渔船安全监管干部培训班2期,培训县(镇、村)管船干部90余人次;举办渔业船员考试活动48期,考试考核2019人次,办理(含换证)职务船员证书1640本、普通船员证书1645本。为提高渔船信息化管控水平,完成覆盖全市1015艘海洋渔船的海上安全生产监控调度平台升级改造工作,维持全市1615艘渔船AIS船舶避碰设备、49艘渔船北斗通信导航设备运行,落实渔船"看得见、联得上、叫得回",有效提升渔船

综合管理和安全应急处理水平。加强渔业船舶安全管理,全市共检验渔业船舶3165艘次,总吨位23 566吨,总功率106 136千瓦。

【渔政执法检查】惠州市积极开展渔船安全生产专项执法,切实消除渔船安全生产事故隐患苗头。2021—2022年,全市查处涉渔违法案件171宗,罚款233.63万元,通过"两法衔接"移交涉刑违法案件11宗,移交涉案人员35人。开展"清港清湾"执法专项行动,清理取缔涉渔"三无"船舶1577艘、违规渔具15万余米。组织开展水生野生动物保护专项执法行动,各相关部门协调配合,高效联动,开展对餐馆酒家、集贸市场等场所执法检查,重点查处非法捕捞、贩卖水生野生动物的违法行为。开展"清风行动"专项检查,严打非法经营水生野生动物行为,保护水生生物多样性、维护人与自然和谐共生。

【惠渔支渔政策】2021—2022年,惠州市落实相关政策,全市发放渔船海洋渔业资源养护补助、赴特定水域油价补贴等渔船补助1238.28万元,惠及渔船746艘(含港澳流动渔船);发放休(禁)渔渔民生产生活补助1097.79万元,其中2021年度538.06万元,2022年度559.73万元,惠及渔民2637人;共支付渔船渔民补贴2653.56万元。

【渔业文化活动】惠州市是国家历史文化名城,渔业文化活动丰富多彩。"惠东渔歌"是全国渔歌中首个获批的国家级非物质文化遗产,在文化创新和文旅融合发展上不断突破,创作出中国首部国家级非遗"惠东渔歌"大型音乐剧《渔家》。大亚湾区成功申报四

项非物质文化遗产项目,其中"渔家婚嫁"为省级非遗项目,"渔民朝拜仪式"和"大王爷节"为市级非遗项目,"渔家汤圆"为区级非遗项目。大亚湾东升村渔家婚嫁习俗历史悠久,反映旧时沿海疍民"逐水而居、浮家泛宅"的生活形态,是当地最具文化魅力的非遗项目之一,成为当代学者研究海洋民俗文化的"活化石"。霞涌渔村历史民俗展览馆作为惠州首个展现渔村历史民俗的展览馆,通过实物展示、图文展板、渔船模型、视频短片等形式,生动展现渔村历史原貌和发展轨迹。

2022年,举办惠州市首届"津头湖渔家文化节",通过歌舞、童谣、情景剧等形式,向游客展示当地古老的渔家民俗,展现人与自然和谐共处的生动场景,通过渔家文化撬动乡村文旅,把传统渔村打造成旅游乡村,推动更加美好宜居的渔家文化村建设。

● 东莞

【市情概览】东莞市位于广东省中南部,因地处广州之东,盛产莞草而得名。东莞于东晋咸和六年立县,初名宝安县,唐至德二年更名为东莞县,县治从芜城(今宝安南头)移至涌(今莞城)。1985年9月,东莞县改设为东莞市(县级)。1988年1月,东莞市升格为地级市。东莞市东西最大横距70.45千米,最东到银瓶嘴山,与惠州市接壤;最西到狮子洋中心航线,与广州市隔海交界。南北最大纵距46.8千米,最北到中堂镇大坦乡,与广州市、惠州市隔江为邻;最南到凤岗镇雁田水库,与深圳市相连。全市陆地面积2460.1千米²,海域面积97千米²。毗邻港澳地区,处于广州市至深圳市经济走廊中间,西北

距广州市中心区 59 千米，东南距深圳市中心区 99 千米，距香港中心区 140 千米。

2022 年，东莞市下设镇（街）32 个、下辖村 350 个、社区 246 个。年末户籍人口 292.45 万人；常住人口 1 043.70 万人，其中城镇常住人口 962.81 万人，人口城镇化率 92.25%。2022 年全市地区生产总值 11 200 亿元，比上一年增长 0.6%；地方一般公共预算收入 766.04 亿元，下降 0.5%；一般公共预算支出 863.58 亿元，下降 1.2%。

【渔业资源】东莞市位于珠江河口东岸，水网密布，河涌纵横，主要河流有东江、石马河、寒溪水，海域主要分布在狮子洋和伶仃洋。鱼类资源丰富，有 98 种，隶属于 14 目 34 科，以淡水及过河口鱼类为主。主要渔业资源经济种类有 22 种，其中淡水鱼类 13 种：青鱼、草鱼、鲢、鳙、鳡、鲤、鲫、鲂、赤眼鳟、鲮、黄尾密鲴、红鲌和鲦条，其在江河湖泊数量较多、分布较广；海水种类 9 种：棘头梅童鱼、鲻鲮鱼、鳓鱼、叫姑鱼、海鳗、斑鰶、鲷科类、虾类、蟹类，在珠江口海域数量较多、分布较广。还有石首鱼科黄唇鱼，是国家一级水生野生保护动物，水生生物特有种类。

【渔业经济发展】东莞市渔业以养殖为主，2022 年，全市水产品产量约 5.82 万吨（其中水产养殖产量 5.01 万吨，占 86.1%），水产品产值 11.24 亿元；产量、产值分别比上一年增长 1.11%、1.54%。

【捕捞渔业生产】2022 年，东莞市有渔业人口 1.6 万人（专业从业捕捞人员约 1 100 人），有各类渔船 391 艘，其中在册海洋渔船 200 艘、内河渔船 47 艘，乡镇渔船 144 艘；捕捞产量 0.71 万吨，产值 1.58 亿元，与 2021 年基本持平。捕捞产量以海洋捕捞为主，2022 年产量 0.62 万吨，占捕捞产量的 87%。

东莞市通过实施减船转产，实现降低海洋捕捞强度，养护水生生物资源，特别是对近海渔业资源有较大保护。2021 年，全市减船转产 68 艘、功率 5 177 千瓦。2022 年，实施沿海渔民渔船更新改造项目，完成 3 艘，发放补助资金 81.77 万元，实施沿海渔民渔船船上设备更新改造 180 套。截至 2022 年底，渔船更新改造项目完成 136 艘，采用先进的渔船船型设计，建造钢质或玻璃钢等强度高的渔船，改进渔业安全技术装备，提高渔船抵御风险的能力。

【特色水产养殖】2022 年，东莞市水产养殖面积 4 067 公顷，产量 5.01 万吨，对比上一年，养殖面积缩小 10%，但产量增长 1%。全市有面积 3.33 公顷以上水产养殖主体 197 个，常规养殖以四大家鱼和单性罗非鱼为主，占养殖面积 70%。特色养殖以龟鳖类、观赏鱼类以及笋壳鱼等名特优品种养殖为主，占养殖总量 10%，年产值约 4 亿元。其中，龟鳖类养殖面积 667 公顷，年产龟鳖苗约 3 000 万只、商品龟鳖产量 2 014 吨；观赏鱼养殖年产值约 1 亿元。

【设施渔业发展】东莞市上洋农业科技有限公司创建于 2020 年，以旧厂房改造而成，占地 3 000 米²，采用陆地工厂化循环水养殖模式，育苗用水为食用自来水经过水质处理培水后作为用水来源，养殖用水零排放，提高养殖效益的同时减少环境污染。设置育苗车间、成品鱼车间、暂养车间、成品鱼加工等，为员工生产生活及办公一体化的园区。公司根据不同品种研发用于养殖生产的养殖系统、设备、工具，自主研发适合企业发展的工厂化养殖设备，实现鱼类生产、加工、销售。注册设备技术专利 3 项和品牌 3 个；品牌有"陆上渔夫""云斑""渔家旺"。主要育苗品种有：宝石鲈、加州鲈、淡水石斑、丁桂鱼、禾花鱼、笋壳鱼等。年产量约 300 万尾，产值约 240 万元；同时通过室内循环水育苗，隔绝病原，与农户合作销售软骨鲫鱼和南美白对虾等；通过自检达标进行商品出售；年销售量约 400 吨，年产值 2 400 万元。

【渔业品牌建设】2021 年，东莞市"绿卡牌中华鳖"通过出境食用水生动物养殖注册登记。"东莞中华鳖"种源是来自于洞庭湖水系的正宗优质纯正中华鳖，引种后经过多年来养殖、选育而成，主要养殖于谢岗、石排、虎门等镇的山乡水库边，水质较好，污染小，环境幽静，养出的中华鳖生长快、色泽好，其"裙边"宽厚、肉质细嫩，抗病能力强，营养价值高。"绿卡牌中华鳖"2003 年被农业部认定为无公害农产品，2010 年被评为"中国名鳖"，2011 年被评为"广东省名牌产品"，2018 年被广东省海洋与渔业厅评定为"广东省名特优水产"。还有松湖笋壳鱼，结合泰国纯种与澳洲纯种的优良基因，实行"咸淡水"循环立体养殖，体格更大，肉质紧致鲜美，蛋白质含量高，属于"营养密集型"食材，被誉为广东名鱼。

【现代渔港建设】东莞市有"新湾""先锋"2 个国家二级渔港和中堂镇红锋、石龙镇内河渔船 2 个停泊点，2022 年，该市范围水域内停泊有当地海洋渔船约200艘、内河渔船47艘、涉渔"三无"生计渔船144艘,渔区户口约13 600人,从事渔业捕捞人员约1 260人。在"十三五"期间,建设沙田镇先锋渔港"渔港疏浚与趸船及平台配套设施项目工程",投资443万元;建设虎门镇新湾渔港"振兴码头更新改造项目建设工程",投资431万元。《东莞市现代渔港建设规划(2020—2025年)》明确2021年开展"建渔港、保平安"专项行动,落实渔港建设"6个100%"目标,从"平安渔港"建设入手,加强渔港投入、建设进度、经营管理和执法监督,提升安全保障功能,确保满足大、中、小型各类渔船的停泊和避风条件,维护渔民群众安全利益。截至2022年底,沙田镇、虎门镇初步完成渔港建设项目实施方案的编制、资金筹措等前期工作。

【**渔业科技创新与推广**】2021—2022年,东莞市实施"科技兴渔"战略,组织企事业单位与高校、科研院所合作攻关,广东省农业科学研究院动物科学研究所与广东绿卡实业有限公司合作共建"东莞市水生动物协同创新基地",与康尚家庭农场共建"产学研示范基地"。通过开展龟鳖良种创制和名特优水产品种病害防控技术研究,提高中华鳖良种创新和笋壳病害防控技术水平,取得良好的经济和社会效益。2022年,《中华鳖"珠水1号"新品种创制与配套养殖技术推广》获全国水产种业博览会首创"钟麟水产种业科技奖",《笋壳鱼病害免疫与生态防控技术集成示范》项目获"岭南动植物科学技术奖"一等奖,广东绿卡实业公司水产研究所黄启成获广东水产种业风云榜"十大杰出人物"和"2019—2021年

度全国农牧渔业丰收奖农业技术推广贡献奖"。创新开展农技服务渔业成效显著,"东莞市渔业'轻骑兵'服务种业创新促中华鳖产业高质量发展"获"广东农技服务十大典型案例";东莞市动物疫病预防控制中心李本旺获广东省农技服务"轻骑兵""十大先锋人物"称号。

【**质量安全监管**】东莞市加强水产品质量监督抽查,2022年完成各类水产品抽检样品(不包括水样和沉积物)2 762个,抽检合格率99.49%。其中,水产品监督抽查样品145个,水产样品药物残留快检样品1 453个,水产品药物残留风险监测抽查样品1 105个,其他水产品专项抽样样品59个。2021年,组队参加第五届省农产品质量安全检测技能竞赛,获团体一等奖,获水产工种团队二等奖,四名参赛人员均获得个人三等奖好成绩。

加强水产品质量安全执法,2022年,出动执法人员450人次,出动执法车125辆次。检查水产苗种场和水产养殖场150家,立案查处使用禁用渔药行为8宗。

【**渔业行政管理**】2021—2022年,东莞市引导全市水产养殖业科学布局、转型升级,发展龟鳖类、笋壳鱼等名优品种和观赏鱼养殖,做强特色养殖,优化渔业品种,建设渔业展示中心。截至2022年底,创建有国家级中华鳖良种场1家,省级乌龟良种场1家,市级水产良种示范场10家;创建水产健康养殖示范场国家级13家、省级13家、市级4家;还有全国休闲渔业示范基地1家,省级休闲渔业示范基地2家。

【**渔业资源保护**】东莞市加强渔业资源保护,开展海洋渔业增殖放

流活动。分别于2021年5月26日和2022年6月9日,在滨海湾新区东宝公园、滨海景观活力长廊(苗涌段)临近海域分别组织举办2021年、2022年农业资源及生态保护补助资金增殖放流活动,2021年投放黄鳍鲷鱼苗25万尾、斑节对虾苗750万尾,2022年投放黄鳍鲷鱼苗80万尾、斑节对虾苗1 500万尾,2年共投放2 355万尾。

2021年6月9日和2022年6月24日,在石龙镇金沙湾公园举行东莞市江河水生生物增殖放流活动,各投放鳙、草鱼、鲮、鲢鱼苗等苗种350万尾和400多万尾,共计750万余尾。

2021年7月23日和2022年7月29日,在虎门镇威远岛举行东莞市海洋水生生物资源增殖放流活动,投放黄鳍鲷、鲻鱼苗、刀额新对虾、近缘新对虾等苗种各1 100万尾和1 245万尾,共计投放2 345万尾。

【**南海伏季休渔与珠江流域禁渔**】2021—2022年,东莞市印发《珠江禁渔工作方案》《海洋伏季休渔制度工作方案》,组织召开休(禁)渔工作会议,落实休(禁)渔公告、宣传和相关工作要求,督促执法检查巡查工作及安全生产各项措施落实。2年休(禁)渔期间,全市注册登记的201艘海洋休渔渔船和50艘江河禁渔渔船,无发生违法、非法捕捞行为,无发生休(禁)渔期渔业生产安全事故。落实休(禁)渔补助政策,发放休、禁渔渔民生产生活补助,2021年和2022年分别发放补助资金416万元和504万元,惠及渔船223艘和232艘,惠及渔民1 071人和1 191人。

东莞市实施南海伏季休渔和珠江流域禁渔,加强休(禁)渔水域管理,在产卵场开展限制性

捕捞措施或禁捕，限制使用对这些水域影响较大的网具，保护渔业资源。

【渔船安全生产监管】东莞市海洋综合执法支队落实渔业船舶安全生产专项整治三年行动、"不安全、不出海"、渔船安全监管"百日攻坚""商渔共治"等有关部署，2021—2022年，开展商渔船防碰撞联合执法行动39次，举办商渔船船长"面对面"交流活动4期、渔船安全生产培训8期、渔业船员资格培训8期，派发相关宣传资料1 400余份，发送手机短信18.4万条次。完成对543艘次渔业船舶开展检验及发证工作，开展救生筏检修站和渔业船舶G米DSS设备岸上维修站专项检查45次。

【渔政执法检查】2021—2022年，东莞市海洋综合执法支队开展珠江禁渔和南海伏季休渔专项执法、打击涉渔"三无"船舶、"绝户网""电鱼"专项行动以及钓具渔船违规载客专项执法行动、跨海区作业渔船清理整治专项行动、水生野生动植物保护执法行动等。通过向群众派发《东莞市禁渔期江河渔场执法宣传》《东莞市海洋伏季休渔执法宣传小册子》等宣传资料，提前掌握和登记休（禁）渔对象停泊状况，确保应休（禁）渔船按规定时间实现"船进港、证集中、网封存"。2年出动执法船艇1 533艘次、执法车辆739辆次、执法人员9 064人次，检查渔船7 461艘，查处渔业违法案件103宗，收缴罚款49万元；暂扣涉渔"三无"船舶206艘，公开拆解涉渔"三无"船舶180艘，清除和没收违法捕捞网具1 043张，放生鱼苗超18万尾；通过"两法衔接"平台移送案件15宗、接收检察院移送案件3宗，协助检察院开展生态修复增殖放流2次。

东莞市农业农村局开展水生野生动物执法行动及执法宣传，2022年，出动执法车9辆次、执法人员34人次，检查场所15家，派发《东莞市水生野生动物保护宣传手册》等宣传资料2 300余份。同时，严打非法交易野生动物及其制品的违法违规行为，市海洋综合执法支队与市公安局森林分局共同签署"野生动物保护执法合作备忘录"，双方在野生动物保护执法的联席会议、信息共享、培训交流、联合执法等方面达成合作共识，形成工作机制，实现资源共享、优势互补。

【海洋执法机构改革】2022年，东莞市海洋综合执法支队完成机构改革及单位揭牌。将海洋监察科调整为综合执法协调科，强化与农业农村、自然资源、生态环境、林业、海警等主管部门的沟通协调，建立协作机制。新增设法制与督察科，强化支队执法监督机制和督察能力建设；新增设执法二科（沙田大队），实现对先锋渔港的零距离精细化监管。将渔业船舶检验科和渔政渔港监督科整合成渔船渔港监督科，同一类事项由同一个科室负责，做到上下贯通、运行顺畅。

【惠渔支渔政策】2021—2022年，东莞市落实"油补"政策，严格发放程序，完成渔业柴油补贴资金发放任务，让渔民群众受惠得益。落实省政府休（禁）渔补助政策，2021年申请补助受益渔业船员1 071名，发放补贴资金416.185万元；2022年度，申请补助受益渔业船员1 191名，发放补贴资金416.19万元。

【渔业文化活动】2022年"优享文化年"是东莞市政府十件民生实事之一，新湾疍家文化队再次入选2022东莞"优享文化年暨第二届品质文化"创投大赛，重点开展三大类文化活动：培训类——新湾疍家文化青少年讲解员系列培训；体验类——追寻水上人家，保育疍家文化（新湾疍家文化亲子研学和"品一口疍家美味，抒一份海上情怀"疍家美食进校园、进社区）；演出类——疍家文化特色文艺晚会"秋风送爽贺丰收，船获满仓迎开渔"等。疍家文化活动均围绕传承展开，受到校园师生、社区居民、文旅爱好者等多方人士点赞。

2022年，沙田镇召开《沙田疍民文化口述史》编纂会议，确保编纂工作有序开展。弘扬"疍家文化"，探究沙田疍家的起源、发展和变迁以及传承和发展的意义、价值，让更多人了解沙田历史悠久的疍家文化，提升沙田文化品牌。

虎门镇创建微信公众号"新湾疍家"，保育和传承疍家文化，让群众关注渔港渔村社情民意，感受渔家独特文化魅力。

东莞市有2个疍家文化馆，分别位于虎门镇新湾社区居委会文化楼和沙田文化中心，免费对外开放。进入文化馆，可以看到疍家传统服饰、疍民生产工具、渔民生活用具，感受渔民生产生活的历史变迁与水上人的居住、饮食、服饰、喜庆、信仰、禁忌等风情习俗。还可以观看水上人文化习俗视频短片，参与手工织网、渔船模型制作等互动体验。

⬤ 中山

【市情概览】中山市位于广东省中南部，珠江三角洲中部偏南的西江、北江下游出海处，北接广州市和佛山市，西邻江门市和珠海市，东南连珠海市，东隔珠江口伶仃洋与深圳市和香港特别行政区相望。南宋年间设香山县，1925 年香山县改名中山县，1983 年设中山市（县级），1988 年升格为地级市。中山市是中国四个不设市辖区的地级市之一，2022 年下辖镇 18 个、街道 6 个，区域内有 1 个国家级开发区——中山火炬高技术产业开发区和 1 个经济协作区——翠亨新区。行政管辖面积 1 783.67 千米²。

2022 年末，中山市常住人口 443.11 万人，其中城镇常住人口 385.59 万人，占常住人口比重（常住人口镇化率）87.02%。2022 年全市地区生产总值 3 631 亿元，人均地区生产总值 81 620 元，均比上一年增长 0.5%；地方一般公共预算收入 316 亿元，增长 3.0%；公共预算支出 463.10 亿元，下降 2.0%。

【渔业资源】中山市河流面积占全境的 8%，是中国河网密度较大的地区之一。东北部是北江水系的洪奇沥水道；中部是东海水道，下分支鸡鸦水道和小榄水道，汇合注入横门水道；西部为西江干流，在磨刀门出海。还有黄圃水道、黄沙沥等互相沟通，形成了纵横交错的河网地带，全市有河道、水道等 289 条。境内江河鱼类有：青鱼、草鱼、赤眼鳟、鳡、宽鳍鱲、海南鲌、广东鲂、鳘、黄尾鲷、中华鳑鲏、高体鳑鲏、条纹小鲃、麦穗鱼、须鲫、鲫、鲤、鳙、鲢、泥鳅、鲶、胡子鲶、黄颡鱼、瓦氏黄颡鱼、黄鳝、攀鲈、叉尾斗鱼、斑鳢等。河口、沿海鱼类主要有花鰶、斑鰶、鯔、康氏小公鱼、凤鲚、黄吻棱鳀、七丝鲚、白肌银鱼、日本鳗鲡、棱鲛、鲻、花鲈、多鳞鱚、皮氏叫姑鱼、棘头梅童鱼、短吻鲾、黄鳍鲷、金钱鱼、尖头塘鳢、褐塘鳢、红狼牙鰕虎鱼、鳗鰕虎鱼、孔鰕虎鱼、纹缟鰕虎鱼、钟馗鰕

虎鱼、舌鰕虎鱼、绿斑细棘鰕虎鱼、栉鰕虎鱼、矛尾鰕虎鱼、大鳞鳞鲬、斑头舌鳎、黑鳃舌鳎、中华舌鳎、三线舌鳎、弓斑东方鲀、黄鳍东方鲀等。

【渔业经济发展】2021—2022 年，中山市水产养殖以优化渔业产业结构、增加渔民收入和满足人民对优质水产品的需求为目标，坚持质量兴渔、绿色兴渔、效益优先，稳定水产养殖生产并严格控制海洋捕捞产量，提升二三产业比重，促进一二三产融合发展，渔业经济总体稳步发展。2022 年，中山市水产品总产量 37.78 万吨、总产值 89.7 亿元，比上一年分别增长 4.3% 和 5.8%。其中草鱼（鲩）、生鱼作为全市大宗水产品，产量分别为 12.9 万吨和 7.6 万吨。

【捕捞渔业生产】中山市 2022 年海洋捕捞量 464 吨、淡水捕捞 882 吨。中山市在"十三五"期间拆解渔船 302 艘，功率 5 396.6 千瓦。通过实施减船转产，降低海洋捕捞强度，压减捕捞产能，养护水生生物资源，特别是对近海渔业资源有较大保护。通过减掉低效渔船，释放劳动生产力，提高生产效益，增加渔民收入。中山市 2021 年和 2022 年未实施减船转产项目。

2021—2022 年，全市完成更新改造渔船 223 艘，其中海洋渔船 10 艘、内陆渔船 213 艘。采用先进的渔船船型设计，建造钢质或玻璃钢等强度高的渔船，改进渔业安全技术装备，提高渔船抵御风险能力。截至 2022 年底，全市海洋渔船 298 艘，其中玻璃钢（或钢质）渔船 250 艘；内陆渔船 269 艘，其中玻璃钢（或钢质）渔船 220 艘。通过渔船更新改造，安全生产性能得到提高。

【特色水产养殖】2022 年，中山市水产养殖面积 2.01 万公顷，其中生鱼养殖面积 2 173 公顷，占水产养殖总面积 10.8%，年生产商品生鱼 7.6 万吨，产值超 20 亿元。加上苗种孵化、鱼苗培育、流通和加工，整个产业链年产值超 23 亿元。每年生产并销往全国各地的优质杂交生鱼苗、鱼种 35 亿尾，占全国杂交生鱼苗种市场的 60%。2022 年中山市脆肉鲩养殖面积 2 173 公顷，占水产养殖总面积 10.8%，商品脆肉鲩产量约 8 万吨，年总产值 21 亿元。中山市脆肉鲩产量占全国 80% 以上，获评"中国脆肉鲩之乡"。水产品供应香港和澳门，淡水鱼市场份额分别占 40% 和 70%。

【渔业品牌建设】中山市重视渔业产业发展，深耕品牌建设，擦亮"金招牌"，与科研院校合作，以技术赋能品牌，打造"三角生鱼""东升脆肉鲩"等特色品牌；围绕"品牌强渔，质量兴渔"发展战略，强化政府扶持和宣传推广力度，组织企业到全国各地参加博览会，成功开拓广西、福建等 20 余个省（自治区、直辖市）的消费市场。

中山市三角镇生鱼产业园 2021 年纳入省级现代农业产业园建设名单，成为全省首个集苗种生产、成鱼养殖、技术培训和示范推广、科研攻关、物流配送于一体的大型综合性多功能生鱼现代产业园，也是广东省第一批现代农业全产业链标准化示范基地。2022 年三角镇被农业农村部认定为第十二批全国"一村一品"示范村镇、"全国乡村特色产业超十亿元镇"。通过开展生鱼美食文化嘉年华，打造"三角生鱼"美食品牌，提高生鱼美食文化的认可度和影响力，中山市已形成集生鱼苗种孵化、鱼苗培育、成鱼养

殖、中介流通和精粗加工的一条成熟产业链。

2021年1月，"中山东升脆肉鲩"入选第三批全国名特优新农产品名录；12月，中山市小榄镇被中国水产流通与加工协会连续第四次授予"中国脆肉鲩之乡"称号。小榄镇还于2021年和2022年连续两年被农业农村部认定为"全国乡村特色产业产值超十亿元镇"。持续举办脆肉鲩美食文化节，成功把脆肉鲩美食文化节打造成传统品牌文化和产业融合活动；深入开展脆肉鲩品牌高铁冠名宣传推广活动，有效提升脆肉鲩品牌的社会知名度和影响力。

【现代渔港建设】中山市有2个渔港：南朗街道横门渔港为国家三级渔港，面积4.2万米^2，岸线943米，可容纳100艘渔船停泊；坦洲镇大冲口渔港，面积8.9万米^2，岸线1 250米，可容纳200艘渔船停泊，因不能避风而未定级。2022年，中山市南朗横门平安渔港建设项目完成项目入库、专家评审流程，待省农业农村厅公布及下达资金后，开展横门平安渔港项目建设。

【渔业科技创新】2021—2022年，中山市20多家养殖企业继续与中山大学、华南农业大学、广东海洋大学、仲恺农业工程学院、中国水产科学研究院珠江水产研究所和中国水产科学研究院南海水产研究所等10多家高等院校、科研院所开展渔业技术研发合作，在水产养殖（包括健康养殖技术、养殖模式构建与示范、水域环境修复技术研究）、良种繁育（包括亲本驯化选育、种质资源评价、全人工繁殖、生殖生长基因功能、性别标记开发）以及水生生物病害防治（包括重要病原和宿主互作机制、绿色药物筛选与应用、

渔用药物安全使用技术、常见病原检测）等方面开展深入的产学研一体化合作。

【质量安全监管】2021—2022年间，中山市加强水产品质量监督抽查。2022年完成各类水产品样品（不包括水样和沉积物）抽检10 147个，抽检合格率99.79％。其中，水产品监督抽查492个样品，水产品药物残留风险监测抽查9 655个样物（其中水产样品药物残留定量检测1 605个样品，快速检测8 050个样品）。

2022年，全市共出动执法人员503人次，检查水产苗种场12家、水产养殖场182家、投入品生产经营单位54家，完成2宗药物超标案件处理。

【渔业行政管理】2021—2022年，中山市严格执行捕捞许可管理制度，加强海洋捕捞渔船"双控"指标管理，控制捕捞强度，按程序受理审批渔业捕捞许可，市级共受理渔业捕捞相关业务83项。两年共受理水域滩涂养殖证申请107个，全部审核通过并发证，发证水域滩涂面积2 527.22公顷（其中国家所有水域5个，面积73.72公顷；集体所有水域102个，面积2 453.49公顷）。中山市按照省物价局、省财政厅等三部门联合颁发的《征收渔业资源增殖保护费的有关规定》收费，征收的渔业资源增殖保护费的金额分别为7.36万元和7.45万元。

【渔业资源保护】2022年6月印发《中山市2022年水生生物增殖放流项目实施方案》，严格按照《水生生物增殖放流管理规定》《水生生物增殖放流技术规程》等国家和省有关规程规范制定增殖放流实施方案，确定放流区域、放流任务、进度安排及其他工作计划。

2022年度水生生物增殖放流在6月和8月分2次进行，放流地点为与珠江口连通的翠亨国家湿地公园水域。依据《农业农村部关于做好"十四五"水生生物增殖放流工作的指导意见》所提供的增殖放流物种适应性评价表进行物种筛选，优先选择具有珠江流域水域特色的区域性物种，包括黄鳍鲷、鲻、刀额新对虾和长毛对虾4种。共放流鱼类65.07万尾、虾类1 885万尾，总计1 950万尾，完成增殖放流目标任务。

【南海伏季休渔和珠江流域禁渔】中山市严格执行南海伏季休渔制度，2021—2022年全市纳入休渔对象渔船共570艘，应休渔船按规定时间5月1日12时实现"船进港、证集中、网封存"。休渔期间，落实防火、防盗、防风、防洪"四防"工作措施，制定休渔渔船安全应急预案，配足配齐消防设施和消防器材。组织开展休渔护渔执法行动，加大休渔期间执法巡查力度，严厉打击违反休渔规定的渔船，实现休渔安全无事故目标，圆满完成伏季休渔任务。

2021—2022年，中山市实施珠江流域禁渔规定，以维护生态环境，保护渔业资源。加强渔场管理，在产卵场实施限制性捕捞或禁捕措施，限制使用对敏感水域影响较大的网具，有效保护渔业资源。

【渔业安全生产】2021—2022年，中山市开展"不安全、不出海"专项行动，切实防范化解渔业船舶领域安全风险，牢牢守住不发生重特大事故底线。2022年，全市在册渔船554艘，进行全覆盖检查。推进属地宣传责任落到实处，落实渔业船舶进出渔港报告制度，扎实推进出海船员执证上

岗。全年举办渔业船员安全生产培训班9期,培训1399人;开展渔业职务船员和普通船员考证培训班共12期,参加培训考试的总人数为1233人,合格率为89%。2022年,对出海未100%持证上岗的渔船处罚4宗,处罚金额9.795万元。

【渔政执法检查】2021年开展"亮剑2021"系列专项行动,打击"电、炸、毒"鱼作业、非法捕捞专项行动,违规渔具清理整治专项执法行动,清理取缔涉渔"三无"船舶执法行动,伏季休渔及禁渔专项执法等行动。出动执法船艇956艘次,出动执法人员4018人次,查处非法捕捞案件14宗,公开销毁违规渔具370组。

2022年出动渔政船驻点累计144天,出动执法船艇1045艘次,执法人员4977人次,查扣涉渔"三无"船舶116艘,其中涉嫌走私"三无"船舶1艘。办理渔业行政执法案件26宗,罚款25.935万元。海洋监察执法稳步推进,查获未经批准"用海"案件1宗,罚款29.41万元。开展水生野生动物执法,2022年出动执法车16辆次,执法人员34人次,检查场所35个。

【惠渔支渔政策】2021—2022年,中山市实施近海渔船更新改造、内陆渔船更新改造、休(禁)渔生产生活补贴、海洋渔业资源保护项目,全市共核发各类"惠渔支渔"补助资金2539万元,惠及渔民3500人次,有效保障渔民群众生产生活,维护渔区安全稳定。

【渔业文化活动】2021年8月在翠亨新区南朗横门渔港举办"扬帆南海,渔悦横门"的中山首届开渔节暨海鲜美食嘉年华活动,以渔乡文化为主题,设有多个集装箱创意打卡点,还有特色美食摊位市集,让来到现场的游客感受浓浓的渔乡风情。通过特色海鲜美食宴、亲子抓鱼活动、钓鱼大赛等一系列环节的活动,展现渔乡风情魅力,带动中山特色旅游发展。活动整合渔业、渔船、渔村、渔俗文化资源,把"开渔节"打造成集渔业、休闲、饮食、文化、商业等多功能于一体的新型"渔文化"特色渔港。

● 江门

【市情概览】江门市位于珠江三角洲的西部,紧邻佛山、中山、珠海、阳江、云浮等市,是珠三角及港澳地区与粤西连接的重要交通枢纽。总面积9506.92千米^2,辖3个市辖区和4个县级市。2022年末,江门市常住人口482.22万人,其中城镇常住人口327.19万人,常住人口城镇化率67.85%,户籍人口403.41万人。2022年,江门市地区生产总值3773亿元,比上一年增长3.3%;人均地区生产总值78146元,增长3.1%。全年地方一般公共预算收入263亿元,比上一年增长0.2%;一般公共预算支出454亿元,下降1.5%。

江门是广东省海洋大市。全市领海基线以内海域面积2886千米^2;大陆海岸线长414.8千米,约占全省的1/10;海岛岸线长约400千米,约占全省的1/6;共有大小海岛561个,数量位居全省第二,海岛总面积249.97千米^2。其中,有居民海岛6个,无居民海岛555个。上川岛面积137.15千米^2,下川岛面积81.07千米^2,分别为全省第二、第六大岛,双双入选广东省"十大美丽海岛";下川岛王府洲入选广东"十大美丽海湾"。

【渔业资源】江门市海域水质好,海洋生物资源丰富,是多种经济鱼、虾、贝、藻类的繁育场,也是省内从事捕捞和养殖渔业生产的理想区域。软体动物的主要种类有:近江牡蛎、泥钳、毛钳、棒锥螺、光滑河蓝蛤、壳肌蛤、文蛤、巴非蛤、翡翠贻贝、泥东风螺、鲍等。甲壳动物的主要种类有:墨吉对虾、日本对虾、近缘新对虾、刀额新对虾、周氏对虾、锯缘青蟹、远海梭子蟹、锦绣龙虾和日本龙虾等。游泳生物主要以经济鱼类为主,有98种,分别隶属于10目41科71属。经济价值较高或群体较大的鱼类有:红笛鲷、带鱼、鲥鱼、蓝点马鲛、银鲳、长尾大眼鲷、鲐鱼、蓝圆鲹、海鳗、青石斑鱼、梭鱼、金线鱼、黄鳍马面鲀、黄鲫、龙头鱼、黄斑篮子鱼、斑鳐、灰星鲨、燕鳐鱼、四指马鲅、宝石石斑鱼、短尾大眼鲷、银方头鱼、黄鲷、六齿金线鱼、小公鱼等。

【渔业发展】经过多年的培育和发展,江门市基本形成沿海海水养殖产业带、西江流域淡水养殖产业带和潭江流域淡水养殖产业带,培育了鳗鱼、南美白对虾、牡蛎、青蟹、桂花鱼、台湾泥鳅、泰国笋壳鱼、黄颡鱼、巴鱼等一大批名优特水产品。2022年,全市水产养殖面积60359公顷,其中海水养殖面积18817公顷,淡水养殖面积41542公顷;渔业总产值251.71亿元,比2021年增加9.1%。其中名优特品种养殖面积33333公顷,占养殖总面积的近六成;有"台山鳗鱼""台山青蟹""台山蚝"3个国家农产品地理标志,并建立江门水产公共区域品牌——"江门水鲜"。

【渔业生产】江门市通过实施科技兴渔战略,调整和优化渔业产业结构,转变增长方式,推动水产养殖业向规模化、集约化、产业化发展。2021年和2022年，江门市水产品总产量分别达83.07和84.79万吨，比上一年分别增长3.00%和2.07%。2022年，江门市水产品总产量位居全省第四，其中淡水养殖产量52.99万吨位居全省第二，淡水捕捞产量6 973吨位居全省第三，远洋渔业产量1 391吨位居全省第五，海洋捕捞产量65 468吨和海水养殖产量24.41万吨，都位居全省第六。海水捕捞产量排名前五的是水产品鲷、虾、蟹、鲳、石斑鱼，鲷捕捞产量7 052吨，比上一年增长1.56%；虾6 840吨，增长12.24%；蟹6 675吨，下降6.29%；鲳6 535吨，增长7.04%；石斑鱼4 617吨，增长5.27%。

【水生动物防疫检疫】江门市加强水生动物防疫检疫工作，推进水产养殖业绿色发展。2021—2022年，全市组织实施和监督指导水产苗种产地检疫出证39批次，开展水生动物疫病监测检测样品2 070份次；设立水产养殖病害监测点16个，配置基层一线专业测报员，监测养殖种类10种，2021年监测到水产病害23种，2022年29种；举办水生动物检疫业务培训班6期，举办水生动物疫病防控、病害测报及水产养殖规范用药等方面培训班12期；组织科技下乡和病害防治技术服务塘头180多次；参与和指导水生动物应急工作处置10次。

【水产养殖技术推广】2021—2022年，江门市围绕水产绿色健康养殖技术推广"五大行动"工作目标，开展水产绿色生态健康养殖模式推广1 663公顷，其中青蟹、弹涂鱼、澳洲淡水龙虾和鳗鱼等生态绿色健康和智能化养殖1 000余公顷；稻鱼（蟹）综合种养437

公顷；牡蛎培水育肥健康养殖176公顷，陆基高位圆池循环水养殖达20多公顷等。全市创建国家级水产健康养殖和生态养殖示范区（县）1个、省级示范区（县）6个，创建省级示范区（生产主体）14个；开展养殖池塘升级改造绿色发展1 414公顷。2021年全面开展水产养殖种质资源普查，完成普查25 700家，录入25 700家。2022年全市查缺补漏、核实和修正1 057条普查数据等。开展水产养殖用药减量、配合饲料替代幼杂鱼等科技下乡服务70多人次，举办水产绿色健康养殖技术培训13期，派发水产健康养殖技术、规范用药等小册子、"水产养殖用药明白纸"等相关资料达1 520份。

【水产品质量安全监督】2021—2022年，江门市加大对问题突出的品种和区域的监督抽检力度，在全市范围开展食用农产品"治违禁 控药残 促提升""不安全不上市"两个三年行动。组织水产品"不安全不上市"专项行动，印发《2021年江门市水产品质量安全专项整治方案》和《江门市水产品质量安全生产指引》，聚焦禁限用药物、停用药物、非法添加物使用以及常规用药超标等突出问题，加大执法办案力度。引导生产者依法安全生产，做好生产记录，落实"谁生产谁负责"。2021年和2022年，全市农业农村系统分别抽检水产品3 414批次和4 338批次，合格率分别为99.77%和99.7%，水产品质量安全水平保持稳定。

2021—2022年全市开展江门—深圳农产品质量安全标准比对工作，选取鳗鱼、台山青蟹、台山蚝作为试点，提高江门市水产品质量安全标准体系和地方评价体系覆盖面，推进与深圳市供深农

产品市场产销对接。

【渔业增殖放流】2021—2022年，江门市推进生态文明建设、养护水生生物资源、保护生物多样性、实现水域生态安全，举行16次水生生物资源增殖放流活动（4次海洋生物资源增殖放流活动、12次淡水生物资源增殖放流活动），为海洋渔业资源增殖和水域生态环境修复赋能助力。在广海湾（黄茅海）海域、汶村镇横山码头附近海域、横陂镇恩平港附近海域投放黑鲷、黄鳍鲷、虾苗等8 692万尾，投入资金278.5万元；在西江、潭江、锦江、漠阳江、鉴江流域以及银洲湖航道码头共投放青鱼、草鱼、鲢鱼、鳙鱼、鲤鱼、鲮鱼、广东鲂等2 000余万尾，投入资金220.89万元。利用中央财政农业资源及生态保护补助资金共160万元，由台山市和恩平市农业农村局分别组织在广海湾附近海域和横陂镇恩平港海域开展人工增殖放流活动，放流斑节对虾、黄鳍鲷、黑鲷共计约6 418万尾。

【渔业安全生产】2021—2022年，江门市做好政策指导、执法监督和部门联动，落实广东省关于"三无"船舶整治要求，开展渔业安全生产监管和"三无"船舶治理，建立渔港"港长"管理渔港制度，按照渔船"不安全、不出海""6个100%"要求落实各项渔船安全监管措施。完善渔船安全生产管理制度，结合辖区实际制定实施渔船渔港安全监管年度计划；完善全市渔业安全生产网格化管理体系，明确渔业安全生产网格员基本职责。落实安全监管行动部署，推进重大节假日渔船安全检查，以及渔船安全生产专项整治三年行动、"商渔共治""百日攻坚"、渔船渔港安全大检

查等行动，开展渔船安全隐患排查治理。全市落实渔船安全检查14 683艘次，查处违反安全生产规定行为298宗，罚款29.19万元，排查治理安全隐患609项。开展全市性从业人员安全培训演练7场次，涉及800人次；开展船员培训58期，共4 841名从业人员取得船员证书；悬挂、张贴、发放安全生产相关宣传资料5.9万张。推进涉渔乡镇自用船舶安全监管，将4 988艘符合基本安全生产条件的涉渔乡镇自用船舶纳入乡镇政府管理范围。

【渔业监督执法】2021—2022年，江门市以"亮剑"等系列专项执法行动为抓手，采取"陆上巡、港内查、海上搜"的方式，严打各类涉海涉渔违法违规行为，维护海洋与渔业生产秩序，震慑违法犯罪分子，筑牢海上输入及安全屏障。两年间，全市查办各类渔业违法案件713宗，收缴罚款410.27万元，清理取缔涉渔"三无"船舶1 497艘，清理违规网具9.83万米，通过"两法衔接"移交刑事案件3宗，涉案人员10人，查处"陈某彪非法捕捞并违反安全生产有关规定案"入选农业农村部通报的2022年度海洋伏季休渔执法典型案例。2022年5月，江门市率先完成当地存量涉渔"三无"船舶动态清零的工作目标，全市涉渔"三无"船舶清理整治工作被省应急管理厅作为先进经验，通过工作专报印发全省推广。

【惠渔补贴发放】2021—2022年，江门市坚持"保民生、保稳定"，组织各县（市、区）向渔民群众宣传补助政策，使渔民群众了解补助对象、标准、条件、申领程序、监督举报方式等内容，同时按照2018年《广东省海洋渔业厅广东省财政厅关于印发〈广东省休（禁）渔渔民生产生活补助发放实施方案〉的通知》要求，做好休（禁）渔渔民生产生活补助资金发放，确保休（禁）渔渔民生产生活得到保障，促进南海伏季休渔和珠江禁渔顺利实施。2021年，全市发放休（禁）渔渔民生产生活补助共5 893人，资金1 249.4万元；2022年，发放休（禁）渔渔民生产生活补助共6 058人，资金1 290.2万元。

● 肇庆

【市情概览】肇庆市位于广东省中部偏西地区、西江中下游，东面与清远市相邻，西北与广西接壤，南与云浮市相接，东南与佛山市、江门市相邻，具有面向珠三角核心区，背靠祖国大西南的区位优势。肇庆隶属于珠三角区域和粤港澳大湾区，经济社会保持良好发展态势，可为园区经济发展、招商引资等提供有力保障。2022年末，全市常住人口412.84万人；其中城镇人口215.25万人，常住人口城镇化率52.14%。2022年，全市实现地区生产总值2 705亿元，比上一年增长1.1%；人均地区生产总值65 513元，增长0.9%；全市地方一般公共预算收入160.84亿元，增长9.8%；一般公共预算支出397.56亿元，增长0.2%。

【渔业资源】肇庆市江河水系分布有鱼类166种，隶属于17目39科113属。以西江干流鱼类物种最为丰富，分布有鱼类17目37科111属160种；贺江次之，分布有鱼类9目22科56属69种。

肇庆水系分布的鱼类，按照生态类型划分，包括纯淡水鱼类134种；河海洄游鱼类包括中华鲟、鲥、赤魟、日本鳗鲡、花鳗鲡、七丝鲚、白肌银鱼共7种；河口鱼类25种，主要有花鰶、鲻、龟鲛、乌塘鳢、髭虾虎鱼、舌虾虎鱼、三线舌鳎和弓斑东方鲀等。

肇庆水系的鱼类有土著鱼类153种，还有外来物种13种：条纹鮻脂鲤、短盖巨脂鲤、团头鲂、麦瑞加拉鲮、露斯塔野鲮、大鳞副泥鳅、革胡子鲇、斑点叉尾鮰、大口鲇、尼罗罗非鱼、莫桑比克罗非鱼、齐氏罗非鱼和食蚊鱼。

2018—2020年调查统计：采集鱼类84种，隶属于14目29科69属。其中，封开江段10目23科57属66种，德庆江段12目23科49属53种，肇庆城区江段10目23科57属68种。与历史文献资料相比，新增大鳞鲃、大口黑鲈、鳜、淡水石斑、杂交鲟、长吻鮠和紫红笛鲷共7种。优势鱼类种群为8种：广东鲂、鲮、赤眼鳟、鲢、草鱼、鲤、黄尾鲴、鳘和花鰶，这8种优势种群合计占肇庆水系渔业资源总数量的76.3%，占总生物量的84.0%。

【渔业经济发展】2021—2022年，肇庆市农业农村局以"稳量提质，渔业增效，渔民增收"和提高渔业综合发展能力为中心，优化渔业产业结构，打造水产百亿产业集群，推进现代渔业绿色发展。2022年全市水产养殖面积30 520公顷，水产品总产量52.23万吨，水产品总产值94.05亿元，整体呈平稳趋势。全市罗氏沼虾、罗非鱼、桂花鱼、斑点叉尾鮰、黄颡鱼、鲈鱼、龟鳖类等名优水产品产销两旺，渔业生产总体保持良好发展势头。

2022年，肇庆市农业农村局落实农业农村部《关于推进稻渔综合种养产业高质量发展的指导意见》《广东省支持2022年晚造粮食生产12条措施》等文件精神，开展鱼塘种稻试点试验，因地制宜打造多元化稻渔模式，推广稻渔综合种养面积 27 公顷，形成渔业高质量发展新路径，打造多种新型立体种养模式和高效稻渔综合种养新模式示范点，提高水稻和水产综合生产能力，实现"一水两用、一田多收"。

【水产健康养殖】2021—2022 年，肇庆市鼎湖区、高要区、四会市、怀集县、封开县和德庆县相继创建省级水产健康养殖和生态养殖区（县），创建省级水产健康养殖和生态养殖区（生产主体）40 余个，提升渔业生态化、规模化、标准化和产业化水平，推进全市渔业提质增效和绿色发展。通过开展示范创建活动，带动当地推进水产绿色健康养殖，提升水产养殖业整体发展质量。

【特色水产养殖】进入 21 世纪，肇庆市优化渔业产业布局，形成以高要、四会、鼎湖为中心，以西部德庆、封开和北部怀集、广宁为两翼的渔业发展布局，中心区形成高产高效规模化现代渔业产业、西北两翼山区县发展形成资源型特色渔业。到 2022 年，形成五大产业集群：高要"两罗＋叉尾鲴"产业集群，即 6 067 公顷罗氏沼虾和 6 800 公顷"罗非鱼＋叉尾鲴"健康高效混养；四会、鼎湖的 2 000 公顷桂花鱼现代化养殖产业集群；四会、鼎湖、高要特种龟鳖、娃娃鱼、淡水澳洲龙虾孵化、培育、养殖产业集群；四会、鼎湖淡水经济类（乌鳢、黄颡鱼、鲈鱼）高密度养殖产业集群；西、北两翼山区县的本地资源型生态养殖产业集群。

【池塘升级改造】2022 年，肇庆市人民政府出台《肇庆市养殖池塘升级改造绿色发展三年行动方案》，整体部署全市池塘升级改造工作，按照"池塘规整、深度适宜、灌排配套、设施先进、道路畅通、功能完善、环境美化"为建设标准，完成全市 1 333 公顷池塘升级改造，部署建设 3 个省级示范性美丽渔场（高要区金龙示范性美丽渔场、南湾示范性美丽渔场和四会市迳口镇示范性美丽渔场），统一建成一批集休闲观光、绿色循环、高效智能于一体的养殖示范区。

【水产种业建设】2021—2022 年，肇庆市落实 2021 年中央一号文件关于打好种业翻身仗部署要求，推动水产种业高质量发展，推进水产良种生产研发体系建设，引进广东海大集团股份有限公司分别在鼎湖区和高要区投资建设加州鲈和罗氏沼虾水产良种示范基地，建设广东省最大的淡水鱼苗工厂化繁育车间。推进渔都汇（肇庆）水产种业科技有限公司和怀集县翔世瑞罗氏沼虾等种业基地建设，建设乌鳢、加州鲈、罗氏沼虾育种场、孵化场，对乌鳢、加州鲈、罗氏沼虾种业进行全面研发和推广，提升肇庆市水产种苗的生产能力和市场竞争力。同时，通过引种亲本、良种繁育，培育性状优良、遗传性状稳定、生长速度快、抗病力强等优点的鱼、虾良种。

【水产交易中心】2022 年 9 月，粤港澳大湾区（肇庆）水产综合交易中心项目一期建设投入运营，肇庆市农业农村局推进项目建设工作。交易中心项目位于肇庆市高要区金渡镇世纪大道，地处大湾区内粤西交通枢纽中心，以水产批发零售为主，借助高要"中国罗氏沼虾之乡"全国最大的罗氏沼虾养殖基地，打造全国最大的罗氏沼虾交易市场，项目依托占地 133 公顷的省重点高要预制菜生产基地，打造成粤港澳大湾区以水产批发为主的绿色渔业及农副产品集散基地，集大数据、检验检测、安全溯源、展示、交易、配送、体验、综合配套、住宿休闲于一体的现代水产综合交易中心，形成产供销、渔工贸一体化的可持续发展模式。

【渔业质量安全】2021—2022 年，肇庆市开展水产品"不安全、不上市"专项行动，构建违禁药物不得使用、使用药物务必登记、投入品务必审批、上市前务必过休药期、生产经营者主体责任必落实、属地监管责任必到位等"六道防线"，提升肇庆市水产品质量安全水平，维护群众"舌尖上的安全"。

结合创建国家农产品质量安全市的要求，制定《肇庆市 2022—2023 年市级水产品质量安全监控计划》，2022 年，开展 20 余次水产品质量安全抽样检查，对 200 余个养殖场、水产种苗场、养殖投入品经营门店实施产品抽样监控，开展水产品和水质监测 1 000 余批次，合格率 100%；在鼎湖、高要和四会等养殖主产区建设 20 余个水产品质量安全智检小站，打通塘头的水产品质量安全监管"最初一千米"。

开展水产养殖用投入品专项整治三年行动。2022 年开展 10 次专项检查行动，出动执法人员 50 余人次，检查 40 余家养殖场和企业；加强水产养殖用投入品监督管理。

建立全市水产养殖数据库，12 388 家养殖企业（户）入库，持续推进建立养殖台账管理，创建水产健康养殖和生态养殖示范区，落实属地责任、监管责任和生产经营者主体责任，构建水产品质量安全长效监管机制，提升水产品质量安全水平。

【渔业资源保护】肇庆市加强水生生物多样性保护，坚持保护与合理开发利用渔业资源，保护好水产种质资源及其鱼类生存环境的栖息地，促进人与自然和谐共生。通过张贴宣传广告、印发宣传手册、官方公众号等形式大力开展宣传等工作，确保渔业资源可持续发展。2021—2022年，投入使用中央财政农业资源及生态保护补助资金、涉渔建设工程渔业资源生态补偿资金和社会资金547.05万元，其中451.55万元用于增殖放流草鱼、青鱼、鲢鱼、鳙鱼、鲮鱼、广东鲂、赤眼鳟、鲤鱼、黄颡鱼等淡水鱼类3909万尾；95.5万元用于人工鱼巢建设，在西江江段建设人工鱼巢共34 000米²。此外，在禁渔期间组织全市辖区执法船艇进行巡航宣传等，争取渔民群众和社会各界的理解、支持和配合，形成共同保护生态资源的社会氛围。确保渔业资源可持续发展，恢复水生生物多样性。

2022年，肇庆市投入约400万元在西江干流、绥江等地建造人工鱼巢约2万米²，增殖放流投放鱼苗约2 000万尾，并首次在西江放流348万粒底栖动物。通过科学营造人工鱼巢和有序投放鱼苗，将促进西江等水域的鱼类资源更丰富，物种更多样化。

【渔业扶持政策】2021—2022年，肇庆市重点做好禁渔期渔民生活补助申报与发放工作，开展渔业保险管理工作。2022年，全市禁渔补助发放人数2 485人，按每人每年补助2 200元的标准发放，发放禁渔补助资金546.7万元。同时，协同省渔业互保协会开展全市渔民保险购买工作，提升渔民基础保障能力。2022年全市共有2 531名船员购买保险，覆盖率100%，同时加强对渔业政策性保险各级补贴资金管理。

【渔政执法检查】2021—2022年，肇庆市加强渔政执法工作，建立健全目标管理责任制，层级签订禁渔管理责任状，明确工作任务，压实岗位责任，确保禁渔期制度取得实效。加强社会监督，设立禁渔期举报热线电话，建立24小时值班制度和应急行动小组，并制定应急预案，确保对各种情况能够快速响应。强化执法检查，创新执法检查工作方式方法，灵活采取形式多样的监管方式，确保实现"江中无渔船、水中无网具、市场无捕捞渔获物"的目标。各级农业农村执法机构通过强化夜间执法、节假日执法和边远地区水域执法，实施精准打击，打击违法行为。同时，强化和完善上下游、左右岸执法机构的执法联动，在交界水域、偏远江段开展常态化的联合执法行动，持续打击各类渔业违法行为。此外，各地建立完善"两法衔接"机制，加强与公安机关的执法联动，畅通案件移交渠道，通过对涉刑案件的移交，震慑违法犯罪分子。

2022年，联合各部门开展打击非法捕捞行动315次，派出执法快艇1 128艘次，执法人员5 738人次，缴获违禁渔具272件、违禁渔具7 128米，查扣涉渔"三无"船舶47艘，拆解涉渔"三无"船舶28艘，抓获违法嫌疑人12人，行政处罚立案9宗，罚没金额2.5万元，移送司法机关2宗2人。

【渔船安全生产】2021—2022年，肇庆市加强渔船安全生产，按照渔船安全"6个100%"要求，推进渔船"不安全，不出海"，强化"商渔共治"，维护渔业安全。以严格的执法倒逼渔业船员将穿戴救生衣形成自觉习惯，保障渔民生命安全。

加强渔船检验管理。严把检验关，落实出航渔船100%检验，严查"脱检脱管"渔船。加强对渔船建造、营运、年度检验的检验程序管理，严把检验关，对"应检未检""脱检脱管"的渔船开展整治，该处罚的从严处罚，该注销的一律注销。2022年完成年度检验渔船1 309艘。

加强渔业船员管理。开展渔业船员培训考试，确保渔业船员100%持证。落实渔船100%安全检查和全覆盖隐患排查，督促整改，形成闭环管理。开展渔业船员培训，加强渔业船员持证率，提升船上人员安全意识和安全技能水平，保障渔业船员持证上岗。2022年，组织渔业普通船员和职务船员（机驾长）培训、考试，直接培训船员123人。

加强渔船安全检查。对登记在册渔船进行全面核实、安全检查，贯彻渔船安全"6个100%"。开展渔船全覆盖检查和隐患排查行动，2022年，全市共开展检查行动453次，检查渔船2 162艘次，发现安全隐患153处，全部进行整改。

防范商船渔船碰撞。开展"商渔共治"，建立健全防商渔船碰撞工作联合监管机制，加强水上运输和渔船风险防控，推进防商渔船碰撞工作落实落细。2022年，全市召开防商渔船碰撞会商会8次，并印发《肇庆市防商渔船碰撞工作会商会会议纪要》；开展联合执法行动51次，检查船舶300余艘次。

【高要罗氏沼虾节】肇庆市庆祝2022年中国农民丰收节暨首届高要罗氏沼虾节在哈哈乐农耕文化园（高要西江虾谷现代产业园）举行，高要罗氏沼虾成为肇庆中国农民丰收节的主角。高要区是中国罗氏沼虾的养殖主产区，被授予"中国罗氏沼虾之乡"，2022年养殖面积6067公顷，产量3.5万吨，总产值30亿元，形成集种苗生产、成虾养殖、流通加工、饲料供应、渔药管理以及技术服务为一体的产业链。高要首次举行的虾主题文化节，现场发布国内首个粤港澳大湾区罗氏沼虾价格指数和首个高要罗氏沼虾线上交易平台。高要同步建立西江实验室高要分中心、高要鱼虾病害监测站、高要"西江虾谷"研究院等科研基地，将促进高要形成高要罗氏沼虾全国价格引领地位，产学研一体化助推高要罗氏沼虾产业高质量发展。

二、粤东沿海地级市

汕头

【市情概览】 汕头市位于广东省粤东地区，地处闽粤交界，下辖金平、龙湖、濠江、澄海、潮阳、潮南6区和南澳县。汕头依海而立，靠海而兴，市区及所辖县均临海洋。全市陆域面积2064.3千米²，海域面积4424千米²，领海基线内海域面积2570千米²，水深在10米以浅的滩涂浅海495千米²，以海岸和近海湿地类型最多，全市大陆海岸线长217.7千米。市区距香港187海里，距台湾高雄180海里，是广东省距台湾最近的城市。

2022年末常住人口554.19万人，常住人口城镇化率70.75%。2022年，全市实现地区生产总值3017亿元，比上一年增长1.0%；全市一般公共预算收入128亿元，下降6.57%；一般公共预算支出385亿元，下降6.01%。

【渔业资源】 汕头市海域有韩江、榕江、练江三江径流汇集入海，

又是处于南海东北部黑潮暖流和南海暖流主要活动区，东面与闽、台连接，西面与汕尾渔场相连，是粤东渔场主要部分，海洋生物资源丰富。其海域滩涂有利于鱼类、甲壳类、贝类、藻类的生长，是粤东滩涂养殖的主要场所。浅海面积大，可供增养殖的类型多样。近岸海域有浮游动植物500多种、鱼类471种、虾蟹类17种、贝类30多种、藻类20多种。

【渔业经济】 2021—2022年，汕头市委、市政府把发展现代渔业作为海洋产业一个发展重点，围绕建设海洋经济强市，推进现代渔业经济发展，促进渔业经济持续健康发展，渔业经济成为海洋经济的重要增长点。2022年，汕头市渔业经济总产值143.65亿元，水产品总产量47.44万吨，分别比上一年增长0.2%和9.8%。

【捕捞渔业生产】 2021—2022年，汕头市落实国家海洋渔船"双控"制度，压减海洋渔船数量和功率总量，重视海洋捕捞转方式、调结构，严格控制近海捕捞强度，推进削减近海作业小型渔船，限制建造对渔业资源破坏性较大的作业渔船，引导淘汰老旧小木质渔船退出海洋捕捞业，推进渔民减船转产和渔船更新改造。2年全市更新改造渔船71艘，17350千瓦。截至2022年底，全市登记在册的海洋捕捞渔船996艘、74156千瓦，其中钢质渔船369艘、61304千瓦。海洋捕捞主要有石斑鱼、大黄鱼、带鱼、金线鱼、鱿鱼、章鱼等水产品种。2022年，全市海洋捕捞产量11.99万吨，淡水捕捞产量2242吨。

【水产养殖生产】 2021—2022年，实施《汕头市养殖水域滩涂规划（2018—2030年）》，划定养殖区、

限制养殖区、禁止养殖区，合理控制养殖规模，加强对禁养区的清理整治，规范养殖行为，保护渔业生态环境。推广水产生态健康养殖技术，加强水产养殖环节用药的监督管理，促进全市水产养殖业可持续健康发展。2022年，全市水产养殖面积1.48万公顷，其中海水养殖面积1.02万公顷，产量25.84万吨，淡水养殖面积0.46万公顷，产量9.38万吨。主要养殖有南美白对虾、牡蛎、紫菜、鲷鱼、石斑鱼、草鱼等品种。同时鼓励养殖企业投资发展深水网箱养殖，有5个深水网箱开展试验性养殖。

【水产品加工】 汕头市水产品基地从产品原料生产到加工、出口贸易的产业链比较完整，出口渠道较为稳定，加工产品种类丰富；水产品加工企业推行"公司＋基地＋农户"的经营模式。2021—2022年，水产品出口的精深加工、高品质、高附加值比重日益提高，对虾、鱿鱼、蟹肉、金鲳鱼、黄花鱼、牛蛙腿等是主要出口品种。2022年，全市有出口水产品备案企业26家，21家获得美国FDA认证，11家获得欧盟注册，17家获得韩国注册。产品主要出口美国、墨西哥、加拿大、智利、日本、马来西亚、阿联酋、澳大利亚、意大利、新西兰、英国、菲律宾、沙特阿拉伯、韩国、新加坡、泰国、西班牙等36个国家和销往中国香港地区、中国台湾地区。据汕头海关统计，2022年，全市水产品出口量3.86万吨，出口值22.32亿元。

【水产品牌建设】 2021—2022年，汕头粤兴企业有限公司"三角虾枝""太妃虾"、汕头市潮庭食品股份有限公司"墨鱼丸""鱼丸"、汕头市澄海区炼锋冷冻有限公司

"速冻虾仁"等5个产品入选"粤字号"农业品牌产品目录，汕头粤兴企业有限公司金平区水产品加工基地入选广东省农产品出口示范基地，汕头冠炜水产批发市场入选省级农产品定点批发市场。至此，全市有水产品"粤字号"农业品牌12个、省农产品出口示范基地2个、省级农产品定点批发市场1个、省名特优新农产品区域公用品牌1个、省"菜篮子"基地1个。

【渔港设施建设】汕头市有渔港7个：2个国家中心渔港（海门渔港和云澳渔港），1个国家一级渔港（达濠渔港），1个二级现代渔港（南澳县后江渔港），3个三级群众（渔港澄海区南港和莱芜渔港、濠江区的广澳渔港）。2021—2022年，推进渔港基础设施建设，提高防灾减灾能力。南澳国家级沿海渔港经济区建设项目于2021年底入选全国第一批渔港经济区项目库，获得中央和省财政资金支持4亿元。2022年12月28日，汕头南澳国家级沿海渔港经济区项目开工仪式活动在云澳国家中心渔港举行。2021年8月20日，海门中心渔港升级改造和整治维护项目通过交工验收；11月26日，南澳县后江二级现代渔港项目通过竣工验收；12月15日，达濠国家一级渔港项目通过竣工验收。2022年6月23日，澄海区南港避风塘升级改造项目通过交工验收。

【水产技术推广】2021—2022年，汕头市水产技术推广中心站通过自立项目并与养殖企业合作开展"紫菜优良苗种培育与示范栽培""老化池塘养殖品种结构优化及生态养殖技术模式推广""日本对虾高密度养殖技术试验""南澳野生坛紫菜种质保存与抗高温新品系选育及示范栽培""池塘多营养层级生态养殖示范""拟穴青蟹生态养殖试验"等科研试验或示范推广项目，促进水产养殖品种优化、模式更新，经济、社会和生态效益明显。在汕头省级紫菜良种场常态化开展坛紫菜种质资源收集、保护和选育。保有南澳平屿岛和南澎列岛顶澎岛2个坛紫菜野生地理种群，选育出抗高温、品质优的坛紫菜优良品系"汕优1号""汕优2号"，示范推广面积400公顷，产生较好的经济、社会、生态效益。同时，起草、制定省级农业地方标准《波纹巴非蛤养殖技术规程》，制定汕头市农业地方标准《红螯螯虾池塘养殖技术规范》《近江牡蛎中苗标粗养殖技术操作规程》《鲍鱼—牡蛎—大型海藻海区套养技术规范》，修订《鸬鹚菜人工育苗》，通过科技下乡等多形式、多渠道、多措施的宣传和推广应用，提高养殖户规范生产和水产品质量安全知识水平。

开展2022年汕头市水生动物疫病监测项目，在潮南、潮阳、金平设置3个采样监测点，对南美白对虾疫病进行监测，包括对虾传染性皮下及造血器官坏死病、白斑综合征、虾肝肠胞虫病、虾虹彩病毒病、虾急性肝胰腺坏死病、对虾偷死野田村病毒病6种对虾疫病，共采样、监测南美白对虾15份，样品90个。

【水产科技成果】汕头市水产技术推广中心站参加由汕头大学主持的华贵栉孔扇贝"南澳金贝"的培育及推广应用项目，取得的科研成果于2022年12月获2022年度"钟麟水产种业科技奖"，为第二获奖单位；参加由广东海洋大学主持的"金钱龟绿色养殖技术研究及应用推广"项目，取得的科研成果获2022年度广东省农业技术奖一等奖，为第五获奖单位。

同时，通过开展"科技特派员项目"《近江牡蛎围垦区中苗标粗吊养的研究及示范推广》《对虾健康养殖的研究及示范推广》，帮助解决近江牡蛎标粗过程出现的重大技术问题和池塘水质检测服务。通过开展水产绿色健康养殖"五大行动""农村科技特派员项目"等工作，宣传、推广省级主推技术《河口区对虾生态混养技术》《近江牡蛎围垦区高效养成及育肥技术》《围垦区香港牡蛎高效养殖及育肥技术》等绿色健康养殖模式共1万公顷，培训养殖户达250户，建立5个推广示范基地，年推广养殖面积333公顷，辐射面积3333公顷，全市水产健康养殖面积达90%。

【质量安全监管】2021—2022年，汕头市开展水产养殖产品质量安全监测。2021年，完成市级水产品质量安全定量检测1310个样品，抽检合格率100%。其中，水产品监督抽查349个样品，水产品例行监测抽样961个样品。2022年，完成市级水产品质量安全定量检测1432个样品，抽检合格率100%。其中，水产品监督抽查316个样品，水产品例行监测抽样1116个样品。

【渔业资源保护】汕头市开展渔业资源增殖放流活动，增加海洋渔业资源，丰富海洋生物多样性。2022年6月6日，广东省"全国放鱼日"同步增殖放流活动（汕头南澳）在南澳县举行。2021—2022年，全市投入渔业资源增殖放流资金409.91万元，在全市各重点海域放流海水鱼苗318.3万尾、虾苗10125万尾。

【渔政执法检查】2021—2022年，汕头市开展"亮剑"、清理取缔涉渔"三无"船舶、伏季休渔专项执法等系列专项行动，打击非法捕捞行为，规范管理海洋渔船。2021年，全市海洋综合执法部门出动执法船艇1 490艘次、执法车辆1 952车次、执法人员12 258人次，检查渔船9 252艘次，查处违法违规渔船140艘，罚款174.27万元。2022年，出动执法船艇1 797艘次、执法人员16 642人次，检查渔船9 465艘，查处违规渔船159艘，罚款271.47万元。

全市开展水生野生动物执法行动，2021年，出动执法车50辆次、执法人员113人次，检查场所83个；2022年，出动执法车42辆次、执法人员111人次，检查各类场所78个，查处违规案件2宗。

【渔船安全监管】2021—2022年，汕头市落实渔船安全生产"6个100%"的工作要求，加强规范渔船检验工作，加强伏季休渔期间渔船安全监管工作，严格执行渔船进出港报告制度，先后开展渔船"不安全、不出海""护航平安渔业，助力乡村振兴"、渔业安全生产"百日攻坚"等专项行动。2022年，清理注销"渔业船舶证书有效期届满未依法延续、不再从事渔业捕捞作业、依法应当注销的其他情形"等未注销证书的在册渔船119艘；全市在册渔船980艘，职务职员4 350人，普通船员4 889人。

2022年，制定《汕头市涉渔"三无"船舶清理整治方案》，分阶段开展涉渔"三无"船舶清理整治工作。全市纳入镇（街道）管理的涉渔乡镇船舶6 238艘，2年清理取缔涉渔"三无"船舶316艘。

2021—2022年，渔船检验100%登船、100%覆盖法定检验项目，全市检验营运渔船1 982艘次；排查治理隐患渔业船舶5 719

艘次，发现安全隐患350项，已全部整改完毕。

2年间，开展防范商渔船碰撞宣传教育、"安全生产教育月""安全生产汕头行""安全生产万里行"等活动，结合各项专项行动，采取专题研讨、集中宣讲、播放警示片、发放宣传资料、组织开展渔业船员培训和应急演练等方式进行宣传教育，发放宣传资料7 500余份，参加活动2 500余人，组织船员培训32期，参加培训1 919人次。

汕尾

【市情概览】汕尾市位于广东省东南部沿海，东临揭阳市，同惠来县交界；西连惠州市，与惠东县接壤；北接河源市，和紫金县相连；南临南海。1988年设地级市，辖区内有市城区、海丰县、陆丰市、陆河县、红海湾经济开发区、华侨管理区等1市2县3区，总面积5 271千米²。2022年末，户籍人口356.44万人，常住人口268.26万人（其中城镇人口155.22万人，常住人口城镇化率57.86%）；2022年，汕尾市地区生产总值1 322亿元，比上年增长1.5%；人均地区生产总值49 242元（按年平均汇率折算为7 321美元），增长1.2%；地方一般公共预算收入61亿元，增长16.2%；一般公共预算支出296亿元，增长5.9%。

【渔业资源】汕尾市是个滨海城市，沿海有红海湾和碣石湾两个大海湾，大陆架内海域面积2.39万千米²，相当于陆地面积的4.5倍，海岸线长455千米，占全省海岸线长的11.06%。渔业资源丰富，鱼、虾、蟹、贝、藻类齐全，主要海洋水产品有14类，107科，860多种，其中，有捕捞价值的

200多种，鱼类有大黄鱼（金龙鱼）、白姑鱼（白划）、鲅鱼（马鲛鱼、午鱼）、金线鱼（红三、红线鱼、钓鲤）、蛇鲻（海乌、那哥）、银牙鱼（三牙）、金色小沙丁（姑鱼）、银鲳（白鲳）、黑鲳、金枪鱼、带鱼、龙头鱼（仙鱼、丝定）、鳗鲇（沙毛）、青鳞、蓝圆鲹（巴浪）、竹筴鱼（巴浪）、鲐鱼（花仙）、海鳗（麻鱼）、篮子鱼（龙猛）、鲻鱼（乌、白仔鱼）、条鳎（龙舌）、单角鲀（乌皮迪、剥皮迪）、二长棘鲷（赤涩）、大眼鲷（红目连）、方头鱼（码头鱼）、牙鲆（左口）、石斑（过鱼）、罗非鱼等；虾类有墨吉对虾（大白虾、白刺虾、明虾）、近缘新对虾（砂虾、基围虾）、日本对虾（花虾）、长毛对虾（大虾、白虾、大明虾）、鹰爪虾（厚壳虾）、虾蛄等；蟹类有锯缘青蟹、梭子蟹（三目蟳、花蟹）、蟳等；贝类有牡蛎（蚝）、蛤（菲律宾蛤子、花蛤、沙蛤、文蛤）、蚶、贻贝、栉江珧、扇贝、蛏、蚬等；此外，还有头足类的枪乌贼（鱿鱼）、乌贼（墨鱼）、真蛸（章鱼）及藻类等。

汕尾市"晨洲蚝""老德头海产品"，还有鱼鳔、鱼干、鱿鱼干、墨鱼干、章鱼干、虾米、干贝、紫菜等海产品名扬全国，深受欢迎。

【渔业经济发展】汕尾市委、市政府重视发展渔业，落实好"惠渔支渔"政策，加快渔业转型升级，推进现代渔业发展，维护渔民切身利益。2022年11月，制定出台《关于进一步推进汕尾市现代渔业高质量发展的实施意见》，从渔业大市向渔业强市转变，突出水产品"菜篮子"工程建设，加强渔业安全生产，提升防灾减灾和渔船管理水平，促进渔业经济持续稳步发展。2022年，全市渔业经

济总产值157.21亿元（其中渔业产值129.12亿元），比上一年增长7.5%；全市水产品总产量59.88万吨，增长1.39%。

【捕捞渔业生产】2021—2022年，汕尾市鼓励渔民实施渔船更新改造，加快推进渔船转型升级，提升渔船捕捞能力，拓展深外海生产作业，引导海洋渔船更新先进高科技渔船设备配备，提升捕捞能力。全市按渔船"先建后拆"的要求首批建造24艘YD渔船，功率达26 540.5千瓦，拆解淘汰老旧渔船91艘。

2022年，全市水产品捕捞量18.35万吨，其中海洋捕捞18.19万吨、淡水捕捞0.16万吨。

【特色水产养殖】2021—2022年，汕尾市促进海洋养殖业转型升级，推动近海养殖整改，出台《汕尾市海洋养殖发展规划（2021—2030年）》，预留海洋养殖发展空间，提升水产种业能力，发展水产预制菜产业，促进一二三产业融合发展，谋划现代化海洋牧场建设。汕尾是粤东乃至全省重要的养殖基地，全市养殖面积18 907公顷，主要养殖对虾、罗非鱼、牡蛎、卵形鲳鲹、石斑鱼、青蟹等经济品种，以"晨洲蚝"为代表的区域特色品牌水产养殖，巩固罗非鱼、对虾等优势大宗品种产能，形成城区红草镇、海丰县赤坑镇和梅陇镇、陆丰市桥冲镇和城东镇等多个绿色特色养殖区，成为粤东最大的水产来源地，逐渐形成一批苗种、养殖、饲料、加工、电商销售一体化、全产业链的水产养殖产业集群。2022年，全市海水养殖产量36.49万吨，淡水养殖5.03万吨。

截至2022年底，全市有水产养殖、渔业捕捞龙头企业17家（国家级1家、省级3家、市级13

家），其中水产加工企业5家，农产品出口示范基地（加工类）2家。

【渔业基础设施】汕尾市有渔港10座，其中，一级渔港2座（汕尾渔港、碣石渔港），二级渔港3座（马宫渔港、遮浪渔港、甲子渔港）、三级渔港3座（湖东渔港、金厢渔港、捷胜渔港），未定级2座（乌坎渔港、梅陇金澳）。2021年5月，甲子渔港和湖东渔港被农业农村部批准为第二批国家级海洋捕捞渔获物定点上岸渔港。

2022年7月出台《汕尾市渔港建设攻坚行动实施方案》，11月经省农业农村厅批准的陆丰平安渔港项目（资金3 000万元）和汕尾遮浪渔港综合管理改革试点项目（资金500万元）资金下达，抓紧实施。2022年，全市沿海县（市、区）政府积极申请渔港专项债建设资金，提出申请专项债建设资金渔港有8座，批复到位专项债建设资金3.8亿元（捷胜渔港2亿元、遮浪渔港0.8亿元、金厢渔港0.5亿元、甲子渔港0.5亿元），相关项目抓紧实施。

【渔业科技创新】汕尾市坚持实施"科技兴渔"战略，发挥市、县水产技术推广体系作用，组织企业与高校、科研院所合作开展技术研发，借助中山大学、中国水产科学研究院南海水产研究所、中国水产科学研究院珠江水产研究所、仲凯农业工程学院等科研院所研发平台和专家，开展科技入户、技术下乡。2021—2022年，组织多支技术队伍到塘头一线，开展水产绿色健康养殖技术推广"五大行动"，围绕水产养殖良种良法推广示范，带动一大批养殖户引进使用新品种、新模式、新机械。先后引进稻鱼综合养殖、工厂化循环水生物絮团养殖、对

虾工程化零换水养殖增效技术集成等模式落地示范。引入国家龙头企业广东海大集团股份有限公司建设陆丰海洋经济种业产业园，推动市城区蚝业产业园和陆丰水产产业园建设。开展海藻种植增殖试验，提高紫菜和龙须菜等经济品种产量，取得良好的经济和社会效益。

【质量安全监管】2021—2022年，汕尾市开展水产养殖产品质量安全监测，2年抽检水产品样品655批次（风险监测513批次，监督抽查142批次），总合格率99.36%。在23家养殖场开展水生动物疫病定点监测335批次，发布预警预报10次，指导渔民科学防控水生动物疫病。

汕尾市加强水产品检验检测技术培训，组织市、县两级农业检测机构工作人员到省相关机构跟班学习实验室建设及检测技术；同时各县组织乡镇检测人员开展水产品检验检测技术培训，通过授课、发放资料及现场示范教学等方式加强乡镇检验检测能力。培训学习内容涵盖管理体系、机构认证、方法验证、内部审核、管理评审等机构体系建设，技能竞赛理论知识、实际操作及注意事项，农兽药残留前处理交流、仪器操作使用等。至2022年底，全市拥有农产品质量安全检验检测机构4家，其中，市级检测中心1家，县级检测站3家。

【渔业行政管理】2021—2022年，汕尾市结合中央环保督察工作，开展近海养殖整改，通过"清底数、拆禁养、治尾水"等措施，提升水产养殖业行政管理水平。截至2022年年底，全市有129家养殖场在高位池建设尾水处理设施，防止尾水直排入海。同时严格执行捕捞许可管理制度，加强

海洋捕捞渔船"双控"指标管理，严格控制在农业农村部和省下达的"双控"指标内。

【渔业资源保护】截至 2022 年底，汕尾市建立各种类型的海洋与渔业自然保护区 6 个，其中：国家级海洋公园 1 个、国家级水产种质资源保护区 2 个。全市创建国家级海洋牧场示范区 3 个，总投入资金 8 250 万元。2021—2022 年，开展渔业增殖放流活动，投入资金 880 万元，放流鱼虾苗 17 990 万尾。

【南海伏季休渔】2021—2022 年，汕尾市落实伏季休渔政策，各级海洋综合执法队伍主动作为，做到部署到位、宣传到位、执法监管到位、督导到位。全市应休渔船 100％回港休渔，全市渔港（岙口）实行物理封闭监管，刚性实现"船进港、人上岸、网封存"，实行免休渔船进出港报告、跟班编队生产制度落实到位，强化事中、事后监管。休渔秩序井然有序，渔区社会稳定。同时以休渔为契机，对渔民开展安全培训。对照职务船员配备标准，落实职务船员最低安全配员和持证上岗制度。组织渔民开展安全培训，督促船东组织船员接受警示教育和技能培训。结合考证需求，定期或不定期组织培训考试发证。

【渔政执法检查】2021—2022 年，汕尾市开展"亮剑"、打击"三无"船舶、"一打一拆三整治"等专项执法行动，严打各类非法捕捞行为。2 年间全市海洋综合执法队伍出动执法船艇 7 207 艘次，参加人员 45 569 人次，检查船舶 27 373 艘次，查处渔业违法违规案件 931 宗，罚款 1 145.36 万元。

【渔船安全管理】2021—2022 年

间，汕尾市符合安装条件的 2 643 艘海洋捕捞渔船全部按标准规范配备 AIS、北斗通导终端，实现渔船与其他船舶和岸台相互交换航行和船舶数据信息，提高险情事故应急处置和搜救成功率。对避免船舶航行安全事故、减少人身和财产损失具有重要的经济效益和社会效益，在渔船安全生产、防御台风、应急救援等方面发挥作用，海洋渔船安全监督管理服务水平得到提升。建设《汕尾市近海综合雷达监控系统》及升级改造《广东省渔业安全生产指挥系统》，实现对汕尾近岸海域渔船管控全覆盖。

汕尾市做好渔船检验工作。至 2022 年底，全市在册检验登记渔船数量 2 643 艘，总吨位为 11.63 万吨，主机总功率 19.40 万千瓦。2021—2022 年全市共检验渔船 5 085 艘次，船舶受检率为 91.2％；检验新建造渔船 54 艘，图纸审查 69 套。完成船用产品检验发证 953 件。

【惠渔支渔政策】2021—2022 年，汕尾市实行渔船更新改造工作，淘汰国内老旧船舶 110 艘、建造新船 85 艘、功率 15 407 千瓦（含淘汰港澳流动渔船 5 艘，功率 980 千瓦）；同时引导成立渔业协会，促进海洋捕捞生产健康持续发展。成立南沙捕捞协会（NS 渔船协会）、东部远洋捕捞协会（YD 渔船协会），通过行业协会开展相关管理工作。落实国家惠渔政策，组织渔船船主申报 2021 年度和 2022 年度海洋渔业资源养护补贴，并按要求在规定时间节点发放补助资金；2021 年度为 22 艘符合要求的渔船发放整船更新改造补助；申请休渔渔民生产补助，2021 年申请补助 4 397 人，发放资金 923.37 万元；2022 年申请补助 4 628 人、发放资金 971.88 万元。

【渔业文化活动】2021—2022 年，汕尾市每年举办南海开渔节、晨洲蚝文化节、渔业增殖放流等系列活动，组织多场渔业知识宣传、渔家渔歌文化汇演，使市民形成爱护海洋环境、保护渔业资源广泛共识。加强与外省、外市渔业交流协作，组织现代渔业交流考察团访问福建省和中国台湾，加强多地企业间对接。同时推进城区"蚝情万丈"乡村振兴示范带、红海湾遮浪半岛旅游区、城区掇鸟海产品街完善美化建设。打响"老德头海产品""晨洲蚝"等系列品牌，提升汕尾渔业含金量。建设海洋牧场，发展以滨海旅游、休闲垂钓、海鲜品鉴、渔业文化等要素叠加的现代渔业。

潮州

【市情概览】潮州市地处广东省东部，位于韩江中下游，东与福建省漳州市交界，西、南、北分别和粤东的揭阳市、汕头市、梅州市接壤，离香港 380 千米，距广州 480 千米，厦门 260 千米，潮州港距台湾高雄 186 海里。潮州市现下辖潮安区、饶平县、湘桥区和枫溪区，辖区总面积约 3 600 千米²（其中海域面积 533 千米²、海岸线长 84.4 千米）。

2022 年末户籍人口 274.75 万人；常住人口 257.56 万人，其中城镇人口占常住人口的 64.81％。

2022 年，潮州市实现地区生产总值 1 313 亿元，比上一年增长 2.3％；人均地区生产总值为 50 988 元，增长 2.2％；地方一般公共预算收入 49.22 亿元，增长 0.2％；全年一般公共预算支出 214.93 亿元，增长 2.4％。

【渔业资源】潮州市沿海生物种类 360 多种。主要经济种类有白姑鱼、丽叶鲹、平鲷、龙头鱼、篮子鱼、大黄鱼、蓝圆鲹、叫姑鱼、二长棘鲷、黄鳍鲷、带鱼、枪乌贼、虾姑类、周氏新对虾、三疣梭子蟹、锈斑鲟和红星梭子蟹等。

淡水鱼类可分为养殖鱼类和野生鱼类。养殖鱼类的主要品种有：鲩、鲢、鳙、鲤、鲮、青鱼、鲻、塘虱、鳗鲡、奥尼罗非鱼、珍珠鱼、丰鲤、异育银鲫、白鲫、彭泽鲫鱼、叉尾鮰、条纹鲈、尖吻鲈、白鲳、倒刺鲃、黄颡鱼、脆肉鳙鱼、脆肉杂交鲂、团头鲂等。江河、溪涧、山塘水库及其他水面的天然鱼类品种主要有：鲫、鲶、乌鳢、泥鳅、赤眼鳟、鲈、黄鳝、翘嘴鲌、大银鱼、麦穗鱼、鳊、斗鱼、食蚊鱼、凤尾鱼等。

其他水生动物资源有：节肢动物的虾、蟹；软体动物的田螺、石螺、蚬、蚌、蛤；爬行动物的龟、鳖，以及两栖动物的蛙类。

【渔业经济发展】潮州市委、市政府重视发展渔业，编制《养殖水域滩涂规划（2018—2030年）》，通过划定禁止养殖区、限制养殖区和养殖区，优化水产养殖生产布局，促进渔业持续健康发展；重视渔民民生，落实"惠渔支渔"政策，维护渔民利益；突出水产品"菜篮子"工程建设，加快渔业转型升级，推进现代渔业高质量发展；突出重点环节，加强渔业安全生产，提升防灾减灾和渔船管理水平，促进渔业经济持续稳步发展。

2022年，潮州市水产养殖总面积13 620公顷（海水养殖8 524公顷、淡水养殖5 096公顷），水产总产量20.90万吨（海水产品15.77万吨、淡水产品5.13万吨），比2021年增长1.48%。

【特色水产养殖】2021—2022年，潮州市海水养殖实施"两条鱼（鮸鱼、鲥鱼）"发展战略，"两条鱼"是海水养殖的主要品种。浅海滩涂养殖从单一的底播到底播、吊养并举的立体养殖转变，养殖品种从单一的小贝类向蚝、巴非蛤、贻贝等多品种转变，池塘养殖从鱼、虾纯养向鱼、虾、蟹、贝混养转变。实施科技兴渔。建成循环水养殖车间7 000米²，养殖石斑鱼成活率88.9%，平均水体产量35.2千克/米³，取得较好经济效益。

淡水养殖方面，重点是以归湖、文祠等镇为依托，建设潮安北部万亩淡水养殖示范区。通过落实《推进潮安北部万亩淡水养殖示范区建设工作方案》，开展技术咨询培训、推广健康养殖模式、强化产品质量监管；为确保示范区建设工作任务落到实处，潮安区加大投入力度，2年间，归湖、文祠共投入349万元，做好排灌渠系整治、鱼塘清淤、修整池堤等工作，示范区内养殖面积668公顷，年产量9 400吨，"归湖鱼""文祠鱼"备受市场消费者青睐。

【捕捞渔业生产】2021—2022年，潮州市实施海洋捕捞减船转产和更新改造项目，调整海洋捕捞作业结构，压减海洋捕捞渔业船数和功率总量，逐步实现海洋捕捞强度与渔业资源可捕捞量相适应的目标，保护渔业生态资源；同时优化渔业产业结构，减少"小、旧、破、残"的小型捕捞渔船，提高渔船安全生产系数。2022年海洋捕捞产量15 071吨，淡水捕捞3 634吨。

【渔业基础设施】截至2022年底，潮州市可使用渔港和停泊点共8个：国家一级渔港1个（三百门渔港），国家二级渔港2个（柞林渔港、海山渔港），渔船停泊点5个（后沃停泊点、大澳停泊点、碧洲停泊点、汛洲停泊点和龙湾停泊点）。渔港和停泊点总面积315公顷，可供约4 000艘渔船停靠，主要分布在柞林湾北部、西部和海山岛北部。

三百门国家一级渔港位于饶平县洪洲镇，该渔港港池面积18.3万米²，停泊锚地11.8万米²，港区陆域配套鱼饲料场2 100米²；冷冻厂4座，日制冰能力200吨；冷藏库3座，总容量约1 000米³；油料供应站3个，贮油量4 500吨/次；以及各类渔需品供应和船舶维修设施。常年进出港渔船超过1 200艘。

柞林渔港位于饶平县柞林镇西南部，陆域面积11.48万米²，港内水域面积50万米²，600匹马力的渔船可不受潮位限制进出港，港内避风锚地优良，是粤东地区的天然良港。

海山渔港位于饶平县海山镇，港区面积约140万米²，港区由一条长4 000米，宽300～400米的海沟形成，有100米丁字码头一座，丁字防浪堤一座。可停泊渔船近千艘，装机3万千瓦。该港拥有大、小船厂11个，年修造船约1 400吨位，大小冰厂5个，产冰能力达到每日40吨，供油点25处。

【质量安全监管】2021—2022年，潮州市强化水产品质量安全监管，实施《关于开展"不安全、不上市"专项行动 构建水产品质量安全长效监管机制的通知》，加强执法检查、加大抽检力度、强化标准化生产，保障水产品质量安全。检查中未发现涉嫌违法的行为，发现部分水产养殖户存在用药和销售记录台账不完善的情况，现场责令养殖户完善相关记录台账，保障水产品质量安全。2021年和2022年开展水产品质量安全监测全部合格。

【渔业行政管理】2021—2022 年，潮州市严格规范水产养殖管理，认真组织实施市、县养殖水域滩涂规划（2018—2030 年），进一步优化水产养殖生产布局，促进持续健康发展。同时，严格执行捕捞许可管理制度，加强海洋、内陆捕捞渔船"双控"指标管理，控制捕捞强度，严格控制在农业农村部和省下达的"双控"指标内。

【渔业资源保护】潮州市重视渔业资源养护工作，开展渔业资源增殖放流活动，安排专项资金用于渔业资源增殖放流。2021—2022年，共投入增殖放流金额 80 万元，投放各类海淡水鱼苗 1 040 万尾，优化渔业资源，保护水生生态平衡。

【渔业安全生产】潮州市重视渔业安全生产工作，落实渔业安全生产责任制，抓好渔船安全隐患排查整治，加强渔业船舶安全生产监管，建立较为完善的安全生产长效管理机制，确保渔业安全。2021—2022 年，开展安全检查，在休渔期结束开捕前、中秋、国庆双节前等重要时间节点，由市主管部门领导带队到渔港及渔船停泊点，会同县区主管部门领导及乡镇负责人，开展渔业安全生产大检查，督促有关单位全面落实保障措施，确保安全。落实应急管控，落实渔业防台风"3 个100%"，台风来临前各级领导靠前指挥，渔港督导防御工作落实情况，保障渔业安全生产。

【南海伏季休渔和韩江禁渔】2021—2022 年，潮州市执行南海伏季休渔制度，做到组织、宣传、措施"三到位"。全市纳入休渔对象渔船按规定时间于 5 月 1 日 12时全部进港度休，实现"船进港、证集中、网封存"。休渔期间，落

实防火、防盗、防风、防汛"四防"工作措施，制定休渔渔船安全应急预案，配足配齐消防设施和消防器材。组织开展休渔护渔执法行动，加大休渔期间执法巡查力度，严打违反休渔规定渔船，实现休渔安全无事故目标，完成伏季休渔任务。

2021—2022 年，潮州市组织实施韩江禁渔制度，禁渔期间，韩江潮州段除休闲渔业、娱乐性垂钓外，禁止所有捕捞作业。通过印发文件通知，压实管理和执法职责；借助潮州电视台、《潮州日报》等媒体宣传，营造全社会关注支持禁渔的良好氛围；加大执法力度，打击非法捕捞行为，禁渔取得较好成效。

【渔政执法检查】2021—2022 年，潮州市加强渔业执法监管。实施休（禁）渔制度，开展"亮剑"等专项行动，打击"电、炸、毒"鱼、查处违规渔具使用、违反休（禁）渔制度等违法违规捕捞行为，维护沿海和韩江渔业的正常生产秩序，保护渔业资源。

【惠渔支渔政策】2021—2022 年，潮州市实施"惠渔支渔"政策，维护合法渔民权益。减轻捕捞渔民负担，渔业资源费按年度征收，休渔期、禁渔期免收相应海洋渔业资源费和内陆水域渔业资源费，依法依规实施海洋渔业资源养护补贴政策、减船转产、更新改造、休（禁）渔渔民生产生活补贴等资金。

● 揭阳

【市情概览】揭阳市位于广东省东南部，地处粤港澳大湾区与海西经济区的地理轴线中心。1991 年设立地级市，辖榕城、揭东 2 区，揭西、惠来 2 县，代管普宁市，

并设揭阳产业园、空港经济区、大南海石化工业区、粤东新城等经济功能区，构建揭阳中心城区、普宁主城区、揭阳滨海新区（惠来）3 个粤东城市群城市中心和揭西生态发展示范区"三中心一示范区"区域协调发展布局。全市陆地面积 5 240 千米²，海域面积 9 300 千米²，2022 年末有常住人口 705 万人，海外侨胞、港澳台同胞和外出乡贤近 600 万人，是粤东地区面积最大、人口最多的地级市。

2022 年，全市实现地区生产总值 2 261 亿元，比上一年下降1.3%；人均地区生产总值为40 192元，下降 1.7%。

【渔业资源】揭阳市沿海生物种类 2 000 余种，其中经济鱼类 100 余种，经济价值较高的虾、蟹、贝、藻 30 多种。鱼类有大黄鱼（黄花鱼、红花鱼）、小黄鱼、鲳、马鲛、石斑鱼、红鳍笛鲷、金钱鱼、海鳗、带鱼、马面鲀、马友鱼、鲥、沙丁鱼、蓝圆鲹、白姑鱼、黄姑鱼、梭鱼、鲐、金枪鱼、竹筴鱼、鲻、鲈、鲆、军曹鱼、河鲀、罗非鱼等；虾类有毛虾、鹰爪虾、南美白对虾、斑节对虾、日本对虾、罗氏沼虾、虾蛄等；蟹类有锯缘青蟹、梭子蟹等；贝类有鲍鱼、牡蛎、蚶、贻贝、栉江珧、扇贝、蛏、蚬等；头足类有墨鱼、鱿鱼、章鱼等；藻类有江蓠等，此外还有海蜇、海参、海胆、龟、鳖等。

【渔业经济发展】2021—2022 年，揭阳市委、市政府重视发展渔业，加快渔业结构性调整，转变渔业发展方式，推进渔业高质量发展。突出渔民民生，落实"惠渔支渔"政策，维护渔民利益；突出水产品"菜篮子"工程建设，加快渔业转型升级，推进现代渔业发展；

突出重点环节，加强渔业安全生产，提升防灾减灾和渔船管理水平，促进渔业经济持续稳步发展。2022年全市水产品总产量14.91万吨，比上年增长1.84%；渔业经济总产值45.91亿元，增长9.57%。

【捕捞渔业生产】 2021—2022年，揭阳市落实国家和省扶持海洋捕捞渔船减船转产和渔船更新改造相关政策，引导渔民淘汰报废渔船，转产转业，降低海洋捕捞强度。鼓励海洋捕捞渔船"汰旧建新""汰小建大""汰木建钢"。同时，加强与邮储银行的沟通协作，帮助渔民解决渔船更新改造融资难问题，推进海洋捕捞渔船更新改造，钢质渔船占渔船总数达70%以上，海洋捕捞渔船老旧、吨位偏小的状况得到改变，带动海洋捕捞生产向外海转移，缓解近岸渔业资源压力，消除安全生产隐患，保障海洋捕捞渔业可持续健康发展。2022年，全市渔业捕捞产量4.64万吨，从事捕捞生产渔船1132艘，其中：海洋捕捞渔船780艘、内陆捕捞渔船352艘。

【特色水产养殖】 2021—2022年，揭阳市发挥资源优势，发展特色水产养殖，推动主导品种养殖向规模化、基地化方向发展。

工厂化养鲍。 鲍鱼养殖在惠来有30多年的历史和经验，享有"南有惠来鲍鱼"的盛誉。惠来县"六月海水如冰霜"的海域适合鲍鱼夏季"避暑"，是广东适合鲍鱼"度夏"的产地。惠来县依靠得天独厚的优质海洋生态资源和先进的鲍鱼育苗养殖技术，优化海水养殖产业结构，发展工厂化养鲍。2021年，惠来县工厂化鲍鱼养殖发展到170家，占地面积333公顷，养殖水体128万米³，年产鲍

鱼苗40多亿粒、成品鲍3000余吨，产值约16亿元，带动农村"就近就地"就业人数1万多人，成为广东最大的鲍鱼产区、全国优质鲍鱼的著名产地。

仿生态甲鱼养殖。 揭东区云路镇发挥技术和市场优势，打造仿生态甲鱼养殖基地，培育特色生态农业，促进农民增收致富。该镇针对甲鱼养殖产业存在无整体规划、基础设施落后、养殖水源紧缺等问题，通过完善基地建设规划，争取上级支持，完善基地道路、水、电等基础设施建设，推动甲鱼养殖向规模化、基地化、标准化方向发展。2022年，全镇甲鱼养殖面积2667公顷，产量超过1万吨，产值5亿元，把甲鱼养殖打造成为规模化、规范化、品牌化的示范基地，

【渔业基础设施】 2021—2022年，揭阳市建设惠来县神泉示范性渔港，这是广东省第一批建设的三个示范性渔港之一，主要建设内容包括：西防波堤240米，南防波堤542米（其中2000吨防波堤兼码头126米，引堤140米，防波堤276米），600马力码头370.8米，1000马力码头181.8米，护岸193米，防波堤加固1744米，港池航道疏浚工程100万米³，港区道路5045米²。项目预算总投资19627万元，其中省级财政资金19377万元，市、县级财政配套资金250万元。通过加强对惠来神泉示范性渔港建设的指导、监督和服务，惠来县神泉示范性渔港建设项目已于2021年9月全部完工交付使用，实际完成投资20698万元。随着神泉示范性渔港建成，能满足近海、远洋渔船停靠作业，吸引更多外港渔船来港装卸交易和后勤补给，成为粤东水产品集散地。惠来县人民政府于2022年8月2日批准印发实

施《揭阳（惠来）渔港经济区建设规划（2021—2030年）》，推进渔港综合整治建设，建设与产业基础、城镇发展、港产城融合、渔工贸游一体化发展相结合的渔港经济区。

【水产技术推广】 2021年以来，揭阳市围绕调结构、转方式，以发展生态养殖为中心开展技术服务，加快基层水产技术推广体系建设，提升渔民科学养殖水平。开展公共培训，加强水产养殖用药技术指导。2022年举办以水产养殖科学用药为主题的培训班或专题讲座7期，培训养殖技术人员260人次，规范水产养殖用药行为和"用药记录"的实施。实施水产养殖尾水综合处理，推进水产养殖业绿色发展。通过创办"示范点"和技术指导，宣传发动养殖户投资建设养殖尾水综合处理设施，逐步降低水产养殖尾水对自然水生态环境造成的不良影响。开展水产养殖疫病防控。针对草鱼、对虾等大宗养殖品种，实施草鱼出血病、对虾白斑病监测，推广注射草鱼出血病疫苗以防控草鱼出血病，全市水产养殖未发生重大流行疫病。

【质量安全监管】 2021—2022年，揭阳市贯彻落实中央《关于深化改革加强食品安全工作的意见》，守住水产品质量安全底线，履职尽责，推动水产品质量安全监管工作，水产品质量安全监督抽检合格率达100%。

完善水产品质量安全检测体系。截至2022底，建成1个市级农检中心、5个县级检测站和78个镇级农产品质量安全示范镇检测站。市农产品质检中心和普宁农产品质检站通过省级计量认证。全市农产品质量安全检查机构实验室总面积2214米²，有检测仪

器设备 140 台（套），总资产1 040.65万元。市、县两级质检机构在编管理技术人员 26 人，其中本科以上学历 13 人，高级技术职称人员 6 人，中级及以下技术职称 14 人，初步形成市、县、镇三级农产品质量安全检测体系。

加强水产品质量安全宣传和培训工作。发动全市农产品质量安全监管工作人员和生产经营生产主体参加省、市举行的线上、线下培训班，并印制《中华人民共和国农产品质量安全法》和揭阳市农产品"不安全、不上市"等宣传资料，推进食用农产品承诺达标合格证培训。同时，利用广播电视、知识讲座、现场咨询、宣传栏、融媒体等形式，宣传《农产品质量安全法》，发布监管动态等，营造"尚德守法、食品安全让生活更美丽"的良好社会氛围。2022 年全市举办线上、线下培训班 76 场次，参训人员 5 235人次，印发《农产品质量安全法》《农产品质量安全告知书》《自我承诺书》《水产养殖明白纸》等资料 10 万多份。通过多层次、多形式的"宣贯"活动，收到良好的效果。

【渔业行政管理】2021—2022 年，揭阳市加强渔业捕捞和养殖管理，规范渔业生产秩序。严格执行渔业捕捞许可制度。加大相关法律法规宣传力度，提高渔民的法律意识和守法自觉性；加强海洋渔船管控和海洋渔业资源总量管理，降低近海捕捞强度，遏制近海渔业资源衰退趋势。加强水产养殖用药及其他投入品使用监管，推进水产养殖业绿色发展。落实水产养殖生产者主体责任，加大依法、科学用药的宣传和培训力度，2022 年，全市发放相关宣传材料9 000 份，开展水产养殖用兽药科学安全使用指导培训 16 场次，指

导培训 486 人次，提高养殖从业者的守法意识和规范用药水平，引导养殖户发展生态健康养殖，推进水产养殖业绿色发展。

【渔业资源保护】2021—2022 年，揭阳市通过加强国内海洋捕捞渔船管控，实施海洋渔业捕捞资源总量管理，加大对违规违法捕捞的打击力度，确保渔业资源规范有序可持续利用。推动海洋捕捞"减船转产"和渔船更新改造，降低海洋捕捞强度，发展远海捕捞，缓解近岸渔业资源压力，保障海洋渔业可持续发展。组织实施海洋伏季休渔和榕江禁渔制度，保护海洋、江河渔业资源。加强水生野生动物保护知识和相关政策法规宣传，开展水生野生动物保护宣传"进社区、进渔区、进校区、进景区"活动，发放水生野生动物保护宣传材料 3 000 多份，提高全社会水生野生动物保护意识，营造全社会关心、关爱水生野生动物的良好氛围。开展渔业增殖放流活动，2 年组织放流活动 4 次，在惠来县近海海域投放黑鲷鱼苗 181 万尾、黄鳍鲷鱼苗177 万尾、斑节对虾苗 4 100 万尾，投入增殖放流资金 253.3 万元。

【渔业安全生产】2021—2022 年，揭阳市开展"不安全、不出海"专项行动，防范化解渔业船舶领域安全风险，守住不发生重特大事故底线。加强宣传教育，通过张贴宣传海报、发放宣传材料等方式，将渔业安全管理"六个必须""八个严禁"、《渔船安全生产操作规程》等宣传到每一艘渔船、每一个渔民，做到"家喻户晓，人人皆知"，营造"安全生产 人人有责"的良好社会氛围。深化、落实"定人联船"及"渔船跟班作业"制度，强化隐患安全排查，开展渔船"不安全、不出海"专

项行动，落实渔船"不安全、不出海"6 个百分之百措施。落实进出港报备制度压实船长安全生产主体责任。开展船长培训，2022 年开捕前组织全部海洋捕捞渔船船长进行培训，为船长讲解渔船安全生产相关法律法规、政策及常识，并开展案例警示教育，向渔民发放《致广大渔民朋友的一封信》，签订《渔船安全生产承诺书》，提升船东、船长安全生产意识，确保海洋渔业生产安全有序开展。落实乡镇涉渔船舶管理，对所有乡镇管理的涉渔船舶进行逐船登记造册，建立管理台账，发放临时船排号，参照国库渔船管理办法实行网格化管理，镇委书记为辖区内总负责人，镇长为第一负责人，并设立网格专管员，保障每艘船有专人跟踪管理服务，同时建立跟班生产制度，保障船舶生产安全。

【休渔禁渔实施】2021—2022 年，揭阳市执行南海伏季休渔和榕江禁渔制度。2022 年榕江内河禁渔期间，纳入流域禁渔对象的内陆渔船 344 艘；南海伏季休渔期间，全市纳入休渔渔船 711 艘，免休渔船 9 艘。休（禁）渔期间，做到组织、宣传、措施"三到位"，应休（禁）渔船按规定时间实现"船进港、证集中、网封存"。休（禁）渔期间，落实防火、防盗、防风、防洪"四防"工作措施，制定休渔渔船安全应急预案，配足配齐消防设施和消防器材。开展休渔护渔执法行动，加大休渔期间执法巡查力度，严打违反休渔规定的渔船，实现休渔安全无事故目标，完成伏季休渔任务。

【渔政执法检查】2021—2022 年休（禁）渔期间，揭阳市海陆齐抓，加大巡查执法力度，精准打击，发现"一宗"，取缔"一宗"，压制非法捕捞渔船的气焰，遏制

非法捕捞行为。2022年出动执法船艇76航次，执法人员620多人次，查处违反休渔规定案件52宗。加强动态管控，在神泉渔港安装红外线监控系统，对进出神泉渔港渔船进行实时动态监管；组织14个网格化小组绘制渔船停泊网格化图，排查安全风险隐患，做到任务到岗，责任到人。休（禁）渔期间，出动执法船艇21艘次、执法车8辆次、执法人员153人次，查处休（禁）渔期内非法捕捞4宗，行政罚款1.8万元。通过短信平台向渔船发送榕江休（禁）渔宣传信息5 500余条，悬挂宣传横幅3条，发放休（禁）渔资料800份。

【惠渔支渔政策】2021—2022年，揭阳市加强对海洋渔业资源养护补贴、休（禁）渔渔民生产生活补助发放工作的组织领导和监督检查。2022年，全市符合海洋渔业资源养护补贴申请条件的渔船745艘，符合休（禁）渔渔民生产生活补助条件渔民4 203人，发放海洋渔业资源养护补贴3 654万元、休（禁）渔渔民生产生活补助887.61万元。

三、粤西沿海地级市

● 阳江

【市情概览】阳江市位于广东省西南部。1988年设立地级市（撤阳江县）。2022年辖阳西县、阳东区和江城区，代管阳春市（县级），设海陵岛经济开发试验区和阳江高新技术产业开发区。土地面积7 966.8千米²，东与恩平市台山市交界，北同云浮市的罗定市、新兴县及茂名市的信宜市接壤，西接茂名市电白区、高州市，南临南海。

2022年末，阳江市常住人口262.22万人，比上年增长0.06%，城镇化率55.26%；全市户籍人口303.23万人，增长0.16%；全市地区生产总值1 535亿元，增长0.8%；人均地区生产总值58 556元，增长0.5%；全年地方一般公共预算收入78.35亿元，增长0.8%；一般公共预算支出269.43亿元，增长9.7%。

【渔业资源】阳江市处于热带与亚热带过渡区域，海岸线长，海岛众多，风景旖旎，自然景观丰富多样。境内河流纵横交错，主要入海河流有5条，极具生态环境多样性。沿海海湾众多，拥有红树林1 000余公顷，是鱼、虾、蟹、贝繁殖生长的理想场所。全市海岛岸线总长466.8千米，海域面积1.23万千米²，20米等深线以浅的浅海和滩涂面积1 624千米²，其中10米等深线以浅的浅海面积620千米²，滩涂面积131千米²。发现有经济价值的海水鱼类品种达105种，可开发用于增养殖的品种有20多个，盛产鱿鱼、鱼翅、海蜇、花蟹、对虾、马鲛鱼、石斑鱼等，海水产品产量居全省首位。

【渔业生产发展】2021—2022年，阳江市重视渔业发展，出台支持渔业经济发展的新政策，发展渔业生产。其中以海洋捕捞和水产养殖产业为基础，壮大渔业产业体系；以创建渔业品种、品质、品牌和发展水产健康养殖为突破，优化渔业产业结构。发展集约高效渔业和传统特色渔业，突出渔民民生，落实好“惠渔支渔”政策，加快渔业转型升级，推进现代渔业发展；加强渔业安全生产，提升防灾减灾和渔船管理水平，促进渔业经济持续稳步发展。2022年，阳江市水产品总产量119.10万吨，其中海洋捕捞29.84万吨、海水养殖78.51万吨、淡水养殖10.08万吨，水产品总产值为194.73亿元，水产品的人均占有量、单船功率、海洋捕捞能力等多项渔业经济指标居全省前列。

【捕捞渔业生产】2022年，阳江市拥有渔业机动渔船4 000余艘，总功率约40万千瓦，其中在册的海洋捕捞渔船3 400余艘，功率约35万千瓦。全市中深海作业的渔船普遍应用“海图”“探鱼”“全球卫星导航”三合一先进助渔导航设备，渔船作业遍布南海，海洋捕捞能力和水平居全省领先地位。阳江市钢质渔船发展尤其特出，拥有钢质渔船850多艘，功率25.5万千瓦，是广东省钢质渔船发展最快、拥有钢质渔船最多的地级市，海洋捕捞产量多年来居全省前列。阳江市远海捕捞能力较强，有30余艘机动渔船在南沙海域开展渔业捕捞生产，为捍卫中国南沙主权和发展远海生产作业起到重要的作用。

【特色水产养殖】2022年，阳江市水产养殖面积3.58万公顷，其中海水养殖面积2.20万公顷，产量78.42万吨；淡水养殖面积1.38万公顷，产量10.03万吨。基地化、规模化养殖较为突出。建成以对虾、牡蛎、罗非鱼、海水优质鱼、泥蚶为主的具有阳江优势的水产养殖基地，其中牡蛎养殖面积5016公顷，产量41.21万吨；海水对虾养殖面积6 245公顷，产量11.09万吨；海水近海传统普通网箱养殖36.27万米²，产量3.47万吨。深蓝养殖初现成效。深水网箱养殖发展初具规模，全市建成青州、大镬、大树岛屿3个深水网箱产业基地，投入生产的深水网箱超820口，年产量约10万吨，产值超20亿元。新技术、新模式和新品种的研发应用推广有新突破。引进中法合作三倍体牡蛎繁育项目，加快推广养殖；阳江职业技术学院在全省率先进行"水稻＋禾虫"综合种养，通过"高端优质高产香稻品种""禾虫工厂化人工繁育技术""绿色栽培技术""再生稻技术""禾虫健康养殖技术"五大核心技术集成创新，每公顷产量1 500～4 500千克，利润15万～75万元。

【水产种苗生产】2021—2022年，阳江市水产良种体系建设有新亮点。在淡水种苗生产方面，阳春市有鱼苗孵化场（点）600余个（其中孵化鳜鱼苗的孵化场有近100个），年孵化各类鱼苗3 650亿尾以上，年产值近2亿元。孵化品种主要是鳜鱼苗（年产量20多亿尾）和饲料鱼苗（主要是鲮、麦鲮、鲢、巴西鲷等），是广东省优质鳜鱼苗主要生产基地，鳜鱼苗孵化闻名全国，占全省乃至全国总量的70%以上。在海水苗种生产方面，优质鱼苗、虾苗、蚝苗孵化生产向规模化、产业化方向发展。2022年，全市蚝苗产量45亿粒、虾苗年产量50亿尾、海水鱼苗年产量15亿尾，有5家省级良种场。2021年4月成立阳江市海水种业创新发展协会，由56家水产苗种繁育和养殖企业组成，为全省首家海水种业协会。

【水产品加工】2022年，阳江市水产加工品总量19万吨，产值超40亿元。其中海水产品16.48万吨，淡水产品2万吨。全市有水产品加工企业37家，水产品加工能力28.88万吨/年，规模以上加工企业19家，水产冷库19座，冷冻能力1 760吨/日，冷藏能力1.7万吨/次，制冷能力1 709吨/日。规模较大的有广东顺欣海洋渔业有限公司、阳江市平海水产

制品有限公司、阳江永昊食品有限公司、阳江市浩洋速冻食品有限公司、阳江琪海水产有限公司等，主要加工产品有对虾、鱼丸、罗非鱼等，产品出口到美国、韩国、俄罗斯、西班牙、比利时、马来西亚等38个国家和地区。培育顺欣海洋渔业有限公司等一批实力强、规模大、带动广，具有现代化水平的渔业龙头企业，其中省重点农业龙头企业有7家。顺欣渔业集团有限公司自有低温冷库，占地3 000多米²，低温冷藏库容量5 000吨（区内温度－25～－18 ℃），确保水产品质量安全；阳江平海水产制品公司扩大公司生产线，开拓新品种，打通出口欧美市场，取得较好的经济效益。阳江市有2家水产加工企业获得欧盟注册、6家获得美国注册、4家获得俄罗斯注册、2家获得越南注册、1家获得韩国注册，活鱼直供港、澳的企业有2家。

【渔业品牌建设】阳江市在渔业产业方面相继获得"中国南海渔都""中国蚝都""中国蚝乡""全国文明渔港""中国休闲垂钓基地"等国家级渔业品牌，还有10个广东省名牌产品。2021—2022年，这些品牌的知名度仍保持强势推进的状态。

【现代渔港建设】截至2020年底，阳江市经农业农村部和省批准的渔港有7个，分别是闸坡、东平、沙扒、溪头、河北、对岸渔港和江城渔业港区，其中闸坡、东平为国家中心渔港，沙扒和溪头为国家一级渔港，对岸、河北渔港是国家二级渔港，江城渔港是国家三级渔港；另外由阳江市和阳西县投资建设了马村渔港。2021—2022年，阳江市重视渔港建设，改善渔港条件，提高渔港

综合能力。部分渔港得到国家财政资金的支持，开展相应的升级改造项目。闸坡现代渔港建设项目总投资2.25亿元，新建高桩码头、重力式码头，改造环港道路，扩建南防波堤、北防波堤、水产品管理中心、港池疏浚以及其他附属工程等，截至2022年底，完成总工程量的92%；溪头现代渔港建设项目总投资7 700万元，建码头、防波堤、护岸、吹填陆域，部分港池和进港航道疏浚以及生产辅助建筑物建设等，至2022年底，完成总工程量的77%。

【质量安全监管】2022年，阳江市省级水产品抽检80个，其中：监督抽查20个，例行监测60个。检测结果：监督抽查1个样品不合格，行政处罚0.2万元。监督抽查合格率95%，例行监测合格率100%。2022年，市级水产品抽检366个，其中：监督抽查8个，贝类专类检测6个，例行监测352个。检测结果：监督抽查合格率100%，贝类专项合格率100%，例行监测合格率98.01%。

【渔业资源保护】2021—2022年，阳江市增殖放流各类鱼苗80万尾，对虾3 320万尾，有效恢复海洋近岸水生生物种群数量，改善和优化水域的群落结构，并加强对外宣传，扩大社会影响，增强广大人民群众对渔业资源环境的保护意识。

【海洋牧场建设】2021—2022年，阳江市获批广东省阳江南鹏岛海域中广核国家级海洋牧场示范区，全市国家级海洋牧场示范区3个，占全省总数的20%，总面积的55%。阳江市委、市政府重视海洋牧场建设，将"海洋牧场＋海上风电"融合发展列入重点工作推进，投入5 500万元在国家级海

洋牧场示范区内建设大型人工鱼礁，形成礁体11万空方，覆盖海域3.5千米²。

【渔业安全生产】阳江市加强渔业安全生产管理，登记在册的海洋渔船都按照渔船检验要求配备工作救生衣、救生圈、救生筏（浮）、灭火器、火箭降落伞信号等安全设备，12米以上渔船全部配备了AIS船用避碰仪，200马力以上渔船全部配备北斗船载终端。2021—2022年，启动渔船安全检查全覆盖工作，同时组织开展渔船隐患排查治理，通过渔港巡查、登船检查等形式，重点对渔船上的救生、消防、通导等安全设备配备齐全及规范使用情况，渔船、船员证书齐全有效情况进行检查排查，严防渔船"带病"出海作业，重点强化在册渔船安全生产分类监管，聚焦"拖网、刺网、钓具"三类高危渔船和"碰撞、自沉、风灾、火灾"四类事故高发情形，按照"不安全，不出海；证不齐，不出海；无保险，不出海；不报告，不出海；不跟帮，不出海；危险天，不出海；有隐患，不出海"的要求，防范遏制各类渔船生产安全事故发生。2022年，全市开展渔船安全检查2592次，出动执法检查人员1.2万人次，检查国库渔船1万余艘次，排查隐患渔船并整改完毕达1240艘次，查处渔船安全生产违法、违规行为272起。

2021—2022年，阳江市各级海洋综合执法队伍利用每年的"安全生产月"、伏季休渔及重大节假日前后等有利时机，通过新旧媒体、线上线下等多种形式，开展渔业安全生产宣传；每季度召开全市渔船渔港安全监管工作会议，研究部署渔船渔港安全监管工作，印发《阳江市渔船安全监管专项整治方案》《渔业船舶安全风险防范专项行动方案》《阳江市冬季渔船安全监管专项整治行动方案》《渔船安全监管"百日攻坚"行动》《渔业船舶安全生产专项排查整治行动》《防范商渔船碰撞联动执法行动》《渔船通导与安全装备专项整治行动》等，加强渔业安全生产执法。

【南海伏季休渔】阳江市有序开展伏季休渔安全管理，按照省农业农村厅和省海洋综合执法总队的要求，摸清休渔船数，2021年和2022年，分别有3455艘、3368艘渔船在阳江市安全度休。阳江市开展渔港清理整治和安全检查专项行动，合理安排泊位，加强休渔期间渔船渔港防台、防火、防洪检查和指导，重点检查休渔渔船的值班制度、明火作业制度和易燃易爆物品的管理制度等的落实情况，多措并举，推进伏季休渔安全管理各项工作的落实，确保休渔工作顺利。

【渔政执法检查】2021—2022年，阳江市海洋综合执法队伍加强渔业执法管理，印发《全市钓具渔船专项整治行动》《跨海区作业渔船排查整治行动》等行动方案，开展渔政执法工作。推动"两法衔接"工作，与阳江海警局和阳江海事局分别签订"阳江海警局阳江渔政支队海上渔业执法协作协议""阳江海事局和阳江渔政（海监）支队海上船舶安全监管合作备忘录"，将"电、毒、炸"鱼等非法捕捞行为列入公安、海警等部门的重点关注打击对象，形成公安、渔政、海警等部门共同打击涉渔犯罪的良好局面。2年间，辖区出动执法人员10728人次、船1695艘次、车辆477辆次，查获违法案件314宗，收缴违规网具2.5万米，移送公安、海警部门涉嫌犯罪案件9宗，追究刑事责任7人，行政拘留1人。

【渔业船舶检验】2021—2022年，阳江市开展渔船检验工作，从源头上为渔船安全生产保驾护航。检验过程中，抓好渔船设计图纸审查、开工前检查、开工后板材焊接检验、构件组合检查、机电安装、密性试验、倾斜试验、系泊航行试验等各环节，为渔船把好质量关。阳江市海洋综合执法支队2年完成渔船检验1794艘次，完成图纸审查342份，受理建造检验67艘。根据省海洋综合执法总队要求，阳江市支队2021年开展115艘型宽6米到6.5米流刺网渔船的整改工作；2022年对全市439艘钓具渔船进行安全专项整治复核检验检查，查处10艘擅自改装的渔船。

⬤ 湛江

【市情概览】湛江市旧称"广州湾"，别称"港城"，是广东省辖的地级市，位于中国大陆最南端、广东省西南部，东濒南海，南隔琼州海峡与大特区海南省相望，西临北部湾，西北与广西壮族自治区毗邻，东北与茂名市接壤。湛江市总面积13263千米²，下辖4个市辖区（赤坎区、霞山区、坡头区、麻章区）、3个县级市（雷州市、廉江市、吴川市）、2个县（徐闻县、遂溪县）。

2022年末全市常住人口703.54万人，其中城镇常住人口332.84万人，占47.31％。2022年全市地区生产总值3713亿元，比上一年增长1.2％；人均地区生产总值为52787元，增长0.8％；地方一般公共预算收入146.89亿元，下降2.2％；全年一般公共预算支出521.84亿元，下降3.4％。

【渔业资源】湛江市有沿海生物种类2 000多种，其中经济鱼类520余种，虾类28种，贝类547种。海水对虾养殖产量约占全省的三分之一。鱼类有大黄鱼（黄花鱼、红花鱼）、小黄鱼、鲳鱼、马鲛鱼（马膏）、石斑鱼、红鳍笛鲷（红鱼）、金钱鱼、海鳗（门鳝、门鳗）、带鱼（裙带）、马面鲀（剥皮鱼）、马鲅（马友、马五）、鳓鱼、沙丁鱼、蓝圆鲹、白姑鱼、黄姑鱼、梭鱼、鲐鱼、金枪鱼、竹䇲鱼、鲻鱼、鲈鱼、鲬鱼、军曹鱼、河鲀、罗非鱼等；虾类有毛虾、鹰爪虾、南美白对虾、斑节对虾、日本对虾、罗氏沼虾、虾蛄等；蟹类有锯缘青蟹、远海梭子蟹、蟳等；贝类有鲍鱼、珍珠、牡蛎（蚝）、尖紫蛤（沙螺）、蚶、贻贝、栉江珧、扇贝、蛏、蚬等；头足类有乌贼（墨鱼）、鱿鱼、章鱼等；藻类有江蓠等，此外还有海蜇、海参、海胆、龟、鳖、蛙、方格星虫（沙虫）等。湛江鱼肚、虾米、红鱼干、门鳝干、海马、海龙、瑶柱干、沙虫干等海珍海产品名扬全国，享有盛誉。

【渔业经济发展】2022年1月14日，中共湛江市委以一号文件印发《关于推动湛江市水产产业高质量发展意见》，明确在十个方面采取32项具体工作措施，推动湛江建设国际水产交易中心、国际水产种苗繁育基地和水产养殖与加工基地。加快建设现代化海洋牧场、渔港经济区、海洋产业园，高质量打造"蓝色粮仓"，推进水产养殖业绿色高质量发展，提升水产品稳定安全供给能力。2022年，湛江市渔业经济总产值434.3亿元，水产品总产量122.2万吨、产值224.1亿元，比上一年分别增长2.0%、0.9%和7.0%。

【捕捞渔业生产】2021—2022年，湛江市捕捞业转型升级，将老旧的木质、水泥质渔船更新改造为"安全、节能、经济、环保、适居"的钢质、玻璃钢渔船，支持高能耗、安全状况差的老旧渔船更新改造为玻璃钢、铝合金、聚乙烯等节能环保安全新材料渔船，提升渔船安全装备水平。2022年，全市更新改造渔船400艘，拥有远洋渔业企业5家，有4家30艘远洋渔船出航作业，生产地主要在西南大西洋、北太平洋、马来西亚海域、伊朗海域等。其中，广东展海远洋渔业有限公司建造的4艘大洋性秋刀鱼兼鱿鱼钓渔船是广东省首次建造的秋刀渔船，全部赴北太平洋、西南大西洋作业，与美国、日本等国家竞争开发渔业资源。全市海洋捕捞渔业产量20.35万吨，比上一年下降0.31%。

【特色水产养殖】湛江市是全省乃至全国重要的水产养殖基地，2022年全市水产养殖面积76 777公顷，产量100.3万吨；其中海水养殖54 887公顷，产量82.5万吨；淡水养殖21 890公顷，产量17.8万吨。海水养殖主导产品为牡蛎、对虾、金鲳鱼（卵形鲳鲹），产量分别为22.3万吨、21.4万吨、8.5万吨。全市水产健康养殖和生态养殖示范区（以企业为主体）28个，示范面积2 360公顷。

深海网箱养殖是湛江市特色的水产养殖模式之一。全市深海网箱2022年有3 500个，占全省的70%，占全国的15%；桁架式养殖平台1个。全市建成特呈—南三、流沙、东海岛、东里、草潭5个深水网箱养殖园区，用海面积3 333公顷，拥有深海网箱养殖企业80余家。金鲳鱼年产量8.5万吨，占全省73%，占全国

32%。2021年10月，湛江市被授予"中国金鲳鱼之都"称号。

【设施渔业发展】2021—2022年，湛江市发展深远海养殖。推进国家级海洋牧场人工渔礁建设3处，加强3 500个养殖网箱和1个桁架式养殖平台的生产管理。2022年，国家补助资金7 112万元，增加标准网箱714个（周长40米），深远海大型智能化养殖平台8个。深海网箱养殖发展，带动全市网箱养殖、网箱制造、网具生产、配合饲料、冷藏加工、陆基服务等深远海养殖产业链日趋完善。引导工厂化养殖取得进展。2022年，全市有工厂化养殖面积307公顷，规模全省第一，养殖品种主要是高值品种，如东风螺、海马、珍珠斑、冬星斑等，成为水产养殖的新业态。

【渔业品牌建设】2021—2022年，湛江市引导水产产业高质量规范化发展。编制《湛江市生蚝养殖发展规划》《水产产业布局方案》，促进湛江"国字号"水产品牌扩军。继"中国海鲜美食之都""中国对虾之都""中国金鲳鱼之都"等国字号品牌这后，2022年又被授予"中国水产预制菜之都"。

湛江市加强水产品宣传推广和对外销售，开展湛江海鲜推介活动。湛江市农业农村局在省农业农村厅指导下，主办湛江水产品牌宣传推广活动，2022年举办3期大型活动：2月23日在重庆市举行"湛江对虾 鲜动西部"活动；11月20日在湛江举行"湛江金鲳 世界共享"活动；12月13日在成都市举行"湛江金鲳成都火锅节"。2022年6月2—23日，湛江市农业农村局由局长带队赴广州、深圳对接金鲳鱼等农产品购销事宜。

【现代渔港建设】湛江市加快在建渔港项目建设。2022年全市在建渔港项目14个（国家级渔港项目7个、省级渔港项目4个、市级渔港项目3个），项目总投资7.4亿元，其中动工建设11个、完工待验收2个，完成投资4.4亿元，占总投资额的59%。

湛江市根据省农业农村厅的要求，编制《湛江湾渔港经济区建设规划》《雷州渔港经济区建设规划》《徐闻渔港经济区建设规划》等4个渔港经济区建设规划，其中《湛江湾渔港经济区建设规划（2021—2030年）》《遂溪—廉江渔港经济区建设规划（2021—2030年）》已经市政府批准印发。

湛江市组织各县（市、区）开展渔港建设项目申报工作。2022年10月，湛江市农业农村局向省农业农村厅上报一批项目；11月，雷州乌石平安渔港项目、遂溪江洪平安渔港项目、湛江港渔业港区综合管理试点项目获得省批复，总投资5 500万元。

【水产养殖管理】2021—2022年，湛江市贯彻落实10部委水产养殖绿色发展若干规定，推进养殖池塘升级改造，养殖尾水集中处理，加强水产养殖管理，提高生产能力。发展深远海养殖。推进国家级海洋牧场人工渔礁建设3处，加强3 500个养殖网箱和1个桁架式养殖平台的生产管理。引导工厂化养殖取得进展。

2022年，全市全民所有水域（国有水域）水产养殖证共发放406本，面积10 334公顷，按照应发尽发的要求发证率达91%，在全省排在第二位［全省水产养殖总面积最少的深圳市（1 276公顷）排第一］。

【质量安全监管】2021—2022年，湛江市加强水产品质量安全监管，提升养殖水产品质量安全水平，确保人民群众食品安全。2022年，抽检水产品220批次。其中，监督抽查80批次，风险监测抽查100批次，快速检测40批次，合格率100%。在完成2022年度市级农产品质量安全监测任务的同时，协助完成省级及国家级产地水产品质量安全抽检112批次，协助抽检超标水产品8批次。

全市开展水产养殖业执法专项行动，出动检查人员868人次，先后检查水产苗种场、养殖场324个，水产投入品生产企业75家，发放宣传资料2.6万份，发出整改通知书19份，做出行政处罚2例。

【水生野生动物管理】2021—2022年，湛江市加强水生野生保护动物执法检查和普法宣传，在执法检查的同时做好普法工作。组织全市各级渔业主管部门开展"2022清风行动"，进行水生野生保护动物专项执法检查，对水生野生保护动物人工养殖场、经营场所、栖息地、渔港、码头等场所开展定期执法检查［截至11月，监督检查场所（处）500余家］，在执法检查各类场所的同时发放张贴3 000余份宣传资料。执行水生野生保护动物行政许可管理制度，强化事前管理。按照要求湛江市渔业主管部门在审核水生野生动物人工繁育和经营利用行政许可申请时，对每一份申请做到现场勘查，填写现场勘查表。2022年，全市发放水生野生保护动物行政许可证本344本，其中：人工繁育证165本，经营利用证179本。

【渔业资源增殖】2022年，湛江市按照省农业农村厅下达的项目任务要求，完成水生生物增殖放流任务；同时，创新模式，动员水产企业和爱心企业家参与，捐赠水生生物种苗放流入大海，增加放流品种和数量。6月6日，湛江市第八个全国"放鱼日"水生生物增殖放流主会场活动在金沙湾南北小岛海域举行，现场放流鳞刺菇苗、石斑鱼苗、红鳍鲷、金鲳鱼苗等鱼类100万尾，玳瑁（国家一级保护野生动物）2只，鲎（国家二级保护野生动物）50只以及斑节虾类300万尾。6月17日，组织放流黑鲷鱼苗10万尾、真鲷及红鲷鱼苗10万尾，斑节虾苗1 300万尾，中国鲎苗4万尾。

【海洋牧场建设】2021—2022年，湛江市组织各县（市、区）申报国家海洋牧场人工渔礁建设项目，加快推进3个获农业农村部批复的海洋牧场示范区项目。硇洲岛海洋牧场示范区项目工程量100%完成，项目拨付1 559.5万元，占项目总投资2 500万元的62%，项目尚未验收。遂溪县江洪海洋牧场项目完成项目前期工作，完成工程招投标确定建设单位，签订工程合同。吴川博茂海洋牧场示范项目按程序调整实施海域，等待有关部门的审批。徐闻县人工渔礁海洋牧场示范区建设项目入库等待批复。

【渔业安全生产】湛江市按照"不安全、不出海"要求，围绕渔船安全生产"6个100%"，开展"不安全、不出海"专项行动，防范化解渔业船舶领域安全风险，守住不发生重特大事故底线。2022年，全市检验营运渔船7 268艘，实现全年渔船100%登船检验、100%覆盖法定检验项目；检查渔船8 695艘次，安全检查覆盖率达109%，发现存在隐患渔船269艘次并全部落实整改。

湛江市推进属地镇（街道）、村（渔）委会包片、包船干部宣传责任落到实处，采取线上线下结合的方式，落实渔业船舶进出渔港报告制度。推进出海船员执证上岗。2022 年，全市举办渔业船员培训班 57 期，培训职务船员 362 人，普通船员 5 495 人，全市在册渔船船员持证率近 100%。加大处罚力度，倒逼船东、船长落实安全主体责任。2022 年全市查获渔船违反安全生产管理规定案件 402 宗，结案 343 宗，罚款 309.31 万元。

【南海伏季休渔】 湛江市执行南海伏季休渔制度，做到组织、宣传、措施"三到位"。2022 年全市纳入休渔对象渔船 7 351 艘，应休渔船按规定时间 5 月 1 日 12 时实现"船进港、证集中、网封存"。休渔期间，落实防火、防盗、防风、防洪"四防"工作措施，制定休渔渔船安全应急预案，配足配齐消防设施和消防器材。组织开展休渔护渔执法行动，加大休渔期间执法巡查力度，严打违法休渔规定渔船，实现休渔安全无事故目标，完成伏季休渔任务。

【渔政执法检查】 湛江市海洋综合执法队伍开展"亮剑"系列专项行动，打击"电、炸、毒"鱼作业等非法捕捞专项行动、违规渔具清理整治专项执法行动、清理取缔涉渔"三无"船舶执法行动、伏季休渔及禁渔专项执法、水生野生动物保护执法等行动。2022 年，全市渔业执法共出动执法船艇 1 921 艘次、执法车辆 1 843 辆次、执法人员 15 273 人，检查渔港码头 4 641 个次、渔船 16 280 艘次，查处渔业违法违规案件 1 084 宗，结案 958 宗，罚款 1 058.51 万元。其中非法捕捞案件 682 宗，结案 615 宗，罚款 749.2 万元；违反安全生产管理规定案件 402 宗，结案 343 宗，罚款 309.31 万元。移送涉嫌犯罪案件 7 宗。拆解涉渔"三无"船舶 494 艘。

湛江市开展水生野生动物保护执法工作，2021 年，出动执法车辆 215 辆次、执法人员 692 人次，检查场所 418 个（其中酒店食肆 294 个、驯养繁殖场 121 个、市场 3 家）；查获涉及水生野生动物案件 1 宗，结案 1 宗，罚款 0.2 万元。2022 年，出动执法车辆 80 辆次、执法人员 330 人次，检查场所 155 个（其中酒店食肆 130 个、驯养繁殖场 25 个）。

⚪ 茂名

【市情概览】 茂名市位于广东省西南部，东毗阳江市，西邻湛江市，北连云浮市和广西壮族自治区，南临南海。隋朝时设置茂名县，1959 年设立茂名市，1983 年实行市管县体制，2022 年下辖茂南区、电白区，代管信宜市、高州市、化州市。土地面积 11 451 千米²，其中市区（茂南区）面积 587 千米²。

2022 年末户籍人口 825.97 万人；常住人口 623.82 万人，其中城镇人口 285.96 万人。2022 年全市实现地区生产总值 3 905 亿元，比 2020 年增长 19.1%；人均地区生产总值 62 685 元，增长 0.03%；全年全市地方一般公共预算收入 140.99 亿元，下降 5.0%；一般公共预算支出 512.90 亿元，增长 4.6%。

【渔业资源】 茂名市内河川发育，溪流密布，河流众多，主要分布在西江流域及粤西沿海诸河两大流域中。茂名市大陆岸线长 182.1 千米，沿岸一带滩涂发育，浅海滩涂广阔，总面积 3.7 万公顷。生物资源丰富，较重要的海水种类有 190 多种，其中软体动物 52 科 153 种，鱼类、甲壳类 28 科 134 种及多种藻类；较重要的淡水鱼类有 8 目 18 科 94 种。

【渔业经济发展】 2021 年，茂名市渔业经济总产值 192.38 亿元，水产品总产量 92.45 万吨、总产值 119.6 亿元。2022 年，茂名市渔业经济总产值 205 亿元，水产品总产量 92.64 万吨、总产值 133.52 亿元，比 2021 年分别增长 6.6%、0.21% 和 11.6%。其中，罗非鱼作为全市最大宗水产品，产量 25.28 万吨，约占全省罗非鱼养殖总产量的 1/3，居全省首位。

【捕捞渔业生产】 2021 年，茂名市有海洋捕捞渔船 2 823 艘、18.35 万千瓦；2022 年，有海洋捕捞渔船 2 812 艘、18.21 万千瓦，比上年减少 11 艘、减少 1 365 千瓦；赴南沙海域生产作业渔船 20 艘。2021 年海洋捕捞产量 12.6 万吨，2022 年海洋捕捞产量 12.84 万吨。

【特色水产养殖】 2022 年，茂名市水产养殖面积 3.66 万公顷，产量 79.66 万吨。其中：海水养殖面积 1.43 万公顷，产量 45.0 万吨；淡水养殖面积 2.23 万公顷，产量 34.66 万吨。年产淡水鱼苗 284 亿尾、海水鱼苗 3 063 万尾、虾苗 228 亿尾、贝苗 645 万粒、海参 1 500 万头，种苗供应充足。罗非鱼为茂名市淡水养殖主导品种，养殖面积 1.75 公顷，全年产量 25.28 万吨，比上年增长 7.22%。

【渔业品牌建设】 2021 年，茂名市罗非鱼协会继续开展罗非鱼品牌建设工作，组织相关企业参加国内举办的多个展会，协助中央电视台等媒体拍摄关于罗非鱼产业报道，推广"茂名罗非鱼"品牌。主要活动有：2021年4月28日，举办2021年茂名罗非鱼西部（成都）推介会；2021年5月8日，举办2021年茂名罗非鱼品牌（梧州）推介会；2021年7月23日，举办2021年茂名罗非鱼品牌（贵阳）推介会；2021年9月，协助中央电视台《中国三农报道》拍摄宣传报道；2021年9月，协助中央广播电视台广东站《跨粤·粤字号》丰收节专题拍摄宣传报道；2021年9月16日，组织参加2021年中国（广州）国际渔业博览会；2021年10月18日，举办"茂名罗非鱼"品牌（西安）推介会；2021年12月5日，组织参加第二届中国水产种业博览会。2022年，茂名市罗非鱼品牌建设得到提升。在沈海高速公路阳茂段和包茂高速公路渝邻段的户外立柱广告牌宣传茂名市罗非鱼；制作并通过多种媒体发布茂名罗非鱼品牌推广视频；发布高铁列车头片广告；组织相关企业举办多个品牌推介会，主要有：2022年7月12—15日，在山西太原市举行"粤来越好 鱼您共晋—茂名罗非鱼品牌（太原）推介会"；2022年10月24—26日，在江西南昌市举行"粤来越好 鱼您共赣——茂名罗非鱼品牌（南昌）推介会暨赣粤菜肴创新品鉴会"，推广活动取得良好效果。

【现代渔港建设】《茂名市渔港经济区建设规划（2021—2030年）》于2022年12月6日由市政府印发，全市实施渔港建设攻坚行动，完成博贺国家级中心渔港项目建设，通过省农业农村厅组织的竣工验收，茂名滨海新区国家级沿海渔港经济区项目实施方案于2022年12月23日通过省农业农村厅组织的专家评审，12月30日将项目申报资料报省农业农村厅。

全市有渔港和避风锚地6个，其中渔港4个（博贺中心渔港、水东渔港、陈村渔港、东山渔港），避风锚地2个（森高渔业避风塘、树仔渔业避风塘）；另有临时渔船停泊区2个（西葛渔船停泊区、澳内渔船停泊区）。

【质量安全监管】2021—2022年，茂名市出动执法人员665人次，出动车辆132辆次，检查水产苗种场和水产养殖场623家，未发现在养殖生产过程中存在贮存和使用国家禁用、停用的投入品，检查中没有发现销售尚在休药期内的水产品行为。茂名2021年完成水产品质量安全定量监测672批次，其中监督抽查168批次，省级水产品例行监测合格率达98.8%；2022年完成水产品质量安全定量监测974批次，其中监督抽查243批次，省级水产品例行监测合格率达100%。

【渔业行政管理】2021—2022年，茂名市严格执行捕捞许可管理制度，加强海洋捕捞渔船"双控"指标管理，控制捕捞强度，严格控制在农业农村部和省下达的"双控"指标内，按程序受理审批渔业捕捞许可，市级受理各项业务579项。实施水产绿色健康养殖技术推广"五大行动"，开展水产健康养殖和生态养殖示范区创建示范活动，2年间全市新增省级水产健康养殖和生态养殖示范区10家。截至2022年底，全市获得国家级水产健康养殖和生态养殖示范区32家，省级水产健康养殖和生态养殖示范区47家。

【渔业资源保护】2021—2022年，茂名市执行休（禁）渔制度，加大渔业资源增殖放流力度，加强水生野生动物保护管理，渔业资源保护各项工作取得实效。2021

年，全市开展渔业增殖放流活动10次，放流海水鱼虾苗2 218.18万尾、淡水鱼苗441.5万尾；办理人工繁育国家一、二级保护水生野生动物审批事项1 024宗，出售、购买、利用国家一、二级及省重点保护水生野生动物及其制品的审批1 133宗；开展水生野生动物行政执法检查和科普宣传行动，全市出动执法人员365人次，出动执法36车次，监督检查233个水生野生动物生产经营场所（处）。

2022年，全市围绕渔业生态环境保护和促进渔业增效、渔民增收的中心任务，在落实休（禁）渔期制度、水生野生动物保护、增殖放流等各项工作中取得实效。全年开展增殖放流活动10次，放流海水鱼虾苗3 831.14万尾，放流淡水鱼苗763.3万尾。全年办理人工繁育国家一、二级保护水生野生动物审批事项514宗，出售、购买、利用国家一、二级及省重点保护水生野生动物及其制品的审批388宗。与市海洋执法支队联合检查水生野生动物生产经营场所28家，同时组织区（县级市）农业农村局开展水生野生动物行政许可现场勘查。

【渔业安全生产】2021年，茂名市在册海洋渔船2 823艘，检验营运渔船2 646艘，开展渔船隐患排查6 631艘，完成率100%，排查存在隐患渔船217艘，完成整治217艘，整改率100%；全市发生涉渔船舶安全生产事故1宗，死亡2人，比上一年分别下降80%和71%。配合开展海上搜救行动52次，出动船艇59艘次，涉及遇险船只11艘，遇险人员31人。举办渔业船员安全生产培训29期，培训渔民达4 700人；举办渔业职务船员培训班6期，培训考试619人；在主要渔港、沿海各镇（街道）举行渔船应急演练4次；组织8 000余人次渔民观看海上涉渔船舶碰撞较大事故警示教育片。

2022年，全市发生涉渔船舶安全生产事故2宗，死亡人数2人，比上一年分别下降33.3％和50％。组织开展海上搜救出动船艇173艘次，救助渔船34艘，救助人员127人。举办渔业职务船员培训班16期，培训考试1 652人。

【南海伏季休渔和珠江流域禁渔】2021—2022年，茂名市执行南海伏季休渔制度，做到组织、宣传、措施"三到位"。分别对2 442艘、2 510艘休渔渔船实行"船进港、证集中、网封存、人上岸"管制，依法打击非法捕捞行为，利用广播、电视、张贴公告、悬挂横幅等形式，宣传有关禁渔的政策法规和行动内容，在全社会营造禁渔工作的良好氛围。休渔期间，落实防火、防盗、防风、防洪"四防"工作措施，制定休渔渔船安全应急预案，配足配齐消防设施和消防器材。组织开展休渔护渔执法行动，加大休渔期间执法巡查力度，严打违反休渔规定渔船，实现休渔安全无事故目标，完成伏季休渔任务。

同时，实施珠江流域禁渔，维护生态环境，保护渔业资源。加强渔场管理，在产卵场开展限制性捕捞措施或禁捕，限制对这些水域影响较大的网具使用，保护渔业资源。

【渔政执法检查】2021年，茂名市海洋综合执法各级队伍出动执法人员3 850人次、执法船艇467艘次，查处海洋案件185宗，办结180宗，罚没款263.83万元，受理行政许可事项3 632项，办结3 570项。全市在册海洋渔船2 838艘，检验营运渔船2 646艘，开展渔船隐患排查6 631艘，完成率100％，排查存在隐患渔船217艘，全部完成整治。查获销毁海洋"三无"船舶160艘，清理取缔海洋"三无"船舶修造厂、违法建筑铁棚10家，纳入镇、村生计船管理的涉渔"三无"船舶3 546艘。清理"绝户网"110口，共5.7万米，地笼约3 291米，清理刺网约2 150米，清理海面浮标旗117支。牵头推进的茂名市智慧海洋渔业综合管控中心三项工程进展顺利，总投资9 870万元，与茂名军分区共建，历时2年，主体工程完工。支队直属大队长翁尚壮被农业农村部评选为"中国渔政亮剑2021"系列专项执法行动中成绩突出的个人，其办理的案件"吴某英使用未经检验合格的作业设备改造渔船等违法行为案"入选2021年度海洋伏季休渔十大典型案例，为广东省唯一一宗入选案例。

2022年，茂名市海洋综合执法各级队伍出动执法人员6 281人次、执法船艇919艘次，查办案件共288宗，罚款678万元。其中，海洋案件3宗，罚款380.6万元、渔业案件285宗，罚款297.4万元，受理行政许可事项390项，办结374项。全市在册海洋渔船2 839艘，开展渔船隐患排查1.1万艘，排查存在隐患2 010个，完成整治1 829个，整改率91％。查获销毁海洋"三无"船舶83艘，纳入镇、村生计船管理的涉渔"三无"船舶3 292艘。

【惠渔支渔政策】2021—2022年，茂名市实施沿海渔船更新改造项目，全市完成渔船更新改造121艘，为58艘渔船发放更新改造项目补助资金1 184万元。落实"油补"政策，严格发放程序，完成渔业柴油补贴资金发放任务，让渔民群众得实惠得利益。2021年度全市符合发放柴油补贴渔船2 646艘，发放补助资金（含特定水域补贴）12 767万元。同时，落实省政府休（禁）渔补助政策，2年申请补助受益渔业船员1.2万名，发放补贴资金2 526万元。

四、内陆山区地级市

韶关

【市情概况】韶关市位于广东省北部。北接湖南，东邻江西，东南面、南面和西面分别与河源、惠州、广州及清远等市接壤。全市总面积1.84万千米²。2022年下辖浈江、武江、曲江3个区，仁化、始兴、翁源、新丰、乳源瑶族自治县5个县，代管南雄、乐昌2个县级市。

2022年年末全市户籍人口336.71万人；常住人口286.18万人，其中城镇人口167.54万人，常住人口城镇化率58.54％；全市地区生产总值1 563.93亿元，比上一年增长0.2％；人均地区生产总值54 664元，增长0.1％；地方一般公共预算收入94.52亿元，下降13.3％（剔除留抵退税因素下降6.6％）；一般公共预算支出355.19亿元，下降4.1％。

【渔业资源】韶关市河流众多，几乎均属北江水系，浈江、武江从东西两向贯穿市区，呈羽状汇入北江，全域大小河流1 500余条，其中集雨面积在1 000千米²以上的主要支流有7条，集雨100千米²的支流有100条。水生生物资源丰富，主要水域的鱼类有150多种，除主要经济鱼类青鱼、草鱼、鲢鱼、鳙鱼、鲤鱼、鲫鱼外，亦有南方白甲鱼、倒刺鲃、光倒刺鲃、桂华鲮、长臀鮠、斑鳠等江河特色名优鱼类。

韶关市有大型水库6座、中型水库30座、小型水库574座、山塘 4 844 宗，总蓄水库容 37 亿米³。28 座水库为饮用水水源一级保护区，列入禁止养殖区。其他位于限养区和养殖区的水库多以生态健康养殖为主，投放滤食性鱼类或开展鱼类资源自然增殖，2022 年，水库养殖面积 6 155 公顷。

韶关市地处山区，平地较小，池塘分布都在城郊和村镇附近，大面积连片比较少。2022 年，全市池塘养殖面积 9 521 公顷，主要集中在浈江、曲江区和南雄市，养殖品种主要有青鱼、草鱼、鲢、鳙、鲤、鲫、鳊、罗非鱼等，占养殖总产量的 80% 以上。

【渔业生产发展】2021—2022 年，韶关市转变渔业增长方式和优化渔业产业结构，推进渔业绿色高质量发展。2022 年，全市渔业经济总产值 15 亿元；水产品总产量 82 944 吨，其中捕捞产量 2 312 吨、养殖产量 80 632 吨；养殖面积 15 676 公顷，其中池塘面积 9 521 公顷、水库面积 6 155 公顷；捕捞渔船 562 艘，主机功率 6 435 千瓦；孵化各类鱼苗 13.48 亿尾，投放各类鱼种 9 201 吨。

【绿色健康养殖】韶关市引导渔业生产向健康、生态养殖的现代渔业方向发展。2021—2022 年，新创建省级水产健康养殖示范场 5 家，打造绿色发展典范，辐射带动水产绿色健康养殖；发展"瘦身鱼"养殖，其中乳源瑶族自治县仙人泉农业科技有限公司利用地下泉水开展"瘦身鱼"养殖，提升鱼肉品质，实现优质水资源价值化，体重 3 千克以上鳙鱼每千克销售价比收购价高出 5 元左右，2021 年总产量 250 吨，2022 年 500 吨。发展稻渔综合种养，2022 年养殖面积 2 400 公顷，产量 980 吨，乳源瑶族自治县申报的禾花鲤新品种"乳源 1 号"被

列为 2021 年农业农村部公告（第 451 号）推广的水产新品种；"大桥石鲤"被评为 2021 年第一批农产品地理标志登记产品，在东坪镇龙源水产养殖场建立保种基地。2021 年申报的《稻渔综合种养基地稻田标准化改造及技术推广示范项目》《改造 20 公顷稻渔生态绿色健康场示范项目》通过专家评审，均获得专项资金扶持 600 万元。

【水产良种生产】截至 2022 年底，韶关市有水产苗种场 54 家，其中省级良种场 2 家、繁育场 13 家、培育场 39 家，繁育各类淡水鱼苗 13.48 亿尾。

韶关市渔业技术推广站（韶关市水产研究所）成立于 1978 年，长期致力于淡水野生特色鱼类开发研究，是粤北地区主要的水产科研机构。2012 年获评省级三角鲂良种场，2020 年复审通过。2022 年杉木湾水产试验示范基地占地 43.3 公顷，标准化设施水面 13.3 公顷，配备实验室和机械化设备，具备现代化水产研发基地的功能，年繁育三角鲂苗种在 1 000 万尾以上。

始兴县水产良种场建于 1961 年，长期致力于草鱼等四大家鱼的亲本培育、鱼苗繁殖和鱼种的标粗等工作。2012 年获评省级草鱼良种场，2020 年复审通过，截至 2022 年仍是全省唯一获评省级水产良种场的县级场。养殖基地占地面积 14.67 公顷，建有标准化池塘 10 公顷、亲本和后备亲本培育池 2 公顷，年繁育草鱼苗种在 1 亿尾以上。

【水产品质量安全】2021—2022 年，韶关市持续加大全市水产品质量安全监管和执法力度，开展水产品"不安全、不上市"专项行动，强化生产基地监管，探索

构建水产品质量安全长效监管机制。实施水产苗种产地检疫，开展鱼病测报，推进水产养殖规范用药科普下乡活动，从源头控制病害发生，降低滥用药风险。2021 年，发放《水产养殖用药明白纸》约 400 份。2022 年，发放《水产养殖用药明白纸》《草鱼健康养殖技术手册》共 250 份，开展科技入户下乡 230 人次，完成各类水产品样品（不包括水样和沉积物）抽检 339 个，其中水产品监督抽查抽检样品 72 个、水产品药物残留例行监测抽检样品 230 个、其他水产品专项抽检样品 37 个，合格率均为 100%。

【渔业资源保护】2021—2022 年，韶关市投入渔业增殖放流资金 100 万元，放流光倒刺鲃、倒刺鲃、桂华鲮、赤眼鳟等北江特色鱼类 50 万尾，放流其他常规淡水鱼类约 1 000 万尾。此外，韶关市放生文化协会利用自有增殖放流平台，组织社会团体、单位、市民参与，2 年组织增殖放流活动 50 余场次，放流各类鱼苗 200 余万尾，增强民众保护生态环境的意识，规范放流品种，减少放生外来物种的行为，保护水域生态环境。通过开展增殖放流活动和水生野生动物保护科普宣传，使更多的人了解到保护水域生态环境的重要性和增殖放流意义，保护北江鱼类资源，维护生物多样性，增强社会各界群众保护水生生物资源意识。

【渔业安全生产】韶关市各级渔业主管部门落实安全生产检查制度，市农业农村局每季度定期对全市渔船安全生产进行监督检查，各县（市、区）农业农村局每月至少进行一次安全生产检查，检查覆盖辖区内的全部渔船，2021—2022 年实现渔业安全生产"零伤

亡"。开展"三无"船舶专项整治，其中乐昌市开展联合执法行动7次，清理处置"三无"船舶163艘（强制拆解62艘，船主自行清理、处置101艘）；浈江区清理拆解各类"三无"船舶39艘，其中木质船14艘、钢质船4艘、塑料船11艘、水泥船2艘、塑料或竹木筏8艘。

【珠江流域禁渔】2021—2022年，韶关市按照"江上无生产渔船，水中无作业网具，市场无捕捞江鱼"的目标落实珠江禁渔期制度，落实禁渔期间渔民生活专项补贴政策。2021年，出动执法人员2 068人次、执法船艇126艘次、车辆613辆次、执法无人机28架次、检查渔船2 261艘次，查处无证捕捞案4宗、电鱼案22宗，移送司法案件2宗，移送司法6人，没收涉渔"三无"船舶8艘，没收电鱼机24套，没收网具1 596件共20 310米。2022年，开展清理非法网具和打击非法捕捞专项行动383次，出动执法车辆319辆次、执法船艇76艘次、执法人员859人次，清理河中捕捞刺网、地笼、灯光网1 093件，共16 892米，办理行政案件6宗，罚款金额1.47万元，移送司法案件1宗，移送司法3人。

韶关市落实珠江禁渔期渔民生产生活补贴政策，对受影响的渔民，每人每年补贴2 200元。经过申请、审核、公示，2021年补助渔民1 139人，发放补助资金250.58万元；2022年补助1 109人，发放243.98万元。

【渔政执法管理】2021年，韶关市各级渔业执法部门出动执法人员2 630人次、执法船艇126艘次、车辆682辆次、执法无人机35架次，检查渔船2 380艘次，没收涉渔"三无"船舶21艘，查

处无证捕捞案5宗、电鱼案6宗，没收电鱼机6套。2022年出动执法人员2 068人次、出动执法船艇126艘次、车辆613辆次、执法无人机28架次，检查渔船2 261艘次，查处无证捕捞案4宗、电鱼案22宗，移送司法案件2宗，移送司法6人，没收涉渔"三无"船舶8艘，没收电鱼机24套，没收网具1 596件共20 310米。遏制及震慑各种非法捕捞行为，维护渔业生产正常秩序。

河源

【市情概览】河源市位于广东省东北部。1988年1月，国务院批准撤销河源县，设立河源市，2022年辖源城区、东源县、和平县、龙川县、紫金县、连平县，另设市高新技术开发区、江东新区。全市面积15 654千米²。2022年末，户籍人口371.27万人，常住人口284.17万人，其中城镇人口142.80万人，常住人口城镇化率50.25%。2022年，河源市实现地区生产总值1 294.57亿元，比上一年增长1.0%；全市地方一般公共预算收入71.64亿元，比上一年增长1.0%；人均地区生产总值45 563元，增长0.9%；地方一般公共预算支出为333.79亿元，下降3.4%；全体居民人均可支配收入25 825元，增长4.9%。2022年，河源接待游客318万人次，实现旅游总收入51亿元。

河源是粤东北"资源宝库"，人均矿产、森林、水、土地资源拥有量居全省前列。新丰江水库是广东第一大水库，库容达139亿米³，入选首批"中国好水"水源地。地热资源丰富，有温泉之都美誉，查明34处温泉点。森林面积114.58万公顷，森林蓄积量6 619万米³。

【渔业资源】河源市地处东江中上游、韩江上游和北江上游，其中东江流域占81.6%、韩江流域占10.4%、北江流域占2%。全市区域内河流众多，集雨面积在100千米²以上的河流有47条，其中属东江水系39条、韩江水系6条、北江水系2条；集雨面积超过1 000千米²的河流有安远河、浰江、新丰江、船塘河、秋江和东江6条。

河源市水生生物资源丰富，据2013年《广东淡水鱼类资源调查与研究》记载，河源市江河水库有70种鱼类，分属8目19科56属；还有浮游植物42属。两栖类有东方蝾螈、大鲵、中华小鲵、虎纹蛙、棘胸蛙等；爬行类有水蛇、鼋、鳖（含山瑞鳖）、三线闭壳龟、广东乌龟、平胸龟、黄喉拟水龟等。

河源市池塘水面相对较少，但山塘水库和河流众多，且水质优、污染少，水产养殖大多数处于"人放天养"的状况，具有良好的养殖基础和条件，全市水产养殖品种主要有四大家鱼及甲鱼等，有市级以上渔业龙头企业6家。四大家鱼是河源市传统品种，因为养殖技术要求低，市场销售稳定，农民（渔民）普遍养殖，四大家鱼养殖产量占总量的83.8%。甲鱼、加州鲈、鲟鱼、龟鳖等品种经济价值高，养殖效益好，快速发展，地方特色品种养殖产量占总产量15%。

【渔业生产发展】河源市渔业发展围绕"稳定四大家鱼、保障市场供给，利用生态优势、突出地方特色，调整产品结构、力推工厂化养殖，培育休闲渔业、促进一二三产融合"的基本思路，优化水产养殖业高质量发展的空间布局和生产方式，开启现代生态渔业发展模式，实现渔业绿色发展、

渔民富裕。2021—2022 年,全市渔业生产持续发展,休闲渔业打开局面,水产品市场供给稳定。2022 年全市养殖面积 5 845 公顷,水产品总产量 48 955 吨(其中淡水养殖产量 47 118 吨、淡水捕捞产量 1 837 吨),比上一年增长 4.03%;渔业总产值 7.1 亿元,增长 8.4%。

"四大家鱼"等传统养殖品种占主导地位。 2022 年,"四大家鱼"、鲫、罗非鱼产量达 4.19 万吨,占水产品总量的 81%。池塘养殖面积 4 905 公顷,主要是以传统放养模式为主,养殖传统品种。水库养殖面积 935 公顷。采取投饲、轮捕轮放的养殖模式,其中有东源县船塘大坑水库、柳城镇牛神前水库、蓝口镇深坑水库等,这种养殖模式投入少、产量高,技术简单且成熟,缺点是受旱情影响,一旦下游农作物受旱,必须使用水源灌溉。

推广特色养殖。 以加州鲈、冷水鱼和龟鳖类为主的特色养殖逐步兴起,此外还有淡水小龙虾、澳洲龙虾、罗氏沼虾、翘嘴红鲌、桂花鱼等特色品种,2022 年养殖面积 333 公顷。

推广稻田养鱼。 2022 年推广面积 67 公顷,其中和平、龙川、东源等地淡水小龙虾养殖等取得成功。

发展休闲渔业。 河源市水质好,生态环境佳,城市、郊区、沿江、沿湖垂钓者较多,部分养殖户看到商机,转为发展休闲渔业,其中有源城区埔前镇淘香园、和平县阿婆坛清溪鱼庄等。

【**水产健康养殖**】"十四五"开端,河源市农业农村局印发《河源市 2022 年水产绿色健康养殖"五大行动"实施方案》,开展生态健康养殖模式推广行动、养殖尾水治理模式推广行动、水产养殖用药

减量行动、配合饲料替代幼杂鱼行动、水产种业质量提升行动"五大行动",建立 6 个示范推广基地。创建水产健康养殖示范基地,2022 年,全市建有国家级水产健康养殖示范场 12 个、省级水产健康养殖示范场 14 个、省级水产健康养殖和生态养殖示范区(生产主体)6 个、省级水产健康养殖示范县 2 个。

【**特色品种养殖**】2021—2022 年,河源市在稳定传统"四大家鱼"养殖的基础上,推动特色渔业、休闲渔业、工厂化养殖加快发展。和平、东源、紫金等县搭建立体养殖池进行工厂化养殖加州鲈,高效利用水资源及空闲用地,全市 2022 年产量 1 988 吨。连平、龙川、东源、和平县养殖杂交鲟等冷水鱼,全市养殖面积 33 公顷,产量 360 吨。连平县大自然养殖专业合作社、紫金县吉兴养殖农民专业合作社等采取生态模式养殖龟鳖类,主要品种是中华鳖、乌龟、黄喉拟水龟,全市养殖面积 67 公顷,产量 460 吨。还有其他品种养殖,龙川县四都镇鳕鱼养殖水体 2 200 米³,产量 30 吨;东源县养殖虾类有青虾、淡水小龙虾,2022 年产量 297 吨;还有塘鲺、黄鳝等品种养殖。特色渔业养殖投入大,但单位产量的价值高,养殖效益高。观赏鱼主要在紫金县,年产 330 万尾。

【**水产苗种繁殖**】2021—2022 年间,河源市发挥优质水资源和水产养殖病害较少的特点,发展水产苗种繁殖,部分鱼苗繁育场开始尝试进行大口黑鲈、斑鳢、大刺鳅、金沙鲈鲤等名贵鱼类苗种繁育。2022 年,全市有鱼苗繁育场 25 家,其中市级繁育场 3 家,品种有澳洲淡水龙虾、中华鳖等;

县级繁育场 22 家,品种以"四大家鱼"等传统养殖品种为主。

【**水产技术推广**】2022 年,河源市设立市水产技术推广站(中心)1 个、县水产技术推广站(中心)5 个、乡镇级水产技术推广站(中心)3 个(其中专业站 3 个、综合站 6 个)。全市从事水产技术推广的工作人员有 31 人(其中市级 5 人、县级 20 人、乡镇级 6 人),其中有技术职称 22 人(高级 4 人、中级 10 人、初级 8 人)。全市设立 1 个市级水生生物防疫检疫机构,5 个县级水生生物防疫检疫机构,建有 3 个实验室,并配备仪器设备。全市水产技术推广体系不断发展,水产防疫网络逐步形成,技术队伍得到充实,基础设施加快完善。同时,发挥水产技术推广站的公益性职能,开展水生动物疫病情测报、水产苗种检疫等,为从业者提供多项服务,提高水产技术水平。2022 年,全市举办渔民技术培训班 12 期,培训人员 790 人次;指导农户 1 448 户,指导企业 83 个,指导合作组织 20 个;推广人员业务培训 58 人次,发放培训资料 3 000 份。

【**水产品质量安全**】2021—2022 年,河源市加大水产品质量安全管理和执法力度,开展水产品"不安全、不上市"水产养殖业执法、水产养殖用投入品三年专项整治、水产养殖用药减量行动等强化对生产基地的监管,确保水产品质量安全。2022 年,开展水产养殖业执法,保障产地水产品质量安全;出动监管人员 555 人次,执法人员检查水产养殖生产经营主体 547 家次,快检 126 批次,合格率 100%,监督抽查 38 批次,合格率 92%;发放宣传资料 2 330 份,张贴《水产养殖

用药明白纸》500张；举办安全用药培训班5期（含线上培训），培训水产养殖从业者1 000人次。

【渔业行政管理】《河源市养殖水域滩涂规划（2018—2030年）》划定禁止养殖区面积95.98千米²、限制养殖区面积396.71千米²、养殖区面积153.63千米²，分别占全市水域滩涂总面积的14.85%、61.38%和23.77%，国有水域中的新丰江水库、枫树坝水库等均列入禁养区。2022年，全市养殖面积为5 816.7公顷，其中国有水域42.9公顷，集体水域5 773.8公顷；水产养殖场3 726家，其中国有水域养殖场6家，发证6本，发证率100%；集体水域养殖场3 715家，发证1 370本，发证率36.87%。

河源市各县、区渔业主管部门组织执法人员为本辖区在册渔船办理渔船年审、签证工作，当场审验、当场办结。收取渔业资源保护费，签证数据录入省渔政管理系统。

【渔业资源保护】河源市落实《中国水生生物资源养护行动纲要》，开展水生生物资源增殖放流、加强水产种质资源保护区建设等活动。2021年，全市举办淡水生物增殖放流活动6场次，投入资金94.5万元，其中中央财政农业资源及生态保护资金补助金投入39.5万元，县级财政投入42万元，社会投资13万元，增殖放流鱼苗929.69万尾，种类包括广东"四大家鱼"、鲮、鲤、鲫、广东鲂，放流地点主要为东江水域和新丰江水库。2022年，除中央财政农业资源及生态保护补助资金40万元外，市、县级统筹资金372万元，其中东源县人民政府整合移民扶持生产资金300万元，

在新丰江水库、东江水域（东源段）等地举行增殖放流活动6场次，增殖放流鱼苗1 662.1万尾，其中青鱼52万尾、草鱼272万尾、鲢544.8万尾、鳙479.3万尾、鲫58万尾、鲮160万尾、鲤96万尾。

河源市有国家级水产种质资源保护区1个——浰江大刺鳅黄颡鱼国家级水产种质资源保护区，2016年11月30日建立。主要保护对象为鲶、大刺鳅、黄颡鱼，其他保护品种包括花鳗鲡、鲤、鲫、斑鳠、青鱼、草鱼、鲢、鳙、光倒刺鲃、大眼鳜等。

【渔业安全生产】2021—2022年，河源市各级渔业主管部门结合当地实际，开展各项渔业安全生产监管工作，针对薄弱环节，落实整改措施，规范安全生产行为，杜绝重特大渔业船舶安全生产事故发生。开展渔业防灾减灾安全系列宣传活动，制作并向渔民群众、涉渔企业发放各类宣传手册8 100余份。利用广播电视、抖音、微信公众号等媒介开展水上交通和渔业船舶安全教育，制作公益宣传视频20条，推送抖音短视频45条，公众号推文221篇，张贴悬挂标语263条，派发灭火器10箱。开展"水上安全进校园"活动20场次，"水上安全进社区"活动25场次，受益师生与居民8 000余名。

2021年，全市农业农村部门开展渔业安全生产执法检查292次、出动执法车330辆次、执法船285艘次、执法人员2 296人次；执法检查渔船1 520艘次，排查渔业船舶748艘，其中发现55艘存在不同程度安全隐患，整改率100%；渔船防台要求100%落实，针对有可能造成影响的台风，市农业农村局通知并要求各县、区落实防台措施，由领导带队赶

赴一线督导检查。2022年，河源市建立健全渔业船舶安全生产网格化管理制度，全市近20个涉渔乡镇（街道）政府均建立"定人联船""分片包船"的渔业安全生产网格化机制，设立专职或兼职网格员达150名，在渔业船舶安全隐患整改整治、渔业防台防汛等方面发挥重要作用。全市开展平安渔港（停泊区）创建行动，建立县、镇两级政府责任清单和渔船停泊区综合管理机制，基本建成依港（停泊区）"管人、管船、管安全"机制。全年组织执法检查918次，其中开展联合检查95次，出动执法车辆426辆次、执法船艇655艘次、执法人员4 080人次。

【珠江流域禁渔】2022年，河源市列入禁渔的专业捕捞渔船有744艘，市成立东江禁渔工作领导小组，制定禁渔工作实施方案，实行禁渔期渔民生活专项补贴政策，每个符合条件的渔民补助2 200元/年。在全市禁渔水域设立20余个禁渔渔船停泊区，将渔船实行集中停泊管理。在禁渔期间，组织巡航监控，每天开展江上执法检查。2021年，召开专题会议2次，张贴禁渔通告785份，悬挂横幅357条，发放宣传手册3 100份，出动宣传车次360余次，发送短信3 200条，电视、电台投放广告4条、滚动播放1 700余次，新媒体平台宣传14次。组织执法行动358次，查处非法渔具473件，没收违法渔获物94.85千克，取缔违禁渔具533件，收缴电捕鱼具16套；查扣（拆解）涉渔"三无"船舶18艘；查处非法捕鱼案件10宗，行政处罚案件3宗，行政处罚3人，罚款1.05万元。2022年，出动执法人员2 089人次、执法船艇309艘次，清理涉渔"三无"船舶20艘，清理取

缔违规网具 807 张（顶），查处"电鱼"器具 15 件，查办行政案件 18 件，查获涉案人员 20 人，司法移送 3 人，行政处罚金额 2.95 万元，地市级以上媒体报道 6 起，张贴通告 213 份，发放宣传资料 2 819 份，悬挂标语 104 幅。

【渔业文化活动】2022 年 4 月，东源县漳溪畲族乡"中联村汶水塘捕鱼节"申报为省级非物质文化遗产。汶水塘也称为喷泉湖，塘深平均 1.5 米，塘水面积 6 700 米²，池塘水源自天然地下喷泉，有大小几十个泉眼向外泛水，约 2 米³/秒的流量，出水量百年不变，水质纯净优良，清澈碧透，无任何污染，一直为漳溪畲族乡圩镇及邻近村落 5 000 余名居民提供优质的生产和生活用水。不论漳溪畲族乡干旱、多雨还是寒冬腊月，水温都恒定保持在 16～18 ℃。汶水塘出产的鱼肉质细嫩、味道鲜美。在漳溪畲族乡一直流传："靓女爱嫁汶水塘，塘鱼无腥嫩又香"。附近村民家门口有鱼塘，也从汶水塘引水养鱼，出产的鱼供不应求。

每年正月初三，也演变成漳溪民众全体参与的"捉鱼节"。这天早上 8 时起，鞭炮齐鸣、彩旗纷飞、群狮起舞，人们载歌载舞祭鱼神，还有乡贤文艺宣传队表演等巡游助兴。由各村推选捕鱼能手进行捕鱼比赛，请出各村长者作为评委。此时，岸边加油声、欢笑声连成一片，汶水塘里一片忙碌景象，最终按捕鱼数量和大小评出 2 个奖项，获奖者登台披红戴花，尊为"捉鱼王"。

正月初三"捕鱼节"成为中联村乃至整个漳溪畲族乡春节"纳春接福"的传统习俗，成为春节期间最为热闹的活动，村民以捕鱼的方式来祈福"丰年有余（鱼）"，汶水塘正月初三"捕鱼节"远近闻名。

梅州

【市情概览】梅州市位于广东省东北部。1988 年设立地级市。2022 年辖梅江、梅县 2 区、平远、蕉岭、大埔、丰顺、五华 5 县，代管兴宁市。土地面积 1.58 万千米²。2022 年末户籍人口 539.35 万人，常住人口 385.80 万人，其中城镇人口 203.24 万人，常住人口城镇化率 52.68%。2022 年全市地区生产总值 1 318 亿元，比上一年增长 0.5%；人均地区生产总值 34 085 元，增长 0.6%；全年地方财政一般预算收入 83.96 亿元，比上一年下降 1.7%；一般公共预算支出 449.63 亿元，比上一年增长 1.5%。

【渔业资源】梅州市境内河流众多，分属韩江、榕江、东江三大水系。主要的河流有韩江、梅江、琴江、五华河、宁江、程江、石窟河、松源河、梅潭河、汀江、大胜溪、丰良河、八乡河、榕江北河等。有淡水鱼类 47 种，分属 5 目 16 科。其中鲤形目鱼类 29 种，占 61.7%；鲈形目鱼类 10 种，占 21.3%；鲇形目鱼类 5 种，占 10.6%；鳗鲡目 2 种，占 4.3%；合鳃目 1 种，占 2.1%。在鲤形目中，以鲤科为主，共计有 26 种，占淡水鱼类的 55.3%。这样的鱼类种类组成主要以江河鱼系区系为主体，呈现明显的暖水性特征。

水产养殖主要有池塘、山塘、水库养鱼，养殖品种以"四大家鱼"（草鱼、鲢、鳙、鲮）居多，以及优质杂交鲫类（丰产鲫、异育银鲫、湘云鲫等）、加州鲈、黄颡鱼、海鲈等。

【渔业生产发展】2021—2022 年，梅州市各级渔业主管部门树立"创新、协调、绿色、开放、共享"五大发展理念，依靠科技创新，发展渔业经济，围绕"提质增效、减量增收、绿色发展、富裕渔民"目标，以渔业供给侧结构性改革为抓手，立足当地资源优势，培育特色养殖产业，推进区域特色渔业发展，推进渔业结构调整，加快形成布局合理、产品安全、资源节约、环境友好、产业融合的现代渔业发展新格局。2022 年水产品养殖面积 10 835 公顷，总产量 10.68 万吨，产值 13.43 亿元。

【绿色健康养殖】印发《梅州市 2022 年水产绿色健康养殖"五大行动"实施方案》，通过开展生态健康养殖模式推广行动、养殖尾水治理模式推广行动、水产养殖用药减量行动、配合饲料替代幼杂鱼行动、水产种业质量提升行动"五大行动"，在全市建立水产生态健康养殖技术模式推广基地、水产养殖尾水治理技术模式推广基地、水产养殖用药减量模式基地、水产种业质量提升模式推广基地等 8 个示范基地，研究制定相应系列标准和操作规范并汇编成册，开展示范推广，促进水产养殖业绿色发展。开展水产绿色健康和生态养殖示范区创建活动，2022 年，新增省级水产健康养殖和生态养殖示范区（县）1 个、示范区生产主体 8 家。截至 2022 年底，全市有国家级水产绿色健康和生态养殖示范区（县）1 个、国家级水产绿色健康和生态养殖示范区生产主体 35 家，省级水产健康养殖和生态养殖示范区（县）1 个，省级水产健康养殖和生态养殖示范区生产主体 29 家。2021—2022 年继续做好稻渔综合种养工作，实施好稻渔共生项目。

2022年，全市稻田养鱼面积331公顷，产量307吨，均居全省第三位。

【渔业品牌建设】2021—2022年，梅州市组织渔业企业参加国家、省级渔业博览会、展销会等产品推介活动，提高"梅州客都草鱼"品牌知名度和市场认可度。2021年，组织6家渔业企业参加第二届中国水产种业博览会暨第三届广东水产种业博览会。2022年，组织4家渔业企业参加第三届中国水产种业博览会暨第四届广东水产种业产业大会。

【水产品质量安全】2021—2022年，梅州市加强水产养殖日常安全生产监管，开展专项行动检查，做好水产养殖用兽药及其他投入品的使用监管，通过"双随机"检查养殖企业（场、户），重点加强水产养殖场、养殖户生产过程中，用水、用药、用饲料和防护措施等的生产安全。2021年开展安全生产检查3次，检查养殖企业（场、户）7家；2022年开展安全生产检查4次，检查养殖企业（场、户）20家；检查中未发现有违法、违规现象。

【渔业资源保护】梅州市贯彻落实《中国水生生物资源养护行动纲要》，做好增殖放流活动。2021年，举办增殖放流活动2场次，放流各类鱼苗630万尾。2022年，举办增殖放流活动4场次，放流各类鱼苗2100万尾，数量为梅州历年之最。增殖放流草鱼、鳙、鲢、青鱼、鲮等淡水鱼类，投放鱼苗的数量、品种、规格按省的有关要求严格把关，确保增殖放流效果。

梅州市有国家级水产种质资源保护区2个。广东平远柚树河斑鳢国家级水产种质资源保护区位于平远县柚树河，核心区面积60公顷，实验区面积450公顷。主要保护对象为国家级水产种质资源斑鳢、鲇等。石窟河斑鳠国家级种质资源保护区位于蕉岭县石窟河河段，长潭水库为核心区，总面积2248公顷，其中核心区区域面积590公顷，实验区面积1658公顷，主要保护斑鳠、大刺鳅、黄颡鱼等国家重点保护珍贵鱼类的栖息、产卵、繁殖。

【渔业安全生产】2021年，梅州市开展"不安全、不出海（航）"专项行动，落实主体责任、属地管理责任、行业监管责任。联合海事部门开展"商渔共治2021"专项行动，以"商渔共治"联合巡航执法行动、商渔船船长面对面交流活动、商渔船碰撞典型事故案例专题警示教育培训会和商渔船碰撞水上搜救应急演练为主要抓手，整治通航水域随意布置渔网、渔船船主违规拉电、碍航捕捞等违法行为。派员参加梅州市安委办第六督导组对大埔县开展综合督查，督促责任部门及地方政府落实属地责任，推动汀江水域5艘"三无"餐饮船拖离上岸，完成隐患销号工作。

印发《2022年梅州市渔业船舶安全生产专项排查整治行动工作方案》，对照落实渔船安全生产"六个100%"要求，排查渔业船舶安全生产薄弱环节，从根本上消除事故隐患，遏制渔业安全生产重特大事故发生。印发《关于建立梅州市涉渔船舶审批修造检验监管协作机制的函》，在机制框架内每年开展会商，定期通报评估各地级及以上市涉渔船舶审批修造检验监管工作落实情况，讨论研究相关工作。

【珠江流域禁渔】按国家渔业部门部署，在每年3月1日0时至6月30日24时，梅州市梅江、韩江干支流全部纳入禁渔范围，除休闲娱乐性垂钓外，全流域禁止捕捞作业。2021年禁渔期间，全市共出动船艇105艘次、执法车辆433辆次、人员1791人次，取缔违禁渔具1710件，查处电鱼案件2起，没收渔获物41.75千克。2022年禁渔期内，全市共出动执法人员980人次、执法船艇113艘次，清理涉渔"三无"船舶29艘，清理取缔违规网具1033张，查办行政案件1件。

做好禁渔补助资金发放工作，严格执行发放程序。2021年发放省级休（禁）渔渔民生产生活补助资金191.18万元，受益渔民869人。2022年发放省级休（禁）渔渔民生产生活补助资金193.6万元，惠及渔民880人。

【渔业执法管理】2021年，梅州市开展渔业专项行动394次，派出检查人员1844人次、执法船艇240艘次、执法车390辆次，检查1654艘渔船、114家企业，排查发现一般隐患问题82个，整改完毕82个，整改率100%，无重大安全隐患；取缔涉渔"三无"渔船28艘（现场销毁7艘），清理定制网6张，清理虾笼30个，清理渔网112张共1100米，清理竹排2艘，拆除网笱12张。

2022年，制定《梅州渔政"亮剑2022"系列专项执法行动方案》，与福建省龙岩市农业农村局联合制定印发《2022年闽粤内陆水域联合执法行动方案》，落实各级责任，细化工作措施，联合相关部门开展执法行动。全年开展渔业专项行动512次，派出检查人员2018人次、执法船艇212艘次、执法车493辆次，取缔涉渔"三无"渔船38艘，其中现场清理渔网1117条，共4556米，查处案件2宗。

【渔业文化活动】 2021年11月12日，在梅州市梅县区丙村镇芦陵村开展"关爱水生动物，共建和谐家园"为主题的水生野生动物保护科普宣传活动，活动现场共发放宣传资料250份。2022年11月18日，结合平远脐橙节在平远县人民广场举行2022年水生野生动物保护科普宣传月活动，活动发放宣传画13套、宣传单2 000余份。每年在渔政码头等公共场所张贴保护野生动物宣传标语、图片等，通过科普宣传活动，提高市民保护野生动物的意识。

清远

【市情概览】 清远市位于广东省中北部。1988年设地级市。2022年下辖清城区、清新区、佛冈县、连山壮族瑶族自治县、连南瑶族自治县、阳山县，代管县级英德市、连州市。行政区域面积1.9万千米²（其中市区面积3 650千米²），是广东省陆地面积最大的地级市。2022年末清远市户籍人口453.5万人，其中少数民族户籍人口22.2万人，是广东省少数民族主要聚居地；常住人口398.6万人，其中城镇人口224.4万人。2022年全市地区生产总值2 332亿元，比上一年增长1.0%；清远市人均地区生产总值51 001元，增长0.8%；地方一般公共预算收入141.0亿元，增长2.6%。

【渔业资源】 清远市河流众多，分属珠江水系的北江区、珠江三角洲区及桂贺江区和长江水系的洞庭湖区。全市集雨面积100千米²以上的河流有74条，其中集雨面积1 000千米²以上的河流有北江、连江（小北江）、滃江、滨江、潖江、烟岭河、青莲水等。北江及其主要支流连江、滃江、潖江等为历代沿江渔（农）民的捕鱼场所。北江鱼类有90种，其中作为主要捕捞对象的经济鱼类约30种。捕捞的对象主要是鲤、鲫、黄尾鲷、细鳞斜颌鲴等。此外，黄沙蚬、石岩虾、鼋（沙鳖、国家一级保护野生动物）等亦为北江特产。由于存在"电、炸、毒"鱼等违规捕鱼作业，以及拦河筑坝等，鱼的资源量逐年减少，珍稀品种唇鱼、卷口鱼、桂华鲮、鼋等濒临绝迹。

清远市有平原面积1 800千米²，占总面积的9.6%，主要由北江及其支流连江的水流带来的泥沙冲积而成，以清城、清新、英德、连州等境内盆地面积较大，成为主要水产养殖区。水产养殖主要有池塘养鱼、山塘养鱼、水库养鱼、河涌养鱼及网箱养鱼等，以英德、清城、清新较多。连州、连南、连山有稻田养鱼。水产养殖品种以"四大家鱼"（草鱼、鲢、鳙、鲮）居多，还有鲤类（丰鲤、建鲤、兴国红鲤等）、鲫类（丰产鲫、异育银鲫、东北鲫、彭泽鲫、湘云鲫）、罗非鱼类（尼罗罗非鱼、奥尼罗非鱼、红罗非鱼等）。随着市场需求增多、养殖技术提高，引进的品种和开发当地江河的品种陆续增加，2020年有养殖品种50多个。其中桂花鱼养殖以清新、清城为主，鳗鱼、大鲵、蛙类养殖以阳山、连州、英德有地下泉水的山区为主，观赏鱼类（锦鲤、金鱼等）养殖主要在清新区。

【渔业生产发展】 2021—2022年，清远市各级渔业主管部门贯彻落实全省渔业工作会议和市农村工作会议精神，保障渔业生产保持稳定发展。推进渔业高质量发展和现代渔业产业建设，推进"3+X"产业发展，打造具备规模的优势产业，建立特色渔业名片。以创建省级水产健康养殖和生态养殖示范区为契机，推广绿色健康养殖和生态养殖等模式，逐步建立名优鱼类与家鱼养殖并重的发展路子，提升全市水产品的质量和价格。2022年，全市水产品总产量13.79万吨，与上年基本持平。

【水产养殖生产】 2022年，清远市水产养殖总面积16 687公顷，其中池塘面积11 687公顷，与上一年同期基本持平；但稻田养殖面积1 693公顷，比2021年的1 800公顷减少6.3%，比2020年的1 538公顷增长10.1%。水产养殖产量13.62万吨，其中池塘产量为12.38万吨，平均每公顷产量（单产，下同）10 575千克。

【优良品种养殖】 2021—2022年，清远市利用区位和生态优势，以市场为导向，推进优良品种养殖，实现向"品种、品质、品牌"方向发展。以桂花鱼省级产业园建设为契机，加快桂花鱼养殖发展步伐，向规模化、产业化方向发展。2021年4月清新桂花鱼加工流通项目投产，收储加工桂花鱼，发挥联农带农作用，利用项目"一轴二心三区域"产业优势，发展渔旅结合项目，打造清新桂花鱼养殖、加工、旅游于一体的一二三产业链；6月"清新桂花鱼"获批国家农产品地理标志保护产品。清远市清新区宇顺农牧科技有限公司培育的桂花鱼"广清1号"通过新品种认定，提升清新区桂花鱼品牌的影响力，桂花鱼养殖产业发展态势良好。2022年，全市桂花鱼养殖面积867公顷，产量1.7万吨，产值达到10亿元，桂花鱼养殖业已成为清新区的渔业支柱产业，全市渔业经济的增长点。

引进和发展特色养殖品种，优化水产养殖结构，鼓励养殖龟鳖类、优质淡水小龙虾、澳洲淡水龙虾、加州鲈、鳗鱼、观赏鱼等特色品种，近年来产量稳步增长。

【水产健康养殖】2021—2022年，清远市开展省级水产健康养殖和生态养殖示范区创建活动，2021年通过验收的省级水产健康和生态养殖示范区有5家，分别为：清远市兴渔水产科技有限公司、清远市瑞成渔业有限公司、清远市清新区新科农水产畜牧有限公司、清远市清新区创新原农业发展有限公司和连南瑶族自治县海龙水产科技发展有限公司。2022年清城区、清新区和英德市通过省级水产健康和生态养殖示范区（县）资格性验收；清远市清新区文坚农业发展有限公司、清远市清新区日通畜牧渔业发展有限公司、清远市泓海渔业科技发展有限公司、英德市盈信农业有限公司、连南瑶族自治县大坪鱼乡稻田生态养鱼专业合作社等5家企业通过省级水产健康养殖和生态养殖区考核验收。

【绿色"五大行动"】2021—2022年，清远市贯彻落实2021年中央一号文件和农业农村部等十部委《关于加快推进水产养殖业绿色发展的若干意见》精神，以推进水产养殖绿色发展为主题，以创新技术模式为牵引，以骨干基地为载体，以行动内容"全覆盖"为目标，推进水产绿色健康养殖技术推广"五大行动"，发展水产业绿色健康养殖。各级水产技术推广部门加大力度将推广基地或推广点培育成水产生态健康养殖技术模式推广骨干基地、水产养殖尾水治理技术模式推广骨干基地、水产养殖用药减量模式骨干基地、配合饲料替代幼杂鱼试验骨干基地、水产新品种试验示范推广骨干基地。

2021年，全市建立8个生态健康养殖模式推广行动示范点、3个养殖尾水治理模式推广示范点、1个水产养殖用药减量行动示范点、2个配合饲料替代幼杂鱼行动示范点、1个水产种业质量提升行动示范点，举办"池塘循环水生态养殖技术暨水产养殖尾水处理""水产绿色健康养殖技术""水产品不安全、不上市"等主题培训班，培训水产技术骨干100余人次。同时，在清远市"清远三农"微信公众号等媒体上进行宣传。

2022年，持续开展水产绿色健康养殖技术推广"五大行动"，提升水产绿色健康养殖技术推广骨干基地的质量和水平，继续遴选和培育创新度高、成效明显、代表性强的示范点，提炼适合当地的池塘养殖尾水处理技术规范，研究制定相应系列标准和操作规范并汇编成册，开展示范推广，促进水产养殖业绿色高质量发展。2022年建立水产绿色健康养殖技术推广基地15个、示范生态健康养殖面积2 000公顷、养殖产量1 186吨、产值约9 000万元，推广稻渔综合种养面积667公顷；推广工厂化循环水养殖面积2 000米^3。开展科普下乡活动60次，发放《水产养殖用药明白纸2020年1、2号》及水产养殖生产日志800余份。

【种质资源普查】2021年，清远市农业农村局结合当地实际，制定《清远市第一次水产养殖种质资源普查实施方案》，成立普查工作领导小组，明确任务和分工，并组建市级普查队伍，指导各县（市、区）对全市水产原良种场、遗传育种中心、育种创新基地、苗种场和养殖场（户）开展普查工作，按要求填报、汇总普查信息表。截至11月中旬，完成4 978

家普查主体的数据整理、审核和汇总工作，提前完成普查工作的阶段性任务。

【渔业绿色试点】2022年，清远市清城区、清新区和英德市3区（市）被列入省级渔业绿色循环发展试点。试点工作以县（市、区）为单位，采取以市场主体投入为主、政府奖补、"先建后补"方式，实施面积1 146.67公顷的池塘标准化改造和尾水达标治理，其中清新区746.67公顷，清城区和英德市各200公顷，中央财政资金投入5 000万元，以此推动建设一批标准化、集约化、机械化、智能化、清洁化的规模养殖基地，示范引领全行业绿色、高效、循环发展。3个县（市、区）制定具体项目实施细则，推进池塘标准改造和尾水治理的各项工作。

【渔业救灾复产】2022年5月中旬以来，清远市受持续强降水影响，江河湖库水位全线猛涨，遭遇百年一遇的洪水灾害。各县（市、区）出现不同程度的渔业灾害情况，特别是英德市、阳山县、清城区最为严重。6—7月的洪水和台风灾害，全市渔业受灾面积4 380公顷，产量损失2.59万吨，直接经济损失4.8亿元（其中渔业基础设施损失7 442万元）。全市各级农业农村部门组织抗洪救灾，派出专业技术工作组深入受灾一线指导水产企业和养殖户进行生产自救和灾后恢复重建。

强化渔业灾情核实工作。各地完善灾情统计报送工作机制，指定专人负责，坚持"边救灾边报告、边核实边报告"的原则，在灾害发生期间实行一日两报制，核实受灾面积和经济损失等灾情数据，并根据降雨持续情况进行动态更新。

推进灾后复产工作。6月30

日,清远市农业农村局组织清新区渔业加工流通协会、中国农业银行清远分行、中国工商银行清远分行、广东省农业担保融资有限公司及相关企业代表参加英德市渔业灾后复产推进会。参会的水产养殖受灾企业代表分别介绍企业的受灾情况和融资需求,金融企业现场提出解决方案和相关建议,以缓解受灾企业的融资难题,为灾后重建恢复生产提供资金支持。

摸底苗种供需情况。各级渔业主管部门开展渔业苗种供需情况摸底工作,从受灾地区的养殖习惯、苗种存量、搭配模式和养殖周期方面进行摸底调查,掌握苗种供需信息,做好苗种补放工作。针对灾后高温天气水生动物疾病多发,协调养殖户与鱼药生产企业的对接,做好灾后场所消毒,为渔业生产自救提供物质保障。

加强灾后技术指导。全市各级水产技术推广部门组织水产技术人员到养殖受灾一线,指导养殖企业(场、户)开展生产自救和科学养殖,针对灾后养殖中存在的养殖病害防治和养殖设施修复等问题,进行现场技术指导,发放渔业灾后复产技术资料,帮助受灾养殖户最大限度减少灾后损失。

【蛙类养殖整治】 2022年,清远市农业农村局印发《清远市蛙类养殖违法违规用药专项整治行动方案》,于4—6月开展清远市蛙类养殖违法违规用药专项整治行动。经排查,全市有养蛙场196个,养殖蛙类品种包括牛蛙、棘胸蛙、泰国虎纹蛙。结合2022年水产绿色健康养殖技术推广"五大行动",科研机构和水产技术推广部门探索并推广蛙类绿色养殖模式,全市举办蛙类养殖普法宣传培训3次,印发普法宣传材料1255份和《水产养殖用药明白

纸》695份,在蛙类养殖生产场所张贴《水产养殖用药明白纸》海报74份。5月,加大蛙类养殖药物残留安全风险监测和监督抽查力度,全市抽检蛙类养殖场2个,抽检牛蛙样品4个,合格率100%。加强对全市养殖蛙类用药监管,加大对蛙类养殖中违规使用禁(停)药等行为的打击力度。

【稻渔综合种养】 2021年,清远市有7县(市、区)依托省级稻渔综合种养项目的实施,发展稻渔综合种养面积1000公顷,推进稻渔综合种养基础设施标准化建设、改造和技术装备升级,改善种养生产条件以满足稻渔综合种养发展需要,实现每亩增收1500元以上,减少农药、化肥使用量30%以上。稻渔综合种养产业化水平明显提高,经济、生态、社会效益显著提升。当年全市稻渔综合种养面积1800公顷,产量920吨,平均每公顷产量(单产,下同)510千克。同时发挥项目支持和新型经营主体的示范带动作用,发展"稻渔"产业,探索"稻虾"和"稻鳅"的生产模式,推动"农业+旅游"产业,促进一二三产业融合发展。

2022年,清远市利用北部山区稻田养鱼的传统养殖优势,继续发挥项目支持和新型经营主体的示范带动作用,发展"稻渔"产业,探索"稻虾"和"稻鳅"的生产模式,推动"农业+旅游"产业,促进一二三产业融合发展。当年全市稻渔综合种养面积1693公顷,产量920吨,单产495千克。其中"三连"地区(连州市和连山、连南)推进稻渔综合种养项目的实施,推广稻渔综合种养面积667公顷。

【水产苗种生产】 清远市有水产苗种场27家,其中省级水产良种场

1家、鳜鱼鱼苗孵化场12家。主要的水产苗种有"四大家鱼"、鳜鱼、黄颡鱼、鲮鱼、广东鲂、赤眼鳟、加州鲈、甲鱼和禾花鲤(鲤鱼)等。2021年,全市苗种生产53亿尾,2022年57亿尾。

探索加州鲈反季节繁育工作。英德市、阳山县利用气候和水资源优势,开展加州鲈工厂化反季节繁育工作,2022年,孵化鱼花5亿尾,满足当地和周边市县水产苗种需求,稳定鲈鱼苗市场价格。

【江河捕捞产量】 2021年,清远市江河捕捞产量1640吨,比上一年下降8%;2022年,全市江河捕捞产量1728吨,增长5%,其中鱼类1429吨,虾类140吨,蟹类21吨,贝壳类138吨。全市执行珠江流域禁渔制度,加大对江河"电鱼、毒鱼、炸鱼"等违法现象的打击力度,降低江河的生态压力,有利于野生鱼类繁衍生息。

【江河增殖放流】 2021—2022年,清远市农业农村局每年在渔政码头开展以"养护水生生物资源 促进生态文明建设"为主题的江河增殖放流活动。由政府引导、社会共同参与,放流各种鱼类。活动现场设立增殖放流宣传画册、禁止或限制放生的主要外来物种告示牌、水生野生动物科普图片展览,宣传内容丰富多样,共同营造全民爱护生态环境的良好社会氛围。全市江河增殖放流活动每年投放鱼苗1000多万尾,其中,2021年6月18日,投放草鱼、鲢、鳙、鲮、广东鲂、黄颡鱼等各种鱼类600余万尾;2022年6月10—11日,投放草鱼、鲢、鳙、鲫、黄颡鱼等各种鱼类140多万尾。

【涉渔船舶监管】2022 年，清远市落实《农业农村部 工业和信息化部 公安部 交通运输部 海关总署 市场监管总局 中国海警局关于加强涉渔船舶审批修造检验监管工作的意见》精神，根据省农业农村厅印发《广东省 2022 年涉渔船舶监管专项行动方案》的通知要求，市农业农村局牵头成立市 2022 年涉渔船舶审批修造检验监管协调机制，会同市工业和信息化局、市公安局、市市场监管局、清远海事局 4 单位开展"涉渔船舶监管专项联合行动"，聚焦拆解、标识、修造、检验等重点环节，严打各类违法违规行为。5—10 月，全市开展渔业船舶和渔船拆解修造厂的排查工作，出动执法检查人员 856 人次、执法车辆 150 多次，检验渔船 1041 艘，暂无发现渔船变造、涂改船舶身份标识等违法违规行动。其间发现安全隐患 11 处，发出整改通知书 11 份，100% 完成整改工作。承担渔船拆解修造工作的 7 家船厂，没发现违法修造、无证经营等违法行动。

● 云浮

【市情概况】云浮市位于广东省中西部，西江中游以南，东接珠三角，西靠桂东南，是富饶的珠三角经济区与广袤的大西南腹地之间的交通枢纽，2022 年辖云城区、云安区、新兴县、郁南县，代管罗定市。土地总面积 7 785 千米²，其中山区面积占 60.5%、丘陵面积占 30.7%，是广东省典型的山区市。云浮市拥有丰富的矿产、旅游、水利、动植物和水资源，素有"石材王国""硫都""石都"之称。境内水系发达，云浮辖区西江干流河段是广东和广西的内河航道干线，全年四季均可通行 3 000 吨级的客货轮，是中

国的黄金水道。2022 年末，云浮市户籍人口 301.43 万人，常住人口 239.65 万人，其中城镇常住人口 107.95 万人，城镇人口比重为 45.04%。2022 年云浮市实现地区生产总值 1 162 亿元，比上一年增长 2.1%；全市人均地区生产总值 48 538 元，增长 1.9%；地方一般公共预算收入 100.4 亿元，增长 33.5%；全年一般公共预算支出 268.6 亿元，增长 5.3%。

【渔业资源】云浮市境内江河鱼类资源丰富，有淡水鱼类共计 152 种类，分属于 16 目 34 科 101 属。鱼类区系以鲤形目为主共 90 种，占总数的 59.2%；其次是鲈形目 28 种，占总数的 18.4%；鲶形目 23 种，占总数的 15.1%。在江河渔获物中，小型鱼类种类占的比重大，大中型经济鱼类种类占的比重小、低龄化趋势明显，名贵鱼类资源衰减。

主要养殖鱼类有草鱼、鲢、鳙、鲮（以上 4 种为广东四大家鱼）、青鱼、罗非鱼、鲤、鲫、鳜、黄颡鱼、斑点叉尾鮰、加州鲈、南方大口鲶、胡子鲶、革胡子鲶、乌鳢、日本鳗鲡、黄鳝、锦鲤等。其中，养殖面积以四大家鱼为主的约占 65%，主养罗非鱼的约占 30%，其他特色养殖约占 5%。养殖的水产动物还有罗氏沼虾、泰国青蛙、美国牛蛙、娃娃鱼、鳖、龟等等。

【渔业生产发展】2021—2022 年，云浮市各级农（渔）业主管部门坚持"稳产保供、创新增效、绿色低碳、规范安全、富裕渔民"的工作思路，坚持数量质量并重、创新驱动、绿色发展、扩大内需、开放共赢、统筹发展和安全的基本原则，坚持稳字当头、稳中求进，培育千亿级现代农业产业集群，推进渔业高质量发展。2022

年全市水产养殖面积 5 900 公顷（池塘养殖面积 4 778 公顷、水库养殖面积 1 045 公顷）；水产品总产量 9.92 万吨，其中淡水捕捞产量 0.11 吨、淡水养殖产量 9.81 万吨（池塘产量 89 677 吨、水库产量 8 032 吨）；渔业经济总产值 25.91 亿元；2022 年共繁殖鱼苗 184.06 亿尾（鲮鱼苗占多数），培育各类鱼种 7 655 吨。

【水产健康养殖】云浮市各级政府和渔业主管部门积极引导渔业生产向健康无公害、生态养殖的现代渔业方向发展。截至 2022 年，云浮市创建 5 家省级水产健康养殖和生态养殖示范区（场），分别是云浮市向阳生态农业发展有限公司、罗定市俊业水产品有限公司、新兴县太平镇华亿淡水鱼养殖中心（广东丰泽水产有限公司）、新兴县车岗镇绿泽水产养殖场（新兴县渔悦水产养殖有限公司）、新兴县东成镇东利渔业专业合作社，合计面积 56.33 公顷。通过水产健康养殖和生态养殖示范区创建活动，打造一批水产养殖绿色发展典范，辐射带动全市推进水产绿色健康养殖，为推进乡村振兴贡献现代渔业力量。

【特色品种养殖】2021—2022 年，云浮市各级渔业主管部门因地制宜引导水产养殖业者利用山区资源优势，调整和优化养殖品种结构，引进特色水产品种，发展生态健康养殖、陆基圆桶养殖，形成名特优水产品种与"四大家鱼"养殖并重的发展新路子。养殖的特色品种有"枸杞鱼"（草鱼）、丰产鲫、罗氏沼虾、加州鲈鱼、鳜鱼、乌鳢、泰国青蛙、牛蛙、娃娃鱼、日本鳖、鳄龟、金钱龟、黄喉拟水龟、黄缘盒龟、黑颈乌龟、中华草龟等，陆基圆桶养殖模式发展快。2022 年，全市养殖

日本鳖 216.67 公顷，产量 3 452 吨；陆基圆桶养殖 200 个，体积 2.2 万米³，年产商品鱼 1 000 吨，标粗鱼苗 2 亿尾；还有流水槽循环水养殖 6.6 万米³，年产量 125 吨；"稻虾共养"养殖面积 26.67 公顷，年产量 44 吨。

【水产良种生产】云浮市水产种苗场主要集中在罗定市和新兴县，罗定市孵化的鱼苗品种主要有草鱼、鲢、鳙、鲤、鲮（含麦鲮、野鲮）、鳜等，2022 年孵化鱼苗达 242 亿尾；新兴县孵化的鱼苗有罗非鱼、胡子鲶、革胡子鲶、杂交鲶、乌鳢、杂交鳢等，年产量约 24 亿尾。苗种培育场主要分布在新兴县和云城区，生产培育的鱼苗主要是"四大家鱼"、鲫、鲮、胡子鲶、革胡子鲶、杂交鲶、罗非鱼、乌鳢、杂交鳢等名优水产品种。

2022 年建成新兴县新城镇鱼苗孵化产业园，以"一村一品、一镇一业"为切入点精准发力，整合利用省级涉农统筹整合转移支付资金及乡村振兴驻镇帮扶项目资金筹建而成。规划以鱼苗孵化（育种）为主导产业，主导品种包括生鱼、胡子鲶、鲈鱼等优质淡水鱼苗，打造全国首个产业园级生鱼育苗孵化基地。园区划分为鱼苗标粗区、亲鱼培育区、孵化区、绿化区、污水处理区、党建办公室六大板块，以产业振兴带动乡村全面振兴，是着力破解城乡区域协调发展不平衡问题的生动实践。

【水产技术推广】2021—2022 年，云浮市继续实施水产绿色健康养殖技术推广"五大行动"，利用优质充足山泉水的优势推动绿色健康养殖和生态养殖，推广陆基圆桶养殖，采取多种形式进行水产技术推广，编印《绿色渔药系列资料汇编》《渔业救灾复产与规范

用药技术资料汇编》等技术资料免费派发给养殖户；邀请中国水产科学研究院珠江水产研究所、中国水产科学研究院南海水产研究所和华南农业大学等院校专家教授为渔民讲课，2 年间举办各类技术培训班 16 期（次），参训人员 1 250 人，提高养殖户科学养鱼和规范用药的意识，推动全市渔业的健康持续发展。

【水产品质量安全】2021—2022 年，云浮市加大水产品质量安全管理和执法力度，开展水产养殖基地摸底调查，强化生产基地监管，出动执法人员检查生产经营企业，查处问题养殖场，责令整改；配合第三方和自检相结合抽检水产品样品，进行药物残留检验。全市各级农业农村行政主管部门对水产养殖生产主体开展地毯式的巡查检查，重点检查养殖生产、用药和销售记录，建立投入品采购使用、生产过程控制、产品流向追踪的全流程质量控制体系，提升云浮市水产品质量安全水平。2021—2022 年，全市水产品质量安全抽样检测 1 000 余份，抽检合格率 99%。

【渔业地理标志】云浮市市场监督管理局开展地理标志产品地方标准的制定和实施工作，2022 年 2 月 9 日批准发布《地理标志产品"罗定𰚮纱鱼腐"》等 6 项市级地方标准，全市 16 项地理标志产品均制定相应的市级地方标准，从保护范围、种植（养殖）环境条件、采收（加工）、检验规则、标志、包装、运输及贮存等方面规范地理标志产品的质量标准、量化指标和品质要求，确保地理标志产品的质量和地域特色。云浮渔业地理标志产品有罗定市𰚮纱鱼腐、云安区都杨镇降水江鲜、云安区六都镇西江鱼花。

罗定𰚮纱鱼腐。罗定著名的地理标志产品。有七百多年历史，被列入广东省罗定市非物质文化遗产保护名录，2010 年 2 月 24 日，获国家质量监督检验检疫总局批准成为地理标志产品保护对象。罗定𰚮纱鱼腐形似圆球，合团圆美满之意，而"鱼腐"的发音又与"愈富"相谐，色泽外黄内白，以此招待宾客，有招财进宝、愈来愈富的寓意。相传起源于元大德年间罗定素龙一户黄姓人家，经过人们生活实践的不断改进，明末时期素龙上池村商人黄世臣建立素龙墟时，𰚮纱鱼腐已有较高的知名度，乡村中的大小宴席，必有鱼腐上桌。明清两代，𰚮纱鱼腐在罗定流传很广，制作和享用𰚮纱鱼腐非常普遍，鱼腐进入寻常百姓家，成为当地人喜庆设宴的必备菜式，誉满南粤。清乾隆年间，罗定𰚮纱鱼腐工艺逐渐成熟，经过七百多年不断尝试、创新，逐渐创制出具有鲜明地方特色的罗定𰚮纱鱼腐。

降水江鲜。地处西江南岸的云浮市云安区都杨镇降水村，村民多以渔业为生，因而这里产的江鲜特别出名。溯降水渔业，于明代滥觞，于清代鼎盛，有三百多年历史。随着网络传播发展带来的蝴蝶效应，本来只属于区域产品的降水江鲜逐渐为外界所知，小有名气，成为云浮地理标志产品。

六都西江鱼花。产自于云浮市云安区六都镇，产品以西江鱼花最为出名，鱼花又名"鱼娃"，即鱼苗、鱼种的意思。相传六都装捞鱼花历史可追溯到明朝，六都西江鱼花因其生长速度快盛极一时，曾远销阳春、珠江三角洲、广西南宁、云南瑞丽等地。云安区六都镇莲塘村由于曾经盛产西江鱼花，每年农历四月二十日定为庆祝丰收的聚会日子，历经 200 多年的传承与发展，逐渐演变成

为富有地域特色的民俗文化活动"鱼花节",并被列入云安区非物质文化遗产名录加以保护。

【水产预制菜】云浮市从事水产预制菜生产和加工的企业共17家,涉及预制菜产品90多个。新兴县组建预制菜产业联盟,大力发展辖区预制菜产业,其中广东明基水产集团有限公司已发展成为国内目前最大烤鱼预制菜供应商。2022年,云浮市水产预制菜产值7.24亿元,年产量3.17万吨。

2022年1月,广东明基水产集团有限公司成为云浮市农业领域对接RCEP及预制菜出口的首发企业。集团的预制菜工作先后荣获"2022中国预制菜十大水产食材供应商(烤鱼类)""2022年度中国最具品牌影响力鱼片＆烤鱼食材供应商""十大粤味预制菜擂台赛首位(香辣叉尾鮰烤鱼)"等荣誉。"双雕牌"预制菜产品的生产和销售连续五年保持30％以上增长。2022年完成原料采购2.4万吨,实现销售量2.2万吨,销售产值5.6亿元。明基水产集团跟"海底捞""探鱼""外婆家"等连锁餐饮企业达成战略合作协议,产品出口到美国、加拿大、欧盟等20余个国家和地区。

【渔业行政管理】2021—2022年,云浮市落实市政府2018年颁布的《云浮市养殖水域滩涂规划(2017—2030年)》,重点规划池塘养殖及可用于水产养殖的山塘水库,通过规划促进"水产养殖绿色发展"的理念观念、管理方法、体制机制、管理制度、技术路线等,提升渔业治理体系和治理能力现代化水平、加快实现云浮市渔业现代化,推进生态文明建设。水域滩涂养殖规划编制后,截至2022年,全市累计发放水域滩涂养殖证2 536本,面积3 752公顷,

保障水产养殖户养殖的合法性。

【渔业资源保护】2021—2022年,云浮市贯彻落实《中国水生生物资源养护行动纲要》,加大江河增殖放流与自然保护区建设的力度,做好增殖放流活动。全市用于渔业资源增殖放流资金267.59万元,举办不同形式的渔业增殖放流活动,向西江、罗定江及新兴河等水域增殖放流青鱼、草鱼、鲢、鳙、鲤、鲫等水产苗种4 637.8万尾。并按省有关要求严格把关投放鱼苗的数量、品种和规格,确保放流效果,促进江河水库等水域的水生资源修复。

【水产种质资源保护区】云浮市境内有2个国家级水产种质资源保护区:由肇庆市代管的西江广东鲂国家级水产种质资源保护区,位于郁南县至肇庆市封开县辖区的江段内,全长21.3千米,保护区总面积1 625公顷(核心区面积113公顷、实验区面积1 512公顷),核心区特别保护期为每年3—6月,主要保护对象为广东鲂及其产卵场、栖息环境,同时也是中华鲟、花鳗鲡、鲥、长臀鮠、赤魟、卷口鱼、桂华鲮、斑鳠、鲢、鳙、青鱼、草鱼、鲮、三线舌鳎、鳗鲤、花鲈、鳜、海南红鲌、蒙古鲌、达氏鲌、鳊、青虾、河蚬、黄颡鱼、鳜、斑鳢等物种的栖息地;由云浮市代管的西江赤眼鳟海南红鲌国家级水产种质资源保护区(坐落在西江郁南南江口段),保护区总面积2 300公顷(核心区面积920公顷、实验区面积1 380公顷),核心区特别保护期为4月1日至7月1日,主要保护对象是赤眼鳟、海南红鲌和黄尾鲴,其他保护物种包括鳗鲡、花鲈、鲮、鳜、鳕、青鱼、草鱼、鳙、鲢、鲮、鲫、团头鲂、广东鲂、鳊、蒙古鲌、红鳍原鲌、

银鲴、斑鳠、黄颡鱼、黄鳝、大眼鳜、斑鳢、日本沼虾等。

【渔业安全生产】2021—2022年,云浮市渔业安全生产平稳,成效良好。云浮市开展渔业船舶安全生产专项整治三年行动,"商渔共治"行动,渔业安全生产"百日攻坚"行动,开展全市安全生产大走访、大排查、大整治、大提升专项行动,"奋战三十天 全年保平安"安全生产攻坚行动,以及开展云浮市预防学生溺水专项治理工作,年终岁尾渔业安全生产工作,防汛防风专项检查工作等。建立云浮市涉渔船舶审批修造检验监管协作机制,开展涉渔船舶监管专项联合行动,抓好渔业安全生产监管工作。两年来云浮市农(渔)业主管部门严格按照"不安全不出江"要求,与海事部门建立防范商渔船碰撞协作机制,督促各渔船船主依法履行安全生产主体责任,落实渔船船主主要责任人的第一责任,各县(区)与镇、村和渔船船主签订安全生产责任书。辖区内渔船受检率100％。每年在禁渔期为渔业船员开展安全生产培训,举办渔业船舶安全事故应急救援演练,联合海事处开展渔业安全生产进渔村活动和防范渔船商船碰撞专项活动,派发宣传资料,强化渔业船舶船员的船舶基础知识、内河船舶避碰规则、消防救生知识、渔业法律法规和实际操作技能培训,确保辖区水上安全。

【外来物种排查治理】2022年,云浮市开展鳄雀鳝等外来入侵物种排查治理。8月28日晚,在新兴县越王湖发现一尾9千克左右的鳄雀鳝,越王湖管理中心2名工作人员以垂钓方式捕获,已无害化处理。经云浮市各县(市、区)农(渔)业主管部门发动镇(街道)

等排查：无鳄雀鳝、豹纹翼甲鲶（清道夫）、齐氏罗非鱼养殖。《云浮市防治鳄雀鳝等外来物种侵害工作方案》经市人民政府办公室印发，成立云浮市农业农村局农业外来入侵物种防控工作领导小组，各地开展《外来入侵物种管理办法》《中华人民共和国生物安全法》《水生生物增殖放流管理规定》等宣传，建立零散分布鳄雀鳝的防治网，依托"12345"政务服务便民热线，鼓励群众主动报告自养鳄雀鳝、人工水体及野外水域鳄雀鳝发生情况及线索，相关部门按职责跟进处理。并健全外来物种侵害防控体系、制度、机制，做好宣传和科普工作，提升对鳄雀鳝等外来物种侵害的综合防治水平。

【珠江流域禁渔】 西江流域云浮段是云浮市主要的禁渔水域，涉及云安区和郁南县2县（区）。2021—2022年，云浮市每年成立珠江禁渔工作领导小组，制定禁渔期制度具体实施方案，实行了禁渔期间渔民生活专项补贴政策，按照"江上无生产渔船，水中无作业网具，市场无捕捞江鱼"的目标落实珠江禁渔期制度。通过各大新闻媒体进行新闻宣传。禁渔期间，渔政部门派出渔政船、执法快艇巡航沿江宣传；到渔区、沿江村委张贴禁渔公告、发放宣传单张；进渔村、登渔船与渔民群众进行交谈等多种方式宣传渔业政策和禁用渔具，引导渔民自觉遵守禁渔期制度。同时，实施多元化、多层次执法巡查模式，推行管辖水域和渔船网格化监管，水陆执法巡查和渔政船驻守传统集中作业水域相结合，开展日间清查和夜间伏击，压缩违规偷捕作业空间；依法严打违规偷捕，尤其是严打使用"三无"船舶电鱼等违法犯罪行为。

妥善解决禁渔期困难渔民的生活生产问题，2021—2022年为符合申报条件的渔业船员发放禁渔期禁渔渔民生产生活补助资金490.98万元，其中：2021年247.72万元（1126人），2022年243.27万元（1106人）。

【渔政执法管理】 2021—2022年，云浮市开展水产品质量安全专项整治行动和水产养殖执法行动，严打各类渔业违规行为，开展水生野生动物保护执法检查，维护禁渔期良好秩序和渔民群众合法权益，确保群众"舌尖上的安全"，保护渔业资源和生态环境。全市2年间出动执法车辆222辆次、执法人员981人次、执法船（艇）520艘（次），检查水产品经销店、酒楼250余家，没收并拆解涉渔"三无"船舶28艘，销毁非法捕捞工具一批，立案（非法捕捞）17宗，移送涉嫌刑事案件17宗，采取刑事强制措施24人，打击非法捕捞行为，维护禁渔期秩序。

附表 渔业统计

2021—2022 年渔业统计分析

附表 1 历史主要年份水产品产量及养殖面积

| 年份 | 水产品产量（万吨） | | | | | | | 养殖面积（万公顷） | | |
| | 合计 | 养殖产品 | | | 捕捞产品 | | | 合计 | 海水养殖 | 淡水养殖 |
		小计	海水养殖	淡水养殖	小计	海洋捕捞	淡水捕捞			
1957	49.89	16.04	1.65	14.39	33.85	32.79	1.06	14.23	2.56	11.66
1962	34.45	10.39	1.30	9.09	24.06	23.16	0.90	16.70	2.12	14.58
1965	49.49	14.50	1.62	12.88	34.99	33.23	1.76	18.10	2.89	15.20
1970	57.32	15.79	1.30	14.49	41.53	40.41	1.12	—	—	—
1975	71.84	17.89	1.02	16.87	53.95	52.81	1.14	19.31	1.74	17.57
1978	65.50	18.85	0.80	18.05	46.65	45.67	0.98	18.72	1.61	17.12
1980	63.34	21.71	0.76	20.95	41.63	40.78	0.85	20.03	2.15	17.88
1985	109.44	51.25	2.48	48.77	57.19	56.26	1.93	29.02	5.61	23.40
1990	207.66	92.73	13.79	78.94	114.93	110.74	4.19	34.37	9.23	25.13
1995	354.64	161.48	10.70	149.78	193.16	178.71	14.45	44.58	11.62	32.97
2010	729.03	563.74	249.07	314.67	165.29	152.43	12.86	56.34	19.93	36.42
2011	762.53	597.04	265.57	331.47	165.49	152.65	12.84	57.39	20.34	37.05
2012	789.50	619.83	275.74	344.09	169.67	156.61	13.06	57.52	20.18	37.31
2013	816.13	647.74	287.00	360.74	168.38	155.40	12.98	57.01	19.72	37.29
2014	836.34	667.56	294.40	373.16	168.78	156.20	12.58	56.50	19.37	37.13
2015	858.22	689.78	303.22	386.56	168.44	156.01	12.43	56.57	19.49	37.08
2016	818.29	655.15	290.52	364.63	163.14	150.01	12.12	48.08	16.63	31.46
2017	833.54	672.60	302.91	369.69	160.94	148.91	12.04	47.38	16.17	31.21
2018	842.44	698.47	316.72	381.75	143.97	132.44	11.53	47.89	16.56	31.33
2019	866.40	729.14	329.13	400.01	137.26	126.36	10.90	47.82	16.50	31.32
2020	875.81	746.65	331.24	415.41	129.16	119.29	9.87	47.41	16.47	30.94
2021	884.51	756.81	336.20	420.51	127.72	112.71	8.90	47.67	16.68	30.99
2022	894.02	767.73	339.67	428.06	126.29	118.61	7.68	47.37	16.66	30.71

注：2000 年以后的水产品产量数据按照新的标准统计，2006 年以后年份的数据按农普调整的数据，2016 年以后年份的数据又有新调整。这表的海洋捕捞产量包括远洋渔业产量。

附表 2 2010—2022 年主要年份渔业经济总产值（按当年价格计算）

项 目	计量单位	2010 年	2015 年	2020 年	2021 年	2022 年	2022 年比 2020 年增长（%）
渔业经济总产值	亿元	1 616.01	2 535.01	3 841.12	4 087.23	4 309.61	12.18
一、渔业产值	亿元	763.02	1 147.02	1 608.79	1 786.00	1 944.77	20.90
1. 海水养殖	亿元	254.01	416.34	648.00	725.01	842.74	30.05

（续）

项 目	计量单位	2010 年	2015 年	2020 年	2021 年	2022 年	2022 年比 2020 年增长（%）
2. 淡水养殖	亿元	378.13	548.93	750.55	827.71	846.39	12.76
3. 海洋捕捞	亿元	95.11	135.45	145.88	150.11	154.77	6.05
4. 淡水捕捞	亿元	13.70	16.44	17.58	18.50	17.29	−1.71
5. 水产种苗	亿元	22.10	30.12	46.78	64.81	83.59	78.71
二、渔业工业与建筑业产值	亿元	289.01	361.10	439.15	458.90	489.59	11.47
1. 水产品加工	亿元	207.8	218.73	246.63	254.12	250.36	1.53
2. 渔用机具制造	亿元	6.71	6.01	7.78	7.91	7.83	0.26
其中：渔船渔机修造	亿元	2.72	3.61	5.09	5.10	5.04	−1.77
渔用绳网制造	亿元	3.30	1.80	2.05	2.13	2.02	−2.44
3. 渔用饲料	亿元	67.01	127.11	175.42	187.41	221.81	26.44
4. 渔用药物	万元	4 309	6 196	7 874	7 974	9 042	14.83
5. 建筑业	亿元	4.47	5.85	5.98	6.04	5.87	−2.01
6. 其他	亿元	2.51	2.01	2.54	2.60	2.82	10.24
三、渔业流通与服务业产值	亿元	563.40	1 026	1 792.77	1 842.41	1 875.25	4.60
1. 水产流通	亿元	532.02	986.13	1 658.42	1 705.50	1 735.62	4.65
2. 水产（仓储）运输	亿元	6.42	8.02	6.68	6.87	7.14	6.29
3. 休闲渔业	亿元	22.21	25.31	119.00	121.31	123.40	3.70
4. 其他	亿元	2.52	6.81	8.67	8.70	9.09	4.84
远洋渔业总产值	亿元	10.16	9.60	9.46	9.96	11.72	23.89
渔业产值占农业产值比重	%	19.70	20.22	20.01	21.01	21.30	6.45
渔民人均纯收入	元/人	9 698	13 712	22 375	22 436	23 597	5.46
水产品进出口贸易量	万吨	92.21	109.36	110.42	129.24	127.09	15.10
水产品进出口贸易额	亿美元	29.90	47.06	50.10	62.41	66.15	32.04
水产品出口贸易量	万吨	44.83	48.07	53.80	61.41	51.91	−3.51
水产品出口贸易额	亿美元	21.71	28.08	28.14	34.39	29.54	4.98
水产品进口贸易量	万吨	47.41	57.96	56.62	67.75	75.18	32.78
水产品进口贸易额	亿美元	8.11	16.08	21.95	28.02	36.61	66.79

附表 3 2010—2022 年主要年份水产生产和捕捞产量分类概况

项 目	计量单位	2010 年	2015 年	2020 年	2021 年	2022 年	2022 年比 2020 年增长（%）
水产品总产量	万吨	729.03	858.22	875.81	884.51	894.02	2.08
一、养殖产品小计	万吨	563.74	689.78	746.65	756.81	767.73	2.81
1. 海水养殖	万吨	249.07	303.22	331.24	336.21	339.67	2.52
2. 淡水养殖	万吨	314.67	386.56	415.41	420.5	428.06	3.05
二、捕捞产品小计	万吨	165.29	168.44	129.16	127.7	126.29	−2.24
1. 海洋捕捞	万吨	152.43	150.51	113.17	112.7	112.42	−0.68
2. 远洋渔业	万吨	9.48	5.50	6.12	6.08	6.19	1.14
3. 淡水捕捞	万吨	12.86	12.43	9.87	8.90	7.68	−22.19

（续）

项　　目		计量单位	2010年	2015年	2020年	2021年	2022年	2022年比2020年增长（%）
按渔具分	拖网	万吨	73.30	79.77	56.70	56.60	54.64	−3.70
	围网	万吨	13.52	14.31	11.20	11.10	10.69	−4.46
	刺网	万吨	40.56	43.72	33.13	34.01	35.41	6.85
	张网	万吨	1.75	0.77	0.45	0.27	0.26	−44.44
	钓具	万吨	9.56	10.74	7.44	6.99	7.89	6.18
	其他渔具	万吨	4.21	5.72	5.25	3.55	3.54	−32.76
按种类分	鱼类	万吨	101.70	108.57	81.40	81.8	81.50	0.12
	虾类	万吨	14.2	15.55	13.80	13.36	13.78	−0.14
	蟹类	万吨	7.92	8.07	6.69	7.31	7.36	10.01
	头足类	万吨	7.71	7.89	5.27	5.07	4.83	−8.35
	贝类	万吨	6.51	5.89	3.36	2.89	2.93	−12.80
	藻类	万吨	0.48	0.78	0.51	0.47	0.46	−9.80
	其他	吨	42 906	37 648	21 491	17 821	15 558	−27.61
	鱼类	万吨	6.79	7.76	6.82	6.76	5.87	−13.93
	虾类	万吨	0.70	0.86	0.76	0.68	0.67	−11.84
	蟹类	万吨	0.21	0.35	0.40	0.38	0.32	−20.00
	贝类	万吨	4.91	3.36	1.82	0.99	0.73	−59.89
	其他	万吨	0.17	0.09	0.07	0.08	0.06	−14.29
水产养殖面积		万公顷	56.34	56.57	47.41	47.67	47.37	−0.11
养殖产量		万吨	563.74	689.78	746.65	756.8	767.66	2.81
单产		千克/公顷	10 005	12 194	15 728	15 875	16 209	3.06

附表4　2010—2022年海水养殖生产概况

项　　目		计量单位	2010年	2015年	2020年	2021年	2022年	2022年比2020年增长（%）
合计	面积	万公顷	19.93	19.49	16.47	16.68	16.66	1.08
	产量	万吨	249.07	303.22	331.24	336.21	339.67	2.52
按水域分								
海上	面积	万公顷	19.93	6.00	4.89	5.24	5.31	8.45
	产量	万吨	98.21	111.73	123.75	142.10	140.33	13.37
滩涂	面积	万公顷	8.11	7.71	6.26	6.36	6.41	2.40
	产量	万吨	107.25	127.87	130.15	122.81	122.50	−5.88
其他	面积	万公顷	5.91	5.77	5.33	5.06	4.94	−7.23
	产量	万吨	43.54	63.62	77.33	71.21	76.85	−0.69
按养殖方式分								
池塘	面积	万公顷	6.85	7.48	6.68	7.42	7.72	15.66
	产量	万吨	45.60	60.20	72.22	86.30	97.29	34.70
普通网箱	面积	万米²	32.20	50.06	28.86	36.59	29.40	1.85
	产量	万吨	10.06	11.82	12.15	11.80	10.54	−13.25
深水网箱	面积	万米³	23.92	90.18	281.10	282.91	596.37	112.17
	产量	万吨	0.76	1.83	3.79	4.58	9.85	159.63

（续）

项　　目		计量单位	2010 年	2015 年	2020 年	2021 年	2022 年	2022 年比 2020 年增长（%）
筏式	面积	万公顷	1.26	1.55	1.65	1.77	1.83	10.71
	产量	万吨	25.10	39.51	44.34	37.51	49.19	10.92
吊笼	面积	公顷	7 103	5 035	3 423	3 134	4 166	21.71
	产量	万吨	12.61	9.30	8.00	19.67	13.50	68.75
底播	面积	万公顷	4.00	3.92	4.45	4.36	3.24	−27.13
	产量	万吨	45.04	67.50	61.17	54.40	56.41	−7.80
工厂化	面积	万米^3	32.61	65.78	147.25	213.61	224.37	52.37
	产量	万吨	0.36	0.70	1.21	1.20	1.84	48.76
按养殖种类分								
鱼类	面积	万公顷	2.84	3.10	3.32	3.55	3.55	6.86
	产量	万吨	30.81	49.29	74.28	78.02	85.14	14.57
虾类	面积	万公顷	6.00	6.09	5.15	5.74	5.65	9.71
	产量	万吨	29.32	42.27	54.24	63.81	68.10	25.55
蟹类	面积	万公顷	1.24	0.93	0.76	0.80	0.85	11.11
	产量	万吨	5.52	6.15	8.72	8.50	9.08	4.13
贝类	面积	万公顷	9.00	8.52	6.71	6.13	6.17	−8.24
	产量	万吨	176.63	197.40	186.21	178.40	170.46	−8.49
藻类	面积	万公顷	0.30	0.30	0.22	0.20	0.19	−10.70
	产量	万吨	6.11	7.52	6.77	6.18	6.00	−11.37

附表 5　2010—2022 年淡水养殖生产概况

项　　目		计量单位	2010 年	2015 年	2020 年	2021 年	2022 年	2022 年比 2020 年增长（%）
合计	面积	万公顷	36.42	37.09	30.94	30.99	30.71	−0.75
	产量	万吨	314.61	386.56	415.41	420.51	428.06	3.05
按养殖方式分								
池塘	面积	万公顷	27.20	27.83	24.70	26.05	25.92	4.90
	产量	万吨	288.11	353.22	381.09	391.61	400.58	5.09
湖泊	面积	公顷	2 427	2 889	1 681	1 526	1 525	−9.28
	产量	吨	11 975	11 710	8 564	7 664	7 937	−7.32
水库	面积	公顷	77 509	79 604	52 683	42 821	41 906	−20.46
	产量	万吨	18.51	24.53	24.41	22.35	22.25	−8.85
河沟	面积	公顷	2 339	1 969	1 107	790	757	−31.62
	产量	吨	14 775	17 130	10 719	8 540	7 043	−34.29
其他	面积	公顷	9 840	7 964	6 909	4 174	3 673	−46.84
	产量	吨	49 836	56 803	77 585	47 082	34 744	−55.22
稻田	面积	公顷	5 527	3 364	3 740	4 667	4 503	20.40
	产量	吨	3 178	2 440	2 200	2 194	2 510	14.09
网箱	面积	万米^2	28.11	29.40	9.47	8.03	9.22	−2.85
	产量	吨	6 438	5 643	839	989	1 106	31.82

（续）

项　目		计量单位	2010 年	2015 年	2020 年	2021 年	2022 年	2022 年比 2020 年增长（%）
工厂化	面积	米³	4 402	17 017	1 252 108	1 538 094	1 387 917	10.85
	产量	吨	226	864	4 587	5 399	5 783	26.07
按养殖种类分	鱼类产量	万吨	280.61	351.72	379.49	381.40	387.50	2.11
	虾类产量	万吨	26.11	29.47	29.76	31.48	33.23	11.56
	蟹类产量	万吨	0.46	0.67	0.59	0.48	0.39	−35.59
	贝类产量	万吨	1.80	1.40	0.57	0.82	0.36	−36.84
	龟类产量	万吨	0.17	0.39	0.88	1.05	1.09	22.73
	鳖类产量	万吨	3.18	1.12	1.99	3.36	3.72	86.93
	蛙类产量	万吨	0.76	0.44	0.33	0.53	0.74	124.24
	观赏鱼产量	万尾	16 810	24 189	33 254	35 640	46 383	39.48

附表 6　2010—2022 年水产苗种数量

项　目	计量单位	2010 年	2015 年	2020 年	2021 年	2022 年	2022 年比 2020 年增长（%）
鱼苗	亿尾	3 945	8 297	8 138	8 010	8 002	−1.67
淡水鱼苗	亿尾	3 937	8 270	8 091	7 966	7 928	−2.01
其中：罗非鱼	亿尾	120.72	117.01	94.04	78.01	73.76	−21.53
淡水鱼种	万吨	26.60	31.74	22.46	22.37	21.94	−2.36
投放鱼种	万吨	21.01	19.03	19.38	18.74	19.65	1.39
稚鳖	万只	5 660	6 260	6 033	6 887	6 714	11.29
稚龟	万只	458	546	678	1 435	1 825	169.17
鳗苗捕捞	千克	1 152	835	32	30	22	−31.25
海水鱼苗	亿尾	8.61	27.55	46.99	43.63	73.92	57.27
虾类育苗	亿尾	187.82	4 000	5 123	5 519	6 078	18.64
其中：南美白对虾	亿尾	157.64	3 000	4 484	4 755	5 479	22.19
贝类育苗	亿粒	60.81	60.57	31.57	28.27	45.35	43.65
其中：鲍鱼	亿粒	8.03	7.57	15.80	16.40	17.53	10.95
紫菜	万贝壳	—	200	5 000	13 300	13 400	168.00
海参	万头	—	200	610	400	2 000	227.87

附表 7　2010—2022 年水产加工情况

项　目	计量单位	2010 年	2015 年	2020 年	2021 年	2022 年	2022 年比 2020 年增长（%）
一、水产加工企业	个	1 174	1 075	944	995	982	4.03
其中：规模企业	个	135	144	178	172	170	−4.49
水产加工能力	万吨/年	423.10	232.81	224.02	229.80	245.03	9.37
二、水产冷库	座	540	562	566	706	594	4.95

（续）

项　目	计量单位	2010 年	2015 年	2020 年	2021 年	2022 年	2022 年比 2020 年增长（%）
冻结能力	吨/日	17 498	22 416	26 024	32 698	33 777	29.79
冷藏能力	万吨/次	26.11	28.87	36.70	43.15	42.68	16.29
制冰能力	吨/日	15 272	17 923	43 552	43 735	44 409	1.97
三、水产加工品总量	万吨	144.20	139.64	145.46	148.35	152.03	4.52
其中：淡水加工产品	万吨	39.60	35.61	39.70	42.50	44.23	11.41
海水加工产品	万吨	104.6	103.9	105.76	105.7	107.80	1.93
1. 水产品冷冻	万吨	97.6	94.11	104.15	105.90	106.50	2.16
2. 鱼糜制品及干腌制品	万吨	20.02	20.11	18.08	18.27	20.45	13.11
3. 藻类加工	吨	2 962	1 774	4 655	4 776	4 566	−1.91
4. 罐制品	万吨	6.31	4.47	4.16	5.24	5.18	24.52
5. 水产饲料（鱼粉）	万吨	11.41	9.10	8.02	8.35	8.50	5.99
6. 鱼油制品	吨	625	63	47	50	50	6.38
7. 其他水产加工品	万吨	8.49	11.70	10.58	10.05	10.93	3.31
四、用于加工的水产品量	万吨	214.04	179.20	166.06	162.29	159.36	−4.03

附表 8　2010—2022 年渔业人口与从业人员

项　目	计量单位	2010 年	2015 年	2020 年	2021 年	2022 年	2022 年比 2020 年增长（%）
一、渔业乡	个	86	97	81	77	79	−2.47
二、渔业村	个	960	1 022	896	1 022	1 055	17.75
三、渔业户	万户	52.71	52.59	49.96	49.40	51.37	2.68
四、渔业人口	万人	245.30	235.08	216.79	203.10	214.09	−1.24
其中：传统渔民	万人	114.52	102.86	96.47	82.90	86.09	−10.75
五、渔业从业人员	万人	133.82	127.52	121.40	115.51	117.53	−3.21
1. 专业从业人员	万人	86.50	83.71	78.82	79.21	76.23	−3.32
2. 兼业从业人员	万人	41.03	36.75	35.48	30.51	34.63	−2.48
3. 临时从业人员	万人	6.23	7.06	7.10	5.77	6.67	−6.06
其中：海洋渔业							
一、渔业乡	个	68	70	70	64	69	−1.43
二、渔业村	个	619	626	576	611	620	7.64
三、渔业户	万户	32.51	22.55	19.56	19.39	20.80	6.34
四、渔业人口	万人	107.03	108.98	94.83	88.92	97.50	2.82
其中：传统渔民	万人	72.11	72.32	62.52	49.12	63.35	1.33
五、渔业从业人员	万人	50.80	51.86	46.74	43.72	45.65	−2.44
1. 专业从业人员	万人	37.71	38.06	34.13	32.31	33.83	−0.97
2. 兼业从业人员	万人	10.56	10.93	9.97	8.91	9.11	−8.63
3. 临时从业人员	万人	2.51	2.88	2.64	2.47	2.71	2.65

附表 9　2010—2022 年渔船年末拥有量

项　目		计量单位	2010 年	2015 年	2020 年	2021 年	2022 年	2022 年比 2020 年增长（％）
合计		艘	艘	74 141	64 794	51 059	50 332	50 081	−1.92
		总吨	万吨	82.13	96.63	101.16	106.99	113.49	12.19
机动渔船	合计	艘	艘	68 883	61 323	49 427	48 682	49 075	−0.71
		总吨	万吨	81.41	96.11	100.54	106.09	112.68	12.00
		千瓦	万千瓦	240.60	247.12	208.58	210.86	223.62	7.20
	渔船长度分类 24 米以上	艘	艘	2 505	2 951	3 128	3 081	3 038	−2.88
		总吨	万吨	20.91	38.78	64.88	68.78	72.74	12.11
		千瓦	万千瓦	59.80	84.45	101.85	104.32	107.15	5.15
	12～24 米	艘	艘	11 375	9 900	8 225	7 613	5 826	−29.17
		总吨	万吨	40.81	39.99	23.82	25.58	27.70	16.25
		千瓦	万千瓦	110.80	100.42	59.07	56.23	55.46	−6.13
	12 米以下	艘	艘	55 003	48 472	38 074	37 988	40 211	5.61
		总吨	万吨	19.60	17.33	11.84	11.73	12.24	3.04
		千瓦	万千瓦	70.03	62.25	47.65	50.29	61.02	28.04
	生产渔船	艘	艘	63 608	56 552	46 236	45 178	45 922	−0.68
		总吨	万吨	75.41	88.41	93.01	99.18	104.70	12.57
		千瓦	万千瓦	217.71	219.81	181.08	184.28	196.04	8.26
	捕捞渔船	艘	艘	57 996	51 427	41 898	41 681	42 019	0.29
		总吨	万吨	73.71	86.13	91.38	97.53	102.35	11.95
		千瓦	万千瓦	211.5	211.87	175.60	179.06	183.87	4.67
	养殖渔船	艘	艘	1 042	5 125	4 338	3 497	3 903	−10.03
		总吨	万吨	1.78	2.28	1.63	1.64	2.36	44.17
		千瓦	万千瓦	6.16	7.94	5.48	5.22	12.18	122.08
非机动渔船	艘数		艘	5 258	3 522	1 864	1 650	1 006	−46.03
	吨位		吨	7 386	8 249	6 178	9 236	8 975	45.27

附表 10　2010—2022 年海洋渔船年末拥有量

项　目		计量单位	2010 年	2015 年	2020 年	2021 年	2022 年	2022 年比 2020 年增长（％）
合计		艘	艘	58 271	51 568	40 741	36 309	40 229	−1.26
		总吨	万吨	78.79	94.43	100.91	98.32	108.45	7.47
机动渔船	合计	艘	艘	55 416	49 318	38 550	35 132	39 579	2.67
		总吨	万吨	78.30	93.76	97.80	97.81	108.08	10.50
		千瓦	万千瓦	226.81	232.87	197.44	190.20	207.94	5.30
	渔船长度分类 24 米以上	艘	艘	2 501	2 944	3 100	2 968	2 845	−8.23
		总吨	万吨	20.90	38.67	64.29	64.20	72.51	12.77
		千瓦	万千瓦	59.41	84.04	100.67	100.81	103.10	2.41
	12～24 米	艘	艘	10 764	9 580	7 244	5 623	5 609	−22.57
		总吨	万吨	40.02	39.86	23.25	24.31	24.68	5.81
		千瓦	万千瓦	109.11	99.35	58.36	53.61	51.81	−11.24

（续）

项　　目			计量单位	2010 年	2015 年	2020 年	2021 年	2022 年	2022 年比 2020 年增长（%）
机动渔船	渔船长度分类	12 米以下 艘	艘	42 151	36 876	28 206	26 541	31 125	10.35
		总吨	万吨	17.31	14.67	10.26	9.26	10.90	5.26
		千瓦	万千瓦	58.12	49.57	38.41	35.71	53.03	37.98
	生产渔船	艘	艘	50 294	44 921	35 576	31 856	36 576	2.81
		总吨	万吨	72.50	82.26	90.60	91.31	100.40	10.71
		千瓦	万千瓦	204.8	207.39	171.58	164.20	182.00	6.01
		捕捞渔船 艘	艘	45 251	40 045	32 066	28 599	32 758	2.16
		万吨	万吨	71.10	84.13	89.10	89.80	98.15	10.10
		千瓦	万千瓦	198.80	199.54	166.41	159.41	170.33	2.34
		养殖渔船 艘	艘	5 043	4 876	3 510	3 257	3 818	8.77
		总吨	万吨	1.46	2.12	1.50	1.46	2.25	49.33
		千瓦	万千瓦	5.90	7.81	5.18	4.70	11.67	123.94
非机动渔船		艘数	艘	2 855	2 250	1 523	1 177	650	−57.32
		总吨	吨	4 907	6 683	5 882	5 286	3 814	−35.16
远洋渔船		艘	艘	146	193	242	237	248	2.48
		千瓦	万千瓦	5.01	10.70	18.91	22.26	22.25	17.66

附表 11　2010—2022 年海洋捕捞机动渔船年末拥有量

项　　目			计量单位	2010 年	2015 年	2020 年	2021 年	2022 年	2022 年比 2020 年增长（%）
合计		艘	艘	45 251	40 045	38 550	28 599	32 758	−15.02
		千瓦	万千瓦	198.82	199.51	197.44	159.49	170.33	−13.73
渔船功率分类	441 千瓦（含）以上	艘	艘	320	404	501	467	458	−8.58
		总吨	万吨	4.51	9.80	22.43	21.61	23.32	3.97
		千瓦	万千瓦	19.02	24.91	35.83	33.44	35.30	−1.48
	44.1（含）～441 千瓦	艘	艘	9 600	8 807	7 214	6 351	6 377	−11.60
		总吨	万吨	51.51	60.12	54.26	57.02	63.29	16.64
		千瓦	万千瓦	136.30	134.71	98.67	98.39	94.87	−3.85
	44.1 千瓦以下	艘	艘	35 331	30 834	24 351	21 781	25 923	6.46
		总吨	万吨	15.11	14.11	12.41	11.22	11.54	−7.01
		千瓦	万千瓦	43.41	39.81	31.90	27.62	40.15	25.86
渔船作业方式分类	拖网渔船	艘	艘	5 672	5 409	4 076	3 496	3 207	−21.32
		总吨	万吨	34.02	36.7	36.71	38.41	40.08	9.18
		千瓦	万千瓦	89.80	89.61	67.88	68.10	64.86	−4.45
	围网渔船	艘	艘	1 442	1 409	1 135	1 241	1 138	0.26
		总吨	万吨	5.61	9.11	13.01	14.32	15.28	17.45
		千瓦	万千瓦	15.90	15.80	18.46	20.30	20.68	12.03
	刺网渔船	艘	艘	29 631	27 204	21 771	18 660	22 672	4.14
		总吨	万吨	23.05	30.8	24.40	22.11	24.05	−1.43
		千瓦	万千瓦	69.91	74.40	51.74	43.61	53.60	3.59

（续）

项 目		计量单位		2010 年	2015 年	2020 年	2021 年	2022 年	2022 年比 2020 年增长（%）
渔船作业方式分类	张网渔船	艘	艘	1 059	757	225	206	184	−18.22
		总吨	万吨	0.27	0.23	0.23	0.23	0.23	0.00
		千瓦	万千瓦	0.84	0.95	0.52	0.53	0.51	−1.92
	钓业渔船	艘	艘	2 829	2 102	2 177	2 289	3 096	42.21
		总吨	万吨	4.90	4.42	10.47	10.63	14.57	39.16
		千瓦	万千瓦	13.81	11.92	18.52	19.42	23.54	27.11

附表 12 广东省及其地级市渔业生产基本情况（2022 年）

市别	水产品总产量（吨）								养殖面积（公顷）		
	合计	养殖产品			捕捞产品				小计	海水养殖	淡水养殖
		小计	海水养殖	淡水养殖	小计	海洋捕捞	远洋渔业	淡水捕捞			
全省	8 940 291	7 677 336	3 396 736	4 280 600	1 262 955	1 124 205	61 933	76 817	473 655	166 596	307 059
广州	498 286	455 908	120 658	335 250	42 378	10 526	16 621	15 231	21 247	4 712	16 535
深圳	81 597	25 679	18 450	7 229	55 918	24 580	31 338	0	1 276	904	372
珠海	339 625	327 086	110 836	216 250	12 539	8 644	2 725	1 170	22 845	12 862	9 983
汕头	474 439	352 265	258 409	93 856	122 174	119 932	0	2 242	14 837	10 195	4 641
韶关	82 944	80 632	0	80 632	2 312	0	0	2 312	15 676	0	15 676
河源	48 955	47 118	0	47 118	1 837	0	0	1 837	5 845	0	5 845
梅州	106 778	96 265	0	96 265	10 513	0	0	10 513	10 835	0	10 835
惠州	210 066	191 854	52 290	139 564	18 212	17 368	0	844	16 887	1 518	15 369
汕尾	598 779	415 235	364 941	50 294	183 544	181 938	0	1 606	18 907	15 093	3 815
东莞	50 050	42 930	0	42 930	7 120	6 221	0	899	4 067	0	4 067
中山	370 985	369 639	0	369 639	1 346	464	0	882	20 107	0	20 107
佛山	847 889	774 057	244 112	529 945	73 832	65 468	1 391	6 973	60 359	18 817	41 542
江门	772 830	767 145	0	767 145	5 685	0	0	5 685	356 679		35 667
阳江	1 190 999	885 996	785 183	100 813	305 003	298 449	0	6 554	36 774	23 047	13 727
湛江	1 222 030	1 002 679	824 715	177 964	219 351	203 523	9 858	5 970	76 777	54 887	21 890
茂名	926 442	796 566	449 963	346 603	129 876	128 473	0	1 403	36 577	14 303	22 274
肇庆	522 345	519 025	0	519 025	3 320	0	0	3 320	30 519	0	30 519
清远	137 972	136 244	0	136 244	1 728	0	0	1 728	16 685	0	16 685
潮州	208 970	190 265	142 603	47 662	18 705	15 071	0	3 634	13 620	8 524	5 096
揭阳	149 090	102 656	24 576	78 080	46 434	43 548	0	2 886	8 251	1 735	6 516
云浮	99 220	98 092	0	98 092	1 128	0	0	1 128	5 900	0	5 900

附　　录

附录1　广东省行政区划表（截至 2022 年 12 月 31 日）

市名称	县（市、区）名称	辖乡、镇、民族乡、街道数
广州市（11 区）	越秀区　海珠区　荔湾区　天河区　白云区　黄埔区　花都区　番禺区　南沙区　从化区　增城区	34 镇 142 街道
深圳市（9 区）	福田区　罗湖区　盐田区　南山区　宝安区　龙岗区　龙华区　坪山区　光明区	74 街道
珠海市（3 区）	香洲区　金湾区　斗门区	15 镇 10 街道
汕头市（6 区 1 县）	金平区　龙湖区　澄海区　濠江区　潮阳区　潮南区　南澳县	30 镇 37 街道
佛山市（5 区）	禅城区　南海区　顺德区　高明区　三水区	21 镇 11 街道
韶关市（3 区 2 县级市 4 县 1 自治县）	浈江区　武江区　曲江区　乐昌市　南雄市　仁化县　始兴县　翁源县　新丰县　乳源瑶族自治县	94 镇 1 民族乡 10 街道
河源市（1 区 5 县）	源城区　东源县　和平县　龙川县　紫金县　连平县	94 镇 1 民族乡 6 街道
梅州市（2 区 1 县级市 5 县）	梅江区　梅县区　兴宁市　平远县　蕉岭县　大埔县　丰顺县　五华县	104 镇 6 街道
惠州市（2 区 3 县）	惠城区　惠阳区　惠东县　博罗县　龙门县	48 镇 1 民族乡 22 街道
汕尾市（1 区 1 县级市 2 县）	城　区　陆丰市　海丰县　陆河县	40 镇 14 街道
东莞市		28 镇 4 街道
中山市		18 镇 6 街道
江门市（3 区 4 县级市）	蓬江区　江海区　新会区　台山市　开平市　鹤山市　恩平市	61 镇 12 街道
阳江市（2 区 1 县级市 1 县）	江城区　阳东区　阳春市　阳西县	38 镇 10 街道
湛江市（4 区 3 县级市 2 县）	赤坎区　霞山区　麻章区　坡头区　雷州市　廉江市　吴川市　遂溪县　徐闻县	82 镇 2 乡 37 街道
茂名市（2 区 3 县级市）	茂南区　电白区　信宜市　高州市　化州市	86 镇 25 街道
肇庆市（3 区 1 县级市 4 县）	端州区　鼎湖区　高要区　四会市　广宁县　德庆县　封开县　怀集县	87 镇 1 民族乡 16 街道
清远市（2 区 2 县级市 2 县 2 自治县）	清城区　清新区　英德市　连州市　佛冈县　阳山县　连山壮族瑶族自治县　连南瑶族自治县	77 镇 3 民族乡 5 街道
潮州市（2 区 1 县）	湘桥区　潮安区　饶平县	41 镇 9 街道
揭阳市（2 区 1 县级市 2 县）	榕城区　揭东区　普宁市　揭西县　惠来县	63 镇 2 乡 20 街道
云浮市（2 区 1 县级市 2 县）	云城区　云安区　罗定市　新兴县　郁南县	55 镇 8 街道
全省合计	21 个地级及以上市；122 个县（市、区）：65 个市辖区、20 个县级市、34 个县、3 个自治县；1 611 个乡镇街道：1 116 个镇、4 个乡、7 个民族乡、484 个街道	

（省民政厅）

附录 2 广东省大陆岸线长度分类

岸线类型	基岩岸线	砂质岸线	粉砂淤泥岸线	生物岸线	河口岸线	人工岸线	总长
度（千米）	378.52	757.05	32.92	337.38	45.26	2 563.27	4 114.40
占比例（%）	9.2	18.4	0.8	8.2	1.1	62.3	100.0

附录 3 广东省海域分类面积

海域类型	面积（万千米²）
内海	4.89
领海	1.64
专属经济区（划至 18 度线）	35.40
总面积	41.93

附录 4 广东各市浅海滩涂资源状况

项目	大陆岸线（千米）	海岛岸线（千米）	浅海滩涂面积（公顷）		
			小计	滩涂面积	0～10 米浅海面积
潮州市	75.3	55.89	21 327	2 687	18 640
汕头市	217.7	167.37	53 494	3 587	49 907
揭阳市	136.9	7.14	7 280	340	6 940
汕尾市	455.2	44.56	64 713	3 133	61 580
惠州市	281.4	138.31	33 740	3 540	30 200
深圳市	247.9	12.78	69 033	7 840	61 193
东莞市	97.2	21.63	3 814	1 847	1 967
广州市	157.1	46.65	36 320	9 080	27 240
中山市	57.0	19.01	12 400	6 740	5 660
珠海市	224.5	603.94	192 020	23 367	168 653
江门市	414.8	356.18	165 820	19 080	146 740
阳江市	323.5	135.13	75 013	13 060	61 953
茂名市	182.1	19.03	36 873	8 493	28 380
湛江市	1 243.7	779.99	483 713	99 080	384 633
合计	4 114.3	2 405.44	1 255 560	201 874	1 053 686

附录 5 广东渔港名录（2020 年）

序号	渔港名称	所在地	类型	港口等级	建成时间（年）
1	饶平县大埕渔港	潮州市饶平县大埕镇	渔业专用港口	三级	1980
2	饶平县龙湾渔港	潮州市饶平县龙湾渔港	渔业专用港口	未评级	1985
3	饶平县柘林渔港	潮州市饶平县柘林镇	渔业专用港口	二级	1990
4	饶平县汛洲渔港	潮州市饶平县	渔业专用港口	未评级	1952

（续）

序号	渔港名称	所在地	类型	港口等级	建成时间（年）
5	饶平县碧洲渔港	潮州市饶平县碧洲渔港	渔业专用港口	未评级	1958
6	饶平县大澳渔港	潮州市饶平县黄冈镇	渔业专用港口	三级	2004
7	饶平三百门一级渔港	潮州市饶平县洪州镇	渔业专用港口	一级	1982
8	饶平县后沃渔港	潮州市饶平县海山镇	渔业专用港口	三级	1974
9	饶平县海山渔港	潮州市饶平县海山镇	渔业专用港口	二级	1990
10	饶平县狮子渔港	潮州市饶平县海山镇	渔业专用港口	未评级	1960
11	南澳县云澳中心渔港	汕头市南澳县云澳镇	综合性港口渔业港区	中心	2017
12	南澳县后江渔港	汕头市南澳县后宅镇	综合性港口渔业港区	二级	2020
13	汕头市南港港口渔港	汕头市澄海区坝头片区	渔业专用港口	三级	2002
14	汕头市莱芜渔业港区	汕头市澄海区	综合性港口渔业港区	三级	1980
15	汕头市广澳渔港	汕头市濠江区	渔业专用港口	三级	1995
16	汕头市达濠一级渔港	汕头市濠江区	渔业专用港口	一级	1991
17	海门中心渔港潮南港区	汕头市潮南区	综合性港口渔业港区	中心	1980
18	海门中心渔港潮阳港区	汕头市潮阳区	渔业专用港口	中心	2012
19	惠来县资深港	揭阳市惠来县靖海镇	渔业专用港口	三级	1957
20	惠来县靖海港	揭阳市惠来县靖海镇	渔业专用港口	二级	1981
21	惠来神泉一级渔港	揭阳市惠来县神泉镇	综合性港口渔业港区	一级	1986
22	陆丰市甲子渔港	汕尾市陆丰市甲子镇	综合性港口渔业港区	二级	1996
23	陆丰市湖东渔港	汕尾市陆丰市	综合性港口渔业港区	三级	1958
24	陆丰市金厢渔港	汕尾市陆丰市	渔业专用港口	三级	1963
25	陆丰市乌坎港	汕尾市陆丰	综合性港口渔业港区	未评级	1988
26	陆丰市碣石渔港	汕尾市陆丰市	渔业专用港口	一级	1972
27	汕尾市遮浪渔港	汕尾市红海湾遮浪	综合性港口渔业港区	二级	2020
28	汕尾市捷胜渔港	汕尾市城区	综合性港口渔业港区	三级	2018
29	汕尾港（品清湖避风锚地）	汕尾市城区	综合性港口渔业港区	一级	2002
30	汕尾市马宫渔港	汕尾市城区	综合性港口渔业港区	二级	1985
31	海丰县金澳渔港	汕尾市海丰县大湖镇	渔业专用港口	未评级	2012
32	深汕合作区鲘门渔港	广东省深汕合作区	综合性港口渔业港区	省二类渔港	2013
33	深汕合作区小漠渔港	广东省深汕合作区	渔业专用港口	省二类渔港	2015
34	惠州市盐洲渔港	惠州市惠东县盐洲镇	渔业专用港口	二级	1969
35	惠东县港口一级渔港	惠州市惠东县港口镇	综合性港口渔业港区	一级	1975
36	惠东县巽寮渔港	惠州市惠东县巽寮镇	渔业专用港口	三级	1975
37	惠东县稔山渔港	惠州市惠东县稔山镇	渔业专用港口	三级	1966
38	惠州市澳头渔业港区	惠州市大亚湾区澳头镇	综合性港口渔业港区	二级	1953
39	惠州市霞涌渔港	惠州市大亚湾区霞涌镇	综合性港口渔业港区	三级	
40	惠州市三门渔港	惠州市大亚湾区澳头镇	综合性港口渔业港区	群众性渔港	

（续）

序号	渔港名称	所在地	类型	港口等级	建成时间（年）
41	深圳市东山渔港	深圳市龙岗区南澳街道	渔业专用港口	未评级	1990
42	深圳市南澳渔港	深圳市龙岗区南澳街道	渔业专用港口	三级	1962
43	深圳市盐田渔港	深圳市盐田区海鲜街道	渔业专用港口	二级	1970
44	深圳市蛇口渔港	深圳市南山区蛇口望海路	渔业专用港口	一级	1960
45	东莞市新湾渔港新渔村停泊区	东莞市虎门镇	渔业专用港口	未评级	1980
46	东莞市新湾渔港旧渔港停泊区	东莞市虎门镇	渔业专用港口	二级	1980
47	东莞市新湾渔港先锋停泊区	东莞市沙田镇	渔业专用港口	二级	1980
48	广州莲花山中心渔港	广州市番禺区石楼镇	渔业专用港口	中心	2019
49	广州市新垦渔港	广州市南沙区万顷沙镇	渔业专用港口	未评级	1988
50	中山市横门渔港	中山市南朗镇	渔业专用港口	三级	1987
51	中山市大冲口渔港	中山市坦洲镇	渔业专用港口	未评级	1987
52	珠海市万山渔港	珠海市万山区万山镇	综合性港口渔业港区	二级	2001
53	珠海市桂山渔港	珠海市万山区桂山镇	综合性港口渔业港区	三级	2001
54	珠海洪湾中心渔港	珠海市香洲区	渔业专用港口	未评级	2018
55	珠海市赤鱼头渔港	珠海市高栏港区南水镇	渔业专用港口	未评级	2002
56	珠海市天生河渔业港区	珠海市斗门区白蕉镇	渔业专用港口	未评级	1990
57	珠海市白藤头渔业港区	珠海市斗门区城南	渔业专用港口	未评级	1990
58	江门崖门一级渔港	江门市新会区崖门镇	渔业专用港口	一级	1983
59	台山市广海渔港	台山市广海镇	综合性港口渔业港区	二级	1976
60	台山市横山渔港	台山市汶村镇	渔业专用港口	二级	1960
61	台山市沙堤渔港	台山市川岛镇	综合性港口渔业港区	一级	1990
62	阳江市东平中心渔港	阳江市阳东区东平镇	渔业专用港口	中心	1976
63	阳江市江城渔业港区	阳江市江城区江城渔委会	渔业专用港口	三级	1994
64	阳江市阳江对岸渔港	阳江市江城区岗列镇	渔业专用港口	二级	1990
65	阳江市闸坡中心渔港	阳江市海陵区闸坡镇	渔业专用港口	中心	2009
66	阳西沙扒一级渔港	阳江市阳西县沙扒镇	渔业专用港口	一级	1990
67	阳西县溪头渔港	阳江市阳西县溪头镇	渔业专用港口	一级	1993
68	阳西马村渔港	阳江市阳西县溪头镇	渔业专用港口	未评级	2000
69	阳西县河北渔港	阳江市阳西县上洋镇河北村	渔业专用港口	二级	1990
70	茂名市博贺中心渔港	茂名市电白区博贺镇	渔业专用港口	中心	1970
71	茂名市东山渔港	茂名市电白区岭门镇	渔业专用港口	三级	1980
72	茂名市陈村渔港	茂名市电白区陈村镇	渔业专用港口	三级	1976
73	茂名市水东渔港	茂名市电白区	综合性港口渔业港区	二级	1996
74	吴川市博茂渔港	湛江市吴川市海滨街道	渔业专用港口	三级	1962
75	吴川市黄坡渔港	湛江市吴川市	渔业专用港口	未评级	1996
76	吴川市沙田渔港	湛江市吴川市	渔业专用港口	未评级	1996
77	吴川市王村渔港	湛江市吴川市王村港镇	渔业专用港口	二级	1996
78	湛江市三合窝渔港	湛江市坡头区乾塘镇	综合性港口渔业港区	三级	2009

（续）

序号	渔港名称	所在地	类型	港口等级	建成时间（年）
79	湛江市大王庙渔港	湛江市坡头区南三镇	综合性港口渔业港区	三级	2009
80	湛江港渔业港区	湛江市霞山区	综合性港口渔业港区	二级	1975
81	湛江市通明渔港	湛江市麻章区太平镇	渔业专用港口	二级	1996
82	湛江市东南渔港	湛江市开发区	综合性港口渔业港区	未评级	2016
83	湛江市硇洲中心渔港	湛江市开发区	综合性港口渔业港区	中心	2012
84	湛江市龙安渔港	湛江市开发区	渔业专用港口	三级	1968
85	雷州市三吉渔港	湛江市雷州市东里镇	综合性港口渔业港区	三级	1980
86	雷州市海康港渔港	湛江市雷州市北和镇	综合性港口渔业港区	三级	1980
87	雷州市流沙渔港	湛江市雷州市覃斗镇	渔业专用港口	三级	1996
88	雷州市企水渔港	湛江市雷州市企水镇	综合性港口渔业港区	二级	1989
89	雷州乌石中心渔港	湛江市雷州市乌石镇	综合性港口渔业港区	中心	1953
90	徐闻县三座渔港	湛江市徐闻县	渔业专用港口	三级	1996
91	徐闻县四圹港湾渔港	湛江市徐闻县	渔业专用港口	三级	1997
92	徐闻县海安渔港	湛江市徐闻县	渔业专用港口	一级	1981
93	徐闻县三塘渔港	湛江市徐闻县南山镇	渔业专用港口	三级	1984
94	徐闻县山海渔港	湛江市徐闻县前山镇	渔业专用港口	三级	1994
95	徐闻县水尾渔港	湛江市徐闻县西连镇	渔业专用港口	三级	1997
96	徐闻县港门港	湛江市徐闻县角尾乡	渔业专用港口	三级	1994
97	徐闻县博赊渔港	湛江市徐闻县龙塘镇	渔业专用港口	三级	1981
98	徐闻县和安渔港	湛江市徐闻县和安镇	渔业专用港口	三级	1999
99	徐闻县外罗渔港	湛江市徐闻县外罗镇	渔业专用港口	二级	2000
100	徐闻县苏冬松渔港	湛江市徐闻县和安镇	渔业专用港口	三级	1984
101	徐闻县赤坎仔渔港	湛江市徐闻县龙塘镇	渔业专用港口	三级	1999
102	遂溪县下六港	湛江市遂溪县草潭镇	渔业专用港口	未评级	1993
103	遂溪县乐民港	湛江市遂溪县乐民镇	综合性港口渔业港区	二级	1993
104	遂溪县北潭渔港	湛江市遂溪县界炮镇	综合性港口渔业港区	二级	1993
105	遂溪县柑渔港	湛江市遂溪县杨柑镇	渔业专用港口	三级	1993
106	遂溪县江洪渔港	湛江市遂溪县江洪镇	综合性港口渔业港区	二级	1993
107	遂溪县草潭渔港码头	湛江市遂溪县草潭镇	渔业专用港口	二级	1993
108	遂溪县遂溪石角渔港	湛江市遂溪县港门镇	综合性港口渔业港区	二级	1993
109	遂溪县黄略渔港	湛江市遂溪县黄略镇	渔业专用港口	未评级	1993
110	遂溪县黑山渔港	湛江市遂溪县草潭镇	渔业专用港口	未评级	1993
111	廉江市湍流渔港	湛江市廉江市良垌镇	综合性港口渔业港区	三级	1996
112	廉江市营仔渔港	湛江市廉江市营仔镇	综合性港口渔业港区	二级	1996
113	廉江龙头沙一级渔港	湛江市廉江市车板镇	综合性港口渔业港区	一级	1975

注：渔港名称用语的含义：（1）渔港：主要为渔业生产服务和供渔业船舶停泊、避风、装卸渔获物和补充渔需物资的人工港口或者自然港湾。（2）渔业港区：综合性港口中渔业专用的码头、水域、渔船专用锚地的总称。（3）群众渔港：主要为集体、个体等群众性渔业提供停泊、卸销渔获物和补给物资服务的渔港。

附录6　南海北部大陆架渔场分布状况

单位：千米²

水域渔场	北部湾	海南岛以东（包括南部）大陆架	小计
沿岸渔场（水深40米以浅）	68 064	64 842	132 906
近海渔场（水深40～100米）	60 342	116 435	176 777
外海渔场（水深100～200米）	66	64 283	64 349
合计	128 472	245 560	374 032

附录7　广东渔船生产重点渔场一览表

渔场	位置	面积	地形	生物特征	渔业作业
台湾浅滩渔场	北纬22度00分—24度30分，东经117度30分—121度30分	约8.3万千米²	水下大部分由沙洲组成，沙洲内沙丘数量多，地形起伏大。沙丘峰顶水深15～20米，谷底水深30～40米。除浅滩南面和东南面地形复杂、障碍物较多外，其余水域海底较为平坦	浅滩及其周围水域有较明显的上升流，营养盐丰富，海洋生物种类繁多，是中国传统的好渔场	该渔场主要作业渔场，有拖、围、刺、钓等多种作业类型
粤东渔场	北纬22度00分—24度30分，东经114度00分—118度00分	约4.8万千米²水深多在60米以浅	南澎列岛附近水域的水深变化较大，海底高低不平，其他水域的水深度变化较小，地形较平坦	海域受粤东沿岸水、台湾暖流支梢和南海外海水的影响。有韩江淡水注入，带来了大量的有机物质及无机盐类。河口区的水质肥沃，料生物丰富	本海域内主要作业方式的不同可分为拖网、围网、刺钓、拖虾等
东沙渔场	北纬19度30分—22度00分，东经114度00分—118度00分	约11.53万千米²	水深200米以浅水域，海底地形平坦，底质多为沙、沙泥。水深200米以深的大陆架边缘和大陆坡区，除局部区域障碍物较多及东沙岛周围暗礁丛生外，大部分区域平坦	水深600～1 200米的坡区，一定的水产资源，但因对渔获种类的经济价值不明，至今仍未开发利用。但该水域的中上层鱼类资源较丰富	东沙群岛附近海域，适合采捕、刺钓、竿钓作业
珠江口渔场	北纬20度45分—23度15分，东经112度00分—116度00分	约7.42万千米²	大部分水域的水深在100米以浅，只在东南部有一范围不大的水域水深超过100米。本海域北部为大陆沿岸，海岸线曲折，岛屿和港湾众多	本海域每年由珠江口带入大量的有机物质和无机盐类，河口、近岸水域水质肥沃，饵料生物丰富。是多种经济鱼虾类产卵及其幼体的育肥场所	适合拖网、围网、刺钓、拖虾等

（续）

渔场	位置	面积	地形	生物特征	渔业作业
粤西及海南岛东北部渔场	北纬 19 度 30 分—22 度 00 分，东经 110 度 00 分—114 度 00 分	约 8.95 万千米²	本海域北部为大陆沿岸，岸线蜿蜒曲折，港湾众多	这些海湾的自然环境条件优越，为大黄鱼及其他多种优质鱼虾类的产卵场及其幼体的育肥场	适合拖网、围网、刺钓、拖虾等
海南岛东南部渔场	北纬 17 度 30 分—20 度 00 分，东经 109 度 30 分—113 度 30 分	约 9.58 万千米²	水深 90 米以内的近海区，地形较复杂，暗礁和其他障碍物较多，海底的倾斜度较大，水深 90～200 米范围内，海底的倾斜度较小，地形较平坦。水深 200～1 000 米范围内，地形随水深的增加而变陡	生物以热带海区的暖水性种类为主，而处在同一纬度的大陆斜坡底层，受南海中层水所控制，水温较低，栖息的生物大多为冷温性种类	水深 90～200 米范围内适合拖网作业
北部湾北部渔场	北纬 19 度 30 分以北，东经 106 度 00 分—110 度 00 分	约 7.08 万千米²	沿海有广西的南流江、钦江、大风江、防城江、北仑河和越南的红河	携带大量的有机物质和无机盐入海，形成多种鱼虾的良好繁育场。本海域的底层鱼类多为地方性种群，没有明显的洄游路线	拖网作业
北部湾南部及海南岛西南部渔场	北纬 17 度 15 分—19 度 45 分，东经 105 度 30 分—109 度 30 分	约 8.77 万千米²	西部越南沿岸有马江、朱江，东部有本省海南岛的昌化江、水呜江和北门江，携带着大量的有机物质和无机盐入海，使沿海形成鱼虾类的良好繁育场。本海域位于北部湾口，水深大于湾内。渔获物的种类多，捕捞强度比北部海域小	本海域的底层鱼种类多，鱼群分散。主要种类有白姑鱼、二拖网作业长棘鲷、枪乌贼、金线鱼、大眼鲷、蛇鲻、红笛鲷和带鱼等	
中沙东部渔场	北纬 14 度 30 分—19 度 30 分，东经 113 度 30 分—121 度 30 分	约 41.22 万千米²，共跨 5 个纬度	该海域海底地形复杂，包括大陆架、大陆坡、深海盆和岛礁。北部大陆坡及岛礁、暗沙附近水域，常形成局部的地形性上升流和涡流，营养盐及饵料生物丰富。形成中沙群岛刺钓渔场、金枪鱼延绳钓渔场和深海虾场等 3 个不同类型的渔场	中沙群岛刺钓渔场渔获主要种类有白边真鲨、千年笛鲷、紫红笛鲷。金枪鱼延绳钓渔场渔获物以黄鳍金枪鱼、大眼金枪鱼等大型金枪鱼类为主。深海虾场渔获的主要种类有拟须虾、深海红虾、刀额拟海虾、长肢近对虾等，以及鳞首方头鲳等深海经济鱼类	刺钓、延绳钓、手钓、飞鱼刺网、扛缯网等

（续）

渔场	位置	面积	地形	生物特征	渔业作业
西沙、中沙渔场	北纬 15 度 00 分—17 度 30 分，东经 111 度 00 分—115 度 00 分	约 11.82 万千米²	西中沙海域的地形复杂，有浅滩、岛礁、暗沙和斜坡。该海域散布着许多岛礁，这些岛礁由西沙和中沙两个相互分离的珊瑚礁群所组成	主要有珊瑚礁鱼类、大洋性鱼类和贝类、海参、海藻、海龟。主要捕捞品种为黄鳍金枪鱼、鲨鱼、笛鲷类、石斑鱼类、刺鲅、东方狐鲣、鲣、白卜鲔、斑条鰶、侧牙鲈、小型金枪鱼等	适合多种刺钓、各种延绳钓、曳绳钓、手钓、定置刺网、飞鱼刺网、扛缯网等
西沙西部渔场	北纬 15 度 00 分—17 度 30 分，东经 107 度 00 分—111 度 00	约 9.03 万千米²	本海域的海底地形主要由大陆架和大陆坡两部分构成。受南海表层水、南海上层水和北部湾沿岸水多种水系交汇的影响，饵料生物比较丰富	该渔场是红笛鲷、摩鹿加绯鲤、金线鱼、深水金线鱼、蓝圆鲹、黄鳍马面鲀、黄鳍金枪鱼、鸢乌贼等多种经济鱼类、头足类的索饵场和产卵场	
南沙渔场	一般指北纬 12 度以南环绕南沙群岛的广阔海区	北起雄南礁，南至曾母暗沙，东为海马滩，西至万安滩。东西幅长 530 海里，南北宽 500 海里	南沙群岛由数以百计的岛屿、暗礁、浅滩、沙洲组成。南沙海区复杂的地貌及其生物区系特征，在渔业开发上可分为大陆架、环礁、大洋 3 大渔业生态系	海参、贝类、藻类、石斑、青眉、金枪鱼、鲨鱼、鲹科和鲾科等中上层鱼类、蛇鲻、红鳍笛鲷、金线鱼、鲾鲤、马鲛、带鱼、枪乌贼等	礁盘浅海作业如潜水采捕、金枪鱼、鲨鱼延绳钓作业、灯光围网作业、底拖网作业

附录 8　广东省国家地理标志保护的水产品（截至 2022 年 12 月 31 日）

产品名称	批准时间	申报地	产品名称	批准时间	申报地
流沙南珠	2005 年 8 月 25 日	湛江雷州	文岃鳙	2014 年 2 月 13 日	肇庆鼎湖
程村蚝	2005 年 12 月 21 日	阳江阳西	台山青蟹	2017 年 9 月 1 日	江门
中山脆肉鲩	2008 年 12 月 10 日	中山	达濠鱼丸	2018 年 3 月 日	汕头
白蕉海鲈	2009 年 9 月 21 日	珠海斗门	顺德鳗鱼	2018 年 9 月 日	佛山
罗定皱纱鱼腐	2010 年 2 月 24 日	云浮	台山蚝	2019 年 5 月 1 日	江门
信宜氹仔鱼	2011 年 9 月 13 日	茂名	客都草鱼	2019 年 8 月 1 日	梅州
台山鳗鱼	2011 年 11 月 30 日	江门	大桥石鲤	2021 年 6 月 4 日	韶关
南澳牡蛎	2011 年 12 月 26 日	汕头南澳	清新桂花鱼	2021 年 6 月 4 日	清远
麦溪鲤	2012 年 6 月 21 日	肇庆高要	金湾黄立鱼	2021 年 6 月 4 日	珠海
麦溪鲩	2012 年 6 月 21 日	肇庆高要	南沙青蟹	2022 年 1 月 27 日	广州
文岃鲤	2014 年 2 月 13 日	肇庆鼎湖			

附录 9　广东省国家级水产种质资源保护区

序号	名称	保护物种	面积（公顷）	地点	批准时间
1	流溪河光倒刺鲃国家级水产种质资源保护区	光倒刺鲃等鱼类的产卵场；唐鱼、花鳗鲡、异鱲、南方波鱼、拟细鲫、平头岭鳅、青鳉等水生动物及其栖息地；鱼类洄游通道；完整的江河生态系统	2 260	广州市从化	2007 年 12 月 12 日
2	上下川岛中国龙虾国家级水产种质资源保护区	中国龙虾等经济种类及其产卵场	42 000	江门市	2007 年 12 月 12 日
3	西江广东鲂国家级水产种质资源保护区	广东鲂及其产卵场	2 350	肇庆市	2007 年 12 月 12 日
4	石窟河斑鳠国家级水产种质资源保护区	斑鳠、大刺鳅等韩江鱼类及其产卵场	2 248	梅州市蕉岭县	2007 年 12 月 12 日
5	增江光倒刺鲃大刺鳅水产种质资源保护区	大刺鳅等珠江水系和华南地区特有的经济鱼类	438.7	广州市增城	2008 年 12 月 22 日
6	海陵湾近江牡蛎水产种质资源保护区	近江牡蛎及其栖息地	1 000	阳江市海陵湾	2008 年 12 月 22 日
7	西江赤眼鳟海南红鲌水产种质资源保护区	赤眼鳟、海南红鲌、黄尾鲴；其他列入国家重点保护水产种质资源名录的 20 多种鱼类	2 300	云浮市	2008 年 12 月 22 日
8	西江肇庆段国家级水产种质资源保护区	鲤鱼等水产种质资源	1 310	肇庆市	2009 年 12 月 17 日
9	北江英德段国家级水产种质资源保护区	大眼鳜等水产种质资源	860.5	清远市英德市	2009 年 12 月 17 日
10	榕江特有鱼类国家级水产种质资源保护区	斑鳠等水产资源	220	汕尾市陆河县	2010 年 11 月 25 日
11	凌江特有鱼类国家级水产种质资源保护区	黑颈乌龟	523.26	韶关市南雄	2010 年 11 月 25 日
12	新丰江国家级水产种质资源保护区	特有鱼类	490	韶关市新丰县	2011 年 12 月 8 日
13	鉴江口尖紫蛤国家级水产种质资源保护区	尖紫蛤	1 000	湛江市吴川	2011 年 12 月 8 日
14	汕尾碣石湾鲻鱼长毛对虾国家级水产种质资源保护区	鲻鱼、长毛对虾以及海鳗、赤点石斑、花鲈、三疣梭子蟹、锯缘青蟹等经济渔业种类亲体和幼体	1 800	汕尾市	2012 年 12 月 7 日
15	潭江广东鲂国家级水产种质资源保护区	鲤、鲫、日本鳗鲡、青鱼、草鱼、鲢鱼、鳙鱼、赤眼鳟、团头鲂、鳊、鲇、黄颡鱼、黄鳝、鲈鱼、斑鳠、大眼鳜等 17 种国家水产种质重点保护品种	640	江门市开平	2012 年 12 月 7 日
16	柚树河斑鳠国家级水产种质资源保护区	主要保护对象为斑鳠和鲇，其他保护对象包括黄颡鱼、青鱼、草鱼、翘嘴鲌、团头鲂、鳊、光倒刺鲃、鲮、鲤、鲫、鳙、鲢、黄鳝等	510	梅州市平远县	11 月 11 日
17	浰江大刺鳅黄颡鱼国家级水产种质资源保护区	主要保护对象为大刺鳅、黄颡鱼、鲇，其他保护对象包括花鳗鲡、鲤、鲫、青鱼、草鱼、鲢、鳙、光倒刺鲃、大眼鳜等	160	河源市和平县	2016 年 11 月 30 日

附录 10　广东省国家级和省级自然保护区（涉渔部分）

名　称	地　点	面积（公顷）	主要保护对象	始建时间	定级时间
国家级自然保护区（5个）					
广东惠东港口海龟国家级自然保护区	惠东县港口镇	1 800	海龟及其产卵繁殖地	1987.5.21	1992.10.27
广东珠江口中华白海豚国家级自然保护区	珠海市内伶仃岛至中头岛周围海域—珠江口伶仃洋	46 000	中华白海豚及其生境	1999.10.13	2003.6.6
广东徐闻珊瑚礁国家级自然保护区	徐闻县角尾乡—西连镇沿海	14 378.5	珊瑚礁生态系统	1999.8.3	2007.4.6
广东雷州珍稀海洋生物国家级自然保护区	雷州市西部沿海	46 864.67	白蝶贝等珍稀海洋生物及其生境	1983.4.7	2008.1.14
南澎列岛海洋生态国家级自然保护区	汕头市南澳县	35 679	海洋生态系统、珍稀濒危野生动物及其栖息地	2003.6.19	2012.1.21
省级自然保护区（8个）					
大亚湾水产资源省级自然保护区	惠州市大亚湾	98 500	水产资源	1983	2002
江门中华白海豚省级自然保护区	江门市台山	10 747.7	中华白海豚	2003	2007
连南大鲵省级自然保护区	清远市连南瑶族自治县	1 493.4	大鲵	2000	2007
阳江南鹏列岛海洋生态省级自然保护区	阳江市	20 000	渔业资源	1999	2008
韶关北江特有珍稀鱼类省级自然保护区	韶关市	2 820	斑鳠等北江名优鱼类	2008	2008
连江龙牙峡水产种质资源省级自然保护区	清远市连州	11 804.5	水产种质资源	2008	2008
肇庆西江珍稀鱼类自然保护区	肇庆市封开	1 914	广东鲂及其栖息地	2004	2009
陆河花鳗鲡省级自然保护区	汕尾市陆河	1 865.6	花鳗鲡	2009	2009

附录 11　广东省国家级非物质文化遗产名录（涉渔 11 个项目）

项目类别	项目名称		申报地区或单位	批次
民间音乐	中山咸水歌		中山市	第一批
民间舞蹈	龙舞	湛江人龙舞	湛江市	第一批
传统音乐	惠东渔歌		惠州市	第二批
传统舞蹈	灯舞（沙头角鱼灯舞）		深圳市	第二批
民俗	抬阁（芯子、铁枝、飘色）	南朗崖口飘色	中山市	第二批
民俗	汉族传统婚俗（斗门水上婚嫁习俗）		珠海市	第二批
传统舞蹈	▲英歌（甲子英歌）		陆丰市	第三批

（续）

项目类别	项目名称		申报地区或单位	批次
民俗	▲民间信俗	波罗诞	广州市黄埔区	第三批
民俗	▲民间信俗	悦城龙母诞	德庆县	第三批
民俗	装泥鱼习俗		珠海市斗门区	第三批
传统音乐	渔歌（汕尾渔歌）		汕尾市	第四批

注：国务院于 2006 年 5 月 20 日公布第一批国家级非物质文化遗产名录，2008 年 6 月 7 日公布第二批国家级名录项目和第一批国家级名录扩展项目，2011 年 5 月 23 日公布第三批国家级名录及国家级非物质文化遗产扩展项目名录，其中前注有▲者为扩展项目。2014 年 12 月 3 日公布第四批国家级非物质文化遗产代表性项目名录，广东有 6 项内容入选项目名录，包括"渔歌（汕尾渔歌）"。按照《中华人民共和国非物质文化遗产法》的表述，将"国家级非物质文化遗产名录"名称调整为"国家级非物质文化遗产代表性项目名录"。2021 年 6 月 10 日公布第五批国家级非物质文化遗产代表性项目名录（共计 185 项）和国家级非物质文化遗产代表性项目名录扩展项目名录（共计 140 项），广东有 18 项非遗代表性项目入选，但没见渔业的。

Main Contents

Part Ⅹ   Fishery in Each City

Attached Table   Fishery Statistics

Appendices

图书在版编目（CIP）数据

广东渔业年鉴. 2021—2022 / 广东渔业年鉴编纂委员会编. -- 北京：中国农业出版社，2025. 1.

-- ISBN 978 - 7 - 109 - 32650 - 7

Ⅰ. F326. 476.5 - 54

中国国家版本馆 CIP 数据核字第 2024EM5221 号

广东渔业年鉴 2021—2022

GUANGDONG YUYE NIANJIAN 2021—2022

中国农业出版社出版

地址：北京市朝阳区麦子店街 18 号楼

邮编：100125

责任编辑：杨晓改　林维潘

责任设计：王　晨　　责任校对：吴丽婷

印刷：北京通州皇家印刷厂

版次：2025 年 1 月第 1 版

印次：2025 年 1 月北京第 1 次印刷

发行：新华书店北京发行所

开本：889mm×1194mm　1/16

印张：19.75　插页：16

字数：710 千字

定价：268.00 元